辽阳苗圃墓地

——2015、2016 年度发掘报告

（上）

辽宁省文物考古研究院
（辽宁省文物保护中心）　编著

李海波　徐沂蒙　主编

文物出版社

北京·2022

图书在版编目（CIP）数据

辽阳苗圃墓地：2015、2016年度发掘报告／辽宁省
文物考古研究院（辽宁省文物保护中心）编著；李海波，
徐沂蒙主编．－－北京：文物出版社，2022.6

ISBN 978 – 7 – 5010 – 7440 – 2

Ⅰ.①辽… Ⅱ.①辽… ②李… ③徐… Ⅲ.①苗圃—
墓葬（考古）—发掘报告—辽阳 Ⅳ.①K878.85

中国版本图书馆 CIP 数据核字（2022）第 065219 号

辽阳苗圃墓地
——2015、2016 年度发掘报告

编　　著：辽宁省文物考古研究院
　　　　　（辽宁省文物保护中心）
主　　编：李海波　徐沂蒙

责任编辑：黄　曲
封面设计：程星涛
责任印制：张道奇

出版发行：文物出版社
社　　址：北京市东城区东直门内北小街 2 号楼
邮　　编：100007
网　　址：http://www.wenwu.com
经　　销：新华书店
印　　刷：宝蕾元仁浩（天津）印刷有限公司
开　　本：889mm×1194mm　1/16
印　　张：49.75　插页：1
版　　次：2022 年 6 月第 1 版
印　　次：2022 年 6 月第 1 次印刷
书　　号：ISBN 978 – 7 – 5010 – 7440 – 2
定　　价：620.00 元（全二册）

Miaopu Cemetery of Liaoyang:

An Excavation Report of 2015、2016

（ I ）

Compiled by

Liaoning Provincial Academy of Cultural Relics and Archaeology

（Liaoning Cultural Heritage Conservation Centre）

Editor-in-Chief

Li Haibo，Xu Yimeng

Cultural Relics Press

Beijing · 2022

序

　　战国燕开拓东北，筑长城，置右北平、辽西、辽东郡，将辽海地区纳入华夏版图，奠定了此后中原文化在东北地区占主导地位的基础，是东北历史上具有划时代意义的重大事件，对东北地区的历史走向、统一多民族国家与东北边疆的形成影响深远。秦承燕制，汉承秦制，郡县制在辽海地区得到进一步的巩固。汉武帝灭卫氏朝鲜所置之玄菟郡逐渐内迁到辽东郡中部都尉治候城，与辽西郡、辽东郡成掎角之势，这一格局的形成，也奠定了此后两千年间襄平（辽阳）、龙城（朝阳）、盛京（沈阳）先后在辽海乃至东北地区居于中心地位的基础。

　　目前已出版的《朝阳袁台子——战国西汉遗址和西周至十六国时期墓葬》（文物出版社，2010 年）、《姜女石——秦行宫遗址发掘报告》（文物出版社，2010 年）、《姜屯汉墓》（文物出版社，2013 年）、《羊草庄汉墓》（文物出版社，2015 年）、《永陵南城址发掘报告》（文物出版社，2017 年）和《西丰西岔沟——西汉时期东北民族墓地》（文物出版社，2022 年）六部考古发掘报告，内容涵盖了辽海地区燕秦汉时期行宫遗址、城址、墓地，为研究辽海地区燕秦汉时期的历史提供了基本完整的不同种类的个案资料。但是备受历史考古界关注的"三阳"（辽阳、朝阳、沈阳）之首的辽阳燕秦汉时期，尤其是"辽阳壁画墓群"至今没有正式完整的考古发掘报告，即将付印的《辽阳苗圃墓地——2015、2016 年度发掘报告》（以下简称《苗圃墓地》）略可弥补这一缺憾。

　　辽阳市区周边汉魏晋墓是 20 世纪辽东郡考古最重要的发现，截至"文革"前统计已逾千座，其中历史、艺术价值较高的"辽阳壁画墓群"，1961 年即被国务院公布为第一批全国重点文物保护单位。但是，随着田野考古工作逐渐在全省开展起来后，辽东地区尤其是辽阳的考古工作则明显滞后，20 世纪 60 年代以来，仅清理了一些被破坏的墓葬，再未开展大规模的田野考古发掘工作，积压的考古资料也没有得到及时的整理出版。

　　2008 年，辽阳市对市林科院的苗圃地块进行房地产开发，辽阳市文物部门依法及时介入考古勘探，发现大批墓葬。经报国家文物局批准，辽宁省文物考古研究所对苗圃墓地进行了连续数年的考古工作，共计发掘墓葬 353 座。

　　2015、2016 两年度发掘汉魏晋时期墓葬 150 座，辽金时期墓葬 8 座，窑址 2 座。汉魏晋墓分土坑木棺（棺椁）墓、石椁墓、砖室墓、石室墓四类。石室墓中有 6 座曾在辽金时期被重新利用。《苗圃墓地》对墓地布局、墓葬形制、葬俗葬具、随葬品进行了全面详细的介绍，并就墓葬分类、墓地分期、陶器组合及形制演变、文化因素等做了初步的研究。由于苗圃墓地曾遭到严重破坏，尤其是数量上占大宗的石室墓，已找不到随葬品组合完整的单位，而且还明显存在多代、多人同葬一墓的情形，同一墓中的随葬品年代跨度较大，与墓葬形制反映的时代特征不尽相同。基于上述原因，《苗圃墓地》判定墓葬年代遵循墓葬形制优先于随葬品的原则，并参考其他年度的发掘资料与《姜屯汉墓》《羊草庄汉墓》的已有成果，将汉魏晋墓葬分为七个年代不同的时段：1. 西汉初至元狩四年（前 119 年）即武帝铸五铢之前；2. 王莽铸"货泉"的天凤元年（14 年）至东汉铸"五铢"的建武十六年（40 年）；3. 东汉殇帝至质帝间；4. 东汉桓帝、灵帝时期；5. 东汉少帝、献帝至公孙氏灭于司马懿时；6. 曹魏灭公孙氏至西晋初；7. 西晋中晚期至东晋早期。报告认为辽阳地区汉代墓葬虽有自身特色，但总体不脱中原汉文化范畴；地方特色在东汉中期逐渐消失，文化面貌与中原趋同，体现了汉代大一统国家强有力的文化影响；西晋时竖穴石椁墓的再一次出现，或许是另一人群带来的文化因素。

　　汉辽东郡范围内的普兰店姜屯墓地、鞍山羊草庄墓地、辽阳苗圃墓地均经正式考古发掘，资料信息齐全。姜屯墓地发掘西汉到东汉晚期墓葬 212 座，羊草庄墓地发掘西汉到东汉晚期墓葬 78 座，苗圃墓地从西汉沿用到东晋初期。三处墓地文化面貌大体相同，但是也有不容忽视的各自特点，最明显的是东汉晚期姜屯墓地的花纹砖墓不见于羊草庄墓地、苗圃墓地，苗圃墓地的石板搭盖石室墓也不见于姜屯墓地、羊草庄墓地。苗圃墓地石室墓与"辽阳壁画墓群"均为石板搭盖石室墓，与羊草庄墓地用石块垒砌的"石室墓"不能归为一类。目前辽宁境内的石板搭盖石室墓主要发现于辽阳老城区及周边，沈阳、朝阳、锦州地区也有零星发现，均为魏晋时期遗存，尚未见东汉时期的；花纹砖墓仅见于沿海的大连、营口地区。

　　上述三处墓地反映了辽东郡内不同区域、社会层级在经济文化上的差异，而且还存在来源不同的文化传统。

　　今辽阳市区为燕秦汉辽东郡治襄平所在，以"辽阳壁画墓群"为代表的石板搭盖石室墓规模大、随葬品种类丰富，可以肯定是辽东郡中上阶层的遗存。营口盖州是辽东郡平郭县所在，西汉时开始在平郭设专司盐铁事务的盐官、铁官。自新石器时代起，辽东半岛与山东半岛及东南沿海之间就有了海上交流，两汉时期的人员与商贸往来愈加频繁。毫无疑问，以平郭为中心的沿海地区当有大批经营冶铁、煮盐的手工业者与从事盐铁贸易的商人，那些如姜屯墓地奢华的花纹砖墓非其莫属。襄平的中上阶层人群与平郭经营冶铁、煮盐的手工业者和从事盐铁贸易商人群体，即辽东郡"名豪大姓"的主体，其中有回廊的辽阳北园 M1 等大型壁画墓很可能就是东汉末年开始割据辽东的公孙度、公孙康、公孙恭的墓葬。鞍山羊草庄墓地北距辽阳 20 多千米，其主人既非襄平城中的达官贵人，也非平郭的富商巨贾，应是乡邑农夫细民。姜屯、羊草庄、苗圃三处墓地不仅东汉晚期流行的墓葬形制不同，随葬品也有差异，如沿海地区大型花纹砖墓中常见的明器马车不见于羊草庄墓地和苗圃墓地，辽阳的大型壁画墓也不见明器马车，代表身份地位的是壁画中的车马出行图、宴饮图等。"应属于两汉之际内迁一支乌桓的遗存"（指《羊草庄汉墓》附录《鞍山羊草庄墓地乙类墓葬属性再探讨》的羊草庄墓地乙类墓中的非汉文化因素）也不见于姜屯墓地和苗圃墓地。

　　两汉时期，活动于辽海地区的非汉民族除土著的高句丽、夫余外，还有北方草原的匈奴、乌桓、鲜卑。东汉初年，乌桓内附进入沿边郡县。汉和帝时，鲜卑被耿夔击败后迁到辽东，北匈奴余部亦自号鲜卑，杂处辽东。汉安帝时，在辽西与辽东两郡之间置辽东属国以安置内附乌桓。目前除辽东郡内的羊草庄墓地乙类墓被认为是内迁的乌桓人遗存外，塞外的西岔沟墓地也被认定为乌桓为主体的西汉时遗存，以及康平五棵树墓地也很有可能是乌桓遗存。本溪桓仁王义沟遗址、望江楼墓地可能为高句丽遗存。朝阳市八宝村发现的鸭形壶在黑龙江齐齐哈尔、吉林通榆、内蒙古赤峰也有发现，被认为与乌桓有关。对上述发现的认识，是否符合历史实际，都需更多的发现与更精细化的研究给予证明。发现辨识非汉文化遗存，是辽宁汉代考古研究的一个重要课题。

汉晋时期高句丽、慕容鲜卑与玄菟郡、辽东郡有密切关系，《苗圃墓地》的出版对高句丽、三燕文化的深入研究也会起到推动作用。期待苗圃墓地其他年度的发掘资料也能尽快整理出版，提供更多更完整的信息。

《苗圃墓地》这一新的考古成果，是继《姜屯汉墓》《羊草庄汉墓》之后，又一部从田野发掘、资料整理到报告编写，全程均由青年考古工作者合作完成的汉代墓地考古发掘报告。青年学者们的成长成熟、团结协作，可喜可贺！海波、沂蒙嘱我写序，理应支持，故不揣谫陋，略陈拙见，并望方家不吝赐教。

田立坤

2022 年 5 月 26 日

目录

插图目录

插表目录

第一章　前　言

第一节　地理环境与历史沿革[*]

辽阳地处中国东北地区、辽宁省中部，是东北地区最早的城市之一。从公元前 3 世纪到 17 世纪前期，一直是中国东北地区的政治中心、经济中心、文化中心、交通枢纽和军事重镇。

辽阳市的地理坐标为东经 122°35′~123°40′，北纬 40°42′~41°36′，辖境总面积 4743 平方千米，由西至东极端直线全长 92.3 千米，由南至北极端直线全长 100.3 千米。其地处辽东低山丘陵与辽河平原的过渡地带，地貌类型齐全，分异规律清楚，层状地貌典型，地貌分区规整。自东南部边界白云山到西北部界河（浑河）畔，地势由高到低，同向倾斜缓降。

辽阳地居辽东半岛北部腹地，西南、东北几十千米外分别为渤海、黄海，宏观气候受海洋影响较大，属于温带大陆性季风气候区。境内东部多低山丘陵，属温带湿润性季风气候，西部多平原，为暖温带半湿润气候，东西两地气候差异较大，全年气候温和、湿润，四季分明。

辽阳市境内共有流程 5 千米以上的大小河流 86 条，其中流程 10 千米以上的大小河流 29 条，这些河流组成了太子河、浑河两大水系。

辽阳名称始于汉代。"（小辽）水（浑河）出辽山西南流经辽阳县与大梁水（太子河）会。""水北曰阳"，汉代的辽阳（今沈阳市辽中区茨榆坨街道偏堡子古城址）因地处小辽水（浑河）之北，故名辽阳。

辽阳是辽宁省最古老的城市，古称襄平。战国燕昭王时期，燕国遣大将秦开却东胡、击朝鲜，设辽东郡，以襄平县为治所，辽阳纳入中原政权管辖范围。秦及西汉沿燕制。新莽改襄平县为昌平县。东汉复名襄平县，仍为辽东郡郡治所在地。东汉末（189 年），辽东太守公孙度（襄平人）自立为辽东侯、平州牧，分辽东郡为辽东、中辽、辽西三郡，辽东郡领襄平、居就、安市等 8 县。公孙度的继任者，其子公孙康、公孙恭继续名奉中原政权为主实则割据于此，其孙公孙渊于曹魏景初元年（237 年）公然叛魏自立为燕王。景初二年（238 年），司马懿率军进讨，公孙政权覆灭。从曹魏到西晋，襄平是统治者设立辽东地区行政中心时最频繁、最长久的选择。

＊ "地理环境与历史沿革"情况综合参考：a. 辽阳市志编纂委员会办公室：《辽阳要览》，新华出版社，1999 年；b. 陈寿：《三国志》，中华书局，1959 年；c. 白寿彝总主编、陈振主编：《中国通史》第 7 卷"中古时代·五代辽宋夏金时期（下）"，上海人民出版社，2015 年；d. 李健才：《明代东北》，辽宁人民出版社，1986 年。

十六国至隋，辽阳先后被前燕、前秦、后燕、高句丽等地方民族政权占据。唐代辽阳属安东都护府并一度为府治。

契丹神册三年（918年），辽太祖耶律阿保机攻占辽东城，置辽阳府。919年，在襄平老城的基础上，修葺辽阳故城，改为东平郡。天显三年（928年），辽太宗耶律德光改辽阳府为南京，迁东丹国首都于辽阳，徙其兄耶律倍居之。会同元年（938年），改南京为东京，置辽阳府，设东京道。辽圣宗太平九年（1029年），被迁徙至辽阳的渤海人在军事首领大延琳率领下起义并建立政权，定国号为兴辽，建元天庆。一年之后，起义失败。辽天祚帝天庆六年（1116年），渤海人高永昌联合汉人在东京（辽阳）起义，自称大渤海皇帝，改元隆基，数月后失败。同年，金国起兵攻克东京辽阳府，仍以辽阳为东京，作为陪都之一。后改东京道辽阳府为东京路辽阳府，路、府均治辽阳。1161年，金世宗完颜雍在东京辽阳府正式称帝，年号大定，并于同年取代海陵王完颜亮，夺得金朝中央政权。金宣宗贞祐三年（1215年），女真人蒲鲜万奴叛金，据东京辽阳自立。次年（1216年），举城降蒙古。兴定元年（1217年），其又叛蒙古自立，建国号"东夏"。金哀宗天兴二年（1233年），蒙古灭东夏。

蒙古至元六年（1269年），辽阳为东京总管府。至元二十四年（1287年），设辽阳等处行中书省。元末至正十一年（1351年），红巾军大起义。1357年，红巾军兵分三路转战辽东各地，攻陷辽阳。明洪武四年（1371年），在辽阳城设置定辽都卫指挥使司，并派遣官员在辽东任最高武官，自此辽东彻底归由明朝统治。明洪武八年（1375年）起属辽东都司。

后金天命六军（明天启元年，1621年），努尔哈赤攻陷辽阳，在辽阳境建东京城为首都。清康熙四年（1665年）称辽阳州，属奉天府。民国元年（1912年）属奉天省。民国三年（1914年）改辽阳州为辽阳县，属奉天省辽沈道。

1949年后实行市县分治，属辽东省。1954年划归辽宁省。1958年市县合并为辽阳市，属鞍山市。1961年市县分治，仍属鞍山市。1966年改为辽宁省辖市。1968年市县合并为辽阳市，仍为省辖市。

2020年，辽阳市被国务院列为国家历史文化名城。

第二节　相关考古发现

由于历史的原因，辽阳是20世纪国内最早开展考古发掘工作的地区之一：20世纪初日本学者即在此地发掘了一些汉魏时期壁画墓，如迎水寺、东门外、"满洲棉花会社"墓、南林子、玉皇庙、北园1号壁画墓等，并发表了一些相关研究文章（如八木奘三郎对迎水寺壁画墓年代和族属的考证）①。

新中国成立后至"文革"前，辽阳地区陆续发掘了许多汉至魏晋墓葬，一些地点反复发现并发掘墓葬，如棒台子、三道壕②等。这一时期发现汉墓的地点有唐户屯、桑园子、鹅房、棒台子、

---

① 关于日本学者的发掘研究史转引自郑君雷：《中国东北地区汉墓研究》，吉林大学1997年博士毕业论文，第3~4页。
② 例如这一时期在三道壕一带发掘并发表报告的墓葬有三道壕窑业四场墓（车骑墓）、令支令墓、三道壕1号墓、三道壕2号墓、三道壕瓮棺墓等。

北园、三道壕、上王家、南雪梅等①。据相关文章总结，到"文革"前夕大约发掘汉墓近千座，然而遗憾的是，时至今日，除了发现壁画的墓葬，大部分墓葬并未发表发掘报告。

"文革"期间发掘数量较少，有三道壕 3 号墓、鹅房 1 号墓②。20 世纪八九十年代有东门里③、三道壕"太康十年"纪年墓④、南环街⑤等处。进入 21 世纪，辽阳市辖区的汉至魏晋墓葬发掘主要是配合基本建设进行的，除本报告介绍的苗圃墓地⑥外，还有辽阳青年大街⑦、南郊街⑧、肖夹河⑨、河东新城⑩等零星墓葬发现。以上墓葬均有发掘简报面世。

第三节 墓地简介

辽阳苗圃墓地位于辽阳市白塔区八一街（原南郊街）南北两侧，西北距辽阳市中心约 5 千米，东距太子河约 2.5 千米。2008 年辽阳市政府在八一街南、原辽阳市林业科学研究院院内（俗称苗圃）进行房地产开发时，发现了一批汉至魏晋时期墓葬，辽宁省文物考古研究所对之进行了配合性考古发掘，并在随后几年（2009～2012 年、2014～2015 年）对这片区域进行了持续的勘探和发掘工作。2016 年，配合辽阳市电业局 220 千伏输变电新建工程，于八一街北、2008 年发掘区西北约 450 米处进行了考古发掘。因遗存性质和地层堆积基本相同，判断与八一街南的发掘区同属一片墓地，因而也使用了"苗圃墓地"这一名称。

苗圃墓地所在处为集中发现汉魏墓葬区域，如八一街南发掘区东北约 150 米、八一街北发掘区东约 500 米处，为辽宁省文物考古研究所 2004 年发掘的辽阳南郊街东汉壁画墓。

苗圃墓地主体遗存为汉至魏晋时期墓葬，兼有数座辽、金、元末明初时期墓葬和战国时期、

---

① 由于上述一些地点经过多次发掘，发表材料时又经常数处合并，为行文简洁，统一注于此处。上述地点发现的汉至魏晋墓葬材料见于以下简报：a. 王增新：《辽阳三道壕发现的晋代墓葬》，《文物参考资料》1955 年第 1 期，第 37～45 页；b. 李文信：《东北文物工作队一九五四年工作简报》，《文物参考资料》1955 年第 3 期，第 3～29 页；c. 沈欣：《辽阳唐户屯一带的汉墓》，《考古通讯》1955 年第 4 期，第 35～39 页；d. 李文信：《辽阳发现的三座壁画古墓》，《文物参考资料》1955 年第 5 期，第 15～42 页；e. 东北博物馆：《辽阳三道壕两座壁画墓的清理简报》，《文物参考资料》1955 年第 12 期，第 49～58 页；f. 陈大为：《辽阳三道壕儿童瓮棺墓群发掘简报》，《考古通讯》1956 年第 3 期，第 54～59 页；g. 李庆发：《辽阳上王家晋代壁画墓清理简报》，《文物》1959 年第 7 期，第 60～62 页；h. 王增新：《辽阳市棒台子二号壁画墓》，《考古》1960 年第 1 期，第 20～23 页；i. 王增新：《辽宁辽阳县南雪梅村壁画墓及石墓》，《考古》1960 年第 1 期，第 16～19 页；j. 辽阳市文物管理所：《辽阳发现三座壁画墓》，《考古》1980 年第 1 期，第 56～65 页；k. 李文信：《辽阳北园壁画古墓记略》，《李文信考古文集》，辽宁人民出版社，2009 年，第 90～130 页。

② 辽阳市文物管理所：《辽阳发现三座壁画墓》，《考古》1980 年第 1 期，第 56～65 页。

③ 冯永谦、韩宝兴、刘忠诚：《辽阳旧城东门里东汉壁画墓发掘报告》，《文物》1985 年第 6 期，第 25～42 页。

④ 辽阳博物馆：《辽阳市三道壕西晋墓清理简报》，《考古》1990 年第 4 期，第 333～336 页。

⑤ 辽宁省文物考古研究所：《辽宁辽阳南环街壁画墓》，《北方文物》1998 年第 3 期，第 22～25 页。

⑥ 苗圃墓地汉魏墓葬已发表资料如下：a. 辽宁省文物考古研究所：《辽宁辽阳苗圃墓地西汉砖室墓发掘简报》，《文物》2014 年第 11 期，第 4～18 页；b. 吉林大学边疆考古研究中心、辽宁省文物考古研究所：《辽宁辽阳苗圃汉魏石室墓 2008 年发掘报告》，《考古学报》2015 年第 4 期，第 505～536 页；c. 辽宁省文物考古研究所：《辽宁辽阳苗圃墓地汉代土坑墓》，《考古》2015 年第 4 期，第 53～66 页；d. 李海波、刘潼、徐沂蒙：《辽宁辽阳苗圃汉魏墓地纪年墓葬》，《北方民族考古》第 2 辑，科学出版社，2015 年，第 17～27 页。

⑦ 辽宁省文物考古研究所：《辽阳青年大街发现的两座汉墓》，辽宁省文物考古研究所编《辽宁考古文集》，辽宁民族出版社，2003 年，第 51～57 页。

⑧ 辽宁省文物考古研究所：《辽宁辽阳南郊街东汉壁画墓》，《文物》2008 年第 10 期，第 34～59 页。

⑨ 辽宁省文物考古研究所：《辽宁省辽阳市肖夹河墓地发掘简报》，《北方文物》2010 年第 1 期，第 12～19 页。

⑩ 李龙彬、马鑫、王爽：《新发现的辽阳河东新城东汉壁画墓》，《东北史地》2016 年第 1 期，第 29～32 页。

辽金时期窑址各 1 座。

　　苗圃墓地是辽阳地区首个全面大规模发掘、全面揭露的汉至魏晋时期墓地，对该时期辽东郡的社会历史、居住人群的研究具有重要意义。以往发表的考古资料多为发掘简报，或分布位置较分散，或是高等级高规格带壁画的墓葬，而苗圃墓地的墓葬①分布比较集中，形制比较丰富，出土随葬器物较多，能提供一个较为完整的自西汉至晋墓葬时间序列及多个社会阶层人群的丧葬习俗研究实物资料。辽金元时期墓葬也具有填补、丰富辽阳地区该时期发掘资料，进而实证东京辽阳城社会历史的重要意义。

第四节　工作概述

　　本报告主要介绍 2015 年与 2016 年两个年度发掘资料，包括 2015 年度发掘的墓葬 141 座，2016 年度发掘的墓葬 17 座、窑址 2 座。以全面、客观公布发掘资料为初衷，本报告以遗迹为基本单位对发掘材料进行全面介绍，对于一些盗扰和后期破坏非常严重的墓葬，也予以如实报道。

　　2015 年发掘领队为白宝玉，现场执行领队李海波，参与发掘工作的有辽阳市文物保护中心（辽阳市博物馆）高明、白雪峰、马鑫、全小红、韩悦，原锦州市考古所所长吴鹏、副所长刘潼和工作人员顾凯、张壮，陕西文物保护专修学院学生赵望、马超超、杨玉洁、董文印、郭瑞、孟林涛、李温等。

　　2016 年发掘项目负责人为李海波，参与发掘工作的有高明、白雪峰。

　　资料整理工作在当年发掘工作结束后即进行，参与整理的除发掘工作者，还有辽宁省文物考古研究所保管研究部图旭刚，负责器物摄影，原辽宁省文物保护中心徐沂蒙，负责文字记录整理。

　　本报告编写工作于 2019 年启动，编写组成员李海波、徐沂蒙，吉林省文保科技有限公司负责线图清绘和排版。

---

① 苗圃墓地已完成整理或已发表资料如下：汉魏墓葬材料见上页注⑥。辽金元时期墓葬材料见：a. 徐沂蒙、李海波、王闯：《辽宁辽阳苗圃墓地元明墓发掘简报》，《北方民族考古》第 7 辑，科学出版社，2019 年，第 35～48 页；b. 辽宁省文物考古研究院、辽宁省博物馆：《辽宁辽阳苗圃墓地 2015 年度辽代墓葬发掘简报》，《文博》2021 年第 6 期，第 15～19 页；c. 辽宁省文物考古研究院（辽宁省文物保护中心）：《辽宁辽阳苗圃墓地 2015 年度金代墓葬发掘简报》，待刊。

第二章 遗迹与遗物

第一节 发掘区简介

苗圃墓地位于辽阳市老城区东南约 2 千米的太子河西岸台地上，原辽阳市林业科学研究院内（俗称苗圃）。2015 年度发掘地点位于苗圃的西侧，2016 年度发掘地点位于 2015 年发掘地点西北、八一街（原南郊街）北（图一）。

2015 年度发掘区总体呈长方形（图二；彩版一）。地层堆积较简单，共三层：

①层：为表土层，黑褐色，土质疏松；

②层：黄褐色，土质相对疏松，有石块、植物根系等包含物；

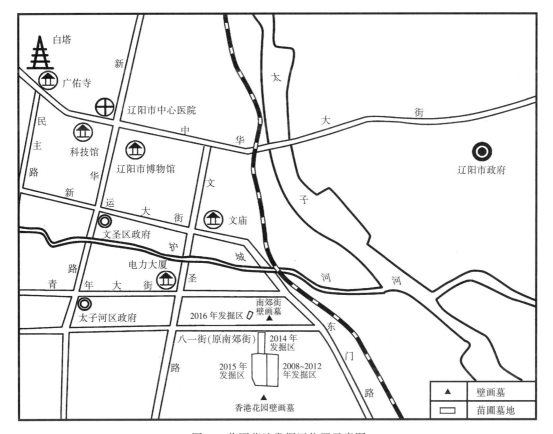

图一 苗圃墓地发掘区位置示意图

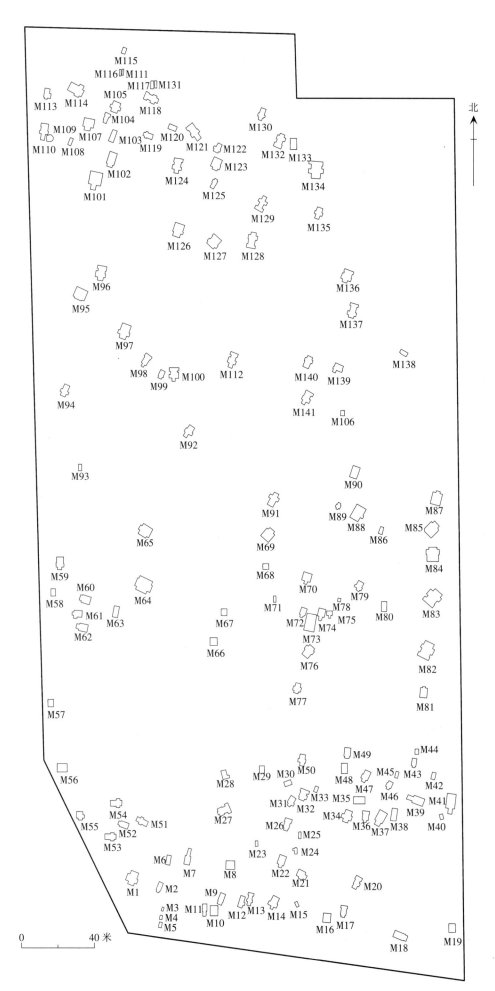

北

0 ____ 40 米

图二 苗圃墓地 2015 年度发掘区墓葬总平面分布图

③层：灰褐色，土质相对较硬，未发现包含物；

③层下为生土。2015 年发掘的墓葬大部分为②层下开口。

2016 年度发掘区因地貌形状呈不规则形（图三）。地层堆积共二层：

①层：为表土层，黑褐色，土质疏松，掺杂建筑垃圾；

②层：黄褐色，土质相对疏松，较纯净，偶有石块、植物根系等包含物；

②层下为生土。2016 年发掘的遗迹均为②层下开口。

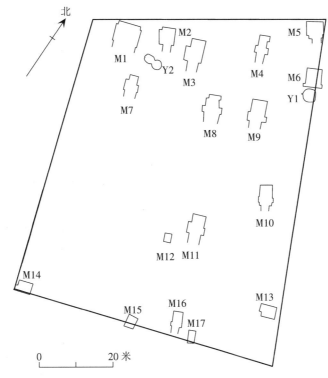

图三　苗圃墓地 2016 年度发掘区墓葬总平面分布图

第二节　墓葬

一　2015 年度发掘墓葬

2015M1

位于本发掘区西南角，方向 200°（图四）。开口于②层下，开口距地表 1.5 米。

（一）墓葬结构

该墓为多室石室墓。由墓道、墓门及墓室三部分组成（彩版二，1）。保存状况一般。

墓道　位于墓室南侧。长方形斜坡状。未完全发掘，长度不详，宽 2.2 米。

墓门　位于墓室南侧。由门楣及门框构成，宽 1.8、高 1.6 米（彩版二，2）。门楣系用长方形石条横置于门框之上，上顶墓室盖板；门框借用东、西耳室南侧板；门内正中有一立柱，立柱高 0.98、宽 0.34、厚 0.1 米，立柱下置长方形础石，上接栌斗；栌斗上顶门楣。门外由两块长方

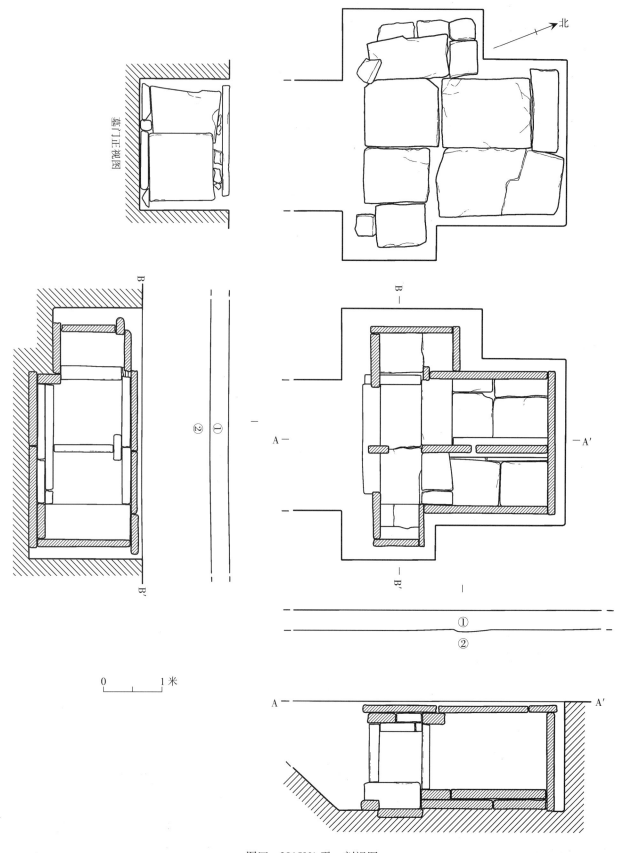

图四　2015M1 平、剖视图

形大石板立砌封堵，东侧石板略压西侧石板；无门槛。

墓室　平面近"T"字形，由前廊、主室及东、西耳室组成。墓底及四壁由规整石板砌筑，白灰勾缝，上部平盖石板为顶，整体保存完整。前廊平面呈长方形，面阔2.13、进深0.72、高1.62米。主室平面呈长方形，其中部南北纵向立长方形立板两块，将主室分为东、西两个长方形小室。立板下有条形础石，上接栌斗，栌斗上搭横梁，横梁上顶墓室盖板。主室底部高于前廊底部0.31米，面阔2.12、进深2.16、高1.31米。西耳室平面呈长方形，底部高于前廊底部0.45米，面阔1.25、进深0.73、高1.17米。东耳室平面近方形，面阔0.66、进深0.59、高1.62米。

（二）葬具及人骨

墓内未发现葬具痕迹。墓内人骨腐蚀殆尽。

（三）随葬品

墓内未见随葬品。

2015M2

位于本发掘区西南角，方向205°（图五）。开口于第②层下，开口距地表1.77米。

（一）墓葬结构

该墓为多室石室墓。由墓道、墓门及墓室三部分组成（彩版三，1）。

墓道　位于墓室南侧。长方形斜坡状。未完全发掘，长度不详，宽1.43米。

墓门　位于墓室南侧。宽1.1、高0.98米。门框借用前廊的侧板，上顶盖板，门外由一块近长方形石板立砌封堵（彩版三，2）。

墓室　平面近"」"形，由前廊及主室组成。墓底及墓壁由规整石板砌筑，白灰勾缝，主室上盖石板为顶，前廊墓顶覆盖石板，石板上堆垫若干石片。前廊平面近长方形，面阔1.42、进深0.8、高0.98米。主室平面呈长方形，内置长条形石板为棺床。主室面阔0.95、进深1.94、高0.94米。

（二）葬具葬式

主室中部置长条形石板为棺床，棺床南、北两端各有一小石块垫底。棺床长1.51、宽约0.54、厚0.06米。未发现木制葬具痕迹。

墓内未发现人骨痕迹。

（三）随葬品

该墓共出土随葬品5件（套），分布于墓室各处。其中陶器3件，另有铜器1件及铜钱27枚。

1. 陶器

共3件。计有盆1、罐1、钵1。

盆　1件。标本M2:3，泥质灰黑陶。方唇，敞口，折沿，斜弧腹，平底。口径25.5、最大腹径20.8、底径8.9、高10.1厘米（图六，3；彩版四，1）。

罐　1件。标本M2:4，泥质灰陶。方圆唇内勾，敞口，束颈，溜肩，颈肩相接处有凹槽一周，

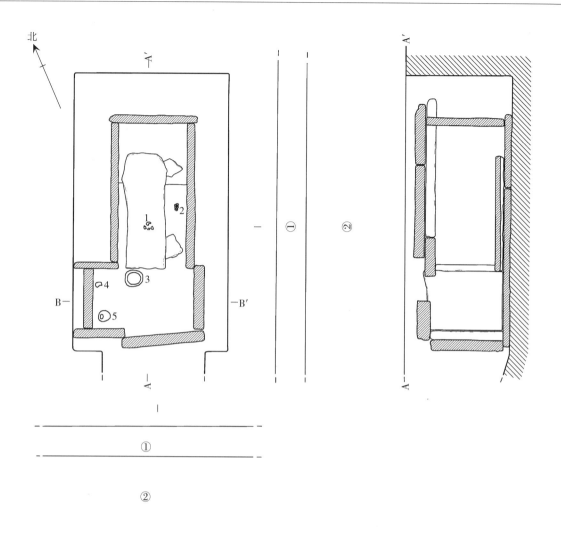

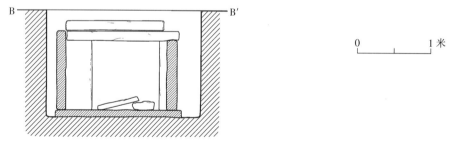

图五　2015M2 平、剖视图
1. 铜镜　2. 铜钱　3. 陶盆　4. 陶罐　5. 陶钵

鼓腹，最大腹径偏上，平底。口径 10.5、最大腹径 17.9、底径 8.3、高 14.3 厘米（图六，4；彩版四，2）。

　　钵　1 件。标本 M2:5，泥质灰陶。圆唇，敞口，斜弧腹，平底，内底略凸起。口径 10.2、底径 3.4、高 4.1 厘米（图六，2；彩版四，3）。

　　2. 铜器

　　镜　1 件。标本 M2:1，圆形，残损严重。半球形纽，圆形纽座。镜面残损严重，纹饰不清，仅可辨内外区间有一周栉齿纹。直径 8.6 厘米（图六，1）。

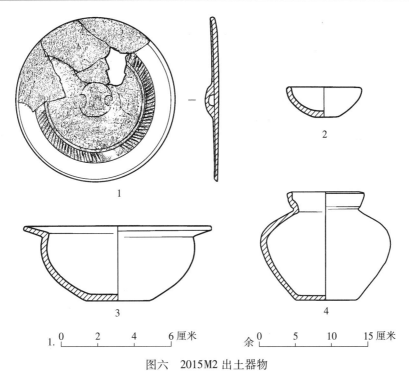

图六　2015M2 出土器物

1. 铜镜（M2:1）　2. 陶钵（M2:5）　3. 陶盆（M2:3）　4. 陶罐（M2:4）

3. 铜钱

27 枚，编号 M2:2-1~2-27。包括"五铢"25 枚、"大泉五十"1 枚、"货泉"1 枚。详情见表一。

表一　　　　　　　　　2015M2 出土铜钱登记表　　　　　（尺寸单位：厘米；重量单位：克）

种类	编号	特征		郭径	钱径	穿宽	郭厚	肉厚	重量
		文字特征	记号						
五铢	2-1	"五"字瘦长，竖画甚曲；"金"头三角形，四竖点；"朱"头较圆，"朱"下较圆		2.59	2.27	0.92	0.17	0.12	3.36
	2-2	同上		2.50	2.30	0.91	0.11	0.09	1.85
	2-3	同上		2.57	2.20	0.95	0.16	0.12	2.99
	2-4	同上		2.55	2.31	0.91	0.11	0.09	1.85
	2-5	同上		2.55	2.19	0.90	0.13	0.12	2.58
	2-6	同上		2.57	2.20	0.90	0.14	0.11	2.66
	2-7	"五"字瘦长，竖画甚曲；"金"头三角形，四竖点；"朱"头较方，"朱"下较圆		2.49	2.25	0.97	0.14	0.11	2.75
	2-8	同上		2.56	2.30	1.00	0.17	0.14	3.09
	2-9	同上		2.57	2.24	0.83	0.16	0.15	3.22
	2-10	同上		2.63	2.36	0.95	0.15	0.13	2.34

续表一

种类	编号	特征		郭径	钱径	穿宽	郭厚	肉厚	重量
		文字特征	记号						
五铢	2－11	"五"字瘦长，竖画甚曲；"金"头三角形，四竖点；"朱"头较方，"朱"下较圆		2.58	2.23	0.95	0.12	0.10	2.43
	2－12	同上		2.55	2.22	0.98	0.12	0.11	2.46
	2－13	"五"字瘦长，竖画甚曲；"金"头三角形，四竖点；"朱"头较圆，"朱"下较方		2.53	2.18	0.90	0.13	0.12	2.58
	2－14	同上		2.55	2.30	0.99	0.13	0.11	2.61
	2－15	同上		2.57	2.27	0.95	0.16	0.12	2.99
	2－16	同上		2.59	2.31	0.89	0.17	0.14	3.19
	2－17	"五"字瘦长，竖画甚曲；"金"头三角形，四竖点；"朱"头较方，"朱"下较方		2.58	2.22	0.95	0.12	0.10	2.43
	2－18	"五"字瘦长，竖画缓曲；"金"头三角形，四竖点；"朱"头较方，"朱"下较圆		2.48	2.24	0.98	0.09	0.07	1.65
	2－19	同上		2.58	2.25	0.93	0.15	0.13	2.82
	2－20	"五"字瘦长，竖画缓曲；"金"头三角形，四竖点；"朱"头较圆，"朱"下较圆		2.65	2.35	0.95	0.15	0.13	2.34
	2－21	字迹不清		2.63	2.29	0.87	0.13	0.10	2.58
	2－22	字迹不清		2.54	2.27	0.91	0.11	0.12	2.79
	2－23	字迹不清		2.56	2.33	0.99	0.13	0.12	3.09
	2－24	字迹不清		2.58	2.33	0.90	0.14	0.13	3.22
	2－25	字迹不清		2.54	2.26	0.90	0.15	0.14	3.13
大泉五十	2－26	穿之右、左篆书"五十"，穿之上、下篆书"大泉"		2.68	2.38	0.97	0.19	0.16	4.22
货泉	2－27	穿之右、左篆书"货泉"二字		2.26	1.98	0.66	0.16	0.13	2.34

2015M3

位于本发掘区西南角，方向 200°（图七）。开口于②层下，开口距地表 0.76 米。

（一）墓葬结构

该墓为土坑竖穴墓。墓圹平面呈圆角长方形，结构为直壁，平底。墓圹长 2.28、宽 0.92、深 0.77 米。墓内填土为灰黄色花土，土质较疏松。

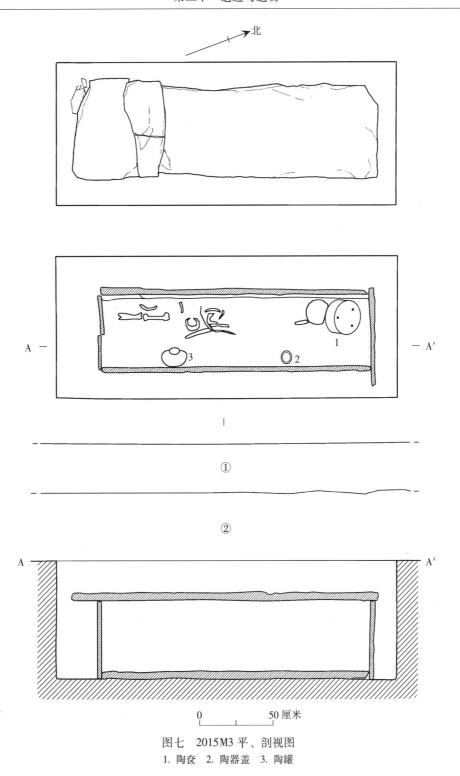

图七　2015M3 平、剖视图
1. 陶盉　2. 陶器盖　3. 陶罐

（二）葬具及人骨

该墓葬具为石椁，保存较完整。椁室平面形状呈"Ⅱ"形，四壁由石板立砌，石灰勾缝，椁底平铺石板，石板上残留少量成片白灰痕（彩版五，1、2）。椁室长 1.79、宽 0.52、高 0.5 米。椁内未见木制葬具痕迹。

墓内人骨保存较差，颅骨残缺，位于椁室北部陶盉旁，其余骨骼仅存少量躯干骨及肢骨，葬式不辨。

（三）随葬品

该墓共出土随葬品 3 件（套），置于椁室之内。均为陶器，包括奁 1、器盖 1、罐 1。

奁　1 件。标本 M3：1，泥质灰褐陶。由奁盖和奁体组成。奁盖方唇，直口，直壁略内凹，圆弧顶；顶置三个乳丁纽，并饰有凹线纹二周。奁体方唇，直口微敛，直壁，深腹，平底。奁盖口径 25、高 15.4 厘米。奁体口径 18.8、底径 20.8、高 14.7 厘米（图八，1；彩版四，4）。

器盖　1 件。标本 M3：2，泥质灰陶。方唇，直口微敞，直壁略内凹，弧顶略平，有削坯痕迹。口径 8.4、高 2.2 厘米（图八，2）。

罐　1 件。标本 M3：3，泥质灰陶。方唇，敞口，平折沿，束颈，溜肩，鼓腹，最大腹径居中，台底。上腹部饰浅凹槽二周。口径 10.6、最大腹径 15.4、底径 8.1、高 12.3 厘米（图八，3；彩版四，5）。

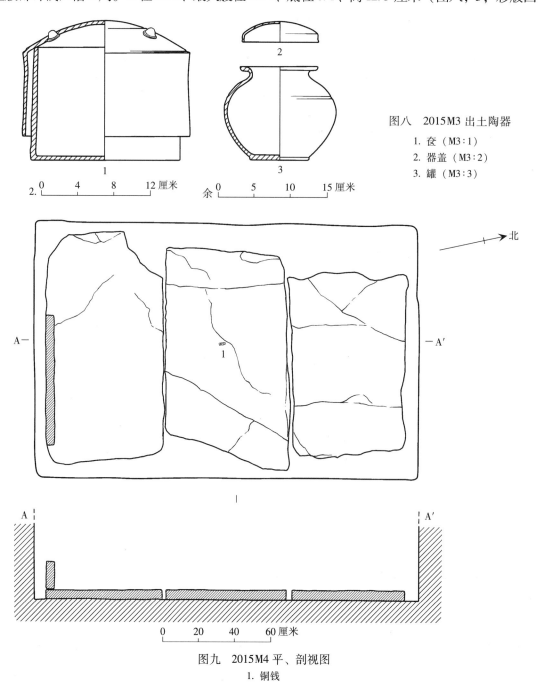

图八　2015M3 出土陶器

1. 奁（M3：1）
2. 器盖（M3：2）
3. 罐（M3：3）

图九　2015M4 平、剖视图

1. 铜钱

2015M4

位于本发掘区西南角，方向190°（图九）。开口于第②层下。

（一）墓葬结构

从墓葬结构形制推测，该墓可能为单室石室墓。现残存竖穴墓圹，墓圹平面呈圆角长方形，结构为直壁，平底。墓圹长2.1、宽1.12、残深0.41米。墓底仅存平铺的三块长方形石板及一块立置石板，未发现墓道及墓门，保存极差。

（二）葬具及人骨

该墓被严重破坏，未见葬具痕迹及人骨痕迹。

（三）随葬品

该墓随葬品有铜钱42枚，编号M4：1-1~1-42，置于墓底石板之上。包括"五铢"41枚及"货泉"1枚。详情见表二。

表二　　　　　　　　　　　　　2015M4出土铜钱登记表　　　　　　（尺寸单位：厘米；重量单位：克）

| 种类 | 编号 | 特征 | | 郭径 | 钱径 | 穿宽 | 郭厚 | 肉厚 | 重量 |
		文字特征	记号						
五铢	1-1	"五"字瘦长，竖画甚曲；"金"头三角形，四竖点；"朱"头较圆，"朱"下较圆		2.56	2.28	0.88	0.13	0.12	3.23
	1-2	同上		2.58	2.33	0.95	0.14	0.12	3.33
	1-3	同上		2.56	2.30	0.97	0.11	0.12	3.00
	1-4	同上		2.56	2.21	0.94	0.12	0.12	2.96
	1-5	同上		2.58	2.24	0.83	0.16	0.15	2.83
	1-6	同上		2.57	2.28	0.90	0.15	0.12	3.26
	1-7	同上		2.57	2.21	0.99	0.13	0.08	2.97
	1-8	同上		2.28	2.27	0.95	0.10	0.11	2.55
	1-9	同上		2.57	2.20	0.90	0.14	0.11	2.72
	1-10	同上		2.56	2.33	0.99	0.13	0.12	3.67
	1-11	同上		2.58	2.23	0.90	0.13	0.13	3.22
	1-12	同上		2.57	2.27	0.89	0.13	0.11	3.25
	1-13	同上		2.55	2.22	0.98	0.12	0.11	2.46
	1-14	同上		2.58	2.32	0.96	0.13	0.10	3.08
	1-15	同上		2.52	2.25	0.97	0.14	0.11	2.87
	1-16	同上		2.55	2.30	0.91	0.17	0.14	3.26
	1-17	同上		2.57	2.38	0.91	0.16	0.13	2.97
	1-18	同上		2.47	2.29	0.98	0.10	0.09	2.19
	1-19	同上		2.48	2.25	0.88	0.10	0.11	2.75
	1-20	同上		2.51	2.21	0.87	0.15	0.11	3.17

续表二

种类	编号	特征		郭径	钱径	穿宽	郭厚	肉厚	重量
		文字特征	记号						
五铢	1－21	"五"字瘦长，竖画甚曲；"金"头三角形，四竖点；"朱"头较圆，"朱"下较圆		2.63	2.29	0.87	0.13	0.10	2.58
	1－22	同上		2.54	2.26	0.90	0.15	0.14	3.13
	1－23	同上		2.78	2.22	0.87	0.13	0.12	2.46
	1－24	同上		2.56	2.32	0.90	0.13	0.11	2.47
	1－25	"五"字瘦长，竖画甚曲；"金"头三角形，四竖点；"朱"头较圆，"朱"下较方		2.55	2.28	0.93	0.15	0.13	3.67
	1－26	同上		2.55	2.32	0.90	0.13	0.11	2.44
	1－27	同上	穿下正面"十"字	2.59	2.39	0.98	0.12	0.11	2.51
	1－28	同上		2.56	2.30	0.95	0.13	0.12	2.85
	1－29	同上		2.59	2.39	0.96	0.13	0.12	3.32
	1－30	同上		2.54	2.21	0.91	0.12	0.10	2.95
	1－31	同上		2.55	2.32	0.88	0.12	0.10	2.68
	1－32	同上		2.59	2.27	0.91	0.15	0.13	3.34
	1－33	"五"字瘦长，竖画甚曲；"金"头三角形，四竖点；"朱"头较方，"朱"下较方		2.55	2.30	0.92	0.12	0.11	2.96
	1－34	同上		2.53	2.22	0.92	0.12	0.13	2.93
	1－35	同上		2.57	2.20	0.90	0.14	0.11	2.66
	1－36	"五"字瘦长，竖画缓曲；"金"头三角形，四竖点；"朱"头较圆，"朱"下较圆		2.60	2.25	0.84	0.14	0.12	2.66
	1－37	同上		2.55	2.31	0.93	0.13	0.11	2.83
	1－38	同上		2.58	2.25	0.10	0.14	0.12	3.01
	1－39	"五"字瘦长，竖画缓曲；"金"头三角形，四竖点；"朱"头较方，"朱"下较圆		2.53	2.25	0.90	0.17	0.15	3.12
	1－40	字迹不清		2.60	2.25	0.90	0.17	0.14	2.95
	1－41	字迹不清		2.58	2.25	0.93	0.15	0.13	2.92
货泉	1－42	穿之右、左篆书"货泉"二字		2.49	2.25	0.97	0.14	0.11	2.77

2015M5

位于本发掘区西南角，方向195°（图一○）。开口于②层下。

（一）墓葬结构

从墓葬结构形制推测，该墓可能为单室石室墓。现残存竖穴墓圹，墓圹平面呈长方形，结构为直壁，平底。墓圹长2.5、宽1.4、残深0.52米。墓底仅存平铺的三块长方形石板，未发现墓道及墓门，保存极差。

（二）葬具及人骨

该墓被严重破坏，未见葬具痕迹。

墓内扰土中发现颅骨残块、少量躯干骨及肢骨，分布散乱，葬式不辨。

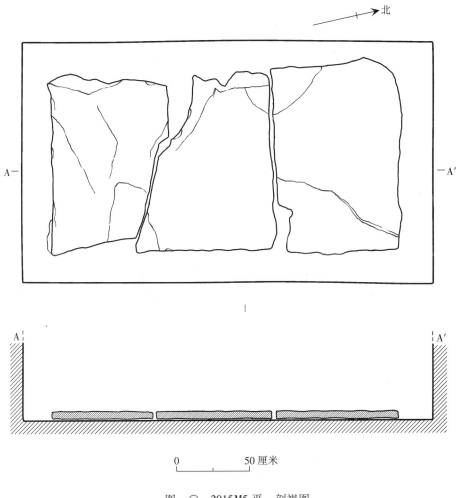

图一○　2015M5 平、剖视图

（三）随葬品

该墓扰土中出土随葬品1件，为陶奁盖。

奁盖　1件。标本M5：扰1，泥质灰陶。方唇，直口微敞，直腹略内弧，圆弧顶。顶上饰凹弦纹一周，其上等距离分布三个乳丁组，顶部边缘施凹槽一周。口径21.8、高18厘米（图一一）。

2015M6

位于本发掘区西南部，方向 192°（图一二）。开口于②层下，开口距地表 1.2 米。

（一）墓葬结构

该墓为单室砖室墓。平面近长方形，由墓道、墓门及墓室三部分组成（彩版六，1）。

墓道　位于墓室南侧。长斜坡状。未完全发掘，长度不详，宽 1.3 米。

墓门　位于墓室南侧。宽 1.44、残高 0.34 米。封门用青砖顺平铺错缝垒砌，现残存三层。

墓室　平面呈长方形。墓圹长 3.64、宽 1.64、深 1 米。先用青砖错缝平铺墓底，再在墓底之上用青砖顺平铺错缝垒砌墓壁，墓壁现存五层，墓顶及墓室上部倒塌。墓室北部东西向纵立三块青砖，将墓室北部隔出一间小室作为头箱。墓室长 3.5、宽 1.6、残高 0.4 米。

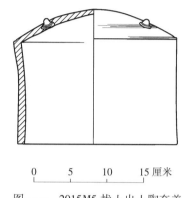

图一一　2015M5 扰土出土陶奁盖（M5：扰 1）

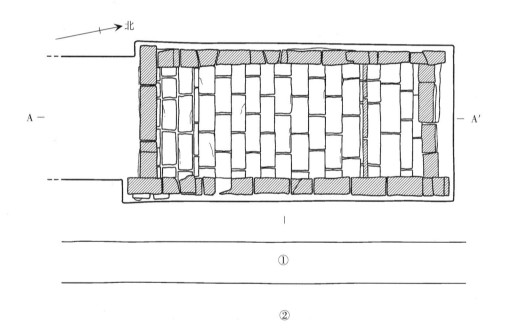

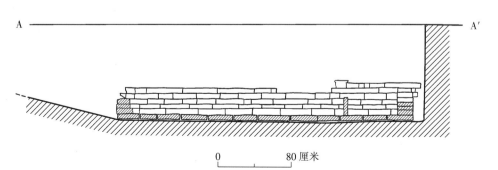

图一二　2015M6 平、剖视图

（二）葬具及人骨

墓内未见葬具痕迹及人骨痕迹。

（三）随葬品

墓内未见随葬品。

2015M7

位于本发掘区西南部，墓向10°（图一三）。开口于第②层下，开口距地表0.64米。

（一）墓葬结构

该墓为多室石室墓。由墓道、墓门及墓室三部分组成（彩版六，2）。

墓道　位于墓室北侧。长方形斜坡状。未完全发掘，长度不详，宽1.86米，底部距地表2.14米。

墓门　位于墓室北侧。由门框及门槛组成，宽1.8、高1.4米（彩版七，1）。门框借用主室侧壁。门槛系用两块长方形石板横置于主室墓壁之间。门外用两块大石板立砌封堵，封门下分别铺有一块长方形石板，西侧石板上缘外侧有近扇形盗洞。

墓室　平面近"L"字形，由主室及后室组成。墓底及墓壁由规整石板砌筑，白灰勾缝，主室上盖石板为顶。主室平面呈长方形，其中部南北纵向立长方形立板三块，将主室分为东、西两长方形小室；立板下有条形础石，上接栌斗，栌斗上托墓顶。主室面阔1.64、进深2.28、高1.47米。后室平面呈长方形，底部高于主室底部0.52米，面阔2.21、进深0.61、高0.95米。

（二）葬具及人骨

主室东、西两小室各置棺床一处，棺床均由两块石板拼合而成。东棺床长3.19、宽0.63米，西棺床长3.13、宽0.64米。未发现木制葬具痕迹。

墓内人骨保存状况较差，颅骨发现于后室西壁旁，少量肢骨置于西侧棺床之上，葬式不辨。

（三）随葬品

该墓共出土随葬品40件（套），随葬品集中置于后室之内，主室西侧也有少量分布。其中陶器39件，还有铜钱82枚。

1. 陶器

共39件。计有方盘1、瓮1、耳杯6、樽1、器座5、亚腰形小陶器1、小釜2、长颈瓶5、小瓿1、器盖4、罐1、盆2、奁1、灯2、俎1、灶1、井1、水斗1、小瓢1、烟囱1。

方盘　1件。标本M7：1，泥质灰陶。整体呈倒梯形，方唇，敞口，平折沿，斜直壁，平底略内凹。沿面饰有一周凹槽，内底刻划有鱼纹，底置四个乳丁状足。口长20.6、口宽10.8、底长15、底宽5.5、高3.5厘米（图一五，11；彩版七，2）。

瓮　1件。标本M7：2，泥质灰陶。尖圆唇，敛口，短直颈，溜肩，弧腹，最大腹径偏上腹部，平底。肩部及上腹部饰三组六周凹弦纹，底部及近底处饰绳纹。口径17.6、最大腹径34.1、底径18.8、高30.2厘米（图一五，12；彩版八，1）。

耳杯　6件（M7：3、5、14、18、20、26）。泥质灰陶或灰褐陶。形制相似，椭圆形杯口，圆唇，敞口，斜弧腹。标本M7：3、20，双耳平齐，余双耳略上翘。标本M7：3，台底。口长径9.9、口短径8.2、底长径5.5、底短径3.5、高3厘米（图一五，1）。标本M7：5，台底。口长径10.3、口短径8.3、

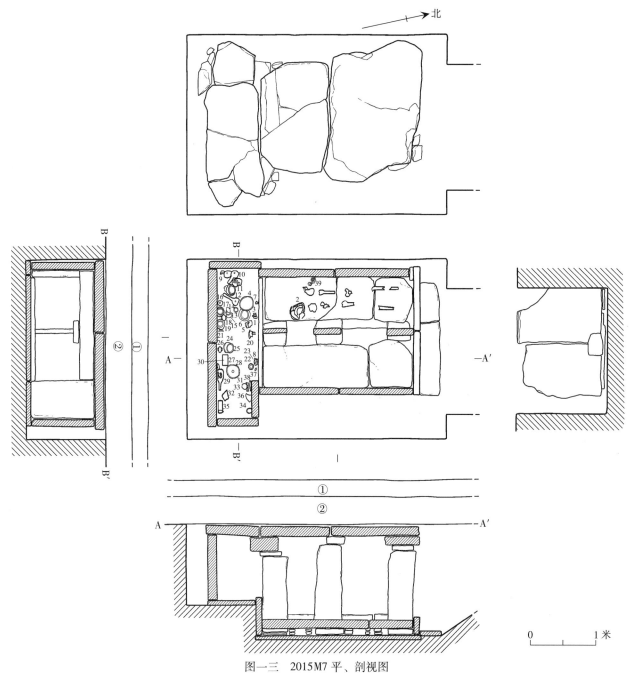

图一三　2015M7 平、剖视图

1. 方盘　2. 瓮　3、5、14、18、20、26. 耳杯　4. 樽　6、17、19、25、31. 器座　7. 亚腰形小陶器　8、23. 小釜　9、10、12、16、36. 长颈瓶　11. 小甑　13、22、30、34. 器盖　15. 罐　21、24. 盆　27. 奁　28、29. 灯　32. 俎　33. 灶　35. 井组合（35 - 1. 井　35 - 2. 水斗）　37. 小瓢　38. 烟囱　39. 铜钱（未标明质地者均为陶器）

底长径 5.6、底短径 3、高 2.8 厘米（图一五，2）。标本 M7:14，台底。口长径 10.2、口短径 7.9、底长径 5.5、底短径 3、高 3.1 厘米（图一五，3）。标本 M7:18，台底。口长径 10.5、口短径 8.5、底长径 5、底短径 3、高 3 厘米（图一五，4；彩版八，3）。标本 M7:20，平底。口长径 10.1、口短径 7.7、底长径 5.7、底短径 2.8、高 3 厘米（图一五，5；彩版八，4）。标本 M7:26，双耳边弧弯上翘，平底。制作较为粗糙。口长径 10.4、口短径 8.1、底长径 5.6、底短径 2.8、高 2.7 厘米（图一五，6）。

　　樽　1 件。标本 M7:4，泥质灰褐陶。圆唇，直口，直腹，平底。腹部饰凹弦纹二周，底置三个兽蹄形足。口径 19.3、底径 20.4、高 13 厘米（图一五，9；彩版八，2）。

图一四 2015M7 出土陶器

1. 小瓢（M7：37） 2、3. 小釜（M7：23、8） 4. 亚腰形小陶器（M7：7） 5. 烟囱（M7：38） 6～9. 器盖（M7：34、30、22、13）
10. 盆（M7：24） 11. 㽅（M7：27） 12. 灶（M7：33） 13. 水斗（M7：35－2） 14. 井（M7：35－1） 15～19. 器座（M7：31、
25、17、6、19）

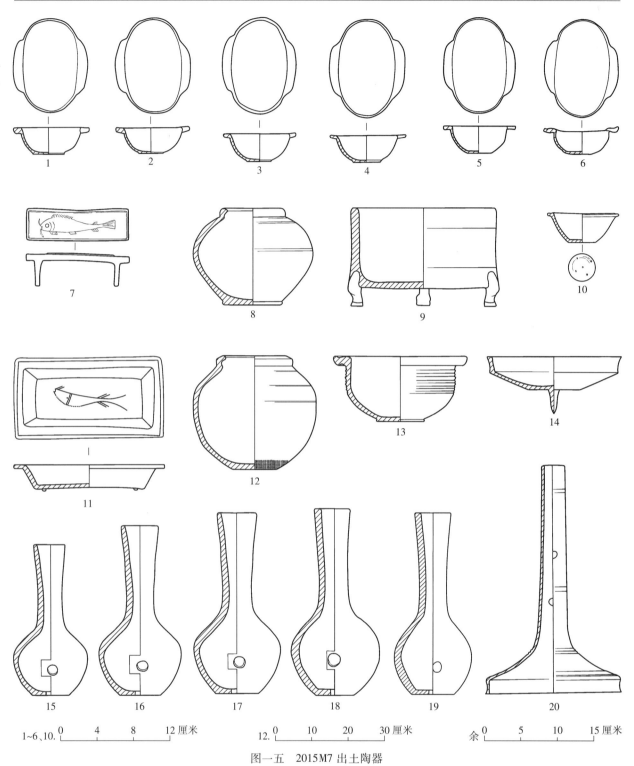

图一五　2015M7 出土陶器

1～6. 耳杯（M7：3、5、14、18、20、26）　7. 俎（M7：32）　8. 罐（M7：15）　9. 樽（M7：4）　10. 小甑（M7：11）　11. 方盘（M7：1）　12. 瓮（M7：2）　13. 盆（M7：21）　14、20. 灯（M7：29、28）　15～19. 长颈瓶（M7：36、9、10、12、16）

　　器座　5 件（M7：6、17、19、25、31）。均为泥质，灰或灰褐陶。形制相似，方圆唇，敛口，外沿施凸凹棱纹，束腰形粗柄、中空，喇叭形座，座底陡折，内凹，形似盘口。标本 M7：6，口径 11.9、柄径 6.3、底径 16.6、高 10.2 厘米（图一四，18）。标本 M7：17，口径 8.8、柄径 4.6、底径 12.5、高 10.1 厘米（图一四，17）。标本 M7：19，口径 12.5、柄径 6.4、底径 17.2、高 11.1 厘米（图一四，19）。标本 M7∶25，底座沿略卷上翘。口径 12.6、柄径 6、底径 17.1、高 11.2 厘米（图一四，16）。标本 M7∶31，口径 11.3、柄径 5.5、底径 16.2、高 10.9 厘米（图一四，15）。

亚腰形小陶器　1 件。标本 M7∶7，泥质灰陶。手工捏制而成，形似陶豆。圆唇，束腰形，两端内凹，呈喇叭口形。口径 1.9、底径 2.2、高 2.5 厘米（图一四，4；彩版七，3）。

小釜　2 件（M7∶8、23）。形制相似，尖圆唇，侈口，束颈，折腹，折腹处出棱，腹部最大径居中，下腹急收，尖状小平底。标本 M7∶8，泥质灰黑陶。口径 6.2、最大腹径 9.2、底径 2.1、高 7.2 厘米（图一四，3；彩版七，4）。标本 M7∶23，泥质灰陶。口径 4.5、最大腹径 5.9、底径 1.1、高 4.5 厘米（图一四，2）。

长颈瓶　5 件（M7∶9、10、12、16、36）。均为泥质灰陶。形制相似，方圆唇，直口，长颈，颈略斜直内收，溜肩，鼓腹，平底。腹部等距穿有三孔，底部穿有一孔。标本 M7∶9，口径 5、最大腹径 11.1、底径 5.7、高 22.5 厘米（图一五，16；彩版九，1）。标本 M7∶10，口径 5.2、最大腹径 12、底径 5.9、高 23.8 厘米（图一五，17）。标本 M7∶12，口径 4.7、最大腹径 12.1、底径 5.3、高 24.7 厘米（图一五，18；彩版九，2）。标本 M7∶16，口径 24、最大腹径 10.5、底径 5.8、高 24 厘米（图一五，19）。标本 M7∶36，口径 4.3、最大腹径 11、底径 5、高 19.9 厘米（图一五，15）。

小瓶　1 件。标本 M7∶11，泥质灰褐陶。圆唇，侈口，斜弧腹略折，平底。沿面饰有一周凹槽，底置五个圆形瓶孔。口径 8.4、底径 3.4、高 3.4 厘米（图一五，10；彩版七，5）。

器盖　4 件（M7∶13、22、30、34）。均为泥质灰褐陶。形制相似，尖圆唇，子母口，弧顶。除标本 M7∶13 无沿外，余均为宽平沿。标本 M7∶13，口径 9.8、高 2.2 厘米（图一四，9）。标本 M7∶22，口径 7.2、高 2.4 厘米（图一四，8；彩版九，3）。标本 M7∶30，口径 7.3、高 1.7 厘米（图一四，7）。标本 M7∶34，口径 7.3、高 1.4 厘米（图一四，6）。

罐　1 件。标本 M7∶15，泥质灰褐陶。尖圆唇内勾，敛口，短直颈略内斜，弧肩，鼓腹，最大腹径居中，台底。肩及上腹饰二组四周凹弦纹。口径 7.9、最大腹径 16.6、底径 7.9、高 12.8 厘米（图一五，8；彩版八，5）。

盆　2 件（M7∶21、24）。标本 M7∶21，泥质灰陶。方圆唇，直口，平折沿，斜弧腹，台底。沿面施一周浅凹槽，上腹饰多道瓦棱纹。口径 17.5、底径 6.5、高 8.7 厘米（图一五，13；彩版九，4）。标本 M7∶24，泥质灰褐陶。方唇，敞口，平折沿，斜弧腹，平底。沿面施一周凹槽。口径 9.7、底径 3.7、高 3.8 厘米（图一四，10；彩版九，5）。

奁　1 件。标本 M7∶27，泥质灰褐陶。仅存奁体。平面呈亚腰椭圆形，圆唇，直口，直腹，平底。长径 18.2、短径 6.9、高 9.8 厘米（图一四，11；彩版九，6）。

灯　2 件（M7∶28、29）。标本 M7∶28，泥质灰陶。分体灯，灯盘不存。空心细高柄，喇叭形灯座，座底陡折，形似盘口。柄上穿有两孔，灯柄及底座饰有多周凹弦纹。底径 18.4、残高 30.2 厘米（图一五，20；彩版一〇，2）。标本 M7∶29，泥质灰褐陶。分体灯，仅存灯盘。方圆唇，敞口，折腹，平底。底置一尖锥状灯柄，可插入灯座。口径 18.5、盘底径 7.1、高 7.9 厘米（图一五，14）。

俎　1 件。标本 M7∶32，泥质灰陶。长方形俎面，俎面模印鱼纹。俎底竖置两个长方形扁足，足底削出半圆形缺口。长 14.2、宽 4.1、高 4.1、足高 2.6 厘米（图一五，7；彩版一〇，1）。

灶　1件。标本 M7∶33，泥质灰陶。灶面呈梯形，前端出长方形遮烟檐，灶面呈"品"字形置两小一大三个圆形火眼，灶面大部残损；灶面前端贴遮烟檐处刻划水波纹。长方形灶门不落地；灶门周围刻划有条带状水波纹，灶门下刻划放射状线纹。灶面通长 19.7、宽 17.8、高 12.8 厘米，灶门长 7.8、高 3.8 厘米，火眼直径 8、4.8、4.8 厘米（图一四，12；彩版一〇，4）。

井　1件。标本 M7∶35 - 1，泥质灰陶。方唇，敞口，平折沿，筒形深腹，腹部以一周凹槽划分为上、下腹，上腹内弧，下腹竖直略内凹，平底。口径 10.1、最大腹径 9.6、底径 8.8、高 17.6厘米（图一四，14；彩版一〇，3 左）。

水斗　1件。标本 M7∶35 - 2，泥质灰陶。由提梁和斗身组成。提梁呈"人"字形，顶部穿有一圆形小孔。斗身尖唇，敞口，斜弧腹，圜底。口径 4.9、通高 6.6 厘米（图一四，13；彩版一〇，3 右）。

小瓢　1件。标本 M7∶37，泥质灰陶。手工捏制而成。整体呈心形，圆唇，弧腹，圜底。通长 4.7、通宽 3.7、高 1.7 厘米（图一四，1；彩版一〇，5）。

烟囱　1件。标本 M7∶38，泥质灰陶。手工捏制，圆台状，近顶部束腰，两端喇叭形，中部穿小圆孔。口径 2.2、底径 4.4、高 4.3 厘米（图一四，5；彩版一〇，6）。

2. 铜钱

82 枚，编号 M7∶39 - 1 ~ 39 - 82。均为"五铢"。详情见表三。

表三　　　　　　　　　　2015M7 出土铜钱登记表　　　　　　（尺寸单位：厘米；重量单位：克）

种类	编号	特征		郭径	钱径	穿宽	郭厚	肉厚	重量
		文字特征	记号						
五铢	39 - 1	"五"字瘦长，竖画甚曲；"金"头三角形，四竖点；"朱"头较圆，"朱"下较圆		2.57	2.21	0.87	0.11	0.09	2.32
	39 - 2	同上		2.55	2.31	0.90	0.12	0.11	2.57
	39 - 3	同上		2.57	2.27	0.95	0.16	0.12	2.99
	39 - 4	同上		2.63	2.34	0.94	0.12	0.10	2.77
	39 - 5	同上		2.60	2.30	0.88	0.14	0.13	3.02
	39 - 6	同上		2.79	2.21	0.87	0.13	0.13	2.46
	39 - 7	同上		2.59	2.23	0.90	0.14	0.13	3.25
	39 - 8	同上		2.79	2.21	0.87	0.13	0.12	2.46
	39 - 9	同上		2.57	2.28	0.96	0.13	0.12	3.04
	39 - 10	同上		2.66	2.32	0.89	0.16	0.14	3.67
	39 - 11	同上		2.70	2.36	0.90	0.17	0.15	3.86
	39 - 12	同上		2.55	2.25	0.91	0.13	0.12	2.87
	39 - 13	同上		2.63	2.34	0.94	0.12	0.10	2.77
	39 - 14	同上		2.60	2.30	0.88	0.14	0.13	3.02
	39 - 15	同上		2.59	2.58	0.96	0.12	0.11	2.67
	39 - 16	同上		2.49	2.31	0.88	0.11	0.09	2.32
	39 - 17	同上		2.55	2.35	0.86	0.14	0.12	3.06

种类	编号	特征		郭径	钱径	穿宽	郭厚	肉厚	重量
		文字特征	记号						
五铢	39－18	"五"字瘦长，竖画甚曲；"金"头三角形，四竖点；"朱"头较圆，"朱"下较圆		2.56	2.34	0.97	0.15	0.13	3.45
	39－19	同上		2.57	2.28	0.96	0.13	0.12	3.04
	39－20	同上		2.60	2.30	0.88	0.14	0.13	3.02
	39－21	同上		2.59	2.58	0.96	0.12	0.11	2.67
	39－22	同上		2.49	2.31	0.88	0.11	0.09	2.32
	39－23	同上		2.55	2.35	0.86	0.14	0.12	3.06
	39－24	同上		2.56	2.34	0.97	0.15	0.13	3.45
	39－25	同上		2.57	2.28	0.96	0.13	0.12	3.04
	39－26	同上		2.59	2.23	0.90	0.14	0.13	3.25
	39－27	同上		2.56	2.25	0.90	0.15	0.14	3.03
	39－28	同上		2.55	2.31	0.88	0.12	0.10	2.68
	39－29	同上		2.79	2.21	0.87	0.13	0.12	2.46
	39－30	同上		2.55	2.32	0.99	0.13	0.12	3.00
	39－31	同上		2.66	2.26	0.90	0.15	0.14	3.23
	39－32	同上		2.58	2.34	0.92	0.12	0.10	2.45
	39－33	同上		2.57	2.21	0.87	0.11	0.09	2.32
	39－34	同上		2.47	2.23	0.93	0.12	0.10	2.55
	39－35	同上		2.70	2.36	0.90	0.17	0.15	3.86
	39－36	同上		2.55	2.25	0.91	0.13	0.12	2.87
	39－37	同上		2.63	2.34	0.94	0.12	0.10	2.77
	39－38	同上		2.55	2.25	0.91	0.13	0.12	2.87
	39－39	同上		2.60	2.30	0.88	0.14	0.13	3.02
	39－40	同上		2.59	2.58	0.96	0.12	0.11	2.67
	39－41	同上		2.49	2.31	0.88	0.11	0.09	2.32
	39－42	同上		2.55	2.35	0.86	0.14	0.12	3.06
	39－43	同上		2.55	2.25	0.91	0.13	0.12	2.87
	39－44	同上		2.55	2.25	0.91	0.13	0.12	2.87
	39－45	同上		2.63	2.34	0.94	0.12	0.10	2.77
	39－46	同上		2.60	2.30	0.88	0.14	0.13	3.02
	39－47	同上		2.59	2.58	0.96	0.12	0.11	2.67
	39－48	同上		2.49	2.31	0.88	0.11	0.09	2.32
	39－49	同上		2.59	2.58	0.96	0.12	0.11	2.67
	39－50	同上		2.60	2.30	0.88	0.14	0.13	3.02

种类	编号	特征		郭径	钱径	穿宽	郭厚	肉厚	重量
		文字特征	记号						
五铢	39－51	"五"字瘦长，竖画甚曲；"金"头三角形，四竖点；"朱"头较方，"朱"下较圆		2.60	2.30	0.88	0.14	0.13	3.02
	39－52	同上		2.58	2.34	0.92	0.12	0.10	2.45
	39－53	同上		2.63	2.34	0.94	0.12	0.10	2.77
	39－54	同上		2.66	2.32	0.94	0.14	0.12	2.96
	39－55	同上		2.65	2.35	0.95	0.15	0.13	2.34
	39－56	同上		2.59	2.23	0.90	0.14	0.13	3.25
	39－57	同上		2.55	2.25	0.91	0.13	0.12	2.87
	39－58	同上		2.59	2.58	0.96	0.12	0.11	2.67
	39－59	同上		2.56	2.25	0.90	0.15	0.14	3.03
	39－60	同上		2.55	2.32	0.99	0.13	0.12	3.00
	39－61	同上		2.64	2.23	0.93	0.12	0.11	2.88
	39－62	同上		2.60	2.30	0.88	0.14	0.13	3.02
	39－63	同上		2.64	2.23	0.93	0.12	0.11	2.88
	39－64	同上		2.57	2.28	0.89	0.12	0.11	3.22
	39－65	同上		2.55	2.31	0.90	0.12	0.11	2.57
	39－66	"五"字瘦长，竖画甚曲；"金"头三角形，四竖点；"朱"头较方，"朱"下较方		2.63	2.34	0.94	0.12	0.10	2.77
	39－67	同上		2.55	2.19	0.90	0.13	0.12	2.58
	39－68	同上		2.55	2.25	0.91	0.13	0.12	2.87
	39－69	同上		2.55	2.30	0.93	0.12	0.11	2.55
	39－70	同上		2.57	2.28	0.89	0.12	0.11	3.22
	39－71	"五"字瘦长，竖画甚曲；"金"头三角形，四竖点；"朱"头较圆，"朱"下较方		2.53	2.35	0.92	0.13	0.11	2.61
	39－72	同上		2.56	2.24	0.83	0.16	0.15	3.22
	39－73	同上		2.70	2.36	0.90	0.17	0.15	3.86
	39－74	同上		2.63	2.34	0.94	0.12	0.10	2.77
	39－75	同上		2.55	2.31	0.88	0.12	0.10	2.68
	39－76	同上		2.55	2.31	0.88	0.12	0.10	2.68
	39－77	同上		2.63	2.34	0.94	0.12	0.10	2.77
	39－78	同上		2.63	2.34	0.94	0.12	0.10	2.77

种类	编号	特征		郭径	钱径	穿宽	郭厚	肉厚	重量
		文字特征	记号						
五铢	39－79	"五"字瘦长，竖画缓曲；"金"头三角形，四竖点；"朱"头较圆，"朱"下较方		2.66	2.26	0.90	0.15	0.14	3.23
	39－80	"五"字瘦长，竖画缓曲；"金"头三角形，四竖点；"朱"头较圆，"朱"下较圆		2.55	2.31	0.91	0.11	0.09	1.85
	39－81	"五"字瘦长，竖画缓曲；"金"头三角形，四竖点；"朱"头较方，"朱"下较圆		2.55	2.32	0.99	0.13	0.12	3.00
	39－82	字迹不清		2.59	2.32	0.96	0.12	0.11	2.15

2015M8

位于本发掘区南部中段，被严重破坏，墓向不辨（图一六）。开口于②层下。

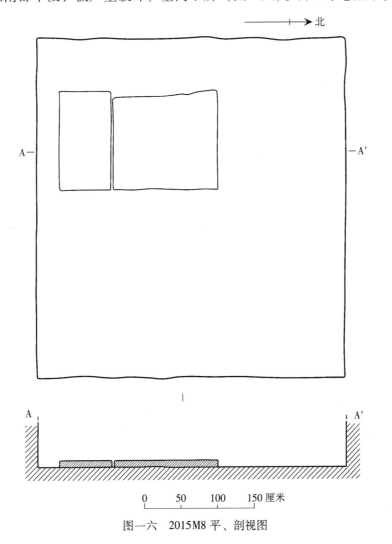

图一六 2015M8 平、剖视图

（一）墓葬结构

从墓葬结构形制推测，该墓可能为石室墓。现残存土坑竖穴墓圹，墓圹平面近方形，结构为直壁，平底。墓圹长4.5、宽4.21、残深0.59米。仅在墓底西南残存两块平铺的长方形石板，未发现墓道及墓门，保存极差。

（二）葬具及人骨

该墓被严重破坏，未见葬具痕迹及人骨痕迹。

（三）随葬品

该墓扰土中出土6枚"五铢"，编号M8：扰1-1~扰1-6。详情见表四。

表四　　　　　　　　　　2015M8出土铜钱登记表　　　　　（尺寸单位：厘米；重量单位：克）

| 种类 | 编号 | 特征 | | 郭径 | 钱径 | 穿宽 | 郭厚 | 肉厚 | 重量 |
		文字特征	记号						
五铢	扰1-1	"五"字瘦长，竖画缓曲；"金"头三角形，四竖点；"朱"头较圆，"朱"下较圆		2.31	2.11	0.96	0.13	0.13	1.94
	扰1-2	同上		2.52	2.30	0.94	0.15	0.14	3.97
	扰1-3	同上		2.58	2.24	0.93	0.13	0.11	2.39
	扰1-4	"五"字瘦长，竖画甚曲；"金"头三角形，四竖点；"朱"头较圆，"朱"下较圆		2.31	2.23	0.91	0.13	0.12	2.46
	扰1-5	"五"字瘦长，竖画甚曲；"金"头三角形，四竖点；"朱"头较方，"朱"下较方		2.58	2.35	0.90	0.13	0.11	2.87
	扰1-6	字迹不清		2.31	2.16	0.89	0.12	0.11	1.88

2015M9

位于本发掘区南部中段，墓向200°（图一七）。开口于①层下，开口距地表0.34米。

（一）墓葬结构

该墓为多室石室墓。由墓道、墓门及墓室三部分组成（彩版一一，1）。

墓道　位于墓室南侧。长方形斜坡状。未完全发掘，长度不详，宽1.9米，底部距地表2.3米。

墓门　位于墓室南侧。由门框及门槛组成，通宽1.8、高1.76米。门框借用主室侧壁，门槛系用一块长方形石板横置于主室墓壁之间。门外用三块大石板立砌封堵。

墓室　平面近长方形，由主室及后室组成。墓底及墓壁由规整石板砌筑，白灰勾缝，上盖石板为顶。主室平面呈长方形，中部南北纵向立长方形立板三块，将主室分为东、西两个长方形小室，立板下有条形础石，上接墓顶。主室面阔1.6、进深2.5、高1.6米。后室平面呈长方形，底部高于主室底部0.41米，面阔1.6、进深0.84、高1.19米。

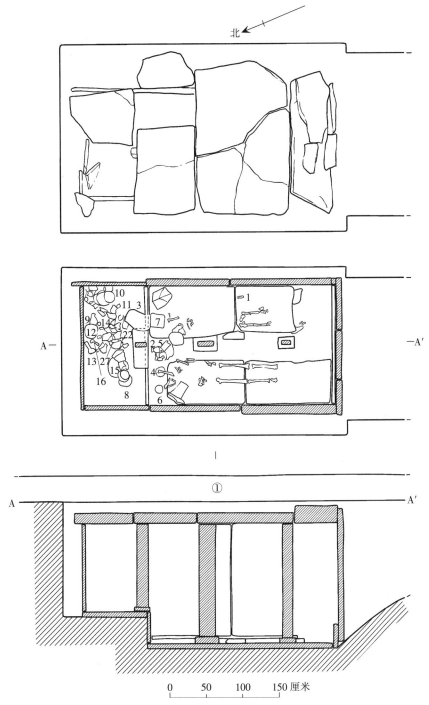

图一七　2015M9 平、剖视图

1. 铜钱　2、15. 樽　3 和 7、9. 奁　4. 盆　5、6、22. 罐　8、20、21. 盘　10. 井组合（10 - 1. 井　10 - 2. 支架　10 - 3. 水斗）
11. 案　12. 灶　13、23、24、25、26. 长颈瓶　14、27. 灯　16、18、28～32. 耳杯　17、34. 器盖　33、35、37. 小瓿　36、
38. 小釜　39、40. 小盆　41. 小勺（5 压于 2 下，12 压于 9 下，16 压于 13 下，17 压于 10 下，18 压于 7 下，19 压于 12 下，20、
21 压于 19 下，23～26 压于 9 下，28～32 压于 5 下，33～41 均在 3 之内成一套；未标明质地者均为陶器）

（二）葬具及人骨

主室东、西小室各置棺床一处，棺床均由两块石板拼合而成。东侧棺床长 1.9、宽 0.7、厚
0.4 米，西侧棺床长 2.28、宽 0.6、厚 0.4 米。木制葬具腐蚀殆尽，仅存棺钉数枚。

墓内人骨两例，葬式为仰身直肢葬。东侧棺床上人骨个体保存状况较差，仅存少量下肢骨；

西侧棺床上人骨个体保存较好（彩版一一，2）。

（三）随葬品

该墓出土随葬品 40 件（套），集中堆放于后室中，主室也有零星分布。其中陶器 39 件，另有铜钱 102 枚。

1. 陶器

共 39 件。计有樽 2、奁 2、盆 1、罐 3、盘 3、井 1、支架 1、水斗 1、案 1、灶 1、长颈瓶 5、灯 1、耳杯 7、小瓿 3、器盖 2、小釜 2、小盆 2、小勺 1。

樽　2 件（M9∶2、15）。标本 M9∶2，泥质灰陶。圆唇，直口，直壁略内凹，平底。腹部饰二周凹槽，底置三个兽蹄足。口径 18.9、底径 16.5、高 14.2、足高 6 厘米（图一八，8；彩版一二，1）。标本 M9∶15，泥质灰褐陶。方圆唇，直口微敛，折腹，小平底。底置三个乳丁状足。口径 17.1、底径 6.8、高 9.7 厘米（图一八，7；彩版一二，2）。

奁　2 件（M9∶3 和 7、9）。标本 M9∶3、7 为一套组合，泥质灰陶。整体呈长方形，由奁盖和奁体组成。奁盖方唇，直口，直壁，盖顶斜直折，小平顶，顶部下凹成长方形，四角置四个乳丁

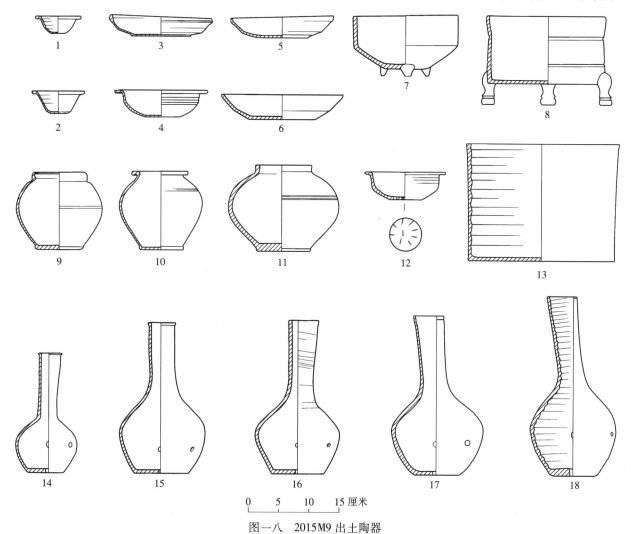

图一八　2015M9 出土陶器

1、2. 小盆（M9∶40、39）　3、5、6. 盘（M9∶8、21、20）　4. 盆（M9∶4）　7、8. 樽（M9∶15、M9∶2）　9~11. 罐（M9∶6、5、22）　12. 小瓿（M9∶33）　13. 奁（M9∶9）　14~18. 长颈瓶（M9∶25、23、24、13、26）

状纽。口长径 38.3、口短径 21.4、底长径 26.7、底短径 11.4、高 21.7 厘米。奁体方唇,直口,直壁,平底。长径 35.3、短径 18.2、高 16.5 厘米(图二一;彩版一二,3、4)。标本 M9:9,泥质灰陶。平面近圆形,仅存奁体。方唇,直口,直腹,平底。腹内留有修胎痕迹。口径 25.1、底径 24.1、高 18.7 厘米(图一八,13;彩版一二,5)。

盆 1 件。标本 M9:4,泥质灰陶。方圆唇,侈口,平沿微卷,沿面施有一周凹槽,斜弧腹,平底。上腹饰有瓦棱纹四周。口径 15.3、底径 5.7、高 4.3 厘米(图一八,4;彩版一二,6)。

罐 3 件(M9:5、6、22)。标本 M9:5,泥质灰陶。方唇,侈口,平折沿,弧肩,鼓腹,最大腹径位于中部偏上,台底。肩部饰凹弦纹两周。口径 9、最大腹径 13.7、底径 7、高 12.5 厘米(图一八,10;彩版一三,1)。标本 M9:6,泥质灰褐陶。圆唇内折,敛口,矮领,弧肩,鼓腹,最大腹径居中,台底。口内施有凹槽一周,腹部饰有凹弦纹二周。口径 8.3、最大腹径 14.2、底径 7.3、高 12.3 厘米(图一八,9;彩版一三,2)。标本 M9:22,泥质灰褐陶。方圆唇,直口微敛,矮直颈,弧肩,鼓腹,最大腹径居中,台底。腹部饰凹弦纹二周。口径 9.4、最大腹径 18.2、底径 8.8、高 13.8 厘米(图一八,11)。

盘 3 件(M9:8、20、21)。标本 M9:8,泥质灰褐陶。尖圆唇,敞口,折腹,台底。口沿不平,外沿施一圈凹槽。口径 16.5、底径 9.7、高 3.6 厘米(图一八,3;彩版一三,3)。标本 M9:20,泥质灰陶。尖圆唇,敞口,折腹,台底。内底施凸棱一周。口径 19.9、底径 10.8、高 4.1 厘米(图一八,6)。标本 M9:21,泥质灰陶。器形不规整。方唇,直口微敛,折腹,平底。口径 17、底径 7.8、高 3.7 厘米(图一八,5;彩版一三,4)。

井 1 件。标本 M9:10-1,泥质灰陶。方圆唇,侈口,平折沿,束颈,筒形深腹,腹壁直,平底。颈下施竹节状凸棱,腹内留有修胎痕迹。口径 8.7、最大腹径 9.2、底径 8.4、高 14.6 厘米(图二〇,3;彩版一四,1 左)。

支架 1 件。标本 M9:10-2,泥质灰褐陶。平面呈"井"字形,中间呈环状。长 12.2、宽 7.2、内径 4.7 厘米(图二〇,2;彩版一四,1 中)。

水斗 1 件。标本 M9:10-3,泥质灰陶。手制,由提梁及斗组成。提梁呈"人"字形。斗圆唇,敞口,斜弧腹,圜底。口径 3.2、高 4.3 厘米(图一九,8;彩版一四,1 右)。

案 1 件。标本 M9:11,泥质灰陶。平面呈圆形,器物整体发生形变。扁平片状,边缘凸起为沿,沿方唇,略外倾。案心施有同心圆纹。口径 29.5、底径 26、高 1.5 厘米(图二〇,4;彩版一三,5)。

灶 1 件。标本 M9:12,泥质灰陶。灶面呈梯形,灶面呈"品"字形置两小一大三个圆形火眼,后端正中置一圆形烟孔;长方形灶门不落地。长 20、宽 18、高 9.5 厘米,灶门长 6.5、宽 2.3 厘米,火眼直径 4、3.3、3.3 厘米,烟孔直径 1 厘米(图二〇,5;彩版一四,2)。

长颈瓶 5 件(M9:13、23、24、25、26)。均为泥质,灰陶或灰褐陶。形制相似,方唇,侈口略直,细长颈,颈部均有偏斜,溜肩,鼓腹,平底;腹部等距穿有三孔,底部穿有一孔。标本 M9:13,唇外起一道凸棱,口径 4.8、最大腹径 15、底径 7.4、高 25.3 厘米(图一八,17;彩版一五,1)。标本 M9:23,口径 4.4、最大腹径 14.2、底径 8.9、高 24 厘米(图一八,15)。标本 M9:24,口径 4.9、最大腹径 14、底径 8.5、高 24.4 厘米(图一八,16)。标本 M9:25,唇外起一道凸

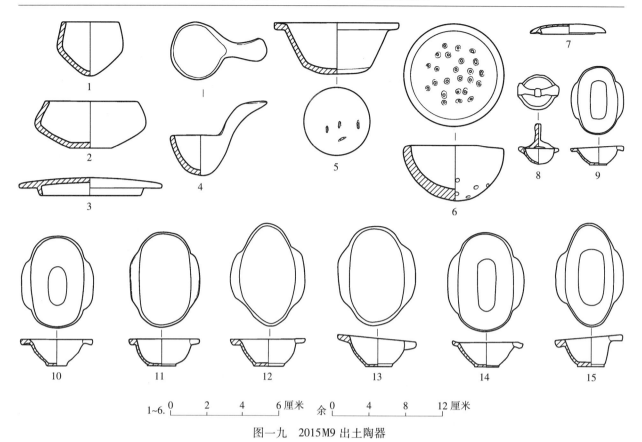

1~6. 0　　2　　4　　6厘米　余 0　　4　　8　　12厘米

图一九　2015M9 出土陶器

1、2. 小釜（M9：38、36）　3、7. 器盖（M9：17、34）　4. 小勺（M9：41）　5、6. 小甑（M9：37、35）　8. 水斗（M9：10-3）
9～15. 耳杯（M9：31、28、29、18、32、16、30）

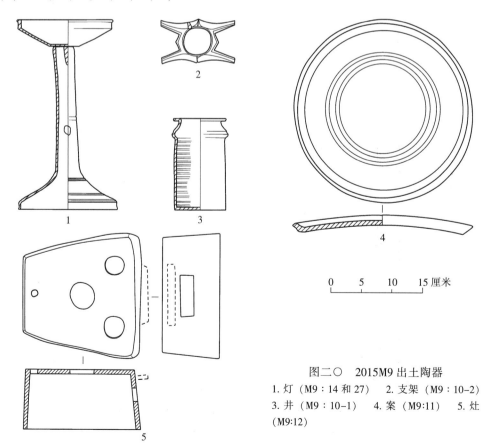

0　　5　　10　　15厘米

图二○　2015M9 出土陶器

1. 灯（M9：14 和 27）　2. 支架（M9：10-2）
3. 井（M9：10-1）　4. 案（M9:11）　5. 灶
（M9:12）

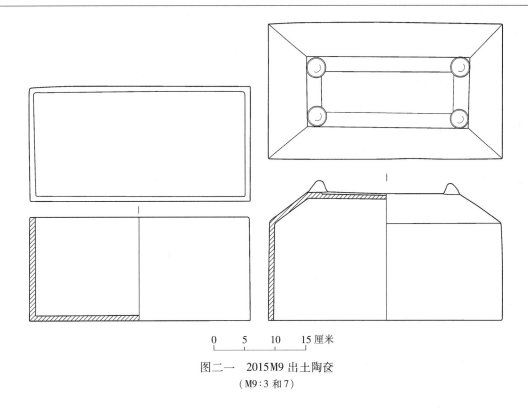

图二一　2015M9 出土陶奁

（M9：3 和 7）

棱。口径 3.8、最大腹径 10.1、底径 5.7、高 19 厘米（图一八，14）。标本 M9：26，器内凹凸不平。口径 5、最大腹径 14.2、底径 8.4、高 28.5 厘米（图一八，18；彩版一五，2）。

灯　1 件。标本 M9：14 和 M9：27，分体灯。泥质灰陶。方唇，唇外起一道凸棱，直口，折腹，平底，底部附一尖锥状灯柄插入灯座中。喇叭形灯座，高柄中空，柄中部镂一圆孔，座底陡折，形似盘口，座底施多周凹弦纹。口径 15.6、底径 16.2、高 30.2 厘米（图二〇，1；彩版一四，3）。

耳杯　7 件（M9：16、18、28、29、30、31、32）。均为灰褐陶。形制相似，椭圆形杯口，方圆唇，双耳不甚规整，略平齐，斜弧腹，台底。标本 M9：16，一耳略上翘，一耳略下弧。口长径 10.4、口短径 6、底长径 5.6、底短径 2.6、高 2.5 厘米（图一九，14）。标本 M9：18，口长径 10.7、口短径 6.12、底长径 6.1、底短径 3.1、高 2.9 厘米（图一九，12；彩版一三，6）。标本 M9：28，口长径 9.8、口短径 6、底长径 5.4、底短径 2.7、高 2.9 厘米（图一九，10）。标本 M9：29，口长径 10、口短径 6、底长径 5、底短径 3、高 3 厘米（图一九，11）。标本 M9：30，口部倾斜。口长径 11、口短径 5、底长径 6.5、底短径 3、高 3.5 厘米（图一九，15）。标本 M9：31，口沿微斜。口长径 7.3、口短径 4.4、底长径 4.1、底短径 2、高 2 厘米（图一九，9）。标本 M9：32，口部倾斜。口长径 10.3、口短径 5.4、底长径 5.9、底短径 2.2、高 3.4 厘米（图一九，13）。

小甑　3 件（M9：33、35、37）。标本 M9：33，泥质灰陶。方圆唇，敞口，平折沿，折腹，平底。底部穿有九个水滴状甑孔。上腹部饰浅凹弦纹二周。口径 13.1、底径 5.3、高 4.4 厘米（图一八，12；彩版一五，3）。标本 M9：35，泥质灰陶。方唇，敞口，斜弧腹，圜底，底部穿有二十六个圆形甑孔，其中二十四个甑孔对穿、穿透，两个甑孔自外底向内穿，未透。口径 5.5、高 3 厘米（图一九，6）。标本 M9：37，泥质灰褐陶。方唇，敞口，平折沿，斜弧腹，平底略外凸，底部穿有四个椭圆形甑孔。口径 6.8、底径 2、高 2.8 厘米（图一九，5；彩版一五，4）。

器盖　2 件（M9∶17、34）。标本 M9∶17，泥质灰陶。器形不规整。尖圆唇，子母口，宽沿，顶部略鼓。口径 5.5、高 1 厘米（图一九，3）。标本 M9∶34，泥质灰褐陶。敛口，圆唇，盖壁斜直下收，弧顶，顶部有刮削痕迹。口径 5.8、高 1.5 厘米（图一九，7；彩版一五，5）。

小釜　2 件（M9∶36、38）。泥质灰陶。圆唇，敛口，折腹，最大腹径居中。标本 M9∶36，小平底，下腹和底部有刮削痕。口径 5、最大腹径 6.2、底径 2.3、高 2.5 厘米（图一九，2；彩版一五，6）。标本 M9∶38，下腹急收，尖状小平底。口径 3.1、最大腹径 3.6、高 2.9 厘米（图一九，1）。

小盆　2 件（M9∶39、40）。方圆唇，平折沿，平底，底部留有刮削修整痕。标本 M9∶39，泥质灰褐陶。斜直腹。口径 8.7、底径 2.7、高 3.6 厘米（图一八，2）。标本 M9∶40，泥质灰陶。斜弧腹。口径 7.5、底径 2.3、高 2.8 厘米（图一八，1；彩版一五，7）。

小勺　1 件。标本 M9∶41，泥质灰陶。勺体平面呈圆形，圆唇，斜弧腹，圈底，一侧安扁平弧状把手。通长 5.4、通高 5、口径 3 厘米（图一九，4；彩版一五，8）。

2. 铜钱

102 枚，编号 M9∶1－1～1－102。均为"五铢"。详情见表五。

表五　　　　　　　　　　2015M9 出土铜钱登记表　　　　　　　（尺寸单位：厘米；重量单位：克）

种类	编号	特征		郭径	钱径	穿宽	郭厚	肉厚	重量
		文字特征	记号						
五铢	1－1	"五"字瘦长，竖画甚曲；"金"头三角形，四竖点；"朱"头较圆，"朱"下较圆		2.55	2.31	0.88	0.12	0.10	2.68
	1－2	同上		2.57	2.28	0.89	0.12	0.11	3.22
	1－3	同上		2.79	2.21	0.87	0.13	0.12	2.46
	1－4	同上		2.55	2.32	0.99	0.13	0.12	3.00
	1－5	同上		2.57	2.28	0.89	0.12	0.11	3.22
	1－6	同上		2.79	2.21	0.87	0.13	0.12	2.46
	1－7	同上		2.55	2.30	0.93	0.12	0.11	2.55
	1－8	同上		2.65	2.22	0.96	0.14	0.12	3.00
	1－9	同上		2.47	2.34	0.93	0.12	0.10	2.55
	1－10	同上		2.60	2.31	0.89	0.15	0.13	3.33
	1－11	同上		2.57	2.28	0.96	0.13	0.12	3.04
	1－12	同上		2.64	2.23	0.93	0.12	0.11	2.88
	1－13	同上		2.55	2.32	0.99	0.13	0.12	3.00
	1－14	同上		2.59	2.23	0.90	0.14	0.13	3.25
	1－15	同上		2.56	2.25	0.90	0.15	0.14	3.03
	1－16	同上		2.55	2.31	0.88	0.12	0.10	2.68
	1－17	同上		2.51	2.21	0.87	0.15	0.11	3.24
	1－18	同上		2.57	2.33	0.90	0.12	0.11	3.32
	1－19	同上		2.49	2.23	0.99	0.13	0.12	3.28
	1－20	同上		2.57	2.23	0.90	0.14	0.13	3.57
	1－21	同上		2.55	2.22	0.90	0.15	0.14	3.72

种类	编号	特征		郭径	钱径	穿宽	郭厚	肉厚	重量
		文字特征	记号						
五铢	1－22	"五"字瘦长，竖画甚曲；"金"头三角形，四竖点；"朱"头较圆，"朱"下较圆		2.57	2.32	0.90	0.12	0.10	2.65
	1－23	同上		2.58	2.27	0.89	0.12	0.11	3.78
	1－24	同上		2.68	2.22	0.87	0.15	0.14	2.64
	1－25	同上		2.57	2.24	0.90	0.13	0.10	2.95
	1－26	同上		2.56	2.26	0.90	0.13	0.12	3.33
	1－27	同上		2.55	2.23	0.90	0.12	0.11	2.62
	1－28	同上		2.42	2.27	0.87	0.13	0.10	3.29
	1－29	同上		2.55	2.22	0.90	0.12	0.09	2.87
	1－30	同上		2.57	2.35	0.98	0.13	0.12	2.78
	1－31	同上		2.57	2.27	0.90	0.12	0.11	2.39
	1－32	同上		2.48	2.27	0.98	0.17	0.14	2.92
	1－33	同上		2.56	2.41	0.90	0.15	0.14	2.81
	1－34	同上		2.38	2.22	0.99	0.09	0.10	2.55
	1－35	同上		2.58	2.25	0.95	0.12	0.11	2.25
	1－36	同上		2.53	2.23	0.93	0.12	0.11	2.40
	1－37	同上		2.55	2.22	0.90	0.13	0.10	2.50
	1－38	同上		2.60	2.31	0.98	0.10	0.14	2.81
	1－39	同上		2.58	2.32	0.96	0.12	0.10	3.32
	1－40	同上		2.58	2.25	0.95	0.18	0.16	3.22
	1－41	同上		2.54	2.28	0.98	0.12	0.10	2.36
	1－42	同上		2.54	2.25	0.97	0.13	0.12	3.12
	1－43	同上		2.55	2.27	0.94	0.13	0.11	3.00
	1－44	同上		2.58	2.27	0.93	0.13	0.10	3.13
	1－45	同上		2.58	2.21	0.91	0.11	0.09	2.85
	1－46	同上		2.56	2.31	0.99	0.12	0.10	2.31
	1－47	同上		2.56	2.19	0.87	0.12	0.11	3.03
	1－48	同上		2.57	2.26	0.97	0.13	0.10	2.53
	1－49	同上		2.52	2.24	0.96	0.08	0.07	2.07
	1－50	同上		2.54	2.24	0.89	0.16	0.14	3.60
	1－51	同上		2.56	2.29	0.91	0.12	0.10	2.67
	1－52	同上		2.57	2.32	0.93	0.16	0.14	3.77
	1－53	同上		2.55	2.34	0.97	0.13	0.11	2.42
	1－54	同上		2.54	2.25	0.91	0.12	0.10	2.39
	1－55	同上		2.60	2.28	0.99	0.17	0.14	2.82

续表五

种类	编号	特征		郭径	钱径	穿宽	郭厚	肉厚	重量
		文字特征	记号						
五铢	1－56	"五"字瘦长，竖画甚曲；"金"头三角形，四竖点；"朱"头较圆，"朱"下较圆		2.53	2.26	0.97	0.15	0.13	2.66
	1－57	同上		2.50	2.22	0.88	0.10	0.09	2.57
	1－58	同上		2.58	2.28	0.96	0.16	0.14	2.77
	1－59	同上		2.41	2.11	0.87	0.09	0.07	2.75
	1－60	同上		2.58	2.22	0.91	0.11	0.09	2.56
	1－61	同上		2.57	2.29	0.90	0.10	0.11	2.92
	1－62	同上		2.59	2.39	0.88	0.12	0.10	3.43
	1－63	同上		2.53	2.23	0.93	0.12	0.11	2.83
	1－64	同上		2.51	2.23	0.93	0.13	0.12	3.06
	1－65	同上		2.59	2.25	0.98	0.15	0.10	2.09
	1－66	同上		2.49	2.26	0.88	0.16	0.14	2.65
	1－67	同上		2.56	2.20	0.89	0.17	0.14	2.50
	1－68	同上		2.53	2.27	0.86	0.12	0.10	2.42
	1－69	同上		2.59	2.31	0.98	0.14	0.13	3.46
	1－70	同上		2.58	2.28	0.96	0.16	0.14	2.77
	1－71	同上		2.34	2.15	0.91	0.11	0.10	1.92
	1－72	同上		2.41	2.11	0.87	0.09	0.07	2.72
	1－73	同上		2.58	2.22	0.91	0.11	0.09	2.56
	1－74	同上		2.57	2.29	0.90	0.10	0.11	2.94
	1－75	同上		2.58	2.28	0.96	0.16	0.14	2.77
	1－76	同上		2.34	2.15	0.91	0.11	0.10	1.92
	1－77	同上		2.41	2.11	0.87	0.09	0.07	2.72
	1－78	同上		2.58	2.22	0.91	0.11	0.09	2.56
	1－79	同上		2.57	2.29	0.90	0.10	0.11	2.94
	1－80	同上		2.58	2.27	0.97	0.15	0.14	3.65
	1－81	同上		2.58	2.28	0.96	0.16	0.14	2.77
	1－82	同上		2.34	2.15	0.91	0.11	0.10	1.92
	1－83	同上		2.41	2.11	0.87	0.09	0.07	2.72
	1－84	同上		2.58	2.22	0.91	0.11	0.09	2.56
	1－85	"五"字瘦长，竖画甚曲；"金"头三角形，四竖点；"朱"头较方，"朱"下较方		2.55	2.32	0.99	0.13	0.12	3.00
	1－86	同上		2.57	2.21	0.99	0.15	0.08	2.76
	1－87	同上		2.55	2.27	0.91	0.11	0.12	2.65

种类	编号	特征		郭径	钱径	穿宽	郭厚	肉厚	重量
		文字特征	记号						
五铢	1－88	"五"字瘦长，竖画甚曲；"金"头三角形，四竖点；"朱"头较圆，"朱"下较圆		2.61	2.22	0.91	0.15	0.14	3.32
	1－89	同上		2.59	2.19	0.90	0.15	0.12	2.98
	1－90	"五"字瘦长，竖画甚曲；"金"头三角形，四竖点；"朱"头较方，"朱"下较圆		2.55	2.31	0.88	0.12	0.10	2.68
	1－91	同上		2.53	2.22	0.92	0.12	0.13	2.75
	1－92	同上		2.63	2.29	0.87	0.13	0.10	2.42
	1－93	同上		2.62	2.30	0.97	0.14	0.12	2.75
	1－94	同上		2.54	2.19	0.90	0.14	0.12	2.98
	1－95	"五"字瘦长，竖画甚曲；"金"头三角形，四竖点；"朱"头较圆，"朱"下较方		2.62	2.25	0.91	0.14	0.12	3.12
	1－96	同上		2.50	2.32	0.93	0.13	0.11	2.45
	1－97	同上		2.66	2.28	0.98	0.15	0.14	3.19
	1－98	"五"字瘦长，竖画缓曲；"金"头三角形，四竖点；"朱"头较方，"朱"下较圆		2.59	2.23	0.90	0.14	0.13	3.25
	1－99	"五"字瘦长，竖画缓曲；"金"头三角形，四竖点；"朱"头较圆，"朱"下较圆		2.56	2.25	0.90	0.15	0.14	3.03
	1－100	同上		2.48	2.24	0.87	0.12	0.10	2.47
	1－101	"五"字瘦长，竖画较直；"金"头三角形，四竖点；"朱"头较圆，"朱"下较圆		2.56	2.26	0.96	0.16	0.15	3.39
	1－102	同上		2.34	2.15	0.91	0.11	0.10	1.94

2015M10

位于本发掘区南部中段，被严重破坏，墓向不辨（图二二）。开口于②层下。

（一）墓葬结构

从墓葬结构形制推测，该墓可能为石室墓，具体形制难辨。现残存土坑竖穴墓圹，墓圹平面近长方形，结构为直壁，平底。墓圹长4.48、宽3.5、残深1.27米。仅在墓底局部残存数块平铺石板，未发现墓道及墓门，保存极差。

（二）葬具及人骨

该墓被严重破坏，未见葬具痕迹。墓内未发现人骨痕迹。

（三）随葬品

该墓出土随葬品 2 件，均出土于扰土之中。包括陶器盖 1、铜带钩 1。

1. 陶器

器盖　1 件。标本 M10：扰 1，泥质灰陶。圆唇，敞口，宽平沿略卷，斜弧腹，圆平顶。口径 9.3、高 1.7 厘米（图二三，2）。

2. 铜器

带钩　1 件。标本 M10：扰 2，琵琶形，蛇头形钩首，钩身圆钝，钩首至钩尾渐粗，钩身侧视略呈"S"形。圆形钩纽靠近钩尾。钩尾底面铸一阳文符号，符号上"王"下"刀"形近"秀"字。长 6.6、宽 1.5、高 1.5 厘米（图二三，1）。

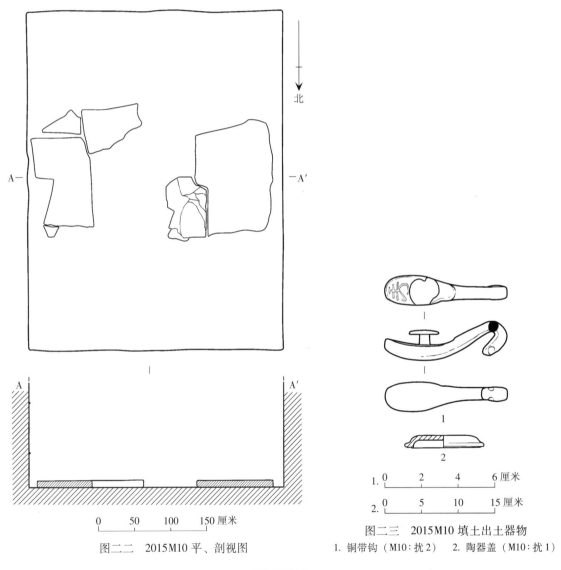

图二二　2015M10 平、剖视图

图二三　2015M10 填土出土器物

1. 铜带钩（M10：扰 2）　2. 陶器盖（M10：扰 1）

2015M11

位于本发掘区南部中段，方向 180°（图二四）。开口于②层下，开口距地表 0.92 米。

（一）墓葬结构

该墓为单室砖室墓。由墓道、墓门及墓室组成（彩版一六，1、2）。

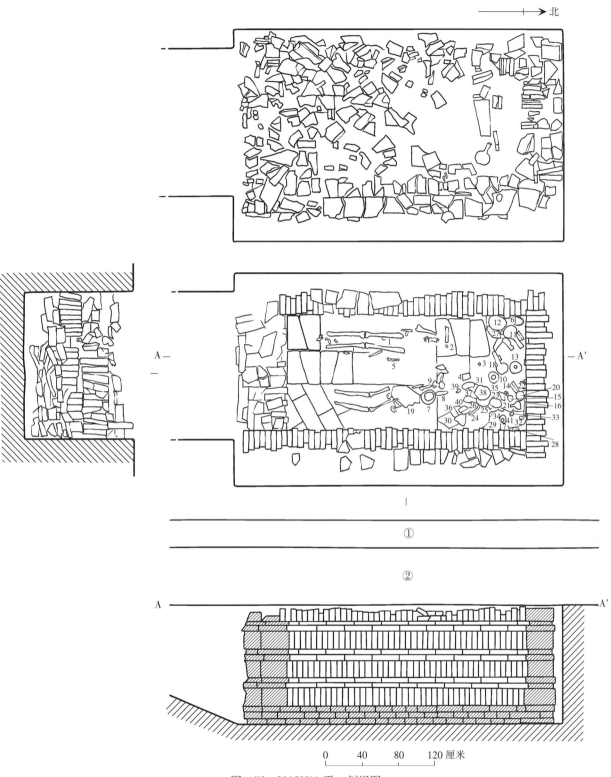

图二四　2015M11 平、剖视图

1. 银指环　2、3. 铜件　4. 石研板　5. 铜钱　6 和 8、29、30. 奁　7、24、26、43~45. 盘　9、20. 器座　10、42. 器盖　11、16、18、23. 长颈瓶　12. 耳杯　13. 灯座　14. 方盘　15. 井　17. 灶　19-1. 奁盖　19-2. 奁体　21. 案　22. 俎　25. 盆　27. 罐　28、36. 小甑　31. 炉　32. 小勺　33~35. 小瓢　37~41. 小釜（未标明质地者均为陶器）

墓道　位于墓室南侧。长方形斜坡状。未完全发掘，长度不详，宽 1.6 米，底部距地表 1.9 米。

墓门　位于墓室南壁偏东。宽 1.2 米。封门为条砖封堵，分内、外两层，残高 1.1 米，内层砌法为两层平砖顺砌和一层立砖丁砌组合，外层贴附内层平砖错缝顺砌。

墓室　平面呈长方形，长 2.6、宽 1.2、残高 1.24 米。墓顶塌落，四壁保存较好，砌法皆为两层平砖错缝顺砌和一层立砖丁砌组合，墓底斜向错缝平铺墓砖，墓室底部距地表 2.16 米。棺床由两层墓砖平铺而成，呈长方形，高出墓底 0.12 米。墓室后部为器物台，高出墓底 0.06 米。砌墓所用砖为一面施绳纹的青砖。

（二）葬具及人骨

墓室南侧偏西置有砖砌长方形棺床，长 1.6、宽 0.7、厚 0.12 米。

墓内葬人骨两具，分别置放于棺床和墓底，肢骨保存较好，有少量头骨残片，头向北，葬式为仰身直肢葬。

（三）随葬品

该墓共出土 45 件（套）随葬品，1 件出土于扰土中，其余均位于墓室北部。其中陶器 40 件、石器 1 件、银器 1 件、铜器 2 件，另有铜钱 48 枚。

1. 陶器

共 40 件。计有罐 2、长颈瓶 4、奁 4、盘 6、方盘 1、盆 1、灶 1、俎 1、器盖 2、器座 2、耳杯 1、灯座 1、井 1、案 1、炉 1、小甑 2、小勺 1、小瓢 3、小釜 5。

罐　2 件（M11:27、扰 1）。标本 M11:27，泥质灰陶。方圆唇内勾，直口略敛，短直颈，弧肩，鼓腹，最大腹径居中，台底。肩腹处饰有四周弦纹。口径 9.9、最大腹径 18、底径 8.3、高 14.2 厘米（图二六，15；彩版一六，4）。标本 M11:扰 1，泥质灰陶。方唇，敞口，宽平折沿，溜肩，鼓腹，最大腹径偏上，台底。肩饰两周弦纹。口径 9.7、最大腹径 13.9、底径 6.9、高 13 厘米（图二六，14；彩版一六，3）。

长颈瓶　4 件（M11:11、16、18、23）。均为泥质灰陶。形制相似，方唇微撇，侈口，细长颈，溜肩，鼓腹，平底。下腹部穿有三处圆孔，底部穿有一圆形小孔。标本 M11:11，口径 4.7、最大腹径 14、底径 7.8、高 25.8 厘米（图二六，23）。标本 M11:16，口径 5、最大腹径 13.8、底径 8.8、高 22.6 厘米（图二六，21）。标本 M11:18，口径 5.2、最大腹径 14、底径 7.1、高 24.9 厘米（图二六，22；彩版一七，1）。标本 M11:23，颈部偏上残。底径 6.2、最大腹径 11.3、残高 19.9 厘米（图二六，20）。

奁　4 件（M11:6 和 8、19、29、30）。标本 M11:6、8 为一套组合，奁盖泥质灰陶。平面呈亚腰椭圆形，方唇，直腹，平顶。顶部边缘处内凹形成一周凹槽，顶部置四个乳丁纽，并饰 "X" 形刻划纹将对角的乳丁纽相连。口长径 20.6、短径 8.5、高 10.1 厘米。奁底泥质灰陶。平面呈亚腰椭圆形，圆唇，直腹，平底。底长径 17.1、短径 6.1、高 10.9 厘米。整器通高 12.5 厘米（图二六，19；彩版一七，2、3）。标本 M11:19，奁盖泥质灰陶。平面呈长方形，方唇，斜直壁，盝顶。顶置五个乳丁纽。口长径 37.5、口短径 19、顶长径 26、顶短径 8.5、高 15.8 厘米。奁体泥质灰陶。平面呈长方形，方唇，直腹，平底。口长径 33、口短径 15.5、底长径 30.1、底短径 15.7、高 12.4 厘米（图二六，17；彩版一七，4）。标本 M11:29，仅存奁盖。泥质灰陶。平面呈圆形，圆唇，直腹，圆弧顶。顶置三个乳丁纽并饰有两周弦纹，腹部与顶部交接处有一周凹槽。口径 25.7、高 20.1 厘米（图二六，10；彩版一七，5）。标本 M11:30，仅存奁盖。泥质灰陶。平面呈圆形，方圆唇，直腹，圆弧

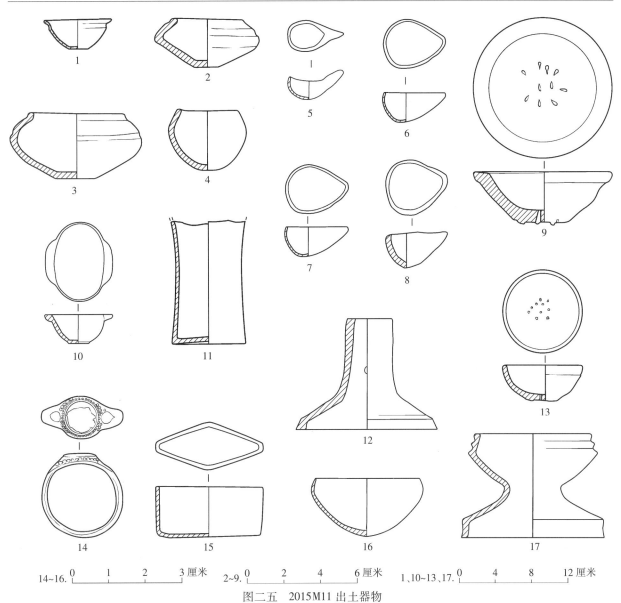

图二五　2015M11 出土器物

1～4、16. 小釜（M11：37、38、39、40、41）　5. 小勺（M11：32）　6～8. 小瓢（M11：34、33、35）　9、13. 小甑（M11：28、36）
10. 耳杯（M11：12）　11. 井（M11：15）　12. 灯座（M11：13）　14. 银指环（M11：1）　15. 铜件（M11：2）　17. 器座（M11：
20）（未标明质地者均为陶器）

顶。顶置三个乳丁纽，并饰有两周弦纹。口径25.5、高19.4厘米（图二六，11；彩版一七，6）。

　　盘　6件（M11：7、24、26、43、44、45）。均为泥质灰陶。敞口，折腹。标本 M11：7，尖唇，
内沿施一周凹槽，平底。口径22.3、底径11.7、高4.9厘米（图二六，4；彩版一八，1）。标本
M11：24，尖唇，外沿略卷，内底下凹，台底。口径20.2、底径9.4、高4.4厘米（图二六，7）。标
本 M11：26，尖唇，内腹壁有两周凸棱，台底。口径20.6、底径8.7、高4.4厘米（图二六，8）。
标本 M11：43，方唇，弧腹略折，内腹壁有一周凸棱，平底。口径21.9、底径8.8、高3.8厘米
（图二六，6）。标本 M11：44，叠唇，平底。口径21.9、底径6.8、高4厘米（图二六，9）。标本
M11：45，尖唇，内腹壁有两周凸棱，外腹在口沿下方有一周凹槽，台底。口径20.1、底径10.5、
高3.8厘米（图二六，3；彩版一八，2）。

　　盆　1件。标本 M11：25，泥质灰陶。方唇，平折沿，敞口，弧腹，内腹壁有两周凸棱，台底。

口径20.4、底径8、高5.1厘米（图二六，5）。

　　方盘　1件。标本M11：14，泥质灰陶。截面呈倒梯形，方唇，敞口，平折沿，四壁斜直收，平底略内凹。沿面一周饰有水波纹。口长19、口宽9.6、底长13.3、底宽4、高3.5厘米（图二六，16；彩版一八，5）。

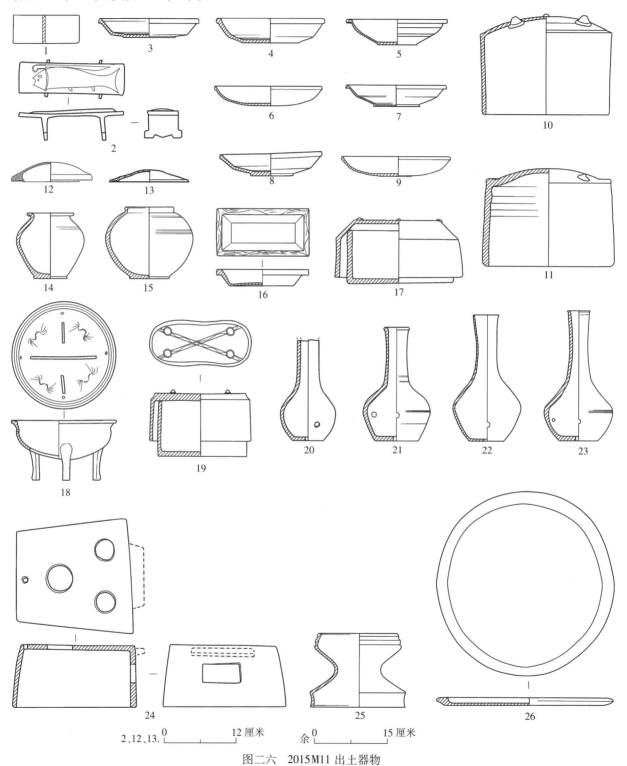

图二六　2015M11出土器物

1. 石研板（M11：4）　2. 俎（M11：22）　3、4、6~9. 盘（M11：45、7、43、24、26、44）　5. 盆（M11：25）　10、11、17、19. 奁（M11：29、30、19、6和8）　12、13. 器盖（M11：42、10）　14、15. 罐（M11：扰1、27）　16. 方盘（M11：14）　18. 炉（M11：31）　20~23. 长颈瓶（M11：23、16、18、11）　24. 灶（M11：17）　25. 器座（M11：9）　26. 案（M11：21）（未标明质地者均为陶器）

灶　1件。标本 M11：17，泥质灰陶。灶面呈梯形，前端出长条形遮烟檐，檐残，灶面呈"品"字形置一大两小三个圆形火眼，后端居中穿一圆形烟孔，长方形灶门不落地。残长19.7、宽19.5、高12.5厘米，灶门长6.5、宽2.8厘米，火眼直径4.5、2.4、2.4厘米，烟孔直径1厘米（图二六，24；彩版一九，4）。

俎　1件。标本 M11：22，泥质灰陶。长方形俎面，俎面模印鱼纹，其背鳍处压有一把削。俎底竖置两个长方形扁足，足底两侧外撇，并削出"M"形缺口。长17.3、宽5.1、高5厘米（图二六，2；彩版一九，1）。

器盖　2件（M11：10、42）。均为泥质灰陶。标本 M11：10，圆唇，子母口，弧顶，顶部穿有一圆形孔。口径10、高1.5厘米（图二六，13）。标本 M11：42，子母口，弧顶。口径10.5、高1.9厘米（图二六，12；彩版一八，4）。

器座　2件（M11：9、20）。均为泥质灰陶。形制相似，圆唇，敛口，外沿施一周凸棱，束腰形粗柄中空，喇叭形座，座底陡折，形似盘口。标本 M11：9，口径15.9、底径19.3、高14.7厘米（图二六，25）。标本 M11：20，口径12.6、底径15.6、高11厘米（图二五，17）。

耳杯　1件。标本 M11：12，泥质灰陶。椭圆形杯口，尖唇，斜弧腹，台底，双耳平齐。口长径8.5、口短径5、底长径4、底短径2.1、高2.5厘米（图二五，10；彩版一八，3）。

灯座　1件。标本 M11：13，泥质灰陶。柱状柄中空，柄上有一圆形穿孔，喇叭形座。底径15.4、高11.7厘米（图二五，12；彩版一八，6）。

井　1件。标本 M11：15，泥质灰黑陶。口部残缺，筒形深腹，腹部内凹，平底略内凹。口径7.8、底径7.9、残高13厘米（图二五，11；彩版一八，7）。

案　1件。标本 M11：21，泥质灰褐陶。平面呈圆形，扁平片状，边缘凸起为沿，沿圆唇略外倾。口径36.3、高1.6厘米（图二六，26）。

炉　1件。标本 M11：31，泥质灰褐陶。圆唇，子母口微敛，沿下一周凹槽，斜弧腹，圜底，底置三个兽蹄形足。上腹镂四个圆形镂孔，腹部刻镂四个"S"形孔，内壁在"S"的两端分别刻划四道放射状线，底部镂长条形呈"十"字形分布的三个孔。口径21.5、通高11.4、足高6厘米（图二六，18；彩版一九，2、3）。

小甑　2件（M11：28、36）。底部戳有十个甑眼，均由内向外戳刺而成。底部有修整痕。标本 M11：28，泥质灰褐陶。圆唇，敞口，折沿，斜弧腹微折，平底，底部戳有十个长条形甑眼。口径7.3、底径3.4、高2.8厘米（图二五，9）。标本 M11：36，泥质灰黑陶。圆唇，敞口，斜弧腹，圜底，底部戳有十个圆形甑眼。口径8.2、高3.8厘米（图二五，13）。

小勺　1件。标本 M11：32，泥质灰陶。勺口呈圆形，圆唇，敞口，斜弧腹，圜底。口沿一侧附圆锥形柄，柄端上翘。通长3、宽1.6、高1.6厘米（图二五，5；彩版一九，6）。

小瓢　3件（M11：33、34、35）。均为泥质灰陶。形制相似，平面略呈水滴形，圆唇，敞口，斜弧腹，圜底。手工捏制。标本 M11：33，通长3.4、通宽2.6、高1.6厘米（图二五，7）。标本 M11：34，通长2.6、通宽3.4、高1.6厘米（图二五，6）。标本 M11：35，通长3.4、通宽2.9、高1.9厘米（图二五，8；彩版一九，5）。

小釜　5件（M11：37、38、39、40、41）。均为泥质灰陶。其中 M11：38、39 形制较为相似，

圆唇，敛口，扁腹，小平底，最大径位置居中，底部有削痕。标本 M11：38，折腹。沿下施一周浅凹槽。口径 3.6、最大腹径 5.7、底径 1.3、高 2.6 厘米（图二五，2）。标本 M11：39，腹中部施一周凹槽。口径 5、最大腹径 7.2、底径 2.2、高 3.4 厘米（图二五，3；彩版一〇，7）。标本 M11：37，圆唇，敞口，斜折沿，沿下施一周凹槽，斜弧腹，平底。下腹及底有削痕。口径 7.4、底径 2.2、高 3.2 厘米（图二五，1）。标本 M11：40，圆唇，敛口，球腹，圜底。最大径位置偏上，捏制。口径 3.1、最大腹径 4.2、高 3.1 厘米（图二五，4）。标本 M11：41，圆唇，敛口，浅弧腹，圜底。手工捏制。口径 2.9、高 1.5、最大腹径 3.1 厘米（图二五，16）。

2. 石器

研板　1 件。标本 M11：4，青石，磨制。平面呈长方形。长 13.5、宽 5.6、厚 0.5 厘米（图二六，1；彩版一九，8）。

3. 银器

指环　1 件。标本 M11：1，平面呈扁圆形环状，截面扁平，镶嵌玛瑙，锈蚀严重。直径 2.3 厘米，重 3.7 克（图二五，14；彩版一九，7）。

4. 铜器

共 2 件。均为铜件。

标本 M11：2，截面呈菱形。长径 2.9、短径 1.3、高 1.4 厘米（图二五，15）。标本 M11：3，锈蚀严重，形制不清。重 3.38 克。

5. 铜钱

48 枚，编号 M11：5－1～5－48。均为"五铢"。详情见表六。

表六　　　　　　　　　2015M11 出土铜钱登记表　　　　　（尺寸单位：厘米；重量单位：克）

| 种类 | 编号 | 特征 | | 郭径 | 钱径 | 穿宽 | 郭厚 | 肉厚 | 重量 |
		文字特征	记号						
五铢	5－1	"五"字瘦长，竖画缓曲；"金"头三角形，四竖点；"朱"头较圆，"朱"下较圆		2.59	2.27	0.91	0.15	0.13	3.34
	5－2	"五"字瘦长，竖画缓曲；"金"头三角形，四竖点；"朱"头较方，"朱"下较圆		2.60	2.25	0.90	0.17	0.14	2.95
	5－3	同上		2.58	2.25	0.93	0.15	0.13	2.92
	5－4	同上		2.49	2.25	0.97	0.14	0.11	2.77
	5－5	"五"字瘦长，竖画甚曲；"金"头三角形，四竖点；"朱"头较圆，"朱"下较圆		2.56	2.28	0.88	0.13	0.12	3.23
	5－6	同上		2.58	2.28	0.93	0.15	0.13	2.98
	5－7	"五"字瘦长，竖画甚曲；"金"头三角形，四竖点；"朱"头较方，"朱"下较方		2.63	2.30	0.92	0.12	0.13	1.97

种类	编号	特征		郭径	钱径	穿宽	郭厚	肉厚	重量
		文字特征	记号						
五铢	5－8	"五"字瘦长，竖画甚曲；"金"头三角形，四竖点；"朱"头较方，"朱"下较方		2.58	2.33	0.95	0.14	0.12	2.77
	5－9	"五"字瘦长，竖画甚曲；"金"头三角形，四竖点；"朱"头较圆，"朱"下较方		2.55	2.16	0.90	0.13	0.11	2.69
	5－10	同上		2.52	2.32	0.98	0.12	0.11	2.88
	5－11	"五"字瘦长，竖画甚曲；"金"头三角形，四竖点；"朱"头较方，"朱"下较圆		2.50	2.33	0.91	0.13	0.11	3.00
	5－12	同上		2.63	2.36	0.95	0.15	0.13	2.34
	5－13	"五"字瘦长，竖画缓曲；"金"头三角形，四竖点；"朱"头较圆，"朱"下较圆		2.50	2.30	0.91	0.11	0.09	1.85
	5－14	同上		2.57	2.20	0.95	0.16	0.12	2.99
	5－15	"五"字瘦长，竖画甚曲；"金"头三角形，四竖点；"朱"头较方，"朱"下较圆		2.56	2.30	1.00	0.17	0.14	3.09
	5－16	"五"字瘦长，竖画甚曲；"金"头三角形，四竖点；"朱"头较圆，"朱"下较方		2.58	2.22	0.95	0.12	0.10	2.43
	5－17	"五"字瘦长，竖画甚曲；"金"头三角形，四竖点；"朱"头较方，"朱"下较圆		2.53	2.18	0.90	0.13	0.12	2.58
	5－18	"五"字瘦长，竖画甚曲；"金"头三角形，四竖点；"朱"头较圆，"朱"下较圆		2.55	2.30	0.99	0.13	0.11	2.61
	5－19	"五"字瘦长，竖画甚曲；"金"头三角形，四竖点；"朱"头较方，"朱"下较圆		2.57	2.24	0.83	0.16	0.15	3.22
	5－20	"五"字瘦长，竖画甚曲；"金"头三角形，四竖点；"朱"头较圆，"朱"下较方		2.63	2.32	0.94	0.14	0.12	2.99
	5－21	"五"字瘦长，竖画甚曲；"金"头三角形，四竖点；"朱"头较圆，"朱"下较圆		2.62	2.30	0.96	0.13	0.12	2.98

续表六

种类	编号	特征		郭径	钱径	穿宽	郭厚	肉厚	重量
		文字特征	记号						
五铢	5－22	"五"字瘦长，竖画甚曲；"金"头三角形，四竖点；"朱"头较方，"朱"下较圆		2.57	2.24	0.90	0.15	0.12	2.32
	5－23	"五"字瘦长，竖画甚曲；"金"头三角形，四竖点；"朱"头较圆，"朱"下较圆		2.54	2.28	0.91	0.15	0.13	2.77
	5－24	"五"字瘦长，竖画甚曲；"金"头三角形，四竖点；"朱"头较方，"朱"下较方		2.52	2.30	0.92	0.15	0.12	2.98
	5－25	"五"字瘦长，竖画甚曲；"金"头三角形，四竖点；"朱"头较方，"朱"下较圆		2.55	2.22	0.98	0.12	0.11	2.46
	5－26	"五"字瘦长，竖画甚曲；"金"头三角形，四竖点；"朱"头较圆，"朱"下较圆		2.57	2.20	0.90	0.14	0.11	2.66
	5－27	"五"字瘦长，竖画甚曲；"金"头三角形，四竖点；"朱"头较方，"朱"下较圆		2.63	2.29	0.87	0.13	0.10	2.58
	5－28	"五"字瘦长，竖画甚曲；"金"头三角形，四竖点；"朱"头较方，"朱"下较方		2.54	2.27	0.91	0.11	0.12	2.79
	5－29	同上		2.56	2.33	0.99	0.13	0.12	3.67
	5－30	"五"字瘦长，竖画甚曲；"金"头三角形，四竖点；"朱"头较方，"朱"下较圆		2.58	2.23	0.90	0.14	0.13	3.22
	5－31	"五"字瘦长，竖画甚曲；"金"头三角形，四竖点；"朱"头较圆，"朱"下较圆		2.54	2.26	0.90	0.15	0.14	3.13
	5－32	同上		2.55	2.32	0.88	0.12	0.10	2.68
	5－33	同上		2.57	2.27	0.89	0.13	0.11	3.25
	5－34	同上		2.78	2.22	0.87	0.13	0.12	2.46
	5－35	同上		2.55	2.22	0.98	0.12	0.11	2.46
	5－36	同上		2.57	2.20	0.90	0.14	0.11	2.66
	5－37	同上		2.63	2.29	0.87	0.13	0.10	2.58
	5－38	同上		2.56	2.32	0.90	0.13	0.11	2.87

种类	编号	特征		郭径	钱径	穿宽	郭厚	肉厚	重量
		文字特征	记号						
五铢	5－39	字迹不清		2.59	2.27	0.91	0.15	0.13	3.34
	5－40	字迹不清		2.60	2.25	0.90	0.17	0.14	2.95
	5－41	字迹不清		2.58	2.25	0.93	0.15	0.13	2.92
	5－42	字迹不清		2.49	2.25	0.97	0.14	0.11	2.77
	5－43	字迹不清		2.56	2.28	0.88	0.13	0.12	3.23
	5－44	字迹不清		2.58	2.28	0.93	0.15	0.13	2.98
	5－45	字迹不清		2.63	2.30	0.92	0.12	0.13	1.97
	5－46	字迹不清		2.58	2.33	0.95	0.14	0.12	2.77
	5－47	字迹不清		2.55	2.16	0.90	0.13	0.11	2.69
	5－48	字迹不清		2.52	2.32	0.98	0.12	0.11	2.88

2015M12

位于本发掘区南部中段，墓向197°（图二七）。开口于②层下，开口距地表1.6米。

（一）墓葬结构

该墓为多室石室墓。平面呈"凸"字形，由墓道、墓门、墓室组成（彩版二〇，1）。

墓道　位于墓室南侧。长斜坡状。未完全发掘，长度不详，宽1.74米，底部距地表2.3米。

墓门　位于墓室南侧。残存门框及门槛，双门道，通宽1.84、高1.44米。门框借用主室及东耳室侧板，门槛系用两块长方形石板横置于门框之间。门外由两块大石板立砌封堵，石板较规整，呈矩形。

墓室　平面呈"L"字形，由主室、东耳室及后室组成。墓底及四壁用规整的大石板砌筑，白灰勾缝，墓顶不存。主室平面呈长方形，中部南北纵向立有三块长方形立板，立板下有条形础石，将主室分为东、西两个长方形小室，小室内分别平铺长方形石板作为棺床。主室面阔1.68、进深2.22、残高1.5米。东耳室平面呈长方形，面阔0.68、进深0.58、高1.12米。后室平面呈长方形，底部高于主室底部0.3米，面阔1.7、进深1.1、残高0.3米。

（二）葬具及人骨

主室东、西两部分各置有一长方形棺床。西侧棺床长2.18、宽0.6、厚0.08米，东侧棺床已残破。未发现木制葬具痕迹。

墓内葬有人骨两具，分别置于主室东、西两侧小室，整体保存状况较好，均为仰身直肢葬，头向北，面向上。东侧人骨上半身散乱。西侧人骨更为规整，其肋骨附近发现4件铁镞，左、右肋部各2件，其中一件（M12:12－3）镞尖斜向上，箭杆埋在左侧肋骨间的土中。西侧人骨右臂和右肋附近还发现骨弓弭3件（彩版二〇，2）。

（三）随葬品

该墓出土的物品可修复或可辨器形者共21件（套），7件（套）出土于扰土中，其余多位于主室西侧小室，少部分位于后室。其中陶器16件、骨器5件、铜纽1件，铜钱81枚、铁镞4件。

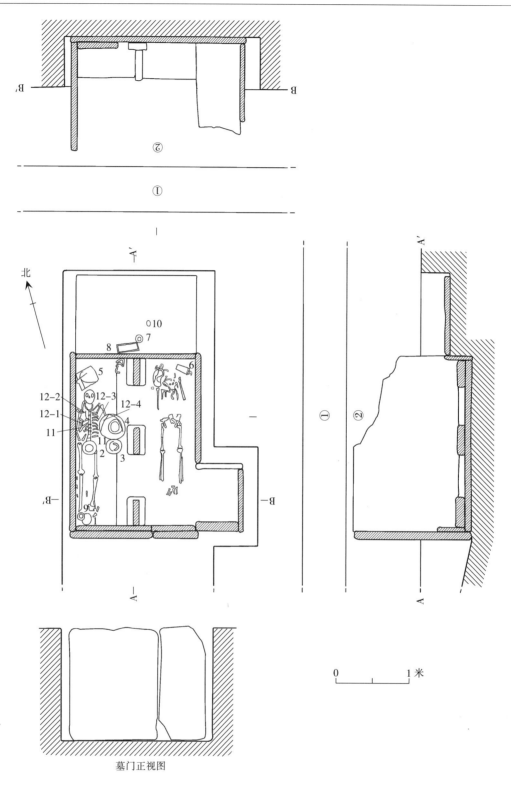

图二七　2015M12 平、剖视图

1、3、9. 罐　2. 壶　4. 瓮　5. 奁　6. 井组合　7. 器盖　8. 案　10. 耳杯　11. 骨弓弭　12. 铁镞　13. 铜钱　14. 骨片状器*（未标明质地者均为陶器）

---

　　*　因苗圃墓地墓葬遭受严重破坏，遗物出土时多散落在墓室各处，现公布的部分遗物多为后期整理时拼对修复或新发现，故此部分遗物编号在墓葬平面图上未表示。以下出现相同情况的部分墓葬不再一一加注说明。

1. 陶器

共 16 件。计有罐 3、壶 1、奁 1、瓮 2、器盖 2、井 1、水斗 1、案 1、耳杯 4。

罐　3 件（M12：1、3、9）。均为泥质灰陶。形制相似，方圆唇，微敛口，矮领，溜肩，鼓腹，最大腹径居上，台底。肩腹部饰多道凹弦纹。标本 M12：1，口径 12.2、最大腹径 18.9、底径 10.4、高 13.5 厘米（图二八，1；彩版二一，1）。标本 M12：3，口径 10.8、最大腹径 18、底径 9.1、高 14.1 厘米（图二八，3）。标本 M12：9，口径 10.8、最大腹径 18、底径 9.4、高 13.9 厘米（图二八，2）。

壶　1 件。标本 M12：2，泥质灰陶。方唇，敞口，卷沿，束颈，溜肩，鼓腹，腹部最大径位置居中，台底。沿面外低内高，肩部和上腹饰有两周弦纹及倒三角形纹，三角纹内饰单线水波纹。口径 11.3、最大腹径 21.4、底径 10.9、高 20.3 厘米（图二八，4；彩版二一，2）。

奁　1 件。标本 M12：5，泥质灰陶。奁盖直口，方唇，直腹略内弧，圆台状平顶。顶置三个乳丁

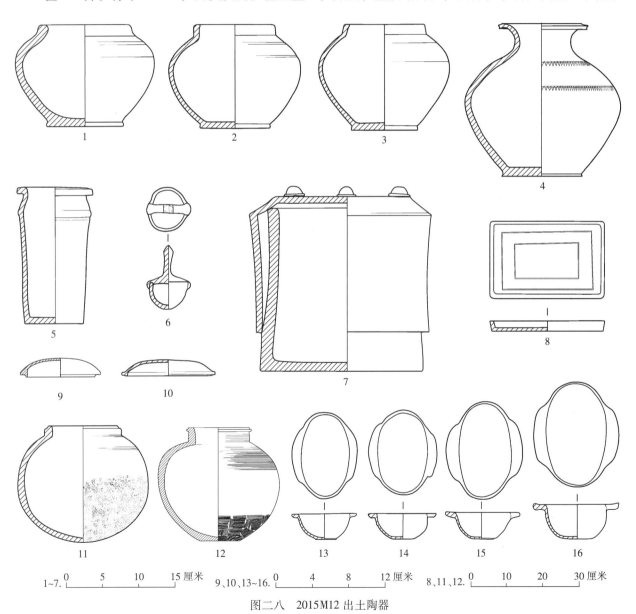

图二八　2015M12 出土陶器

1～3. 罐（M12：1、9、3）　4. 壶（M12：2）　5. 井（M12：6-1）　6. 水斗（M12：6-2）　7. 奁（M12：5）　8. 案（M12：8）
9、10. 器盖（M12：扰6、7）　11、12. 瓮（M12：4、扰7）　13～16. 耳杯（M12：10、扰1、扰5、扰4）

纽，并饰两周弦纹。顶径 18.2、口径 23.8、高 18 厘米。奁体方唇，直口，直腹略内弧，平底微外凸。近底处有一圈削痕。口径 21.8、底径 22.5、高 21.5 厘米。整器通高 23.2 厘米（图二八，7；彩版二一，3）。

瓮　2 件（M12：4、扰 7）。标本 M12：4，泥质灰陶。圆唇，子母口，短直颈，溜肩，圆鼓腹，圜底。上腹饰多周弦纹，下腹至底饰拍印绳纹。口径 18.8、最大腹径 35.5、高 30.9 厘米（图二八，11；彩版二一，4）。标本 M12：扰 7，泥质灰陶。残，可复原。器形略不规整。圆唇，子母口略敞，短直颈，溜肩，鼓腹，腹部最大径偏上，小平底。颈饰多周凹凸棱纹，上腹部饰细密弦纹，下腹至底拍印绳纹。口径 16.4、最大腹径 33.1、底径 10.7、高 30.1 厘米（图二八，12）。

器盖　2 件（M12：7、扰 6）。均为泥质灰陶。标本 M12：7，方唇，子母口，圆弧顶略平，底部出沿。口径 10.1、高 1.7 厘米（图二八，10；彩版二一，5）。标本 M12：扰 6，尖唇，子母口，圆弧顶略平。顶部有削整痕迹。口径 7.5、高 2.1 厘米（图二八，9）。

井　1 件。标本 M12：6－1，泥质灰陶。方唇，直口，平折沿，束颈，筒形深腹，腹部偏上有竹节状凸棱，以此划分上、下腹，上腹略内凹，下腹斜直略内收，平底。口径 10.2、最大腹径 10.1、底径 8.1、高 18.1 厘米（图二八，5；彩版二〇，4 左）。

水斗　1 件。标本 M12：6－2，泥质灰陶。由提梁和斗身组成。"人"字形提梁；斗身为圆唇，敞口，半球状腹，圜底。口径 5.2、高 8.6 厘米（图二八，6；彩版二〇，4 右）。

案　1 件。标本 M12：8，泥质灰陶。平面呈长方形，片状，边缘为一周方形凸棱，案面饰两道长方形凹弦纹。长 33.6、宽 22.5、高 1.4 厘米（图二八，8；彩版二〇，3）。

耳杯　4 件（M12：10、扰 1、扰 4、扰 5）。均为泥质灰陶。形制相似，平面呈椭圆形，尖唇，敞口，双耳平齐，斜弧腹，台底。标本 M12：10，口长径 9、口短径 5.5、底长径 4、底短径 2.2、高 2.7 厘米（图二八，13；彩版二一，6）。标本 M12：扰 1，口长径 9、口短径 6、底长径 5、底短径 2.1、高 3 厘米（图二八，14）。标本 M12：扰 4，双耳平齐微上翘。口长径 10.5、口短径 6.5、底长径 5.5、底短径 3.5、高 3 厘米（图二八，16）。标本 M12：扰 5，口长径 10.5、口短径 5.8、底长径 5.3、底短径 3.4、高 2.9 厘米（图二八，15）。

2. 骨器

弓弭　3 件（M12：11－1、11－2、11－3）。形制相似，片状，平面近刀形，一端宽一端窄。宽的一端有一豁口。标本 M12：11－1，最宽 1.9、残长 16.4 厘米（图二九，1）。标本 M12：11－2，最宽 1.6、残长 11.7 厘米（图二九，5）。标本 M12：11－3，最宽 2、残长 10 厘米（图二九，4）。

片状器　2 件（M12：14－1、14－2）。形制相似，一端残，片状，似刀形。标本 M12：14－1，最宽 1.5、残长 7.9 厘米（图二九，2）。标本 M12：14－2，最宽 1.5、残长 8.3 厘米（图二九，3）。

3. 铜器

纽　1 件。标本 M12：扰 3，整体呈半球形，制作粗糙，略有残损，可能是铜镜镜纽。直径 2.3 厘米（图二九，6）。

4. 铜钱

81 枚，均为"五铢"。80 枚出土于西侧棺床上人骨左小臂旁，编号 M12：13－1～13－80。1 枚出土于淤土中，编号 M12：扰 1。详情见表七。

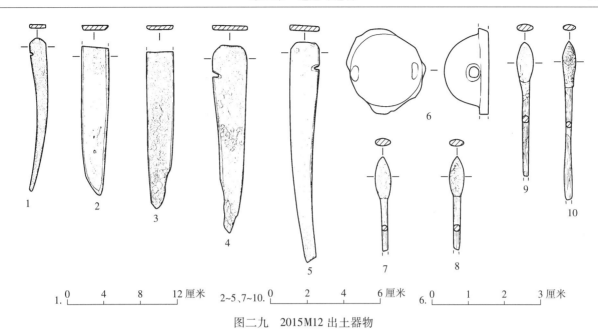

1. 0　　4　　8　　12厘米　　2~5、7~10. 0　　2　　4　　6厘米　　6. 0　　1　　2　　3厘米

图二九　2015M12 出土器物

1、4、5. 骨弓弭（M12：11－1、11－3、11－2）　　2、3. 片状器（M12：14－1、14－2）　6. 铜纽（M12：扰3）　7~10. 铁
镞（M12：12－1、12－2、12－3、12－4）

5. 铁器

镞　4 件。

标本 M12：12－1、12－2、12－3、12－4。镞铁制；箭杆木制，有朱漆。形制相似，镞叶形，
双锋，锈蚀较严重；箭杆截面圆形。标本 M12：12－1，残长 5.1、镞长 2 厘米（图二九，7）。标本
M12：12－2，残长 5.1、镞长 1.9 厘米（图二九，8）。标本 M12：12－3，残长 7.1、镞长 2 厘米
（图二九，9）。标本 M12：12－4，残长 8.5、镞长 2 厘米（图二九，10）。

表七　　　　　　　　　　2015M12 出土铜钱登记表　　　　　　　　（尺寸单位：厘米；重量单位：克）

种类	编号	特征		郭径	钱径	穿宽	郭厚	肉厚	重量
		文字特征	记号						
五铢	13－1	"五"字瘦长，竖画缓曲；"金"头三角形，四竖点；"朱"头较圆，"朱"下较圆		2.50	2.27	0.94	0.19	0.15	3.16
	13－2	"五"字瘦长，竖画甚曲；"金"头三角形，四竖点；"朱"头较方，"朱"下较圆		2.56	2.33	1.01	0.11	0.09	2.24
	13－3	"五"字瘦长，竖画缓曲；"金"头三角形，四竖点；"朱"头较方，"朱"下较圆		2.58	2.27	0.93	0.15	0.13	2.82
	13－4	字迹不清		2.49	2.24	0.97	0.13	0.11	2.75
	13－5	字迹不清		2.66	2.28	0.88	0.13	0.12	3.23
	13－6	字迹不清		2.58	2.26	0.93	0.15	0.12	2.98
	13－7	字迹不清		2.64	2.32	0.92	0.12	0.13	1.97
	13－8	字迹不清		2.58	2.33	0.95	0.14	0.12	2.77
	13－9	字迹不清		2.59	2.16	0.90	0.12	0.11	2.69

种类	编号	特征		郭径	钱径	穿宽	郭厚	肉厚	重量
		文字特征	记号						
五铢	13－10	字迹不清		2.52	2.32	0.98	0.12	0.11	2.87
	13－11	字迹不清		2.50	2.34	0.91	0.13	0.11	3.04
	13－12	字迹不清		2.65	2.35	0.95	0.15	0.13	2.34
	13－13	字迹不清		2.55	2.31	0.91	0.11	0.09	1.85
	13－14	字迹不清		2.57	2.27	0.95	0.16	0.12	2.99
	13－15	字迹不清		2.59	2.31	0.89	0.17	0.14	3.19
	13－16	字迹不清		2.58	2.23	0.95	0.12	0.10	2.43
	13－17	字迹不清		2.55	2.19	0.90	0.13	0.12	2.58
	13－18	字迹不清		2.53	2.35	0.92	0.13	0.11	2.61
	13－19	字迹不清		2.56	2.24	0.83	0.16	0.15	3.22
	13－20	字迹不清		2.66	2.32	0.94	0.14	0.12	2.96
	13－21	字迹不清		2.63	2.32	0.96	0.13	0.12	2.98
	13－22	字迹不清		2.59	2.24	0.90	0.15	0.12	2.32
	13－23	字迹不清		2.57	2.28	0.91	0.15	0.13	2.77
	13－24	字迹不清		2.55	2.30	0.92	0.15	0.12	2.88
	13－25	字迹不清		2.58	2.21	0.98	0.12	0.11	2.56
	13－26	字迹不清		2.55	2.20	0.92	0.12	0.11	2.66
	13－27	字迹不清		2.64	2.27	0.87	0.13	0.10	2.58
	13－28	字迹不清		2.56	2.27	0.91	0.11	0.12	2.79
	13－29	字迹不清		2.55	2.32	0.99	0.13	0.12	3.00
	13－30	字迹不清		2.59	2.23	0.90	0.13	0.11	2.85
	13－31	字迹不清		2.56	2.25	0.90	0.15	0.14	3.03
	13－32	字迹不清		2.55	2.31	0.88	0.12	0.10	2.68
	13－33	字迹不清		2.57	2.28	0.89	0.12	0.11	3.22
	13－34	字迹不清		2.79	2.21	0.87	0.13	0.12	2.46
	13－35	字迹不清		2.55	2.30	0.93	0.12	0.11	2.55
	13－36	字迹不清		2.65	2.22	0.96	0.14	0.12	3.00
	13－37	字迹不清		2.48	2.24	0.87	0.12	0.10	2.47
	13－38	字迹不清		2.45	2.34	0.93	0.12	0.10	2.55
	13－39	字迹不清		2.62	2.25	0.91	0.14	0.12	3.12
	13－40	字迹不清		2.60	2.31	0.89	0.15	0.13	3.30
	13－41	字迹不清		2.59	2.32	0.93	0.13	0.12	3.01
	13－42	字迹不清		2.67	2.29	0.94	0.12	0.10	2.34
	13－43	字迹不清		2.60	2.25	0.89	0.16	0.14	3.25
	13－44	字迹不清		2.58	2.32	0.91	0.14	0.12	3.00
	13－45	字迹不清		2.59	2.31	0.94	0.13	0.11	2.98

种类	编号	特征		郭径	钱径	穿宽	郭厚	肉厚	重量
		文字特征	记号						
	13－46	字迹不清		2.49	2.24	0.87	0.12	0.10	2.94
	13－47	字迹不清		2.66	2.32	0.90	0.15	0.13	3.22
	13－48	字迹不清		2.59	2.58	0.96	0.12	0.11	2.67
	13－49	字迹不清		2.49	2.31	0.88	0.11	0.09	2.32
	13－50	字迹不清		2.55	2.35	0.86	0.14	0.12	3.06
	13－51	字迹不清		2.56	2.34	0.97	0.15	0.13	3.45
	13－52	字迹不清		2.57	2.28	0.96	0.13	0.12	3.04
	13－53	字迹不清		2.64	2.23	0.93	0.12	0.11	2.88
	13－54	字迹不清		2.66	2.32	0.89	0.16	0.14	3.22
	13－55	字迹不清		2.70	2.36	0.90	0.17	0.15	3.34
	13－56	字迹不清		2.55	2.25	0.91	0.13	0.12	2.87
	13－57	字迹不清		2.63	2.34	0.94	0.12	0.10	2.77
	13－58	字迹不清		2.60	2.30	0.88	0.14	0.13	3.02
	13－59	字迹不清		2.66	2.26	0.90	0.15	0.14	3.23
	13－60	字迹不清		2.58	2.34	0.92	0.12	0.10	2.45
	13－61	字迹不清		2.57	2.21	0.87	0.11	0.09	2.32
	13－62	字迹不清		2.55	2.31	0.90	0.12	0.11	2.57
五铢	13－63	字迹不清		2.47	2.23	0.93	0.12	0.10	2.55
	13－64	字迹不清		2.56	2.32	0.90	0.13	0.12	2.66
	13－65	字迹不清		2.55	2.32	0.99	0.13	0.12	3.00
	13－66	字迹不清		2.59	2.23	0.90	0.13	0.11	2.85
	13－67	字迹不清		2.56	2.25	0.90	0.15	0.14	3.03
	13－68	字迹不清		2.55	2.31	0.88	0.12	0.10	2.68
	13－69	字迹不清		2.57	2.28	0.89	0.12	0.11	3.22
	13－70	字迹不清		2.79	2.21	0.87	0.13	0.12	2.46
	13－71	字迹不清		2.55	2.30	0.93	0.12	0.11	2.55
	13－72	字迹不清		2.65	2.22	0.96	0.14	0.12	3.00
	13－73	字迹不清		2.76	2.32	0.97	0.12	0.13	2.67
	13－74	字迹不清		2.55	2.32	0.99	0.13	0.12	3.00
	13－75	字迹不清		2.59	2.23	0.90	0.13	0.11	2.85
	13－76	字迹不清		2.56	2.25	0.90	0.11	0.14	2.80
	13－77	字迹不清		2.35	2.31	0.88	0.12	0.10	2.68
	13－78	字迹不清		2.37	2.18	0.89	0.12	0.11	2.88
	13－79	字迹不清		2.39	2.21	0.87	0.13	0.12	2.46
	13－80	字迹不清		2.35	2.27	0.93	0.12	0.11	2.55
	扰 1	字迹不清		2.25	2.22	0.96	0.14	0.12	3.00

2015M13

位于本发掘区南部中段，墓向 193°（图三〇）。开口于②层下，开口距地表 1.14 米。

（一）墓葬结构

该墓为多室石室墓。由墓道、墓门、墓室组成（彩版二二，1）。

墓道　位于墓室南侧。长斜坡状。未完全发掘，长度不详，宽 1.78 米。

墓门　位于墓室南侧。由门框、门槛构成，宽 1.6、高 1.4 米。门框借用东、西耳室南侧板，门内正中有一立柱，立柱下置长方形础石；门槛系长方形石条横置门框之间。门外由两块大石板

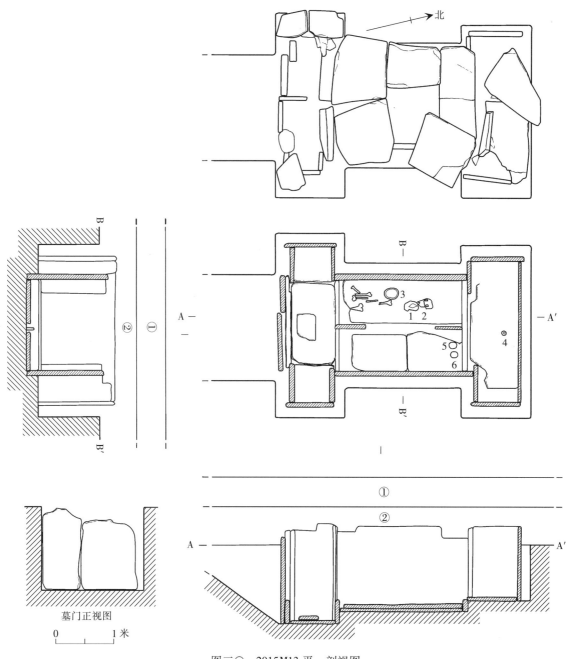

图三〇　2015M13 平、剖视图

1、2. 小釜　3、4. 奁盖　5. 罐　6. 器盖（均为陶器）

立砌封堵，东侧石板宽 0.94、高 1.2、厚 0.06 米，西侧石板宽 0.64、高 1.4、厚 0.08 米。

墓室　平面近"工"字形，由前廊、东耳室、西耳室、主室及后室构成。墓底及四壁由规整石板砌筑，白灰勾缝，上部平盖石板为顶，整体保存较差。前廊平面呈长方形，面阔 1.46、进深 0.72、高 1.62 米。两耳室分别位于前廊东、西两侧，均呈长方形，底部与前廊底部齐平，东耳室面阔 0.64、进深 0.6、高 1.62 米，西耳室面阔 0.6、进深 0.66、高 1.62 米。主室平面呈长方形，中部南北纵向立长方形立板两块，将主室分为东、西两个长方形小室，立板下有条形础石，上顶墓室盖板。两个小室均内置长条形石板为棺床。主室底部高于前廊底部 0.18 米，面阔 1.5、进深 2.1、残高 1.32 米。后室平面呈长方形，底部高于主室底部 0.18 米，面阔 2.36、进深 0.82、高 1.2 米。

（二）葬具及人骨

主室东、西两小室均内置一长条形石板为棺床。东侧棺床长 2.01、宽 0.75、厚 0.06 米，西侧棺床长 1.9、宽 0.6、厚 0.05 米。

经现场辨认，墓内葬有人骨一具，置于西侧棺床之上，保存状况差，仅见头骨残片和部分肢骨，葬式不明。

（三）随葬品

该墓共出土 20 件（套）随葬品，14 件（套）出土于墓内扰土中，其余 5 件位于主室，1 件位于后室。其中陶器 18 件，另有 1 件铁器和铜钱 20 枚。

1. 陶器

共 18 件。计有罐 1、瓮 2、奁盖 2、器盖 2、耳杯 4、小釜 2、小盆 3、烟囱 1、水斗 1。

罐　1 件。标本 M13：5，泥质灰褐陶。圆唇内勾，敛口，短直颈，弧肩，鼓腹，最大腹径居中，台底。肩腹部饰有多周弦纹。口径 10.6、最大腹径 17.4、底径 8、高 13.2 厘米（图三一，1；彩版二三，2）。

瓮　2 件（M13：扰 1、扰 2）。均为泥质灰陶。形制相似，弧肩，球腹，圜底，最大腹径居中。标本 M13：扰 1，圆唇，敛口，子母口，短直颈。肩部饰三组弦纹，每组二周。下腹及底拍印绳纹。口径 17.8、最大腹径 37、高 32.8 厘米（图三二，8；彩版二三，3）。标本 M13：扰 2，口残。圜底略平。最大腹径 32.4、底径 11.2、高 26.1 厘米（图三二，9）。

奁盖　2 件（M13：3、4）。均为泥质灰陶。整体呈圆柱形，方唇，直口，直壁。顶置三个乳丁状纽。标本 M13：3，盖顶斜直折，小平顶。口径 24.3、底径 17.5、高 21.5 厘米（图三一，8）。标本 M13：4，弧顶。顶饰三道弦纹。口径 20、高 16 厘米（图三一，9；彩版二三，1）。

器盖　2 件（M13：6、扰 7）。均为泥质灰陶。标本 M13：6，方圆唇，子母口，宽沿，弧顶。口径 6.5、高 2.3 厘米（图三一，3；彩版二三，4）。标本 M13：扰 7，尖圆唇，子母口，宽沿，斜直壁，小平顶。顶部中心穿有一圆孔，并饰有三周弦纹。口径 7.3、高 2.1 厘米（图三一，2）。

耳杯　4 件（M13：扰 3、扰 4、扰 5、扰 6）。均为泥质灰陶。形制相似，椭圆形杯口，方圆唇，斜弧腹，台底，双耳平齐。标本 M13：扰 3，杯心有模印的数道长短不一的凸起线条，具体图案不辨。口长径 10、口短径 7.1、底长径 5.2、底短径 2.2、高 2.6 厘米（图三一，4；彩版二三，5）。标本 M13：扰 4，口长径 10、口短径 8.2、底长径 5.2、底短径 2.3、高 3 厘米（图三一，5）。标本 M13：扰 5，口长径 11.2、口短径 9.5、底长径 7.3、底短径 3.6、高 3.7 厘米（图三一，6）。标本 M13：扰 6，口长径 12.6、口短径 10.6、底长径 7.2、底短径 3.2、高 3.6 厘米（图三一，7）。

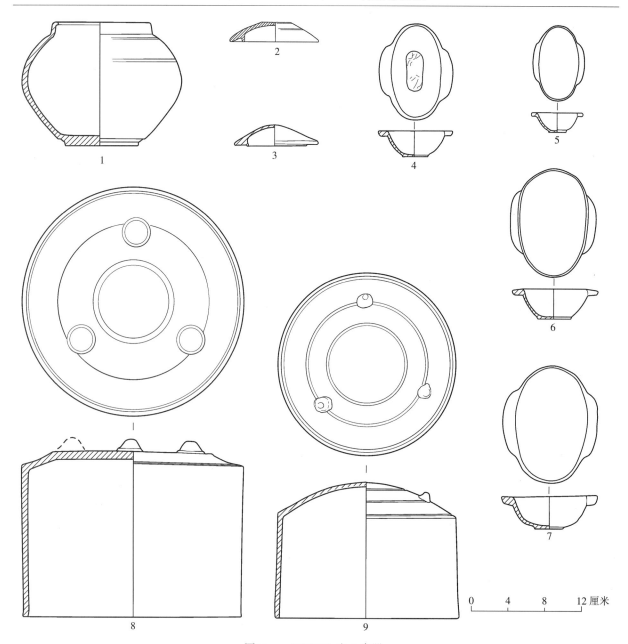

图三一　2015M13 出土陶器

1. 罐（M13：5）　2、3. 器盖（M13：扰 7、6）　4～7. 耳杯（M13：扰 3、扰 4、扰 5、扰 6）　8、9. 奁盖（M13：3、4）

　　小釜　2 件（M13：1、2）。均为泥质，灰陶或灰黑陶。形制相似，方圆唇，敛口，折腹，平底。标本 M13：1，灰黑陶，底部有削整痕迹。口径 3.5、最大腹径 5.1、高 2.5 厘米（图三二，1）。标本 M13：2，尖状小平底。口径 7.3、最大腹径 9.8、底径 1.3、高 4.4. 厘米（图三二，3；彩版二三，6）。

　　小盆　3 件（M13：扰 8、扰 9、扰 10）。标本 M13：扰 8、扰 9 均为泥质灰褐陶。形制相似，方唇，敞口，折腹，平底。标本 M13：扰 8，平折沿，双折腹。口径 8.3、底径 2.8、高 3.6 厘米（图三二，5）。标本 M13：扰 9，斜折沿。口径 8.6、底径 2.3、高 3.6 厘米（图三二，6）。标本 M13：扰 10，泥质灰陶。圆唇，敞口，斜弧腹，平底。口径 9.7、底径 4.6、高 4.2 厘米（图三二，4；彩版二三，7）。

　　烟囱　1 件。标本 M13：扰 11，泥质灰陶。近圆柱状，尖唇，敛口，上腹斜直内倾，下腹束腰，腰部修整为六棱形，中空。口径 2.3、最大腹径 3.1、底径 2.8、高 6.4 厘米（图三二，7；彩版二三，8）。

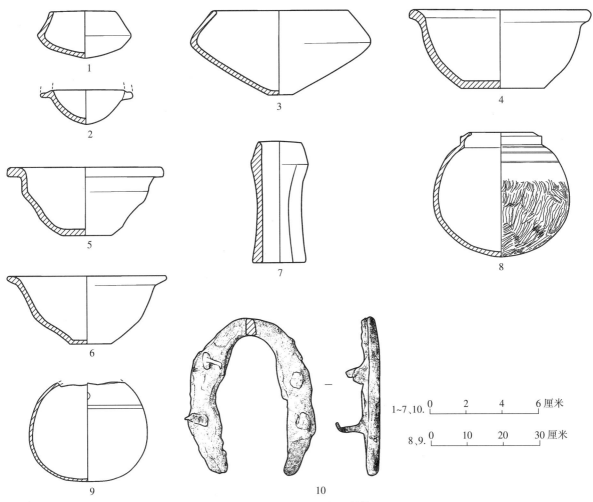

图三二　2015M13 出土器物

1、3. 小陶釜（M13:1、2）　2. 陶水斗（M13:扰12）　4~6. 小陶盆（M13:扰10、扰8、扰9）　7. 陶烟囱（M13:扰11）
8、9. 陶瓮（M13:扰1、扰2）　10. 铁马掌（M13:扰13）

水斗　1件。标本 M13:填12，泥质灰陶。提梁不存。斗身为方唇，斜弧腹，圜底。口径5.3、残高1.9厘米（图三二，2）。

2. 铁器

马掌　1件。标本 M13:扰13，锈蚀严重。通长8.4、通宽6.8厘米，重82克（图三二，10）。辽金时期器物，应为墓葬受扰动时混入。

3. 铜钱

20枚，编号 M13:扰14－1~扰14－20。均为"五铢"。详情见表八。

表八　　　　　　　　　　2015M13 出土铜钱登记表　　　　　　　（尺寸单位：厘米；重量单位：克）

种类	编号	特征		郭径	钱径	穿宽	郭厚	肉厚	重量
		文字特征	记号						
五铢	扰14－1	"五"字瘦长，竖画缓曲；"金"头三角形，四竖点；"朱"头较方，"朱"下较圆		2.53	2.25	0.90	0.14	0.11	2.52

续表八

种类	编号	特征		郭径	钱径	穿宽	郭厚	肉厚	重量
		文字特征	记号						
五铢	扰 14 - 2	"五"字瘦长，竖画缓曲； "金"头三角形，四竖点； "朱"头较方，"朱"下较圆		2.57	2.31	0.96	0.17	0.15	2.42
	扰 14 - 3	字迹不清		2.59	2.25	0.93	0.15	0.13	2.85
	扰 14 - 4	字迹不清		2.54	2.25	0.92	0.14	0.11	2.75
	扰 14 - 5	字迹不清		2.52	2.28	0.88	0.13	0.12	3.22
	扰 14 - 6	字迹不清		2.58	2.28	0.90	0.14	0.13	2.91
	扰 14 - 7	字迹不清		2.64	2.30	0.92	0.12	0.13	1.89
	扰 14 - 8	字迹不清		2.63	2.33	0.95	0.14	0.12	2.74
	扰 14 - 9	字迹不清		2.55	2.16	0.90	0.13	0.11	2.62
	扰 14 - 10	字迹不清		2.62	2.32	0.98	0.12	0.11	2.53
	扰 14 - 11	字迹不清		2.53	2.33	0.91	0.13	0.11	2.12
	扰 14 - 12	字迹不清		2.61	2.36	0.95	0.15	0.13	2.25
	扰 14 - 13	字迹不清		2.40	2.30	0.91	0.11	0.09	1.78
	扰 14 - 14	字迹不清		2.55	2.20	0.95	0.16	0.12	2.99
	扰 14 - 15	字迹不清		2.59	2.30	1.00	0.17	0.14	3.08
	扰 14 - 16	字迹不清		2.62	2.22	0.95	0.12	0.10	2.15
	扰 14 - 17	字迹不清		2.65	2.18	0.90	0.13	0.12	2.55
	扰 14 - 18	字迹不清		2.63	2.30	0.99	0.13	0.11	2.66
	扰 14 - 19	字迹不清		2.57	2.24	0.83	0.16	0.15	3.37
	扰 14 - 20	字迹不清		2.70	2.32	0.94	0.14	0.12	2.97

2015M14

位于本发掘区南部中段，方向 204°（图三三）。开口于②层下，开口距地表 1.6 米。

（一）墓葬结构

该墓为多室石室墓。由墓道、墓门及墓室组成，保存较完整（彩版二二，2）。

墓道　位于墓室南侧。长斜坡状。未完全发掘，长度不详，宽 1.3 米。

墓门　位于墓室南侧。由门楣、门框及门槛及构成。宽 1.5、高 1.5 米。门楣系用长方形石条横置于门框之上，上顶墓室盖板；门框借用东、西耳室南侧板；门槛系用一块长方形石板横置于门框之间（彩版二二，3）。门外由一块大石板立砌封堵，整体规整呈矩形，宽 1.3、高 1.34、厚 0.1 米。

墓室　平面呈"凸"字形，由前廊、主室及东、西耳室构成。墓底及四壁由规整石板砌筑，白灰勾缝，上部平盖石板为顶，前廊处墓顶高于其他部位。前廊平面呈长方形，面阔 2.14、进深 0.8、高 1.5 米。主室平面呈长方形，右上方有盗洞，中部南北纵向立三块长方形立板支撑，将主室分为东、西两个长方形小室；立板下接墓室底板，上接栌斗，栌斗上搭横梁，横梁上盖墓室顶板。

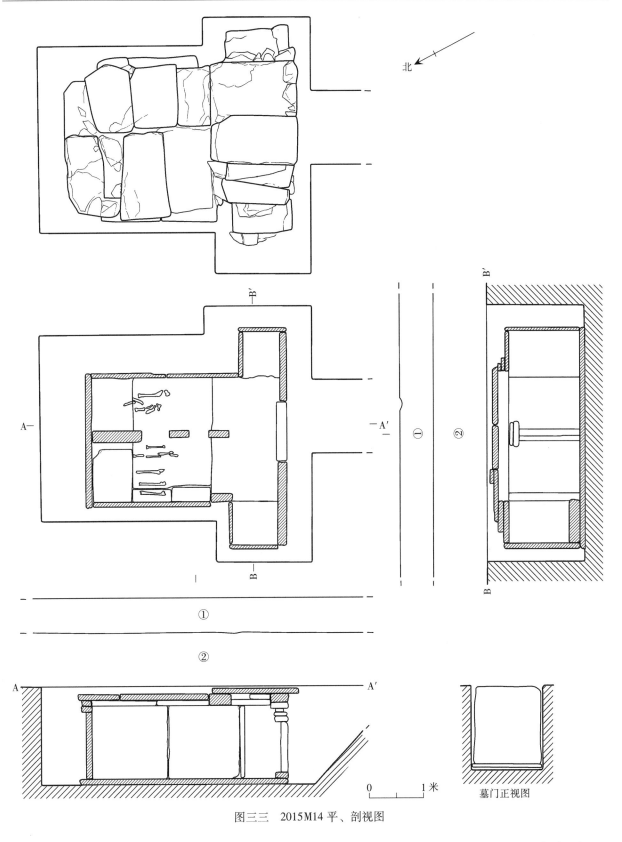

图三三 2015M14 平、剖视图

主室面阔 2.22、进深 2.5、高 1.5 米。两耳室分别位于前廊东、西两侧。东耳室平面呈长方形，面阔 0.8、进深 0.64、高 1.3 米。西耳室平面呈长方形，底部高于前廊底部 0.23 米，面阔 0.74、进深 0.8、高 1.1 米。

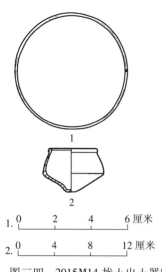

图三四　2015M14扰土出土器物
1. 银环（M14：扰2）
2. 小陶釜（M14：扰1）

（二）葬具及人骨

尸骨下发现有棺痕，有少量棺钉。

共葬有两具人骨，保存极差，仅见少量肢骨散落在墓室里，葬式不明。

（三）随葬品

仅在扰土中出土2件器物，1件陶器，1件银器。

1. 陶器

小釜　1件。标本M14：扰1，泥质灰陶。圆唇，侈口，束沿，折腹，尖状小平底。口径5.3、最大腹径6.6、底径1、高4.7厘米（图三四，2）。

2. 银器

环　1件。标本M14：扰2，环形，外缘弧，内圆稍平，截面呈扁圆形。直径6.2厘米，重5.01克（图三四，1）。

2015M15

位于本发掘区南部中段，方向335°（图三五）。开口于②层下，开口距地表2.2米。

（一）墓葬结构

竖穴墓，未见封土痕迹。墓圹平面呈长方形，结构为直壁，平底，长2.36、宽1.3、深1.3米。

（二）葬具及人骨

葬具为石椁，保存较完整（彩版二四，1）。俯视平面呈平行四边形，通长1.9、通宽0.85、通高0.76米。椁顶由两块长方形石板封盖，西侧石板通长1.48、通宽0.38、厚0.2米，东侧石板通长1.76、通宽0.42、厚0.2米。四壁由四块长方形石板砌成，东、西两长边的石板分别向北、南出头，长出短边近0.2米，短边顶在长边内侧，构筑成一个长1.2、宽0.5、高0.5米的长方体椁室，底部平铺石板。大石板间，尤其是椁室盖板使用大量白灰勾缝。

椁室内残留有木棺痕迹及棺钉数枚。经现场辨认，葬有人骨一具，保存状况差，仅存头骨残片，位于墓内北部，葬式不明。

（三）随葬品

该墓共出土7件随葬品。计有陶器1件、瓷器2件、银器2件、金器2件。另于椁室西侧发现羊距骨5枚。

1. 陶器

壶　1件。标本M15：1，泥质灰陶。圆唇，盘口，束颈，溜肩，鼓腹，最大腹径在上腹部，平底，底部隐见席纹。口径7.4、最大腹径10.2、底径4.5、高14.4厘米（图三五，1；彩版二四，2）。

2. 瓷器

共2件。计有瓶1、盒1。

瓶　1件。标本M15：2，白釉，底部未施釉。圆唇，微侈口，短直颈，圆肩，圆鼓腹，台底，

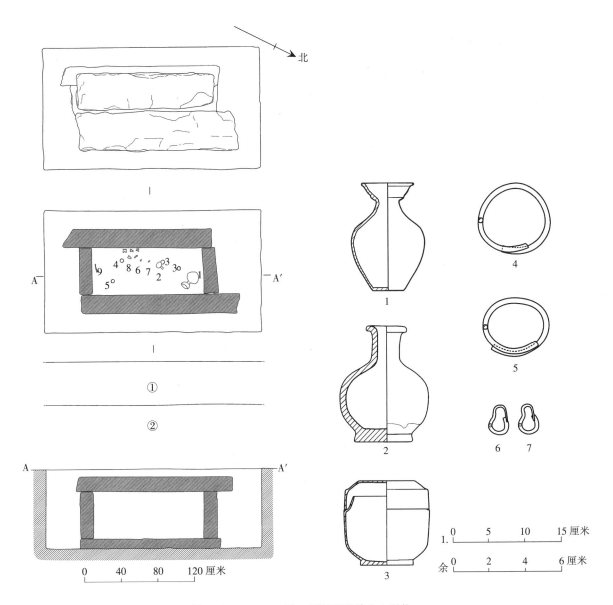

图三五　2015M15 平、剖视图及其出土器物

1. 陶壶　2. 瓷瓶　3. 瓷盒　4、5. 银环　6、7. 金耳环　8. 羊距骨　9. 铁棺钉

底部边缘微外侈。口径 2.2、最大腹径 4.9、底径 3.3、高 6 厘米（图三五，2；彩版二四，3）。

　　盒　1 件。标本 M15∶3，白釉，积釉处微黄色，盖、体交接处边缘、器底部未施釉。圆形，由盒盖和盒体两部分组成，子母口。盒盖直口，方唇，直壁，顶部圆台状隆起，平顶。口径 4.4、高 1.5 厘米。盒体尖唇，微敛口，上腹部直腹，下腹斜直内收，台底。口径 3.7、底径 2.7、高 3.3 厘米。通高 4.5 厘米（图三五，3；彩版二四，4）。

　　3. 银器

　　共 2 件。均为环。

　　标本 M15∶4、5，形制相似，平面近似圆形，截面呈圆形。标本 M15∶4，长径 3.9、短径 3.7 厘米，重 8.9 克（图三五，4）。标本 M15∶5，长径 3.6、短径 3.1 厘米，重 8.6 克（图三五，5）。

4. 金器

共 2 件。均为耳环。

标本 M15：6、7，形制相似，用一端粗一端细、横截面呈圆形的金条盘曲成平面近葫芦形的环（彩版二四，5）。M15：6，通长 1.6、通宽 1.1 厘米（图三五，6）。M15：7，通长 1.6、通宽 1.1 厘米（图三五，7）。

2015M16

位于本发掘区南部中段，方向 185°（图三六）。开口于②层下，开口距地表 0.85 米。

（一）墓葬结构

该墓被严重破坏，从现存墓葬结构形制推测，该墓为多室石室墓。墓圹呈长方形，长 5.04、宽 4.23、残深 1.31 米。残存部分墓底石板，墓底为平铺的六块长方形石板及三块立置石板。从墓底石板判断，墓室至少由主室和后室组成，主室和后室平面应均为长方形，后室底部高于主室。

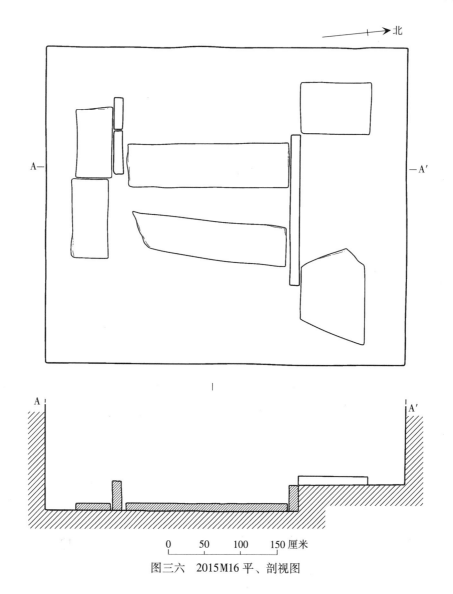

图三六　2015M16 平、剖视图

（二）葬具及人骨

由于被严重破坏，未见葬具痕迹及人骨痕迹。

（三）随葬品

该墓出土灰陶残片 2 片及铜钱 9 枚。铜钱编号 M16：1 - 1 ～ 1 - 9。均为"五铢"。详情见表九。

表九　　　　　　　　　2015M16 出土铜钱登记表　　　　　（尺寸单位：厘米；重量单位：克）

种类	编号	特征		郭径	钱径	穿宽	郭厚	肉厚	重量
		文字特征	记号						
五铢	1 - 1	"五"字瘦长，竖画缓曲；"金"头三角形，四竖点；"朱"头较圆，"朱"下较圆		2.54	2.32	0.91	0.14	0.12	3.24
	1 - 2	同上		2.52	2.28	0.96	0.11	0.09	2.54
	1 - 3	同上		2.48	2.25	0.95	0.08	0.07	2.51
	1 - 4	"五"字瘦长，竖画甚曲；"金"头三角形，四竖点；"朱"头较方，"朱"下较圆		2.56	2.30	0.93	0.13	0.11	2.11
	1 - 5	同上		2.25	2.22	0.95	0.12	0.10	3.80
	1 - 6	"五"字瘦长，竖画缓曲；"金"头三角形，四竖点；"朱"头较圆，"朱"下较圆	剪轮	2.10	0.90			0.12	1.71
	1 - 7	字迹不清	剪轮	1.82	0.94			0.06	0.61
	1 - 8	字迹不清	剪轮	2.22	0.91			0.07	1.27
	1 - 9	字迹不清	剪轮	2.24	0.85			0.09	1.73

2015M17

位于本发掘区南部中段，方向 190°（图三七）。开口于②层下，开口距地表 1 米，

（一）墓葬结构

从墓葬结构形制推测，该墓为多室石室墓。墓圹呈"凸"字形，现残存部分墓底石板，从营建形制可以看出该墓由墓道、墓门、墓室组成。

墓道　位于墓室南侧。长斜坡状。未完全发掘，长度不详，宽 2.1 米。

墓门　位于墓室南侧。残留门槛，门槛系用两块长方形石板横置于墓门之间，残长 2.26 米。

墓室　平面呈"凸"字形，由主室及后室构成。墓底由规整石板平铺砌筑，四壁无存。主室平面呈长方形，面阔约 2.5、进深约 3.4 米。后室平面呈长方形，底部高于主室底部 0.2 米，面阔约 3.29、进深约 1.2 米。

（二）葬具及人骨

由于被严重破坏，未见葬具痕迹及人骨痕迹。

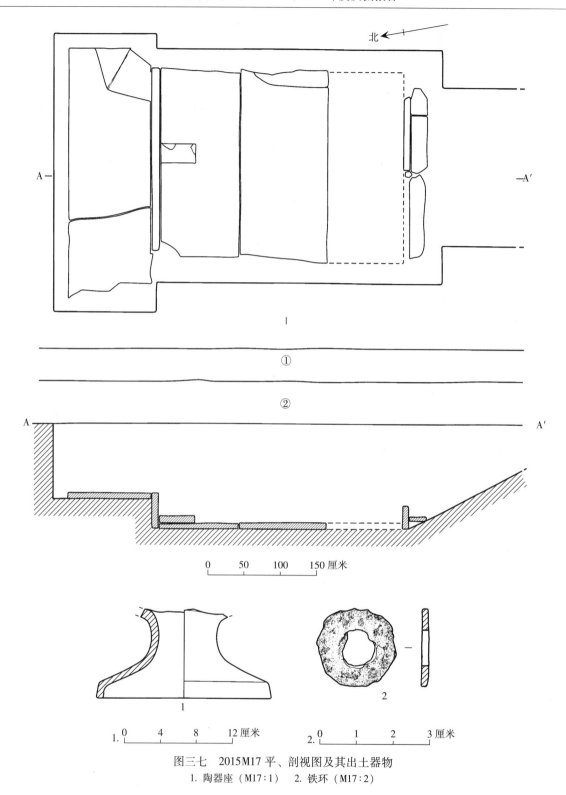

图三七　2015M17 平、剖视图及其出土器物
1. 陶器座（M17∶1）　2. 铁环（M17∶2）

（三）随葬品

该墓被严重破坏，可修复或辨明器形的随葬品 4 件（套），包括陶器 1 件、铁器 1 件、铜钱 25
枚。

1. 陶器

器座　1 件。标本 M17∶1，泥质灰陶。残留器物下半部，束腰形粗柄中空，喇叭形座，座底

陡折。底径13.2、残高9.5厘米（图三七，1）。

2. 铁器

环　1件。标本M17∶2，锈蚀严重。平面呈环形。直径2.2、内径1厘米，重2.52克（图三七，2）。

3. 铜钱

25枚，其中22枚编号M17∶3-1～3-22；另3枚，编号M17∶4-1～4-3。均为"五铢"。详情见表一〇。

表一〇　　　　　　　　　　2015M17出土铜钱登记表　　　　　　（尺寸单位：厘米；重量单位：克）

种类	编号	特征		郭径	钱径	穿宽	郭厚	肉厚	重量
		文字特征	记号						
五铢	3-1	"五"字瘦长，竖画缓曲；"金"头三角形，四竖点；"朱"头较圆，"朱"下较圆		2.54	2.24	0.93	0.12	0.11	2.51
	3-2	同上		2.61	2.36	0.87	0.15	0.15	3.81
	3-3	"五"字瘦长，竖画缓曲；"金"头三角形，四竖点；"朱"头较方，"朱"下较圆		2.52	2.21	0.94	0.13	0.11	2.17
	3-4	"五"字瘦长，竖画甚曲；"金"头三角形，四竖点；"朱"头较方，"朱"下较圆		2.60	2.36	0.88	0.14	0.13	3.21
	3-5	"五"字瘦长，竖画缓曲；"金"头三角形，四竖点；"朱"头较圆，"朱"下较圆		2.59	2.32	0.90	0.13	0.11	2.47
	3-6	同上		2.62	2.32	0.88	0.14	0.11	2.62
	3-7	"五"字瘦长，竖画甚曲；"金"头三角形，四竖点；"朱"头较方，"朱"下较圆		2.53	2.34	0.90	0.17	0.14	3.27
	3-8	同上		2.62	2.33	0.88	0.14	0.12	2.84
	3-9	"五"字瘦长，竖画甚曲；"金"头三角形，四竖点；"朱"头较圆，"朱"下较圆		2.57.	2.31	0.89	0.13	0.12	3.20
	3-10	同上		2.58	2.32	0.97	0.12	0.10	2.79
	3-11	"五"字瘦长，竖画甚曲；"金"头三角形，四竖点；"朱"头较方，"朱"下较圆		2.62	2.35	0.88	0.15	0.13	3.57
	3-12	同上		2.58	2.24	0.86	0.14	0.12	3.00
	3-13	同上		2.56	2.32	0.92	0.13	0.11	3.10

种类	编号	特征		郭径	钱径	穿宽	郭厚	肉厚	重量
		文字特征	记号						
五铢	3－14	"五"字瘦长，竖画甚曲；"金"头三角形，四竖点；"朱"头较圆，"朱"下较方		2.49	2.33	0.97	0.11	0.10	2.12
	3－15	"五"字瘦长，竖画甚曲；"金"头三角形，四竖点；"朱"头较方，"朱"下较圆		2.46	2.32	0.92	0.12	0.10	2.10
	3－16	"五"字瘦长，竖画甚曲；"金"头三角形，四竖点；"朱"头较方，"朱"下较圆		2.55	2.32	0.87	0.10	0.09	1.73
	3－17	"五"字瘦长，竖画甚曲；"金"头三角形，四竖点；"朱"头较圆，"朱"下较圆		2.56	2.34	0.88	0.13	0.12	2.29
	3－18	"五"字瘦长，竖画甚曲；"金"头三角形，四竖点；"朱"头较方，"朱"下较圆		2.55	2.34	0.98	0.13	0.11	2.36
	3－19	同上		2.48	2.32	0.96	0.11	0.10	1.75
	3－20	同上		2.54	2.34	0.97	0.12	0.10	2.15
	3－21	同上		2.55	2.32	0.89	0.10	0.09	1.81
	3－22	字迹不清	磨郭		1.86	0.93		0.10	1.12
	4－1	"五"字瘦长，竖画缓曲；"金"头三角形，四竖点；"朱"头较圆，"朱"下较圆		2.52	2.30	0.94	0.15	0.14	3.27
	4－2	"五"字瘦长，竖画缓曲；"金"头三角形，四竖点；"朱"头较方，"朱"下较圆		2.58	2.35	0.90	0.13	0.11	2.87
	4－3	"五"字瘦长，竖画甚曲；"金"头三角形，四竖点；"朱"头较圆，"朱"下较圆		2.31	2.23	0.89	0.13	0.12	2.86

2015M18

位于本发掘区东南部，方向 110°（图三八）。开口于①层下，开口距地表 0.38 米。

（一）墓葬结构

该墓为砖室墓。整体保存较完整，由墓道、墓门及墓室组成（彩版二五，1）。

墓道　位于墓室东侧。长方形斜坡状。未完全发掘，长度不详，宽 1.64 米，底部距地表 1.8 米。

墓门　位于墓室东侧的北部。由门楣及封门砖构成。门楣系一块长方形石板横置于墓门之上。

墓门由条砖封堵（彩版二五，3），为一层或两层平砖顺砌和一层立砖丁砌组合，共十一层，宽0.84、高1.14米。

墓室　平面呈长方形，长2.76、宽1.64、高1.3米。墓顶塌落，四壁保存较好，砌法皆为两层平砖错缝顺砌和一层立砖丁砌组合，墓室四壁抹有一层白灰。墓底砖呈"人"字形错缝平铺。墓室南侧置一长方形棺床。墓室后部为器物台，由三层青砖平铺垒砌而成，且抹有一层白灰，长1.64、宽1.09、高0.15米（彩版二五，2）。砌墓所用砖为一面施绳纹的青砖。

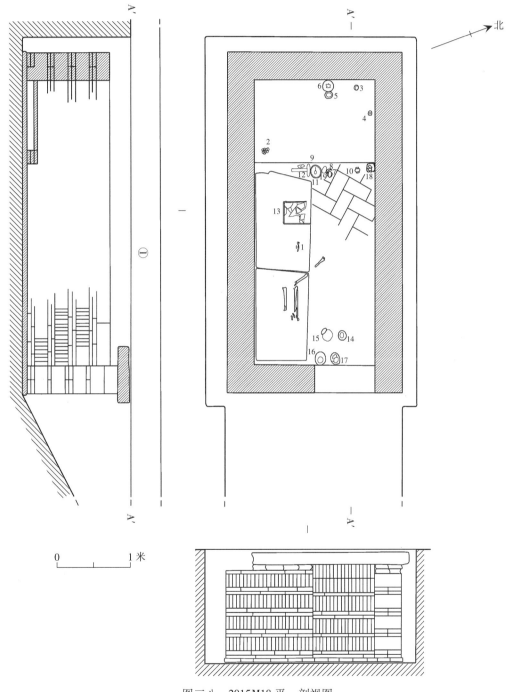

图三八　2015M18平、剖视图

1. 铜带钩　2. 铜钱　3、4. 小金　5. 器盖　6. 器座　7～10. 耳杯　11. 碗　12. 灯　13. 案　14. 双耳罐　15～18. 罐　19. 勺
（未标明质地者均为陶器）

（二）葬具及人骨

主室南侧置有一近长方形石制棺床，长 2.34、宽 0.74、厚 0.1 米。

该墓葬有人骨一具，保存极差，仅存少量肢骨，葬式不明。

（三）随葬品

该墓共出土随葬品 33 件（套），14 件出土于扰土中，其余 19 件多数位于主室中，少数位于西端器物台上。其中陶器 30 件、木器 1 件、铜器 1 件，另有铜钱 30 枚。

1. 陶器

共 30 件。计有罐 6、双耳罐 1、长颈瓶 3、奁盖 1、碗 1、盆 1、勺 1、器盖 1、器座 2、耳杯 5、灯 1、案 1、盒体 1、炉 1、小釜 2、小瓢 1、楼 1。

罐　6 件（M18：15、16、17、18、扰 3、扰 10）。标本 M18：16、17、18、扰 3、扰 10 均为泥质黄褐陶。形制相似，方圆唇内勾，直口微敛，短直颈，弧肩，鼓腹略扁，最大腹径居中，台底。肩、腹部饰多道细凹弦纹。标本 M18：16，口径 12.6、最大腹径 22、底径 9.1、高 15.5 厘米（图三九，2；彩版二六，2）。标本 M18：17，口径 11.2、最大腹径 19.6、底径 8.3、高 15.1 厘米（图三九，3）。标本 M18：18，口径 12.8、最大腹径 21.7、底径 9.2、高 15.2 厘米（图三九，4）。标本 M18：扰 3，口径 11.6、最大腹径 20.4、底径 8.5、高 14.8 厘米（图三九，5）。标本 M18：扰 10，口径 11.9、最大腹径 20.7、底径 8.7、高 15.5 厘米（图三九，6）。标本 M18：15，泥质灰黑陶。方圆唇，平折沿，束颈，弧肩，鼓腹，最大腹径居中，台底。肩、腹部饰多道细凹弦纹。口径 12.6、最大腹径 20.2、底径 9.2、高 16.3 厘米（图三九，1；彩版二六，1）。

双耳罐　1 件。标本 M18：14，泥质灰陶。方唇，侈口，略束颈，长溜肩，扁鼓腹，最大腹径居中，台底。肩部对称置两个尖锥状竖耳。口径 5.9、最大腹径 13.3、底径 6.6、高 11.2 厘米（图三九，15；彩版二六，3）。

长颈瓶　3 件（M18：扰 1、扰 2、扰 9）。均为泥质灰陶。形制相似，方唇外折，侈口，细长颈，溜肩，鼓腹，平底。下腹等距镂三个圆形小孔。标本 M18：扰 1，底略残。口径 6.2、最大腹径 12.8、底径 5.7、高 23.1 厘米（图三九，11）。标本 M18：扰 2，底穿一圆孔。口径 6.4、最大腹径 13.6、底径 6.1、高 24.7 厘米（图三九，13）。标本 M18：扰 9，底穿有一圆孔。口径 6.1、最大腹径 13.1、底径 5.9、高 24 厘米（图三九，12）。

奁盖　1 件。标本 M18：扰 12，泥质灰陶。整体呈长方体状，直口，直壁，盖顶为盝顶，顶面内凹。顶置五个乳丁纽。口长径 38.9、口短径 22.9、底长径 30.9、底短径 15.4、高 18.5 厘米（图三九，18；彩版二七，7）。

碗　1 件。标本 M18：11，泥质灰陶。尖唇外撇，侈口，斜弧深腹，台底。口径 20.2、底径 9.3、高 8.1 厘米（图三九，10；彩版二六，5）。

盆　1 件。标本 M18：扰 4，泥质灰陶。圆唇，敞口，卷沿微下垂，内沿凸起，斜弧腹略折，平底。口径 9.9、底径 5.3、高 4.8 厘米（图三九，16）。

勺　1 件。标本 M18：19，泥质灰陶。圆形勺头，圆唇，斜弧腹，圜底，一侧置圆柱形曲柄，柄尾下弯。通长 12.5、勺径 7.5 厘米（图四〇，6；彩版二七，2）。

器盖　1 件。标本 M18：5，泥质灰陶。圆唇，子母口，宽平沿，弧顶，顶部微鼓。口径 8.2、

图三九　2015M18出土陶器

1~6. 罐（M18：15、16、17、18、扰3、扰10）　7. 盒体（M18：扰8）　8、9. 器座（M18：扰7、6）　10. 碗（M18：11）　11~
13. 长颈瓶（M18：扰1、扰9、扰2）　14. 灯（M18：12）　15. 双耳罐（M18：14）　16. 盆（M18：扰4）　17. 炉（M18：扰5）
18. 奁盖（M18：扰12）

高 2.5 厘米（图四〇，7；彩版二六，4）。

器座　2 件（M18：6、扰 7）。形制相似，方圆唇，敛口，束腰形粗柄中空，喇叭形座，座底陡折，形似盘口。口外沿和底座施凸凹棱纹。标本 M18：6，座底残缺。口径 21、残高 11.4 厘米（图三九，9）。标本 M18：扰 7，口径 12.5、底径 19.1、高 14.7 厘米（图三九，8）。

耳杯　5 件（M18：7、8、9、10、扰 6）。均为泥质灰陶。形制相似，椭圆形杯口，方圆唇，双耳不甚规整，略平齐，斜弧腹，台底。标本 M18：7，双耳微上翘，平底内凹。口长径 11.6、口短径 9、底长径 6.6、底短径 3、高 2.7 厘米（图四〇，3）。标本 M18：8，双耳微上翘。内底模印有双圈凸棱纹，圈间填两两一组的短线纹，内圈中隐约可见模印纹饰，似乎为云气等。口长径 10.8、口短径 8.3、底长径 5.2、底短径 2.9、高 2.9 厘米（图四〇，2）。标本 M18：9，口长径 8.4、口短径 7、底长径 4.1、底短径 2.3、高 2.6 厘米（图四〇，4）。标本 M18：10，口长径 8.7、口短径 6.9、底长径 4.2、底短径 2.2、高 2.4 厘米（图四〇，5）。标本 M18：扰 6，双耳微上翘。内底模印有纹饰，可辨双圈类短线纹，圈中亦隐约有纹饰，然无法辨识。口长径 11.1、口短径 9.1、底长径 5.5、底短径 2.6、高 2.7 厘米（图四〇，1）。

灯　1 件。标本 M18：12，泥质灰陶。灯盘为方唇，直口，平底略弧，空心细高柄，喇叭形灯座，柄部有削痕。口径 15.3、底径 18.3、高 24.2 厘米（图三九，14；彩版二六，6）。

案　1 件。标本 M18：13，泥质灰褐陶。平面呈长方形扁平片状，边缘起一周凸棱为沿，沿方唇略外倾。案心饰有三周长方形凹弦纹。长 31.2、宽 20.5、厚 1.4 厘米（图四〇，14；彩版二六，7）。

盒体　1 件。标本 M18：扰 8，泥质灰陶。圆唇，直口，折腹，折腹处出台，上腹直壁略内凹，下腹斜弧，台底。口径 20.4、最大腹径 24.2、底径 8.4、高 11.7 厘米（图三九，7；彩版二七，5）。

炉　1 件。标本 M18：扰 5，泥质灰陶。尖唇，子母口外敞，折腹，圜底，底置三个兽蹄形足。底有镂空"十"字形长条形孔，四周饰四个半月形图案。口径 19.7、最大腹径 19、高 12.5 厘米（图三九，17；彩版二七，4）。

小釜　2 件（M18：3、4）。均为泥质灰陶。形制相似，圆唇，敛口，弧腹略折，圜底，底部有削痕。标本 M18：3，口径 4、最大腹径 5.8、高 3.1 厘米（图四〇，8）。标本 M18：4，口径 3.9、最大腹径 5.8、高 3.1 厘米（图四〇，9）。

小瓢　1 件。标本 M18：扰 11，泥质灰陶。平面呈鸡心状，方唇，敞口，斜弧腹，圜底，一侧有流。瓢内留有制作者捏塑器物时的指甲痕。通长 3.8、通宽 3.1、高 1.8 厘米（图四〇，10；彩版二七，3）。

楼　1 件。标本 M18：扰 13，泥质灰陶。由顶和体组成。顶悬山式结构，平面呈长方形，坡面近平，中间有长条形正脊，脊身削有六个半圆形缺口。楼体正面近梯形，上部开有长方形孔表示窗，窗两侧对称分布两个竖条形孔，窗下出檐，檐下设长方形孔表示门，门上有两扇门板（现已不存），门下出檐表示台阶。楼体侧面壁上各设有一个长方形孔表示通风口。四壁底边中部做成拱形，形成四足。通高 33 厘米，顶长 35.4、宽 24.5 厘米，楼体高 27.5、长 32、宽 17.6 厘米（图四〇，13；彩版二七，1）。

2. 木器

簪　1 件。标本 M18：扰 14，残损。整体呈棒状多棱形，截面呈多边形。长 8.8、宽 0.6 厘米，

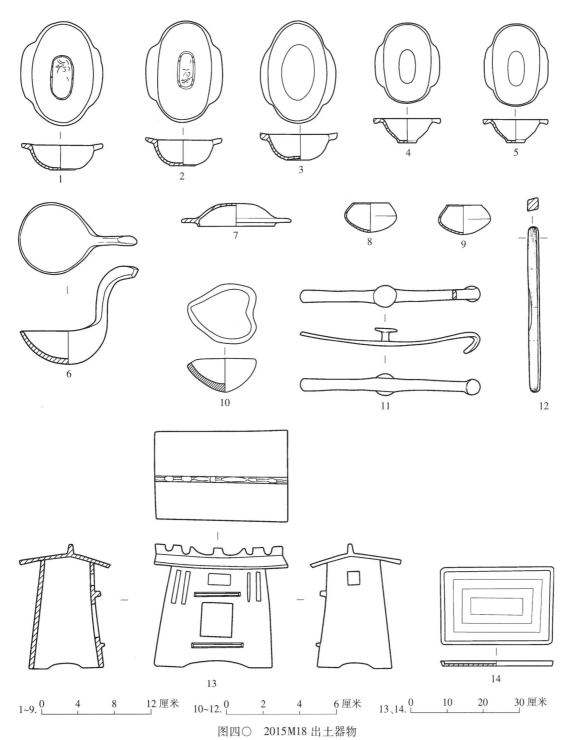

图四〇 2015M18 出土器物

1~5. 耳杯（M18：扰6、8、7、9、10） 6. 勺（M18：19） 7. 器盖（M18：5） 8、9. 小釜（M18：3、4） 10. 小瓢（M18：扰11）
11. 铜带钩（M18：1） 12. 木簪（M18：扰14） 13. 楼（M18：扰13） 14. 案（M18：13）（未标明质地者均为陶器）

重3克（图四〇，12）。

3. 铜器

带钩 1件。标本 M18：1，平面呈琵琶形。蛇头形钩首，钩身圆钝，钩首至钩尾渐粗，钩身侧视略呈"S"形。圆形钩钮靠近钩尾。长9.8、宽1.2厘米，重11克（图四〇，11；彩版二七，6）。

4. 铜钱

30 枚，编号 M18：2 - 1 ～ 2 - 30。其中 29 枚为"五铢"，1 枚为"货泉"。详情见表一一。

表一一　　　　　　　　　　2015 M18 出土铜钱登记表　　　　　（尺寸单位：厘米；重量单位：克）

| 种类 | 编号 | 特征 | | 郭径 | 钱径 | 穿宽 | 郭厚 | 肉厚 | 重量 |
		文字特征	记号						
五铢	2 - 1	"五"字瘦长，竖画缓曲；"金"头三角形，四竖点；"朱"头较方，"朱"下较圆		2.62	2.37	0.96	0.14	0.11	2.64
	2 - 2	"五"字瘦长，竖画缓曲；"金"头三角形，四竖点；"朱"头较圆，"朱"下较圆		2.57	2.26	0.99	0.15	0.13	2.72
	2 - 3	"五"字瘦长，竖画缓曲；"金"头三角形，四竖点；"朱"头较方，"朱"下较圆		2.59	2.25	0.93	0.15	0.13	2.85
	2 - 4	同上		2.54	2.25	0.92	0.14	0.11	2.75
	2 - 5	"五"字瘦长，竖画甚曲；"金"头三角形，四竖点；"朱"头较圆，"朱"下较圆		2.52	2.28	0.88	0.13	0.12	3.22
	2 - 6	同上		2.58	2.28	0.90	0.14	0.13	2.91
	2 - 7	同上		2.64	2.30	0.92	0.12	0.13	1.89
	2 - 8	"五"字瘦长，竖画甚曲；"金"头三角形，四竖点；"朱"头较方，"朱"下较圆		2.63	2.33	0.95	0.14	0.12	2.74
	2 - 9	"五"字瘦长，竖画甚曲；"金"头三角形，四竖点；"朱"头较圆，"朱"下较圆		2.55	2.16	0.90	0.13	0.11	2.62
	2 - 10	同上		2.62	2.32	0.98	0.12	0.11	2.53
	2 - 11	"五"字瘦长，竖画甚曲；"金"头三角形，四竖点；"朱"头较方，"朱"下较方		2.53	2.33	0.91	0.13	0.11	2.12
	2 - 12	"五"字瘦长，竖画甚曲；"金"头三角形，四竖点；"朱"头较方，"朱"下较圆		2.61	2.36	0.95	0.15	0.13	2.25
	2 - 13	"五"字瘦长，竖画缓曲；"金"头三角形，四竖点；"朱"头较圆，"朱"下较圆		2.59	2.25	0.93	0.15	0.13	2.85
	2 - 14	同上		2.54	2.25	0.92	0.14	0.11	2.75
	2 - 15	"五"字瘦长，竖画甚曲；"金"头三角形，四竖点；"朱"头较方，"朱"下较圆		2.52	2.28	0.88	0.13	0.12	3.22

种类	编号	特征		郭径	钱径	穿宽	郭厚	肉厚	重量
		文字特征	记号						
五铢	2-16	"五"字瘦长，竖画甚曲；"金"头三角形，四竖点；"朱"头较圆，"朱"下较方		2.58	2.28	0.90	0.14	0.13	2.91
	2-17	"五"字瘦长，竖画甚曲；"金"头三角形，四竖点；"朱"头较方，"朱"下较圆		2.64	2.30	0.92	0.12	0.13	1.89
	2-18	"五"字瘦长，竖画甚曲；"金"头三角形，四竖点；"朱"头较圆，"朱"下较圆		2.63	2.33	0.95	0.14	0.12	2.74
	2-19	"五"字瘦长，竖画甚曲；"金"头三角形，四竖点；"朱"头较方，"朱"下较圆		2.55	2.16	0.90	0.13	0.11	2.62
	2-20	"五"字瘦长，竖画甚曲；"金"头三角形，四竖点；"朱"头较圆，"朱"下较方		2.62	2.32	0.98	0.12	0.11	2.53
	2-21	同上		2.53	2.33	0.91	0.13	0.11	2.12
	2-22	"五"字瘦长，竖画甚曲；"金"头三角形，四竖点；"朱"头较方，"朱"下较圆		2.59	2.25	0.93	0.15	0.13	2.85
	2-23	"五"字瘦长，竖画甚曲；"金"头三角形，四竖点；"朱"头较圆，"朱"下较圆		2.43	2.28	0.91	0.15	0.13	2.56
	2-24	"五"字瘦长，竖画甚曲；"金"头三角形，四竖点；"朱"头较方，"朱"下较方		2.55	2.30	0.92	0.15	0.12	2.75
	2-25	"五"字瘦长，竖画甚曲；"金"头三角形，四竖点；"朱"头较方，"朱"下较圆		2.57	2.22	0.98	0.12	0.11	2.56
	2-26	"五"字瘦长，竖画甚曲；"金"头三角形，四竖点；"朱"头较圆，"朱"下较圆		2.56	2.20	0.90	0.14	0.11	2.57
	2-27	同上		2.63	2.29	0.87	0.13	0.10	2.48
	2-28	字迹不清		2.55	2.27	0.91	0.11	0.12	2.68
	2-29	字迹不清		2.57	2.33	0.99	0.13	0.12	3.54
货泉	2-30	穿之右、左篆书"货泉"二字		2.29	2.05	0.66	0.17	0.14	3.50

2015M19

位于本发掘区东南角，被严重破坏，方向不辨（图四一）。开口于②层下，开口距地表 0.75 米。

（一）墓葬结构

从墓葬结构形制推测，该墓为多室石室墓。墓圹呈长方形，长 3.62、宽 2.69、残深 1.11 米。现残存部分墓底石板，墓底为平铺的三块长方形石板及一块立石板。从墓底石板判断，墓室至少由主室和后室组成。主室和后室平面均呈长方形，后室底部高于主室底部。

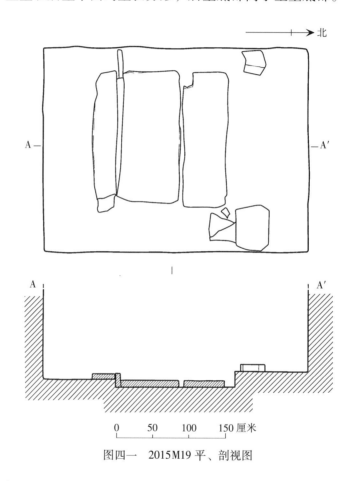

图四一　2015M19 平、剖视图

（二）葬具及人骨

由于被严重破坏，未见葬具痕迹及人骨痕迹。

（三）随葬品

未见随葬品。

2015M20

位于本发掘区南部中段，方向 210°（图四二）。开口于②层下，开口距地表 0.55 米，

（一）墓葬结构

该墓为多室石室墓。由墓道、墓门及墓室组成（彩版二八，1）。

墓道　位于墓室南侧。长斜坡状。未完全发掘，长度不详，宽 2.4 米，底部距地表 2.1 米。

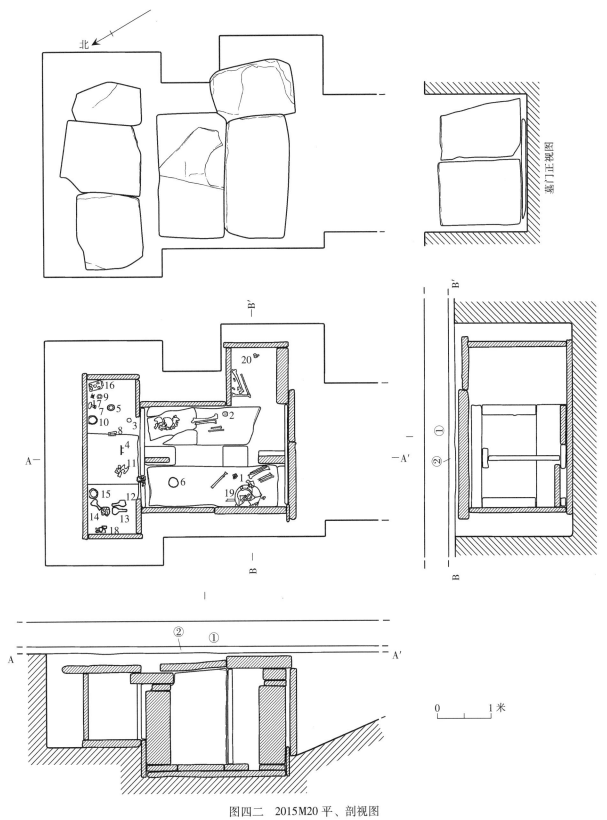

图四二　2015 M20 平、剖视图

1. 铜钱　2、3. 小瓿　4. 俎　5. 井　6. 方盘　7、11、15. 器座　8. 盘　9. 器盖　10. 灯座　12～14. 长颈瓶　16. 灶　17. 支架
18. 残片　19. 瓮　20. 案　21、22. 小釜（未标明质地者均为陶器）

墓门　位于墓室南侧。双门道，由门框、门楣及门槛构成，通宽 2.19、高 1.24 米。正中有一立柱，将墓门一分为二。立柱下有柱础，上接栌斗，栌斗上顶门楣，门楣上铺墓顶盖板。门框利用主室及东耳室侧板，门槛系长方形石条横置门框之间（彩版二八，2）。墓门由两块大石板立砌封堵，东侧石板不规整，封门通宽 1.9、高 1.4 米。封门下铺有长方形石板。

墓室　平面近"工"字形，由东耳室、主室及后室构成。墓底及四壁由规整石板砌筑，白灰勾缝，上部平盖石板为顶，整体保存较好。东耳室平面呈长方形，面阔 0.84、进深 0.99、高 1.79 米。主室平面呈长方形，其中部南北纵向立长方形立板一块，将主室分为东、西两个长方形小室，两小室内分别置一长方形石板为棺床。立板下有条形柱础，上接栌斗，栌斗上搭横梁，横梁上顶墓室盖板。主室面阔 1.82、进深 2.62、高 1.8 米。后室平面呈长方形，面阔 2.72、进深 0.88、高 1.45 米，后室底部高于主室底部 0.44 米（彩版二九，1）。

（二）葬具及人骨

主室东、西两室各置一近长方形石板棺床。东侧棺床长约 1.88、宽 0.65、厚 0.1 米，西侧棺床长 2.32、宽 0.65、厚 0.1 米。发现有棺痕及棺钉数枚。

墓内仅见头骨残片及部分肢骨，保存状况差，散落于主室及耳室。经现场辨识，至少属于三个个体，葬式不明。

（三）随葬品

该墓共出土 21 件（套）随葬品，多位于后室，少数散落于主室（彩版一六，1）及耳室。其中陶器 20 件，另有铜钱 1 套 27 枚。

1. 陶器

共 20 件，计有长颈瓶 3、盘 1、方盘 1、瓮 1、案 1、灶 1、俎 1、井 1、支架 1、器盖 1、器座 3、灯座 1、小釜 2、小瓿 2。

长颈瓶　3 件（M20：12、13、14）。均为泥质，灰陶或灰黑陶。形制相似，方唇，侈口，细长颈，溜肩，鼓腹，平底。腹部穿有三处小孔，底部中心穿有一小孔。标本 M20：12，灰陶。口径 5.7、最大腹径 12.7、底径 7.6、高 23 厘米（图四三，7；彩版三〇，1）。标本 M20：13，灰陶。口径 5.7、最大腹径 13.8、底径 7.8、高 24.9 厘米（图四三，8）。标本 M20：14，灰黑陶。口径 5.9、最大腹径 14.4、底径 7.7、高 24.8 厘米（图四三，9；彩版三〇，2）。

盘　1 件。标本 M20：8，泥质灰陶。方唇，敞口，折腹，平底。内腹有一周凸棱，内底有一周凹槽。口径 16.5、底径 7.9、高 3.3 厘米（图四三，1；彩版三〇，3）。

方盘　1 件。标本 M20：6，泥质灰陶。整体呈倒梯形，方唇，敞口，宽平折沿，四壁斜直，平底。口长 17.6、口宽 8.1、底长 12.8、底宽 3.5、高 2.3 厘米（图四三，2；彩版三〇，4）。

瓮　1 件。标本 M20：19，泥质灰陶。圆唇内勾，直口微敛，短直颈，溜肩，球腹，圜底。肩腹上饰有两周弦纹，下腹及底拍印绳纹。口径 20、最大腹径 36、高 35.6 厘米（图四三，17；彩版三一，3）。

案　1 件。M20：20，泥质灰陶。案面呈长方形，片状，边缘一周凸棱为案沿，案面近四角处穿有四个小孔，并饰有两周长方形弦纹。长 37.2、宽 27.6、高 1.5 厘米（图四三，15；彩版三〇，6）。

灶　1 件。标本 M20：16，泥质灰陶。灶面呈梯形，前端出长方形遮烟檐，灶面呈"品"字形置两小一大三个圆形火眼，后端一角置一圆形烟孔，长方形灶门不落地。通长 21.5、宽 18.8、

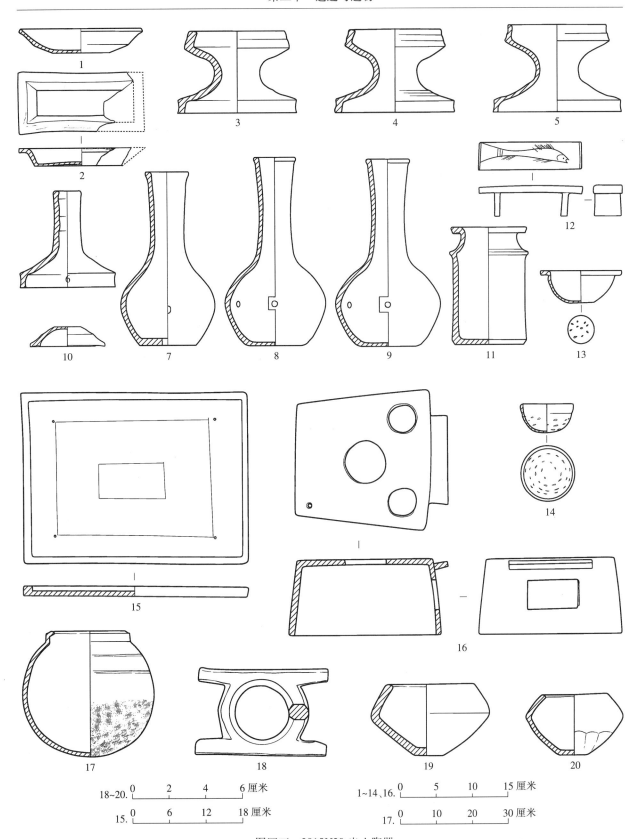

图四三　2015M20 出土陶器

1. 盘（M20:8）　2. 方盘（M20:6）　3～5. 器座（M20:11、15、7）　6. 灯座（M20:10）　7～9. 长颈瓶（M20:12、13、14）
10. 器盖（M20:9）　11. 井（M20:5）　12. 俎（M20:4）　13、14. 小甗（M20:2、3）　15. 案（M20:20）　16. 灶（M20:16）
17. 瓮（M20:19）　18. 支架（M20:17）　19、20. 小釜（M20:21、22）

高 10.2 厘米，火眼直径为 5.8、4.1、4.1 厘米，烟孔直径 0.5 厘米，灶门长 7.7、宽 4 厘米（图四三，16；彩版二九，2）。

俎　1 件。标本 M20：4，泥质灰陶。长方形案面，案底附有两个长方形扁足。案面上刻划有鱼形图案。长 14.2、宽 3.7、高 4.1 厘米（图四三，12；彩版二九，4）。

井　1 件。标本 M20：5，泥质灰陶。方唇，侈口，平折沿，束颈，筒形深腹，平底。颈腹相接处饰竹节状凸棱。口径 10.3、底径 9.5、高 15.5 厘米（图四三，11；彩版三一，1）。

支架　1 件。标本 M20：17，泥质灰陶。平面近"井"字形，中间呈环状，整体扁平片状。长 7.3、宽 4.6、孔径 3.0 厘米（图四三，18；彩版三一，2）。

器盖　1 件。标本 M20：9，泥质灰陶。方圆唇，子母口，宽沿，斜直壁，小平顶。盖壁有折棱。口径 10.4、顶径 3.8、高 2.7 厘米（图四三，10；彩版三〇，5）。

器座　3 件（M20：7、11、15）。均为泥质灰黑陶。形制相似，方圆唇，敛口，束腰形粗柄中空，喇叭形座，座底陡折，形似盘口。外沿施一周凸棱。标本 M20：7，口径 13.3、柄径 6.2、底径 17.5、高 11.6 厘米（图四三，5；彩版二九，3）。标本 M20：11，口径 13.1、柄径 6.2、底径 16.1、高 10.8 厘米（图四三，3）。标本 M20：15，口径 12.3、柄径 6.2、底径 16.2、高 11 厘米（图四三，4）。

灯座　1 件。标本 M20：10，泥质灰黑陶。细长柄，喇叭形座，座底陡折，形似盘口。柄身有削整痕迹。柄径 3.7、底径 13、高 12.7 厘米（图四三，6；彩版三一，4）。

小釜　2 件。（M20：21、22）。均为泥质灰陶。形制相似，尖唇，折腹，下腹急收，小平底。标本 M20：21，口径 4.7、最大腹径 6.6、底径 15.4、高 3.8 厘米（图四三，19）。标本 M20：22，下腹有刮削修正痕。口径 3.5、最大腹径 5.4、底径 1.4、高 3.2 厘米（图四三，20；彩版三一，7）。

小甑　2 件（M20：2、3）。均为泥质灰陶。标本 M20：2，方唇，敞口，平折沿，斜弧腹，平底。腹下有削痕，底部戳有十一处镂孔，均由外向内戳刺。口径 11、底径 3.6、高 4.4 厘米（图四三，13；彩版三一，5）。标本 M20：3，尖唇，敞口，斜弧腹，圜底。底部四周戳有多个镂孔，均由外向内戳刺。口径 7.4、高 3.9 厘米（图四三，14；彩版三一，6）。

2. 铜钱

27 枚，编号 M20：1-1～1-27。其中 25 枚"五铢"，1 枚"半两"，1 枚"货泉"。详情见表一二。

表一二　　　　　　　　　2015M20 出土铜钱登记表　　　　（尺寸单位：厘米；重量单位：克）

| 种类 | 编号 | 特征 | | 郭径 | 钱径 | 穿宽 | 郭厚 | 肉厚 | 重量 |
		文字特征	记号						
五铢	1-1	"五"字瘦长，竖画甚曲；"金"头三角形，四竖点；"朱"头较圆，"朱"下较圆		2.59	2.17	0.87	0.15	0.12	3.25
	1-2	同上		2.53	2.19	0.88	0.17	0.13	3.34
	1-3	"五"字瘦长，竖画缓曲；"金"头三角形，四竖点；"朱"头较方，"朱"下较圆		2.58	2.25	0.93	0.15	0.13	2.82

种类	编号	特征		郭径	钱径	穿宽	郭厚	肉厚	重量
		文字特征	记号						
五铢	1-4	"五"字瘦长，竖画甚曲；"金"头三角形，四竖点；"朱"头较方，"朱"下较圆		2.49	2.25	0.97	0.14	0.11	2.75
	1-5	"五"字瘦长，竖画甚曲；"金"头三角形，四竖点；"朱"头较圆，"朱"下较圆		2.50	2.30	0.91	0.11	0.09	1.85
	1-6	同上		2.57	2.20	0.95	0.16	0.12	2.99
	1-7	"五"字瘦长，竖画甚曲；"金"头三角形，四竖点；"朱"头较方，"朱"下较圆		2.66	2.32	0.94	0.14	0.12	2.96
	1-8	"五"字瘦长，竖画甚曲；"金"头三角形，四竖点；"朱"头较方，"朱"下较方		2.63	2.32	0.96	0.13	0.12	2.98
	1-9	"五"字瘦长，竖画甚曲；"金"头三角形，四竖点；"朱"头较圆，"朱"下较方		2.59	2.24	0.90	0.15	0.12	2.32
	1-10	同上		2.57	2.28	0.91	0.15	0.13	2.77
	1-11	"五"字瘦长，竖画甚曲；"金"头三角形，四竖点；"朱"头较方，"朱"下较圆		2.66	2.32	0.94	0.14	0.12	2.96
	1-12	同上		2.63	2.36	0.95	0.15	0.13	2.34
	1-13	"五"字瘦长，竖画缓曲；"金"头三角形，四竖点；"朱"头较圆，"朱"下较圆		2.65	2.35	0.95	0.15	0.13	2.34
	1-14	"五"字瘦长，竖画甚曲；"金"头三角形，四竖点；"朱"头较圆，"朱"下较圆		2.55	2.31	0.91	0.11	0.09	1.85
	1-15	"五"字瘦长，竖画甚曲；"金"头三角形，四竖点；"朱"头较方，"朱"下较圆		2.57	2.27	0.95	0.16	0.12	2.99
	1-16	"五"字瘦长，竖画甚曲；"金"头三角形，四竖点；"朱"头较圆，"朱"下较方		2.59	2.31	0.89	0.17	0.14	3.19

续表一二

种类	编号	特征		郭径	钱径	穿宽	郭厚	肉厚	重量
		文字特征	记号						
五铢	1-17	"五"字瘦长，竖画甚曲；"金"头三角形，四竖点；"朱"头较方，"朱"下较圆		2.58	2.23	0.95	0.12	0.10	2.43
	1-18	"五"字瘦长，竖画甚曲；"金"头三角形，四竖点；"朱"头较圆，"朱"下较圆		2.55	2.19	0.90	0.13	0.12	2.58
	1-19	"五"字瘦长，竖画甚曲；"金"头三角形，四竖点；"朱"头较方，"朱"下较圆		2.53	2.35	0.92	0.13	0.11	2.61
	1-20	字迹不清		2.57	2.20	0.90	0.14	0.11	2.66
	1-21	字迹不清		2.63	2.29	0.87	0.13	0.10	2.58
	1-22	字迹不清		2.54	2.27	0.91	0.11	0.12	2.79
	1-23	字迹不清		2.56	2.33	0.99	0.13	0.12	3.09
	1-24	字迹不清		2.58	2.23	0.90	0.14	0.13	3.22
	1-25	字迹不清		2.54	2.26	0.90	0.15	0.14	3.13
半两	1-26	"半"字头硬折，上横两端上折；连山"两"			2.29	0.87		0.11	1.85
货泉	1-27	穿之右、左篆书"货泉"二字		2.30	1.96	0.65	0.16	0.13	2.76

2015M21

位于本发掘区南部中段，方向115°（图四四）。开口于②层下，开口距地表0.86米。

（一）墓葬结构

该墓为多室石室墓。由墓道、墓门及墓室三部分组成（彩版三二，1）。

墓道　位于墓室南侧。呈长斜坡状。未完全发掘，长度不详，宽2.16米。

墓门　位于墓室东侧。由门楣、门框及门槛构成，通宽1.8、高1.44米（彩版三二，2）。正中有一立柱，立柱宽0.32、高1.16、厚0.14米，立柱下置柱础，上接栌斗，栌斗上接门楣，门楣上铺墓顶盖板。门框利用南、北耳室侧板，门槛系用长方形石条横置门框之间。墓门由两块较为规整的大石板立砌封堵，南侧石板宽1.12、高1.16、厚0.06米，北侧石板宽1.14、高1.18、厚0.06米。大石板间白灰勾缝，大石板下铺有长方形石板。

墓室　由前廊、南耳室、北耳室及主室组成。墓底及四壁由规整石板砌筑，白灰勾缝，上部平盖石板为顶，整体保存完整。前廊平面呈长方形，面阔2.41、进深0.56、高1.49米。主室平面呈长方形，其中部东西向纵立长方形立板两组，将主室分为三个长方形小室，室内各置一长方形石板棺床。立板下置础石，上接栌斗，栌斗上搭横梁，横梁上顶墓室盖板。主室面阔2.56、进深2.24、高1.19米（彩版三二，3~5）。两耳室分别位于前廊南、北两侧，底部高于前廊底部0.44米。南

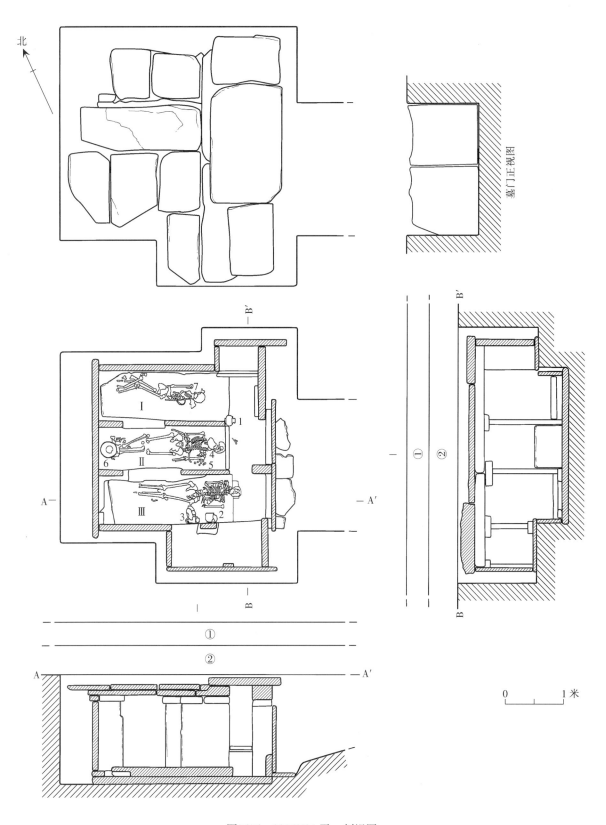

墓门正视图

北

图四四　2015M21平、剖视图
1、6. 陶罐　2、3. 陶钵　4、7. 铜镜　5. 铜钱

耳室平面呈长方形，室门中部有一立柱，柱下有方形础石，面阔 1.54、进深 0.71、高 1.05 米；北耳室平面近正方形，面阔 0.66、进深 0.5、高 1.05 米。

（二）葬具及人骨

主室北、中、南三小室各置有一长方形石板棺床，中小室和南小室东部棺床上置有石灰枕北部棺床长 2.12、宽 0.8、厚 0.1 米，中部棺床长 2.2、宽 0.72、厚 0.1 米，南部棺床长 2.06、宽0.82、厚 0.08 米。未发现木制葬具痕迹，仅于前廊和南侧棺床处发现棺钉 3 枚。

墓内共葬有人骨三具，分别置于主室北、中、南的棺床上，保存状况较好。均头东脚西，葬式由北向南依次为：侧身屈肢、面向北，仰身直肢、面向上，仰身直肢、面向上。

（三）随葬品

该墓共出土 7 件（套）随葬品，散落于主室中（彩版三二，3、5）。包括陶器 4 件、铜器 2件，另有铜钱 17 枚。

1. 陶器

共 4 件。计有罐 2、钵 2。

罐　2 件（M21：1、6）。标本 M21：1，泥质灰黑陶。方唇，敛口，略束颈，折肩，折肩处施一周平台（或原有盖，此为子母口），鼓腹，最大腹径位置居中，假圈足台底。口径 6.9、最大腹径

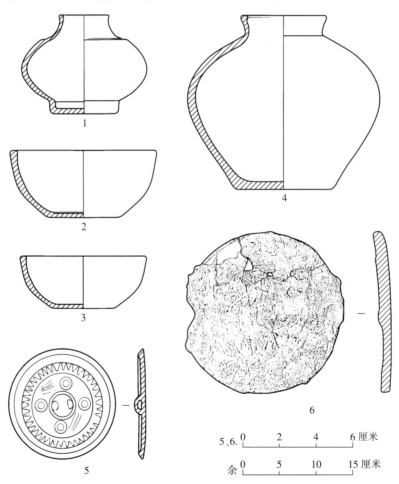

图四五　2015M21 出土器物
1、4. 陶罐（M21：1、6）　2、3. 陶钵（M21：2、3）　5、6. 铜镜（M21：7、4）

17.4、底径 8.9、高 13.1 厘米（图四五，1；彩版三三，1）。标本 M21：6，泥质灰陶。方唇内勾，敞口，束颈，弧肩，鼓腹，最大腹径位置居上，平底。口径 11.5、最大腹径 26.1、底径 13、高 23.1 厘米（图四五，4；彩版三三，2）。

钵　2 件（M21：2、3）。均为泥质灰陶。形制相似，方唇，敞口，斜弧腹，平底。标本 M21：2，口径 20.2、底径 9.9、高 8.9 厘米（图四五，2；彩版三三，3）。标本 M21：3，口径 17.3、底径 8.6、高 7 厘米（图四五，3；彩版三三，4）。

2. 铜器

共 2 件。均为镜。

标本 M21：4，镜面锈蚀严重，纹饰难辨。直径 8.6 厘米（图四五，6）。标本 M21：7，圆形，镜面微凸，半球形纽，圆形纽座。纽座两侧均匀分布两组线段，每组三条；内区为四个均匀分布的带座乳丁，外区一周锯齿纹，素宽平缘。直径 6 厘米（图四五，5；彩版三三，5）。

3. 铜钱

17 枚，编号 M21：5 - 1 ~ 5 - 17。均为"五铢"。详情见表一三。

表一三　　　　　　　　　　2015M21 出土铜钱登记表　　　　（尺寸单位：厘米；重量单位：克）

种类	编号	特征		郭径	钱径	穿宽	郭厚	肉厚	重量
		文字特征	记号						
五铢	5 - 1	"五"字瘦长，竖画缓曲；"金"头三角形，四竖点；"朱"头方圆，"朱"下较圆		2.58	2.28	0.92	0.13	0.12	3.21
	5 - 2	"五"字瘦长，竖画缓曲；"金"头三角形，四竖点；"朱"头较圆，"朱"下较圆		2.53	2.25	0.89	0.11	0.09	2.06
	5 - 3	"五"字瘦长，竖画缓曲；"金"头三角形，四竖点；"朱"头较方，"朱"下较圆		2.46	2.20	0.93	0.12	0.10	2.81
	5 - 4	同上		2.48	2.32	0.97	0.13	0.11	2.75
	5 - 5	"五"字瘦长，竖画甚曲；"金"头三角形，四竖点；"朱"头较圆，"朱"下较圆		2.56	2.34	0.88	0.13	0.12	3.46
	5 - 6	同上		2.48	2.28	0.93	0.15	0.13	2.16
	5 - 7	"五"字瘦长，竖画甚曲；"金"头三角形，四竖点；"朱"头较方，"朱"下较圆		2.59	2.30	0.92	0.12	0.11	2.70
	5 - 8	"五"字瘦长，竖画甚曲；"金"头三角形，四竖点；"朱"头较方，"朱"下较方		2.62	2.30	0.95	0.14	0.12	2.42

续表一三

种类	编号	特征		郭径	钱径	穿宽	郭厚	肉厚	重量
		文字特征	记号						
五铢	5 – 9	"五"字瘦长，竖画甚曲；"金"头三角形，四竖点；"朱"头较圆，"朱"下较方		2.57	2.26	0.98	0.13	0.11	2.35
	5 – 10	同上		2.55	2.32	0.98	0.12	0.11	2.89
	5 – 11	"五"字瘦长，竖画甚曲；"金"头三角形，四竖点；"朱"头较方，"朱"下较圆		2.50	2.33	0.91	0.13	0.11	3.00
	5 – 12	同上	剪轮		2.06	0.92		0.10	1.29
	5 – 13	字迹不清		2.50	2.30	0.91	0.11	0.09	1.85
	5 – 14	字迹不清		2.57	2.20	0.95	0.16	0.12	2.99
	5 – 15	字迹不清		2.56	2.30	1.00	0.17	0.14	3.09
	5 – 16	字迹不清		2.58	2.22	0.95	0.12	0.10	2.43
	5 – 17	字迹不清		2.53	2.18	0.90	0.13	0.12	2.58

2015M22

位于本发掘区南部中段，方向200°（图四六）。开口于②层下，开口距地表1米。

（一）墓葬结构

该墓为多室石室墓。由墓道、墓门及墓室组成（彩版三四，1）。

墓道　位于墓室南侧。呈长斜坡状。未完全发掘，长度不详，宽1.9米。

墓门　位于墓室南侧。宽1.66、高1.14米。墓门由两块大石板封堵，西侧石板宽0.86、高1.4、厚0.16米，东侧石板宽0.8、高1.36、厚0.16米。大石板间白灰勾缝，大石板下铺不规则石板。

墓室　平面近"凸"字形，由主室和后室组成。墓室底部平铺石板，墓壁三面用条石错缝垒砌，条石间石灰勾缝，上部平盖石板为墓顶，墓顶残破。主室平面呈长方形，内置两张石制棺床。主室面阔1.61、进深2.74、高1.38米。后室位于墓室北侧，底部高于主室底部0.4米，面阔2.7、进深1.04、高1.36米（彩版三四，2）。

（二）葬具及人骨

主室东、西两部分各置有一棺床。东侧棺床长2、宽0.8、均厚0.1米，保存较差，残破不全。西侧棺床长1.62、宽0.8、均厚0.1米。

墓内共葬有人骨两具，分别置于主室东、西两侧，保存较差，仅见头骨和部分肢骨，分布散乱，葬式不明。

（三）随葬品

该墓共出土41件（套）随葬品，主要位于主室北部及后室。其中陶器39件，另有铜钱153枚。

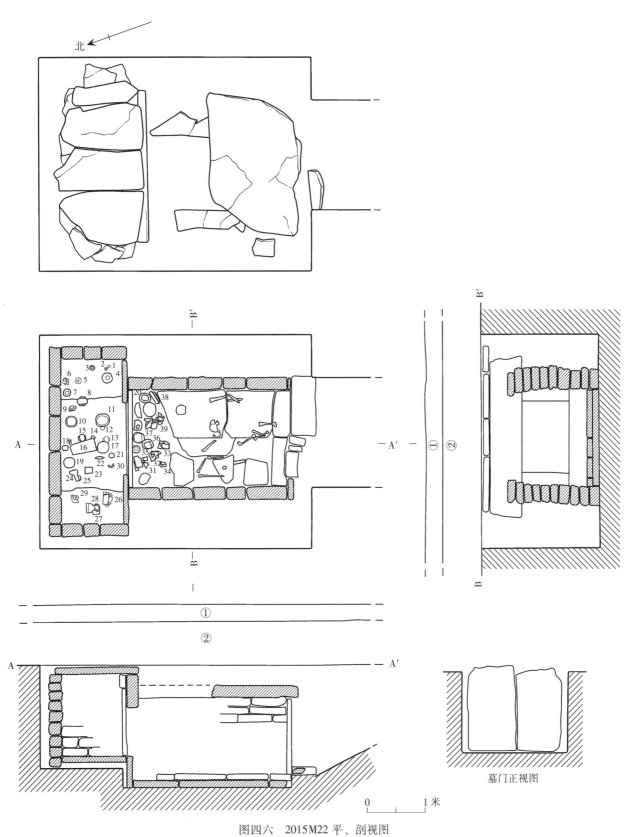

图四六　2015M22 平、剖视图

1~3、29. 小釜　4、10、11. 器座　5~7、21、22. 器盖　8、9、12~15、26、27. 耳杯　16. 奁体　17. 樽　18、30. 盒盖　19、20. 盆　23. 小盆　24. 长颈瓶　25. 灯　28. 小甑　31. 井　32. 灶　33~36. 罐　37. 鼎　38. 盘　39. 盒（均为陶器）

1．陶器

共 39 件。计有罐 4、长颈瓶 1、盒盖 2、奁体 1、盆 2、盘 1、盒体 1、灶 1、井 1、器盖 5、器座 3、鼎 1、樽 1、耳杯 8、灯 1、小釜 4、小盆 1、小甑 1。

罐　4 件（M22：33、34、35、36）。均为泥质灰陶。形制相似，方唇，敛口，矮领，弧肩，鼓腹，最大腹径居中，台底。肩腹部饰有凹弦纹。标本 M22：33，口径 9.6、最大腹径 14.1、底径 9.8、高 15.8 厘米（图四七，7；彩版三五，1）。标本 M22：34，直口微敛。口径 13.5、最大腹径 19.9、底径 8.7、高 15.6 厘米（图四七，5；彩版三五，2）。标本 M22：35，口径 13.5、最大腹径 19.9、底径 8.8、高 15.6 厘米（图四七，6）。标本 M22：36，口径 9.2、最大腹径 15、底径 7.4、高 12.7 厘米（图四七，8）。

长颈瓶　1 件。标本 M22：24，泥质灰陶。方唇，侈口，细长颈，溜肩，鼓腹，平底。底穿一圆孔，下腹等距镂空三个圆孔。口径 5.7、最大腹径 13.5、底径 7.8、高 23.9 厘米（图四七，10）。

盒盖　2 件（M22：18、30）。均为泥质灰陶。整体近圆柱状，方唇，直口，直壁。标本 M22：18，盖顶圆台状，小平顶，顶施两组每组两周凹弦纹。口径 21.7、顶径 8.3、高 8.9 厘米（图四七，13；彩版三五，3）。标本 M22：30，直壁略内凹，圆弧顶。口径 25.9、高 12.8 厘米（图四七，12；彩版三五，4）。

奁体　1 件。标本 M22：16，泥质灰陶。整体长方形，方唇，直壁，直口，平底略内凹。长 33.1、宽 18.8、高 12.7 厘米（图四七，19；彩版三五，5）。

盆　2 件（M22：19、20）。均为泥质灰陶。形制相似，敞口，折腹，台底。标本 M22：19，方唇，折沿。盘内饰有多周凹弦纹。口径 21.1、底径 7.5、高 4.5 厘米（图四七，1；彩版三五，6）。标本 M22：20，方唇，折沿。口径 21.5、底径 9、高 4.2 厘米（图四七，2；彩版三五，7）。

盘　1 件。标本 M22：38，泥质灰陶。尖唇，敞口，折腹，台底。口径 19.5、底径 10.7、高 3.4 厘米（图四七，3）。

盒体　1 件。标本 M22：39，泥质灰陶。方唇，直口微敛，折腹，上腹直，下腹斜直收，台底。折腹处有一周檐棱。口径 18、最大腹径 22、底径 8.8、高 9.9 厘米（图四七，18；彩版三四，6）。

灶　1 件。标本 M22：32，泥质灰陶。整体呈梯形，前端出遮烟檐，灶面分布一大四小五个圆形火眼，后端穿有一圆形烟孔，长方形灶门不落地，沿灶门四周刻划凹弦纹。通长 27.3、宽 24.7、高 15.7 厘米，火眼直径为 6（大）、4.4（小）厘米，灶门长 9.3、宽 3.2 厘米（图四八，20；彩版三六，1）。

井　1 件。标本 M22：31，泥质灰陶。方唇，侈口，平折沿，束颈，筒形深直腹，平底。颈部穿有两个圆孔，腹部饰有多周弦纹。口径 10.8、底径 9.6、高 21.1 厘米（图四七，9；彩版三四，4）。

器盖　5 件（M22：5、6、7、21、22）。均为泥质灰陶。标本 M22：5、6、21、22 形制相似，尖圆唇，子母口，宽沿，圆弧顶。标本 M22：5，口径 9.5、高 3 厘米（图四八，1）。标本 M22：6，顶残，口径 9.4、高约 2.8 厘米（图四八，2）。标本 M22：21，口径 7.4、高 1.4 厘米（图四八，5）。标本 M22：22，器形略不规整。口径 7、高 2.3 厘米（图四八，3）。标本 M22：7，圆唇，子母口，宽平沿，斜直壁略内凹，小平顶。口径 9.3、高 1.8 厘米（图四八，4；彩版三六，4）。

器座　3 件（M22：4、10、11）。均为泥质灰陶。形制相似，圆唇，敛口，束腰形粗柄中空，喇叭形座，座底陡折，形似盘口。外沿及器底均施有凸凹棱纹。标本 M22：4，底足残。口径 17、

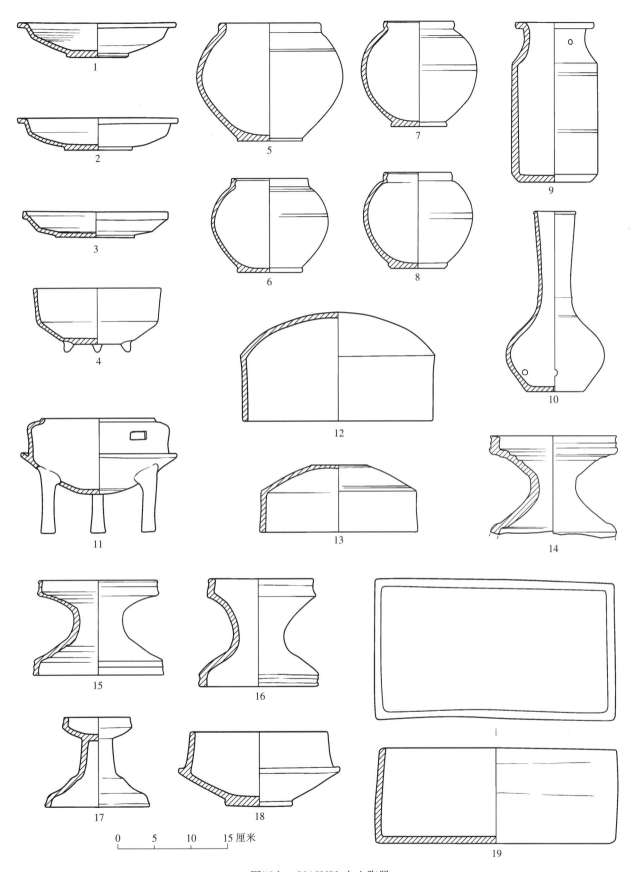

图四七　2015M22 出土陶器

1、2. 盆（M22∶19、20）　3. 盘（M22∶38）　4. 樽（M22∶17）　5~8. 罐（M22∶34、35、33、36）　9. 井（M22∶31）　10. 长颈瓶（M22∶24）　11. 鼎（M22∶37）　12、13. 盒盖（M22∶30、18）　14~16. 器座（M22∶4、11、10）　17. 灯（M22∶25）　18. 盒体（M22∶39）　19. 奁体（M22∶16）

柄径6.4、残高12.5 厘米（图四七，14）。标本 M22：10，口径 13.9、柄径 7、底径 15.7、高 14.3 厘米（图四七，16）。标本 M22：11，口径 16、柄径7.5、底径17.9、高 12.5 厘米（图四七，15）。

鼎　1 件。标本 M22：37，泥质灰陶。尖唇，敛口，平肩，折腹，上腹竖直，下腹斜弧，圜底，底置三个兽蹄形足。肩部有两个对称的长方形镂孔，折腹处出一周宽腰檐。口径 15.3、高 15.2、足径 2 厘米（图四七，11；彩版三四，5）。

樽　1 件。标本 M22：17，泥质灰陶。方圆唇，敞口，折腹，平底，底置三个乳丁足。口径 17.2、底径9.4、高 8.5 厘米（图四七，4；彩版三四，3）。

耳杯　8 件（M22：8、9、12、13、14、15、26、27）。均为泥质灰陶。形制相似，平面呈椭圆形，尖唇，敞口，斜弧腹，台底。标本 M22：8，双耳平齐。口长径 12.2、口短径 8、底长径 7.9、

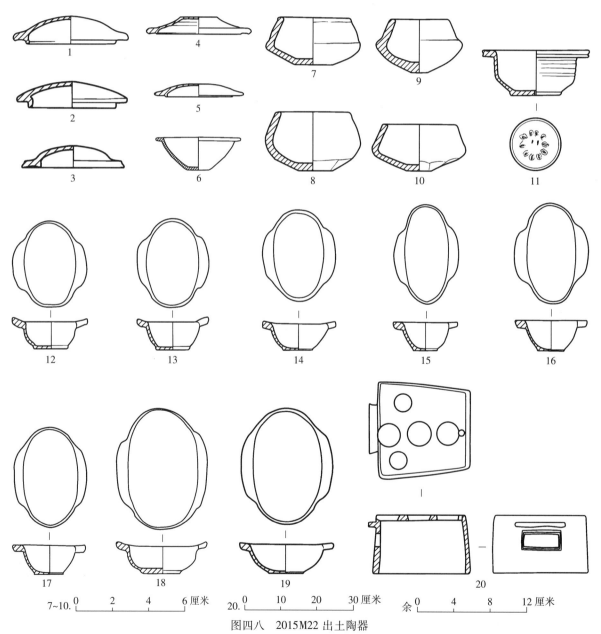

图四八　2015M22 出土陶器

1～5. 器盖（M22：5、6、22、7、21）　6. 小盆（M22：23）　7～10. 小釜（M22：1、3、2、29）　11. 小甑（M22：28）　12～19. 耳杯（M22：9、26、14、15、13、12、27、8）　20. 灶（M22：32）

底短径 4.4、高 3.3 厘米（图四八，19）。标本 M22：9，双耳微上翘。口长径 9.5、口短径 5.6、底长径 5.8、底短径 3.8、高 3 厘米（图四八，12）。标本 M22：12，双耳平齐。口长径 10.7、口短径 8、底长径 6.2、底短径 3.4、高 3.3 厘米（图四八，17；彩版三六，6）。标本 M22：13，双耳平齐。口长径 10.7、口短径 5.5、底长径 6.5、底短径 3.5、高 3.5 厘米（图四八，16）。标本 M22：14，双耳微上翘。口长径 9.7、口短径 5.5、底长径 6、底短径 3.6、高 3.1 厘米（图四八，14；彩版三六，7）。标本 M22：15，双耳平齐。口长径 10.7、口短径 7.7、底长径 6.5、底短径 3.6、高 3.1 厘米（图四八，15）。标本 M22：26，双耳上翘。口长径 9.4、口短径 5.7、底长径 5.5、底短径 3.6、高 3.5 厘米（图四八，13）。标本 M22：27，双耳上翘。口长径 12.7、口短径 7.6、底长径 7.5、底短径 4、高 5 厘米（图四八，18）。

灯　1 件。标本 M22：25，泥质灰陶。由灯盘与灯座组成。灯盘方唇，敛口，折腹，中空粗柄，柄上穿有两个小孔，柄身有削痕，喇叭口形灯座。口径 8.8、底径 14、高 12 厘米（图四七，17；彩版三六，5）。

小釜　4 件（M22：1、2、3、29）。均为泥质灰陶。形制相似，方圆唇，敛口，折腹，小平底。腹下部有削整痕迹。标本 M22：1，折腹处有一周凸棱。口径 3.8、最大腹径 5.2、底径 2.1、高 2.5 厘米（图四八，7）。标本 M22：2，上腹内凹。口径 2.4、最大腹径 4.7、底径 1.6、高 2.6 厘米（图四八，9）。标本 M22：3，弧腹略折。口径 3.8、最大腹径 5.2、底径 1.8、高 3.1 厘米（图四八，8）。标本 M22：29，上腹略内凹。口径 4、最大腹径 5.1、底径 1.3、高 2.5 厘米（图四八，10）。

小盆　1 件。标本 M22：23，泥质灰陶。方唇，敞口，平折沿，斜弧腹略折，平底。腹下部有削整痕迹。口径 9、底径 2.4、高 3.6 厘米（图四八，6；彩版三六，2）。

小甑　1 件。标本 M22：28，泥质灰陶。叠唇，敞口，平卷沿，折腹，上腹竖直，下腹斜弧收，台底。沿面饰有一凹槽，底部戳有十二个甑眼，均由内向外戳刺。口径 9.9、底径 5.3、高 4.8 厘米（图四八，11；彩版三六，3）。

2. 铜钱

153 枚。其中 17 枚，编号 M22：40-1～40-17，均为"五铢"。另 136 枚，编号 M22：41-1～41-136，其中 134 枚为"五铢"，2 枚为"货泉"。详情见表一四。

表一四　　　　　　　　　　　2015M22 出土铜钱登记表　　　　　　　（尺寸单位：厘米；重量单位：克）

| 种类 | 编号 | 特征 | | 郭径 | 钱径 | 穿宽 | 郭厚 | 肉厚 | 重量 |
		文字特征	记号						
五铢	40-1	"五"字瘦长，竖画缓曲；"金"头三角形，四竖点；"朱"头较方，"朱"下较圆		2.43	2.18	0.88	0.16	0.14	3.12
	40-2	"五"字瘦长，竖画缓曲；"金"头三角形，四竖点；"朱"头较方，"朱"下较方		2.53	2.22	0.89	0.15	0.14	3.23
	40-3	同 40-1		2.56	2.25	0.93	0.15	0.13	2.81
	40-4	"五"字瘦长，竖画甚曲；"金"头三角形，四竖点；"朱"头较方，"朱"下较圆		2.39	2.25	0.97	0.14	0.11	2.75

续表一四

种类	编号	特征		郭径	钱径	穿宽	郭厚	肉厚	重量
		文字特征	记号						
五铢	40－5	"五"字瘦长，竖画甚曲；"金"头三角形，四竖点；"朱"头较圆，"朱"下较圆		2.66	2.28	0.88	0.13	0.12	3.20
	40－6	同上		2.48	2.28	0.93	0.15	0.13	2.52
	40－7	"五"字瘦长，竖画甚曲；"金"头三角形，四竖点；"朱"头较方，"朱"下较圆		2.63	2.30	0.92	0.12	0.13	1.97
	40－8	"五"字瘦长，竖画甚曲；"金"头三角形，四竖点；"朱"头较方，"朱"下较方		2.59	2.33	0.95	0.14	0.12	2.77
	40－9	"五"字瘦长，竖画甚曲；"金"头三角形，四竖点；"朱"头较圆，"朱"下较方		2.60	2.16	0.90	0.13	0.11	2.69
	40－10	同上		2.55	2.32	0.98	0.12	0.11	2.89
	40－11	"五"字瘦长，竖画甚曲；"金"头三角形，四竖点；"朱"头较方，"朱"下较圆		2.50	2.33	0.91	0.13	0.11	3.00
	40－12	同上		2.64	2.36	0.95	0.15	0.13	2.37
	40－13	字迹不清		2.50	2.30	0.91	0.11	0.09	1.85
	40－14	字迹不清		2.57	2.20	0.95	0.16	0.12	2.99
	40－15	字迹不清		2.56	2.30	1.00	0.17	0.14	3.09
	40－16	字迹不清		2.58	2.22	0.95	0.12	0.10	2.43
	40－17	字迹不清		2.53	2.18	0.90	0.13	0.12	2.58
	41－1	"五"字瘦长，竖画甚曲；"金"头三角形，四竖点；"朱"头较方，"朱"下较圆		2.57	2.25	0.91	0.16	0.14	3.07
	41－2	"五"字瘦长，竖画缓曲；"金"头三角形，四竖点；"朱"头较圆，"朱"下较圆		2.65	2.32	0.91	0.13	0.12	3.48
	41－3	同上		2.60	2.28	0.99	0.17	0.14	2.82
	41－4	"五"字瘦长，竖画甚曲；"金"头三角形，四竖点；"朱"头较圆，"朱"下较圆		2.55	2.26	0.97	0.15	0.13	2.66
	41－5	同上		2.50	2.22	0.88	0.10	0.09	2.47
	41－6	同上		2.58	2.28	0.96	0.16	0.14	2.77

种类	编号	特征		郭径	钱径	穿宽	郭厚	肉厚	重量
		文字特征	记号						
五铢	41－7	"五"字瘦长，竖画甚曲；"金"头三角形，四竖点；"朱"头较圆，"朱"下较圆		2.34	2.15	0.91	0.11	0.10	1.92
	41－8	"五"字瘦长，竖画甚曲；"金"头三角形，四竖点；"朱"头较方，"朱"下较圆		2.53	2.26	0.97	0.15	0.13	2.66
	41－9	"五"字瘦长，竖画甚曲；"金"头三角形，四竖点；"朱"头较圆，"朱"下较圆		2.50	2.22	0.88	0.10	0.09	2.48
	41－10	同上		2.58	2.28	0.96	0.16	0.14	2.67
	41－11	同上		2.34	2.15	0.91	0.11	0.10	1.92
	41－12	同上		2.55	2.33	0.90	0.18	0.11	2.65
	41－13	"五"字瘦长，竖画缓曲；"金"头三角形，四竖点；"朱"头较圆，"朱"下较圆		2.57	2.38	0.91	0.16	0.13	2.93
	41－14	"五"字瘦长，竖画甚曲；"金"头三角形，四竖点；"朱"头较圆，"朱"下较圆		2.52	2.41	0.10	0.14	0.14	3.01
	41－15	"五"字瘦长，竖画甚曲；"金"头三角形，四竖点；"朱"头较圆，"朱"下较方		2.56	2.30	0.97	0.11	0.12	3.00
	41－16	"五"字瘦长，竖画甚曲；"金"头三角形，四竖点；"朱"头较圆，"朱"下较圆		2.47	2.29	0.98	0.10	0.09	2.19
	41－17	同上		2.60	2.33	0.90	0.13	0.12	3.39
	41－18	同上		2.56	2.21	0.94	0.12	0.12	2.55
	41－19	同上		2.58	2.24	0.83	0.16	0.15	2.84
	41－20	同上		2.48	2.25	0.88	0.10	0.11	2.76
	41－21	同上		2.54	2.27	0.96	0.13	0.12	2.93
	41－22	同上		2.54	2.33	0.99	0.15	0.12	2.83
	41－23	同上		2.51	2.21	0.87	0.15	0.11	3.24
	41－24	"五"字瘦长，竖画甚曲；"金"头三角形，四竖点；"朱"头较方，"朱"下较方		2.57	2.21	0.99	0.15	0.08	2.76

续表一四

种类	编号	特征		郭径	钱径	穿宽	郭厚	肉厚	重量
		文字特征	记号						
五铢	41－25	"五"字瘦长，竖画甚曲；"金"头三角形，四竖点；"朱"头较方，"朱"下较圆		2.53	2.22	0.92	0.12	0.13	2.75
	41－26	"五"字瘦长，竖画甚曲；"金"头三角形，四竖点；"朱"头较圆，"朱"下较圆		2.57	2.33	0.90	0.12	0.11	3.32
	41－27	"五"字瘦长，竖画甚曲；"金"头三角形，四竖点；"朱"头较方，"朱"下较圆		2.63	2.29	0.87	0.13	0.10	2.42
	41－28	"五"字瘦长，竖画甚曲；"金"头三角形，四竖点；"朱"头较方，"朱"下较方		2.55	2.27	0.91	0.11	0.12	2.65
	41－29	"五"字瘦长，竖画甚曲；"金"头三角形，四竖点；"朱"头较圆，"朱"下较圆		2.49	2.23	0.99	0.13	0.12	3.28
	41－30	同上		2.57	2.23	0.90	0.14	0.13	3.57
	41－31	同上		2.55	2.22	0.90	0.15	0.14	3.72
	41－32	同上		2.57	2.32	0.90	0.12	0.10	2.65
	41－33	同上		2.58	2.27	0.89	0.12	0.11	3.78
	41－34	同上		2.68	2.22	0.87	0.15	0.14	2.64
	41－35	同上		2.57	2.24	0.90	0.13	0.10	2.95
	41－36	同上		2.56	2.26	0.90	0.13	0.12	3.33
	41－37	同上		2.55	2.23	0.90	0.12	0.11	2.62
	41－38	同上		2.42	2.27	0.87	0.13	0.10	3.29
	41－39	同上		2.55	2.22	0.90	0.12	0.09	2.87
	41－40	"五"字瘦长，竖画甚曲；"金"头三角形，四竖点；"朱"头较方，"朱"下较方		2.61	2.22	0.91	0.15	0.14	3.32
	41－41	"五"字瘦长，竖画甚曲；"金"头三角形，四竖点；"朱"头较圆，"朱"下较圆		2.57	2.35	0.98	0.13	0.12	2.78
	41－42	同上		2.57	2.27	0.90	0.12	0.11	2.39
	41－43	同上		2.48	2.27	0.98	0.17	0.14	2.92
	41－44	同上		2.56	2.41	0.90	0.15	0.14	2.81

种类	编号	特征		郭径	钱径	穿宽	郭厚	肉厚	重量
		文字特征	记号						
五铢	41-45	"五"字瘦长，竖画甚曲；"金"头三角形，四竖点；"朱"头较圆，"朱"下较方		2.50	2.32	0.93	0.13	0.11	2.45
	41-46	"五"字瘦长，竖画甚曲；"金"头三角形，四竖点；"朱"头较圆，"朱"下较圆		2.38	2.22	0.99	0.09	0.10	2.55
	41-47	同上		2.58	2.25	0.95	0.12	0.11	2.25
	41-48	同上		2.53	2.23	0.93	0.12	0.11	2.40
	41-49	同上		2.55	2.22	0.90	0.13	0.10	2.50
	41-50	同上		2.60	2.31	0.98	0.10	0.14	2.81
	41-51	"五"字瘦长，竖画甚曲；"金"头三角形，四竖点；"朱"头较方，"朱"下较方		2.59	2.19	0.90	0.15	0.12	2.98
	41-52	"五"字瘦长，竖画甚曲；"金"头三角形，四竖点；"朱"头较圆，"朱"下较圆		2.58	2.32	0.96	0.12	0.10	3.32
	41-53	同上		2.58	2.25	0.95	0.18	0.16	3.22
	41-54	同上		2.54	2.28	0.98	0.12	0.10	2.36
	41-55	同上		2.54	2.25	0.97	0.13	0.12	3.12
	41-56	同上		2.55	2.27	0.94	0.13	0.11	3.00
	41-57	同上		2.58	2.27	0.93	0.13	0.10	3.13
	41-58	"五"字瘦长，竖画较直；"金"头三角形，四竖点；"朱"头较圆，"朱"下较圆		2.56	2.26	0.96	0.16	0.15	3.39
	41-59	"五"字瘦长，竖画甚曲；"金"头三角形，四竖点；"朱"头较圆，"朱"下较圆		2.58	2.21	0.91	0.11	0.09	2.85
	41-60	同上		2.56	2.31	0.99	0.12	0.10	2.31
	41-61	同上		2.56	2.19	0.87	0.12	0.11	3.03
	41-62	同上		2.57	2.26	0.97	0.13	0.10	2.53
	41-63	同上		2.52	2.24	0.96	0.08	0.07	2.07
	41-64	同上		2.54	2.24	0.89	0.16	0.14	3.60
	41-65	"五"字瘦长，竖画甚曲；"金"头三角形，四竖点；"朱"头较圆，"朱"下较圆		2.56	2.29	0.91	0.12	0.10	2.67

种类	编号	特征		郭径	钱径	穿宽	郭厚	肉厚	重量
		文字特征	记号						
五铢	41－66	"五"字瘦长，竖画甚曲；"金"头三角形，四竖点；"朱"头较圆，"朱"下较圆		2.57	2.32	0.93	0.16	0.14	3.77
	41－67	同上		2.55	2.34	0.97	0.13	0.11	2.42
	41－68	"五"字瘦长，竖画甚曲；"金"头三角形，四竖点；"朱"头较方，"朱"下较圆		2.62	2.30	0.97	0.14	0.12	2.75
	41－69	"五"字瘦长，竖画甚曲；"金"头三角形，四竖点；"朱"头较圆，"朱"下较圆		2.54	2.25	0.91	0.12	0.10	2.39
	41－70	同上		2.60	2.28	0.99	0.17	0.14	2.82
	41－71	同上		2.53	2.26	0.97	0.15	0.13	2.66
	41－72	同上		2.50	2.22	0.88	0.10	0.09	2.57
	41－73	同上		2.58	2.28	0.96	0.16	0.14	2.77
	41－74	"五"字瘦长，竖画较直；"金"头三角形，四竖点；"朱"头较圆，"朱"下较圆		2.34	2.15	0.91	0.11	0.10	1.94
	41－75	"五"字瘦长，竖画甚曲；"金"头三角形，四竖点；"朱"头较圆，"朱"下较圆		2.41	2.11	0.87	0.09	0.07	2.75
	41－76	同上		2.58	2.22	0.91	0.11	0.09	2.56
	41－77	同上		2.57	2.29	0.90	0.10	0.11	2.92
	41－78	同上		2.59	2.39	0.88	0.12	0.10	3.43
	41－79	同上		2.53	2.23	0.93	0.12	0.11	2.83
	41－80	同上		2.51	2.23	0.93	0.13	0.12	3.06
	41－81	同上		2.59	2.25	0.98	0.15	0.10	2.09
	41－82	"五"字瘦长，竖画甚曲；"金"头三角形，四竖点；"朱"头较方，"朱"下较圆		2.54	2.19	0.90	0.14	0.12	2.98
	41－83	"五"字瘦长，竖画甚曲；"金"头三角形，四竖点；"朱"头较圆，"朱"下较圆		2.49	2.26	0.88	0.16	0.14	2.65
	41－84	"五"字瘦长，竖画甚曲；"金"头三角形，四竖点；"朱"头较圆，"朱"下较方		2.66	2.28	0.98	0.15	0.14	3.19

续表一四

种类	编号	特征		郭径	钱径	穿宽	郭厚	肉厚	重量
		文字特征	记号						
五铢	41－85	"五"字瘦长，竖画甚曲；"金"头三角形，四竖点；"朱"头较圆，"朱"下较圆		2.56	2.20	0.89	0.17	0.14	2.50
	41－86	同上		2.53	2.27	0.86	0.12	0.10	2.42
	41－87	同上		2.59	2.31	0.98	0.14	0.13	3.46
	41－88	同上		2.58	2.28	0.96	0.16	0.14	2.77
	41－89	同上		2.34	2.15	0.91	0.11	0.10	1.92
	41－90	同上		2.41	2.11	0.87	0.09	0.07	2.72
	41－91	同上		2.58	2.22	0.91	0.11	0.09	2.56
	41－92	同上		2.57	2.29	0.90	0.10	0.11	2.94
	41－93	同上		2.58	2.28	0.96	0.16	0.14	2.77
	41－94	同上		2.34	2.15	0.91	0.11	0.10	1.92
	41－95	同上		2.41	2.11	0.87	0.09	0.07	2.72
	41－96	同上		2.58	2.22	0.91	0.11	0.09	2.56
	41－97	同上		2.57	2.29	0.90	0.10	0.11	2.94
	41－98	同上		2.58	2.27	0.97	0.15	0.14	3.65
	41－99	同上		2.58	2.28	0.96	0.16	0.14	2.77
	41－100	同上		2.34	2.15	0.91	0.11	0.10	1.92
	41－101	同上		2.41	2.11	0.87	0.09	0.07	2.72
	41－102	同上		2.58	2.22	0.91	0.11	0.09	2.56
	41－103	同上		2.63	2.26	0.97	0.15	0.13	2.66
	41－104	同上		2.51	2.26	0.97	0.15	0.13	2.66
	41－105	同上		2.50	2.22	0.88	0.10	0.09	2.47
	41－106	同上		2.57	2.28	0.96	0.16	0.14	2.77
	41－107	"五"字瘦长，竖画甚曲；"金"头三角形，四竖点；"朱"头较方，"朱"下较圆		2.34	2.15	0.91	0.11	0.10	1.92
	41－108	"五"字瘦长，竖画甚曲；"金"头三角形，四竖点；"朱"头较圆，"朱"下较圆		2.52	2.26	0.97	0.15	0.13	2.66
	41－109	同上		2.50	2.22	0.88	0.10	0.09	2.47
	41－110	同上		2.58	2.28	0.96	0.16	0.14	2.77
	41－111	同上		2.34	2.15	0.91	0.11	0.10	1.92
	41－112	同上		2.55	2.26	0.97	0.15	0.13	2.66
	41－113	同上		2.63	2.26	0.97	0.15	0.13	2.66
	41－114	同上		2.51	2.26	0.97	0.15	0.13	2.66

续表一四

种类	编号	特征		郭径	钱径	穿宽	郭厚	肉厚	重量
		文字特征	记号						
五铢	41－115	"五"字瘦长，竖画甚曲；"金"头三角形，四竖点；"朱"头较圆，"朱"下较圆		2.57	2.32	0.93	0.16	0.14	3.77
	41－116	同上		2.55	2.34	0.97	0.13	0.11	2.42
	41－117	"五"字瘦长，竖画甚曲；"金"头三角形，四竖点；"朱"头较方，"朱"下较圆		2.62	2.30	0.97	0.14	0.12	2.75
	41－118	"五"字瘦长，竖画甚曲；"金"头三角形，四竖点；"朱"头较圆，"朱"下较圆		2.54	2.25	0.91	0.12	0.10	2.38
	41－119	同上		2.60	2.28	0.99	0.17	0.14	2.82
	41－120	同上		2.53	2.26	0.97	0.15	0.13	2.66
	41－121	"五"字瘦长，竖画较直；"金"头三角形，四竖点；"朱"头较圆，"朱"下较圆		2.50	2.22	0.88	0.10	0.09	2.47
	41－122	"五"字瘦长，竖画甚曲；"金"头三角形，四竖点；"朱"头较圆，"朱"下较圆		2.58	2.28	0.96	0.16	0.14	2.65
	41－123	同上		2.34	2.15	0.91	0.11	0.10	1.92
	41－124	同上		2.56	2.29	0.91	0.12	0.10	2.67
	41－125	同上		2.57	2.32	0.93	0.16	0.14	3.77
	41－126	同上		2.55	2.34	0.97	0.13	0.11	2.42
	41－127	"五"字瘦长，竖画甚曲；"金"头三角形，四竖点；"朱"头较方，"朱"下较圆		2.62	2.30	0.97	0.14	0.12	2.75
	41－128	"五"字瘦长，竖画甚曲；"金"头三角形，四竖点；"朱"头较圆，"朱"下较圆		2.54	2.25	0.91	0.12	0.10	2.39
	41－129	同上		2.60	2.28	0.99	0.17	0.14	2.82
	41－130	字迹不清		2.62	2.30	0.97	0.15	0.13	3.66
	41－131	字迹不清		2.56	2.27	0.88	0.12	0.09	2.76
	41－132	字迹不清		2.58	2.28	0.96	0.16	0.14	2.77
	41－133	字迹不清		2.45	2.38	0.96	0.15	0.11	2.54
	41－134	字迹不清		2.53	2.26	0.97	0.15	0.13	2.66
货泉	41－135	字迹不清		2.20	2.03	0.88	0.15	0.09	2.13
	41－136	穿之右、左篆书"货泉"二字		2.28	1.99	0.67	0.14	0.12	2.34

2015M23

位于本发掘区南部中段，被严重破坏，方向不辨（图四九左）。开口于②层下，开口距地表0.87米。

（一）墓葬结构

该墓由于被严重破坏，墓室结构不明，仅存鹅卵石铺底（彩版三七，1）。墓圹平面近长方形，长3.22、宽1.59米。

（二）葬具及人骨

未见葬具痕迹及人骨痕迹。

（三）随葬品

未见随葬品。

2015M24

位于本发掘区南部中段，方向0°（图四九右）。开口于②层下，开口距地表0.86米。

（一）墓葬结构

从墓葬结构形制推测，该墓为多室石室墓。墓圹呈"L"字形，现残存墓底石板和零星立板。靠墓道处立一块石板，应为门槛。墓底平铺长方形石板。从墓底石板大概可以看出，墓室由主室和耳室组成。主室和耳室平面均呈长方形。依据墓底石板判断，主室面阔1.06、进深2.5米，西耳室面阔0.8、进深1.1米。

（二）葬具和人骨

由于被严重破坏，未见葬具痕迹及人骨痕迹。

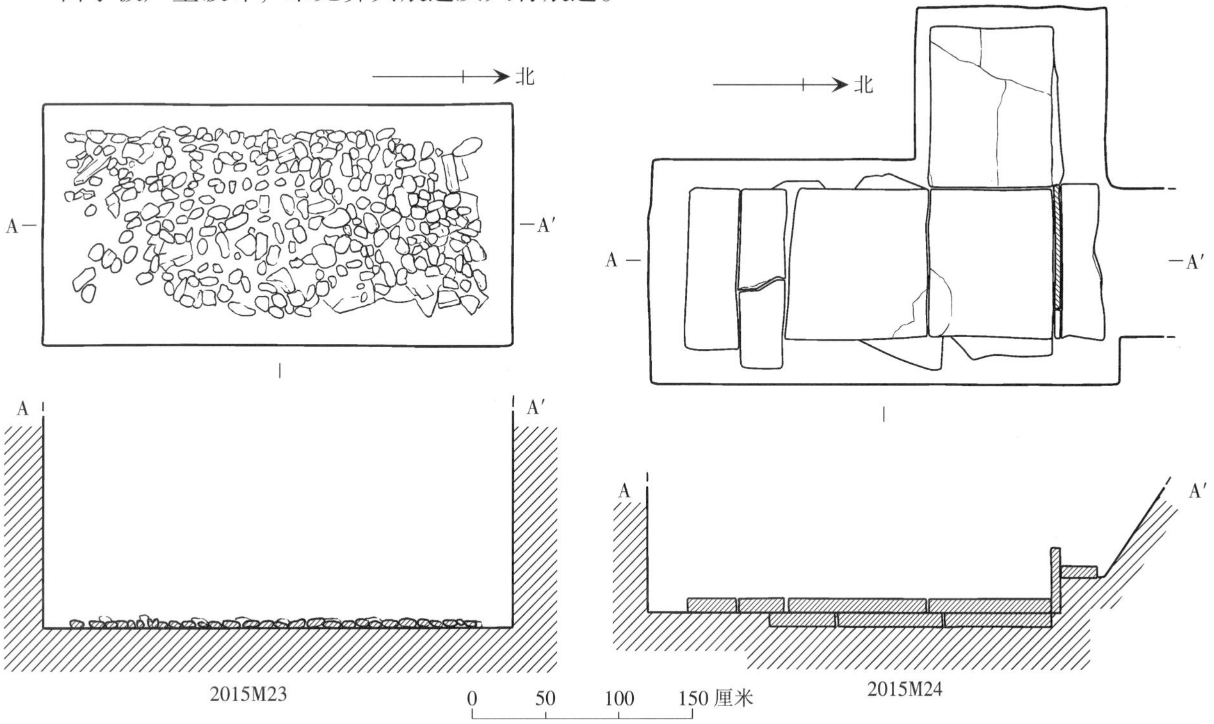

图四九　2015M23、2015M24平、剖视图

（三）随葬品

该墓在扰土中出土 28 件随葬品，其中陶器 25 件、铜器 3 件。

1. 陶器

共 25 件。计有罐 1、盘 2、方盘 1、碗 1、耳杯 1、灶 1、甑 1、井 1、水斗 1、支架 1、器盖 5、小釜 7、小甑 1、亚腰形小陶器 1。

罐　1 件。标本 M24：扰 21，泥质灰陶。尖唇内勾，敛口，短直颈，弧肩，鼓腹，最大腹径居上，台底。口径 9.2、最大腹径 16、底径 9、高 13.9 厘米（图五〇，21；彩版三八，1）。

盘　2 件（M24：扰 2、扰 3）。均为泥质灰陶。形制相似，尖唇，敞口，斜弧腹，内腹壁有一周凸棱，腹下部有削痕。标本 M24：扰 2，平底内凹。口径 18、底径 7.3、高 4.3 厘米（图五〇，2）。标本 M24：扰 3，台底。口径 17.9、底径 7.4、高 3.4 厘米（图五〇，3；彩版三八，2）。

方盘　1 件。标本 M24：扰 22，泥质灰陶。方唇，敞口，平折沿，四壁斜直内收，平底内凹，底置四个圆饼状足。器外底压印鸟形图案，口沿饰一周刻划纹，盘内底刻划鱼形图案。口长 16.2、口宽 8.7、底长 11.3、底宽 4.8、高 3.7 厘米（图五〇，23；彩版三八，3）。

碗　1 件。标本 M24：扰 4，泥质灰陶。圆唇，微唇部厚，敛口，深弧腹，台底。口径 17、底径 7、高 8.2 厘米（图五〇，4）。

耳杯　1 件。标本 M24：扰 17，泥质灰陶。椭圆形杯口，尖唇，敞口，双耳平齐，斜弧腹，台底。口长径 11.1、口短径 9、底长径 5.5、底短径 3、高 3.1 厘米（图五〇，17；彩版三八，5）。

灶　1 件。标本 M24：扰 1，泥质灰陶。灶面呈梯形，前端出长条形遮烟檐，灶面呈"品"字形置两小一大三个圆形火眼，长方形灶门不落地。灶面四周刻划弦纹及水波纹、折线纹，遮烟檐饰刻划菱格纹。通长 23.5、宽 18.4、高 16.3 厘米，火眼直径 6、4.7、4.7 厘米，灶门长 10.4、宽 7 厘米（图五〇，1；彩版三九，1）。

甑　1 件。标本 M24：扰 9，泥质灰陶。方唇，敞口，平折沿，斜弧腹，平底，底部戳有三个镂孔，均由内向外戳刺。口径 9.8、底径 4.1、高 4.2 厘米（图五〇，9）。

井　1 件。标本 M24：扰 23，泥质灰陶。方唇，侈口，平折沿，筒形深腹。腹饰竹节状凸棱，将腹部分为上下腹，上腹内凹，下腹竖直，近底处斜直折成平底。口径 12.5、底径 9.4、高 18.6 厘米（图五〇，22；彩版三八，4）。

水斗　1 件。标本 M24：扰 24，泥质灰陶。由提梁和斗身组成。提梁呈"人"字形。斗身为圆唇，斜弧腹，圜底。口径 4.7、通高 6.1 厘米（图五〇，24；彩版三八，6）。

支架　1 件。标本 M24：扰 25，泥质灰陶。平面近上下不出头的"井"字形，中间呈环状。长 8.4、宽 5.4、孔径 3.3 厘米（图五〇，26；彩版三八，7）。

器盖　5 件（M24：扰 10、扰 11、扰 12、扰 13、扰 18）。均为泥质灰陶。形制相似，圆唇，斜直壁，圆弧顶。标本 M24：扰 10，口径 9、高 3.4 厘米（图五〇，10）。标本 M24：扰 11，顶部有修整痕。口径 8.9、高 3.3 厘米（图五〇，11）。标本 M24：扰 12，圆弧顶略平。口径 8、高 2 厘米（图五〇，12；彩版三九，5）。标本 M24：扰 13，口径 7.9、高 3 厘米（图五〇，13）。标本 M24：扰 18，口径 8.8、高 3.2 厘米（图五〇，18）。

图五〇　2015M24 出土器物

1. 灶（M24：扰1）　　2、3. 盘（M24：扰2、扰3）　　4. 碗（M24：扰4）　　5~8、14~16. 小釜（M24：扰5~扰8、扰14~扰16）

9. 甑（M24：扰9）　　10~13、18. 器盖（M24：扰10~扰13、扰18）　17. 耳杯（M24：扰17）　19. 小甑（M24：扰19）　20. 亚

腰形小陶器（M24：扰20）　21. 罐（M24：扰21）　22. 井（M24：扰23）　23. 方盘（M24：扰22）　24. 水斗（M24：扰24）

25. 铜顶针（M24：扰26）　26. 支架（M24：扰25）　27、28. 铜指环（M24：扰27、扰28）（未标明质地者均为陶器）

小釜　7 件（M24：扰 5、扰 6、扰 7、扰 8、扰 14、扰 15、扰 16）。均为泥质灰陶。标本 M24：扰 5、扰 6、扰 7、扰 8 形制相似，方唇，敞口略直，平折沿，弧腹微折，平底，底部有削整痕迹。标本 M24：扰 5，口径 11、底径 4.2、高 4.4 厘米（图五〇，5）。标本 M24：扰 6，口径 10.5、底径 3.6、高 4.5 厘米（图五〇，6；彩版三九，2）。标本 M24：扰 7，口径 10.1、底径 3.2、高 3.6 厘米（图五〇，7）。标本 M24：扰 8，口径 9.5、底径 3.6、高 3.9 厘米（图五〇，8；彩版三九，3）。标本 M24：扰 14、扰 15、扰 16 形制相似，尖圆唇，侈口，束颈，折腹，折腹处出檐，最大腹径偏下，尖状小平底。标本 M24：扰 14，口径 5.4、最大腹径 7.5、高 5.8 厘米（图五〇，14；彩版三九，4）。标本 M24：扰 15，口径 5、最大腹径 6.6、底径 1.4、高 5.2 厘米（图五〇，15）。标本 M24：扰 16，口径 4.3、最大腹径 5.9、高 4.2 厘米（图五〇，16）。

小甑　1 件。标本 M24：扰 19，泥质灰陶。圆唇，敞口，斜弧腹，圜底。底部有五个镂孔，均由内向外戳刺。口径 4.4、高 2.3 厘米（图五〇，19；彩版三九，6）。

亚腰形小陶器　1 件。标本 M24：扰 20，泥质灰陶。手工捏制而成。束腰，柄中空，两端呈喇叭口形。最大径 2.3、高 2.6 厘米（图五〇，20；彩版三九，7）。

2. 铜器

共 3 件。计有顶针 1、指环 2。

顶针　1 件。标本 M24：扰 26，环形。外壁两侧饰两周凹弦纹，两组弦纹间饰圆点纹，中间为錾刻的窝点纹。直径 1.6 厘米，重 1.5 克（图五〇，25）。

指环　2 件（M24：扰 27、扰 28）。形制相似，平面呈环形，形体单薄，截面扁圆形。标本 M24：扰 27，直径 2 厘米，重 1 克（图五〇，27）。标本 M24：扰 28，直径 2.1 厘米，重 2.6 克（图五〇，28）。

2015M25

位于本发掘区南部中段，方向 180°（图五一）。开口于②层下，开口距地表 1.05 米。

（一）墓葬结构

从墓葬结构形制推测，该墓为单室石室墓。现存墓道及墓室。

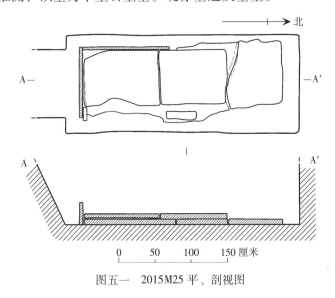

图五一　2015M25 平、剖视图

墓道 位于墓室南侧。呈长斜坡状。未完全发掘,长度不详,宽 0.91 米。

墓室 平面呈长方形。现残存墓底石板和立板,墓顶无存。墓底平铺长方形石板,四壁残存零星的立砌石板。墓室长 2.78、宽 0.9、残高 0.2 米。墓圹残高 0.76 米。

(二)葬具及人骨

由于被严重破坏,未见葬具痕迹及人骨痕迹。

(三)随葬品

该墓仅于扰土中出土 22 件(套)器物。其中陶器 21 件,另有铜钱 4 枚。

1. 陶器

共 21 件。计有盘 2、方盘 1、俎 1、耳杯 2、器盖 2、支架 2、烟囱 1、小釜 6、小盆 1、小甑 1、小碗 1、亚腰形小陶器 1。

盘 2 件(M25:扰 11、扰 12)。均为夹砂灰褐陶。形制相似,尖唇,外唇厚,敞口,折腹。腹内饰有二周折棱。标本 M25:扰 11,平底。口径 16.7、底径 7.3、高 3.9 厘米(图五二,15;彩版四〇,1)。标本 M25:扰 12,台底。口径 18、底径 7.7、高 4 厘米(图五二,16)。

方盘 1 件。标本 M25:扰 3,夹砂灰褐陶。方唇,敞口,平折沿,四壁斜直内收,平底,底置四乳丁状矮足。口沿上饰有一周凹槽,内底刻划鱼纹。口长 16.6、口宽 9.2、底长 12.2、底宽 4.7、高 3.6 厘米(图五二,3;彩版四〇,2)。

俎 1 件。标本 M25:扰 4,泥质灰陶。长方形案面,不平整。案面模印鱼形纹饰,案沿施一周浅凹槽。案底置两个长方形扁足,足底削出半圆形缺口。长 14、宽 4、高 4.5、壁厚 0.5~0.8 厘米(图五二,4;彩版四〇,3)。

耳杯 2 件(标本 M25:扰 1、扰 10)。均为泥质灰黑陶。形制相似,椭圆形杯口,双耳平齐,斜弧腹,台底。标本 M25:扰 1,口长径 10.3、口短径 8.1、底长径 5.4、底短径 3.2、高 3.4 厘米(图五二,1;彩版四〇,4)。标本 M25:扰 10,口长径 10、口短径 8.1、底长径 5.2、底短径 3.1、高 3.6 厘米(图五二,2)。

器盖 2 件(M25:扰 5、扰 7)。均为圆弧顶,顶部有修整痕迹。标本 M25:扰 5,泥质黄褐陶。圆唇,敛口,斜直壁。口径 9.1、高 2.2 厘米(图五二,5)。标本 M25:扰 7,泥质灰褐陶。方唇,直口,直壁。口径 7.2、高 2.1 厘米(图五二,6)。

支架 2 件(M25:扰 2、扰 21)。均为泥质灰褐陶。形制相似,平面呈上下不出头的"井"字形,中间呈环状。标本 M25:扰 2,截面呈六边形。长 11.3、孔径 5.7 厘米(图五二,14;彩版四〇,5)。标本 M25:扰 21,长 8.2、孔径 5.5 厘米。

烟囱 1 件。标本 M25:扰 15,泥质灰陶。圆柱短柄,喇叭口,中空。口径 2.7、底径 1.3、高 2.6 厘米(图五二,10)。

小釜 6 件(M25:扰 6、扰 8、扰 9、扰 17、扰 19、扰 20)。标本 M25:扰 6、扰 17 形制相似,圆唇,侈口,束颈,折腹,腹部最大径位置居中,尖状小平底。折腹处有折棱,下腹有修整痕迹。标本 M25:扰 6,泥质灰陶。口径 5.5、最大腹径 7.3、底径 2.3、高 5 厘米(图五二,7)。标本 M25:扰 17,泥质黑陶。口径 5.4、最大腹径 6.8、底径 2.5、高 4.6 厘米(图五二,8)。标本 M25:扰 8、扰 9、扰 19、扰 20 均为夹砂灰陶。形制相似,侈口,卷折沿,弧腹,最大腹径居下,平底。

图五二　2015M25 出土陶器

1、2. 耳杯（M25：扰1、扰10）　3. 方盘（M25：扰3）　4. 俎（M25：扰4）　5、6. 器盖（M25：扰5、扰7）　7、8、11、17、19、
20. 小釜（M25：扰6、扰17、扰8、扰9、扰19、扰20）　9. 亚腰形小陶器（M25：扰14）　10. 烟囱（M25：扰15）　12. 小碗
（M25：扰13）　13. 小甑（M25：扰18）　14. 支架（M25：扰2）　15、16. 盘（M25：扰11、扰12）　18. 小盆（M25：扰16）

下腹有修整痕迹。标本 M25：扰 8，圆唇，沿上翘，深腹。腹上部饰瓦棱纹。口径 8.6、最大腹径 6.6、底径 3.8、高 5.5 厘米（图五二，11；彩版四〇，6）。标本 M25：扰 9，尖唇，沿宽平。口径 10、最大腹径 7.8、底径 3.7、高 4.1 厘米（图五二，17）。标本 M25：扰 19，尖唇，宽平沿。口径 10.1、底径 3.7、高 4.2 厘米（图五二，19）。标本 M25：扰 20，尖唇，平沿，沿上隐见一周浅凹槽。口径 10.3、底径 3.5、高 4 厘米（图五二，20）。

小盆　1件。标本 M25：扰 16，泥质灰陶。圆唇，平沿略卷，斜弧腹，平底。底部有刮痕。口径 8.2、底径 4.4、高 3.1 厘米（图五二，18；彩版四〇，8）。

小甑　1件。标本 M25：扰 18，泥质灰陶。圆唇，敞口，斜弧腹，尖底。底部有七处镂孔，为由内向外戳刺。下腹有修整痕迹。口径 6.2、高 3.2 厘米（图五二，13）。

小碗　1件。标本 M25：扰 13，泥质灰陶。圆唇，敞口，斜弧腹，圈底。口径 2.9、高 0.9 厘米（图五二，12）。

亚腰形小陶器　1件。标本 M25：扰 14，泥质灰陶。手工捏制而成。束腰，柄中空，两端呈喇叭口形。口径 1.7、底径 1.9、高 1.8 厘米（图五二，9；彩版四〇，7）。

2. 铜钱

4枚，编号 M25：扰 22 - 1～扰 22 - 4。均为"五铢"。详情见表一五。

表一五　　　　　　　　　　2015M25 出土铜钱登记表　　　　（尺寸单位：厘米；重量单位：克）

种类	编号	特征		郭径	钱径	穿宽	郭厚	肉厚	重量
		文字特征	记号						
五铢	扰 22 - 1	"五"字瘦长，竖画甚曲；"金"头三角形，四竖点；"朱"头较圆，"朱"下较圆		2.59	2.27	0.92	0.17	0.12	3.36
	扰 22 - 2	"五"字瘦长，竖画缓曲；"金"头三角形，四竖点；"朱"头较方，"朱"下较圆		2.48	2.24	0.98	0.09	0.07	1.65
	扰 22 - 3	同上		2.58	2.25	0.93	0.15	0.13	2.82
	扰 22 - 4	"五"字瘦长，竖画甚曲；"金"头三角形，四竖点；"朱"头较方，"朱"下较圆		2.49	2.25	0.97	0.14	0.11	2.75

2015M26

位于本发掘区南部中段，方向 198°（图五三）。开口于②层下，开口距地表 0.62 米。

（一）墓葬结构

该墓为多室石室墓。由墓道、墓门及墓室组成（彩版三七，2）。

墓道　位于墓室南侧。呈长斜坡状。未完全发掘，长度不详，宽 1.62 米。

墓门　位于墓室南侧。残存门框及门槛，宽 1.5、高 1.1 米。门框借用主室侧板竖立两块长条形石板，门槛系用两块长方形石板横置于门框之间。门外由两块大石板立砌封堵，石板较规整，

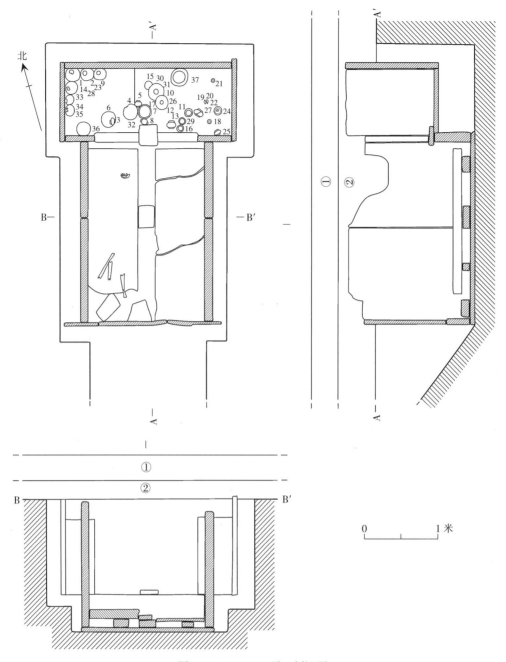

图五三　2015M26 平、剖视图

1、2、9、33～35. 长颈瓶　3、5、8、13、17、25、27. 耳杯　4、6. 盘　7. 盆　10、12、37. 器座　11、15、16. 器盖　14、26. 盒
18、21、23. 小釜　19、20. 小瓢　22. 勺　24、29～31. 小盆　28. 井　32. 灯　36. 樽（未标明质地者均为陶器）

大石板间白灰勾缝。

　　墓室　平面呈"凸"字形，由主室及后室构成。墓底及四壁用规整的大石板砌筑，白灰勾缝，墓顶不存。主室平面呈长方形，面阔 1.6、进深 2.44、残高 1.66 米。主室东、西两侧各置有一长方形石板棺床。后室位于墓室北部，底部高于主室底部 0.26 米，平面呈长方形，面阔 2.35、进深 0.92、残高 1.4 米。

　　（二）葬具及人骨

　　主室东、西两侧各置有一长方形石板棺床。东侧棺床长 2.29、宽 0.68、厚 0.12 米；西侧棺床南端破损，残长约 1.95、宽 0.68、厚 0.12 米。

墓内发现人骨一具，置于主室西侧棺床，保存极差，仅见头骨残片和部分肢骨，葬式不明。

（三）随葬品

该墓共出土随葬品 39 件（套），均置于后室。其中陶器 37 件，另有铜钱 279 枚。

1. 陶器

共 37 件。计有长颈瓶 6、盒 2、盘 2、盆 1、耳杯 7、井 1、樽 1、灯 1、器盖 3、器座 3、勺 1、小盆 4、小釜 3、小瓢 2。

长颈瓶　6 件（M26：1、2、9、33、34、35）。除标本 M26：9 为泥质灰陶外，余均为泥质黑褐陶。形制相似，方唇，直口微侈，细长颈，溜肩，鼓腹，台底。下腹穿三处圆孔，底部穿一圆形小孔。标本 M26：1，颈部施两组凹弦纹。口径 3.9、最大腹径 12.9、底径 9.1、高 25.3 厘米（图五四，16；彩版三七，3）。标本 M26：2，口径 4.9、最大腹径 14.7、底径 11、高 24.9 厘米（图五四，17）。标本 M26：9，平底。口部残。最大腹径 14.2、底径 7、残高 18.8 厘米（图五四，12）。标本 M26：33，口径 4.6、最大腹径 11.9、底径 7.4、高 21.6 厘米（图五四，13）。标本 M26：34，口径 5.4、最大腹径 13.1、底径 8.4、高 22.6 厘米（图五四，14）。标本 M26：35，肩腹处饰两周凹弦纹。口径 4.7、最大腹径 10.5、底径 7、高 24.2 厘米（图五四，15；彩版三七，4）。

盒　2 件（M26：14、26）。标本 M26：14，盒盖。泥质灰陶。方唇，直壁，圆弧顶。顶部饰数周凹弦纹。口径 19.8、高 7.9 厘米（图五四，4；彩版四一，1）。标本 M26：26，盒盖。泥质黑褐陶。方唇，直口，盖体斜折，下部略内凹，平顶。顶部饰两周凹弦纹。口径 21.2、顶径 9.4、高 9.5 厘米（图五四，5）。

盘　2 件（M26：4、6）。均为泥质黑陶。形制相似，尖唇，外唇厚，敞口，折腹，台底，内壁有两周凸棱。标本 M26：4，口径 21.2、底径 12.5、高 4 厘米（图五四，1；彩版四一，2）。标本 M26：6，口径 20.8、底径 11.8、高 3.5 厘米（图五四，2）。

盆　1 件。标本 M26：7，泥质灰陶。方圆唇，敞口，平折沿，弧腹略折，平底。口径 19.6、底径 6.4、高 5 厘米（图五四，3；彩版四一，3）。

耳杯　7 件（M26：3、5、8、13、17、25、27）。形制相似，均为椭圆形杯口，双耳平齐略上翘，斜弧腹，台底。标本 M26：3，泥质黑褐陶。口长径 11.2、口短径 7.2、底长径 6.9、底短径 3.3、高 3.2 厘米（图五五，15）。标本 M26：5，泥质黑褐陶。口长径 10.1、口短径 6.3、底长径 5.6、底短径 3.6、高 3.2 厘米（图五五，14；彩版四一，4）。标本 M26：8，泥质黑褐陶。口长径 9.9、口短径 6.3、底长径 5.8、底短径 3.8、高 2.9 厘米（图五五，13）。标本 M26：13，泥质黄褐陶。口长径 8.3、口短径 5.5、底长径 4.2、底短径 2.4、高 2.7 厘米（图五五，10）。标本 M26：17，泥质黄褐陶。口长径 8.4、口短径 5.2、底长径 4.6、底短径 2.4、高 2.6 厘米（图五五，9）。标本 M26：25，泥质灰褐陶。口长径 10.3、口短径 6.2、底长径 6、底短径 3、高 3.1 厘米（图五五，11）。标本 M26：27，泥质黄褐陶。口长径 10、口短径 6、底长径 6、底短径 3.1、高 3.1 厘米（图五五，12）。

井　1 件。标本 M26：28，泥质黑褐陶。方唇，侈口，卷沿，束颈，折肩，斜直腹内收，平底。口沿部略有变形。沿面和折肩处各有一周凸棱。口径 9.5、最大腹径 9.6、底径 7.6、高 11.8 厘米（图五四，7；彩版四一，5）。

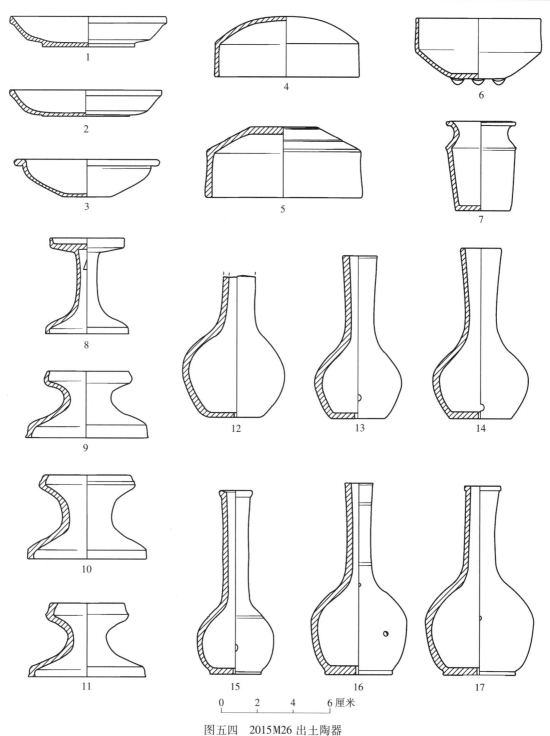

图五四　2015 M26 出土陶器

1、2. 盘（M26：4、6）　3. 盆（M26：7）　4、5. 盒盖（M26：14、26）　6. 樽（M26：36）　7. 井（M26：28）
8. 灯（M26：32）　9～11. 器座（M26：10、12、37）　12～17. 长颈瓶（M26：9、33、34、35、1、2）

樽　1 件。标本 M26：36，泥质灰陶。方唇，直口，折腹，上腹直壁，下腹斜直，平底，底置三个乳丁组。口径 16.9、底径 7.3、高 8.8 厘米（图五四，6；彩版四一，6）。

灯　1 件。标本 M26：32，泥质灰陶。灯盘为方唇，直口，浅腹，内底平。灯座喇叭形，高柄中空，座底陡折，形似盘口。柄中部镂空三角形孔。口径 10、底径 11.4、高 12.7 厘米（图五四，8；彩版四二，1）。

　　器盖　3件（M26：11、15、16）。标本M26：11，泥质灰黑陶。方唇，直壁略内收，圆弧顶。口径8.5、高2.6厘米（图五五，3；彩版四二，2）。标本M26：15、16形制相似，尖唇，子母口，宽沿，圆弧顶略平。标本M26：15，泥质灰陶。口径6.6、高1.8厘米（图五五，2）。标本M26：16，泥质灰褐陶。口径5.8、高1.5厘米（图五五，1；彩版四二，3）。

　　器座　3件（M26：10、12、37）。均为泥质黑褐陶。形制相似，方唇，敛口，束腰形粗柄中空，喇叭形座，座底陡折，形似盘口。标本M26：10，口径11.1、底径16.8、高9厘米（图五四，9）。标本M26：12，外沿饰一周凸棱，座底带一周折棱。口径11.7、底径16.1、高11.2厘米（图五四，10）。标本M26：37，座底饰一周凸棱。口径10、底径16、高9.7厘米（图五四，11）。

　　勺　1件。标本M26：22，泥质黑褐陶。方唇，敞口，弧腹，圜底。一侧口沿置弯弧状长柄，柄身截面呈近菱形。通长10.9、勺径4.7、高3.3厘米（图五五，8；彩版四二，4）。

　　小盆　4件（M26：24、29、30、31）。形制相似，方圆唇，敞口，平折沿，平底。标本M26：24，泥质黄褐陶。折腹。口径8.6、底径3.2、高2厘米（图五五，6）。标本M26：29，泥质黑褐陶。斜直腹微弧。口径6.9、底径3、高1.8厘米（图五五，4）。标本M26：30，泥质灰褐陶，沿面有一周凹槽。斜弧腹。口径6.5、底径1.8、高2.2厘米（图五五，5）。标本M26：31，泥质灰褐陶。束颈，折腹。沿面有一周凹槽。口径7.1、底径3.6、高2.4厘米（图五五，7；彩版四二，5）。

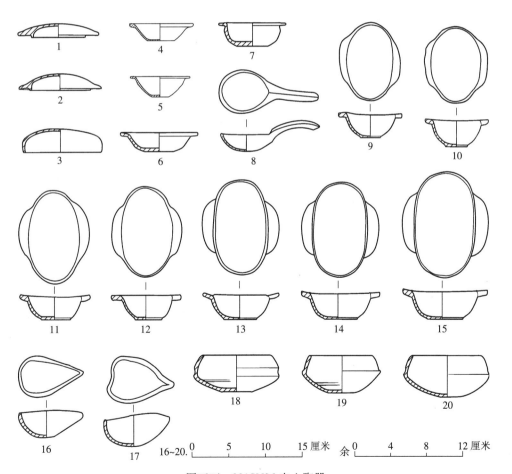

图五五　2015M26出土陶器

1~3. 器盖（M26：16、15、11）　4~7. 小盆（M26：29、30、24、31）　8. 勺（M26：22）　9~15. 耳杯（M26：17、13、25、27、8、5、3）　16、17. 小瓢（M26：19、20）　18~20. 小釜（M26：18、21、23）

小釜　3 件（M26：18、21、23）。均为泥质灰陶。形制相似，敛口，尖圆唇，折腹，腹部最大径位置居中，平底。下腹有修整痕迹，内底可见泥条盘筑痕。标本 M26：18，折腹处施一周凹槽。口径 3.7、最大腹径 4.6、底径 1.7、高 1.9 厘米（图五五，18；彩版四二，6）。标本 M26：21，折腹处可见一周折棱。口径 3.5、最大腹径 4.4、底径 1.5、高 2 厘米（图五五，19）。标本 M26：23，折腹处可见一周折棱。口径 3、最大腹径 4.9、底径 1.1、高 2.2 厘米（图五五，20）。

小瓢　2 件（M26：19、20）。均为泥质灰陶。形制相似，平面近鸡心形，斜弧腹，圜底。标本 M26：19，通长 3.9、通宽 2.2、高 1.4 厘米（图五五，16；彩版四二，7）。标本 M26：20，通长 3.7、通宽 2.6、高 1.8 厘米（图五五，17）。

2. 铜钱

279 枚。其中 199 枚编号 M26：38－1～38－199，196 枚为"五铢"，1 枚为"大泉五十"，2 枚为"货泉"。另 80 枚编号 M26：39－1～39－80，其中 79 枚为"五铢"，1 枚为"货泉"。详情见表一六。

表一六　　　　　　　　　　2015M26 出土铜钱登记表　　　　　（尺寸单位：厘米；重量单位：克）

种类	编号	特征		郭径	钱径	穿宽	郭厚	肉厚	重量
		文字特征	记号						
五铢	38－1	"五"字瘦长，竖画甚曲；"金"头三角形，四竖点；"朱"头较方，"朱"下较方		2.60	2.30	0.95	0.18	0.16	2.68
	38－2	"五"字瘦长，竖画缓曲；"金"头三角形，四竖点；"朱"头较方，"朱"下较圆		2.57	2.28	0.92	0.13	0.12	2.71
	38－3	"五"字瘦长，竖画缓曲；"金"头三角形，四竖点；"朱"头较圆，"朱"下较圆		2.50	2.22	0.95	0.13	0.12	2.52
	38－4	"五"字瘦长，竖画甚曲；"金"头三角形，四竖点；"朱"头较圆，"朱"下较圆		2.61	2.32	0.99	0.16	0.14	3.43
	38－5	同上		2.53	2.22	0.90	0.13	0.09	3.00
	38－6	同上		2.57	2.33	0.90	0.14	0.14	3.55
	38－7	同上		2.61	2.30	0.92	0.12	0.13	3.31
	38－8	"五"字瘦长，竖画甚曲；"金"头三角形，四竖点；"朱"头较方，"朱"下较圆		2.53	2.41	0.92	0.15	0.07	3.2
	38－9	"五"字瘦长，竖画甚曲；"金"头三角形，四竖点；"朱"头较圆，"朱"下较圆		2.57	2.29	0.87	0.14	0.13	3.1
	38－10	同上		2.59	2.35	0.93	0.16	0.11	2.65

种类	编号	特征		郭径	钱径	穿宽	郭厚	肉厚	重量
		文字特征	记号						
五铢	38－11	"五"字瘦长，竖画甚曲； "金"头三角形，四竖点； "朱"头较圆，"朱"下较圆		2.59	2.39	0.98	0.13	0.11	3.02
	38－12	同上		2.55	2.33	0.90	0.18	0.11	2.65
	38－13	"五"字瘦长，竖画缓曲； "金"头三角形，四竖点； "朱"头较圆，"朱"下较圆		2.57	2.38	0.91	0.16	0.13	2.93
	38－14	"五"字瘦长，竖画甚曲； "金"头三角形，四竖点； "朱"头较圆，"朱"下较圆		2.52	2.41	0.10	0.14	0.14	3.01
	38－15	"五"字瘦长，竖画甚曲； "金"头三角形，四竖点； "朱"头较圆，"朱"下较方		2.56	2.30	0.97	0.11	0.12	3.00
	38－16	"五"字瘦长，竖画甚曲； "金"头三角形，四竖点； "朱"头较圆，"朱"下较圆		2.47	2.29	0.98	0.10	0.09	2.19
	38－17	同上		2.60	2.33	0.90	0.13	0.12	3.39
	38－18	同上		2.56	2.21	0.94	0.12	0.12	2.55
	38－19	同上		2.58	2.24	0.83	0.16	0.15	2.84
	38－20	同上		2.48	2.25	0.88	0.10	0.11	2.76
	38－21	同上		2.54	2.27	0.96	0.13	0.12	2.93
	38－22	同上		2.54	2.33	0.99	0.15	0.12	2.83
	38－23	同上		2.51	2.21	0.87	0.15	0.11	3.24
	38－24	"五"字瘦长，竖画甚曲； "金"头三角形，四竖点； "朱"头较方，"朱"下较方		2.57	2.21	0.99	0.15	0.08	2.76
	38－25	"五"字瘦长，竖画甚曲； "金"头三角形，四竖点； "朱"头较方，"朱"下较圆		2.53	2.22	0.92	0.12	0.13	2.75
	38－26	"五"字瘦长，竖画甚曲； "金"头三角形，四竖点； "朱"头较圆，"朱"下较圆		2.57	2.33	0.90	0.12	0.11	3.32

续表一六

种类	编号	特征		郭径	钱径	穿宽	郭厚	肉厚	重量
		文字特征	记号						
五铢	38－27	"五"字瘦长,竖画甚曲;"金"头三角形,四竖点;"朱"头较方,"朱"下较圆		2.63	2.29	0.87	0.13	0.10	2.42
	38－28	"五"字瘦长,竖画甚曲;"金"头三角形,四竖点;"朱"头较方,"朱"下较方		2.55	2.27	0.91	0.11	0.12	2.65
	38－29	"五"字瘦长,竖画甚曲;"金"头三角形,四竖点;"朱"头较圆,"朱"下较圆		2.49	2.23	0.99	0.13	0.12	3.28
	38－30	同上		2.57	2.23	0.90	0.14	0.13	3.57
	38－31	同上		2.55	2.22	0.90	0.15	0.14	3.72
	38－32	同上		2.57	2.32	0.90	0.12	0.10	2.65
	38－33	同上		2.58	2.27	0.89	0.12	0.11	3.78
	38－34	同上		2.68	2.22	0.87	0.15	0.14	2.64
	38－35	同上		2.57	2.24	0.90	0.13	0.10	2.95
	38－36	同上		2.56	2.26	0.90	0.13	0.12	3.33
	38－37	同上		2.55	2.23	0.90	0.12	0.11	2.62
	38－38	同上		2.42	2.27	0.87	0.13	0.10	3.29
	38－39	同上		2.55	2.22	0.90	0.12	0.09	2.87
	38－40	"五"字瘦长,竖画甚曲;"金"头三角形,四竖点;"朱"头较方,"朱"下较方		2.61	2.22	0.91	0.15	0.14	3.32
	38－41	"五"字瘦长,竖画甚曲;"金"头三角形,四竖点;"朱"头较圆,"朱"下较圆		2.57	2.35	0.98	0.13	0.12	2.78
	38－42	同上		2.57	2.27	0.90	0.12	0.11	2.39
	38－43	同上		2.48	2.27	0.98	0.17	0.14	2.92
	38－44	同上		2.56	2.41	0.90	0.15	0.14	2.81
	38－45	"五"字瘦长,竖画甚曲;"金"头三角形,四竖点;"朱"头较圆,"朱"下较方		2.50	2.32	0.93	0.13	0.11	2.45
	38－46	"五"字瘦长,竖画甚曲;"金"头三角形,四竖点;"朱"头较圆,"朱"下较圆		2.38	2.22	0.99	0.09	0.10	2.55

种类	编号	特征		郭径	钱径	穿宽	郭厚	肉厚	重量
		文字特征	记号						
	38－47	"五"字瘦长，竖画甚曲；"金"头三角形，四竖点；"朱"头较圆，"朱"下较圆		2.58	2.25	0.95	0.12	0.11	2.25
	38－48	同上		2.53	2.23	0.93	0.12	0.11	2.40
	38－49	同上		2.55	2.22	0.90	0.13	0.10	2.50
	38－50	同上		2.60	2.31	0.98	0.10	0.14	2.81
	38－51	"五"字瘦长，竖画甚曲；"金"头三角形，四竖点；"朱"头较方，"朱"下较方		2.59	2.19	0.90	0.15	0.12	2.98
	38－52	"五"字瘦长，竖画甚曲；"金"头三角形，四竖点；"朱"头较圆，"朱"下较圆		2.58	2.32	0.96	0.12	0.10	3.32
	38－53	同上		2.58	2.25	0.95	0.18	0.16	3.22
	38－54	同上		2.54	2.28	0.98	0.12	0.10	2.36
	38－55	同上		2.54	2.25	0.97	0.13	0.12	3.12
	38－56	同上		2.55	2.27	0.94	0.13	0.11	3.00
五铢	38－57	同上		2.58	2.27	0.93	0.13	0.10	3.13
	38－58	"五"字瘦长，竖画较直；"金"头三角形，四竖点；"朱"头较圆，"朱"下较圆		2.56	2.26	0.96	0.16	0.15	3.39
	38－59	"五"字瘦长，竖画甚曲；"金"头三角形，四竖点；"朱"头较圆，"朱"下较圆		2.58	2.21	0.91	0.11	0.09	2.85
	38－60	同上		2.56	2.31	0.99	0.12	0.10	2.31
	38－61	同上		2.56	2.19	0.87	0.12	0.11	3.03
	38－62	同上		2.57	2.26	0.97	0.13	0.10	2.53
	38－63	同上		2.52	2.24	0.96	0.08	0.07	2.07
	38－64	同上		2.54	2.24	0.89	0.16	0.14	3.60
	38－65	同上		2.56	2.29	0.91	0.12	0.10	2.67
	38－66	同上		2.57	2.32	0.93	0.16	0.14	3.77
	38－67	同上		2.55	2.34	0.97	0.13	0.11	2.42
	38－68	"五"字瘦长，竖画甚曲；"金"头三角形，四竖点；"朱"头较方，"朱"下较圆		2.62	2.30	0.97	0.14	0.12	2.75

种类	编号	特征		郭径	钱径	穿宽	郭厚	肉厚	重量
		文字特征	记号						
五铢	38－69	"五"字瘦长，竖画甚曲；"金"头三角形，四竖点；"朱"头较圆，"朱"下较圆		2.54	2.25	0.91	0.12	0.10	2.39
	38－70	同上		2.60	2.28	0.99	0.17	0.14	2.82
	38－71	同上		2.53	2.26	0.97	0.15	0.13	2.66
	38－72	同上		2.50	2.22	0.88	0.10	0.09	2.57
	38－73	同上		2.58	2.28	0.96	0.16	0.14	2.77
	38－74	"五"字瘦长，竖画较直；"金"头三角形，四竖点；"朱"头较圆，"朱"下较圆		2.34	2.15	0.91	0.11	0.10	1.94
	38－75	"五"字瘦长，竖画甚曲；"金"头三角形，四竖点；"朱"头较圆，"朱"下较圆		2.41	2.11	0.87	0.09	0.07	2.75
	38－76	同上		2.58	2.22	0.91	0.11	0.09	2.56
	38－77	同上		2.57	2.29	0.90	0.10	0.11	2.92
	38－78	同上		2.59	2.39	0.88	0.12	0.10	3.43
	38－79	同上		2.53	2.23	0.93	0.12	0.11	2.83
	38－80	同上		2.51	2.23	0.93	0.13	0.12	3.06
	38－81	同上		2.59	2.25	0.98	0.15	0.10	2.09
	38－82	"五"字瘦长，竖画甚曲；"金"头三角形，四竖点；"朱"头较方，"朱"下较圆		2.54	2.19	0.90	0.14	0.12	2.98
	38－83	"五"字瘦长，竖画甚曲；"金"头三角形，四竖点；"朱"头较圆，"朱"下较圆		2.49	2.26	0.88	0.16	0.14	2.65
	38－84	"五"字瘦长，竖画甚曲；"金"头三角形，四竖点；"朱"头较圆，"朱"下较方		2.66	2.28	0.98	0.15	0.14	3.19
	38－85	"五"字瘦长，竖画甚曲；"金"头三角形，四竖点；"朱"头较圆，"朱"下较圆		2.56	2.20	0.89	0.17	0.14	2.50
	38－86	同上		2.53	2.27	0.86	0.12	0.10	2.42
	38－87	同上		2.59	2.31	0.98	0.14	0.13	3.46
	38－88	同上		2.58	2.28	0.96	0.16	0.14	2.77

种类	编号	特征		郭径	钱径	穿宽	郭厚	肉厚	重量
		文字特征	记号						
五铢	38－89	"五"字瘦长，竖画甚曲；"金"头三角形，四竖点；"朱"头较圆，"朱"下较圆		2.34	2.15	0.91	0.11	0.10	1.92
	38－90	同上		2.41	2.11	0.87	0.09	0.07	2.72
	38－91	同上		2.58	2.22	0.91	0.11	0.09	2.56
	38－92	同上		2.57	2.29	0.90	0.10	0.11	2.94
	38－93	同上		2.58	2.28	0.96	0.16	0.14	2.77
	38－94	同上		2.34	2.15	0.91	0.11	0.10	1.92
	38－95	同上		2.41	2.11	0.87	0.09	0.07	2.72
	38－96	同上		2.58	2.22	0.91	0.11	0.09	2.56
	38－97	同上		2.57	2.29	0.90	0.10	0.11	2.94
	38－98	同上		2.58	2.27	0.97	0.15	0.14	3.65
	38－99	同上		2.58	2.28	0.96	0.16	0.14	2.77
	38－100	同上		2.34	2.15	0.91	0.11	0.10	1.92
	38－101	同上		2.41	2.11	0.87	0.09	0.07	2.72
	38－102	同上		2.58	2.22	0.91	0.11	0.09	2.56
	38－103	同上		2.57	2.29	0.90	0.10	0.11	2.94
	38－104	同上		2.56	2.29	0.91	0.12	0.10	2.67
	38－105	同上		2.57	2.32	0.93	0.16	0.14	3.77
	38－106	同上		2.55	2.34	0.97	0.13	0.11	2.42
	38－107	"五"字瘦长，竖画甚曲；"金"头三角形，四竖点；"朱"头较方，"朱"下较圆		2.62	2.30	0.97	0.14	0.12	2.75
	38－108	"五"字瘦长，竖画甚曲；"金"头三角形，四竖点；"朱"头较圆，"朱"下较圆		2.54	2.25	0.91	0.12	0.10	2.39
	38－109	同上		2.60	2.28	0.99	0.17	0.14	2.82
	38－110	同上		2.53	2.26	0.97	0.15	0.13	2.66
	38－111	同上		2.50	2.22	0.88	0.10	0.09	2.47
	38－112	同上		2.58	2.28	0.96	0.16	0.14	2.77
	38－113	同上		2.34	2.15	0.91	0.11	0.10	1.92
	38－114	同上		2.56	2.29	0.91	0.12	0.10	2.67
	38－115	同上		2.57	2.32	0.93	0.16	0.14	3.77
	38－116	同上		2.55	2.34	0.97	0.13	0.11	2.42
	38－117	"五"字瘦长，竖画甚曲；"金"头三角形，四竖点；"朱"头较方，"朱"下较圆		2.62	2.30	0.97	0.14	0.12	2.75

种类	编号	特征		郭径	钱径	穿宽	郭厚	肉厚	重量
		文字特征	记号						
五铢	38－118	"五"字瘦长，竖画甚曲；"金"头三角形，四竖点；"朱"头较圆，"朱"下较圆		2.54	2.25	0.91	0.12	0.10	2.38
	38－119	同上		2.60	2.28	0.99	0.17	0.14	2.82
	38－120	同上		2.53	2.26	0.97	0.15	0.13	2.66
	38－121	"五"字瘦长，竖画较直；"金"头三角形，四竖点；"朱"头较圆，"朱"下较圆		2.50	2.22	0.88	0.10	0.09	2.47
	38－122	同上		2.58	2.28	0.96	0.16	0.14	2.65
	38－123	同上		2.34	2.15	0.91	0.11	0.10	1.92
	38－124	同上		2.56	2.29	0.91	0.12	0.10	2.67
	38－125	同上		2.57	2.32	0.93	0.16	0.14	3.77
	38－126	同上		2.55	2.34	0.97	0.13	0.11	2.42
	38－127	"五"字瘦长，竖画甚曲；"金"头三角形，四竖点；"朱"头较方，"朱"下较圆		2.62	2.30	0.97	0.14	0.12	2.75
	38－128	"五"字瘦长，竖画甚曲；"金"头三角形，四竖点；"朱"头较圆，"朱"下较圆		2.54	2.25	0.91	0.12	0.10	2.39
	38－129	同上		2.60	2.28	0.99	0.17	0.14	2.82
	38－130	同上		2.55	2.26	0.97	0.15	0.13	2.66
	38－131	同上		2.50	2.22	0.88	0.10	0.09	2.47
	38－132	同上		2.58	2.28	0.96	0.16	0.14	2.77
	38－133	同上		2.34	2.15	0.91	0.11	0.10	1.92
	38－134	同上		2.53	2.26	0.97	0.15	0.13	2.66
	38－135	同上		2.50	2.22	0.88	0.10	0.09	2.48
	38－136	同上		2.58	2.28	0.96	0.16	0.14	2.67
	38－137	同上		2.34	2.15	0.91	0.11	0.10	1.92
	38－138	"五"字瘦长，竖画缓曲；"金"头三角形，四竖点；"朱"头较圆，"朱"下较圆		2.63	2.26	0.97	0.15	0.13	2.66
	38－139	"五"字瘦长，竖画甚曲；"金"头三角形，四竖点；"朱"头较圆，"朱"下较圆		2.50	2.22	0.88	0.10	0.09	2.37

种类	编号	特征		郭径	钱径	穿宽	郭厚	肉厚	重量
		文字特征	记号						
五铢	38－140	"五"字瘦长，竖画甚曲；"金"头三角形，四竖点；"朱"头较圆，"朱"下较圆		2.58	2.28	0.96	0.16	0.14	2.77
	38－141	同上		2.34	2.15	0.91	0.11	0.10	1.92
	38－142	同上		2.54	2.26	0.97	0.15	0.13	2.66
	38－143	"五"字瘦长，竖画甚曲；"金"头三角形，四竖点；"朱"头较圆，"朱"下较方		2.63	2.26	0.97	0.15	0.13	2.66
	38－144	"五"字瘦长，竖画甚曲；"金"头三角形，四竖点；"朱"头较圆，"朱"下较圆		2.50	2.22	0.88	0.10	0.09	2.47
	38－145	同上		2.58	2.28	0.96	0.16	0.14	2.77
	38－146	同上		2.34	2.15	0.91	0.11	0.10	1.92
	38－147	同上		2.53	2.26	0.97	0.14	0.13	2.66
	38－148	同上		2.50	2.22	0.88	0.10	0.09	2.47
	38－149	同上		2.58	2.28	0.96	0.16	0.14	2.77
	38－150	同上		2.34	2.15	0.91	0.11	0.10	1.92
	38－151	同上		2.53	2.26	0.97	0.15	0.13	2.66
	38－152	同上		2.57	2.22	0.88	0.10	0.09	2.47
	38－153	同上		2.59	2.28	0.96	0.16	0.14	2.77
	38－154	同上		2.34	2.15	0.91	0.11	0.10	1.92
	38－155	同上		2.63	2.26	0.97	0.15	0.13	2.66
	38－156	同上		2.51	2.26	0.97	0.15	0.13	2.66
	38－157	同上		2.50	2.22	0.88	0.10	0.09	2.47
	38－158	同上		2.57	2.28	0.96	0.16	0.14	2.77
	38－159	同上		2.34	2.15	0.91	0.11	0.10	1.92
	38－160	同上		2.52	2.26	0.97	0.15	0.13	2.66
	38－161	同上		2.50	2.22	0.88	0.10	0.09	2.47
	38－162	同上		2.58	2.28	0.96	0.16	0.14	2.77
	38－163	同上		2.34	2.15	0.91	0.11	0.10	1.92
	38－164	同上		2.55	2.26	0.97	0.15	0.13	2.66
	38－165	字迹不清		2.30	2.06	0.90	0.07	0.06	1.94
	38－166	字迹不清		2.54	2.30	0.96	0.12	0.11	2.74
	38－167	字迹不清		2.55	2.32	0.90	0.12	0.10	2.11
	38－168	字迹不清		2.19	2.02	0.96	0.10	0.08	2.17
	38－169	字迹不清		2.54	2.31	0.93	0.12	0.10	2.65

续表一六

种类	编号	特征		郭径	钱径	穿宽	郭厚	肉厚	重量
		文字特征	记号						
五铢	38－170	字迹不清		2.55	2.28	0.96	0.13	0.10	2.29
	38－171	字迹不清		2.50	2.16	0.92	0.17	0.14	3.29
	38－172	字迹不清		2.58	2.28	0.96	0.16	0.14	2.77
	38－173	字迹不清		2.56	2.32	0.86	0.13	0.12	2.19
	38－174	字迹不清		2.38	2.12	0.90	0.12	0.11	1.98
	38－175	字迹不清		2.29	2.09	0.96	0.10	0.09	2.05
	38－176	字迹不清		2.07	1.99	0.97	0.10	0.10	1.74
	38－177	字迹不清		2.53	2.32	0.92	0.12	0.10	2.01
	38－178	字迹不清		2.57	2.22	0.93	0.12	0.11	2.45
	38－179	字迹不清		2.56	2.32	0.86	0.13	0.12	2.19
	38－180	字迹不清		2.38	2.23	0.90	0.12	0.11	1.99
	38－181	字迹不清		2.29	2.10	0.96	0.10	0.09	2.25
	38－182	字迹不清		2.57	2.32	0.86	0.13	0.12	2.17
	38－183	字迹不清		2.58	2.32	0.90	0.12	0.11	2.98
	38－184	字迹不清		2.29	2.09	0.96	0.10	0.09	2.05
	38－185	字迹不清		2.07	1.99	0.97	0.10	0.10	1.74
	38－186	字迹不清		2.53	2.32	0.92	0.12	0.10	2.01
	38－187	字迹不清		2.66	2.40	0.93	0.11	0.11	0.93
	38－188	字迹不清		2.56	2.32	0.86	0.13	0.12	2.19
	38－189	字迹不清		2.38	2.12	0.90	0.12	0.11	1.98
	38－190	字迹不清		2.29	2.09	0.96	0.10	0.09	2.05
	38－191	字迹不清		2.07	1.99	0.97	0.10	0.10	1.74
	38－192	字迹不清		2.53	2.32	0.92	0.12	0.10	2.01
	38－193	字迹不清		2.34	2.22	0.93	0.13	0.11	2.56
	38－194	字迹不清		2.56	2.32	0.86	0.13	0.12	2.19
	38－195	字迹不清		2.38	2.12	0.90	0.12	0.11	1.98
	38－196	字迹不清		2.29	2.09	0.96	0.10	0.09	2.05
大泉五十	38－197	穿之右、左篆书"五十"，上、下篆书"大泉"		2.48	2.15	0.79	0.18	0.16	2.71
货泉	38－198	穿之右、左篆书"货泉"二字		2.12	1.87	0.62	0.18	0.15	2.58
	38－199	同上		2.26	1.90	0.64	0.17	0.14	2.33
五铢	39－1	"五"字瘦长，竖画缓曲；"金"头三角形，四竖点；"朱"头较方，"朱"下较圆		2.60	2.24	0.93	0.13	0.11	2.33

种类	编号	特征		郭径	钱径	穿宽	郭厚	肉厚	重量
		文字特征	记号						
五铢	39－2	"五"字瘦长，竖画甚曲；"金"头三角形，四竖点；"朱"头较方，"朱"下较圆		2.63	2.36	0.95	0.15	0.13	2.34
	39－3	"五"字瘦长，竖画缓曲；"金"头三角形，四竖点；"朱"头较方，"朱"下较圆		2.65	2.35	0.95	0.15	0.13	2.34
	39－4	"五"字瘦长，竖画甚曲；"金"头三角形，四竖点；"朱"头较方，"朱"下较圆		2.55	2.31	0.91	0.11	0.09	1.85
	39－5	"五"字瘦长，竖画甚曲；"金"头三角形，四竖点；"朱"头较圆，"朱"下较圆		2.57	2.27	0.95	0.16	0.12	2.99
	39－6	同上		2.59	2.31	0.89	0.17	0.14	3.19
	39－7	"五"字瘦长，竖画甚曲；"金"头三角形，四竖点；"朱"头较方，"朱"下较圆		2.58	2.23	0.95	0.12	0.10	2.43
	39－8	"五"字瘦长，竖画甚曲；"金"头三角形，四竖点；"朱"头较方，"朱"下较方		2.55	2.19	0.90	0.13	0.12	2.58
	39－9	"五"字瘦长，竖画甚曲；"金"头三角形，四竖点；"朱"头较圆，"朱"下较方		2.53	2.35	0.92	0.13	0.11	2.61
	39－10	同上		2.56	2.24	0.83	0.16	0.15	3.22
	39－11	"五"字瘦长，竖画甚曲；"金"头三角形，四竖点；"朱"头较方，"朱"下较圆		2.66	2.32	0.94	0.14	0.12	2.96
	39－12	同上		2.65	2.35	0.95	0.15	0.13	2.34
	39－13	"五"字瘦长，竖画缓曲；"金"头三角形，四竖点；"朱"头较圆，"朱"下较圆		2.55	2.31	0.91	0.11	0.09	1.85
	39－14	"五"字瘦长，竖画甚曲；"金"头三角形，四竖点；"朱"头较圆，"朱"下较圆		2.57	2.27	0.95	0.16	0.12	2.99
	39－15	"五"字瘦长，竖画甚曲；"金"头三角形，四竖点；"朱"头较方，"朱"下较圆		2.59	2.31	0.89	0.17	0.14	3.19

种类	编号	特征		郭径	钱径	穿宽	郭厚	肉厚	重量
		文字特征	记号						
五铢	39－16	"五"字瘦长，竖画甚曲；"金"头三角形，四竖点；"朱"头较圆，"朱"下较方		2.58	2.23	0.95	0.12	0.10	2.43
	39－17	"五"字瘦长，竖画甚曲；"金"头三角形，四竖点；"朱"头较方，"朱"下较方		2.55	2.19	0.90	0.13	0.12	2.58
	39－18	"五"字瘦长，竖画甚曲；"金"头三角形，四竖点；"朱"头较圆，"朱"下较圆		2.53	2.35	0.92	0.13	0.11	2.61
	39－19	"五"字瘦长，竖画甚曲；"金"头三角形，四竖点；"朱"头较方，"朱"下较圆		2.56	2.24	0.83	0.16	0.15	3.22
	39－20	"五"字瘦长，竖画甚曲；"金"头三角形，四竖点；"朱"头较圆，"朱"下较方		2.66	2.32	0.94	0.14	0.12	2.96
	39－21	"五"字瘦长，竖画甚曲；"金"头三角形，四竖点；"朱"头较圆，"朱"下较圆		2.63	2.32	0.96	0.13	0.12	2.98
	39－22	"五"字瘦长，竖画甚曲；"金"头三角形，四竖点；"朱"头较方，"朱"下较圆		2.59	2.24	0.90	0.15	0.12	2.32
	39－23	"五"字瘦长，竖画甚曲；"金"头三角形，四竖点；"朱"头较圆，"朱"下较圆		2.57	2.28	0.91	0.15	0.13	2.77
	39－24	"五"字瘦长，竖画甚曲；"金"头三角形，四竖点；"朱"头较方，"朱"下较方		2.55	2.30	0.92	0.15	0.12	2.88
	39－25	"五"字瘦长，竖画缓曲；"金"头三角形，四竖点；"朱"头较方，"朱"下较圆		2.58	2.21	0.98	0.12	0.11	2.56
	39－26	"五"字瘦长，竖画甚曲；"金"头三角形，四竖点；"朱"头较圆，"朱"下较圆		2.55	2.20	0.92	0.12	0.11	2.66
	39－27	"五"字瘦长，竖画甚曲；"金"头三角形，四竖点；"朱"头较方，"朱"下较圆		2.64	2.27	0.87	0.13	0.10	2.58

种类	编号	特征		郭径	钱径	穿宽	郭厚	肉厚	重量
		文字特征	记号						
五铢	39－28	"五"字瘦长，竖画甚曲；"金"头三角形，四竖点；"朱"头较方，"朱"下较方		2.56	2.27	0.91	0.11	0.12	2.79
	39－29	"五"字瘦长，竖画缓曲；"金"头三角形，四竖点；"朱"头较方，"朱"下较方		2.55	2.32	0.99	0.13	0.12	3.00
	39－30	"五"字瘦长，竖画甚曲；"金"头三角形，四竖点；"朱"头较方，"朱"下较圆		2.59	2.23	0.90	0.13	0.11	2.85
	39－31	"五"字瘦长，竖画甚曲；"金"头三角形，四竖点；"朱"头较圆，"朱"下较圆		2.56	2.25	0.90	0.15	0.14	3.03
	39－32	"五"字瘦长，竖画缓曲；"金"头三角形，四竖点；"朱"头较圆，"朱"下较圆		2.55	2.31	0.88	0.12	0.10	2.68
	39－33	"五"字瘦长，竖画甚曲；"金"头三角形，四竖点；"朱"头较圆，"朱"下较圆		2.57	2.28	0.89	0.12	0.11	3.22
	39－34	同上		2.79	2.21	0.87	0.13	0.12	2.46
	39－35	同上		2.55	2.30	0.93	0.12	0.11	2.55
	39－36	同上		2.65	2.22	0.96	0.14	0.12	3.00
	39－37	同上		2.48	2.24	0.87	0.12	0.10	2.47
	39－38	同上		2.45	2.34	0.93	0.12	0.10	2.55
	39－39	同上		2.62	2.25	0.91	0.14	0.12	3.12
	39－40	同上		2.60	2.31	0.89	0.15	0.13	3.30
	39－41	同上		2.59	2.32	0.93	0.13	0.12	3.01
	39－42	同上		2.67	2.29	0.94	0.12	0.10	2.34
	39－43	同上		2.60	2.25	0.89	0.16	0.14	3.25
	39－44	同上		2.58	2.32	0.91	0.14	0.12	3.00
	39－45	同上		2.59	2.31	0.94	0.13	0.11	2.98
	39－46	同上		2.49	2.24	0.87	0.12	0.10	2.94
	39－47	同上		2.66	2.32	0.90	0.15	0.13	3.22
	39－48	同上		2.59	2.58	0.96	0.12	0.11	2.67
	39－49	"五"字瘦长，竖画甚曲；"金"头三角形，四竖点；"朱"头较方，"朱"下较圆		2.49	2.31	0.88	0.11	0.09	2.32

种类	编号	特征		郭径	钱径	穿宽	郭厚	肉厚	重量
		文字特征	记号						
五铢	39－50	"五"字瘦长，竖画甚曲；"金"头三角形，四竖点；"朱"头较圆，"朱"下较圆		2.55	2.35	0.86	0.14	0.12	3.06
	39－51	同上		2.56	2.34	0.97	0.15	0.13	3.45
	39－52	同上		2.57	2.28	0.96	0.13	0.12	3.04
	39－53	"五"字瘦长，竖画甚曲；"金"头三角形，四竖点；"朱"头较圆，"朱"下较方		2.64	2.23	0.93	0.12	0.11	2.88
	39－54	"五"字瘦长，竖画甚曲；"金"头三角形，四竖点；"朱"头较圆，"朱"下较圆		2.66	2.32	0.89	0.16	0.14	3.22
	39－55	同上		2.70	2.36	0.90	0.17	0.15	3.34
	39－56	同上		2.55	2.25	0.91	0.13	0.12	2.87
	39－57	"五"字瘦长，竖画甚曲；"金"头三角形，四竖点；"朱"头较方，"朱"下较圆		2.63	2.34	0.94	0.12	0.10	2.77
	39－58	"五"字瘦长，竖画甚曲；"金"头三角形，四竖点；"朱"头较圆，"朱"下较圆		2.60	2.30	0.88	0.14	0.13	3.02
	39－59	同上		2.66	2.26	0.90	0.15	0.14	3.23
	39－60	"五"字瘦长，竖画甚曲；"金"头三角形，四竖点；"朱"头较方，"朱"下较圆		2.58	2.34	0.92	0.12	0.10	2.45
	39－61	"五"字瘦长，竖画甚曲；"金"头三角形，四竖点；"朱"头较圆，"朱"下较圆		2.57	2.21	0.87	0.11	0.09	2.32
	39－62	同上		2.55	2.31	0.90	0.12	0.11	2.57
	39－63	同上		2.47	2.23	0.93	0.12	0.10	2.55
	39－64	"五"字瘦长，竖画甚曲；"金"头三角形，四竖点；"朱"头较方，"朱"下较圆		2.56	2.32	0.90	0.13	0.12	2.66
	39－65	"五"字瘦长，竖画甚曲；"金"头三角形，四竖点；"朱"头较圆，"朱"下较圆		2.55	2.32	0.99	0.13	0.12	3.00

种类	编号	特征		郭径	钱径	穿宽	郭厚	肉厚	重量
		文字特征	记号						
五铢	39－66	"五"字瘦长，竖画甚曲；"金"头三角形，四竖点；"朱"头较圆，"朱"下较圆		2.59	2.23	0.90	0.13	0.11	2.85
	39－67	字迹不清		2.56	2.25	0.90	0.15	0.14	3.03
	39－68	字迹不清		2.55	2.31	0.88	0.12	0.10	2.68
	39－69	字迹不清		2.57	2.28	0.89	0.12	0.11	3.22
	39－70	字迹不清		2.79	2.21	0.87	0.13	0.12	2.46
	39－71	字迹不清		2.55	2.30	0.93	0.12	0.11	2.55
	39－72	字迹不清		2.65	2.22	0.96	0.14	0.12	3.00
	39－73	字迹不清		2.76	2.32	0.97	0.12	0.13	2.67
	39－74	字迹不清		2.55	2.32	0.99	0.13	0.12	3.00
	39－75	字迹不清		2.59	2.23	0.90	0.13	0.11	2.85
	39－76	字迹不清		2.56	2.25	0.90	0.11	0.14	2.80
	39－77	字迹不清		2.35	2.31	0.88	0.12	0.10	2.68
	39－78	字迹不清		2.37	2.18	0.89	0.12	0.11	2.88
	39－79	字迹不清		2.39	2.21	0.87	0.13	0.12	2.46
货泉	39－80	穿之右、左篆书"货泉"二字		2.26	1.98	0.67	0.12	0.11	2.35

2015M27

位于本发掘区南部中段，方向245°（图五六）。开口于②层下，开口距地表0.69米。

（一）墓葬结构

该墓被严重破坏，整体呈"干"字形，残存墓道及墓室。

墓道　位于墓室西侧。呈长斜坡状。未完全发掘，长度不详，宽1.58米。

墓室　现仅存墓圹。平面近"工"字形，结构为直壁，平底，具体形制不辨。最长约3.28、最宽约2.56、残深约0.38米。

（二）葬具及人骨

未见葬具痕迹。

仅在墓葬中部发现零星肢骨，葬式不明。

（三）随葬品

扰土中见泥质灰陶残片2件，刻划有水波纹，推测为灶残片。

2015M28

位于本发掘区南部中段，方向160°（图五七）。开口层位及深度难以判断。

（一）墓葬结构

该墓被破坏严重，仅存土坑竖穴，平面近"L"形，结构为直壁，平底。墓圹最长3.87、最宽3.2、残深0.42米。

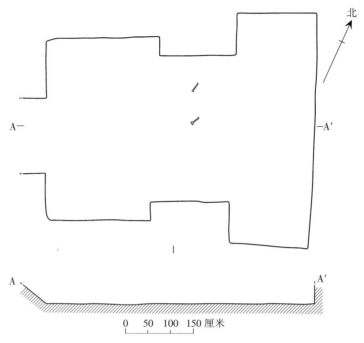

图五六　2015M27 平、剖视图

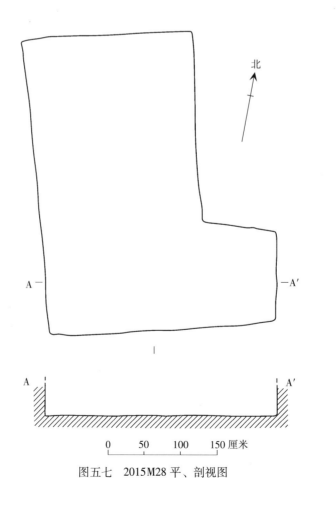

图五七　2015M28 平、剖视图

（二）葬具及人骨

未见葬具痕迹及人骨痕迹。

（三）随葬品

未见随葬品。

2015M29

位于本发掘区南部中段，方向 0°（图五八）。开口于②层下，开口距地表 0.76 米。

（一）墓葬结构

该墓被严重破坏。从墓葬结构形制推测，该墓为石室墓。墓室结构不明，仅存墓底若干石板铺底。平面近长方形，长 3.51、宽 2.42、残高 0.68 米。

（二）葬具及人骨

未见葬具痕迹及人骨痕迹。

（三）随葬品

未见随葬品。

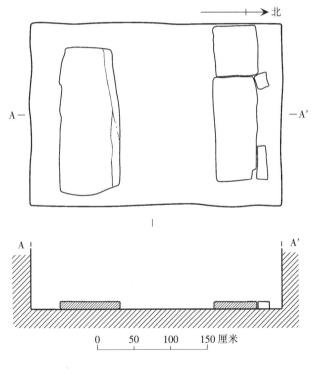

图五八　2015M29 平、剖视图

2015M30

位于本发掘区南部中段，方向 250°（图五九）。开口于②层下，开口距地表 0.81 米。

（一）墓葬结构

由于被严重破坏，从墓葬结构形制推测，该墓为多室石室墓。墓圹平面呈长方形，长

4.19、宽2.79、残深1.05 米。现残存部分墓底长方形石板，根据墓底石板判断，墓室应至少由主室和后室组成。主室和后室平面均呈长方形，后室底部高于主室底部0.35 米。主室置一长方形石制棺床。

（二）葬具及人骨

主室中部有一长方形石制棺床，长2.01、宽0.9 米。

未见人骨痕迹。

（三）随葬品

在扰土中出土3 件陶器。计有小盆1、水斗1、小瓢1。

小盆　1 件。标本 M30：扰1，泥质黄褐陶。圆唇，侈口，斜弧腹略折，平底。下腹有修整痕迹。口径9、底径4.7、高3.7 厘米（图五九，2）。

水斗　1 件。标本 M30：扰2，泥质灰陶。由提梁和斗组成。提梁残。斗身为圆唇，敞口，斜弧腹，圜底。口径4.3、残高2.2 厘米（图五九，3）。

小瓢　1 件。标本 M30：扰3，泥质灰陶。平面近圆形，斜弧腹，圜底。口径3、高1.2 厘米（图五九，1）。

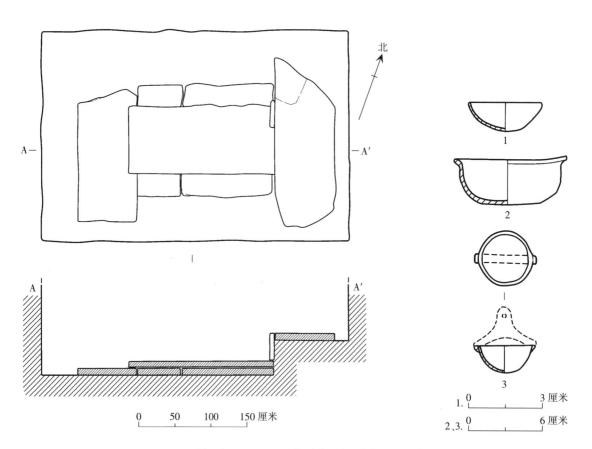

图五九　2015M30 平、剖视图及其扰土出土陶器
1. 小瓢（M30：扰3）　2. 小盆（M30：扰1）　3. 水斗（M30：扰2）

2015M31

位于本发掘区南部中段，方向210°（图六〇）。开口于②层下，开口距地表0.82米。

（一）墓葬结构

该墓为多室石室墓。由墓道、墓门及墓室组成（彩版四三，1）。

墓道　位于墓室南侧。长斜坡状。未完全发掘，长度不详，宽1.7米。

墓门　位于墓室南侧。由门楣、门框及门槛构成，宽1.6、高0.96米。门楣系一块长条形石板平铺于门框之间，上盖墓顶石板，借用主室中间立柱支撑。门框借用主室及东耳室侧板，门槛系用长方形石板横置于门框之间。门外由两块大石板立砌封堵，石板间白灰勾缝，门板下平铺有长条形石板（彩版四三，2）。

墓室　平面近不规则"凸"字形，由主室、东耳室及后室组成。墓底及四壁用规整的石板砌筑而成，白灰勾缝，墓室上盖石板为顶。主室平面呈长方形，其中部前后段置有方形础石，上立长方形立板，上接栌斗，栌斗上搭横梁，横梁上接墓顶，将主室分为东、西两个长方形小室。主室面阔1.68、进深2.3、高1.6米。耳室位于主室东侧，平面近方形，面阔0.84、进深0.94、高1.56米，耳室底部发现大量白灰。后室平面呈长方形，底部高于主室底部0.54米，面阔2.54、进深0.48、高1.06米。

（二）葬具及人骨

主室东、西两小室内各置一长方形石制棺床，棺床下垫有石条。其中东侧棺床长2、宽0.6米，西侧棺床长2.2、宽0.68米。未见木制葬具痕迹。

墓内人骨保存较差，仅存少量肢骨置于西侧棺床之上，摆放凌乱，葬式不明。

（三）随葬品

该墓共出土随葬品34件（套），墓内各室均有摆放。其中陶器31件，另有石器1件、铜器1件及铜钱67枚。

1. 陶器

共31件。计有罐4、俎2、灶1、小盆2、器座5、耳杯2、器盖1、小钵2、长颈瓶3、小瓢1、灯1、奁3、盘1、小釜1、方盘1、小勺1。

罐　4件（M31:1、3、4、19）。均为泥质灰陶。形制相似，短直颈，溜肩，鼓腹，最大腹径居中略偏上，台底。标本M31:1，方圆唇，直口，直颈，上腹施凹弦纹二周。口径9.3、最大腹径17.9、底径8.6、高13.5厘米（图六一，1；彩版四四，1）。标本M31:3，圆唇，敛口，斜直颈，上腹施凹弦纹二周，底残。口径9.3、最大腹径16.9、残高12厘米（图六一，2）。标本M31:4，圆唇，直口微敞，直颈略束。口径8.4、最大腹径16.2、底径7.8、高14.1厘米（图六一，3）。标本M31:19，方圆唇内勾，敛口，斜直颈，圆肩，鼓腹略扁。口径7.6、最大腹径14.2、底径6.9、高10.1厘米（图六一，4；彩版四四，2）。

俎　2件（M31:2、34）。均为泥质灰陶。形制相似，长方形俎面。俎面模印鱼纹，鱼背鳍处压有一把削。标本M31:2，俎底置两个片状足，足底削有半圆形缺口。俎面施一周凹槽。长31.2、宽9.04、高10厘米（图六二，1；彩版四四，3）。标本M31:34，无底足。长16.8、厚1.1、宽4.7厘米（图六二，2；彩版四四，4）。

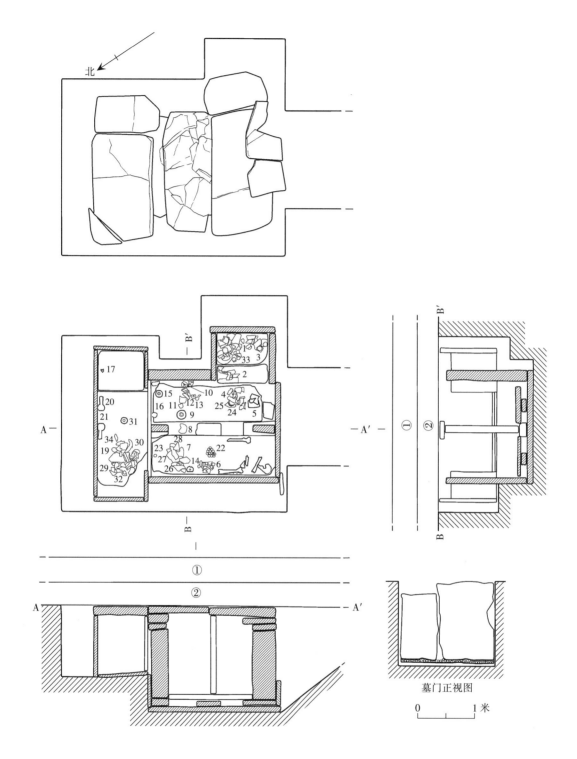

图六〇　2015M31 平、剖视图

1、3、4、19. 罐　2、34. 俎　5. 灶　6. 小甑　7～9、14、24. 器座　10. 小盆　11、29. 耳杯　12. 石盘状器　13、
33. 小钵　15、20、21. 长颈瓶　16. 器盖　17. 小瓢　18. 灯　22. 铜钱　23. 铜指环　25. 盒盖　26. 盘　27. 奁盖
28. 奁体　30. 小釜　31. 小勺　32. 方盘（未标明质地者均为陶器）

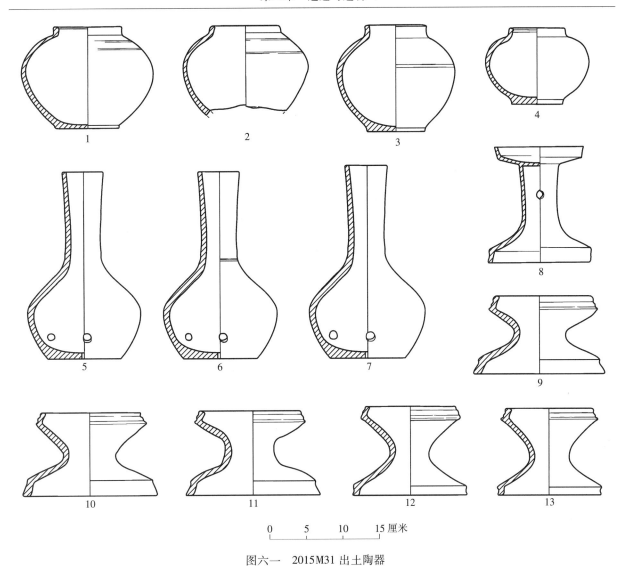

图六一　2015M31 出土陶器

1～4. 罐（M31：1、3、4、19）　　5～7. 长颈瓶（M31：20、21、15）　　8. 灯（M31：18）　　9～13. 器座（M31：14、9、7、8、24）

灶　1 件。标本 M31：5，泥质灰褐陶。灶面呈梯形，前端出长方形遮烟檐，灶面置五个火眼，其中灶面前部并置三个圆形小火眼，中部置一圆形大火眼，后部一侧置一圆形小火眼，另一侧置圆形烟孔。"凸"字形灶门不落地，灶门两侧刻划方格纹。整体长 28.2、宽 24.2、高 17.4 厘米，火眼直径 8.5、4.5、4.5、3.5、3.5 厘米，烟孔直径 1 厘米，灶门长 12、高 5.5 厘米（图六二，6；彩版四四，5）。

小甑　1 件。标本 M31：6，泥质灰陶。方圆唇，小卷沿，深弧腹，台底，底戳十个长点状甑孔。沿面施一周凹槽，上腹饰多道凸凹棱纹。口径 15.6、底径 6.1、高 7.6 厘米（图六三，5；彩版四五，1）。

器座　5 件（M31：7、8、9、14、24）。形制相似，敛口，束腰形粗柄中空，喇叭形座，座底陡折略内凹，形似盘口。口外沿施一周凸棱。标本 M31：7，泥质灰褐陶。方圆唇。口径 13.7、底径 18.2、高 11.2 厘米（图六一，11）。标本 M31：8，泥质灰陶。方圆唇。口径 12.3、底径 15.7、高 11.8 厘米（图六一，12）。标本 M31：9，泥质灰褐陶。方圆唇。口径 13.5、底径 18.3、高 11 厘

图六二　2015M31 出土器物

1、2. 陶俎（M31：2、34）　　3、4. 陶奁（M31：28、27）　　5. 陶盒（盖）（M31：25）　　6. 陶灶（M31：5）　　7. 石盘状器（M31：12）

米（图六一，10）。标本 M31：14，泥质灰褐陶。方圆唇。口径 12.9、底径 18、高 10.3 厘米（图六一，9）。标本 M31：24，泥质灰陶。圆唇。口径 11.7、底径 13.9、高 11.5 厘米（图六一，13）。

　　小盆　1 件。标本 M31：10，泥质灰陶。底略残。方唇，平折沿，折腹，上腹斜弧，下腹斜直内收，平底略内凹。沿面施一圈凹槽。口径 10.6、底径 3.6、高 3.7 厘米（图六三，2；彩版四五，2）。

耳杯　2件（M31：11、29）。均为泥质灰陶。形制相似，椭圆形杯口，双耳平齐略上翘，斜弧腹，平底。标本 M31：11，口长径 9.7、口短径 8、底长径 5.4、底短径 3.2、高 2.8 厘米（图六三，7）。标本 M31：29，口长径 15.9、口短径 9.6、底长径 5.5、底短径 2.6、高 3.9 厘米（图六三，6）。

器盖　1件。标本 M31：16，泥质灰褐陶。圆唇，子母口，圆弧顶。顶部饰二组四周凹弦纹。口径 7.2、高 2.5 厘米（图六三，3；彩版四五，5）。

小钵　2件（M31：13、33）。均为泥质灰陶。敞口，斜弧腹。标本 M31：13，尖圆唇，平底，内底留有捏塑指甲痕。口径 3.3、高 1.6 厘米（图六三，9）。标本 M31：33，圆唇，圜底。口径 2.9、高 1.3 厘米（图六三，10）。

长颈瓶　3件（M31：15、20、21）。均为泥质灰褐陶。形制相同，方唇，敞口，细长颈，溜肩，鼓腹，平底。下腹部等距穿有三孔，底部穿有一孔。标本 M31：15，口径 5.8、最大腹径 15.8、底径 10.3、高 25.5 厘米（图六一，7）。标本 M31：20，口径 5.6、最大腹径 15.3、底径 10、高 24.7 厘米（图六一，5；彩版四五，3）。标本 M31：21，颈腹交接处饰多周凹弦纹。口径 5.5、最大腹径 15.4、底径 10、高 24.8 厘米（图六一，6；彩版四五，4）。

小瓢　1件。标本 M31：17，泥质灰褐陶。平面近梨形，口沿一侧带流，斜弧腹，圜底。通长 4.2、通宽 2.9、高 1.7 厘米（图六三，8；彩版四五，6）。

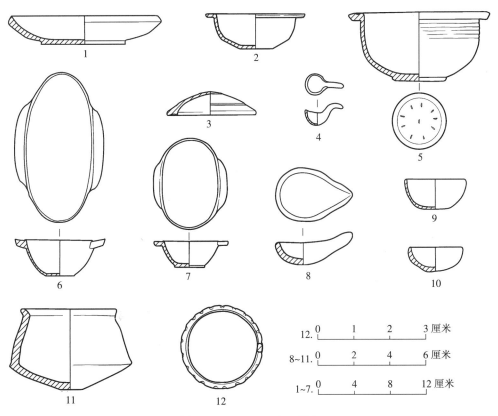

图六三　2015M31 出土物

1. 盘（M31：26）　2. 小盆（M31：10）　3. 器盖（M31：16）　4. 小勺（M31：31）　5. 小甑（M31：6）
6、7. 耳杯（M31：29、11）　8. 小瓢（M31：17）　9、10. 小钵（M31：13、33）　11. 小釜（M31：30）
12. 铜指环（M31：23）（未标明质地者均为陶器）

灯　1 件。标本 M31：18，夹砂灰陶。豆形灯，灯盘为方唇，敞口，腹壁直略内凹，弧底，粗长柄中空，柄中部偏上穿两个圆孔，喇叭形灯座，座底陡折略内凹，形似盘口。口径 12.1、底径 13.9、高 15.4 厘米（图六一，8；彩版四六，1）。

盒　1 件。标本 M31：25，盒盖。泥质灰陶。圆唇，直口微敞，直壁，圆弧顶。顶部饰二组四周凹弦纹。口径 20.3、高 10.2 厘米（图六二，5；彩版四六，2）。

奁　2 件（M31：27、28）。标本 M31：27，奁盖。泥质灰褐陶。直口微敞，直壁，圆弧顶。顶置三个乳丁钮，并饰凹弦纹二周。口径 23.3、高 19 厘米（图六二，4；彩版四六，3）。标本 M31：28，奁体。泥质灰黑陶。圆唇，直口，直壁略内弧，平底。口径 19.8、底径 21.5、高 16.9 厘米（图六二，3）。

盘　1 件。标本 M31：26，泥质灰陶。尖唇，敞口，略折腹，台底，内底略上凸，盘内壁有一周凸棱，与底对应处有一周凹槽。口径 16、底径 9、高 3 厘米（图六三，1；彩版四六，4）。

小釜　1 件。标本 M31：30，泥质灰陶。尖唇，侈口，束颈，折腹，折腹处出檐，腹部最大径偏下，下腹急收，尖状小平底。口径 5、最大腹径 6.6、底径 1.2、高 4.3 厘米（图六三，11；彩版四五，7）。

方盘　1 件。标本 M31：32，泥质灰陶。整体呈倒梯形，方唇，敞口，平折沿，斜直壁，平底，底置四个圆饼状矮足。口沿刻划水波纹，内底及外底部各刻划一鱼纹。口长径 16.7、口短径 9.2、底长径 12、底短径 4.4、高 3.4 厘米（彩版四六，5）。

小勺　1 件。标本 M31：31，泥质灰陶。手工捏制而成。尖圆唇，弧腹，圜底，一侧出长条形弧状把手。口径 2.3、通长 4.3、高 2.4 厘米（图六三，4；彩版四六，6）。

2. 石器

盘状器　1 件。标本 M31：12，青灰色岩质。圆饼形。平面磨制较为光滑，边缘留有打制痕迹，略残。直径 23.3 厘米（图六二，7；彩版四六，7）。

3. 铜器

指环　1 件。标本 M31：23，呈环形，截面扁条形，器表錾刻竖状长条形凹槽。外径 2.2、内径 1.9 厘米，重 1.41 克（图六三，12）。

4. 铜钱

67 枚，编号 M31：22 - 1～22 - 67。包括"五铢"65 枚、"货泉"1 枚、"大泉五十"1 枚。详情见表一七。

表一七　　　　　　　　　2015M31 出土铜钱登记表　　　　（尺寸单位：厘米；重量单位：克）

| 种类 | 编号 | 特征 | | 郭径 | 钱径 | 穿宽 | 郭厚 | 肉厚 | 重量 |
		文字特征	记号						
五铢	22 - 1	"五"字瘦长，竖画甚曲；"金"头三角形，四竖点；"朱"头较圆，"朱"下较圆		2.56	2.28	0.88	0.13	0.12	3.22
	22 - 2	同上		2.58	2.28	0.90	0.14	0.13	2.91
	22 - 3	同上		2.57	2.16	0.90	0.13	0.11	2.61
	22 - 4	同上		2.59	2.20	0.95	0.16	0.12	2.95

种类	编号	特征		郭径	钱径	穿宽	郭厚	肉厚	重量
		文字特征	记号						
五铢	22－5	"五"字瘦长，竖画甚曲；"金"头三角形，四竖点；"朱"头较圆，"朱"下较圆		2.60	2.30	0.99	0.13	0.11	2.61
	22－6	同上		2.61	2.30	0.96	0.13	0.12	2.90
	22－7	同上		2.53	2.28	0.91	0.15	0.13	2.62
	22－8	同上		2.56	2.20	0.90	0.14	0.11	2.57
	22－9	同上		2.55	2.26	0.90	0.15	0.14	3.10
	22－10	同上		2.58	2.27	0.89	0.13	0.11	3.22
	22－11	同上		2.78	2.22	0.87	0.13	0.12	2.42
	22－12	同上		2.57	2.24	0.90	0.13	0.10	2.68
	22－13	同上		2.56	2.26	0.90	0.13	0.12	3.30
	22－14	同上		2.57	2.31	0.95	0.12	0.11	3.09
	22－15	同上		2.58	2.27	0.87	0.13	0.10	2.94
	22－16	同上		2.55	2.22	0.90	0.12	0.09	3.02
	22－17	同上		2.41	2.16	0.90	0.12	0.11	2.58
	22－18	同上		2.61	2.33	0.98	0.14	0.12	2.77
	22－19	同上		2.53	2.23	0.93	0.12	0.11	2.52
	22－20	同上		2.55	2.22	0.90	0.13	0.10	2.17
	22－21	同上		2.60	2.24	0.98	0.10	0.09	1.91
	22－22	同上		2.54	2.25	0.99	0.11	0.10	2.14
	22－23	同上		2.50	2.22	0.98	0.12	0.11	2.27
	22－24	同上		2.58	2.27	0.93	0.13	0.10	2.38
	22－25	同上	磨郭		2.14	0.97		0.12	2.02
	22－26	"五"字瘦长，竖画甚曲；"金"头三角形，四竖点；"朱"头较方，"朱"下较圆		2.49	2.25	0.92	0.14	0.11	2.75
	22－27	同上		2.61	2.30	0.92	0.12	0.13	1.90
	22－28	同上		2.59	2.33	0.95	0.14	0.12	2.73
	22－29	同上		2.50	2.33	0.91	0.13	0.11	2.08
	22－30	同上		2.61	2.36	0.95	0.15	0.13	2.15
	22－31	同上		2.58	2.30	1.00	0.17	0.14	3.02
	22－32	同上		2.55	2.18	0.90	0.13	0.12	2.44
	22－33	同上		2.57	2.24	0.83	0.16	0.15	3.35
	22－34	同上		2.58	2.24	0.90	0.15	0.12	2.14
	22－35	同上		2.57	2.22	0.98	0.12	0.11	2.46
	22－36	同上		2.63	2.29	0.87	0.13	0.10	2.48

种类	编号	特征		郭径	钱径	穿宽	郭厚	肉厚	重量
		文字特征	记号						
五铢	22－37	"五"字瘦长，竖画甚曲；"金"头三角形，四竖点；"朱"头较方，"朱"下较圆		2.57	2.23	0.90	0.14	0.13	3.20
	22－38	同上		2.56	2.41	0.90	0.15	0.14	2.89
	22－39	同上		2.55	2.28	0.95	0.12	0.11	2.50
	22－40	同上		2.63	2.32	0.90	0.13	0.12	2.20
	22－41	同上		2.58	2.33	0.95	0.13	0.11	2.51
	22－42	同上		2.54	2.28	0.98	0.12	0.10	2.30
	22－43	"五"字瘦长，竖画甚曲；"金"头三角形，四竖点；"朱"头较圆，"朱"下较方		2.55	2.32	0.98	0.12	0.11	2.51
	22－44	同上		2.58	2.22	0.95	0.12	0.10	2.13
	22－45	同上		2.60	2.32	0.94	0.14	0.12	2.96
	22－46	同上		2.61	2.22	0.91	0.13	0.11	2.93
	22－47	同上		2.57	2.26	0.95	0.11	0.10	1.98
	22－48	同上		2.50	2.32	0.93	0.13	0.11	2.77
	22－49	同上		2.51	2.26	0.96	0.14	0.12	2.98
	22－50	"五"字瘦长，竖画甚曲；"金"头三角形，四竖点；"朱"头较方，"朱"下较方		2.53	2.30	0.92	0.15	0.12	2.83
	22－51	同上		2.55	2.27	0.91	0.11	0.12	2.68
	22－52	同上		2.57	2.33	0.99	0.13	0.12	3.54
	22－53	"五"字瘦长，竖画缓曲；"金"头三角形，四竖点；"朱"头较方，"朱"下较圆		2.58	2.25	0.95	0.12	0.11	2.93
	22－54	同上		2.57	2.31	0.96	0.17	0.15	2.42
	22－55	同上		2.59	2.25	0.93	0.15	0.13	2.85
	22－56	同上	磨郭		2.11	0.91		0.12	1.85
	22－57	"五"字瘦长，竖画缓曲；"金"头三角形，四竖点；"朱"头较圆，"朱"下较圆		2.40	2.30	0.91	0.11	0.09	1.74
	22－58	同上		2.57	2.32	0.88	0.12	0.10	2.68
	22－59	同上		2.54	2.22	0.99	0.09	0.10	1.96
	22－60	同上		2.51	2.16	0.96	0.12	0.10	2.52
	22－61	字迹不清		2.56	2.29	099	0.12	0.11	2.05
	22－62	字迹不清		2.57	2.26	0.97	0.13	0.10	2.74

种类	编号	特征		郭径	钱径	穿宽	郭厚	肉厚	重量
		文字特征	记号						
五铢	22－63	字迹不清		2.52	2.24	0.96	0.08	0.07	2.34
	22－64	字迹不清		2.54	2.24	0.97	0.11	0.10	2.25
	22－65	字迹不清		2.56	2.29	0.99	0.12	0.10	1.98
货泉	22－66	穿之右、左篆书"货泉"二字		2.27	1.87	0.63	0.15	0.13	2.43
大泉五十	22－67	穿之右、左篆书"五十"，上、下篆书"大泉"		2.74	2.24	0.73	0.22	0.08	3.80

2015M32

位于本发掘区南部中段，方向200°（图六四）。开口于①层下，开口距地表0.46米。

（一）墓葬结构

该墓为多室石室墓。由墓道、墓门及墓室组成（彩版四七，1、2）。

墓道　位于墓室南侧。长斜坡状。未完全发掘，长度不详，宽2.4米。

墓门　位于墓室南侧。由门框及门槛构成，宽1.92、高0.94米。门框一侧借用东耳室侧板，门槛系用长方形石板横置于门框之间。门外由两块大石板立砌封堵，石板间白灰勾缝，门板下平铺一长条形石板。

墓室　平面近"匚"字形，由主室、耳室及后室组成。墓底及四壁用规整的石板砌筑而成，白灰勾缝，墓顶不存。主室平面呈长方形，内南北向纵立长方形石板两块，下铺础石，上部不存，石板将主室分为东、西两个长方形小室，小室内置有长方形棺床。主室面阔2.15、进深2.45、残高1.64米。耳室位于主室东侧，平面呈长方形，面阔0.81、进深0.65、高1.64米。后室平面呈长方形，底部高于主室底部0.43米，面阔3.29、进深0.71、高1.21米。

（二）葬具及人骨

主室内东、西两小室内各置一长方形石制棺床，棺床下垫有石条及石块。其中东侧棺床残长1.34、宽0.64米，西侧棺床长2.1、宽1.11米。

墓内人骨保存极差，主室东小室散落分布一例颅骨、少量肢骨及肋骨，西小室散落若干肢骨，后室发现一例颅骨。葬式不明。

（三）随葬品

该墓共出土随葬品18件（套），分布于主室及耳室（彩版四八，1）。其中陶器14件，另有石器1件、骨器1件、铜器1件及铜钱数枚。

1. 陶器

共14件。计有奁1、瓮1、案1、器盖2、小盆2、勺1、耳杯1、盘2、罐3件。

奁　1件。标本M32：4，泥质灰陶。奁盖方唇，口微敞，直腹略内凹，圆弧顶。顶部饰有两周凹槽，其上等距贴附三个乳丁纽。口径25.5、高20.2厘米。奁体圆唇，直口，直腹，平底。口径22.3、底径23.1、高18.3厘米（图六五，6；彩版四八，2）。

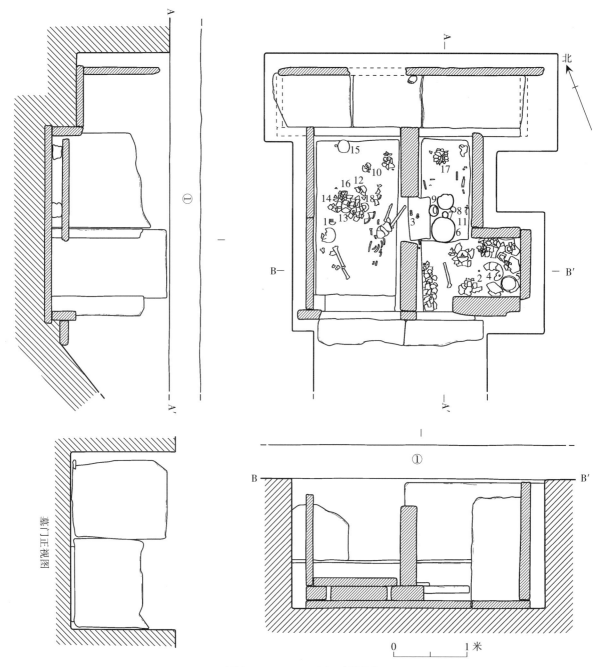

图六四　2015M32 平、剖视图

1. 骨梳　2. 铜顶针　3. 铜钱　4. 盉　5. 瓮　6. 案　7、8. 器盖　9、10. 小盆　11. 勺　12. 耳杯　13、14、16. 残罐
15. 石盘状器　17、18. 盘（未标明质地者均为陶器）

瓮　1 件。标本 M32：5，夹砂灰陶。方圆唇，敞口，束颈，溜肩，球腹，最大腹径靠下，圈底。颈部施一周凸棱。口径 20.8、最大腹径 39.5、高 37.6 厘米（图六五，13；彩版四八，3）。

案　1 件。标本 M32：6，泥质灰陶。圆形。扁平片状，边缘起一周方唇凸棱为沿，沿略外倾。盘心饰有两周凹弦纹。口径 34.6、底径 33、高 1.8 厘米（图六五，11；彩版四九，1）。

器盖　2 件（M32：7、8）。标本 M32：7，泥质灰陶。方唇，直口微敛，圆弧顶略平。口径 8.2、高 1.8 厘米（图六五，7；彩版四九，2）。标本 M32：8，泥质灰陶。方唇，口微敛，圆弧顶。口径 7.2、高 1.7 厘米（图六五，8）。

　　小盆　2件（M32：9、10）。均为泥质灰陶。形制相似，圆唇，平折沿，弧腹，底残。沿上施一周凹槽，上腹部饰多周凸棱。标本M32：9，口径17.3、残高6.5厘米（图六五，2；彩版四九，3）。标本M32：10，口径16.1、残高6.8厘米（图六五，1）。

　　勺　1件。标本M32：11，泥质灰陶。勺身残缺大半，口沿一侧置一弯弧柱状柄，柄尾削成内凹状。残长8.5、柄通宽1.5厘米（图六五，5）。

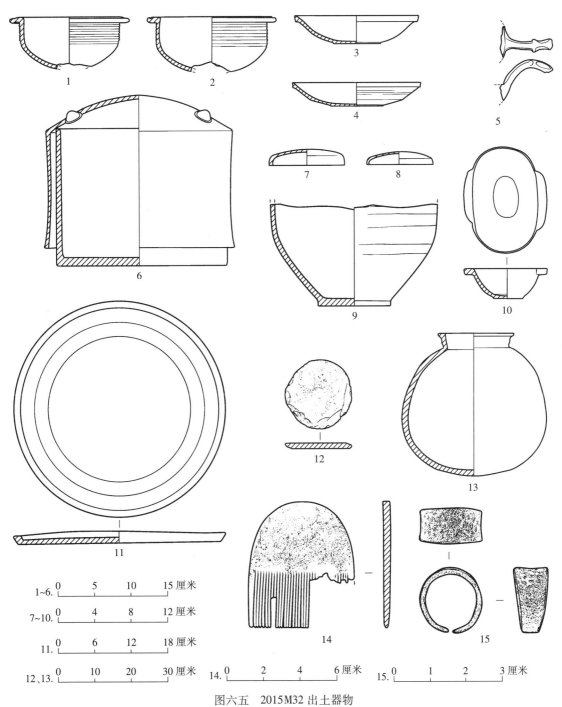

　　　　　　　　图六五　2015M32出土器物

1、2. 小盆（M32：10、9）　3、4. 盘（M32：17、18）　5. 勺（M32：11）　6. 奁（M32：4）　7、8. 器盖（M32：7、8）
9. 残罐（M32：13）　10. 耳杯（M32：12）　11. 案（M32：6）　12. 石盘状器（M32：15）　13. 瓮（M32：5）　14. 骨梳（M32：1）　15. 铜顶针（M32：2）（未标明质地者均为陶器）

耳杯　1 件。标本 M32：12，泥质灰陶。椭圆形杯口，尖圆唇，双耳平齐，斜弧腹，台底。口长径 11.1、口短径 9、底长径 6.2、底短径 3.2、高 3.2 厘米（图六五，10；彩版四九，4）。

盘　2 件（M32：17、18）。形制相似，尖唇，敞口，外沿厚，台底。内唇施一圈凹槽，内腹部饰二周凸棱。标本 M32：17，泥质灰陶。弧腹。口径 16.9、底径 6.4、高 3.8 厘米（图六五，3）。标本 M32：18，泥质灰陶。折腹。口径 17.4、底径 7、高 3.1 厘米（图六五，4；彩版四九，5）。

罐　3 件（M32：13、14、16）。均无法修复。标本 M32：13，泥质灰陶。残留下腹，鼓腹，台底。底径 7.8、残高 10.4 厘米（图六五，9）。标本 M32：14，泥质灰陶。残留下腹，鼓腹，台底。标本 M32：16，夹砂红褐陶。残留口沿，圆唇，敞口，弧肩。

2. 石器

盘状器　1 件。标本 M32：15，青灰色岩质。圆饼形。磨制较为粗糙。径长 18.1、厚 1.5～2.0 厘米（图六五，12；彩版四九，6）。

3. 骨器

梳　1 件。标本 M32：1，残留大部，梳背呈半圆形，梳齿细长，齿距细密。高 6.7、宽 5.7 厘米，重 19 克（图六五，14；彩版四九，7）。

4. 铜器

顶针　1 件。标本 M32：2，环形，器身扁薄。外壁满饰錾刻的凹窝。外径 1.7、内径 1.4、最宽 0.9 厘米，重 2 克（图六五，15）。

5. 铜钱

数枚，编号 M32：3。均已残破，且锈蚀粘连，无法计数。

2015M33

位于本发掘区南部中段，方向 20°（图六六）。开口于②层下，开口距地表 0.65 米。

（一）墓葬结构

该墓为单室石室墓。墓葬整体保存差，现仅残存墓底，未发现墓道及墓门。墓室平面近长方形，长 3.11、宽 1.88、残深 0.91 米。墓底残存平铺长方形石板 3 块及立板 2 块。

（二）葬具及人骨

该墓被严重破坏，未见葬具痕迹。墓内未发现人骨痕迹。

（三）随葬品

该墓扰土中出土随葬品 2 件，均为陶器。计有器盖 1、亚腰形小陶器 1。

器盖　1 件。标本 M33：扰 1，泥质灰褐陶。方圆唇，口微敛，圆弧顶。口径 7.4、高 2.7 厘米（图六七，1）。

亚腰形小陶器　1 件。标本 M33：扰 2，泥质灰陶。整体呈束腰形，两端敞口，中空。口径 1.9、底径 1.9、高 1.9 厘米（图六七，2）。

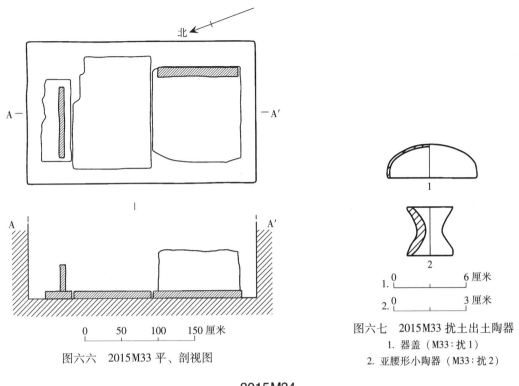

图六六 2015M33 平、剖视图

图六七 2015M33 扰土出土陶器
1. 器盖（M33：扰1）
2. 亚腰形小陶器（M33：扰2）

2015M34

位于本发掘区南部中段，方向200°（图六八）。开口于①层下，开口距地表0.54米。

（一）墓葬结构

该墓为多室石室墓。由墓道、墓门及墓室组成（彩版五〇，1）。

墓道 位于墓室南侧。长斜坡状。未完全发掘，长度不详，宽2.61米。

墓门 位于墓室南侧。仅残存门框及门槛。门框一侧借用西耳室侧板，门槛系两块长条形石板置于门框之间。门外西侧残存封门石板。

墓室 平面近"凸"字形，由前廊、东耳室、西耳室、主室及后室组成。墓底用规整石板砌筑而成，白灰勾缝，墓壁仅残存后室西侧立板，墓顶不存。前廊平面呈长方形，近门槛处置两块方形础石，面阔2.58、进深0.73米，高度不详。东耳室平面近长方形，由于立板缺失，尺寸不辨。西耳室平面近长方形，底部高于前廊底部0.45米，面阔1.39、进深0.9米。主室平面近长方形，面阔2.52、进深2.15米，高度不详。主室与前廊之间有立板相隔，底部南北向置两条长方形础石，将主室分为东、中、西三个长方形小室。后室平面呈长方形，底部高于主室底部0.5米，面阔2.46、进深0.82米，高度不详。

（二）葬具及人骨

未见葬具及人骨痕迹。

（三）随葬品

该墓共出土随葬品13件（套），前廊、主室、西耳室及扰土中均有出土。其中陶器10件，另有铜器2件及铜钱43枚。

1. 陶器

共10件。计有器盖2、小釜2、方盘1、耳杯1、俎1、小钵1、亚腰形小陶器1、小瓢1。

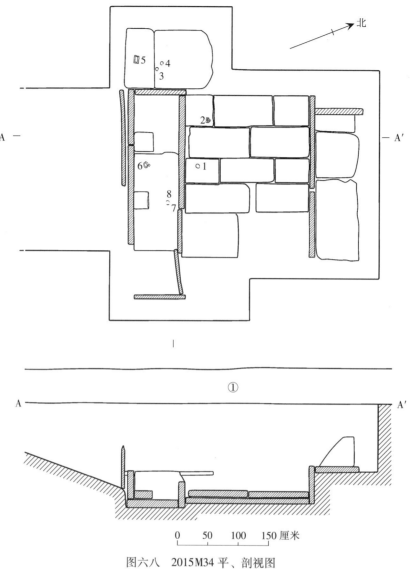

图六八　2015M34 平、剖视图
1、9. 陶器盖　2. 铜钱　3、4. 小陶釜　5. 陶方盘　6. 陶耳杯　7. 铜顶针　8. 铜指环

　　器盖　2 件（M34:1、9）。均为泥质灰陶。形制相似，方圆唇，敞口，圆弧顶。标本 M34:1，口径 7、高 1.7 厘米（图六九，1；彩版五〇，2）。标本 M34:9，口径 7、高 1.6 厘米（图六九，2）。

　　小釜　2 件（M34:3、4）。均为泥质灰陶。形制相似，侈口，束颈，折腹，最大腹径居中，下腹急收，小平底。标本 M34:3，方唇，折腹处略出檐。口径 5.1、最大腹径 7、底径 2.6、高 4.9 厘米（图六九，3；彩版五〇，5）。标本 M34:4，圆唇。口径 5.8、最大腹径 7.3、底径 1.4、高 5 厘米（图六九，4）。

　　方盘　1 件。标本 M34:5，泥质灰陶。整体呈倒梯形，方圆唇，敞口，平折沿，斜直壁，平底，底部置四个矮乳丁状足。口长 13.2、口宽 7.8、底长 9.7、底宽 4.7、高 2.5 厘米（图六九，7；彩版五〇，3）。

　　耳杯　1 件。标本 M34:6，夹砂黄褐陶。椭圆形杯口，尖圆唇，双耳平齐，弧腹，台底。口长径 10.6、口短径 8.4、底长径 6.3、底短径 3.5、高 3.2 厘米（图六九，6）。

　　俎　1 件。标本 M34:扰 1，泥质灰陶。长方形俎面，下附四矮足。俎面模印鱼纹。长 12.4、宽 3.9、高 1.8 厘米（图六九，5；彩版五〇，4）。

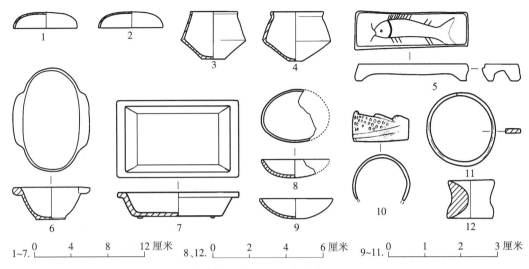

图六九　2015M34 出土器物

1、2. 器盖（M34：1、9）　3、4. 小釜（M34：3、4）　5. 俎（M34：扰 1）　6. 耳杯（M34：6）　7. 方盘
（M34：5）　8. 小瓢（M34：扰 4）　9. 小钵（M34：扰 2）　10. 铜顶针（M34：7）　11. 铜指环（M34：8）
12. 亚腰形小陶器（M34：扰 3）（未标明质地者均为陶器）

小钵　1 件。标本 M34：扰 2，泥质黄褐陶。圆唇，敞口，斜弧腹，圜底。口径 2、高 0.5 厘米（图六九，9）。

亚腰形小陶器　1 件。标本 M34：扰 3，泥质灰陶。束腰圆柱形，两端内凹，中空。口径 2.6、底径 2.5、高 2 厘米（图六九，12）。

小瓢　1 件。标本 M34：扰 4，残，仅存一半。泥质灰陶。平面近椭圆形，一侧带一不甚明显的流，尖唇，斜弧腹，圜底。残长 3.8、口通宽 2.8、高 0.9 厘米（图六九，8）。

2. 铜器

共 2 件。计有顶针 1、指环 1。

顶针　1 件。标本 M34：7，残，平面呈环形。满饰錾刻的凹窝纹。直径 1.7、最高 0.8 厘米，残重 0.84 克（图六九，10）。

指环　1 件。标本 M34：8，平面呈环形，器身扁薄。直径 1.9 厘米，残重 0.61 克（图六九，11）。

3. 铜钱

43 枚，编号 M34：2 - 1 ~ 2 - 43。包括"五铢"42 枚，"货泉"1 枚。详情见表一八。

表一八　　　　　　　　　　2015M34 出土铜钱登记表　　　　（尺寸单位：厘米；重量单位：克）

种类	编号	特征		郭径	钱径	穿宽	郭厚	肉厚	重量
		文字特征	记号						
五铢	2 - 1	"五"字瘦长，竖画甚曲；"金"头三角形，四竖点；"朱"头较圆，"朱"下较圆		2.52	2.28	0.88	0.13	0.12	3.22
	2 - 2	同上		2.58	2.28	0.90	0.14	0.13	2.91
	2 - 3	同上		2.64	2.30	0.92	0.12	0.13	1.89
	2 - 4	同上		2.55	2.16	0.90	0.13	0.11	2.62
	2 - 5	同上		2.62	2.32	0.98	0.12	0.11	2.53

种类	编号	特征		郭径	钱径	穿宽	郭厚	肉厚	重量
		文字特征	记号						
五铢	2-6	"五"字瘦长，竖画甚曲；"金"头三角形，四竖点；"朱"头较圆，"朱"下较圆		2.55	2.20	0.95	0.16	0.12	2.99
	2-7	同上		2.63	2.30	0.99	0.13	0.11	2.66
	2-8	同上		2.43	2.28	0.91	0.15	0.13	2.56
	2-9	"五"字瘦长，竖画甚曲；"金"头三角形，四竖点；"朱"头较方，"朱"下较圆		2.54	2.25	0.92	0.14	0.11	2.75
	2-10	同上		2.63	2.33	0.95	0.14	0.12	2.74
	2-11	同上		2.53	2.33	0.91	0.13	0.11	2.12
	2-12	同上		2.61	2.36	0.95	0.15	0.13	2.25
	2-13	同上		2.59	2.30	1.00	0.17	0.14	3.08
	2-14	同上		2.65	2.18	0.90	0.13	0.12	2.55
	2-15	同上		2.57	2.24	0.83	0.16	0.15	3.37
	2-16	同上		2.68	2.24	0.90	0.15	0.12	2.15
	2-17	同上		2.57	2.22	0.98	0.12	0.11	2.56
	2-18	"五"字瘦长，竖画甚曲；"金"头三角形，四竖点；"朱"头较圆，"朱"下较方		2.62	2.22	0.95	0.12	0.10	2.15
	2-19	同上		2.70	2.32	0.94	0.14	0.12	2.97
	2-20	同上		2.51	2.30	0.96	0.13	0.12	2.95
	2-21	"五"字瘦长，竖画甚曲；"金"头三角形，四竖点；"朱"头较方，"朱"下较方		2.55	2.30	0.92	0.15	0.12	2.75
	2-22	"五"字瘦长，竖画缓曲；"金"头三角形，四竖点；"朱"头较方，"朱"下较圆		2.53	2.25	0.90	0.14	0.11	2.52
	2-23	同上		2.57	2.31	0.96	0.17	0.15	2.42
	2-24	同上		2.59	2.25	0.93	0.15	0.13	2.85
	2-25	"五"字瘦长，竖画缓曲；"金"头三角形，四竖点；"朱"头较圆，"朱"下较圆		2.40	2.30	0.91	0.11	0.09	1.78
	2-26	字迹不清		2.56	2.20	0.90	0.14	0.11	2.57
	2-27	字迹不清		2.63	2.29	0.87	0.13	0.10	2.48
	2-28	字迹不清		2.55	2.27	0.91	0.11	0.12	2.68
	2-29	字迹不清		2.57	2.33	0.99	0.13	0.12	3.54
	2-30	字迹不清		2.57	2.23	0.90	0.14	0.13	3.20
	2-31	字迹不清		2.55	2.26	0.90	0.15	0.14	3.10
	2-32	字迹不清		2.57	2.32	0.88	0.12	0.10	2.68

种类	编号	特征		郭径	钱径	穿宽	郭厚	肉厚	重量
		文字特征	记号						
五铢	2－33	"五"字瘦长，竖画缓曲；"金"头三角形，四竖点；"朱"头较圆，"朱"下较圆		2.58	2.27	0.89	0.13	0.11	3.22
	2－34	同上		2.78	2.22	0.87	0.13	0.12	2.42
	2－35	字迹不清		2.57	2.24	0.90	0.13	0.10	2.68
	2－36	字迹不清		2.56	2.26	0.90	0.13	0.12	3.30
	2－37	字迹不清		2.57	2.31	0.95	0.12	0.11	3.09
	2－38	字迹不清		2.58	2.27	0.87	0.13	0.10	2.94
	2－39	字迹不清		2.55	2.22	0.90	0.12	0.09	3.02
	2－40	字迹不清		2.61	2.22	0.91	0.13	0.11	2.93
	2－41	字迹不清		2.57	2.26	0.95	0.11	0.10	1.98
	2－42	字迹不清		2.41	2.16	0.90	0.12	0.11	2.58
货泉	2－43	穿之右、左篆书"货泉"二字		2.29	1.96	0.69	0.14	0.13	2.79

2015M35

位于本发掘区的南部中段，方向90°（图七〇）。开口于②层下，开口距地表0.89米。

（一）墓葬结构

根据墓葬形制判断，该墓应为单室石室墓。墓葬被严重破坏，整体保存差，未发现墓道及墓门。墓圹平面近长方形，长4.4、宽2.61、残深0.92米。墓底平铺长方形石板。

（二）葬具及人骨

未见葬具痕迹及人骨痕迹。

（三）随葬品

该墓仅扰土中出土铜钱2枚，编号M35：扰1－1、扰1－2。均为"五铢"。详情见表一九。

表一九　　　　　　　**2015M35出土铜钱登记表**　　　　　（尺寸单位：厘米；重量单位：克）

种类	编号	特征		郭径	钱径	穿宽	郭厚	肉厚	重量
		文字特征	记号						
五铢	扰1－1	字迹不清		2.38	2.12	0.91	0.12	0.10	1.67
	扰1－2	字迹不清		2.39	2.21	0.99	0.15	0.13	2.62

2015M36

位于本发掘区南部中段，方向185°（图七一）。开口于①层下，开口距地表0.4米。

（一）墓葬结构

该墓为石室墓，现残存墓底。由墓道、墓门及墓室三部分组成（彩版五一，1）。从墓室结构推测为多室石室墓。

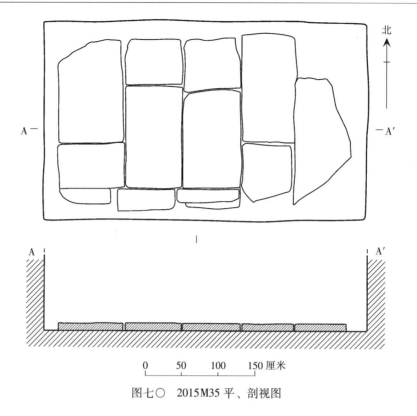

图七〇　2015M35 平、剖视图

墓道　位于墓室南侧。长斜坡状。未完全发掘，长度不详，宽 1. 39 米。

墓门　位于墓室南侧。被严重破坏，仅存长条形门槛残块。门外地面铺有不规整的石块。

墓室　平面近长方形，由主室及后室组成。墓底用规整的石板平铺而成，白灰勾缝，墓壁及墓顶不存。主室平面呈长方形，面阔 2. 41、进深 2. 2 米，高度不详。后室平面呈长方形，底部高于主室底部 0. 3 米，面阔 2. 92、进深 1. 2 米，高度不详。

（二）葬具及人骨

未见葬具痕迹及人骨痕迹。

（三）随葬品

该墓出土随葬品 2 件，出土于主室和后室内，均为陶器。计有水斗 1、俎 1。

水斗　1 件。标本 M36：1，泥质黄褐陶。由提梁和斗组成。提梁已残。斗身为圆唇，敞口，弧腹，圈底。口径 3、残高 1. 6 厘米（图七二，1）。

俎　1 件。标本 M36：2，泥质黄褐陶。长方形俎面，俎面边缘刻划两道凹弦纹，当中刻划鱼纹。俎底置两个片状足，足残。长 12、宽 3. 6、残高 3. 1 厘米（图七二，2；彩版五一，2）。

2015M37

位于本发掘区南部偏东，方向 210°（图七三）。开口于②层下，开口距地表 0. 7 米。

（一）墓葬结构

该墓为多室石室墓。由墓道、墓门及墓室组成（彩版五二，1）。

墓道　位于墓室南侧。长斜坡状。未完全发掘，长度不详，宽 2. 84 米。

墓门　位于墓室南侧。由门楣、门框及门槛构成，宽 2. 3、高 1. 4 米（彩版五二，2）。门楣系

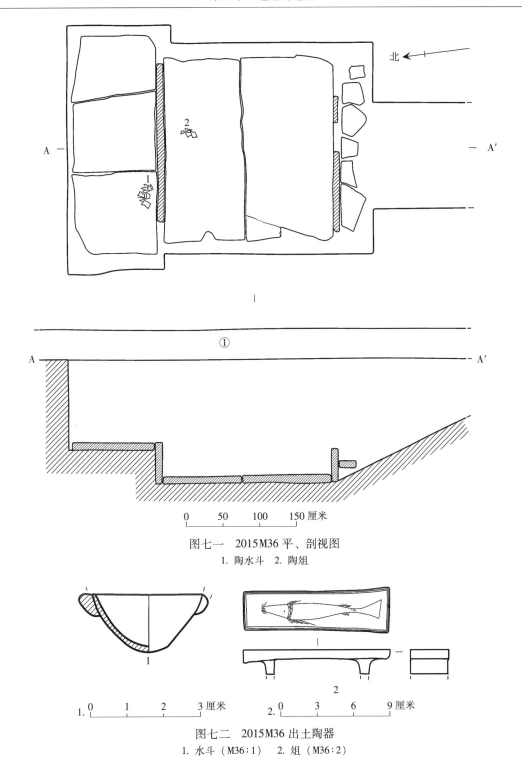

图七一　2015M36 平、剖视图
1. 陶水斗　2. 陶俎

图七二　2015M36 出土陶器
1. 水斗（M36:1）　2. 俎（M36:2）

一块长条形石板平铺于门框之间，门框借用东、西耳室侧板，门槛系用长方形石板横置于门框之间。门内立长方形立柱两根，立柱下有长方形柱础石，上接栌斗，栌斗上顶门楣，门楣上接墓室盖板。门外由两块大石板立砌封堵，西侧石板近方形，上部有一处扇形盗洞；东侧石板近长方形。石板间白灰勾缝，门板下平铺有长条形石板。

　　墓室　平面近"工"字形，由前廊、东耳室、西耳室、主室及后室组成。墓底及四壁用规整的石板砌筑而成，白灰勾缝，上盖石板为顶。前廊平面近长方形，面阔 2.25、进深 0.95、高 1.88

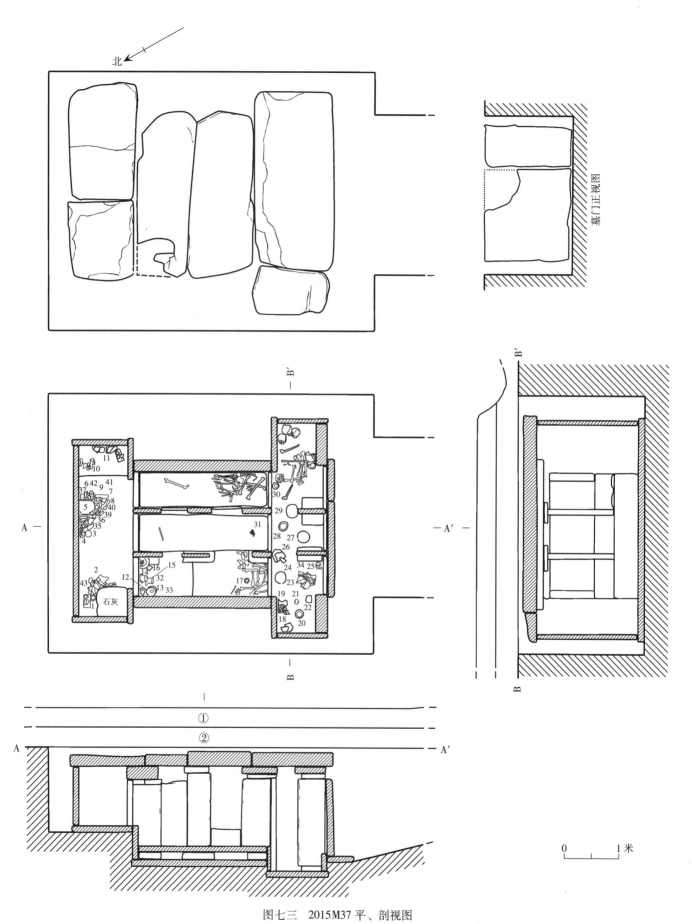

图七三 2015M37 平、剖视图

1~3、17. 器盖 4、20、26、28. 罐 5. 灶 6、30. 灯座 7. 案 8. 俎 9、21. 耳杯 10、12~16、19、25、34. 器座 11 和 43、18、23 和 27. 奁 22、29. 盘 24. 炉 31. 铜钱 32. 骨簪 33. 琉璃耳瑱 35. 灯盘 36、38~40. 小釜 37. 小甑 41、42. 小瓢（未标明质地者均为陶器）

米。耳室位于前廊东、西两侧，均近长方形。东耳室面阔0.72、进深0.74、高1.88米，西耳室面阔0.72、进深0.58、高1.88米。西耳室底部发现大量平铺的石灰堆积。主室平面呈长方形，其中部南北向有两组长方形立板，将主室分为东、中、西三个长方形小室，立板下有础石，上接栌斗，栌斗上接墓顶。主室底部高于前廊底部0.2米，面阔2.21、进深2.56、高1.68米。后室平面呈长方形，底部高于主室底部0.54米，面阔3.01、进深0.98、高1.14米。后室西侧有一长0.5、宽0.56、厚0.1米的石灰堆积。

（二）葬具及人骨

主室的东、中小室各置一长方形石制棺床，东侧棺床长2.4、宽0.6米，中部棺床长2.4、宽0.64米。不见木制葬具，仅存数枚棺钉。

墓内人骨散乱分布于主室、东耳室及前廊东侧，葬式不明。主室内有部分躯干骨及肢骨，前廊东侧及东耳室内有六例颅骨及少量肢骨（彩版五二，3）。

（三）随葬品

该墓共出土随葬品41件（套），除1件出土于扰土中，其余均置于墓室各处（彩版五二，4、5）。其中陶器38件，另有骨器1件、琉璃器1件、铜钱47枚。

1. 陶器

共38件。计有器盖4、罐4、灶1、灯2、案1、俎1、耳杯2、器座9、奁3、盘2、炉1、小釜4、小甑1、小瓢3。

器盖　4件（M37：1、2、3、17）。形制相似，方圆唇，子母口，宽沿，圆弧顶。标本M37：1，泥质灰陶。口径7.4、高2.4厘米（图七六，1）。标本M37：2，泥质灰陶。盖面施两周浅凹槽。口径8.4、高2厘米（图七六，2）。标本M37：3，泥质灰褐陶。盖沿略上翘。口径8.1、高2厘米（图七六，3；彩版五三，1）。标本M37：17，泥质灰褐陶。盖面不甚光洁。口径8.8、高2.3厘米（图七六，4；彩版五三，2）。

罐　4件（M37：4、20、26、28）。形制相似，敛口，唇内勾，短颈，弧肩，鼓腹，最大腹径居中，台底。标本M37：4，泥质灰褐陶。尖圆唇。肩腹部饰凹弦纹三周。口径9.7、最大腹径17.4、底径9、高12.8厘米（图七四，1）。标本M37：20，泥质灰褐陶。方唇。口径10.1、最大腹径17.2、底径8.6、高14厘米（图七四，2；彩版五三，3）。标本M37：26，泥质灰褐陶。方唇。肩部饰凹弦纹两周。口径10.2、最大腹径18.6、底径8.3、高15.5厘米（图七四，4）。标本M37：28，泥质灰褐陶。方唇。肩、腹部各饰凹弦纹两周。口径10.1、最大腹径18.6、底径8.6、高14.9厘米（图七四，3；彩版五三，4）。

灶　1件。标本M37：5，泥质灰陶。灶面呈梯形，前端出遮烟檐，灶面四角各置一圆形小火眼，中部置一圆形大火眼，后端中部置一圆形小孔为烟孔，倒"凸"字形灶门不落地。檐上刻划有"X"字形纹饰，灶面四周、灶门三周刻划弦纹和波浪纹组合纹饰。长30.1、宽28.6、高16.9厘米，火眼直径8.4、4.7、4.7、3.5、3.5厘米，烟孔直径1厘米，灶门长9.8、高6厘米（图七五，8；彩版五三，5）。

灯　2件（M37：6和35、30）。标本M37：6、35应为一件，泥质灰褐陶。分体灯，由灯盘及灯座组成。标本M37：35，灯盘，方唇，直口，直腹略内凹，圜底，底部附一锥状柄插入灯座中。

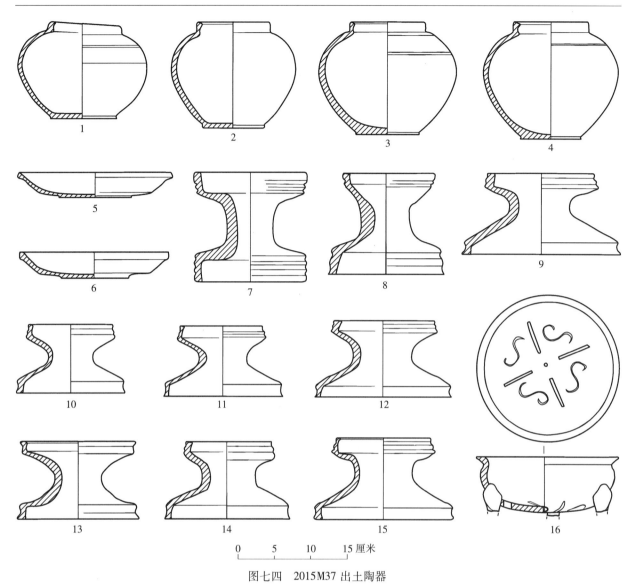

0　　　5　　　10　　　15 厘米

图七四　2015M37 出土陶器

　　1~4. 罐（M37：4、20、28、26）　5、6. 盘（M37：22、29）　7~15. 器座（M37：19、13、34、25、10、16、14、15、12）
16. 炉（M37：24）

　　标本 M37：6，灯座，喇叭形，细高柄中空，座底陡折，形似盘口。柄饰凹弦纹多周，靠近灯座处
饰三角形穿孔一处，座面饰凹弦纹两周。口径 16.7、底径 20.7、高 33 厘米（图七五，4、5；彩
版五四，1）。标本 M37：30，泥质黄褐陶。残存喇叭形灯盘，方唇，直口，口沿下略内凹，折腹，
底残余一周矮圈足，圈足内有交错的数道刻划痕，或是与灯柄连接处。口径 11.4、残高 3.6 厘米
（图七五，7；彩版五四，2）。

　　案　1件。标本 M37：7，泥质灰陶。略有变形。长方形浅盘，边有凸棱，平底。内底刻划长
方形凹弦纹三周。长 35.1、宽 18.2、厚 1.4 厘米（图七五，9；彩版五四，3）。

　　俎　1件。标本 M37：8，夹砂灰陶。长方形俎面，表面不平整，俎底竖置两个长方形扁足。
俎面模印鱼纹。长 14、宽 4.1、高 4.2 厘米（图七六，5；彩版五四，4）。

　　耳杯　2件（M37：9、21）。均泥质灰褐陶。形制相似，平面均呈椭圆形，斜弧腹，双耳平齐，
台底。标本 M37：9，口长径 10.7、口短径 8.4、底长径 5.3、底短径 3、高 3 厘米（图七六，6）。标

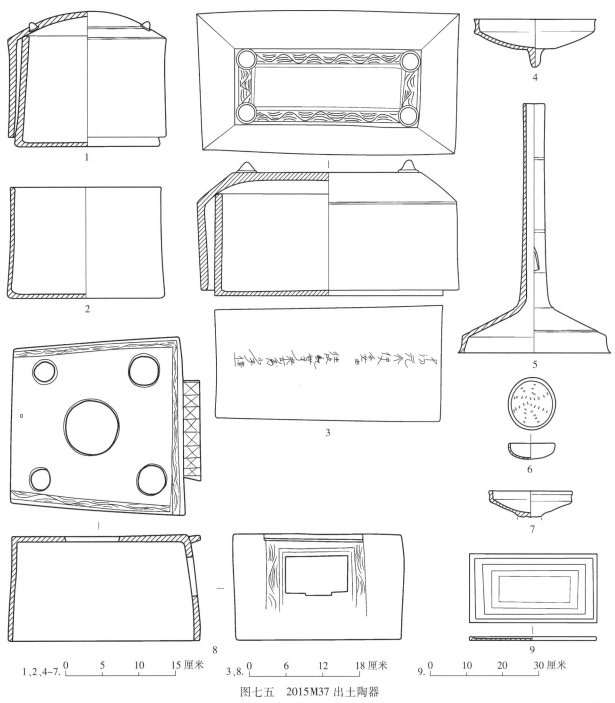

图七五 2015M37 出土陶器
1~3. 奁（M37：23 和 27、18、11 和 43） 4、5、7. 灯（M37：35、6、30） 6. 小甑（M37：37） 8. 灶（M37：5） 9. 案（M37：7）

本 M37：21，双耳上饰有锥刺纹和弧线纹组合纹饰。口长径 9.9、口短径 7.6、底长径 5.5、底短径 2.8、高 2.6 厘米（图七六，7；彩版五三，6）。

器座 9 件（M37：10、12、13、14、15、16、19、25、34）。其中标本 M37：10、12、14、15、16、25、34 形制相似，敛口，束腰形粗柄中空，喇叭形座，座底边陡折，形似盘口。器底边施一周凹槽。标本 M37：10，泥质灰褐陶。方唇，口外沿施凹凸棱纹。口径 11.1、底径 16.4、高 9.3 厘米（图七四，11）。标本 M37：12，泥质灰黑陶。圆唇，口外沿施凹凸棱纹。口径 12.6、底径 18.7、高 10.9 厘米（图七四，15）。标本 M37：14，泥质灰褐陶。方唇，口外沿施一周凹槽。口径

15.6、底径 16.6、高 10.3 厘米（图七四，13）。标本 M37：15，泥质灰褐陶。方唇，口外沿施凹凸棱纹。口径 11.7、底径 17.4、高 10.2 厘米（图七四，14）。标本 M37：16，泥质灰陶。方唇，口外沿施凹凸棱纹。口径 13.7、底径 18.4、高 10.1 厘米（图七四，12）。标本 M37：25，泥质灰陶。方圆唇，口外沿施凹凸棱纹。口径 11.6、底径 14.7、高 9.1 厘米（图七四，10）。标本 M37：34，泥质灰陶。方唇，口外沿施凹凸棱纹。口径 14.4、底径 21.6、高 10.7 厘米（图七四，9）。标本 M37：13，泥质灰黑陶。方唇，敞口，束腰形粗柄中空，喇叭形座，座底陡折，形似盘口。口外沿施两周凹槽，器底边施凹凸棱纹。口径 12.4、底径 15.5、高 13.4 厘米（图七四，8）。标本 M37：19，泥质灰黑陶。方唇，敞口，束腰形粗柄中空，底座陡折，形成圈足。口外沿施凹凸棱纹，器底边施凹凸棱纹。口径 15.6、底径 15.3、高 14.5 厘米（图七四，7）。

奁　3 件（M37：11 和 43、18、23 和 27）。标本 M37：11、43 为一套组合，泥质灰陶。整体呈长方形。奁盖方唇，直口，直壁，盝顶，顶四角置四个乳丁纽。顶部刻划波浪纹一周。顶长 28.2、顶宽 11.5、底长 40.7、底宽 21、高 20 厘米。奁体方唇，直口，直腹，平底。器底共刻有 18 个字，经辨识，内容为"□初元介使委□往以□丗子来可□少子信"。口长径 35.8、口短径 17、高 16 厘米（图七五，3；彩版五五，1、2）。标本 M37：18，泥质灰褐陶。仅存奁体。圆唇，直口，直腹略内弧，平底。口径 20.4、底径 21.3、高 14.8 厘米（图七五，2）。标本 M37：23、27 为一套组合。奁盖，泥质灰褐陶。方唇，直口，直壁，圆弧顶，其上等距置三个乳丁纽。顶部饰凹槽两周。口径 20.8、高 16.7 厘米。奁体，泥质灰黑陶。圆唇，微敛口，直腹略内弧，平底。口径 17.6、底径 19.8、高 14.6 厘米（图七五，1；彩版五五，3）。

盘　2 件（M37：22、29）。形制相似，尖唇，敞口，外沿厚，折腹，台底。腹内壁施有凸棱。标本 M37：22，泥质灰褐陶。口径 20.7、底径 9.8、高 3.4 厘米（图七四，5）。标本 M37：29，泥质灰褐陶。口径 20.4、底径 9.2、高 3.6 厘米（图七四，6；彩版五四，5）。

炉　1 件。标本 M37：24，泥质灰褐陶。尖唇，侈口，束颈，弧腹，圜底，底置三个兽蹄状足。底部中心饰有一圆形镂孔，四周饰四个"S"形镂孔，并以长条形镂孔呈"十"字状间隔。口径 20.3、残高 7.5 厘米（图七四，16；彩版五五，4、5）。

小釜　4 件（M37：36、38、39、40）。形制相似，尖圆唇，敛口，折腹，最大腹径居中，小平底。标本 M37：36，泥质灰陶。口径 4、最大腹径 5.8、底径 0.7、高 2.6 厘米（图七六，10；彩版五四，6）。标本 M37：38，泥质黄褐陶。口径 4.6、最大腹径 6.6、底径 2、高 2.5 厘米（图七六，8）。标本 M37：39，泥质灰陶，下腹部有刮削修整痕。口径 4.3、最大腹径 6.2、底径 2、高 3.1 厘米。标本 M37：40，泥质黄褐陶。口径 4.3、最大腹径 5.8、高 2.9 厘米（图七六，9）。

小甑　1 件。标本 M37：37，泥质灰陶。圆唇，斜弧腹，圜底。底部戳刺 32 个近椭圆形镂孔。口径 6.4、高 2.2 厘米（图七五，6）。

小瓢　3 件（M37：41、42、扰 1）。均为泥质黄褐陶。标本 M37：41、42 形制相似，平面近鸡心形，圆唇，斜弧腹，圜底。标本 M37：41，内底留有捏塑指甲痕。通长 4、通宽 2.5、高 1.3 厘米（图七六，13）。标本 M37：42，通长 3.5、通宽 2.3、高 1.2 厘米（图七六，14；彩版五四，7）。标本 M37：扰 1，平面近桃形。圆唇，斜弧腹，圜底。通长 3.5、通宽 2.5、高 1.6 厘米（图七六，12）。

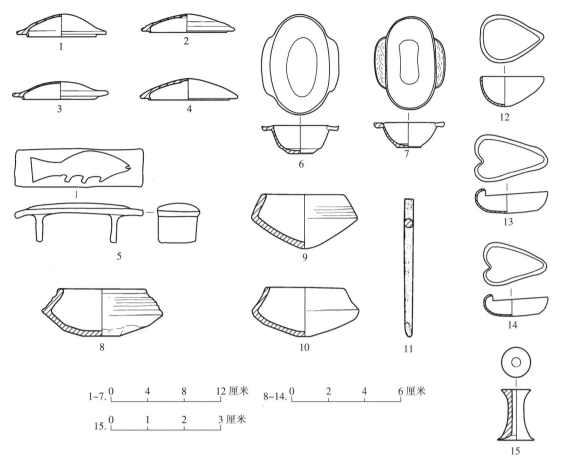

图七六　2015M37 出土器物

1~4. 陶器盖（M37：1、2、3、17）　5. 陶俎（M37：8）　6、7. 陶耳杯（M37：9、21）　8~10. 小陶釜（M37：38、40、36）　11. 骨簪（M37：32）　12~14. 小陶瓢（M37：扰 1、41、42）　15. 琉璃耳瑱（M37：33）

2. 骨器

簪　1 件。标本 M37：32，残，细长圆柱状，一侧磨尖。残长 7.3、最大径 0.5 厘米（图七六，11）。

3. 琉璃器

耳瑱　1 件。标本 M37：33，深蓝色。束腰，两端呈喇叭口，上小下大，纵穿一孔。口径 0.8、底径 1、高 1.4 厘米（图七六，15）。

4. 铜钱

47 枚，编号 M37：31 - 1 ~ 31 - 47。均为"五铢"。详情见表二〇。

表二〇		2015M37 出土铜钱登记表							（尺寸单位：厘米；重量单位：克）
种类	编号	特征		郭径	钱径	穿宽	郭厚	肉厚	重量
		文字特征	记号						
五铢	31 - 1	"五"字瘦长，竖画甚曲；"金"头三角形，四竖点；"朱"头较圆，"朱"下较圆		2.61	2.30	0.90	0.16	0.14	3.28
	31 - 2	同上		2.56	2.28	0.88	0.13	0.12	3.23

种类	编号	特征		郭径	钱径	穿宽	郭厚	肉厚	重量
		文字特征	记号						
五铢	31－3	"五"字瘦长，竖画甚曲；"金"头三角形，四竖点；"朱"头较圆，"朱"下较圆		2.58	2.28	0.93	0.15	0.13	2.98
	31－4	同上		2.57	2.20	0.95	0.16	0.12	2.89
	31－5	同上		2.55	2.30	0.99	0.13	0.11	2.81
	31－6	同上		2.62	2.30	0.96	0.13	0.12	2.98
	31－7	同上		2.54	2.28	0.91	0.15	0.13	2.77
	31－8	同上		2.57	2.20	0.90	0.14	0.11	2.66
	31－9	"五"字瘦长，竖画甚曲；"金"头三角形，四竖点；"朱"头较方，"朱"下较圆		2.49	2.25	0.97	0.14	0.11	2.77
	31－10	同上		2.50	2.33	0.91	0.13	0.11	3.00
	31－11	同上		2.63	2.36	0.95	0.15	0.13	2.34
	31－12	同上		2.56	2.30	1.00	0.17	0.14	3.00
	31－13	同上		2.53	2.18	0.90	0.13	0.12	2.58
	31－14	同上		2.57	2.24	0.83	0.16	0.15	3.24
	31－15	同上		2.57	2.24	0.90	0.15	0.12	2.32
	31－16	同上		2.55	2.22	0.98	0.12	0.11	2.46
	31－17	同上		2.63	2.29	0.87	0.13	0.10	2.58
	31－18	"五"字瘦长，竖画甚曲；"金"头三角形，四竖点；"朱"头较方，"朱"下较方		2.63	2.30	0.92	0.12	0.13	1.97
	31－19	同上		2.58	2.33	0.95	0.14	0.12	2.77
	31－20	同上		2.52	2.30	0.92	0.15	0.12	2.98
	31－21	同上		2.54	2.27	0.91	0.11	0.12	2.79
	31－22	"五"字瘦长，竖画甚曲；"金"头三角形，四竖点；"朱"头较圆，"朱"下较方		2.55	2.16	0.90	0.13	0.11	2.69
	31－23	同上		2.52	2.32	0.98	0.12	0.11	2.88
	31－24	同上		2.58	2.22	0.95	0.12	0.10	2.43
	31－25	同上		2.63	2.32	0.94	0.14	0.12	2.99
	31－26	"五"字瘦长，竖画缓曲；"金"头三角形，四竖点；"朱"头较圆，"朱"下较圆		2.60	2.25	0.90	0.11	0.10	2.31
	31－27	同上		2.50	2.30	0.91	0.11	0.09	1.85
	31－28	同上	磨郭		2.29	0.91		0.12	2.09
	31－29	字迹不清	磨郭		2.27	0.90		0.11	2.07

续表二〇

种类	编号	特征		郭径	钱径	穿宽	郭厚	肉厚	重量
		文字特征	记号						
五铢	31－30	字迹不清	磨郭		2.26	0.90		0.12	2.22
	31－31	字迹不清	磨郭		2.32	0.88		0.12	2.48
	31－32	字迹不清	磨郭		2.10	0.89		0.11	2.25
	31－33	字迹不清	磨郭		2.22	0.87		0.12	2.13
	31－34	字迹不清	磨郭		2.22	0.98		0.11	2.05
	31－35	字迹不清	磨郭		2.03	0.90		0.11	1.96
	31－36	字迹不清	磨郭		1.98	0.87		0.10	1.88
	31－37	字迹不清	磨郭		2.00	0.90		0.11	1.79
	31－38	字迹不清		2.59	2.27	0.91	0.15	0.13	3.00
	31－39	字迹不清		2.60	2.25	0.90	0.17	0.14	2.95
	31－40	字迹不清		2.58	2.25	0.93	0.15	0.13	2.92
	31－41	字迹不清		2.49	2.25	0.97	0.14	0.11	2.77
	31－42	字迹不清		2.56	2.28	0.88	0.13	0.12	3.23
	31－43	字迹不清		2.58	2.28	0.93	0.15	0.13	2.98
	31－44	字迹不清		2.63	2.30	0.92	0.12	0.13	1.97
	31－45	字迹不清		2.58	2.33	0.95	0.14	0.12	2.77
	31－46	字迹不清		2.55	2.16	0.90	0.13	0.11	2.69
	31－47	字迹不清		2.52	2.32	0.98	0.12	0.11	2.88

2015M38

位于本发掘区南部偏东，方向190°（图七七）。开口于①层下，开口距地表0.32米。

（一）墓葬结构

该墓为单室石室墓。由墓道、墓门及墓室组成（彩版五六，1）。

墓道 位于墓室南侧。长斜坡状。未完全发掘，长度不详，宽2.86米。

墓门 位于墓室南侧。由门框及门槛组成，宽1.3、高1.32米。门框系用长条形石板立于墓壁南侧，门槛用长方形石板横置门框之外。门外用一块长方形石板立砌封堵，石板下铺有石条。

墓室 平面呈长方形。用石板铺底，墓壁用石条及石板垒砌而成，白灰勾缝，上盖石板为顶（彩版五六，2）。墓室北部无棺床处铺垫一层白灰，面阔1.48、进深3.84、高1.54米。

（二）葬具及人骨

墓室靠近墓门处置有长方形石制棺床，东、西并置两处。东侧棺床为一整块长方形石板，长2.3、宽0.68、厚0.14米；西侧棺床为红砖砌成，并在西侧立砌一排墓砖，长1.76、宽0.44、厚0.14米。

墓内人骨散乱，经现场辨认，墓内骨骼应至少分属于三例个体。

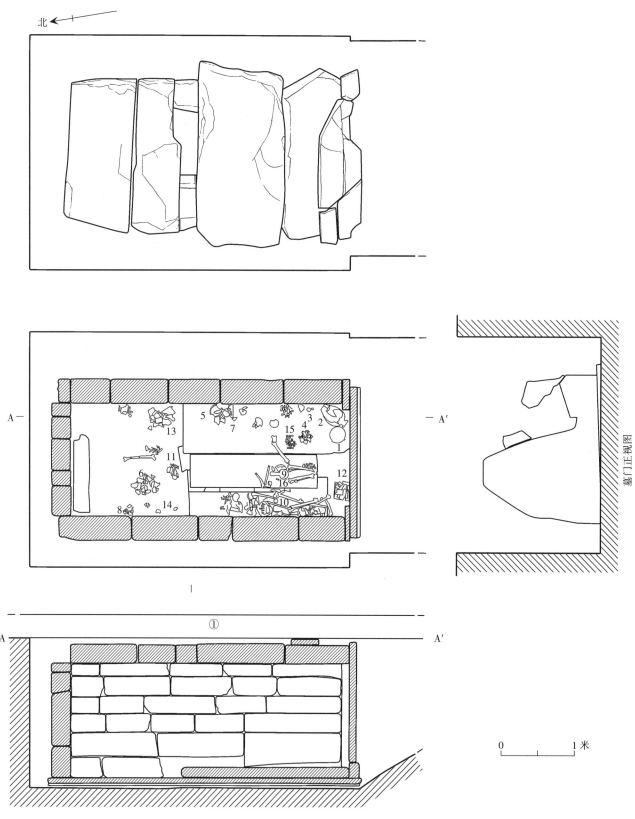

图七七　2015M38 平、剖视图

1. 樽　2. 壶　3、4. 小釜　5～7. 盆　8、9. 长颈瓶　10. 灯　11. 器座　12. 灶　13. 楼　14. 器盖　15. 铜钱　16. 琉璃耳瑱
（未标明质地者均为陶器）

（三）随葬品

该墓共出土随葬品16件（彩版五六，3、4）。其中陶器14件，另有琉璃器1件、铜钱52枚。

1. 陶器

共14件。计有樽1、壶1、小釜2、盆3、长颈瓶2、灯1、器座1、灶1、楼1、器盖1。

樽　1件。标本M38:1，泥质灰黑陶。圆唇，直口，直腹略内凹，平底，底附三个熊状足。上腹部饰凹弦纹二周。口径22.6、底径22.5、高11.8厘米（图七八，5；彩版五七，1）。

壶　1件。标本M38:2，泥质灰陶。圆唇，敞口，卷沿，束颈，溜肩，卵形腹，平底。肩部饰凹弦纹二周。口径8.9、最大腹径21.4、底径11、高37.5厘米（图七八，13；彩版五七，2）。

小釜　2件（M38:3、4）。泥质灰褐陶。形制相似，方唇，敞口，平折沿，斜弧腹，平底。沿面施凹槽一周，下腹部有修整痕迹。标本M38:3，口径5.8、底径2.6、高2.8厘米（图七八，9）。标本M38:4，口径6.2、底径2.5、高2.4厘米（图七八，10；彩版五六，4）。

盆　3件（M38:5、6、7）。标本M38:5、7均为泥质灰褐陶。形制相似，圆唇，口微侈，平折沿，沿面略卷，外沿下施一圈凹槽，斜弧腹，台底。标本M38:5，口径20.7、底径7.8、高4.7厘米

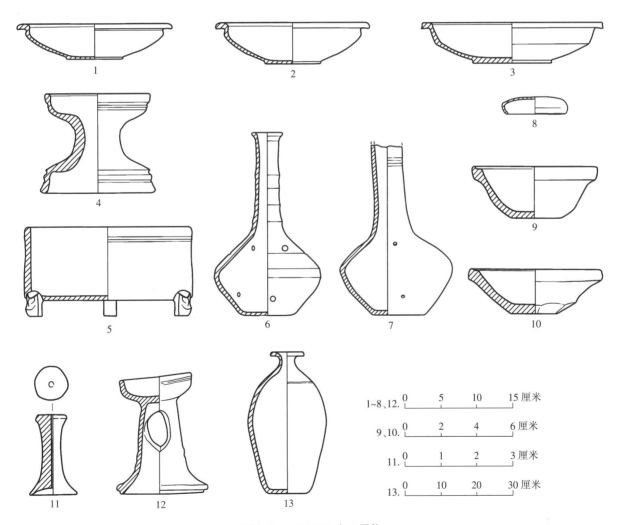

图七八　2015M38出土器物

1~3. 盆（M38:5、7、6）　4. 器座（M38:11）　5. 樽（M38:1）　6、7. 长颈瓶（M38:8、9）　8. 器盖（M38:14）
9、10. 小釜（M38:3、4）　11. 琉璃耳瑱（M38:16）　12. 灯（M38:10）　13. 壶（M38:2）（未标明质地者均为陶器）

（图七八，1；彩版五八，1）。标本 M38：7，口径 20.7、底径 7.6、高 5.6 厘米（图七八，2；彩版五八，2）。标本 M38：6，泥质灰陶。方唇，敞口，平折沿，折腹，台底。口径 24.9、底径 10.9、高 5.4 厘米（图七八，3）。

　　长颈瓶　2 件（M38：8、9）。标本 M38：8，泥质灰陶。尖圆唇，口微侈，竹节状细长颈，溜肩，折腹，平底。肩部均匀分布四个圆形小孔，下腹部均匀分布四个圆形小孔。口径 4.1、最大腹径 14.5、底径 6.9、高 24.3 厘米（图七八，6；彩版五八，3）。标本 M38：9，泥质黄褐陶。口部残损，细长颈，溜肩，折腹，平底。肩部残，可见一个圆形孔，下腹部均匀分布三个圆形小孔。最大腹径 15.4、底径 7、残高 22.4 厘米（图七八，7）。

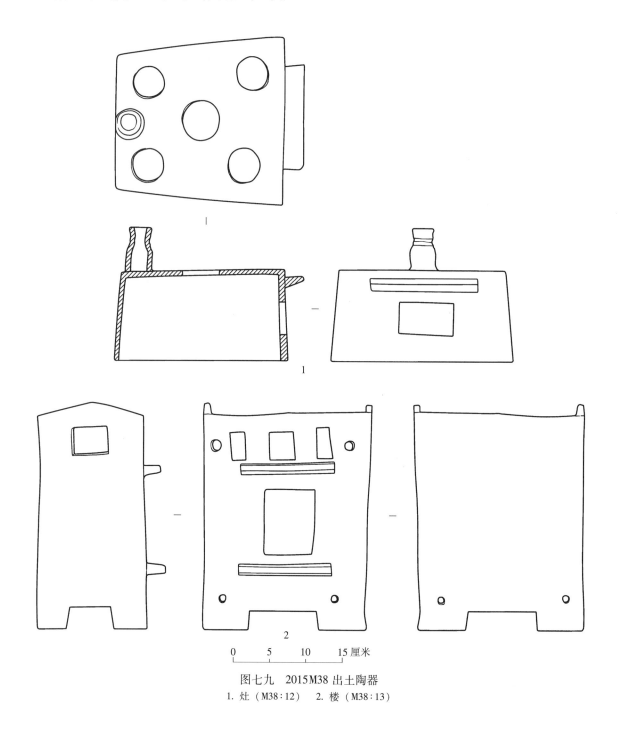

图七九　2015M38 出土陶器
1. 灶（M38：12）　2. 楼（M38：13）

灯　1件。标本 M38：10，泥质灰褐陶。豆形灯，灯盘倾斜，圆唇，敞口，弧腹，圜底，粗柄中空，喇叭形底座。柄上镂有两个近椭圆形孔，器底边内折为圈足。口径9.4、底径11.2、通高16厘米（图七八，12；彩版五八，4）。

器座　1件。标本 M38：11，泥质灰褐陶。圆唇，敞口，束腰形粗柄中空，喇叭形座，座底陡折，形似盘口。口外沿和器底边均施凹凸棱纹。口径14.4、底径15.5、高13.1厘米（图七八，4）。

灶　1件。标本 M38：12，泥质灰褐陶。灶面呈梯形，前端出遮烟檐，灶面四角各置一个圆形小火眼，中部置一圆形大火眼，后端中部出有圆柱状烟囱；长方形灶门不落地。长26、宽22.3、高17.6厘米，火眼直径5（大）、4.1（小）厘米，烟囱直径2.7厘米，灶门长7、高4厘米（图七九，1；彩版五七，3）。

楼　1件。标本 M38：13，泥质灰陶。顶已不存。楼体正面近长方形，上部开有三个长方形孔表示窗，窗两侧对称分布两个圆形小孔，窗下出檐，檐面分布两个圆形小孔，檐下设长方形孔表示门，门下出檐表示台阶。台阶下分布两个圆形小孔，楼体侧面壁上各设有一个长方形孔表示通风口，楼体背部分布两个圆形小孔。房基为单拱结构。高30、长23.3、宽17.7厘米（图七九，2；彩版五八，5）。

器盖　1件。标本 M38：14，泥质灰陶。尖圆唇，敛口，圆弧顶近平。顶部有工具刮削痕迹。口径8、高2.4厘米（图七八，8；彩版五八，6）。

2. 琉璃器

耳瑱　1件。标本 M38：16，深蓝色。束腰，两端呈喇叭口，上小下大，纵穿一孔。口径0.7、底径1.3、长2.1厘米（图七八，11；彩版五七，5）。

3. 铜钱

52枚，编号 M38：15－1～15－52。均为"五铢"。详情见表二一。

表二一　　　　　2015M38 出土铜钱登记表　　　　（尺寸单位：厘米；重量单位：克）

| 种类 | 编号 | 特征 | | 郭径 | 钱径 | 穿宽 | 郭厚 | 肉厚 | 重量 |
		文字特征	记号						
五铢	15－1	"五"字瘦长，竖画甚曲；"金"头三角形，四竖点；"朱"头较圆，"朱"下较圆		2.58	2.33	0.90	0.17	0.14	3.20
	15－2	同上		2.56	2.28	0.88	0.13	0.12	3.13
	15－3	同上		2.59	2.28	0.93	0.15	0.13	2.98
	15－4	同上		2.60	2.25	0.95	0.16	0.12	2.99
	15－5	同上		2.55	2.30	0.93	0.13	0.11	2.61
	15－6	同上		2.59	2.30	0.89	0.13	0.12	2.88
	15－7	同上		2.54	2.28	0.91	0.15	0.13	2.77
	15－8	同上		2.55	2.20	0.90	0.14	0.11	2.59
	15－9	同上		2.54	2.26	0.90	0.15	0.14	3.03
	15－10	同上		2.57	2.27	0.89	0.13	0.11	3.23
	15－11	同上		2.78	2.22	0.87	0.13	0.12	2.47

种类	编号	特征		郭径	钱径	穿宽	郭厚	肉厚	重量
		文字特征	记号						
五铢	15－12	"五"字瘦长，竖画甚曲；"金"头三角形，四竖点；"朱"头较圆，"朱"下较圆		2.55	2.22	0.98	0.12	0.11	2.46
	15－13	同上		2.57	2.20	0.90	0.14	0.11	2.66
	15－14	同上		2.63	2.29	0.87	0.13	0.10	2.58
	15－15	同上		2.56	2.32	0.90	0.13	0.11	2.87
	15－16	同上		2.59	2.25	0.90	0.17	0.14	2.95
	15－17	同上		2.49	2.25	0.97	0.14	0.11	2.77
	15－18	同上		2.56	2.28	0.88	0.13	0.12	3.00
	15－19	同上		2.58	2.28	0.93	0.15	0.13	2.98
	15－20	同上		2.63	2.30	0.92	0.12	0.13	1.97
	15－21	同上		2.55	2.16	0.90	0.13	0.11	2.69
	15－22	同上		2.52	2.32	0.98	0.12	0.11	2.86
	15－23	"五"字瘦长，竖画甚曲；"金"头三角形，四竖点；"朱"头较方，"朱"下较圆		2.61	2.22	0.88	0.15	0.11	3.33
	15－24	同上		2.49	2.25	0.97	0.14	0.11	2.77
	15－25	同上		2.50	2.33	0.91	0.13	0.11	3.05
	15－26	同上		2.66	2.36	0.95	0.15	0.13	2.43
	15－27	同上		2.56	2.30	1.00	0.17	0.14	3.09
	15－28	同上		2.53	2.18	0.90	0.13	0.12	2.58
	15－29	同上		2.57	2.24	0.83	0.16	0.15	3.20
	15－30	同上		2.57	2.24	0.90	0.14	0.12	2.32
	15－31	同上		2.62	2.30	0.92	0.15	0.12	2.98
	15－32	同上		2.55	2.22	0.98	0.12	0.11	2.46
	15－33	同上		2.63	2.29	0.87	0.13	0.10	2.58
	15－34	同上		2.58	2.23	0.90	0.14	0.13	3.22
	15－35	同上		2.58	2.25	0.93	0.15	0.13	2.92
	15－36	同上		2.58	2.33	0.95	0.14	0.12	2.77
	15－37	"五"字瘦长，竖画甚曲；"金"头三角形，四竖点；"朱"头较圆，"朱"下较方		2.63	2.30	0.92	0.12	0.13	2.22
	15－38	同上		2.55	2.16	0.90	0.13	0.11	2.69
	15－39	同上		2.54	2.32	0.95	0.12	0.11	2.88
	15－40	同上		2.58	2.22	0.95	0.12	0.10	2.43
	15－41	同上		2.63	2.32	0.94	0.14	0.12	2.95

种类	编号	特征		郭径	钱径	穿宽	郭厚	肉厚	重量
		文字特征	记号						
五铢	15－42	"五"字瘦长，竖画甚曲；"金"头三角形，四竖点；"朱"头较方，"朱"下较方		2.58	2.33	0.95	0.14	0.12	2.77
	15－43	同上		2.54	2.27	0.91	0.11	0.12	2.79
	15－44	同上		2.56	2.33	0.99	0.13	0.12	3.67
	15－45	同上		2.62	2.27	0.91	0.15	0.13	2.97
	15－46	"五"字瘦长，竖画缓曲；"金"头三角形，四竖点；"朱"头较方，"朱"下较圆		2.49	2.12	0.83	0.11	0.10	2.90
	15－47	"五"字瘦长，竖画缓曲；"金"头三角形，四竖点；"朱"头较圆，"朱"下较圆		2.54	2.30	0.91	0.11	0.09	1.96
	15－48	同上		2.55	2.32	0.88	0.12	0.10	2.68
	15－49	字迹不清		2.64	2.33	0.90	0.14	0.10	3.04
	15－50	字迹不清		2.58	2.21	0.89	0.13	0.11	2.95
	15－51	字迹不清		2.52	2.30	0.93	0.14	0.12	2.99
	15－52	字迹不清		2.56	2.25	0.94	0.13	0.11	2.85

2015M39

位于本发掘区南部偏东，方向290°（图八〇）。残损严重。开口于②层下，距地表1.1米。

（一）墓葬结构

从墓葬结构形制推测，该墓可能为多室石室墓。现残存土坑墓圹，墓圹平面近长方形，结构为直壁，平底，墓底残留白灰。墓圹长6.48、宽4.36、残深1.33米。墓道为长斜坡状，未完全发掘，长度不详，宽2.4米。

（二）葬具及人骨

由于被严重破坏，未见葬具痕迹及人骨痕迹。

（三）随葬品

该墓扰土中出土1件小陶瓢。

小瓢　1件。标本M39：扰1，泥质黄褐陶。平面近梨形，圆唇，斜弧腹，圈底。口通长3.4、口通宽2.2、高1.1厘米（图八〇，1）。

2015M40

位于本发掘区南部偏东，方向165°（图八一）。开口于②层下，开口距地表0.82米。

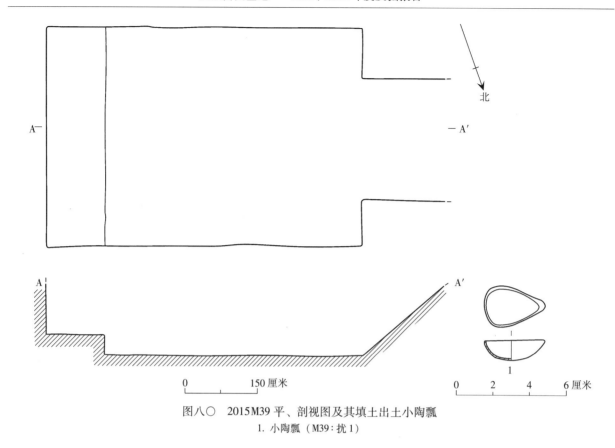

图八〇　2015M39 平、剖视图及其填土出土小陶瓢
1. 小陶瓢（M39：扰 1）

（一）墓葬结构

该墓为石室墓。现残存土坑竖穴墓圹，墓圹平面近长方形，结构为直壁，平底，长 2.18、宽 1.4、残深 0.6 米。墓葬整体被严重破坏，仅存部分墓底石板。

（二）葬具及人骨

该墓被严重破坏，未见葬具痕迹及人骨痕迹。

（三）随葬品

未见随葬品。

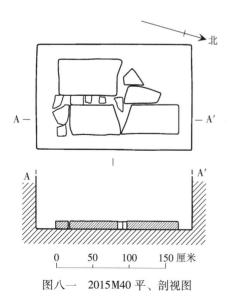

图八一　2015M40 平、剖视图

2015M41

位于本发掘区南部偏东，方向 185°（图八二）。开口于②层下，开口距地表 1.14 米。

（一）墓葬结构

该墓为单室砖室墓。由墓道、墓门及墓室三部分组成（彩版五九，1）。

墓道　位于墓室南侧。长斜坡状。未发掘完，长度不详，宽 1.78 米，底部距地表 2.58 米。

墓门　位于墓室南壁中部偏东。宽 1.78、高 1.2 米。墓门上顶长方形石板为门楣，长 1.76、宽 0.78、厚 0.2 米。墓门由条砖封堵，分内、中、外三层，内层用条砖平铺垒砌封堵，

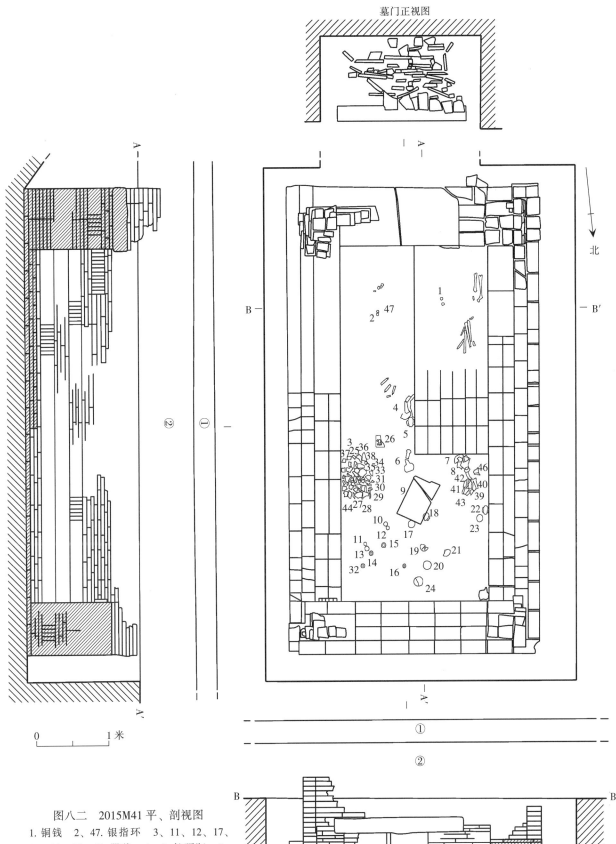

墓门正视图

北

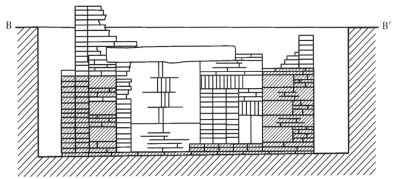

图八二　2015M41 平、剖视图

1. 铜钱　2、47. 银指环　3、11、12、17、
21、23、25、40. 器盖　4、6. 长颈瓶　5、
18、22、34~39. 耳杯　7、8、31. 壶　9. 案
10、13~16、32、41、42. 小釜　19、20、
24. 盆　26. 砖　27. 樽　28. 灶　29. 仓
30. 鼎　33. 杯　43. 小甂　44、45. 瓮
46. 方形陶器（未标明质地者均为陶器）

现存七层，残高 0.36 米；中层封堵砌法为三或七层顺砖平砌和一层顺砖立砌组合垒砌，现存十六层，高 1.2 米；外层用碎砖平铺垒砌倚护。

墓室　平面呈长方形，面阔 1.94、进深 4.75、残高 1.84 米。墓顶塌落，四壁保存较好（彩版五九，2）。从墓室四角残存墓砖垒砌起券的形制推测，墓室顶部应为拱形券。四壁垒砌方式分内、外两层，内层砌法为三或四层青砖顺边平砌和一层青砖顺边立砌组合，外层砌法为平砖顺铺错缝垒砌，最高处保存有十四层砖。券顶为单层起券结构。墓底铺砖为斜向"人"字形平铺。棺床由两层墓砖平铺而成，呈长方形，高出墓底 0.14 米。用砖规格为（34～36）厘米×13 厘米×6 厘米，大部分砖表面施有绳纹。

（二）葬具及人骨

墓室西南紧贴西壁置砖砌一长方形棺床，长 2.63、宽 0.94、厚 0.14 米。墓内人骨散落于棺床和墓底，腐朽严重。

经过现场辨识，墓内骨骼应至少分属两例个体。葬式不明。

（三）随葬品

该墓共出土 47 件（套）随葬品，主要置放于墓室北部。其中陶器 44 件，另有银器 2 件、铜钱 20 枚。

1. 陶器

共 44 件。计有长颈瓶 2、壶 3、盆 3、瓮 2、耳杯 9、杯 1、案 1、樽 1、灶 1、仓 1、鼎 1、小釜 8、小甑 1、器盖 8、砖 1、方形陶器 1。

长颈瓶　2 件（M41：4、6）。均为泥质灰陶。形制相似，敞口，细长颈，溜肩，鼓腹。颈肩饰有多道弦纹。标本 M41：4，口残，台底。最大腹径 17.7、底径 9.1、残高 32 厘米（图八三，18）。标本 M41：6，尖圆唇，略折沿，平底。肩及下腹各镂空三个菱形小孔，上腹镂空两个菱形小孔，器底镂空一个菱形小孔。口径 4.9、最大腹径 13、底径 6.7、高 27.8 厘米（图八三，17；彩版六〇，6）。

壶　3 件（M41：7、8、31）。均为泥质灰陶。其中，标本 M41：7、31 形制相似，方唇，敞口，卷沿，束颈，溜肩，卵形腹，最大腹径偏上，平底。沿面上有一周凹槽，肩及上腹饰有三组六周细弦纹。标本 M41：7，口径 10.9、最大腹径 19、底径 7.9、高 30.1 厘米（图八三，19；彩版六一，1）。标本 M41：31，口径 8.8、最大腹径 20、底径 9.5、高 31.2 厘米（图八三，20）。标本 M41：8，下腹及底残。方唇，盘口，束颈，溜肩，卵形腹，最大腹径偏上。肩及上腹饰有两两一组、共四组八周细弦纹。口径 11.4、最大腹径 19、残高 20.6 厘米（图八三，16；彩版六一，2）。

盆　3 件（M41：19、20、24）。均为泥质灰陶。形制相似，方唇，敞口，平折沿，弧腹略折，台底。内壁及下腹外壁均饰有凹弦纹。标本 M41：19，口径 22.8、底径 7.6、高 5.4 厘米（图八三，1；彩版六〇，5）。标本 M41：20，口径 24.4、底径 8.1、高 6.2 厘米（图八三，2）。标本 M41：24，口径 22、底径 7、高 5.6 厘米（图八三，3）。

瓮　2 件（M41：44、45）。均为泥质灰陶。形制相似，圆唇内勾，口微敛，短直颈，溜肩，球腹，最大腹径居中，圜底。肩腹部饰有多周凹弦纹，下腹及底拍印绳纹。标本 M41：44，肩部两组凹弦纹间饰一周短促水波纹。口径 21.9、最大腹径 35.9、高 31.6 厘米（图八四，21；彩版六三，4）。标本 M41：45，口径 23.8、最大腹径 45.4、高 42.4 厘米（图八三，15；彩版六三，5）。

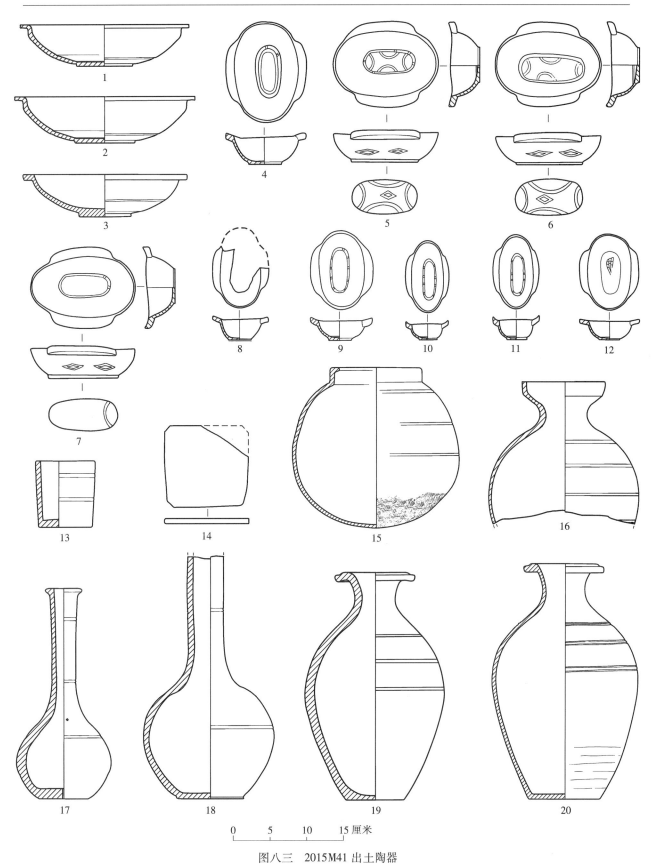

图八三　2015M41 出土陶器

1～3. 盆（M41:19、20、24）　4～12. 耳杯（M41:37、35、34、36、39、5、18、22、38）　13. 杯（M41:33）　14. 方形器（M41:46）
15. 瓮（M41:45）　16、19、20. 壶（M41:8、7、31）　17、18. 长颈瓶（M41:6、4）

耳杯 9 件（M41:5、18、22、34、35、36、37、38、39）。均为泥质灰陶。形制相似，椭圆形杯口，敞口，双耳上翘，斜弧腹，台底。标本 M41:5、18、2、37，内底施两周凸棱，凸棱间有两两一组凸短线纹。M41:5，口长径 10.4、口短径 8.5、底长径 6.5、底短径 3.6、高 3 厘米（图八三，9）。标本 M41:18，口长径 9.6、口短径 6、底长径 6.2、底短径 3.1、高 2.6 厘米（图八三，10）。标本 M41:22，口长径 9.8、口短径 6.4、底长径 6.2、底短径 3.4、高 3.2 厘米（图八三，11）。标本 M41:37，口长径 13.4、口短径 10.8、底长径 9、底短径 4.9、高 4.2 厘米（图八三，4）。标本 M41:34～36、38，底部及外腹部施模印阳线纹饰。标本 M41:34，内底施两周浅凹槽，有两两一组的数组短线纹和复线弧形纹，外腹两侧各有两组复线菱形纹，外底饰有复线弧形纹和复线菱形纹组合纹饰。口长径 14.4、口短径 11.3、底长径 9.5、底短径 4.8、高 4.5 厘米（图八三，6）。标本 M41:35，内底施两周浅凹槽，有两两一组的数组短线纹和复线弧形纹，外腹两侧各有两组复线菱形纹，外底饰有复线弧形纹和复线菱形纹组合纹饰。口长径 14.5、口短径 11.4、底长径 9.4、底短径 4.9、高 4 厘米（图八三，5；彩版六〇，4）。标本 M41:36，底残缺大部，内底施两周浅凹槽，有两两一组的数组短线纹，外腹两侧各有两组复线菱形纹，外底饰复线弧形纹。口长径 14.3、口短径 10.8、底长径 9.7、底短径 4.6、高 3.9 厘米（图八三，7）。标本 M41:38，残缺小半部分，内底残余部可见一近三角形纹饰，三角形内为长短线十字错缝装饰。口长径 10.2、口短径 8.2、底长径 6.1、底短径 2.9、高 2.8 厘米（图八三，12）。标本 M41:39，残缺大部分，残余部分口短径 7.6、高 3.3 厘米（图八三，8）。

杯 1 件。标本 M41:33，泥质灰陶。方唇，直口，直腹略斜，平底。杯身饰有两两一组四道凹槽。口径 8、底径 7.3、高 8.8 厘米（图八三，13；彩版六三，2）。

案 1 件。标本 M41:9，泥质灰陶。平面呈长方形，扁平片状，案沿略凸起，案面较平，四角各镂空一小圆孔，用以镶嵌四足，足身呈长条形，足中部朝外两侧各削成内弧状。案面刻划两周弦纹，足部上、下各刻划两周凹弦纹，足外侧面刻划勾连纹。长 41.2、宽 31.9、高 8.2 厘米（图八四，22；彩版六一，3）。

樽 1 件。标本 M41:27，泥质灰陶。方唇，直口略敞，直腹微斜，平底，底置三个兽蹄状矮足。腹部饰两组四周凹弦纹。口径 10.7、底径 8.8、高 7.4 厘米（图八四，9；彩版六三，1）。

灶 1 件。标本 M41:28，泥质灰陶。整体呈圆台状，灶面置四个圆形小火眼，边缘穿有一圆形烟孔，长方形灶门不落地。圆形灶面一角刻划有鱼、环首刀、俎等纹饰，灶门两侧及上方刻划直线凹弦纹。灶面径 15.2、底径 18.8、高 9 厘米，火眼直径均为 2 厘米，灶门长 4.9、高 2.5 厘米（图八四，19；彩版六二，2）。

仓 1 件。标本 M41:29，泥质灰陶。由仓盖和仓体组成。仓盖平面呈长方形，两面坡式悬山结构，略弧。顶面刻划六条弦纹。仓身正面呈长方形，上部刻划长方形表示窗，并刻菱格表示窗棂，窗框涂有红色颜料；窗下出檐，檐下设长方形孔表示门，门上有两扇门板，门板设有门栓；门两侧各镂空一圆孔表示通风口，门下出檐表示台阶；仓体侧面壁近顶部各镂有一个圆孔表示通风口，仓体三面饰有横竖相间的直线刻划纹，表示横梁和立柱；房基四角刻划立柱支撑。通高 24.3 厘米，盖长 16.6、宽 15.6 厘米，底边长 14.7、宽 14.5 厘米（彩版六二，1）。

鼎 1 件。标本 M41:30，泥质灰陶。方唇，敛口，折腹，折腹处出台，圜底，底置三兽蹄状足。肩部贴附两个长方形立耳，器耳弯折，并饰有一圆形穿孔。口径 14.8、通高 15.4 厘米（图八四，20；彩版六一，5）。

小釜 8件（M41：10、13、14、15、16、32、41、42）。其中，标本M41：10、13、14、15、16均为夹细砂灰陶。形制相似，圆唇，敛口，矮领，鼓腹略折，小平底。下腹部修坯削痕明显。标本

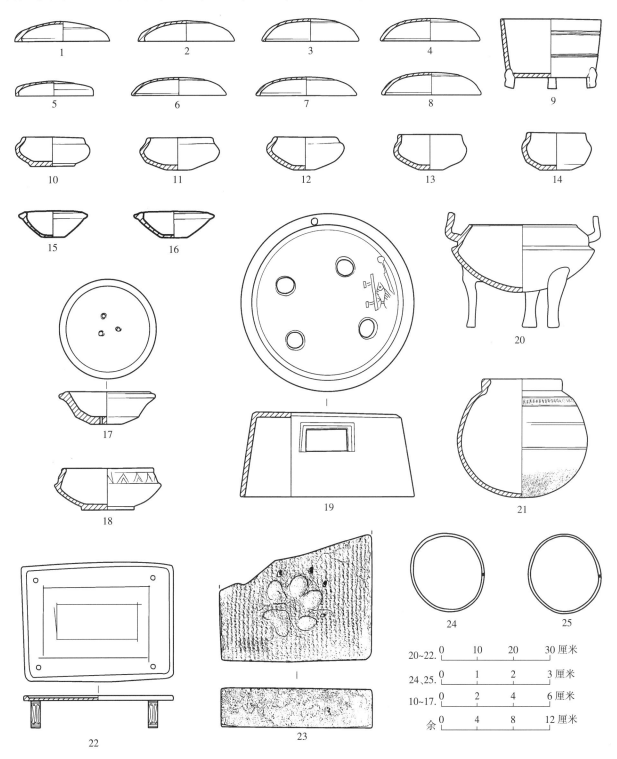

图八四 2015M41 出土器物

1~8. 器盖（M41：3、12、11、21、17、23、25、40） 9. 樽（M41：27） 10~16、18. 小釜（M41：15、10、13、14、16、42、41、32） 17. 小瓶（M41：43） 19. 灶（M41：28） 20. 鼎（M41：30） 21. 瓮（M41：44） 22. 案（M41：9） 23. 砖（M41：26） 24、25. 银指环（M41：2、47）（未标明质地者均为陶器）

M41：10，口径 3.4、最大腹径 4.3、底径 1.3、高 1.7 厘米（图八四，11）。标本 M41：13，口径 3.2、最大腹径 4.2、底径 1.2、高 1.8 厘米（图八四，12；彩版六二，3）。标本 M41：14，口径 3.3、最大腹径 4、底径 1.3、高 1.9 厘米（图八四，13）。标本 M41：15，口径 3.2、最大腹径 4、底径 2.4、高 1.5 厘米（图八四，10）。标本 M41：16，口径 3、最大腹径 3.8、底径 1.7、高 2 厘米（图八四，14）。标本 M41：32，泥质灰陶。圆唇，敛口，折腹，折腹处出棱，台底。肩部刻划一周复线三角形几何纹。口径 9.7、最大腹径 11.6、底径 5.7、高 4.4 厘米（图八四，18；彩版六二，4）。标本 M41：41、42 均为夹细砂灰陶。形制相似，方唇，口微敛，沿面斜直，斜弧腹，平底。下腹修坯削痕明显。标本 M41：41，口径 4.4、底径 1.8、高 1.9 厘米（图八四，16；彩版六二，5）。标本 M41：42，口径 4、底径 1.7、高 1.9 厘米（图八四，15）。

小甑　1 件。标本 M41：43，夹细砂灰陶。圆唇，敞口，折腹，平底，底部穿有三个圆形甑孔。沿面上有一周凸棱，下腹修坯削痕明显。口径 4.5、底径 1.7、高 1.7 厘米（图八四，17；彩版六二，6）。

器盖　8 件（M41：3、11、12、17、21、23、25、40）。均为泥质灰陶。其中，标本 M41：3、11、12、21、23、25、40 形制相似，方圆唇，敛口，圆弧顶。顶饰两周同心圆凹弦纹。标本 M41：3，口径 10.4、高 2.1 厘米（图八四，1）。标本 M41：11，口径 10.4、高 2.3 厘米（图八四，3；彩版六〇，1）。标本 M41：12，口径 10.4、高 2.2 厘米（图八四，2）。标本 M41：21，口径 11、高 2.4 厘米（图八四，4）。标本 M41：23，口径 10.2、高 1.9 厘米（图八四，6；彩版六〇，3）。标本 M41：25，微呈子母口状，口径 11、高 2.1 厘米（图八四，7）。标本 M41：40，口径 11、高 2.4 厘米（图八四，8）。标本 M41：17，方唇，直口，直壁，近顶处斜直折，圆弧顶。顶饰两周同心圆凹弦纹。口径 8.4、高 1.6 厘米（图八四，5；彩版六〇，2）。

砖　1 件。标本 M41：26，残。泥质青砖。长方形，砖面一侧饰有绳纹，并按压狗脚肉垫及爪痕。厚 4.2、宽 16.6、残长 13.5 厘米（图八四，23；彩版六一，4）。

方形陶器　1 件。标本 M41：46，泥质灰陶。平面呈近方形。四角有削痕，器身微弧，扁薄。表面磨光。用途不明。长 11.5、宽 10.9、厚 0.7 厘米（图八三，14；彩版六三，3）。

2. 银器

共 2 件。均为指环。

标本 M41：2、47，形制相似，平面呈环形，截面呈长条形，器身扁薄。标本 M41：2，外径 2.1、内径 1.9 厘米，重 0.51 克（图八四，24）。标本 M41：47，外径 2.1、内径 2 厘米，重 0.42 克（图八四，25）。

3. 铜钱

20 枚，编号 M41：1-1～1-20。均为"货泉"。详情见表二二。

表二二　　　　　　　　2015 M41 出土铜钱登记表　　　　（尺寸单位：厘米；重量单位：克）

种类	编号	特征		郭径	钱径	穿宽	郭厚	肉厚	重量
		文字特征	记号						
货泉	1-1	穿之右、左篆书"货泉"二字		2.20	1.82	0.66	0.13	0.11	2.96
	1-2	同上		2.20	1.89	0.68	0.18	0.14	2.68

种类	编号	特征		郭径	钱径	穿宽	郭厚	肉厚	重量
		文字特征	记号						
货泉	1-3	穿之右、左篆书"货泉"二字		2.33	1.92	0.69	0.15	0.13	2.80
	1-4	同上		2.29	1.90	0.60	0.18	0.15	2.89
	1-5	同上		2.16	1.92	0.68	0.17	0.15	2.48
	1-6	同上		2.25	1.91	0.61	0.17	0.14	3.02
	1-7	同上		2.27	1.95	0.67	0.18	0.15	2.90
	1-8	同上		2.23	1.89	0.67	0.15	0.13	2.45
	1-9	同上		2.29	1.95	0.60	0.17	0.15	3.21
	1-10	同上		2.26	1.94	0.62	0.18	0.16	3.25
	1-11	同上		2.24	1.89	0.66	0.17	0.15	2.55
	1-12	同上		2.28	1.87	0.67	0.17	0.15	3.15
	1-13	同上		2.16	1.83	0.65	0.17	0.14	2.16
	1-14	同上		2.34	2.03	0.66	0.17	0.15	2.94
	1-15	同上		2.36	2.02	0.69	0.16	0.14	2.93
	1-16	同上		2.20	1.98	0.67	0.16	0.14	2.63
	1-17	同上		2.23	1.93	0.67	0.17	0.14	2.91
	1-18	同上		2.21	1.87	0.58	0.18	0.16	3.03
	1-19	同上		2.11	1.80	0.64	0.13	0.11	1.82
	1-20	同上		1.89	1.71	0.59	0.12	0.11	1.30

2015M42

位于本发掘区南部偏东，方向15°（图八五）。开口于②层下，开口距地表0.8米。

（一）墓葬结构

该墓为土坑竖穴墓。墓圹为土坑竖穴，平面呈圆角长方形，结构为直壁，平底。墓圹长3.2、宽1.8、深1.1米。墓内填土为灰褐色花土，土质较疏松。

（二）葬具及人骨

该墓葬具为石椁。平面呈长方形，长2.6、宽0.88、高1米。四壁用规整的大石板砌筑，白灰勾缝，墓顶由三块大型石板构成（彩版六四，1），墓底由不规则碎石板铺成。

椁内共葬有人骨两具，均为仰身直肢葬。保存状况一般，仅见颅骨及部分肢骨（彩版六四，2）。西侧人骨颅骨下方发现椭圆形块状白灰堆积，或是石灰枕。

（三）随葬品

该墓共出土2件随葬品，主要置放于椁室北部。包括陶器1件、铜器1件。

1. 陶器

钵　1件。标本M42：2，泥质灰陶。圆唇，敞口，斜弧腹，平底。内底部刻划有一周弦纹。口径20.4、底径9.6、高7.7厘米（图八六，2；彩版六四，3）。

2. 铜器

柿蒂形盖纽　1件。标本M42：1，柿蒂形，蒂叶短胖，平整舒展，居中穿有一圆孔，孔镶衔

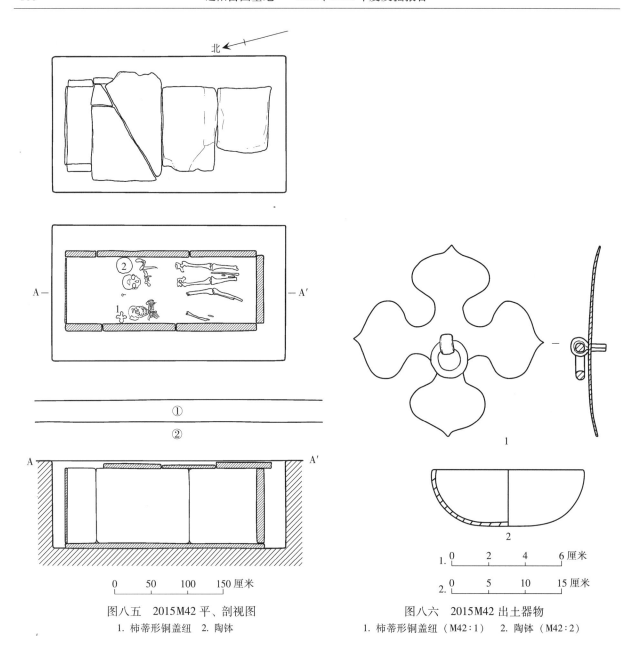

图八五　2015M42 平、剖视图
1. 柿蒂形铜盖纽　2. 陶钵

图八六　2015M42 出土器物
1. 柿蒂形铜盖纽（M42：1）　2. 陶钵（M42：2）

环。长 10.3、环径 2.1 厘米（图八六，1；彩版六四，4）。

2015M43

位于本发掘区南部偏东，方向 190°（图八七）。开口于②层下，开口距地表 1.08 米。

（一）墓葬结构

该墓为单室石室墓。由墓道、墓门及墓室三部分组成。

墓道　位于墓室南侧。长斜坡状。未完全发掘，长度不详，宽 1.22 米。

墓门　位于墓室南侧偏东。被严重破坏，残存墓门石板立砌，石板下铺两块长条石板。

墓室　平面呈长方形，被严重破坏，墓顶及四壁无存。墓圹长 3.6、宽 2.18、残深 0.82 米。
墓底平铺长方形石板，其上设有长方形石制棺床。

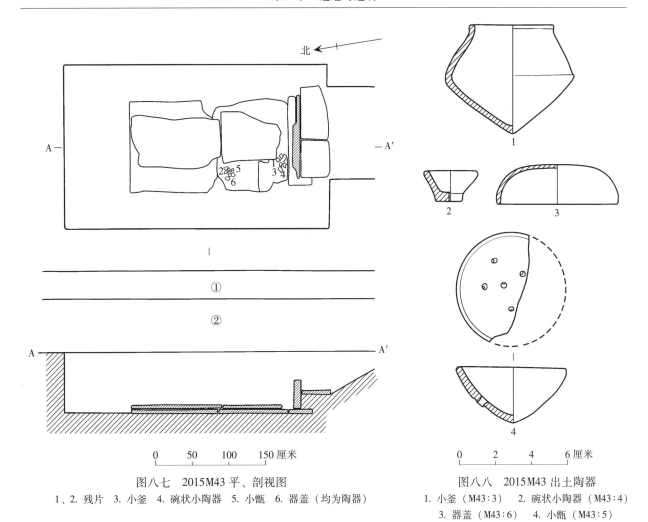

图八七 2015M43 平、剖视图
1、2. 残片 3. 小釜 4. 碗状小陶器 5. 小甑 6. 器盖（均为陶器）

图八八 2015M43 出土陶器
1. 小釜（M43：3） 2. 碗状小陶器（M43：4）
3. 器盖（M43：6） 4. 小甑（M43：5）

（二）葬具及人骨

墓室内置一长方形石制棺床，由两块石板平铺。长 2、宽 0.68 米。

未发现人骨痕迹。

（三）随葬品

该墓残损严重，随葬品多为残片不可修复，可复原者共 4 件，置放于墓室西部。均为陶器，计有小釜 1、碗状小陶器 1、小甑 1、器盖 1。

小釜 1 件。标本 M43：3，泥质灰陶。圆唇，侈口，束颈，折腹，尖状小平底。口径 4.5、最大腹径 5.1、高 5.8 厘米（图八八，1）。

碗状小陶器 1 件。标本 M43：4，泥质灰陶。圆唇，敞口，斜直腹略内凹，平底，器底有一圆形穿孔。口径 2.8、高 1.6 厘米（图八八，2）。

小甑 1 件。标本 M43：5，泥质灰陶。残，圆唇，敞口，斜弧腹，尖底。腹部残存有五个圆形甑孔。口径 5.8、高 3 厘米（图八八，4）。

器盖 1 件。标本 M43：6，泥质灰褐陶。敞口，圆唇，弧壁，平顶略凸凹。口径 6.5、高 2.1 厘米（图八八，3）。

2015M44

位于本发掘区南部偏东，方向 180°（图八九）。开口于②层下，开口距地表 1.18 米。

（一）墓葬结构

该墓为土坑竖穴砖椁墓（彩版六五，1～3）。墓圹为土坑竖穴，平面呈长方形，结构为直壁，平底。未见明显的墓圹，应是挖出土圹后，紧贴圹壁垒砌砖椁。墓内填土为灰褐色花土，土质较疏松。墓葬被盗掘，盗洞位于墓顶中部。

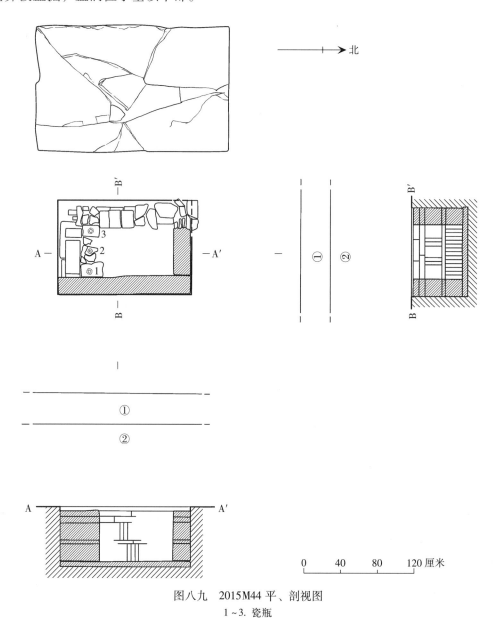

图八九　2015M44 平、剖视图
1～3. 瓷瓶

（二）葬具及人骨

该墓葬具为砖椁，营建方式为砖石混筑。砖椁平面呈长方形，四壁青砖砌成，砌法为由下至上顺砌，一立一平再一立加两平。上部平搭长方形大石板为顶，墓顶石板长 2.1、宽 1.3、厚 0.08 米。墓底平铺石板。砖椁外长 1.45、宽 0.98、高 0.65 米，砖椁内长 0.8、宽 0.54、高 0.58 米。

椁室南壁用两层青砖砌筑，一立一平，再用立砖相间隔，形成三个窄小的长方形壁龛，其内分别放置1件黑釉瓷瓶。

未发现人骨痕迹。

（三）随葬品

该墓共出土3件随葬品，置放于墓室南部壁龛中。均为瓷瓶。另于椁室西部发现少量铁器碎屑。

瓶　3件（M44:1、2、3）。胎红色，胎体隐见灰褐色细砂，不十分细腻，施黑釉，釉面黑中现棕褐色斑点，釉不及底。形制相似，圆唇，卷沿，喇叭形口，束颈，长溜肩，垂腹，矮圈足，足墙竖直，足底平。标本M44:1，口径5.4、最大腹径8.6、底径5.8、高19.1厘米（图九〇，1）。标本M44:2，口径5.2、最大腹径8.4、底径5.7、高18.8厘米（图九〇，2）。标本M44:3，口径6、最大腹径8.8、底径5.7、高18.6厘米（图九〇，3）。

2015M45

位于本发掘区南部偏东，方向15°（图九一）。开口于②层下，开口距地表0.68米。

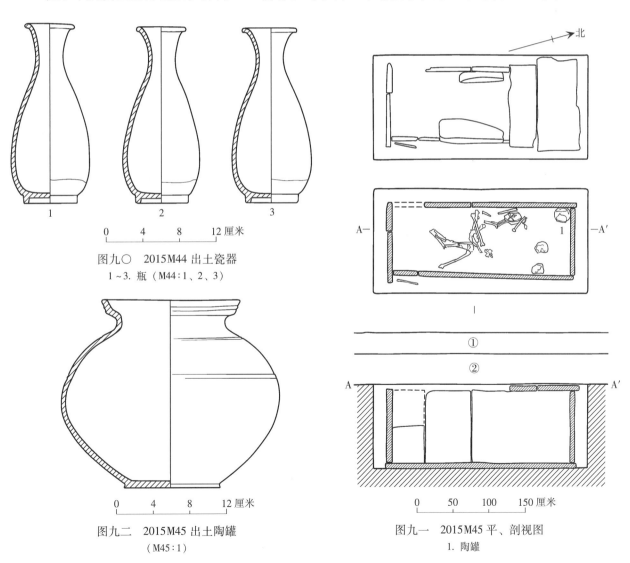

图九〇　2015M44 出土瓷器
1~3. 瓶（M44:1、2、3）

图九二　2015M45 出土陶罐
（M45:1）

图九一　2015M45 平、剖视图
1. 陶罐

（一）墓葬结构

该墓为土坑竖穴墓。墓圹为土坑竖穴，平面呈圆角长方形，结构为直壁，平底。墓圹长2.96、宽1.39、深1.11米。墓内淤土为灰褐色花土，土质较疏松。

（二）葬具及人骨

该墓葬具主要为石椁。平面呈长方形，四壁及墓底用规整的大石板砌筑（彩版六六，1），白灰勾缝，椁室上盖石板为顶，椁顶石板残缺不全。长2.43、宽0.89、高0.96米。

墓内人骨散落分布，经过现场辨识，至少分属两例个体。葬式不明。

（三）随葬品

该墓共出土1件随葬品，置放于墓室西北部。为陶罐。

罐　1件。标本M45：1，泥质灰陶。方唇，盘口微敞，束颈，溜肩，鼓腹，最大腹径居中，台底。口外沿施两周凸棱，肩部饰两两一组四周细弦纹。口径14.9、最大腹径23.7、底径10.3、高19.8厘米（图九二；彩版六六，2）。

2015M46

位于本发掘区南部偏东，方向195°（图九三）。开口于②层下，开口距地表0.54米。

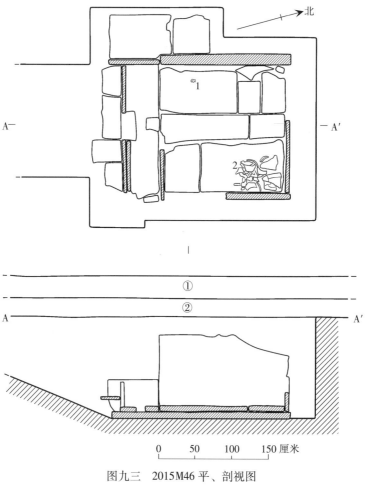

图九三　2015M46平、剖视图
1. 铜钱　2. 陶片

（一）墓葬结构

该墓为多室石室墓。平面呈"中"字形，由墓道、墓门及墓室三部分组成（彩版六六，3）。

墓道　位于墓室南侧。长斜坡状。未发掘完，长度不详，宽1.5米。

墓门　位于墓室南侧中部。残损严重，仅存墓门立砌残石板，石板下铺长条石板。

墓室　平面呈"凸"字形，由前廊、西耳室及主室组成。由于被严重破坏，仅存墓底石板及零星墓壁立板。前廊平面呈长方形，面阔1.72、进深0.42米。耳室位于前廊西侧，平面呈长方形，立壁不存，面阔1.36、进深0.54米，高度不详。主室平面近方形，面阔1.74、进深1.7米。

（二）葬具及人骨

未见葬具痕迹及人骨痕迹。

（三）随葬品

该墓共出土陶器若干，集中放置于墓室东北部。陶器残损严重，无法修复，器形及数量不辨。墓室西部出土铜钱6枚。

铜钱　6枚，编号M46：1-1～1-6。均为"五铢"。详情见表二三。

表二三　　　　　　　　2015M46出土铜钱登记表　　　　（尺寸单位：厘米；重量单位：克）

种类	编号	特征		郭径	钱径	穿宽	郭厚	肉厚	重量
		文字特征	记号						
五铢	1-1	"五"字瘦长，竖画缓曲；"金"头三角形，四竖点；"朱"头较圆，"朱"下较圆		2.61	2.32	0.95	0.13	0.11	2.62
	1-2	"五"字瘦长，竖画缓曲；"金"头三角形，四竖点；"朱"头较方，"朱"下较方		2.50	2.30	0.91	0.11	0.09	1.85
	1-3	"五"字瘦长，竖画缓曲；"金"头三角形，四竖点；"朱"头较方，"朱"下较圆		2.57	2.20	0.95	0.16	0.12	2.99
	1-4	同上		2.56	2.30	1.00	0.17	0.14	3.09
	1-5	字迹不清		2.58	2.22	0.95	0.12	0.10	2.43
	1-6	字迹不清		2.53	2.18	0.90	0.13	0.12	2.58

2015M47

位于本发掘区南部中段，方向195°（图九四）。开口于②层下，开口距地表0.76米。

（一）墓葬结构

该墓为多室石室墓。由墓道、墓门及墓室三部分组成（彩版六七，1）。

墓道　位于墓室南侧。长斜坡状。未发掘完，长度不详，宽1.8米。

墓门　位于墓室南侧中部。残损严重，现仅残存由长方形石条组成的门槛。

墓室　平面呈"L"形，由前廊、西耳室、主室及后室组成。由于被严重破坏，仅存墓底石

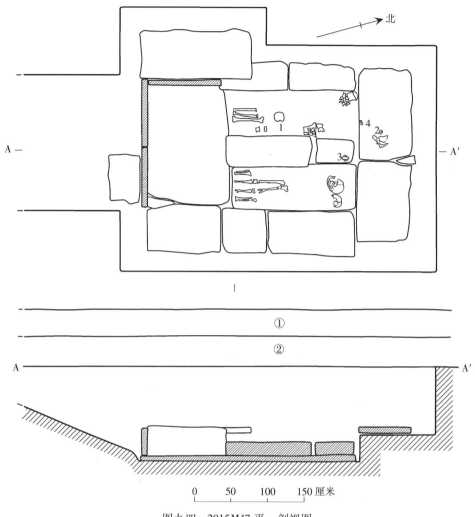

图九四　2015M47 平、剖视图

1. 陶盘　2. 陶水斗　3. 陶耳杯　4. 铜钱　5. 骨簪（颅骨下）

板及前廊西侧立板。前廊平面呈长方形，面阔 2.06、进深 0.9 米。耳室位于前廊西侧，平面呈长方形，底部高于前廊底部 0.4 米，面阔 0.7、进深 1.5 米。主室平面呈长方形，中段置有长方形础石，将主室分为东、西两个长方形小室。主室面阔 2.4、进深 2.86 米。后室平面呈长方形，底部高于主室底部 0.34 米，面阔 2.4、进深 0.66 米。

（二）葬具及人骨

墓内未见葬具痕迹。

墓内人骨散乱，分布在东、西小室内，保存状况较差，仅存颅骨残片及部分肢骨。经现场辨识，至少为两个个体。

（三）随葬品

该墓共出土 6 件（套）随葬品，除 1 件出土于扰土中，其余均散落于主室及后室内。其中陶器 4 件，另有骨器 1 件、铜钱 29 枚。

1. 陶器

共 4 件。计有盘 1、水斗 1、耳杯 1、方盘 1。

盘　1 件。标本 M47：1，泥质灰褐陶。尖圆唇，敞口，折腹，台底。盘内有两周凸棱。口径

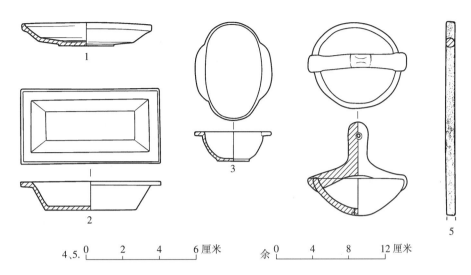

图九五 2015M47 出土器物
1. 陶盘（M47:1） 2. 陶方盘（M47:扰1） 3. 陶耳杯（M47:3） 4. 陶水斗（M47:2） 5. 骨簪（M47:5）

13.9、底径6、高2.5厘米（图九五，1；彩版六七，2）。

水斗 1件。标本M47:2，泥质黑褐陶。由提梁和斗组成。提梁呈"人"字形，上有一圆形穿孔。斗身为圆唇，敞口，斜弧腹，圜底。口径4.9、高5厘米（图九五，4；彩版六七，3）。

耳杯 1件。标本M47:3，泥质灰褐陶。椭圆形杯口，圆唇，敞口，双耳平齐，弧腹，台底。口长径10.4、口短径8.2、底长径5.6、底短径3.4、高3.1厘米（图九五，3；彩版六七，4）。

方盘 1件。标本M47:扰1，泥质灰褐陶。整体呈倒梯形，方唇，敞口，平折沿，斜直壁，平底。沿面上饰有一周凹槽。口长15.2、口宽8.1、底长10.6、底宽3.4、高3.1厘米（图九五，2；彩版六七，5）。

2. 骨器

簪 1件。标本M47:5，残。细长圆柱形。残长10.2、截面直径0.5厘米（图九五，5）。

3. 铜钱

29枚，编号M47:4-1~4-29。均为"五铢"。详情见表二四。

表二四 　　　　　　　　　　2015M47 出土铜钱登记表 　　　　（尺寸单位：厘米；重量单位：克）

种类	编号	特征		郭径	钱径	穿宽	郭厚	肉厚	重量
		文字特征	记号						
五铢	4-1	"五"字瘦长，竖画甚曲；"金"头三角形，四竖点；"朱"头较圆，"朱"下较圆		2.54	2.31	0.90	0.15	0.12	2.78
	4-2	同上		2.49	2.25	0.97	0.14	0.11	2.75
	4-3	同上		2.56	2.28	0.88	0.13	0.12	3.23
	4-4	同上		2.58	2.28	0.93	0.15	0.13	2.81

续表二四

种类	编号	特征		郭径	钱径	穿宽	郭厚	肉厚	重量
		文字特征	记号						
五铢	4－5	"五"字瘦长，竖画甚曲；"金"头三角形，四竖点；"朱"头较圆，"朱"下较圆		2.52	2.32	0.98	0.12	0.11	2.88
	4－6	同上		2.50	2.33	0.91	0.13	0.11	3.00
	4－7	同上		2.53	2.36	0.95	0.15	0.13	2.34
	4－8	同上		2.57	2.20	0.95	0.16	0.12	2.99
	4－9	同上		2.55	2.30	0.99	0.13	0.11	2.51
	4－10	"五"字瘦长，竖画甚曲；"金"头三角形，四竖点；"朱"头较方，"朱"下较方		2.58	2.33	0.95	0.14	0.12	2.77
	4－11	"五"字瘦长，竖画甚曲；"金"头三角形，四竖点；"朱"头较方，"朱"下较圆		2.63	2.30	0.92	0.12	0.13	1.97
	4－12	同上		2.56	2.30	1.00	0.17	0.14	3.06
	4－13	同上		2.63	2.35	0.90	0.13	0.12	2.58
	4－14	同上		2.66	2.24	0.83	0.16	0.15	3.12
	4－15	"五"字瘦长，竖画甚曲；"金"头三角形，四竖点；"朱"头较方，"朱"下较圆		2.22	1.95	0.91	0.13	0.12	1.97
	4－16	"五"字瘦长，竖画甚曲；"金"头三角形，四竖点；"朱"头较圆，"朱"下较方		2.59	2.16	0.90	0.13	0.11	2.69
	4－17	同上		2.58	2.22	0.95	0.12	0.10	2.43
	4－18	同上		2.61	2.32	0.94	0.14	0.12	2.95
	4－19	"五"字瘦长，竖画缓曲；"金"头三角形，四竖点；"朱"头较圆，"朱"下较圆		2.50	2.30	0.91	0.11	0.09	1.85
	4－20	"五"字瘦长，竖画缓曲；"金"头三角形，四竖点；"朱"头较方，"朱"下较方		2.58	2.20	0.90	0.15	0.14	3.22
	4－21	"五"字瘦长，竖画缓曲；"金"头三角形，四竖点；"朱"头较方，"朱"下较圆		2.58	2.25	0.93	0.15	0.13	2.82
	4－22	字迹不清		2.57	2.24	0.90	0.15	0.12	2.32
	4－23	字迹不清		2.54	2.28	0.91	0.15	0.13	2.77

续表二四

种类	编号	特征		郭径	钱径	穿宽	郭厚	肉厚	重量
		文字特征	记号						
五铢	4-24	字迹不清		2.52	2.30	0.92	0.15	0.12	2.98
	4-25	字迹不清		2.55	2.22	0.98	0.12	0.11	2.35
	4-26	字迹不清		2.57	2.20	0.90	0.14	0.11	2.66
	4-27	字迹不清		2.61	2.29	0.87	0.13	0.10	2.48
	4-28	字迹不清		2.54	2.27	0.91	0.11	0.12	2.79
	4-29	字迹不清		2.56	2.33	0.99	0.13	0.12	3.00

2015M48

位于本发掘区南部中段，方向180°（图九六）。开口于②层下，开口距地表0.8米。

（一）墓葬结构

该墓为单室石室墓。现残存墓底，未发现墓道及墓门，保存极差。墓圹平面近长方形，长3.9、宽2.29、残深0.95米。墓底平铺不规则石板，其上用三块石板组成长方形棺床。

（二）葬具及人骨

靠近墓壁西南置一石制长方形棺床，残，长2、宽0.72米。

墓内人骨保存极差，棺床上仅存零星肢骨，葬式不明。

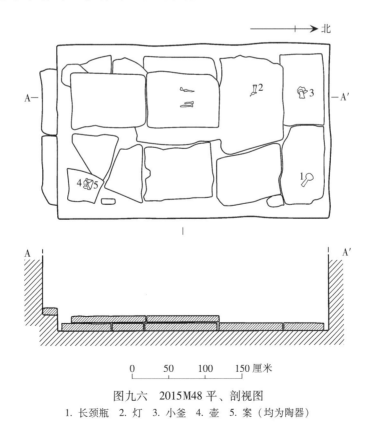

图九六 2015M48 平、剖视图
1. 长颈瓶 2. 灯 3. 小釜 4. 壶 5. 案（均为陶器）

（三）随葬品

该墓共出土6件（套）随葬品，除扰土中出土1件外，其余均散落于墓底。均为陶器。计有长颈瓶1、灯1、小釜1、壶1、案1、盒1。

长颈瓶　1件。标本M48：1，泥质灰褐陶。方唇，直口，细长颈，溜肩，扁鼓腹，最大腹径居中，平底。肩穿有两个圆孔，下腹等距穿有三个圆孔，底部穿有一圆孔。器物略有变形。口径4.4、最大腹径11.1、底径6.2、高17.8厘米（图九七，1；彩版六八，1）。

灯　1件。标本M48：2，泥质灰陶。灯盘为方唇，口微敛，斜弧腹，其下连接喇叭形灯座，高柄中空，座底形似倒扣盘口。口径11.5、底径12、高18.4厘米（图九七，2；彩版六八，2）。

小釜　1件。标本M48：3，泥质灰陶。方唇，敛口，折腹，圜底。底部有修整痕迹。口径4.1、腹部最大径4.8、高2.5厘米（图九七，4；彩版六八，3）。

壶　1件。标本M48：4，泥质灰褐陶。叠唇，侈口，束颈，溜肩，鼓腹，最大腹径偏上，平底。口沿施一周凹槽。口径10、最大腹径13.6、底径9.4、高22.1厘米（图九七，5；彩版六八，4）。

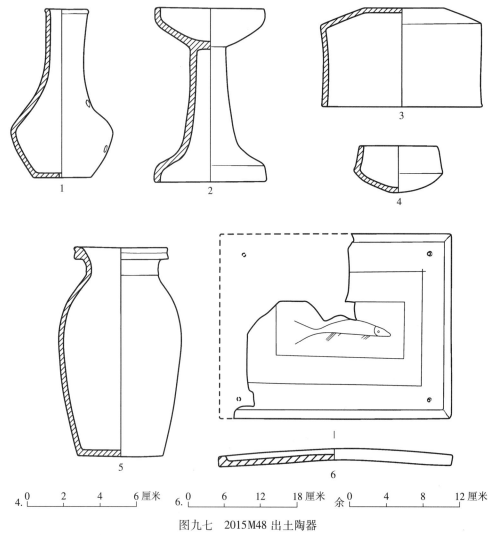

图九七　2015M48出土陶器

1. 长颈瓶（M48：1）　2. 灯（M48：2）　3. 盒（M48：扰1）　4. 小釜（M48：3）　5. 壶（M48：4）　6. 案（M48：5）

案 1件。标本 M48:5,泥质灰褐陶。残,平面呈长方形,扁平片状,案身微隆,边沿凸起、外侈,存余二角各穿有一圆形小孔,应用于嵌置底足。案面刻划二周长方形弦纹,案心刻划一尾鱼。残长 37.9、宽 29.4、厚 1.8 厘米(图九七,6;彩版六八,5)。

盒 1件。标本 M48:扰1,仅存盒盖。泥质灰陶。整体圆柱形。方唇,直口,直壁略内弧,近顶处斜直折,平顶。口径 17.2、顶径 8.5、高 10.4 厘米(图九七,3;彩版六八,6)。

2015M49

位于本发掘区南部中段,方向195°(图九八)。开口于第②层下,开口距地表0.85米。

(一)墓葬结构

该墓为多室石室墓。由墓道、墓门及墓室组成(彩版六九,1)。

墓道 位于墓室南侧。长斜坡状。未完全发掘,长度不详,宽1.7米。

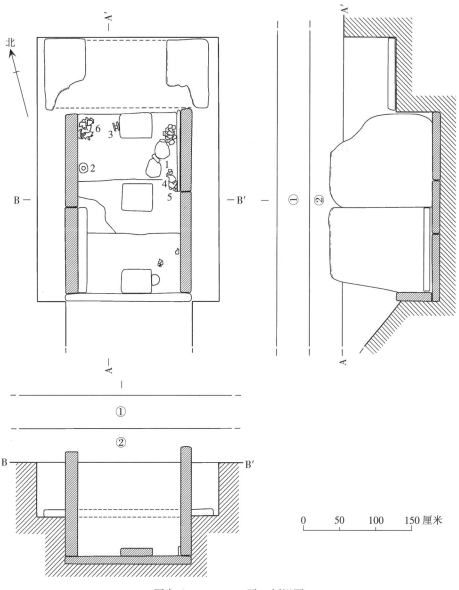

图九八 2015M49 平、剖视图
1. 俎 2、4. 器盖 3. 支架 5. 盘 6. 方盘(均为陶器)

墓门　位于墓室南侧。残存门槛，宽 1.73 米。门槛系用长方形石板横置于墓壁之间。

墓室　平面近"凸"字形，由主室及后室组成。墓底及四壁用规整的石板砌筑而成，白灰勾缝，墓顶不存。主室平面呈长方形，内置三个方形础石，面阔 1.37、进深 2.42、残高 1.4 米。后室平面呈长方形，被严重破坏，墓壁不存，残留两块石板铺底，底部高于主室底部 0.62 米，面阔 2.19、进深 0.87 米，高度不详。

（二）葬具及人骨

该墓被严重破坏，未见葬具痕迹。

墓内人骨保存较差，仅在主室东北侧发现颅骨两例。

（三）随葬品

该墓共出土随葬品 6 件，出土于主室之内。均为陶器。

陶器　共 6 件。计有俎 1、器盖 2、支架 1、盘 1、方盘 1。

俎　1 件。标本 M49：1，泥质灰陶。残，长方形俎面，俎底置两个长方形扁足，足底削有半圆形缺口。俎面模印鱼纹，鱼背鳍处施凹槽三条。残长 10.8、宽 4.5、高 3.3 厘米（图九九，1；彩版六九，2）。

器盖　2 件（M49：2、4）。标本 M49：2，泥质灰陶。圆唇，子母口，斜直壁，小平顶。顶饰凹弦纹三周，顶部中心穿有一孔。口径 6.3、顶径 2.9、高 1.7 厘米（图九九，2；彩版六九，3）。标本 M49：4，泥质灰陶。尖圆唇，子母口，圆弧顶。口径 9、高 2.8 厘米（图九九，4）。

支架　1 件。标本 M49：3，夹砂灰陶。平面近上下不出头的"井"字形，中间呈环状。长 6.9、宽 6 厘米（图九九，3；彩版六九，4）。

盘　1 件。标本 M49：5，泥质灰陶。尖唇，敞口，外沿厚，折腹，台底。内底施两周细凸棱。口径 19.8、底径 9.5、高 3.6 厘米（图九九，5；彩版六九，5）。

方盘　1 件。标本 M49：6，泥质黄褐陶。底及一侧残，整体呈倒梯形，方唇，敞口，平折沿，斜直壁，平底，底置乳突状矮足。沿面施凹槽一周，并刻划水波纹。口长 16.1、口宽 8.6、底长 12.2、底宽 4.3、高 2.8 厘米（图九九，6；彩版六九，6）。

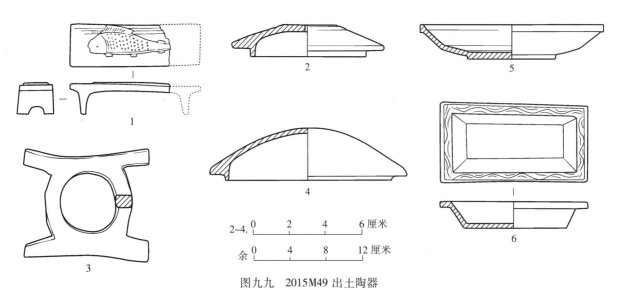

图九九　2015M49 出土陶器
1. 俎（M49：1）　2、4. 器盖（M49：2、4）　3. 支架（M49：3）　5. 盘（M49：5）　6. 方盘（M49：6）

2015M50

位于本发掘区南部中段，方向 190°（图一〇〇）。开口于②层下，开口距地表 0.9 米。

（一）墓葬结构

该墓为多室石室墓，现残存墓底。由墓道、墓门及墓室三部分组成（彩版七〇，1）。

墓道　位于墓室南侧。长斜坡状。未完全发掘，长度不详，宽 2.2 米。

墓门　位于墓室南侧。被严重破坏，现已不存。

墓室　平面近"凸"字形，由前廊、东耳室、西耳室、主室及后室组成。墓底用规整的石板平铺而成，白灰勾缝，墓壁及墓顶不存。前廊平面呈长方形，面阔 2.2、进深 1.6 米。东耳室平面呈长方形，面阔 1.61、进深 0.39 米。西耳室平面呈长方形，面阔 1.7、进深 0.6 米。主室平面呈长方形，面阔 2.9、进深 1.6 米，高度不详。后室平面呈长方形，面阔 2.9、进深 0.8 米，高度不详。

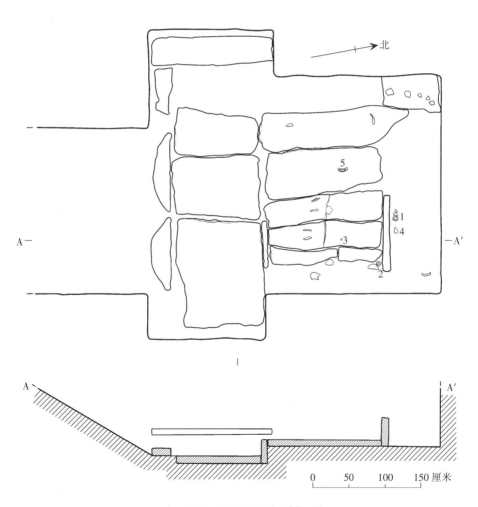

图一〇〇　2015M50 平、剖视图

1. 陶盘　2. 小陶釜　3. 银指环　4. 小陶瓢　5. 铜钱

（二）葬具及人骨

该墓被严重破坏，未见葬具痕迹。

墓内人骨保存情况差，仅在主室内发现少量肢骨。

（三）随葬品

该墓出土随葬品8件（套），出土于主室及扰土中。包括5件陶器、2件银器及铜钱25枚。

1. 陶器

共5件。计有盘2、小釜1、小瓢1、器盖1。

盘　2件（M50：1、扰2）。均为泥质灰陶。形制相似，尖圆唇，敞口，折腹，平底。标本M50：1，内沿施凹槽一周，内底施两周细凸棱。口径16、底径5.7、高2.6厘米（图一〇一，1；彩版七〇，2）。标本M50：扰2，内底施折棱一周。口径10、底径4.8、高1.4厘米（图一〇一，3）。

小釜　1件。标本M50：2，泥质灰陶。尖圆唇，敞口，斜弧腹，圜底。口径1.8、高1.1厘米（图一〇一，2；彩版七〇，3）。

小瓢　1件。标本M50：4，泥质灰陶。平面近鸡心形，一侧有流，尖唇，敞口，斜弧腹，圜底。通长3.8、通宽2.4、高1.3厘米（图一〇一，5；彩版七〇，4）。

器盖　1件。标本M50：扰1，泥质灰陶。方唇，敞口，弧壁，平顶。口径6.2、高1.6厘米（图一〇一，4；彩版七〇，5）。

2. 银器

共2件。均为指环。

标本M50：3、扰3，形制相似，呈环形，截面近方形。标本M50：3，外径2、内径1.7厘米，重0.6克（图一〇一，6）。标本M50：扰3，外径2、内径1.8厘米，重0.7克（图一〇一，7）。

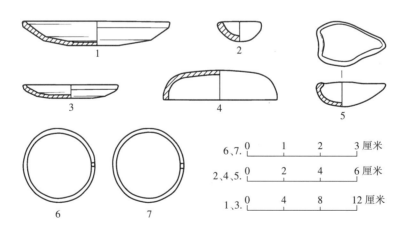

6，7.
2，4，5.
1，3.

图一〇一　2015M50出土器物

1、3. 陶盘（M50：1、扰2）　2. 小陶釜（M50：2）　4. 陶器盖（M50：扰1）

5. 小陶瓢（M50：4）　6、7. 银指环（M50：3、扰3）

3. 铜钱

25枚，编号M50：5-1~5-25。其中"五铢"11枚、"大泉五十"14枚。详情见表二五。

| 表二五 | | | | 2015 M50 出土铜钱登记表 | | | | | | （尺寸单位：厘米；重量单位：克） |

| 种类 | 编号 | 特征 | | 郭径 | 钱径 | 穿宽 | 郭厚 | 肉厚 | 重量 |
		文字特征	记号						
五铢	5－1	"五"字瘦长，竖画甚曲；"金"头三角形，四竖点；"朱"头较圆，"朱"下较圆		2.59	2.17	0.87	0.15	0.12	3.11
	5－2	同上		2.53	2.19	0.88	0.17	0.13	2.88
	5－3	同上		2.50	2.30	0.91	0.11	0.09	1.85
	5－4	同上		2.57	2.20	0.95	0.16	0.12	2.99
	5－5	"五"字瘦长，竖画缓曲；"金"头三角形，四竖点；"朱"头较方，"朱"下较圆		2.58	2.25	0.93	0.15	0.13	2.82
	5－6	"五"字瘦长，竖画甚曲；"金"头三角形，四竖点；"朱"头较方，"朱"下较圆		2.49	2.25	0.97	0.14	0.11	2.75
	5－7	同上		2.66	2.32	0.94	0.14	0.12	2.96
	5－8	同上	剪轮		2.13	0.96		0.10	1.57
	5－9	"五"字瘦长，竖画甚曲；"金"头三角形，四竖点；"朱"头较方，"朱"下较方		2.63	2.32	0.96	0.13	0.12	2.98
	5－10	字迹不清		2.59	2.24	0.90	0.13	0.12	2.32
	5－11	字迹不清			2.28	0.97		0.10	1.55
大泉五十	5－12	穿之右、左篆书"五十"，上、下篆书"大泉"		2.68	2.17	0.80	0.26	0.20	3.85
	5－13	同上		2.75	2.24	0.78	0.20	0.17	5.30
	5－14	同上		2.77	2.21	0.81	0.22	0.18	5.60
	5－15	同上		2.76	2.23	0.79	0.22	0.19	4.96
	5－16	同上		2.75	2.19	0.80	0.21	0.18	4.36
	5－17	同上		2.77	2.26	0.80	0.23	0.17	5.02
	5－18	同上		2.80	2.30	0.78	0.23	0.19	6.96
	5－19	同上		2.67	2.27	0.82	0.20	0.18	4.06
	5－20	同上		2.68	2.30	0.79	0.21	0.17	5.53
	5－21	同上		2.79	2.32	0.78	0.24	0.20	6.93
	5－22	同上		2.72	2.38	0.77	0.20	0.18	3.73
	5－23	同上	磨郭		2.32	0.87		0.09	1.70
	5－24	同上		2.78	2.40	0.69	0.27	0.25	7.87
	5－25	同上		2.69	2.26	0.80	0.20	0.18	4.69

2015M51

位于本发掘区西南部，方向115°（图一〇二）。开口于②层下，开口距地表0.85米。

（一）墓葬结构

由于被严重破坏，仅存墓圹，墓圹呈"中"字形，结构为直壁，平底。从墓圹形状推测，该墓为多室石室墓，由墓道和墓室组成。

墓道　位于墓室东侧。长方形斜坡状。未完全发掘，长度不详，宽2.21米。

墓室　平面呈"凸"字形，被严重破坏，建墓石板均已不存，最长4.4、最宽3.8米。

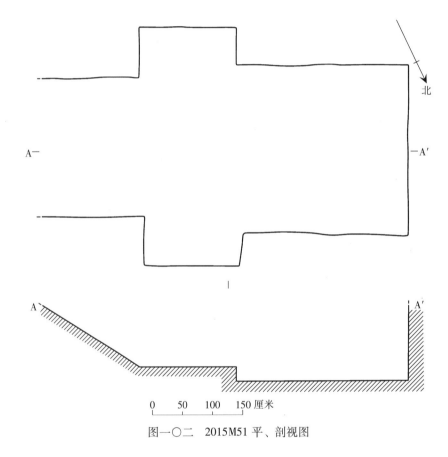

图一〇二　2015M51平、剖视图

（二）葬具及人骨

未见葬具痕迹及人骨痕迹。

（三）随葬品

未见随葬品。

2015M52

位于本发掘区西南部，方向290°（图一〇三）。开口于②层下，开口距地表0.76米。

（一）墓葬结构

该墓为单室石室墓。由墓道、墓门及墓室组成（彩版七一，1）。

墓道　位于墓室西侧。长方形斜坡状。未完全发掘，长度不详，宽2.51米。

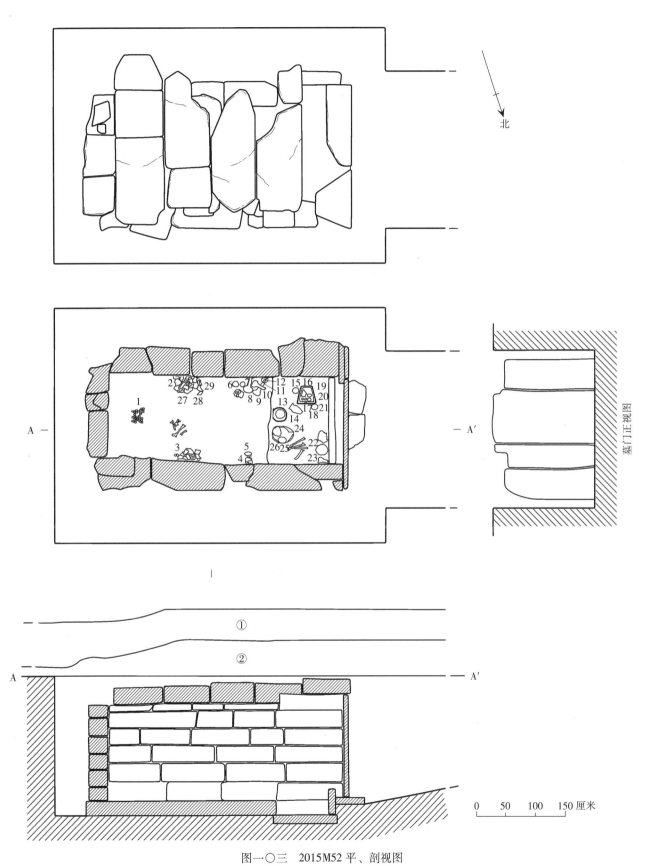

图一〇三　2015M52 平、剖视图

1. 铜钱　2、13、26. 罐　3、6、7、25. 器盖　4、5、27. 耳杯　8~10、23、28. 长颈瓶　11. 小瓿　12、29. 小勺　14. 井组合
15、17~20. 小釜　16. 灶　21. 樽　22. 钵　24. 盒（未标明质地者均为陶器）

墓门　位于墓室西侧。由门框及门槛构成，宽2.28、高1.72米。门框借用墓室南北壁构成，门槛系用长方形石条横置门框之间（彩版七一，2）。门外由四块小石板封堵，石板间白灰勾缝，石板下铺有长方形石板。

墓室　平面呈长方形，由前廊及主室组成。墓室石板铺底，四壁用不规则石条垒砌，白灰勾缝，上部平盖石板为顶，整体保存较完整。前廊平面呈长方形，面阔1.43、进深1.21、高1.83米。主室平面呈长方形，底部高于前廊底部0.23米，面阔1.43、进深2.69、高1.58米。

（二）葬具及人骨

未见葬具痕迹。

该墓人骨保存情况较差。经现场辨认，共有两例个体，可辨识头骨一例，另有部分肢骨散落于主室及前廊。葬式不明。

（三）随葬品

该墓共出土随葬品30件（套），集中堆放于前廊及主室两侧。其中陶器29件，另有铜钱82枚。

1. 陶器

共29件。计有罐3、器盖4、耳杯3、长颈瓶5、井1、水斗1、小甑1、小勺2、小釜5、灶1、樽1、钵1、盒1。

罐　3件（M52：2、13、26）。均为泥质。其中，标本M52：2、26形制相似，敛口，短直颈，溜肩，鼓腹，最大腹径居中，平底。肩部饰有两道凹弦纹。标本M52：2，黑褐陶，圆唇。口径8.3、最大腹径14、底径7.2、高12.1厘米（图一〇四，1；彩版七一，3）。标本M52：26，方唇。口径7.7、最大腹径14.5、底径7.8、高11.8厘米（图一〇四，3）。标本M52：13，黑褐陶，方唇，敞口，平折沿，束颈，溜肩，鼓腹，最大腹径居上，台底微外撇。肩部饰有两道凹弦纹。口径8.9、最大腹径14.2、底径8.1、高11.8厘米（图一〇四，2；彩版七一，4）。

器盖　4件（M52：3、6、7、25）。均为泥质灰陶。形制相似，尖唇，子母口，弧顶。轮制。标本M52：3，口径6、高2.2厘米（图一〇四，12；彩版七二，1）。标本M52：6，口径5.8、高1.8厘米（图一〇四，13；彩版七二，2）。标本M52：7，口径5.9、高1.6厘米（图一〇四，14）。标本M52：25，口径8.1、高2厘米（图一〇四，15）。

耳杯　3件（M52：4、5、27）。均为泥质灰陶。形制相似，椭圆形杯口，尖唇，敞口，斜弧腹，台底。模制。标本M52：4，双耳平齐。口长径10.5、口短径6.5、底长径5.7、底短径3.1、高3.2厘米（图一〇五，1；彩版七二，3）。标本M52：5，双耳上翘。口长径10.8、口短径6.8、底长径5.9、底短径3、高3.1厘米（图一〇五，2；彩版七二，4）。标本M52：27，双耳微上翘。口长径10.3、口短径6.6、底长径5.7、底短径3.1、高2.4厘米（图一〇五，3）。

长颈瓶　5件（M52：8、9、10、23、28）。均为泥质灰陶。形制相似，方唇，微侈口，长颈，溜肩，鼓腹，最大腹径居中，平底。下腹部穿有三处圆孔，底部穿有一圆形小孔。标本M52：8，口径4.4、最大腹径11.8、底径6.7、高24.2厘米（图一〇四，5）。标本M52：9，口径4.6、最大腹径12.7、底径7.8、高24.4厘米（图一〇四，6；彩版七二，5）。标本M52：10，口径5.2、最大腹径13.7、底径8.5、高23.1厘米（图一〇四，7；彩版七二，6）。标本M52：23，口径4.3、

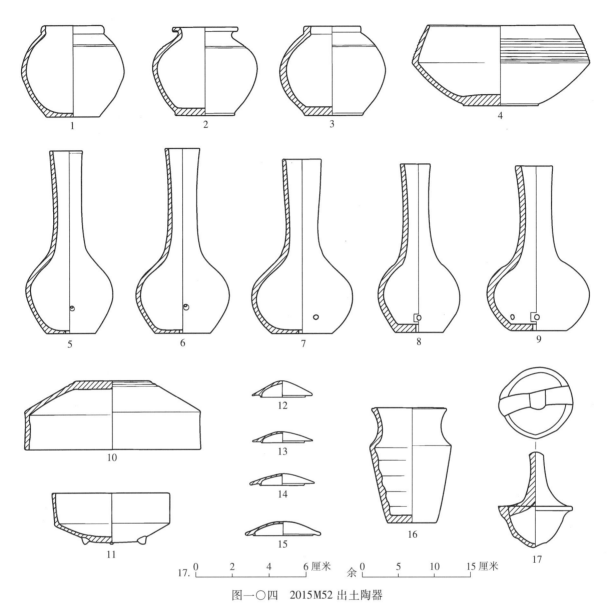

图一〇四 2015M52 出土陶器

1~3. 罐（M52：2、13、26） 4. 钵（M52：22） 5~9. 长颈瓶（M52：8、9、10、23、28） 10. 盒（M52：24）
11. 樽（M52：21） 12~15. 器盖（M52：3、6、7、25） 16. 井（M52：14-1） 17. 水斗（M52：14-2）

最大腹径 11.3、底径 6.7、高 22.3 厘米（图一〇四，8）。标本 M52：28，口径 5.1、最大腹径 13.9、底径 7.8、高 21.7 厘米（图一〇四，9）。

井 1件。标本 M52：14-1，泥质灰黑陶。方唇，敞口，束颈，折肩，桶形深腹，腹斜直内收，平底。唇上有一周凹槽。口径 10.3、最大腹径 11.2、底径 6.7、高 15.3 厘米（图一〇四，16；彩版七一，5左）。

水斗 1件。标本 M52：14-2，泥质灰陶。由提梁和斗组成。提梁呈"人"字形。斗方唇，敞口，斜弧腹，圜底。手制。口径 4、高 5.1 厘米（图一〇四，17；彩版七一，5右）。

小甑 1件。标本 M52：11，泥质灰陶。方唇，敞口，平折沿，束颈，弧腹，平底。底部穿有四个长条形甑孔。口径 7.3、底径 3.2、高 2.9 厘米（图一〇五，7；彩版七三，5）。

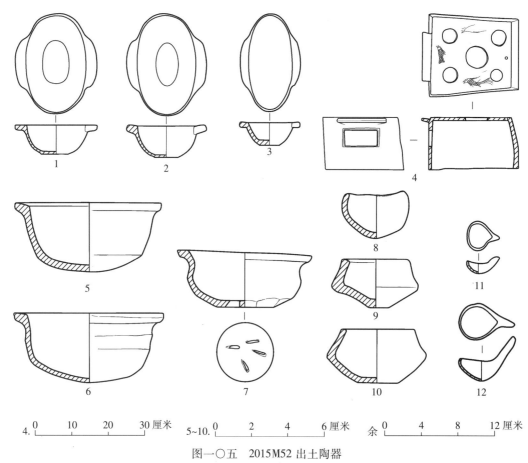

图一〇五　2015M52 出土陶器

1~3. 耳杯（M52：4、5、27）　4. 灶（M52：16）　5、6、8~10. 小釜（M52：20、15、17、19、18）　7. 小甑（M52：11）
11、12. 小勺（M52：29、12）

　　小勺　2 件（M52：12、29）。均为泥质灰陶。形制相似，尖唇，敞口，斜弧腹，圜底。口沿一侧捏制一短柄。标本 M52：12，通长 6.2、口径 3.9、高 4.7 厘米（图一〇五，12；彩版七三，6）。标本 M52：29，通长 3.6、口径 3.1、高 1.8 厘米（图一〇五，11）。

　　小釜　5 件（M52：15、17、18、19、20）。均为泥质灰陶。标本 M52：15，灰黑陶，方唇，敞口，平折沿，略束颈，斜弧腹，圜底。口径 8.2、高 3.7 厘米（图一〇五，6；彩版七三，7）。标本 M52：17，尖唇，敛口，弧腹，圜底。底部有修整痕迹。捏制。口径 3.3、腹径 3.6、高 2.4 厘米（图一〇五，8）。标本 M52：18，方唇，敛口，折腹，小平底。口径 3.9、最大腹径 5.4、底径 2.2、高 2.9 厘米（图一〇五，10）。标本 M52：19，方唇，敛口，折腹，尖状小平底。底部有修整痕迹。手制。口径 3.6、最大腹径 4.7、高 2.6 厘米（图一〇五，9）。标本 M52：20，灰黑陶，方唇，敞口，折沿，斜弧腹，小平底。口径 8、高 3.7 厘米（图一〇五，5）。

　　灶　1 件。标本 M52：16，泥质灰陶。灶面呈梯形，前端出长方形遮烟檐，檐面上翘；灶面四角各置有一个圆形小火眼，居中置有一个圆形大火眼，后端中部置有一圆形小烟孔；长方形灶门不落地。灶面前端和左右两侧各刻划有一鱼形图案，右侧因残损图案不完整。长 26、宽约 22、高 17.4 厘米，火眼直径 6.5（大）、4.5（中）、3.1（小）厘米，烟孔直径 0.8 厘米，灶门长 9.7、高 4.9 厘米（图一〇五，4；彩版七三，1）。

　　樽　1件。标本 M52：21，泥质灰陶。方唇，直口，直腹，圜底，底置三个乳丁状矮足。口径 16.1、底径 6.8、高 7 厘米（图一〇四，11；彩版七三，2）。

　　钵　1件。标本 M52：22，泥质灰陶。尖唇，敛口，折腹，台底微外撇。上腹部饰有多周凹弦纹。口径 20、最大腹径 24.3、底径 10.6、高 10.5 厘米（图一〇四，4；彩版七三，4）。

　　盒　1件。标本 M52：24，泥质灰陶。残存盒盖。方唇，直口，盖体斜折，平顶。近顶部饰有凹弦纹。口径 24、顶径 10.3、高 9.3 厘米（图一〇四，10；彩版七三，3）。

　　2. 铜钱

82 枚，编号 M52：1－1～1－82。其中"五铢"80 枚、"货泉"2 枚。详情见表二六。

表二六　　　　　　　　　　　2015M52 出土铜钱登记表　　　　　　（尺寸单位：厘米；重量单位：克）

种类	编号	特征		郭径	钱径	穿宽	郭厚	肉厚	重量
		文字特征	记号						
五铢	1－1	"五"字瘦长，竖画甚曲；"金"头三角形，四竖点；"朱"头较方，"朱"下较方		2.57	2.26	0.89	0.14	0.12	2.68
	1－2	同上		2.55	2.19	0.90	0.13	0.12	2.58
	1－3	同上		2.55	2.31	0.88	0.12	0.10	2.68
	1－4	同上		2.55	2.30	0.93	0.12	0.11	2.55
	1－5	同上		2.55	2.31	0.88	0.12	0.10	2.68
	1－6	同上		2.57	2.28	0.89	0.12	0.11	3.22
	1－7	"五"字瘦长，竖画甚曲；"金"头三角形，四竖点；"朱"头较方，"朱"下较圆		2.56	2.32	0.87	0.12	0.10	2.30
	1－8	同上		2.55	2.31	0.91	0.11	0.09	1.85
	1－9	同上		2.58	2.23	0.95	0.12	0.10	2.43
	1－10	同上		2.66	2.32	0.94	0.14	0.12	2.96
	1－11	同上		2.65	2.35	0.95	0.15	0.13	2.34
	1－12	同上		2.59	2.23	0.90	0.14	0.13	3.25
	1－13	同上		2.79	2.21	0.87	0.13	0.12	2.46
	1－14	同上		2.57	2.28	0.89	0.13	0.11	3.22
	1－15	同上		2.56	2.25	0.90	0.15	0.14	3.03
	1－16	同上		2.79	2.21	0.87	0.13	0.12	2.46
	1－17	同上		2.60	2.30	0.88	0.14	0.13	3.02
	1－18	同上		2.64	2.23	0.93	0.12	0.11	2.88
	1－19	"五"字瘦长，竖画甚曲；"金"头三角形，四竖点；"朱"头较圆，"朱"下较圆		2.57	2.27	0.95	0.16	0.12	2.99
	1－20	同上		2.59	2.31	0.89	0.17	0.14	3.19
	1－21	同上		2.57	2.27	0.95	0.16	0.12	2.99

种类	编号	特征		郭径	钱径	穿宽	郭厚	肉厚	重量
		文字特征	记号						
五铢	1－22	"五"字瘦长，竖画甚曲；"金"头三角形，四竖点；"朱"头较圆，"朱"下较圆		2.57	2.28	0.89	0.12	0.11	3.22
	1－23	同上		2.55	2.31	0.88	0.12	0.10	2.68
	1－24	同上		2.79	2.21	0.87	0.13	0.12	2.46
	1－25	同上		2.59	2.23	0.90	0.14	0.13	3.25
	1－26	同上		2.55	2.32	0.99	0.13	0.12	3.00
	1－27	同上		2.57	2.28	0.96	0.13	0.12	3.04
	1－28	同上		2.64	2.23	0.93	0.12	0.11	2.88
	1－29	同上		2.66	2.32	0.89	0.16	0.14	3.67
	1－30	同上		2.70	2.36	0.90	0.17	0.15	3.86
	1－31	同上		2.55	2.25	0.91	0.13	0.12	2.87
	1－32	同上		2.63	2.34	0.94	0.12	0.10	2.77
	1－33	同上		2.60	2.30	0.88	0.14	0.13	3.02
	1－34	同上		2.59	2.58	0.96	0.12	0.11	2.67
	1－35	同上		2.49	2.31	0.88	0.11	0.09	2.32
	1－36	同上		2.55	2.35	0.86	0.14	0.12	3.06
	1－37	同上		2.56	2.34	0.97	0.15	0.13	3.45
	1－38	同上		2.57	2.28	0.96	0.13	0.12	3.04
	1－39	同上		2.60	2.30	0.88	0.14	0.13	3.02
	1－40	同上		2.59	2.58	0.96	0.12	0.11	2.67
	1－41	同上		2.49	2.31	0.88	0.11	0.09	2.32
	1－42	同上		2.55	2.35	0.86	0.14	0.12	3.06
	1－43	同上		2.56	2.34	0.97	0.15	0.13	3.45
	1－44	同上		2.57	2.28	0.96	0.13	0.12	3.04
	1－45	同上		2.64	2.23	0.93	0.12	0.11	2.88
	1－46	同上		2.66	2.32	0.89	0.16	0.14	3.67
	1－47	同上		2.70	2.36	0.90	0.17	0.15	3.86
	1－48	同上		2.55	2.25	0.91	0.13	0.12	2.87
	1－49	同上		2.63	2.34	0.94	0.12	0.10	2.77
	1－50	同上		2.60	2.30	0.88	0.14	0.13	3.02
	1－51	同上		2.66	2.26	0.90	0.15	0.14	3.23
	1－52	同上		2.58	2.34	0.92	0.12	0.10	2.45
	1－53	同上		2.57	2.21	0.87	0.11	0.09	2.32
	1－54	同上		2.55	2.31	0.90	0.12	0.11	2.57
	1－55	同上		2.47	2.23	0.93	0.12	0.10	2.55

种类	编号	特征		郭径	钱径	穿宽	郭厚	肉厚	重量
		文字特征	记号						
五铢	1－56	"五"字瘦长，竖画甚曲；"金"头三角形，四竖点；"朱"头较圆，"朱"下较圆		2.70	2.36	0.90	0.17	0.15	3.86
	1－57	同上		2.55	2.25	0.91	0.13	0.12	2.87
	1－58	同上		2.63	2.34	0.94	0.12	0.10	2.77
	1－59	同上		2.55	2.25	0.91	0.13	0.12	2.87
	1－60	同上		2.60	2.30	0.88	0.14	0.13	3.02
	1－61	同上		2.59	2.58	0.96	0.12	0.11	2.67
	1－62	同上		2.49	2.31	0.88	0.11	0.09	2.32
	1－63	同上		2.55	2.35	0.86	0.14	0.12	3.06
	1－64	同上		2.60	2.30	0.88	0.14	0.13	3.02
	1－65	同上		2.59	2.58	0.96	0.12	0.11	2.67
	1－66	"五"字瘦长，竖画甚曲；"金"头三角形，四竖点；"朱"头较圆，"朱"下较方		2.53	2.35	0.92	0.13	0.11	2.61
	1－67	同上		2.56	2.24	0.83	0.16	0.15	3.22
	1－68	同上		2.56	2.25	0.90	0.15	0.14	3.03
	1－69	同上		2.55	2.32	0.99	0.13	0.12	3.00
	1－70	同上		2.63	2.34	0.94	0.12	0.10	2.77
	1－71	"五"字瘦长，竖画缓曲；"金"头三角形，四竖点；"朱"头较圆，"朱"下较方		2.65	2.35	0.95	0.15	0.13	2.34
	1－72	"五"字瘦长，竖画缓曲；"金"头三角形，四竖点；"朱"头较圆，"朱"下较圆		2.55	2.31	0.91	0.11	0.09	1.85
	1－73	同上		2.55	2.31	0.88	0.12	0.10	2.68
	1－74	"五"字瘦长，竖画缓曲；"金"头三角形，四竖点；"朱"头较方，"朱"下较圆		2.55	2.32	0.99	0.13	0.12	3.00
	1－75	字迹不清		2.55	2.25	0.91	0.13	0.12	2.87
	1－76	字迹不清		2.63	2.34	0.94	0.12	0.10	2.77
	1－77	字迹不清		2.55	2.25	0.91	0.13	0.12	2.87
	1－78	字迹不清		2.63	2.34	0.94	0.12	0.10	2.77
	1－79	字迹不清		2.60	2.30	0.88	0.14	0.13	3.02
	1－80	字迹不清		2.59	2.58	0.96	0.12	0.11	2.67
货泉	1－81	穿之右、左篆书"货泉"二字		2.25	1.97	0.63	0.17	0.15	2.16
	1－82	同上		2.16	1.87	0.77	0.17	0.12	1.72

2015M53

位于本发掘区西南部，方向80°（图一〇六）。开口于②层下，开口距地表0.83米。

（一）墓葬结构

被严重破坏，仅存墓圹及少量石板。墓圹呈"中"字形，结构为直壁，平底，最长5.01、最宽4.34、残深约1.08米。从营建形制推测，该墓为多室石室墓。从墓葬结构可以看出，由墓道、墓门及墓室组成（彩版七四，1）。

墓道　位于墓室东侧。长方形斜坡状。未完全发掘，长度不详，宽2.6米。

墓门　仅存墓门门槛及封门石板。门槛系一长方形石条置于封门内，门外存留长方形封门石板1块，封门下铺有长方形石板。

墓室　平面呈"凸"字形。依据墓圹结构判断，该墓应至少由前廊、耳室及主室组成。墓壁及墓顶不存，墓底仅存前廊的部分石板。

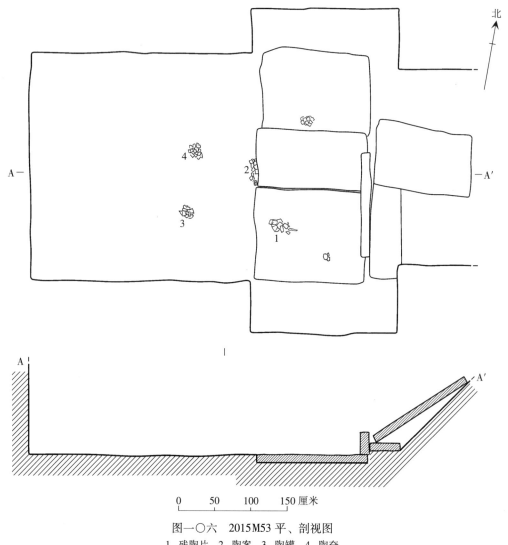

图一〇六　2015M53 平、剖视图
1. 残陶片　2. 陶案　3. 陶罐　4. 陶奁

（二）葬具及人骨

未见葬具痕迹。

该墓人骨腐朽严重，仅在前廊发现少量肢骨残块。

（三）随葬品

该墓共出土随葬品5件。其中陶器3件，置放于主室内。另在扰土中出土铁器及骨器各1件。

1. 陶器

共3件。计有案1、罐、奁1。

案　1件。标本M53：2，泥质灰陶。整体呈圆形，略有形变。圆唇，敞口，平折沿，浅腹，近扁平片状，平底内凹。底部边缘有一周削坯痕迹。口径34.5、底径30.5、高2.5厘米（图一〇七，2；彩版七四，2）。

罐　1件。标本M53：3，泥质灰陶。圆唇，敛口，短直颈，溜肩，鼓腹，最大腹径偏上，台底。肩部饰有两两一组、共两组四周细弦纹。口径18.7、最大腹径32.9、底径12.3、高28.5厘米（图一〇七，1；彩版七四，3）。

奁　1件。标本M53：4，泥质灰陶。残存奁体。方唇，直口，直腹内凹，平底。腹部饰有两两一组、共两组四周细弦纹。口径24.6、底径24.6、高19.8厘米（图一〇七，3；彩版七四，4）。

2. 铁器

1件。标本M53：扰1，锈蚀严重，器形不明。

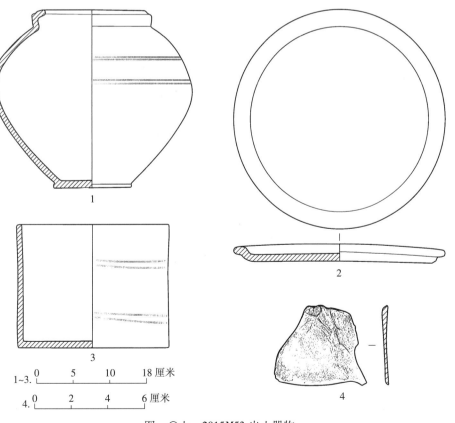

图一〇七　2015M53 出土器物
1. 陶罐（M53：3）　2. 陶案（M53：2）　3. 陶奁（M53：4）　4. 骨器（M53：扰2）

3. 骨器

1 件。标本 M53：扰 2，器身扁薄，呈不规则梯形。一侧磨制成刃，刃部锋利。残长 10.7、残宽 5.1 厘米（图一○七，4）。

2015M54

位于本发掘区西南部，方向 100°（图一○八）。开口于②层下，开口距地表 0.63 米。

（一）墓葬结构

由于被严重破坏，仅存墓圹。墓圹呈"中"字形，结构为直壁，平底，最长 4.8、最宽 4.34 米、残深约 1.05 米。从营建形制推测，该墓为多室石室墓。从墓葬结构可以看出，由墓道和墓室组成。

墓道　位于墓室东侧。长方形斜坡状。未完全发掘，长度不详，宽 2.06 米。

墓室　平面呈"凸"字形。依据墓圹结构判断，该墓应至少由前廊、耳室及主室组成。

（二）葬具及人骨

未见葬具痕迹及人骨痕迹。

（三）随葬品

该墓共出土随葬品 2 件，主要置放于前廊。均为陶器。

陶器　共 2 件。计有方盘 1、案 1。

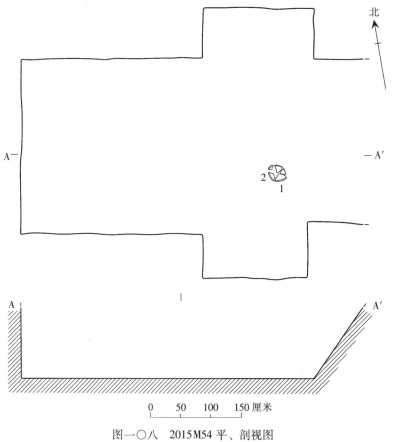

图一○八　2015M54 平、剖视图
1. 陶方盘　2. 陶案

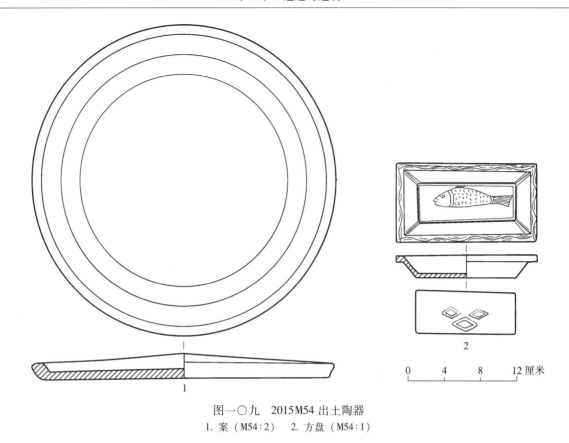

图一〇九　2015M54 出土陶器
1. 案（M54:2）　2. 方盘（M54:1）

方盘　1件。标本 M54:1，泥质灰陶。方唇，敞口，平折沿，斜直壁，平底，底略残。沿面饰一周水波纹，内壁各夹角均饰两道竖向刻划纹，内底刻划一鱼形图案，现存外底部模印有三处菱形纹。口长 15.4、口宽 8.3、底长 11.6、底宽 4.4、高 2.4 厘米（图一〇九，2；彩版七五，1）。

案　1件。标本 M54:2，泥质灰陶。整体呈圆形，略有变形。扁平片状，边缘凸起一周棱为沿，沿圆唇，外侈。案心饰有同心圆弦纹。口径 32.5、底径 32、高 2.7 厘米（图一〇九，1；彩版七五，2）。

2015M55

位于本发掘区西南部，方向180°（图一一〇）。开口于②层下，开口距地表 0.78 米。

（一）墓葬结构

由于被严重破坏，仅存墓圹。墓圹呈近"中"字形，结构为直壁，平底，最长 4.1、最宽 3.41、残深 0.93 米。从营建形制推测，该墓为多室石室墓。从墓葬结构可以看出，应至少由墓道和墓室组成。

墓道　位于墓室南侧。长方形斜坡状。未完全发掘，长度不详，宽 2.25 米。

墓室　平面呈"L"形。被严重破坏，墓壁及墓顶不存，墓底仅存一块残石板，墓室结构不详。

（二）葬具及人骨

未见葬具痕迹及人骨痕迹。

（三）随葬品

该墓扰土中出土铜钱 5 枚，编号 M55:扰 1-1~扰 1-5。均为"五铢"。详情见表二七。

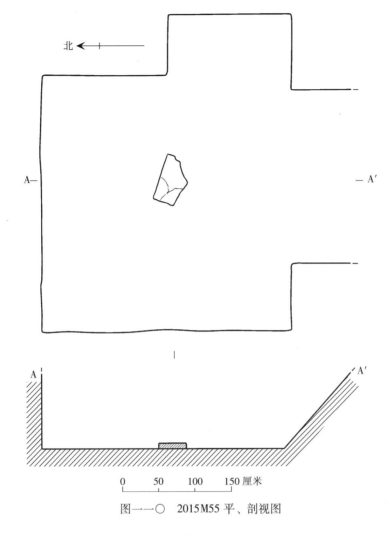

北 ←—

A—

— A′

A′

—A′

0　　　50　　　100　　　150 厘米

图一一〇　2015M55 平、剖视图

表二七　　　　　　　　　　　　2015M55 出土铜钱登记表　　　　（尺寸单位：厘米；重量单位：克）

种类	编号	特征		郭径	钱径	穿宽	郭厚	肉厚	重量
		文字特征	记号						
五铢	扰1－1	"五"字瘦长，竖画缓曲；"金"头三角形，四竖点；"朱"头较圆，"朱"下较圆		2.60	2.25	0.84	0.14	0.12	2.66
	扰1－2	同上		2.55	2.31	0.93	0.13	0.11	2.83
	扰1－3	"五"字瘦长，竖画缓曲；"金"头三角形，四竖点；"朱"头较方，"朱"下较圆		2.53	2.25	0.90	0.17	0.15	3.12
	扰1－4	"五"字瘦长，竖画甚曲；"金"头三角形，四竖点；"朱"头较方，"朱"下较圆		2.52	2.25	0.97	0.14	0.11	2.87
	扰1－5	"五"字瘦长，竖画甚曲；"金"头三角形，四竖点；"朱"头较圆，"朱"下较圆		2.56	2.28	0.88	0.13	0.12	3.23

2015M56

位于本发掘区西南部，方向0°（图一一一）。开口于②层下，开口距地表0.73米。

（一）墓葬结构

由于被严重破坏，仅存墓圹。墓圹呈长方形，结构为直壁，平底，长3.95、宽3.16、残深约0.95米。从墓底残存石板推测，该墓为石室墓。墓壁及墓顶不存，仅墓底残存石板六块，具体形制难以判断。

（二）葬具及人骨

未见葬具痕迹。

该墓人骨保存状况极差，仅存少量肢骨残块。

（三）随葬品

该墓共出土随葬品7件（套），主要置放于墓室西侧。其中陶器6件、铜器1件。

1. 陶器

共6件。计有小瓢1、器盖4、亚腰形小陶器1。

小瓢　1件。标本M56:1，泥质灰陶。整体呈心形，圆唇，敞口，斜弧腹，圜底。手制。口通长2.4、口通宽1.6、高1.2厘米（图一一二，1；彩版七五，3）。

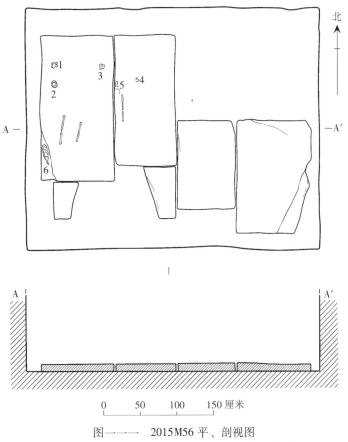

图一一一　2015M56 平、剖视图
1. 小陶瓢　2、3、5. 陶器盖　4. 亚腰形小陶器　6. 铜带钩

器盖　4 件（M56:2、3、5、扰 1）。均为泥质灰陶。其中，标本 M56:2、5 形制相似，圆唇，子母口，弧顶。顶部饰有弦纹。标本 M56:2，盖径 8.4、口径 4.8、高 1.9 厘米（图一一二，3）。标本 M56:5，顶饰两组每组两周浅凹弦纹。盖径 7.8、口径 4.8、高 1.6 厘米（图一一二，4）。标本 M56:3，方唇，敞口，弧顶略平。顶部有削坯痕迹。口径 6.4、高 1.8 厘米（图一一二，5；彩版七五，5）。标本 M56:扰 1，方唇，子母口，平顶。轮制。盖径 9.1、高 1 厘米（图一一二，6；彩版七五，6）。

亚腰形小陶器　1 件。标本 M56:4，泥质红褐陶。手工捏制而成。圆唇，敞口，束腰，喇叭形座，纵向穿有一孔。口径 3.2、底径 2.8、高 3.8 厘米（图一一二，2；彩版七五，4）。

2. 铜器

带钩　1 件。标本 M56:6，平面近椭圆形，一端为弯钩，钩头状如蛇头，一边浮雕、镂空装饰，主纹为一熊耳踞立的神人，神人头顶有三叉垂缨状饰，似为伞盖；右臂缠绕一龙，左臂绕一虎，右手持匕首，左手持物不辨。钩纽圆形，菌状，纽表面浮雕纹饰因锈蚀无法辨识。通长 15.6、通宽 5.6 厘米，重 190 克（图一一二，7；彩版七五，7）。

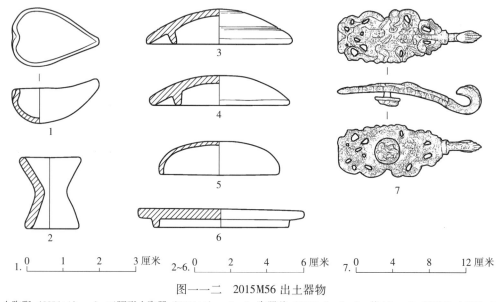

图一一二　2015M56 出土器物

1. 小陶瓢（M56:1）　2. 亚腰形小陶器（M56:4）　3~6. 陶器盖（M56:2、5、3、扰 1）　7. 铜带钩（M56:6）

2015M57

位于本发掘区西南部，方向 180°（图一一三）。开口于②层下，开口距地表 0.73 米。

（一）墓葬结构

该墓被严重破坏。墓道不存，仅存长方形墓圹和墓底石板，推测为多室石室墓（彩版七六，1）。墓圹平面呈长方形，长 3.85、宽 3 米，最深处距地表 1.71 米。直壁，底部呈阶梯状，西侧最高，北侧次之，中、东、南部最低。因现存的构筑墓室石板不相连，且未发现墓道，故无法判断其具体结构。现存石板分两部分：东部由数块平铺的石板和两块立板组成，可能是墓室的前廊、主室、后室部分，也不排除是墓室主室和双耳室的可能。通长 3.35、通宽 1.45 米，北侧石板底部高于其余平铺石板 0.38 米。西部为数块平铺石板，距东部石板约 0.5~0.7 米，其底部高于东

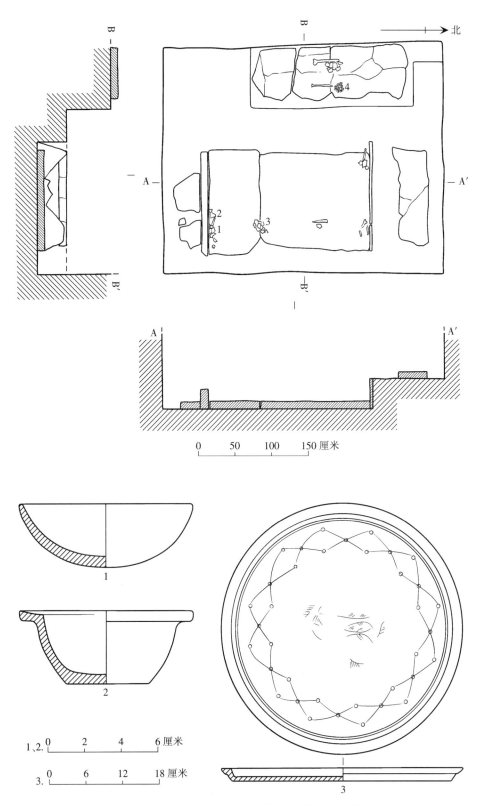

图一一三　2015M57 平、剖视图及其出土陶器

1. 小陶釜（M57∶1）　　2. 小陶盆（M57∶2）　　3. 陶案（M57∶3）　　4. 铜钱（M57∶4）

部石板底部 0.97 米，现存通长 2.12、通宽 0.78 米。可能是墓室后室或西耳室。

（二）葬具及人骨

未发现葬具痕迹。

人骨保存状况差，仅存部分肢骨残块。

（三）随葬品

该墓共出土随葬品 4 件（套），陶器 3 件位于东部石板上，铜钱 14 枚位于西部石板上。

1. 陶器

共 3 件。计有小釜 1、小盆 1、案 1。

小釜　1 件。标本 M57：1，泥质灰陶。圆唇，敞口，斜弧腹，圜底。手制。口径 9.4、高 3.4 厘米（图一一三，1；彩版七六，2）。

小盆　1 件。标本 M57：2，夹砂灰陶。方唇，敞口，平折沿，斜弧腹，平底。口径 9.4、底径 4.4、高 3.8 厘米（图一一三，2；彩版七六，3）。

案　1 件。标本 M57：3，泥质灰陶。整体呈圆形，略有变形。扁平片状，边缘凸起为沿，沿方唇，平折沿外展，平底略内凹。案心饰有三周同心圆细绳纹，外侧两绳纹间饰菱形纹和戳印环纹组合纹饰，盘心刻划双鱼纹。口径 39.6、底径 36、高 2 厘米（图一一三，3；彩版七六，4）。

2. 铜钱

14 枚，编号 M57：4－1~4－14。均为"五铢"。详情见表二八。

表二八　　　　　　　　　　2015M57 出土铜钱登记表　　　　　　　（尺寸单位：厘米；重量单位：克）

种类	编号	特征		郭径	钱径	穿宽	郭厚	肉厚	重量
		文字特征	记号						
五铢	4－1	"五"字瘦长，竖画缓曲；"金"头三角形，四竖点；"朱"头较方，"朱"下较圆		2.64	2.36	0.95	0.15	0.13	2.37
	4－2	同上		2.57	2.20	0.95	0.16	0.12	2.99
	4－3	"五"字瘦长，竖画缓曲；"金"头三角形，四竖点；"朱"头较方，"朱"下较方		2.50	2.30	0.91	0.11	0.09	1.85
	4－4	"五"字瘦长，竖画甚曲；"金"头三角形，四竖点；"朱"头较方，"朱"下较圆		2.56	2.30	1.00	0.17	0.14	3.09
	4－5	同上		2.64	2.36	0.95	0.15	0.13	2.37
	4－6	同上		2.50	2.33	0.91	0.13	0.11	3.00
	4－7	"五"字瘦长，竖画甚曲；"金"头三角形，四竖点；"朱"头较方，"朱"下较方		2.59	2.33	0.95	0.14	0.12	2.77
	4－8	"五"字瘦长，竖画甚曲；"金"头三角形，四竖点；"朱"头较圆，"朱"下较圆		2.58	2.22	0.95	0.12	0.10	2.43

续表二八

种类	编号	特征		郭径	钱径	穿宽	郭厚	肉厚	重量
		文字特征	记号						
五铢	4 – 9	"五"字瘦长，竖画甚曲；"金"头三角形，四竖点；"朱"头较圆，"朱"下较圆		2.53	2.18	0.90	0.13	0.12	2.58
	4 – 10	"五"字瘦长，竖画甚曲；"金"头三角形，四竖点；"朱"头较圆，"朱"下较方		2.60	2.16	0.90	0.13	0.11	2.69
	4 – 11	同上		2.55	2.32	0.98	0.12	0.11	2.89
	4 – 12	字迹不清		2.64	2.36	0.95	0.15	0.13	2.37
	4 – 13	字迹不清		2.50	2.30	0.91	0.11	0.09	1.85
	4 – 14	字迹不清		2.57	2.20	0.95	0.16	0.12	2.99

2015M58

位于本发掘区西部中段，方向195°（图一一四）。开口于②层下，开口距地表0.8米。

（一）墓葬结构

该墓被严重破坏，仅存墓圹，形制不辨。平面呈长方形，结构为直壁，平底，长3.05、宽2.05、残深约0.91米。墓底平铺鹅卵石。

（二）葬具及人骨

未见葬具痕迹及人骨痕迹。

（三）随葬品

未见随葬品。

2015M59

位于本发掘区西部中段，方向200°（图一一五）。开口于②层下，开口距地表0.82米。

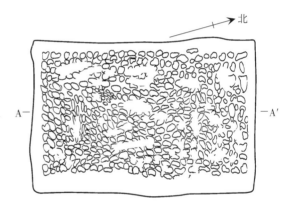

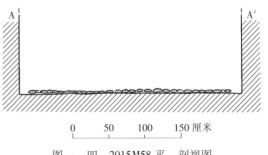

图一一四 2015M58 平、剖视图

（一）墓葬结构

由于被严重破坏，仅存墓圹。墓圹呈"中"字形，结构为直壁，平底。从墓底残存石板推测，该墓为多室石室墓。从墓葬结构可以看出，由墓道和墓室组成（彩版七七，1）。

墓道 位于墓室南侧。长方形斜坡状。未完全发掘，长度不详，宽2.1米。

墓门 仅存墓门门槛。

墓室 平面呈"凸"字形，由前廊、耳室及主室组成。具体形制不详，最长4.82、最宽3.92米。仅前廊、耳室存有底板。耳室底部高于前廊底部。

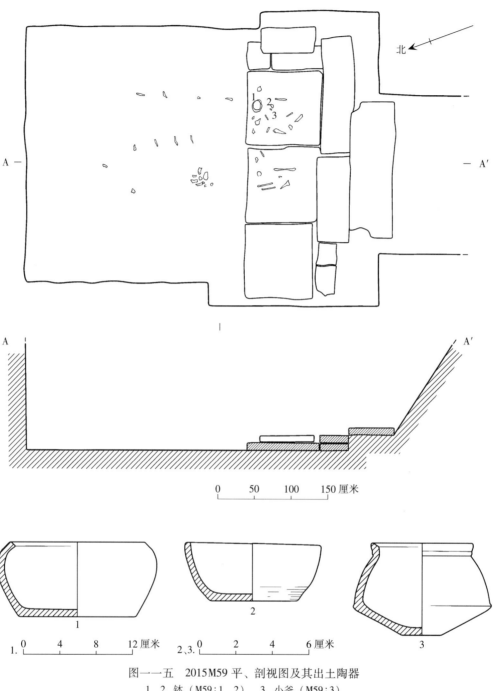

图一一五　2015M59 平、剖视图及其出土陶器
1、2. 钵（M59:1、2）　3. 小釜（M59:3）

（二）葬具及人骨

未见葬具痕迹。

该墓人骨保存状况差，仅存部分肢骨散落于前廊及主室内。

（三）随葬品

该墓共出土随葬品 4 件（套），主要放置于前廊。其中陶器 3 件，另有铜钱 2 枚。

1. 陶器

共 3 件。计有钵 2、小釜 1。

钵　2件（M59:1、2）。标本 M59:1，夹砂灰陶。方唇，敛口，弧腹，最大腹径偏上，平底。口径 14.8、最大腹径 17.6、底径 12.8、高 8 厘米（图一一五，1；彩版七七，2）。标本 M59:2，夹砂灰白陶。圆唇，敞口，斜弧腹，平底。口径 7.5、底径 4.8、高 3.1 厘米（图一一五，2；彩版七七，3）。

小釜　1件。标本 M59:3，泥质灰陶。尖圆唇，敞口，束颈，折腹，折腹处有凸棱，小平底。口径 5.5、最大腹径 7.4、底径 2、高 4.9 厘米（图一一五，3）。

2. 铜钱

2枚，编号 M59:4-1、4-2。均为"五铢"。详情见表二九。

表二九　　　　　　　　　2015 M59 出土铜钱登记表　　　（尺寸单位：厘米；重量单位：克）

种类	编号	特征		郭径	钱径	穿宽	郭厚	肉厚	重量
		文字特征	记号						
五铢	4-1	"五"字瘦长，竖画缓曲；"金"头三角形，四竖点；"朱"头较圆，"朱"下较圆		2.59	2.35	0.91	0.12	0.10	2.11
	4-2	同上		2.54	2.21	0.99	0.11	0.09	1.16

2015 M60

位于本发掘区西部中段，方向 290°（图一一六）。开口于②层下，开口距地表 1.05 米。

（一）墓葬结构

该墓为多室石室墓。由墓道、墓门及墓室组成（彩版七八，1）。

墓道　位于墓室西侧。长方形斜坡状。未完全发掘，长度不详，宽 2.5 米。

墓门　位于墓室西侧。由门框、门楣及门槛构成，宽 1.92、高 1.35 米（彩版七八，2）。门框借用墓室主室北壁及耳室侧板构成，门槛系用长方形石条横置门框之间。门楣系用长方形石条横置于门框之上，上顶墓室盖板。门外由三块大石板立砌封堵，石板间白灰勾缝。

墓室　平面近"工"字形，由主室、耳室及后室组成。墓底及四壁由规整的石板垒砌，白灰勾缝，上部平盖石板为顶，整体保存较完整。后室顶板南侧可见一处形状不规则的盗洞。主室平面呈长方形，其内东西向纵立长方形石板一组，将主室分为南、北两个长方形小室。立板下接墓底石板，上搭横梁，横梁上顶墓室盖板。主室面阔 1.48、进深 2.26、高 1.47 米。耳室位于墓室南部，平面呈长方形，面阔 0.87、进深 0.71、高 1.47 米。后室平面呈长方形，底部高于主室底部 0.31 米，面阔 2.49、进深 0.83、高 1.05 米。

（二）葬具及人骨

未见葬具痕迹。

该墓人骨保存状况差，仅存部分肢骨散落墓室各处。

（三）随葬品

该墓共出土随葬品 52 件（套），墓室内均匀摆放（彩版七八，3）。其中陶器 48 件，另有铜器 3 件及铜钱 33 枚。

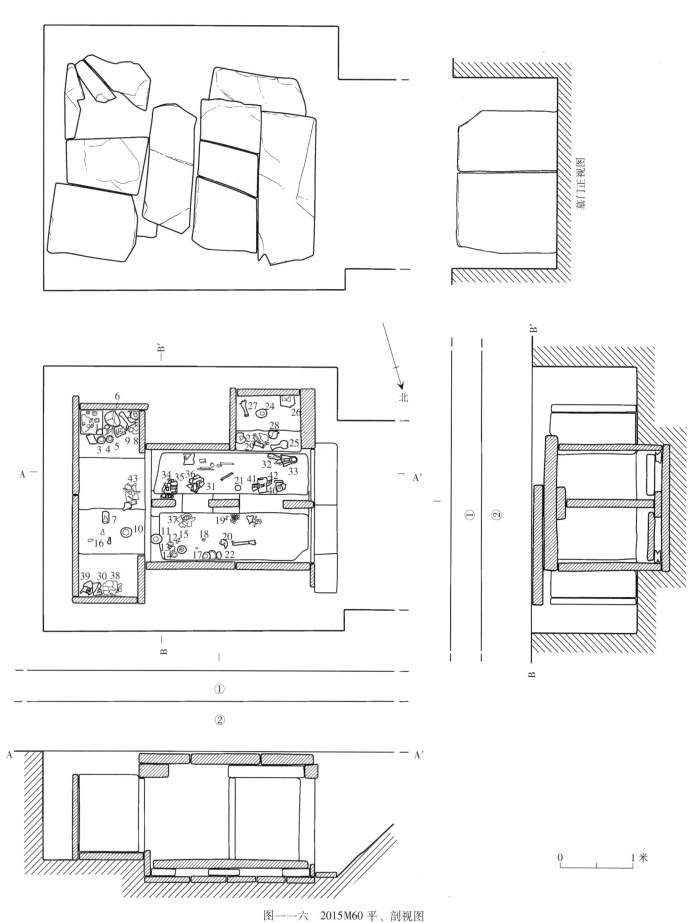

图一一六　2015M60 平、剖视图

1. 灶组合　2、25、27、43. 长颈瓶　3~6、14、40. 器盖　7. 井组合　8、9、23、24、37. 器座　10、15、29. 博山炉　11、26、34~36. 罐 12、13、22. 耳杯　16. 器足　17. 铜顶针　18. 盖状小陶器　19. 铜钱　20、21. 铜镜　28、38. 奁　30. 小甑　31. 小盆　32. 单把杯　33. 俎 39. 案　41、42. 盘（未标明质地者均为陶器）

1. 陶器

共48件套。计有长颈瓶4、罐5、灶1、小釜4、小瓢1、勺1、烟囱1、小甑1、小盆1、井1、支架1、水斗1、博山炉1、耳杯3、器盖6、器座5、器足3、盖状小陶器1、奁2、单把杯1、俎1、案1、盘2。

长颈瓶　4件（M60：2、25、27、43）。均为泥质灰陶。形制相似，方唇，直口微侈，长颈，溜肩，鼓腹，最大腹径居中，平底。下腹部分布三处圆孔，底部有一圆形小孔。标本M60：2，下腹处两孔已残。口径4.6、最大腹径12.6、底径6.9、高23.5厘米（图一一九，1；彩版七九，2）。标本M60：25，口径5.7、最大腹径13.3、底径7.9、高25.3厘米（图一一九，2）。标本M60：27，下腹及底部孔已残。口径5.7、最大腹径14.1、底径8.2、高27厘米（图一一九，3）。标本M60：43，口径5.5、最大腹径14.1、底径8、高27.6厘米（图一一九，4）。

罐　5件（M60：11、26、34、35、36）。均为泥质陶。形制相似，方唇，敛口，短直颈，弧肩，鼓腹，最大腹径居中，台底微外撇。肩部饰两周弦纹。标本M60：11，黑褐陶。口径9.1、最大腹径17.2、底径9.5、高13.4厘米（图一一七，5；彩版八〇，4）。标本M60：26，灰褐陶，口径8.9、最大腹径17.5、底径9.6、高13.6厘米（图一一七，4）。标本M60：34，灰黑陶。口径9.5、最大腹径16.5、底径9.1、高13.1厘米（图一一七，2；彩版八〇，5）。标本M60：35，灰褐陶。口径9.4、最大腹径16.3、底径9.6、高11.7厘米（图一一七，1）。标本M60：36，黑褐陶。口径8.1、最大腹径16.7、底径10.1、高13厘米（图一一七，3）。

灶　1件。标本M60：1-1，泥质灰陶。灶面呈梯形，前端出长方形遮烟檐，檐残，灶面前端并列置三个圆形小火眼，居中置有一个圆形大火眼，后端一角置有一圆形小火眼，另一角置有一个圆形小烟孔；长方形灶门不落地。灶门上方刻划复线三角形几何纹，四周饰刻划几何纹，灶门两侧压印竖向二道凹槽。灶残，通长26、通宽28、高20厘米，火眼直径10.4（大）、5（小）厘米，烟孔直径0.8厘米，灶门长12.5、高8.5厘米（图一一八，1；彩版七九，1）。

小釜　4件（M60：1-2、1-3、1-4、1-5）。均为泥质灰陶。形制相近，圆唇，折腹，尖状小平底，下腹有刮削修整痕。标本M60：1-2，侈口，束颈，折腹处出折棱。口径5.3、最大腹径7.7、底径1.7、高4.6厘米（图一一八，6；彩版七九，1）。标本M60：1-3，侈口，束颈，折腹处出折棱。口径5、最大腹径6.7、底径1.4、高3.6厘米（图一一八，7；彩版七九，1）。标本M60：1-4，敛口。口径4.7、最大腹径6、底径1.4、高2.7厘米（图一一八，8；彩版七九，1）。标本M60：1-5，敛口。口径4.4、最大腹径5.7、底径0.8、高2.6厘米（图一一八，9；彩版七九，1）。

小瓢　1件M60：1-6，泥质灰陶。整体呈鸡心形，尖圆唇，敞口，斜弧腹，圜底。口通长3.5、口通宽3、高1.9厘米（图一一八，2；彩版七九，1）。

勺　1件。标本M60：1-7，泥质灰陶。尖唇，敞口，斜弧腹，圜底。口部一侧置弯柄，柄部上翘，尾端弯弧。长10、口径6.4、高8.6厘米（图一一八，5；彩版七九，1）。

烟囱　1件。标本M60：1-8，泥质灰陶。整体呈圆柱形，中空，上细下粗，口部为圆唇。口沿下施折棱。口径2.4、底径4.4、高10.4厘米（图一一八，4；彩版七九，1）。

小甑　1件。标本M60：30，泥质灰陶。方唇，敞口，平折沿，斜弧腹，台底外撇，底部穿有

图一一七　2015M60 出土陶器

1~5. 罐（M60：35、34、36、26、11）　6、7. 盘（M60：41、42）　8. 小甑（M60：30）　9. 小盆（M60：31）　10. 博山炉
（M60：10、15、29 一套）　11. 单把杯（M60：32）　12. 俎（M60：33）　13、14. 耳杯（M60：12、13）　15~19. 器座（M60：
8、9、23、24、37）

三角形甑孔。上腹饰凸棱纹。口径 14.7、底径 6.1、高 6.9 厘米（图一一七，8）。

　　小盆　1 件。标本 M60：31，泥质灰陶。方唇，敞口，平折沿，斜弧腹，台底微外撇。沿面有一圈凹槽，上腹饰瓦棱纹。口径 16.4、底径 7.1、高 7.4 厘米（图一一七，9；彩版八一，7）。

　　井　1 件。标本 M60：7-1，泥质灰陶。尖唇，敞口，平折沿，束颈，筒形深腹，平底。颈部有一圆形镂孔，颈腹交接处施一周竹节状凸棱纹，腹部饰有三周凹槽。口径 9.9、底径 9.4、高

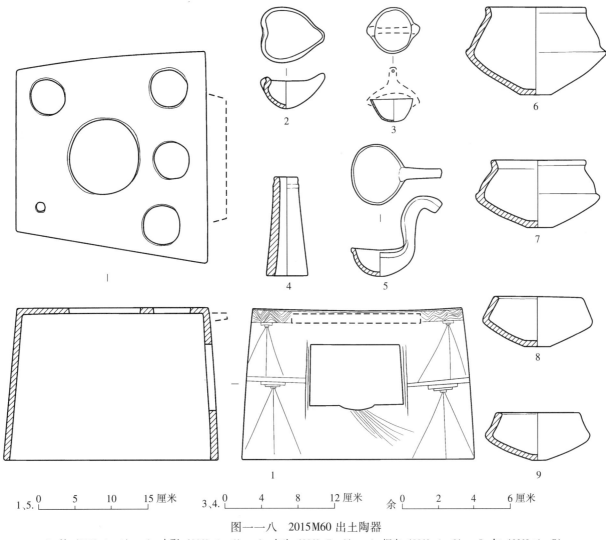

图一一八 2015M60 出土陶器

1. 灶（M60∶1-1） 2. 小瓢（M60∶1-6） 3. 水斗（M60∶7-3） 4. 烟囱（M60∶1-8） 5. 勺（M60∶1-7）
6~9. 小釜（M60∶1-2、1-3、1-4、1-5）

24.6厘米（图一一九，5；彩版七九，6左）。

支架 1件。标本M60∶7-2，泥质灰褐陶。平面呈上下不出头的"井"字形，中间呈环形。长9.8、宽5.6、厚1.1厘米（图一一九，6）。

水斗 1件。标本M60∶7-3，泥质灰陶。由提梁和斗组成。提梁残。斗圆唇，敞口，斜弧腹，圜底。口径4.6、残高2.5厘米（图一一八，3；彩版七九，6右）。

博山炉 1套（M60∶10、15、29）。标本M60∶10、15、29应为一套。泥质灰褐陶。炉体呈豆形，由炉盖、炉身和炉座组成。盖近半球体，方唇，弧壁，近盖底边处略内束，小平顶。炉盖镂空，作平缓的群峰形，上、下两周，每周七处山峰，山顶均开有弧形烟孔；盖顶有一小圆孔，其上立置一鸟形纽，鸟呈飞翔状，头部略偏，双翅自然舒展，尾部上翘；盖壁近底边处穿七个圆形烟孔。炉盖与炉身相接。炉身圆唇，敛口，折腹，上腹直，下腹斜直；折腹处施一周折棱，下腹饰五个圆形镂孔。炉座为喇叭形灯座，高柄中空，座底陡折内凹，形似盘口；柄部及底座饰两两一组每组两周细弦纹。通高32.5厘米，炉盖口径12.5、底径4、高7.3厘米，鸟形纽宽5.7、高5.3厘米，炉座口径11.1、底径14.1、高21.3厘米（图一一七，10；彩版八〇，1~3）。

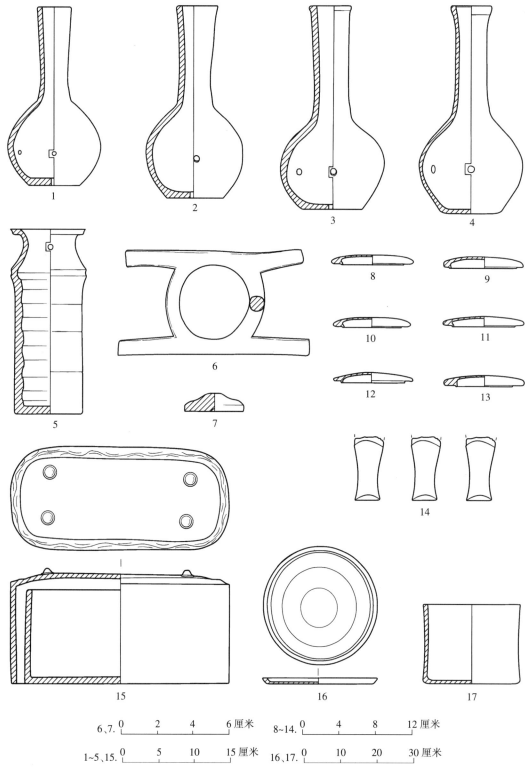

图一一九　2015M60 出土陶器

1~4. 长颈瓶（M60:2、25、27、43）　5. 井（M60:7-1）　6. 支架（M60:7-2）　7. 盖状小陶器（M60:18）　8~13.
器盖（M60:3、4、5、6、14、40）　14. 器足（M60:16-1、16-2、16-3）　15、17. 奁（M60:28、38）　16. 案（M60:39）

　　耳杯　3件（M60:12、13、22）。均为泥质灰陶。形制相似，椭圆形杯口，双耳平齐，斜弧腹，台底。标本 M60:12，灰褐陶。口长径 11.2、口短径 9.4、底长径 7、底短径 3.8、高 3.2

厘米（图一一七，13）。标本 M60：13，口长径11.2、口短径8.8、底长径6.9、底短径3.8、高3.6 厘米（图一一七，14；彩版八〇，6）。标本 M60：22，口长径11.2、口短径9.2、底长径6.9、底短径3.7、高3.1 厘米（彩版八〇，7）。

器盖　6件（M60：3、4、5、6、14、40）。均为泥质灰陶。尖圆唇，子母口，平顶略弧。顶部有刮削痕迹。标本 M60：3，口径6.7、高1.1 厘米（图一一九，8）。标本 M60：4，口径7.2、高1.2 厘米（图一一九，9；彩版七九，3）。标本 M60：5，口径6.3、高1.1 厘米（图一一九，10）。标本 M60：6，口径6.8、高1.2 厘米（图一一九，11）。标本 M60：14，口径6.8、高1.2 厘米（图一一九，12；彩版七九，4）。标本 M60：40，口径6、高1.3 厘米（图一一九，13）。

器座　5件（M60：8、9、23、24、37）。均为泥质灰褐陶。形制相似，方唇，敛口，束腰形粗柄中空，喇叭形座，座底边陡折，形似盘口。口外沿施凹凸棱纹。标本 M60：8，座底边有一周凹槽。口径13.1、底径17.8、高11.1 厘米（图一一七，15）。标本 M60：9，口径13.4、底径18、高11.1 厘米（图一一七，16）。标本 M60：23，口径12.3、底径19、高10.6 厘米（图一一七，17）。标本 M60：24，座底边有一周凹槽。口径14、底径21.7、高12.5 厘米（图一一七，18）。标本 M60：37，座底边有一周凹槽。口径13.3、底径21.2、高13.3 厘米（图一一七，19）。

器足　3件（M60：16-1、16-2、16-3）。均为夹砂灰陶。兽蹄状足。标本 M60：16-1，残高6.8 厘米。标本 M60：16-2，残高6.8 厘米。标本 M60：16-3，残高6.7 厘米（图一一九，14）。

盖状小陶器　1件。标本 M60：18，泥质灰陶。平面呈圆形，外壁竖直，圆弧顶，中部凸起较平，平底，底中部切削出一圆形凹槽。顶径0.8、底径3.2、高1 厘米（图一一九，7；彩版七九，5）。

奁　2件（M60：28、38）。标本 M60：28，由奁盖和奁体组成，均为泥质灰陶。奁盖平面呈椭圆亚腰形，圆唇，直口，直壁，平顶略弧，顶置四个乳丁纽；顶部边缘饰一周水波纹及一周凸棱。奁体平面呈椭圆亚腰形，圆唇，直口，直壁，平底。奁盖口长径30、口短径13.7、高15.3 厘米，奁体口长径25.3、口短径10.5、高12.5 厘米（图一一九，15；彩版八一，1）。标本 M60：38，仅存奁体。泥质黑褐陶，平面呈圆形，方唇，直口，直腹略内凹，平底。口径26、底径26、高21 厘米（图一一九，17；彩版八一，2）。

单把杯　1件。标本 M60：32，泥质灰陶。圆唇，直口，斜直腹，上细下粗，平底。腹壁一侧置有一竖向近方形柄把，柄把上端已残，下端横折连接于腹壁。沿下饰一周戳印纹，腹饰三组细弦纹。口径9.2、底径9.8、高10.8 厘米（图一一七，11；彩版八一，3）。

俎　1件。标本 M60：33，泥质灰陶。长方形俎面，俎底置两个拱形片状足，两足略有变形。俎面模印凸起的鱼纹，鱼鳍下压一把削。长15.8、宽4.4、高3.6 厘米（图一一七，12；彩版八一，4）。

案　1件。标本 M60：39，泥质灰陶。整体呈圆形，略有形变。扁平片状，边缘起一周凸棱为沿，沿方唇，外倾。案面饰同心圆细弦纹。口径30.7、底径29.2、高1.6 厘米（图一一九，16；彩版八一，5）。

盘　2件（M60：41、42）。均为夹砂灰褐陶。形制相似，尖唇，敞口，折腹，台底，内底微下凹。内壁饰两周细凸棱。标本 M60：41，口径21.6、底径17、高3.1 厘米（图一一七，6；彩版八一，6）。标本 M60：42，口径22.5、底径17.8、高3 厘米（图一一七，7）。

2. 铜器

共 3 件。计有顶针 1、镜 2。

顶针　1 件。标本 M60：17，圆形。外壁上、下两侧各有两周凸弦纹，器表满饰錾刻的凹窝。外径 1.8、内径 1.5、最宽 1.1 厘米（图一二〇，1）。

镜　2 件（M60：20、21）。标本 M60：20，锈蚀严重。圆形，镜面微凸，磨光；镜背布满硬结的埋藏土，纽及纽座形制不辨，推测为半球形纽；宽缘，缘剖面呈三角形。镜背主区纹饰不清，外区环绕一圈栉齿纹，缘面环绕一周锯齿纹及两周水波纹。面径 9.7、背径 9.1、厚 1.4 厘米（图一二〇，2；彩版八二，1）。标本 M60：21，云雷连弧纹镜。锈蚀严重。圆形，鉴面微凸，磨光；镜背饰半球形纽，有孔，可以系带，柿蒂形纽座；素宽缘，缘剖面呈三角形。镜背柿蒂纹间可见一形似"曰"字的铭文，内区环绕内向八连弧纹，外区环绕云雷纹和栉齿纹。面径 12.4、背径 11.1、厚 1.6 厘米（图一二〇，3；彩版八二，2）。

2. 铜钱

33 枚，编号 M60：19－1～19－33。其中"五铢"31 枚、"大泉五十"1 枚、"货泉"1 枚。详情见表三〇。

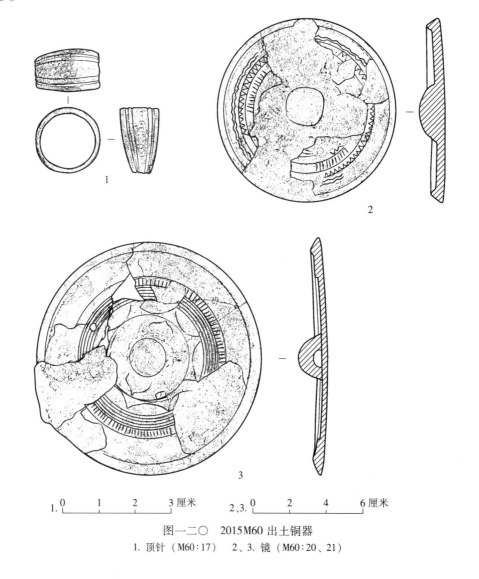

图一二〇　2015M60 出土铜器
1. 顶针（M60：17）　　2、3. 镜（M60：20、21）

表三〇　　　　　　　　　2015M60 出土铜钱登记表　　　（尺寸单位：厘米；重量单位：克）

种类	编号	特征		郭径	钱径	穿宽	郭厚	肉厚	重量
		文字特征	记号						
五铢	19 – 1	"五"字瘦长，竖画甚曲；"金"头三角形，四竖点；"朱"头较圆，"朱"下较圆		2.59	2.27	0.92	0.17	0.12	3.36
	19 – 2	同上		2.50	2.30	0.91	0.11	0.09	1.85
	19 – 3	同上		2.57	2.20	0.95	0.16	0.12	2.99
	19 – 4	同上		2.55	2.31	0.91	0.11	0.09	1.85
	19 – 5	同上		2.55	2.19	0.90	0.13	0.12	2.58
	19 – 6	同上		2.66	2.32	0.94	0.14	0.12	2.96
	19 – 7	同上		2.59	2.24	0.90	0.15	0.12	2.32
	19 – 8	同上		2.57	2.20	0.90	0.14	0.11	2.66
	19 – 9	"五"字瘦长，竖画甚曲；"金"头三角形，四竖点；"朱"头较圆，"朱"下较方		2.53	2.18	0.90	0.13	0.12	2.58
	19 – 10	同上		2.55	2.30	0.99	0.13	0.11	2.61
	19 – 11	同上		2.59	2.31	0.89	0.17	0.14	3.19
	19 – 12	同上		2.56	2.24	0.83	0.16	0.15	3.22
	19 – 13	"五"字瘦长，竖画甚曲；"金"头三角形，四竖点；"朱"头较方，"朱"下较圆		2.57	2.24	0.83	0.16	0.15	3.22
	19 – 14	同上		2.63	2.36	0.95	0.15	0.13	2.34
	19 – 15	同上		2.57	2.27	0.95	0.16	0.12	2.99
	19 – 16	同上		2.58	2.23	0.95	0.12	0.10	2.43
	19 – 17	同上		2.53	2.35	0.92	0.13	0.11	2.61
	19 – 18	同上		2.63	2.32	0.96	0.13	0.12	2.98
	19 – 19	同上		2.49	2.25	0.97	0.14	0.11	2.75
	19 – 20	同上		2.56	2.30	1.00	0.17	0.14	3.09
	19 – 21	同上		2.55	2.22	0.98	0.12	0.11	2.46
	19 – 22	"五"字瘦长，竖画甚曲；"金"头三角形，四竖点；"朱"头较方，"朱"下较方		2.58	2.22	0.95	0.12	0.10	2.43
	19 – 23	同上		2.57	2.28	0.91	0.15	0.13	2.77
	19 – 24	"五"字瘦长，竖画缓曲；"金"头三角形，四竖点；"朱"头较方，"朱"下较圆		2.48	2.24	0.98	0.09	0.07	1.65
	19 – 25	同上		2.58	2.25	0.93	0.15	0.13	2.82
	19 – 26	"五"字瘦长，竖画缓曲；"金"头三角形，四竖点；"朱"头较圆，"朱"下较圆		2.65	2.35	0.95	0.15	0.13	2.34

种类	编号	特征		郭径	钱径	穿宽	郭厚	肉厚	重量
		文字特征	记号						
五铢	19－27	字迹不清		2.63	2.29	0.87	0.13	0.10	2.58
	19－28	字迹不清		2.54	2.27	0.91	0.11	0.12	2.79
	19－29	字迹不清		2.56	2.33	0.99	0.13	0.12	3.09
	19－30	字迹不清		2.58	2.23	0.90	0.14	0.13	3.22
	19－31	字迹不清		2.54	2.26	0.90	0.15	0.14	3.13
大泉五十	19－32	穿之右、左篆书"五十"，上下篆书"大泉"		2.68	2.38	0.97	0.19	0.16	4.22
货泉	19－33	穿之右、左篆书"货泉"二字		2.26	1.98	0.66	0.16	0.13	2.34

2015M61

位于本发掘区西部中段，方向 275°（图一二一）。开口于②层下，开口距地表约 0.9 米。

（一）墓葬结构

该墓为多室石室墓，保存极差。现仅残存墓底。墓底平面呈"凸"字形，墓底平铺六块长方形石板，未发现墓门。根据墓底结构判断，该墓应至少由主室及耳室构成。墓圹最长 3.91、最宽 3.8、残深约 0.83 米。

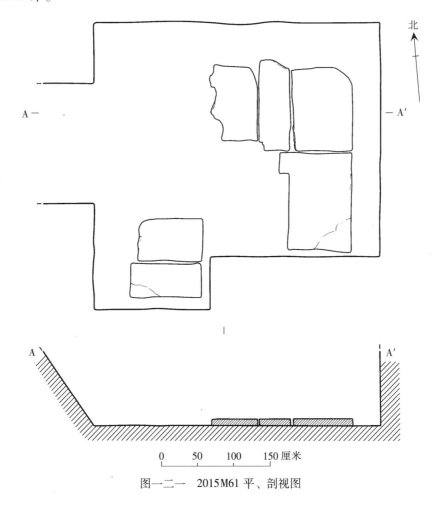

图一二一　2015M61 平、剖视图

墓道 位于墓室西侧。长斜坡状。未完全发掘，长度不详，宽约1.6米。

墓室 平面呈"L"形。墓壁及墓顶不存，残存六块墓底石板。

（二）葬具及人骨

未见葬具痕迹及人骨痕迹。

（三）随葬品

仅在扰土中出土6件器物，均为陶器。种类计有盆1、案2、盘2、小釜1。

盆 1件。标本M61：扰1，泥质灰陶。方唇，平折沿，斜弧腹，台底。上腹有凹凸棱纹。口径14.9、底径6.3、高6.5厘米（图一二二，4；彩版八二，3）。

案 2件（M61：扰3、扰4）。均为泥质灰陶。形制相似，平面呈圆形，片状，尖圆唇，边沿外侈，斜直浅腹，平底。盘心刻划两道同心圆细弦纹，外壁口沿下饰一周戳印凹窝。标本M61：扰3，口径24.4、高2.6厘米（图一二二，5；彩版八二，5）。标本M61：扰4，口径31.4、高2.1厘米（图一二二，6）。

盘 2件（M61：扰5、扰6）。形制相似，均为尖唇，敞口，折腹，台底，内底内凹。内壁饰一周凸棱。标本M61：扰5，泥质灰陶。口径20.1、底径11、高3.8厘米（图一二二，1；彩版八二，6）。标本M61：扰6，泥质褐陶。口径17.5、底径7.2、高3.6厘米（图一二二，2）。

小釜 1件。标本M61：扰2，泥质灰褐陶。尖圆唇，侈口，束沿，折腹，腹部最大径位置居

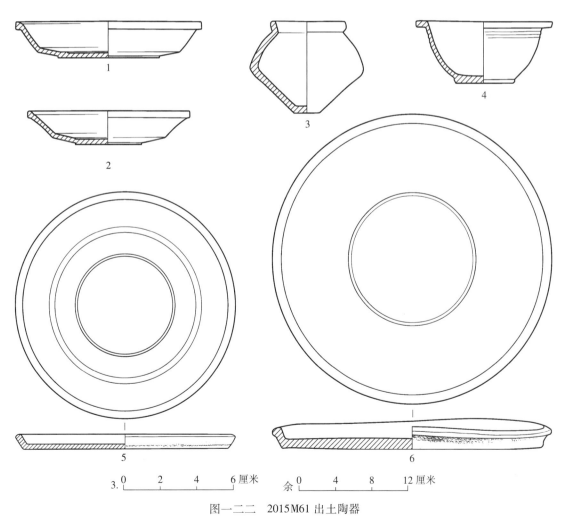

图一二二 2015M61出土陶器
1、2. 盘（M61：扰5、扰6） 3. 小釜（M61：扰2） 4. 盆（M61：扰1） 5、6. 案（M61：扰3、扰4）

中，下腹急收，尖状小平底。下腹有修整痕迹。口径 3.9、最大腹径 6.2、底径 1.4、高 4.9 厘米（图一二二，3；彩版八二，4）。

2015M62

位于本发掘区西部中段，方向 280°（图一二三）。开口于②层下，开口距地表约 0.97 米。

（一）墓葬结构

该墓为多室石室墓。由墓道、墓门、墓室组成，保存较好（彩版八三，1）。

墓道　位于墓室西侧。长斜坡状。未完全发掘，长度不详，宽 1.92 米。

墓门　位于墓室西侧。由门楣、门框及门槛构成，宽 1.85、高 1.16 米（彩版八三，2）。门楣系一块长条形石板平铺于门框之上，门框借用墓室北壁及耳室侧板构成。门槛系用两块长方形石板横置于门框之间，门内立长方形立柱一根，立柱下有长方形柱础石，上接栌斗，栌斗上顶门楣，门楣上接墓室盖板。门外由两块大石板立砌封堵，石板较规整，呈矩形。

墓室　平面近不规则"工"字形，由主室、耳室及后室组成。墓底及四壁用规整的石板砌筑而成，白灰勾缝，上盖石板为顶。主室平面呈长方形，中间立有两块长方形石板支撑，将主室分为南、北两个长方形小室，小室内置有棺床，石板下有础石，上接栌斗，栌斗上接墓顶。主室面阔 1.36、进深 2.24、高 1.35 米。耳室位于主室南侧，平面呈长方形，面阔 0.95、进深 0.6、高 1.35 米。后室位于主室东侧，平面呈长方形，底部高于主室底部 0.37 米，进深 0.72、面阔 2、高 1.1 米。

（二）葬具及人骨

主室的南、北小室各置一长方形石制棺床，南侧棺床长 1.72、宽 0.6 米，北侧棺床长 2.06、宽 0.7 米。

人骨散乱于棺床上，经现场辨识，至少有两例个体。葬式不明。

（三）随葬品

该墓共出土随葬品 40 件（套），多位于后室，少量安置于主室和耳室中（彩版八四，1、2）。其中陶器 39 件，另有铜钱 1 套 4 枚。

1. 陶器

共 39 件。计有罐 2、鍉镂 1、长颈瓶 5、奁 2、盘 5、方盘 1、灶 1、俎 1、案 1、樽 1、耳杯 4、水斗 1、支架 1、器盖 6、器座 2、小釜 2、小瓢 2、亚腰形小陶器 1。

罐　2 件（M62:32、39）。形制相似，均为方圆唇，敛口，短直颈，弧肩，鼓腹，台底。肩腹处饰凹弦纹。标本 M62:32，泥质灰陶。最大腹径偏上。口径 8.5、最大腹径 17.2、底径 8、高 15.4 厘米（图一二四，8；彩版八四，3）。标本 M62:39，泥质黄褐陶。鼓腹略扁。口径 7.9、最大腹径 17.4、底径 8.3、高 13.1 厘米（图一二四，7）。

鍉镂　1 件。标本 M62:29，泥质灰陶。方唇，小盘口，短束颈，弧肩，鼓腹，小平底，底置三兽蹄足。颈肩相交处饰瓦棱纹，腹饰弦纹。口径 6.8、最大腹径 15.3、底径 6、高 15.6 厘米（图一二四，14；彩版八四，4）。

长颈瓶　5 件（M62:4、19、20、21、27）。标本 M62:4、19、20 均为泥质灰褐陶。形制相似，方圆唇，外沿略凸，口微侈，细长颈，溜肩，鼓腹，台底。下腹部均匀分布三处圆孔，底部

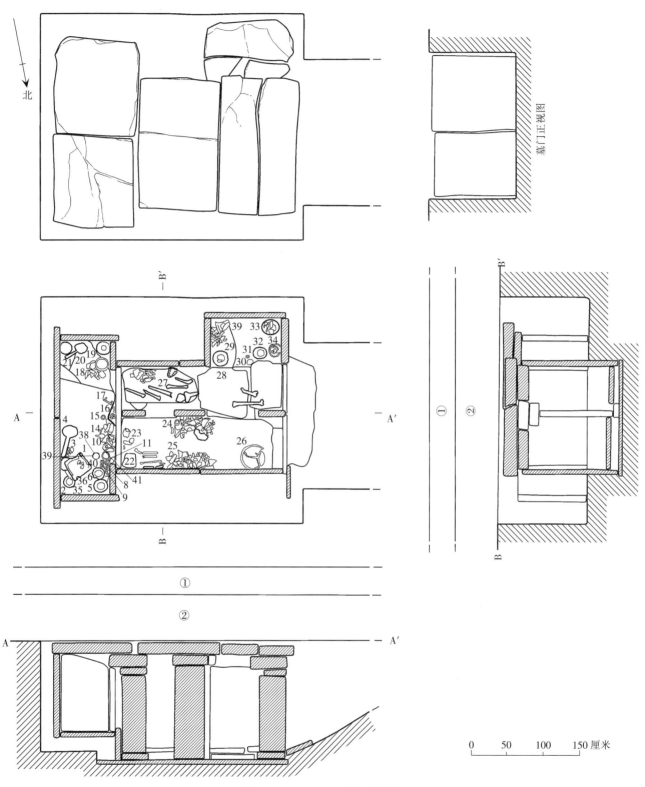

图一二三　2015M62 平、剖视图

1. 灶　2、3、5、6、28. 盘　4、19~21、27. 长颈瓶　7. 水斗　8. 支架　9、10. 小釜　11、23~25. 耳杯　12 和 13、22. 奁
14. 方盘　15、30、37、38、40、41. 器盖　16. 铜钱　17. 俎　18、34. 器座　26. 案　29. 鐎镂　31. 亚腰形小陶器　32、39. 罐
33. 樽　35、36. 小瓢（未标明质地者均为陶器）

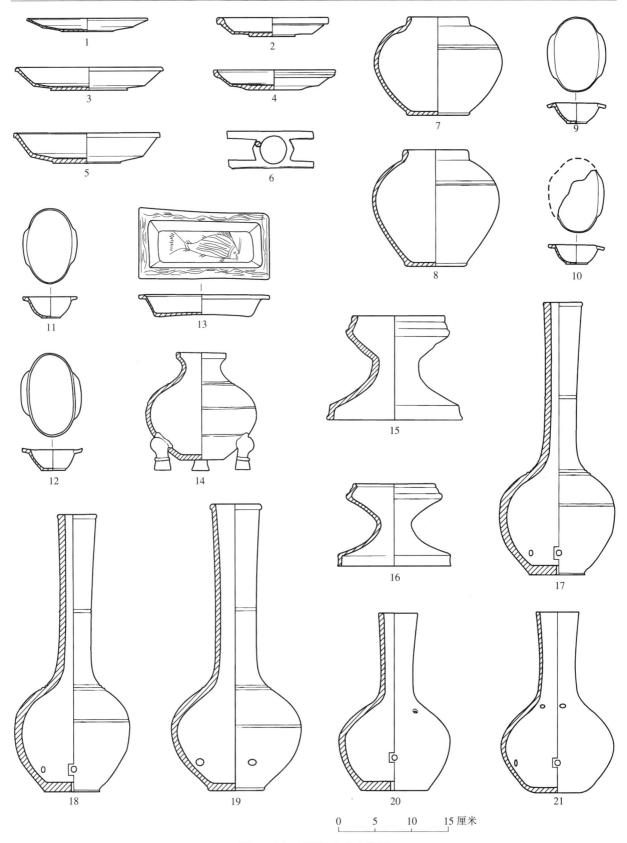

图一二四　2015M62 出土陶器

1~5. 盘（M62:3、6、2、28、5）　6. 支架（M62:8）　7、8. 罐（M62:39、32）　9~12. 耳杯（M62:25、11、24、23）　13. 方盘（M62:14）　14. 鋗镂（M62:29）　15、16. 器座（M62:34、18）　17~21. 长颈瓶（M62:19、20、4、21、27）

有一圆形小孔，颈、腹饰两周凹弦纹，肩饰三周瓦棱纹。标本 M62∶4，口径 6.6、最大腹径 16.6、底径 7.5、高 37.9 厘米（图一二四，19；彩版八四，5）。标本 M62∶19，口径 5.4、最大腹径 15.8、底径 7.7、高 36.1 厘米（图一二四，17）。标本 M62∶20，口径 5.5、最大腹径 15.8、底径 7.7、高 36.8 厘米（图一二四，18）。标本 M62∶21、27 均为泥质灰陶。形制相似，方唇，口微侈，长颈，溜肩，鼓腹，平底。肩及下腹各分布三处圆孔，底部有一圆形小孔。标本 M62∶21，口径 5.4、最大腹径 15.2、底径 9.1、高 23.5 厘米（图一二四，20；彩版八六，4）。标本 M62∶27，口径 5.9、最大腹径 15.4、底径 6.4、高 24 厘米（图一二四，21）。

奁　2 件（M62∶12 和 13、22）。均为泥质灰褐陶。形制相似。标本 M62∶12、13 为一套。奁盖圆唇，直口，直壁，圆弧顶；盖面置三个乳丁纽，顶部饰有两周细浅凹槽。口径 19.3、高 16.6 厘米。奁体圆唇，直口微敞，直壁略内凹，平底。口径 18.1、底径 18.5、高 15.5 厘米（图一二五，16；彩版八五，1、2）。标本 M62∶22，仅存奁盖，圆唇，直口，直壁，圆弧顶；盖面置三个乳丁纽，顶部饰有两周浅凹槽。口径 26.1、高 18 厘米（图一二五，17；彩版八五，3）。

盘　5 件（M62∶2、3、5、6、28）。均为夹砂灰陶。形制相似，侈口，外沿厚，折腹，台底，内底下凹。标本 M62∶2，尖唇，内壁有一周细凸棱。口径 19.6、底径 10.6、高 3.2 厘米（图一二四，3）。标本 M62∶3，方圆唇，内壁有三周凸棱。口径 16.2、底径 7.1、高 1.9 厘米（图一二四，1；彩版八五，4）。标本 M62∶5，方唇，内壁有一周细凸棱。口径 19.6、底径 9.3、高 4.1 厘米（图一二四，5）。标本 M62∶6，方唇，内壁有一周细凸棱。口径 15.1、底径 6.2、高 2.6 厘米（图一二四，2）。标本 M62∶28，方唇，唇缘有一周浅凹槽，内壁两周凸棱。口径 16.7、底径 7.5、高 2.7 厘米（图一二四，4）。

方盘　1 件。标本 M62∶14，泥质灰褐陶。方唇，敞口，平折沿，四壁斜直、内收，平底略内凹，底附四个圆饼状矮足。沿面饰一周水波纹，内底刻划鱼纹。口长 18.1、口宽 9.6、底长 13.5、底宽 4.7、高 3 厘米（图一二四，13；彩版八五，5）。

灶　1 件。标本 M62∶1，泥质灰陶。灶面呈梯形，前端出长方形遮烟檐，灶面前端并置三个圆形小火眼，居中置一个圆形大火眼，后端一角有一圆形小火眼，另一角有一个圆形烟孔；倒"凸"字形灶门不落地。檐面饰菱格、直线及窝点组合纹饰；灶门两侧及上部内圈饰瓦棱纹，外圈饰波浪纹，灶下方饰菱格、直线及窝点组合纹饰带，右下角穿一圆孔。灶长 29.2、宽 24.1、高 18.7 厘米，火眼直径 11.1（大）、4.7（小）厘米，烟孔直径 1 厘米，灶门长 11、高 9.2 厘米（图一二五，1；彩版八四，6）。

俎　1 件。标本 M62∶17，泥质灰陶。长方形俎面，俎底置两个长方形扁足，足底削有半圆形缺口。俎面模印鱼纹，鱼背鳍处压有一把削。面沿施一周凹槽。长 15.1、宽 4、高 4.1 厘米（图一二五，8；彩版八五，6）。

案　1 件。标本 M62∶26，泥质灰陶。平面呈圆形，挤压变形。扁平片状，边缘起一周凸棱为沿，沿方唇，外倾。案面饰两周同心凹弦纹，其内饰复线弧线纹。口径 30.2、通高 4.1 厘米（图一二五，7；彩版八六，1）。

樽　1 件。标本 M62∶33，泥质灰褐陶。圆唇，直口，直腹，平底略内凹，底置三个兽蹄状足。外腹饰两组凹弦纹。口径 20.7、底径 20.8、高 16.6 厘米（图一二五，18；彩版八六，2）。

图一二五　2015M62 出土陶器

1. 灶（M62：1）　2、3. 小釜（M62：9、10）　4、5. 小瓢（M62：36、35）　6. 亚腰形小陶器（M62：31）　7. 案（M62：26）
8. 俎（M62：17）　9. 水斗（M62：7）　10～15. 器盖（M62：37、30、15、41、38、40）　16、17. 奁（M62：12 和 13、22）　18. 樽
（M62：33）

　　耳杯　4 件（M62：11、23、24、25）。均为泥质灰陶。形制相似，椭圆形杯口，斜弧腹，台
底。标本 M62：11，残，双耳略下垂。口长径约 9.9、口短径约 5.9、底长径约 6.5、底短径 3、
高 2.7 厘米（图一二四，10）。标本 M62：23，双耳略上翘。口长径 10.4、口短径 5.9、底长径

6.7、底短径 3.2、高 2.8 厘米（图一二四，12）。标本 M62：24，双耳平齐。口长径 9.6、口短径 6.2、底长径 5.4、底短径 2.6、高 2.9 厘米（图一二四，11）。标本 M62：25，灰褐陶。双耳略下垂。口长径 9.5、口短径 6.1、底长径 5.5、底短径 2.7、高 2.8 厘米（图一二四，9）。

水斗　1 件。标本 M62：7，泥质黑褐陶。由提梁和斗组成。提梁呈"人"字形，上有圆形穿孔。斗身为圆唇，敞口，斜弧腹，圜底。口径 3.4、高 5.7 厘米（图一二五，9；彩版八六，3）。

支架　1 件。标本 M62：8，泥质灰褐陶。平面呈上下不出头的"井"字形，中间呈环状。长 12、宽 5.1、厚 0.8 厘米（图一二四，6；彩版八五，7）。

器盖　6 件（M62：15、30、37、38、40、41）。均为泥质灰陶。标本 M62：15、30、37、38 形制相似，方圆唇，敞口，直壁，平顶。顶部有工具刮削痕。标本 M62：15，口径 6.8、高 1.8 厘米（图一二五，12；彩版八六，5）。标本 M62：30，口径 7.6、高 1.6 厘米（图一二五，11）。标本 M62：37，平顶略鼓。口径 7.4、高 2 厘米（图一二五，10）。标本 M62：38，平顶略鼓。口径 7.4、高 2.1 厘米（图一二五，14）。标本 M62：40，方唇，直口略敞，弧顶。口径 7.1、高 2.9 厘米（图一二五，15）。标本 M62：41，尖圆唇，子母口，弧顶。口径 7.6、高 1.6 厘米（图一二五，13）。

器座　2 件（M62：18、34）。均为泥质黑褐陶。形制相似，方圆唇，敛口，束腰形粗柄中空，喇叭形座，座底陡折略内凹，形似盘口。口外沿施一周凸棱。标本 M62：18，口径 10.7、底径 15.4、高 10.9 厘米（图一二四，16）。标本 M62：34，口径 12.4、底径 18.2、高 13.8 厘米（图一二四，15）。

小釜　2 件（M62：9、10）。均为泥质灰陶。形制相似，尖圆唇，侈口，束颈，折腹，腹部最大径位置居中，小平底。腹中部有一周折棱，下腹有修整痕迹。标本 M62：9，口径 4.9、最大腹径 6.7、底径 2.2、高 4.5 厘米（图一二五，2）。标本 M62：10，口径 4.8、最大腹径 6.8、底径 1.7、高 4.1 厘米（图一二五，3）。

小瓢　2 件（M62：35、36）。均为泥质灰陶。形制相似，平面近鸡心形，圆唇，斜弧腹，圜底。标本 M62：35，口通长 4.2、口通宽 3、高 1.6 厘米（图一二五，5；彩版八六，7）。标本 M62：36，口通长 3.3、口通宽 2.8、高 1.8 厘米（图一二五，4）。

亚腰形小陶器　1 件。标本 M62：31，泥质红褐陶。束腰，粗柄中空，两端内凹，呈喇叭口形。口径 3.2、底径 3.1、高 3.2 厘米（图一二五，6；彩版八六，6）。

2. 铜钱

4 枚，编号 M62：16-1～16-4。均为"五铢"。详情见表三一。

表三一　　　　　　　　　2015M62 出土铜钱登记表　　　　　（尺寸单位：厘米；重量单位：克）

种类	编号	特征		郭径	钱径	穿宽	郭厚	肉厚	重量
		文字特征	记号						
五铢	16-1	"五"字瘦长，竖画缓曲；"金"头三角形，四竖点；"朱"头较圆，"朱"下较圆		2.57	2.34	0.96	0.13	0.12	3.12
	16-2	同上		2.52	2.30	0.94	0.15	0.12	3.27
	16-3	字迹不清		2.58	2.35	0.90	0.13	0.11	2.87
	16-4	字迹不清		2.31	2.23	0.91	0.13	0.12	2.46

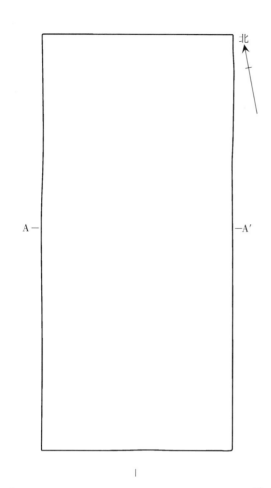

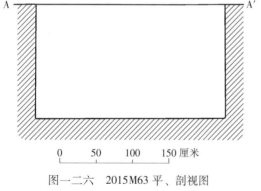

图一二六　2015M63 平、剖视图

2015M63

位于本发掘区西部中段，方向 10°（图一二六）。开口于②层下，现存开口距地表 1.12 米。

（一）墓葬结构

该墓被严重破坏，现存土坑竖穴墓圹。墓圹平面呈圆角长方形，结构为直壁，平底。墓圹长 5.51、宽 2.63、残深约 1.51 米。

（二）葬具及人骨

未见葬具痕迹及人骨痕迹。

（三）随葬品

未见随葬品。

2015M64

位于本发掘区西部中段，方向 205°（图一二七）。开口于②层下，开口距地表约 0.81 米。

（一）墓葬结构

该墓为多室石室墓。由墓道、墓门及墓室组成。由于被严重破坏，现仅存墓底及五块柱础石，墓底用规整的石板砌筑而成，并由规整的石条围边。

墓道　位于墓室南侧。长斜坡状。未完全发掘，长度不详，宽 5.76 米。

墓门　位于墓室南侧中部。被严重破坏，具体形制及尺寸不详。门内分布长方形柱础石五块及一块残缺石板为墓门挡板。

墓室　平面呈"凸"字形，依铺底结构可辨墓室由前廊、主室及东、西耳室组成。墓壁及墓顶不存，墓底用规整的石板砌筑而成。前廊平面呈长方形，面阔约 6.1、进深约 1.2 米。主室与前廊之间有横置石条相隔。主室平面呈长方形，面阔约 6.5、进深约 3.3 米。耳室位于前廊东、西两侧，平面均呈长方形，底部高于主室及前廊底部。东耳室面阔约 2.13、进深约 1.2 米，西耳室面阔约 2.2、进深约 1.1 米。墓室高度不详。

（二）葬具及人骨

未见葬具痕迹。

零星人骨散落于主室中，保存极差。经现场辨识至少属于一例个体。葬式不明。

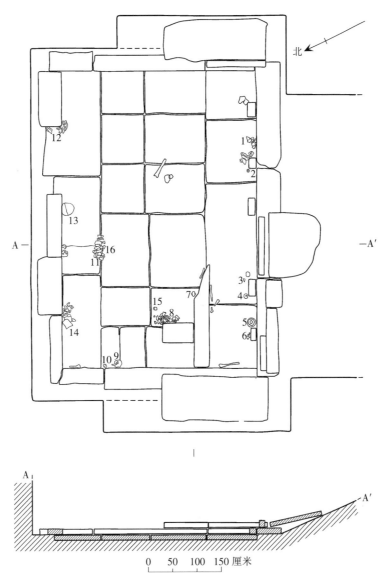

图一二七　2015M64 平、剖视图

1、14. 奁　2. 璧　3. 小瓢　4. 铁镜　5、9、11、12. 盘　6. 铜钱　7、8、10. 耳杯　13. 石盘状器
15. 俎　16. 器盖（未标明质地者均为陶器）

（三）随葬品

该墓共出土随葬品 16 件（套），多位于前廊南侧及主室中。计有陶器 13 件、石器 1 件、铁器 1 件，另有铜钱 8 枚。

1. 陶器

共 13 件。计有奁 2、盘 4、俎 1、耳杯 3、器盖 1、璧 1、小瓢 1。

奁　2 件（M64：1、14）。标本 M64：1，泥质灰褐陶。仅存奁盖，平面呈亚腰椭圆形，方圆唇，直口，直壁，近顶处内折凹，平顶，顶置四个乳丁纽。口长径 31.7、口短径 11.7、高 13 厘米（图一二八，9；彩版八七，1）。标本 M64：14，由奁盖和奁体组成，均为泥质灰陶。奁盖方圆唇，直口，直壁，圆弧顶，盖面置三个乳丁纽；顶饰两周细浅凹槽。口径 15.5、高 11.7 厘米。奁体方圆唇，直口，直腹略内凹，平底。口径 13、高 10.9 厘米（图一二八，8）。

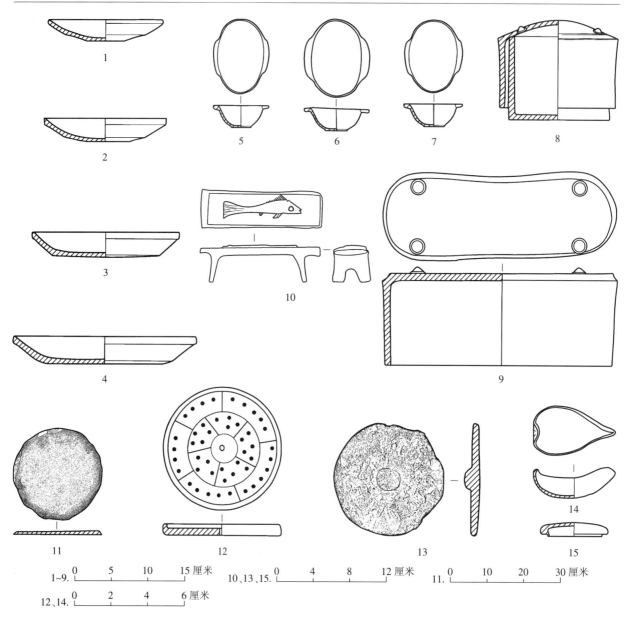

图一二八　2015M64 出土器物

1 ~ 4. 盘（M64:9、5、12、11）　5 ~ 7. 耳杯（M64:7、8、10）　8、9. 奁（M64:14、1）　10. 俎（M64:15）　11. 石盘状器（M64:13）
12. 璧（M64:2）　13. 铁镜（M64:4）　14. 小瓢（M64:3）　15. 器盖（M64:16）（未标明质地者均为陶器）

　　盘　4 件（M64:5、9、11、12）。均为泥质灰陶。形制相似，尖圆唇，敞口，折腹，平底，内底内凹。内沿、内壁、内底各饰一周凸棱纹。标本 M64:5，口径 16.6、底径 6.3、高 3.2 厘米（图一二八，2；彩版八七，2）。标本 M64:9，口径 15.5、底径 5.3、高 2.9 厘米（图一二八，1）。标本 M64:11，口径 25、底径 16.2、高 3.8 厘米（图一二八，4）。标本 M64:12，口径 19.9、底径 14.5、高 3.3 厘米（图一二八，3）。

　　俎　1 件。标本 M64:15，泥质灰陶。长方形俎面，俎底置两个长方形扁足，足底削有半圆形缺口。俎面模印鱼纹，面沿施一周凹槽。长 13.4、宽 4、高 4 厘米（图一二八，10；彩版八七，4）。

　　耳杯　3 件（M64:7、8、10）。均为泥质陶。形制相似，椭圆形杯口，双耳平齐，斜弧腹，台底。标本 M64:7，灰褐陶。口长径 9.8、口短径 7.8、底长径 5.1、底短径 2.7、高 2.9 厘米（图一二八，5；彩版八七，3）。标本 M64：8，灰陶。口长径 10.3、口短径 8.9、底长径 5.7、底短径 3、高 3 厘米（图一二八，6）。标本 M64：10，灰陶。口长径 9.6、口短径 7.8、底长径 5.3、底短径 2.9、高 3 厘米（图一二八，7）。

器盖 1 件。标本 M64：16，泥质灰陶。尖圆唇，子母口，平顶略鼓。口径 5.9、高 1.5 厘米（图一二八，15）。

璧 1 件。标本 M64：2，泥质灰陶。平面呈圆形，边缘凸起，中有一孔。面饰两周凸棱纹，间饰竖向凸棱纹相隔，其内满饰乳丁纹，背面素面。直径 6.5、厚 0.6 厘米（图一二八，12；彩版八七，5）。

小瓢 1 件。标本 M64：3，泥质灰陶。平面近鸡心形，圆唇，斜弧腹，圜底。口通长 4.3、口通宽 2.6、高 1.7 厘米（图一二八，14；彩版八七，6）。

2. 石器

盘状器 1 件。标本 M64：13，青灰色岩质。平面呈圆形，表面较为光滑，边缘留有打制痕。直径 24.6、厚度 1.1 厘米（图一二八，11）。

3. 铁器

镜 1 件。标本 M64：4，锈蚀严重，镜面残损。圆形，半球形纽。纹饰不清。面径 12、背径 11.7 厘米，重 224 克（图一二八，13；彩版八七，7）。

4. 铜钱

8 枚，编号 M64：6－1～6－8。均为"五铢"。详情见表三二。

表三二 2015M64 出土铜钱登记表 （尺寸单位：厘米；重量单位：克）

种类	编号	特征		郭径	钱径	穿宽	郭厚	肉厚	重量
		文字特征	记号						
五铢	6－1	"五"字瘦长，竖画缓曲；"金"头三角形，四竖点；"朱"头较方，"朱"下较圆		2.48	2.25	0.93	0.12	0.10	2.16
	6－2	"五"字瘦长，竖画缓曲；"金"头三角形，四竖点；"朱"头较圆，"朱"下较圆		2.50	2.30	0.91	0.11	0.09	1.98
	6－3	"五"字瘦长，竖画缓曲；"金"头三角形，四竖点；"朱"头较方，"朱"下较圆		2.57	2.20	0.95	0.12	0.10	1.97
	6－4	字迹不清		2.64	2.36	0.95	0.15	0.13	2.37
	6－5	字迹不清		2.50	2.30	0.91	0.11	0.09	1.85
	6－6	字迹不清		2.57	2.20	0.95	0.16	0.12	2.99
	6－7	字迹不清		2.52	2.40	0.92	0.12	0.10	2.75
	6－8	字迹不清		2.67	2.34	0.89	0.13	0.11	2.43

2015M65

位于本发掘区西部中段，方向 300°（图一二九）。开口于②层下，开口距地表约 1.1 米。

（一）墓葬结构

该墓为多室石室墓。由墓道、墓门及墓室组成。由于被严重破坏，现仅存墓底。墓底用规整的石板砌筑而成，并由规整的石条围边（彩版八八，1）。

墓道　位于墓室西北侧。长斜坡状。未完全发掘，长度不详，宽约 2 米。

墓门　位于墓室西北侧中部。现已不存。

墓室　平面呈近长方形。墓壁及墓顶不存，墓底用规整的石板砌筑而成，并由规整的石条围边。根据墓底结构可辨出，墓室应由前廊、主室、西耳室及后室组成。前廊平面呈长方形，面阔约 3.9、进深约 1.2 米。主室平面呈长方形，面阔约 3、进深约 1.7 米。耳室位于主室西南侧，面阔约 1.7、进深约 1 米。后室位于主室东南侧，面阔约 3.5、进深约 1 米。高度不详。

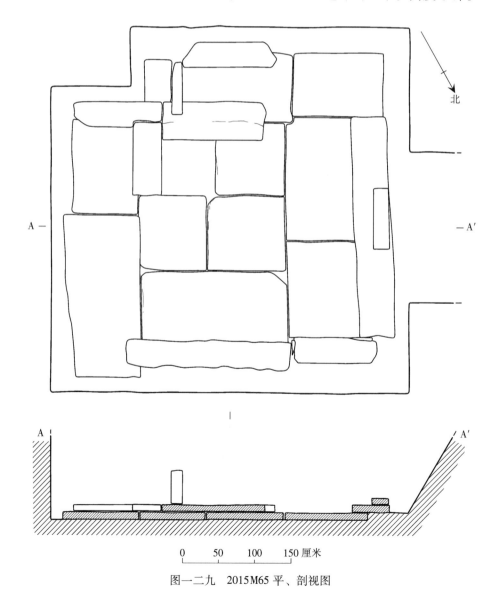

图一二九　2015M65 平、剖视图

（二）葬具及人骨

未见葬具痕迹及人骨痕迹。

（三）随葬品

在扰土中出土2件器物，均为陶器，计有炉1、单把杯1。

炉 1件。标本M65：扰1，泥质灰褐陶。尖圆唇，敞口，斜弧腹，圜底，高圈足外撇。唇沿饰凸凹棱纹，内壁刻划"十"字形复线直线纹，将内壁分成四部分，每部分饰"S"形条状镂孔及圆形镂孔。口径18.4、底径12.2、高9.7厘米（图一三〇，1；彩版八八，2）。

单把杯 1件。标本M65：扰2，泥质灰陶。圆唇，微敛口，腹壁斜直外撇，近底处斜直折，平底。口外沿饰一周凹槽，外壁饰两组每组两周弦纹。杯身一侧置一长柄，长柄上横置长条形泥条与杯身相连，柄顶端呈钉头状。口径6、底径7、通高12.6厘米（图一三〇，2；彩版八八，3）。

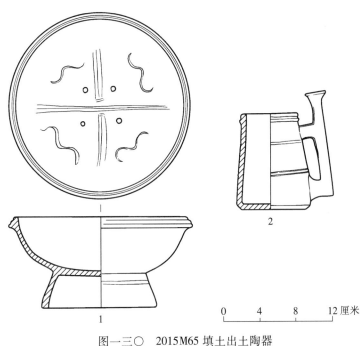

图一三〇 2015M65填土出土陶器
1. 炉（M65：扰1） 2. 单把杯（M65：扰2）

2015M66

位于本发掘区中部，方向0°（图一三一）。开口于②层下，开口距地表约0.65米。

（一）墓葬结构

该墓为砖室墓。平面近方形，长3.45、宽3.4、残高0.76米。被严重破坏，仅存部分砖砌墓壁，墓顶无存，四壁砌法为顺砖十字缝平砌（彩版八九，1）。墓内东北角有一砖砌小室，长1.4、宽1.2米。

（二）葬具及人骨

未见葬具痕迹及人骨痕迹。

（三）随葬品

出土铜顶针1件。

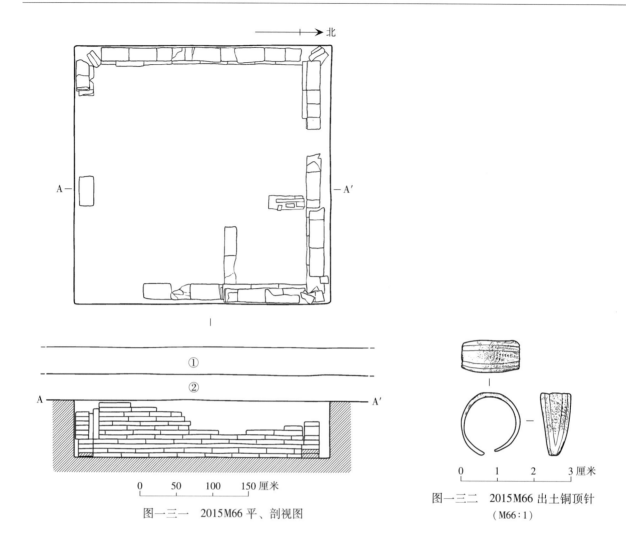

图一三一　2015M66 平、剖视图

图一三二　2015M66 出土铜顶针
（M66：1）

标本 M66：1，环形。外壁铸出多道凹槽，器表满饰錾刻的小凹窝。外径 1.6、内径 1.4 厘米（图一三二）。

2015M67

位于本发掘区中部，方向 0°（图一三三）。开口于②层下，开口距地表 1.12 米。

（一）墓葬结构

该墓为土坑竖穴墓。平面呈圆角长方形，结构为直壁，平底。墓圹长 2.8、宽 2.4、深 0.6 米。墓底大部用规整的大石板平铺，西北部放置一石函（彩版八九，2）。

（二）葬具及人骨

葬具为石函，呈长方形，口为子母口，近底部南壁钻有一圆孔。长约 1.2、宽约 0.7、高 0.52 米。

未见人骨痕迹。

（三）随葬品

该墓仅出土 1 件随葬品，为 1 枚“天圣元宝”铜钱，编号 M67：1。详情见表三三。

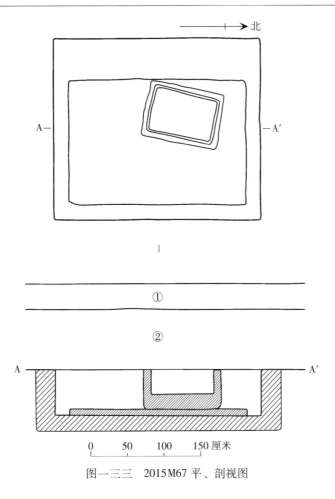

图一三三 2015M67 平、剖视图

表三三		2015M67 出土铜钱登记表							(尺寸单位：厘米；重量单位：克)
种类	编号	特征		郭径	钱径	穿宽	郭厚	肉厚	重量
		文字特征	记号						
天圣元宝	1	天圣元宝		2.48	2.03	0.58	0.17	0.14	3.97

2015M68

位于本发掘区中部，方向 0°（图一三四）。开口于②层下，开口距地表约 0.78 米。

（一）墓葬结构

该墓为石室墓。由于被严重破坏，墓室具体形制难以判断。墓壁及墓顶不存，墓底用规整的石板平铺，并由规整的石条围边。墓室现存平面呈长方形，中段置有长方形础石，将主室分为东、西两个长方形小室。未发现墓道及墓门。通长约 2.7、通宽约 2.4、残深约 0.92 米。

（二）葬具及人骨

未见葬具痕迹及人骨痕迹。

（三）随葬品

该墓在扰土中共出土 4 件（套）随葬品，均为陶器，计有案 1、盆 1、盘 1、奁体 1。

案 1 件。标本 M68：扰 1，泥质灰陶。平面呈圆形，扁平片状，边缘凸起为沿，沿方唇外倾。

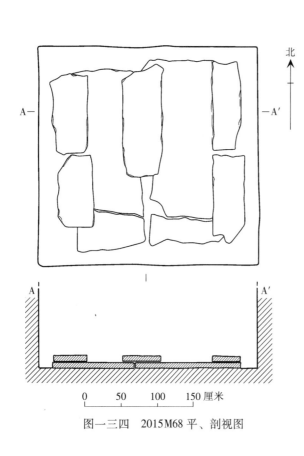

图一三四　2015M68 平、剖视图

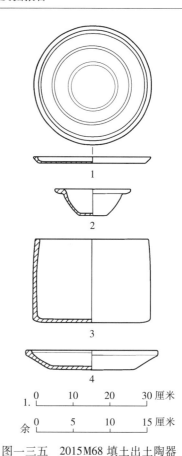

1. 案　2. 盆　3. 奁体　4. 盘
图一三五　2015M68 填土出土陶器
1. 案（M68：扰1）　2. 盆（M68：扰2）
3. 奁体（M68：扰4）　4. 盘（M68：扰3）

案内饰有两组复线同心弦纹。口径 32.1、底径 29.1、高 1.7 厘米（图一三五，1）。

盆　1 件。标本 M68：扰 2，泥质灰陶。方唇，平折沿，斜弧腹，平底。口径 10.3、底径 3.9、高 3.6 厘米（图一三五，2）。

盘　1 件。标本 M68：扰 3，泥质灰褐陶。尖唇，敞口，折腹，平底。口径 17.8、底径 11.5、高 2.7 厘米（图一三五，4）。

奁体　1 件。标本 M68：扰 4，泥质灰陶。方圆唇，直口，直壁，平底。口径 15.3、底径 15.9、高 11 厘米（图一三五，3）。

2015M69

位于本发掘区中部，方向 40°（图一三六）。开口于②层下，开口距地表 1.3 米。

（一）墓葬结构

该墓为多室石室墓。由墓道、墓门、墓室组成，保存较好（彩版九〇，1、2）。

墓道　位于墓室北侧。长斜坡状。未完全发掘，长度不详，宽 2.62 米。

墓门　位于墓室北侧。由门框、门楣及门槛组成，通宽 2.59、高 1.33 米。门框借用主室东、西两侧板；门楣系用长方形石条横置于门框之上，上顶墓室盖板；门槛系长方形石板置于门框之间。门内立有两块长方形立板，立板下接墓底石板，上接栌斗，栌斗上顶门楣。门外由三块长方形大石板立砌封堵，石板间白灰勾缝，门板下平铺有长条形石板。

墓室　平面呈"凸"字形，由主室及后室组成，整体保存完整。墓底及四壁由规整石板砌筑，白灰勾缝，上部平盖石板为顶。主室平面呈长方形，中间立有两组长方形石板，将主室分为东、中、西三个长方形小室，立板下有条形础石，上接栌斗，栌斗上搭横梁，横梁上顶墓室盖板。主室面阔 2.59、进深 2.3、高 1.55 米。后室平面呈长方形，底部高于主室底部 0.31 米，面阔 3.28、进深 0.77、高 1.24 米。后室底部中偏东的一块平铺石板与其他建墓石板材质有别，较酥软、灰白色，长约 1 米、厚 0.03～0.04 米，略高于其他底部石板，其上基本未发现随葬品。

（二）葬具及人骨

主室内各小室均置有一长方形石板作为棺床。东小室棺床长 2.17、宽 0.66 米，中小室棺床长 2.04、宽 0.66 米，西小室棺床长 2.06、宽 0.7 米。

经现场辨识，共发现人骨七具，其中东小室葬有两具个体，中小室葬有两具个体，西小室葬有三具个体。骨骼均散乱，颅骨均位于棺床南部，肢骨多位于棺床偏北部，葬式不详。东小室西南角近后室处、两个颅骨下发现集中分布的较厚的白灰堆积，或是石灰枕。

（三）随葬品

该墓共出土随葬品 75 件（套），集中堆放于后室，少数散落于主室中（彩版九一，1～4）。其中陶器 67 件、铜器 4 件、银器 2 件，另有铜钱 134 枚。

1. 陶器

共 67 件。计有罐 7、鋎镂 1、长颈瓶 5、奁 3、盘 3、方盘 1、案 2、炉 1、甑 2、樽 1、俎 1、魁 1、耳杯 7、单把杯 1、器盖 6、器座 6、灯 1、井 1、灶 1、烟囱 1、小瓢 3、小釜 4、小盆 4、小勺 2、亚腰形小陶器 1、水斗 1。

罐　7 件（M69:5、14、15、22、23、41、45）。均为泥质灰褐陶。形制相似，方圆唇略内勾，敛口，短直颈，溜肩，鼓腹，最大腹径略居上，台底。肩、腹部各饰两组复线凹弦纹。标本 M69:5，口径 15、最大腹径 31.3、底径 13.9、高 27.1 厘米（图一三七，11；彩版九三，1）。标本 M69:14，口径 8.7、最大腹径 18、底径 8.1、高 14.8 厘米（图一三七，6）。标本 M69:15，口径 7.6、最大腹径 17.6、底径 8.4、高 13.6 厘米（图一三七，3）。标本 M69:22，口径 7.7、最大腹径 17.4、底径 8.2、高 14.6 厘米（图一三七，4；彩版九三，2）。标本 M69:23，口径 8.3、最大腹径 16.5、底径 7.9、高 14.6 厘米（图一三七，5）。标本 M69:41，口径 8.2、最大腹径 18.1、底径 8.3、高 13.4 厘米（图一三七，2）。标本 M69:45，口径 8.2、最大腹径 17、底径 7.6、高 13.5 厘米（图一三七，1）。

鋎镂　1 件。标本 M69:17，泥质灰黑陶。方圆唇，敞口，小盘口，短束颈，溜肩，鼓腹略扁，圜底，底置三个兽蹄足。肩部对称饰两竖桥耳，并饰三周弦纹，腹饰两组弦纹。口径 7、最大腹径 16.3、高 17.9 厘米（图一三七，16；彩版九三，3）。

长颈瓶　5 件（M69:3、4、6、36、70）。形制相似，方圆唇，微折沿，敞口，细长颈，溜肩，鼓腹，台底。颈、肩及腹各饰有多道凹弦纹，腹部等距离镂空三个圆孔，底部中心镂空一圆孔。标本 M69:3，泥质灰褐陶。口径 5.9、最大腹径 18.7、底径 9.5、高 37.3 厘米（图一三八，11；彩版九二，1）。标本 M69:4，泥质灰黑陶。口径 5.5、最大腹径 15.8、底径 8.1、高 31.2 厘米（图一三八，14）。标本 M69:6，泥质灰陶。口径 6.6、最大腹径 19.3、底径 9.8、高 38.1 厘米

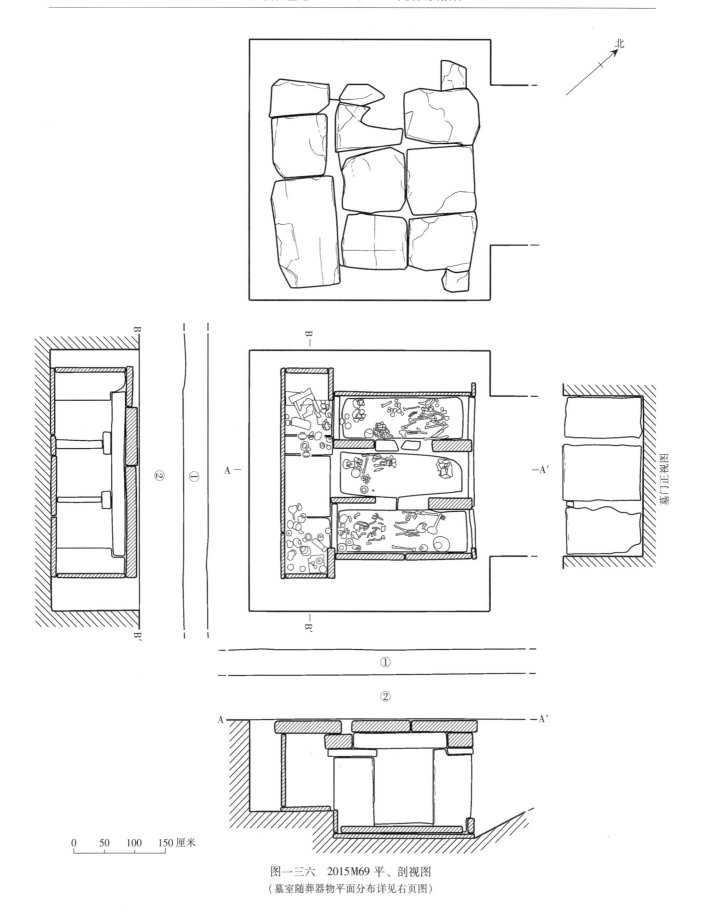

图一三六 2015M69 平、剖视图
（墓室随葬器物平面分布详见右页图）

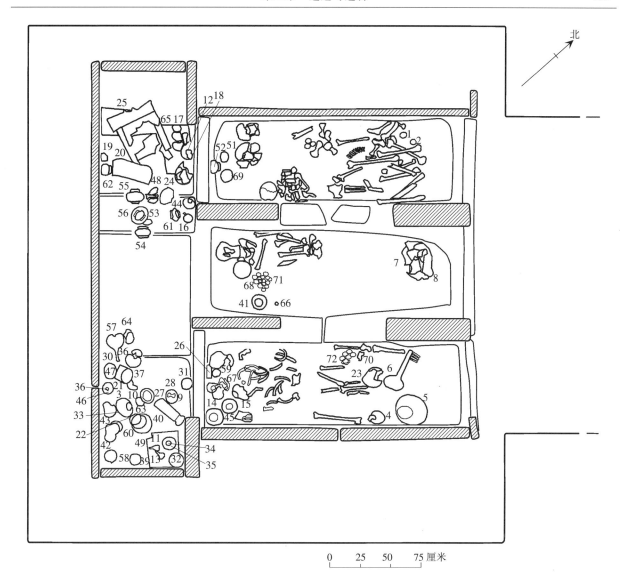

0　25　50　75 厘米

1、2. 铜泡钉　3、4、6、36、70. 长颈瓶　5、14、15、22、23、41、45. 罐　7、19、37. 奁盖　8、20、38. 奁体　9. 亚腰形小陶器
10、11. 小釜　12. 樽　13、31~33. 小盆　16. 单把杯　17. 鐎镂　18. 炉　21、39. 甑　24、48、56. 盘　25、65. 案　26. 方盘
27、30、42、43、46、47. 器座　28. 水斗　29. 俎　34、35. 小勺　40. 井　44. 灯　49. 灶组合　50、58~60、63、64. 器盖
51~55、61、62. 耳杯　57. 魁　66、67. 银指环　68. 铜顶针　69. 铜镜　71、72. 铜钱（未标明质地者均为陶器）

（图一三八，12）。标本 M69：36，泥质灰褐陶。口径 4.9、最大腹径 17.1、底径 8.7、高 31.9 厘米
（图一三八，13；彩版九二，2）。标本 M69：70，泥质灰褐陶。口残，最大腹径 20.5、底径 10.5、
残高 30.3 厘米（图一三八，10）。

　　奁　3 套（M69：7 和 8、19 和 20、37 和 38）。标本 M69：7、8 应为一套，泥质灰褐陶。整体呈
圆柱形。奁盖圆唇，直口略敞，直壁内凹，圆弧顶，盖面置三个乳丁状纽；顶饰两道瓦棱纹。口
径 25、高 23 厘米。奁体方圆唇，直口，直壁略内凹，平底。口径 20.9、底径 22、高 19.7 厘米
（图一三九，6；彩版九二，3）。标本 M69：19、20 应为一套，泥质黑褐陶。整体近亚腰椭圆形。
奁盖方唇，直口，直壁，近顶处凹折，平顶，盖面置四个乳丁状纽；顶部边缘饰凹槽和刻划水波
纹一周。口长径 35.1、口短径 15.5、高 14.2 厘米。奁体方唇，直口，直腹，平底。口长径 34、
口短径 13.5、高 15.5 厘米（图一三九，7；彩版九二，5）。标本 M69：37、38 应为一套，泥质黑褐陶。

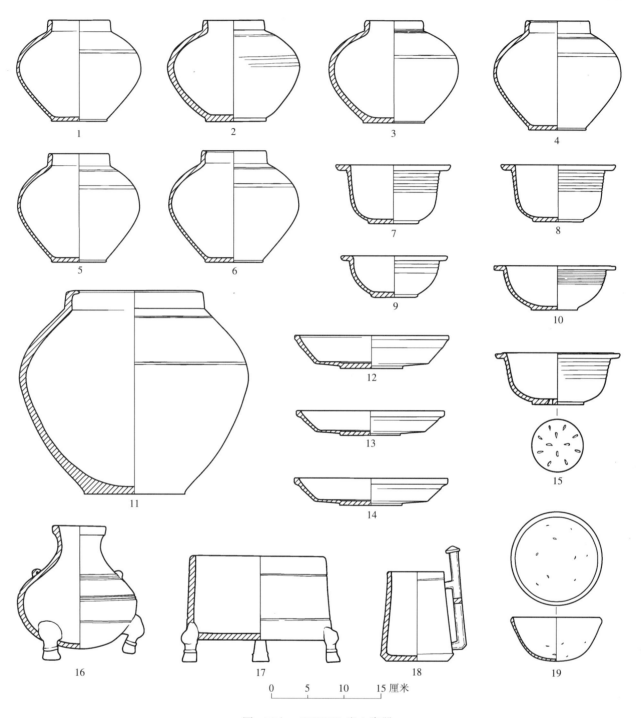

0　　5　　10　　15 厘米

图一三七　2015M69 出土陶器

1～6、11. 罐（M69：45、41、15、22、23、14、5）　　7～10. 小盆（M69：31、32、33、13）　　12～14. 盘（M69：24、56、48）
15、19. 甑（M69：21、39）　　16. 鐎镂（M69：17）　　17. 樽（M69：12）　　18. 单把杯（M69：16）

整体呈圆柱形。奁盖圆唇，直口略敞，直壁内凹，圆弧顶，盖面置三个乳丁状纽；顶饰一周折棱及两道细浅凹槽。口径 18.4、高 12.9 厘米。奁体方圆唇，直口，直壁略内凹，平底。口径 16.7、底径 16.1、高 11.4 厘米（图一三九，8；彩版九二，4）。

　　盘　3 件（M69：24、48、56）。均为泥质灰褐陶。形制相似，尖唇，外沿厚，敞口，折腹，台底，内底内凹。内沿、内壁、内底各饰一周细凸棱纹。标本 M69：24，口径 20.7、底径 8.4、高

4.5 厘米（图一三七，12；彩版九六，1）。标本 M69：48，口径 20.8、底径 8.5、高 3.7 厘米（图一三七，14）。标本 M69：56，口径 20.1、底径 8.2、高 3.4 厘米（图一三七，13）。

方盘　1 件。标本 M69：26，泥质灰褐陶。整体呈倒梯形，方唇，敞口，平折沿，斜直壁，平底略内凹，底部四角各附一周饼状矮足。沿面饰水波纹。口长 16.2、口宽 8.5、底长 12.1、底宽 5、高 2.8 厘米（图一三八，7；彩版九六，2）。

案　2 件（M69：25、65）。均为泥质黑褐陶。形制相似，器身略有变形。长方形，扁平片状，边缘为一周凸棱。案面四角各镂空一圆孔，用以镶足。案心刻划鱼纹。标本 M69：25，案面划两周同心长方形线纹，长方形四角之间刻划复线斜直线纹相连，斜直线纹内刻划连续弧线纹和短直线纹组合纹饰。长 39.7、宽 29.1、高 1.3 厘米（图一三九，2；彩版九六，3）。标本 M69：65，沿外折。案面划两组同心长方形直线纹，外圈刻划复线长方形直线纹，其内刻划连续弧线纹和短直线纹组合纹饰；靠近案心处刻划单线直线纹；两组长方形直线纹四角之间刻划两道斜直线纹相连，其内刻划连续弧线纹和短直线纹组合纹饰。长 40.5、宽 29.4、高 1.8 厘米（图一三九，3；彩版九六，4）。

炉　1 件。标本 M69：18，夹砂灰褐陶。圆唇，敞口，平沿，斜弧腹，圜底，高圈足外撇。沿面施凸凹棱纹；腹壁镂空四个"S"形镂孔，其周边刻划弧线纹；底部镂空"十"字形长条镂孔，其周边刻划复线长方形直线纹，其内和两端刻划连续弧线纹和短直线纹组合纹饰；圈足镂空四个椭圆形孔。口径 20.7、底径 13.3、高 13.1 厘米（图一三九，5；彩版九三，5）。

甑　2 件（M69：21、39）。标本 M69：21，泥质灰陶。圆唇，平卷沿，斜弧腹，台底。沿面有一周凹槽，上腹施瓦棱纹。底部有十二个锥刺镂孔，为由外向内戳刺。口径 15、底径 7、高 6.9 厘米（图一三七，15；彩版九五，6）。标本 M69：39，泥质灰陶。圆唇，敞口，斜弧腹，圜底。底部有十二个镂孔，为由内向外戳刺。口径 11.9、高 5.9 厘米（图一三七，19）。

樽　1 件。标本 M69：12，夹砂灰褐陶。方圆唇，直口，斜直壁外倾，平底，底置三个兽蹄足。腹饰两周弦纹。口径 18、底径 20、高 14 厘米（图一三七，17；彩版九三，4）。

俎　1 件。标本 M69：29，泥质灰陶。俎面长方形，边沿施一周弦纹。俎面模印鱼纹，鱼背鳍处压印刀形纹饰。俎底置两个长方形扁足，足底削出半圆形缺口。长 14.6、宽 4.6、高 4.5 厘米（图一三八，8；彩版九四，3）。

魁　1 件。标本 M69：57，夹细砂灰黑陶。平面近心形，尖圆唇，敞口，口沿一侧置弯弧状短柄，斜弧腹，台底。通长 8.9、通宽 8.1、通高 4.5 厘米（图一四〇，1；彩版九七，4）。

耳杯　7 件（M69：51、52、53、54、55、61、62）。均为泥质灰褐陶。形制相似，椭圆形杯口，双耳略平齐，斜弧腹，台底。标本 M69：51，口长径 10.5、口短径 7、底长径 6.7、底短径 3.7、高 3.5 厘米（图一三八，15；彩版九七，2）。标本 M69：52，口长径 12.9、口短径 8.2、底长径 7.5、底短径 3.6、高 3.8 厘米（图一三八，16）。标本 M69：53，口长径 10.6、口短径 7.1、底长径 6.8、底短径 3.5、高 3.3 厘米（图一三八，17）。标本 M69：54，口长径 10.6、口短径 7.1、底长径 6.9、底短径 3.4、高 3.4 厘米（图一三八，18）。标本 M69：55，一耳残缺，口长径 10.7、口短径 6.9、底长径 6.8、底短径 3.3、高 3.3 厘米（图一三八，19）。标本 M69：61，口长径 10.6、口短径 7、底长径 6.7、底短径 3.4、高 3.4 厘米（图一三八，20）。标本 M69：62，口长径 13.1、口短径 8.1、底长径 7.5、底短径 3.6、高 3.9 厘米（图一三八，21；彩版九七，3）。

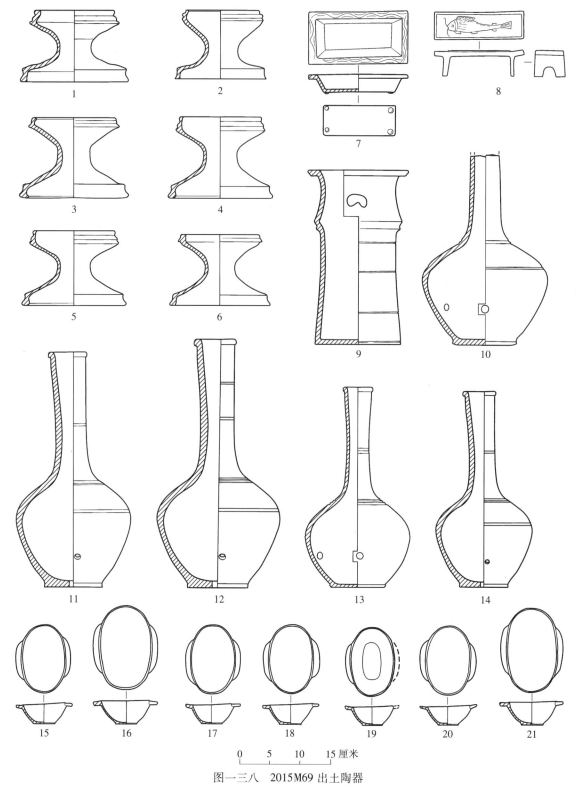

图一三八　2015M69 出土陶器

1～6. 器座（M69：43、27、42、46、47、30）　7. 方盘（M69：26）　8. 俎（M69：29）　9. 井（M69：40）　10～14. 长颈瓶（M69：70、3、6、36、4）　15～21. 耳杯（M69：51～55、61、62）

　　单把杯　1 件。标本 M69：16，泥质灰陶。圆唇，直口，斜直腹外倾，近底处斜直折收，平底。腹壁一侧置有一竖向六棱状柄把，柄上端有帽并高于杯口，柄把上、下端各用六棱形泥条连接于腹壁。杯腹近底部折收处有一周折棱。口径 7.5、底径 8.5、高 15.3 厘米（图一三七，18；彩版九四，1）。

器盖　6件（M69：50、58、59、60、63、64）。标本 M69：50，泥质灰陶。尖圆唇，子母口，弧壁，小平顶。盖径8、口径5.5、顶径3.7、高2.4厘米（图一四〇，7；彩版九七，1）。标本 M69：58、59、60、63、64，形制相似，方唇，直口，折腹，小平顶。标本 M69：58，泥质黑褐陶。口径9.8、顶径2.5、高2.7厘米（图一四〇，4）。标本 M69：59，泥质灰陶。口径10.1、顶径2.8、高3.1厘米（图一四〇，9）。标本 M69：60，泥质灰陶。口径10.1、顶径2.9、高2.7厘米（图一四〇，8）。标本 M69：63，泥质黑陶。口径10.1、顶径3.2、高3.5厘米（图一四〇，6）。标本 M69：64，泥质灰陶。口径10.1、顶径3、高3.2厘米（图一四〇，5）。

器座　6件（M69：27、30、42、43、46、47）。形制相似，方圆唇，敛口，束腰形粗柄中空，喇叭形座，座底陡折略内凹，形似盘口。口外沿施凸凹棱纹。标本 M69：27，泥质灰褐陶。口径12、底径15.2、高11厘米（图一三八，2）。标本 M69：30，泥质黑褐陶。口径12.8、底径16.6、高11.3厘米（图一三八，6）。标本 M69：42，泥质黑褐陶。口径13.2、底径17.9、高12.9厘米（图一三八，3）。标本 M69：43，泥质灰褐陶。口径13.2、底径17.8、高11.5厘米（图一三八，1）。标本 M69：46，泥质黑褐陶。口径13.5、底径17.4、高13.1厘米（图一三八，4）。标本 M69：47，泥质灰褐陶。口径13.1、底径17.1、高12厘米（图一三八，5）。

灯　1件。标本 M69：44，泥质灰陶。分体灯，由灯盘及灯座组成。灯盘方圆唇略外撇，侈口，直壁，折腹，小平底，底部附一空心灯柄插入灯座中。灯座喇叭形，高柄中空，座底陡折内凹，形似盘口。柄中下部有一圆形镂孔，座柄及底施有多周凹弦纹。通高32、灯柄高27.5、灯盘高8.2、柄径4、灯盘径14.2、灯座径19.3厘米（图一三九，4；彩版九六，5）。

井　1件。标本 M69：40，泥质灰褐陶。方尖唇，侈口，平折沿，筒形深腹，腹饰竹节状凸棱纹，将腹部分为上、下腹，上腹内凹，对称镂空两个心形镂孔，下腹竖直微外撇，平底。口径16、最大腹径14.3、底径13.9、高27.8厘米（图一三八，9；彩版九四，2）。

灶　1件。标本 M69：49-1，泥质灰陶。灶面呈梯形，前端出遮烟檐，灶面前端并列置三个圆形小火眼，中部置一圆形大火眼，尾端一角置一圆形小火眼，另一角有一圆形烟孔；倒"凸"字形灶门不落地。灶面一侧刻划双鱼纹，檐面刻划两组直线纹和弧线纹组合纹饰；灶门两侧及上方刻划复线纹，其内刻划水波纹，灶门下刻划斜线纹。长27.8、宽26.7、高21厘米，火眼直径12.2（大）、4.5（小）厘米，烟孔直径4.5厘米，灶门长10、高6.7厘米（图一三九，1；彩版九四，4）。

烟囱　1件。标本 M69：49-2，泥质灰陶。圆唇，侈口，束颈，折肩，斜直腹外撇，中空。口径3.3、底径4、高9.7厘米（图一四〇，19）。

小瓢　3件（M69：49-5、49-6、49-7）。均为泥质灰陶。形制相似，平面近鸡心形，圆唇，敞口，斜弧腹，圜底略尖。标本 M69：49-5，口通长4.9、口通宽2.8、高3厘米（图一四〇，14）。标本 M69：49-6，口通长5.4、口通宽2.8、高2.7厘米（图一四〇，13）。标本 M69：49-7，口通长4.8、口通宽2.5、高2.2厘米（图一四〇，12）。

小釜　4件（M69：10、11、49-3、49-4）。形制相似，均为圆唇，侈口，束颈，折腹，折腹处出沿，腹部最大径位置居中，尖状小平底。下腹有修整痕迹。标本 M69：10，泥质灰陶。口径4.8、最大腹径6.4、高5.6厘米（图一四〇，11；彩版九五，2）。标本 M69：11，泥质灰黑陶。口径5.6、最大腹径7.4、底径1.1、高4.6厘米（图一四〇，10；彩版九五，3）。标本 M69：49-3，

图一三九　2015M69 出土陶器

1. 灶（M69：49 - 1）　2、3. 案（M69：25、65）　4. 灯（M69：44）　5. 炉（M69：18）　6~8. 奁（M69：7 和 8、19 和 20、37 和 38）

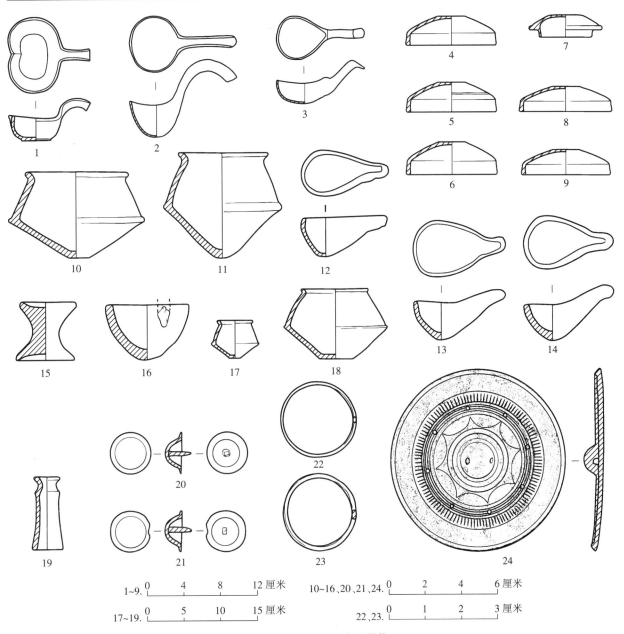

1~9. 0 4 8 12 厘米   10~16、20、21、24. 0 2 4 6 厘米

17~19. 0 5 10 15 厘米   22、23. 0 1 2 3 厘米

图一四〇 2015M69 出土器物

1. 魁（M69:57）　2、3. 小勺（M69:35、34）　4~9. 器盖（M69:58、64、63、50、60、59）　10、11、17、18. 小釜（M69:11、10、49-4、49-3）　12~14. 小瓢（M69:49-7、49-6、49-5）　15. 亚腰形小陶器（M69:9）　16. 水斗（M69:28）　19. 烟囱（M69:49-2）　20、21. 铜泡钉（M69:1、2）　22、23. 银指环（M69:66、67）　24. 铜镜（M69:69）（未标明质地者均为陶器）

泥质灰陶。口径8.9、最大腹径14、底径4.4、高9.3厘米（图一四〇，18）。标本M69:49-4，泥质灰陶。口径4.6、最大腹径6.4、底径1.5、高5.1厘米（图一四〇，17）。

小盆　4件（M69:13、31、32、33）。标本M69:13、33，均为泥质灰黑陶。形制相似，尖圆唇，敞口，平折沿，斜弧腹，台底。沿面有一周凹槽，上腹饰多道凸凹棱纹。标本M69:13，口径16.6、底径6.3、高5.9厘米（图一三七，10；彩版九五，4）。标本M69:33，口径14.5、底径6.4、高5.6厘米（图一三七，9）。标本M69:31、32，均为泥质灰陶。形制相似，尖圆唇，敞口，平折沿，斜弧深腹，近底处急内收，台底。沿面有一周凹槽，上腹饰多道凸凹棱纹。标本M69:31，口径15.6、底径6.9、高7.9厘米（图一三七，7）。标本M69:32，口径15.6、底径7、高7.7厘米

（图一三七，8；彩版九五，5）。

小勺　2 件（M69：34、35）。标本 M69：34，泥质灰陶。平面呈水滴形，圆唇，敞口，斜弧腹，圜底。口沿一侧置一柱状长柄，柄端捏扁平折。通长 9.6、通宽 4.6、通高 4.6 厘米（图一四〇，3；彩版九五，8）。标本 M69：35，泥质灰褐陶。平面呈椭圆形，圆唇，敞口，斜弧腹，圜底。口沿一侧置一扁柱状柄，柄身弯弧。通长 11.6、通宽 6、通高 8.2 厘米（图一四〇，2；彩版九五，9）。

亚腰形小陶器　1 件。标本 M69：9，泥质灰陶。束腰，两端呈喇叭口形。口径 3.1、底径 3.2、高 3.1 厘米（图一四〇，15；彩版九五，1）。

水斗　1 件。标本 M69：28，泥质灰褐陶。提梁残缺，斗身圆唇，敞口，斜弧腹，圜底。底部有修整痕迹。口径 4.4、高 2.9 厘米（图一四〇，16；彩版九五，7）。

2. 铜器

共 4 件。计有泡钉 2、顶针 1、镜 1。

泡钉　2 件（M69：1、2）。形制相似，钉身呈细长方棱状，钉帽为圆帽形，边缘有折沿。标本 M69：1，表面鎏金。泡径 2.16、高 1.42 厘米（图一四〇，20）。标本 M69：2，器面鎏金，残缺钉身。泡径 2.2、高 1.4 厘米（图一四〇，21）。

顶针　1 件。标本 M69：68，整体呈环形，截面扁宽，外壁上、下两侧各有两周凹弦纹，顶面满饰錾刻的凹窝纹。直径 1.8 厘米，重 3.01 克。

镜　1 件。标本 M69：69，圆形，鉴面微凸、磨光。镜背饰乳状纽，圆形纽座，素宽平缘凸起。纹饰为内区施内向八连弧纹一周，外区施云雷纹，边缘施一圈栉齿纹。面径 9.6、背径 9、高 1.1厘米（图一四〇，24；彩版九七，5）。

3. 银器

共 2 件。均为指环。

标本 M69：66、67，形制相似，整体呈环形，截面呈扁方形。标本 M69：66，外径 2.1、内径 1.8 厘米，重 1.1 克（图一四〇，22）。标本 M69：67，外径 2、内径 1.9 厘米，重 0.58 克（图一四〇，23）。

4. 铜钱

134 枚。其中 90 枚编号 M69：71 - 1 ~ 71 - 90，计"五铢"87 枚、"货泉"3 枚。另 44 枚编号 M69：72 - 1 ~ 72 - 44，计"五铢"43 枚、"货泉"1 枚。详情见表三四。

表三四　　　　　　　　　　2015 M69 出土铜钱登记表　　　　　　（尺寸单位：厘米；重量单位：克）

种类	编号	特征		郭径	钱径	穿宽	郭厚	肉厚	重量
		文字特征	记号						
五铢	71 - 1	"五"字瘦长，竖画缓曲；"金"头三角形，四竖点；"朱"头较圆，"朱"下较圆		2.64	2.25	0.94	0.17	0.13	3.80
	71 - 2	"五"字瘦长，竖画甚曲；"金"头三角形，四竖点；"朱"头较方，"朱"下较圆		2.60	2.33	1.00	0.17	0.14	2.91

种类	编号	特征		郭径	钱径	穿宽	郭厚	肉厚	重量
		文字特征	记号						
五铢	71-3	"五"字瘦长，竖画缓曲；"金"头三角形，四竖点；"朱"头较方，"朱"下较圆		2.58	2.27	0.93	0.15	0.13	2.82
	71-4	"五"字瘦长，竖画甚曲；"金"头三角形，四竖点；"朱"头较方，"朱"下较圆		2.49	2.24	0.97	0.13	0.11	2.75
	71-5	"五"字瘦长，竖画甚曲；"金"头三角形，四竖点；"朱"头较圆，"朱"下较圆		2.66	2.28	0.88	0.13	0.12	3.23
	71-6	同上		2.58	2.26	0.93	0.15	0.12	2.98
	71-7	"五"字瘦长，竖画甚曲；"金"头三角形，四竖点；"朱"头较方，"朱"下较圆		2.64	2.32	0.92	0.12	0.13	1.97
	71-8	"五"字瘦长，竖画甚曲；"金"头三角形，四竖点；"朱"头较方，"朱"下较方		2.58	2.33	0.95	0.14	0.12	2.77
	71-9	"五"字瘦长，竖画甚曲；"金"头三角形，四竖点；"朱"头较圆，"朱"下较方		2.59	2.16	0.90	0.12	0.11	2.69
	71-10	同上		2.52	2.32	0.98	0.12	0.11	2.87
	71-11	"五"字瘦长，竖画甚曲；"金"头三角形，四竖点；"朱"头较方，"朱"下较圆		2.50	2.34	0.91	0.13	0.11	3.04
	71-12	同上		2.65	2.35	0.97	0.15	0.13	2.34
	71-13	"五"字瘦长，竖画缓曲；"金"头三角形，四竖点；"朱"头较圆，"朱"下较圆		2.55	2.31	0.91	0.11	0.09	1.85
	71-14	"五"字瘦长，竖画甚曲；"金"头三角形，四竖点；"朱"头较圆，"朱"下较圆		2.57	2.27	0.95	0.16	0.12	2.99
	71-15	"五"字瘦长，竖画甚曲；"金"头三角形，四竖点；"朱"头较方，"朱"下较圆		2.59	2.31	0.88	0.17	0.14	3.19

种类	编号	特征		郭径	钱径	穿宽	郭厚	肉厚	重量
		文字特征	记号						
五铢	71－16	"五"字瘦长，竖画甚曲；"金"头三角形，四竖点；"朱"头较圆，"朱"下较方		2.48	2.23	0.95	0.12	0.10	2.43
	71－17	"五"字瘦长，竖画甚曲；"金"头三角形，四竖点；"朱"头较方，"朱"下较方		2.55	2.19	0.90	0.13	0.12	2.58
	71－18	"五"字瘦长，竖画甚曲；"金"头三角形，四竖点；"朱"头较圆，"朱"下较圆		2.53	2.35	0.92	0.13	0.11	2.66
	71－19	"五"字瘦长，竖画甚曲；"金"头三角形，四竖点；"朱"头较方，"朱"下较圆		2.56	2.24	0.83	0.16	0.15	3.22
	71－20	"五"字瘦长，竖画甚曲；"金"头三角形，四竖点；"朱"头较圆，"朱"下较方		2.66	2.32	0.94	0.14	0.13	2.96
	71－21	"五"字瘦长，竖画甚曲；"金"头三角形，四竖点；"朱"头较圆，"朱"下较圆		2.63	2.30	0.96	0.13	0.12	2.98
	71－22	"五"字瘦长，竖画甚曲；"金"头三角形，四竖点；"朱"头较方，"朱"下较圆		2.59	2.24	0.90	0.15	0.12	2.32
	71－23	"五"字瘦长，竖画甚曲；"金"头三角形，四竖点；"朱"头较圆，"朱"下较圆		2.57	2.28	0.91	0.15	0.13	2.77
	71－24	"五"字瘦长，竖画甚曲；"金"头三角形，四竖点；"朱"头较方，"朱"下较方		2.55	2.30	0.92	0.15	0.12	2.88
	71－25	"五"字瘦长，竖画缓曲；"金"头三角形，四竖点；"朱"头较方，"朱"下较圆		2.58	2.21	0.98	0.12	0.11	2.56
	71－26	"五"字瘦长，竖画甚曲；"金"头三角形，四竖点；"朱"头较圆，"朱"下较圆		2.55	2.20	0.92	0.12	0.11	2.66

种类	编号	特征		郭径	钱径	穿宽	郭厚	肉厚	重量
		文字特征	记号						
五铢	71－27	"五"字瘦长，竖画甚曲；"金"头三角形，四竖点；"朱"头较方，"朱"下较圆		2.64	2.27	0.87	0.13	0.10	2.58
	71－28	"五"字瘦长，竖画甚曲；"金"头三角形，四竖点；"朱"头较方，"朱"下较方		2.56	2.27	0.91	0.11	0.12	2.79
	71－29	"五"字瘦长，竖画缓曲；"金"头三角形，四竖点；"朱"头较方，"朱"下较方		2.55	2.32	0.99	0.13	0.12	3.00
	71－30	"五"字瘦长，竖画甚曲；"金"头三角形，四竖点；"朱"头较方，"朱"下较圆		2.59	2.23	0.90	0.13	0.11	2.85
	71－31	"五"字瘦长，竖画甚曲；"金"头三角形，四竖点；"朱"头较圆，"朱"下较圆		2.56	2.25	0.90	0.15	0.14	3.03
	71－32	同上		2.55	2.31	0.88	0.12	0.10	2.68
	71－33	同上		2.57	2.28	0.89	0.12	0.11	3.22
	71－34	同上		2.79	2.21	0.87	0.13	0.12	2.46
	71－35	同上		2.55	2.30	0.93	0.12	0.11	2.55
	71－36	同上		2.65	2.22	0.96	0.14	0.12	3.00
	71－37	同上		2.48	2.24	0.87	0.12	0.10	2.47
	71－38	同上		2.45	2.34	0.93	0.12	0.10	2.55
	71－39	同上		2.62	2.25	0.91	0.14	0.12	3.12
	71－40	同上		2.60	2.31	0.89	0.15	0.13	3.30
	71－41	同上		2.59	2.32	0.93	0.13	0.12	3.01
	71－42	同上		2.67	2.29	0.94	0.12	0.10	2.34
	71－43	同上		2.60	2.25	0.89	0.16	0.14	3.25
	71－44	字迹不清		2.58	2.32	0.91	0.14	0.12	3.00
	71－45	字迹不清		2.59	2.31	0.94	0.13	0.11	2.98
	71－46	字迹不清		2.49	2.24	0.87	0.12	0.10	2.94
	71－47	字迹不清		2.66	2.32	0.90	0.15	0.13	3.22
	71－48	字迹不清		2.59	2.58	0.96	0.12	0.11	2.67
	71－49	字迹不清		2.49	2.31	0.88	0.11	0.09	2.32
	71－50	字迹不清		2.55	2.35	0.86	0.14	0.12	3.06
	71－51	字迹不清		2.56	2.34	0.97	0.15	0.13	3.45
	71－52	字迹不清		2.57	2.28	0.96	0.13	0.12	3.04

种类	编号	特征		郭径	钱径	穿宽	郭厚	肉厚	重量
		文字特征	记号						
五铢	71－53	字迹不清		2.64	2.23	0.93	0.12	0.11	2.88
	71－54	字迹不清		2.66	2.32	0.89	0.16	0.14	3.22
	71－55	字迹不清		2.70	2.36	0.90	0.17	0.15	3.34
	71－56	字迹不清		2.55	2.25	0.91	0.13	0.12	2.87
	71－57	字迹不清		2.63	2.34	0.94	0.12	0.10	2.77
	71－58	字迹不清		2.60	2.30	0.88	0.14	0.13	3.02
	71－59	字迹不清		2.66	2.26	0.90	0.15	0.14	3.23
	71－60	字迹不清		2.58	2.34	0.92	0.12	0.10	2.45
	71－61	字迹不清		2.57	2.21	0.87	0.11	0.09	2.32
	71－62	字迹不清		2.55	2.31	0.90	0.12	0.11	2.57
	71－63	字迹不清		2.47	2.23	0.93	0.12	0.10	2.55
	71－64	字迹不清		2.56	2.32	0.90	0.13	0.12	2.66
	71－65	字迹不清		2.55	2.32	0.99	0.13	0.12	3.00
	71－66	字迹不清		2.59	2.23	0.90	0.13	0.11	2.85
	71－67	字迹不清		2.56	2.25	0.90	0.15	0.14	3.03
	71－68	字迹不清		2.55	2.31	0.88	0.12	0.10	2.68
	71－69	字迹不清		2.57	2.28	0.89	0.12	0.11	3.22
	71－70	字迹不清		2.79	2.21	0.87	0.13	0.12	2.46
	71－71	字迹不清		2.55	2.30	0.93	0.12	0.11	2.55
	71－72	字迹不清		2.65	2.22	0.96	0.14	0.12	3.00
	71－73	字迹不清		2.76	2.32	0.97	0.14	0.13	2.67
	71－74	字迹不清		2.55	2.32	0.99	0.13	0.12	3.00
	71－75	字迹不清		2.59	2.23	0.90	0.13	0.11	2.85
	71－76	字迹不清		2.56	2.25	0.90	0.15	0.14	3.03
	71－77	字迹不清		2.55	2.31	0.88	0.12	0.10	2.68
	71－78	字迹不清		2.57	2.28	0.89	0.12	0.11	3.22
	71－79	字迹不清		2.79	2.21	0.87	0.13	0.12	2.46
	71－80	字迹不清		2.55	2.30	0.93	0.12	0.11	2.55
	71－81	字迹不清		2.65	2.22	0.96	0.14	0.12	3.00
	71－82	字迹不清		2.48	2.24	0.87	0.12	0.10	2.47
	71－83	字迹不清		2.58	2.32	0.91	0.14	0.12	3.00
	71－84	字迹不清		2.59	2.31	0.94	0.13	0.11	2.98
	71－85	字迹不清		2.49	2.24	0.87	0.12	0.10	2.94
	71－86	字迹不清		2.66	2.32	0.90	0.15	0.13	3.22
	71－87	字迹不清		2.59	2.58	0.96	0.12	0.11	2.67
货泉	71－88	穿之右、左篆书"货泉"二字		2.30	1.93	0.62	0.17	0.15	3.25
	71－89	同上		2.30	1.94	0.59	0.18	0.15	2.81
	71－90	同上		2.33	1.95	0.60	0.19	0.16	2.95

种类	编号	特征		郭径	钱径	穿宽	郭厚	肉厚	重量
		文字特征	记号						
五铢	72－1	"五"字瘦长，竖画甚曲； "金"头三角形，四竖点； "朱"头较方，"朱"下较圆		2.57	2.22	0.90	0.15	0.13	2.94
	72－2	"五"字瘦长，竖画缓曲； "金"头三角形，四竖点； "朱"头较方，"朱"下较方		2.68	2.32	0.90	0.17	0.15	3.76
	72－3	"五"字瘦长，竖画缓曲； "金"头三角形，四竖点； "朱"头较方，"朱"下较圆		2.58	2.25	0.93	0.15	0.13	2.92
	72－4	"五"字瘦长，竖画甚曲； "金"头三角形，四竖点； "朱"头较方，"朱"下较圆		2.49	2.25	0.97	0.14	0.11	2.77
	72－5	"五"字瘦长，竖画甚曲； "金"头三角形，四竖点； "朱"头较圆，"朱"下较圆		2.56	2.28	0.88	0.13	0.12	3.23
	72－6	同上		2.58	2.28	0.93	0.15	0.13	2.98
	72－7	"五"字瘦长，竖画甚曲； "金"头三角形，四竖点； "朱"头较方，"朱"下较方		2.63	2.30	0.92	0.12	0.13	1.97
	72－8	同上		2.58	2.33	0.95	0.14	0.12	2.77
	72－9	"五"字瘦长，竖画甚曲； "金"头三角形，四竖点； "朱"头较圆，"朱"下较方		2.55	2.16	0.90	0.13	0.11	2.69
	72－10	同上		2.52	2.32	0.98	0.12	0.11	2.88
	72－11	"五"字瘦长，竖画甚曲； "金"头三角形，四竖点； "朱"头较方，"朱"下较圆		2.50	2.33	0.91	0.13	0.11	3.00
	72－12	同上		2.57	2.38	0.91	0.16	0.13	2.93
	72－13	"五"字瘦长，竖画缓曲； "金"头三角形，四竖点； "朱"头较圆，"朱"下较圆		2.52	2.41	0.10	0.14	0.14	3.01
	72－14	"五"字瘦长，竖画甚曲； "金"头三角形，四竖点； "朱"头较圆，"朱"下较圆		2.56	2.30	0.97	0.11	0.12	3.00
	72－15	"五"字瘦长，竖画甚曲； "金"头三角形，四竖点； "朱"头较方，"朱"下较圆		2.47	2.29	0.98	0.10	0.09	2.19

种类	编号	特征		郭径	钱径	穿宽	郭厚	肉厚	重量
		文字特征	记号						
五铢	72－16	"五"字瘦长，竖画甚曲；"金"头三角形，四竖点；"朱"头较圆，"朱"下较方		2.60	2.33	0.90	0.13	0.12	3.39
	72－17	"五"字瘦长，竖画甚曲；"金"头三角形，四竖点；"朱"头较方，"朱"下较圆		2.56	2.21	0.94	0.12	0.12	2.55
	72－18	"五"字瘦长，竖画甚曲；"金"头三角形，四竖点；"朱"头较圆，"朱"下较圆		2.58	2.24	0.83	0.16	0.15	2.83
	72－19	"五"字瘦长，竖画甚曲；"金"头三角形，四竖点；"朱"头较方，"朱"下较圆		2.48	2.25	0.88	0.10	0.11	2.75
	72－20	字迹不清		2.54	2.27	0.96	0.13	0.12	2.95
	72－21	字迹不清		2.54	2.33	0.97	0.15	0.12	2.83
	72－22	字迹不清		2.51	2.21	0.87	0.15	0.11	3.46
	72－23	字迹不清		2.57	2.21	0.99	0.15	0.08	2.76
	72－24	字迹不清		2.53	2.22	0.92	0.12	0.13	2.73
	72－25	字迹不清		2.55	2.22	0.98	0.12	0.11	2.46
	72－26	字迹不清		2.57	2.20	0.90	0.14	0.11	2.66
	72－27	字迹不清		2.63	2.29	0.87	0.13	0.10	2.58
	72－28	字迹不清		2.54	2.27	0.91	0.11	0.12	2.79
	72－29	字迹不清		2.56	2.33	0.99	0.13	0.12	3.67
	72－30	字迹不清		2.58	2.23	0.90	0.14	0.13	3.22
	72－31	字迹不清		2.54	2.26	0.90	0.15	0.14	3.13
	72－32	字迹不清		2.55	2.32	0.88	0.12	0.10	2.68
	72－33	字迹不清		2.57	2.27	0.89	0.13	0.11	3.25
	72－34	字迹不清		2.78	2.22	0.87	0.13	0.12	2.46
	72－35	字迹不清		2.55	2.22	0.98	0.12	0.11	2.46
	72－36	字迹不清		2.57	2.20	0.90	0.14	0.11	2.66
	72－37	字迹不清		2.63	2.29	0.87	0.13	0.10	2.58
	72－38	字迹不清		2.56	2.32	0.90	0.13	0.11	2.87
	72－39	字迹不清		2.59	2.27	0.91	0.15	0.13	3.34
	72－40	字迹不清		2.60	2.25	0.90	0.17	0.14	2.95
	72－41	字迹不清		2.58	2.25	0.93	0.15	0.13	2.92
	72－42	字迹不清		2.49	2.25	0.97	0.14	0.11	2.77
	72－43	字迹不清		2.56	2.28	0.88	0.13	0.12	3.23
货泉	72－44	穿之右、左篆书"货泉"二字		2.19	1.92	0.63	0.17	0.13	2.32

2015M70

位于本发掘区中部，方向195°（图一四一）。开口于①层下，开口距地表0.88米。

（一）墓葬结构

该墓为单室砖室墓，简化仿木结构。由墓道、墓门及墓室组成（彩版九八，1）。

墓道 位于墓室南侧。长斜坡状。未完全发掘，长度不详，宽1.61米。

墓门 位于墓室南侧。由门框、门额、门簪及墓门、甬道组成。门框用两块长砖为一组顺砌三面构成，门框两侧立有门额，上方门框用花边形砖镶嵌砌筑两个门簪。门框内设有圆拱形墓门，拱门处用花边形砖起券，门用青砖一层丁砖、一层菱角牙子交错平砌封堵（彩版九八，2）。墓室甬道连接墓门，较短。墓门宽0.9、高1.04米，甬道宽0.9、长0.34米。

墓室 平面呈六角形。墓壁由顺砖十字缝平砌，砖长35、宽20、厚6厘米。各转角处用两块长砖为一组向上立砌，表示角柱，无柱础。墓顶坍塌，应为穹隆顶。墓底用青砖横竖相对平铺。墓室内径约3.02、残高1.46米。

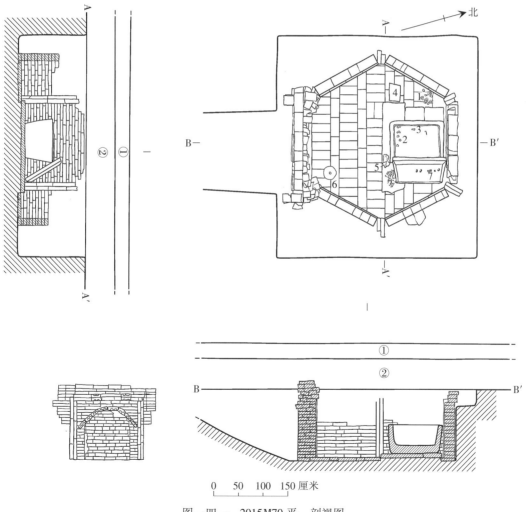

图一四一 2015M70 平、剖视图

1、2、7. 铜钱 3. 瓷片 4、5. 铁制品 6. 圆形砖

（二）葬具及人骨

墓室后部置一棺床，由三块长方形石板平铺而成。其上放置一石函（彩版九九，1）。函盖盝顶式，子母口。函身平面近长方形，上大下小，通长1.1、通宽0.82、高0.56、壁厚0.1～0.16米。石函内残留少量骨灰。

（三）随葬品

该墓共出土随葬品7件（套），计有瓷器1件、铁器2件、圆形砖1件，另有铜钱52枚。

1. 瓷器

瓷片　1件。标本M70：3，灰白胎，白釉泛黄。残存呈长方形，饰卷云纹。残长4.4、残宽1.6厘米（图一四二，1）。

2. 铁器

共2件。为片状器和犁铧。

矩形片状器　1件。标本M70：4，平面呈长方形。腐蚀严重。长34、宽24厘米。

犁铧　1件。标本M70：5，腐蚀严重。残长24、残宽15、残高5厘米。

3. 砖

圆形砖　1件。标本M70：6，用青灰色砖磨制，表面粗糙。平面呈圆形，纵向穿有一孔。直径29.1、厚8厘米（图一四二，2；彩版九九，2）。

4. 铜钱

52枚。详情见表三五。

标本M70：1－1～1－25，25枚。钱文可辨的有"宋元通宝"2、"太平通宝"1、"祥符通宝"1、"祥符元宝"2、"天禧通宝"2、"天圣元宝"3、"皇宋通宝"2、"治平元宝"1、"熙宁元宝"1、"元丰通宝"2、"元祐通宝"1、"绍圣元宝"2、"元符通宝"1、"政和通宝"1，钱文不清晰3。

标本M70：2－1～2－16，16枚。分别为"祥符通宝"1、"天圣元宝"2、"皇宋元宝"1、"皇宋通宝"2、"嘉祐通宝"1、"熙宁元宝"2、"元丰通宝"1、"政和通宝"1、"正隆元宝"1、"大定通宝"4。

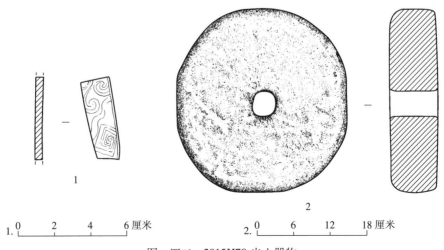

1.　0　2　4　6厘米

2.　0　6　12　18厘米

图一四二　2015M70 出土器物

1. 瓷片（M70：3）　2. 圆形砖（M70：6）

标本 M70：7－1～7－11，11 枚。出土于棺盖之下。分别为"开元通宝"3、"皇宋通宝"3、"天圣元宝"1、"祥符通宝"1、"元丰通宝"1、"绍圣元宝"1、"宋元通宝"1。

表三五 　　　　　　　　　　2015M70 出土铜钱登记表　　　（尺寸单位：厘米；重量单位：克）

种类	编号	特征		郭径	钱径	穿宽	郭厚	肉厚	重量
		文字特征	记号						
元丰通宝	1－1			2.38	1.75	0.59	0.13	0.12	4.32
	1－2			2.49	2.0	0.60	0.12	0.10	2.68
皇宋通宝	1－3			2.48	1.95	0.58	0.14	0.12	4.07
	1－4			2.48	2.03	0.57	0.13	0.11	3.69
祥符元宝	1－5			2.50	1.88	0.57	0.13	0.11	4.85
	1－6			2.42	1.85	0.55	0.13	0.11	3.52
祥符通宝	1－7			2.60	1.80	0.54	0.13	0.11	3.87
宋元通宝	1－8			2.57	1.90	0.56	0.12	0.10	3.47
	1－9			2.44	1.88	0.57	0.12	0.11	4.06
天圣元宝	1－10			2.44	1.90	0.58	0.12	0.11	3.06
	1－11			2.53	1.96	0.57	0.13	0.11	3.82
	1－12			2.54	1.97	0.57	0.12	0.11	3.76
太平通宝	1－13			2.44	1.81	0.60	0.09	0.08	2.98
天禧通宝	1－14			2.57	1.90	0.61	0.11	0.09	3.40
	1－15			2.55	1.87	0.58	0.13	0.10	3.75
政和通宝	1－16			2.50	2.08	0.60	0.18	0.16	4.85
绍圣元宝	1－17			2.39	1.86	0.67	0.13	0.12	3.47
	1－18			2.40	1.88	0.66	0.14	0.12	3.69
熙宁元宝	1－19			2.47	1.84	0.63	0.13	0.12	3.35
元祐通宝	1－20			2.48	1.72	0.57	0.15	0.13	3.95
元符通宝	1－21			2.39	188	0.58	0.14	0.12	3.58
治平元宝	1－22			2.52	1.99	0.57	0.14	0.12	3.45
	1－23	字迹不清		2.50	1.89	0.55	0.13	0.11	3.47
	1－24	字迹不清		2.55	1.90	0.57	0.12	0.11	3.03
	1－25	字迹不清		2.40	1.88	0.56	0.14	0.12	3.89
大定通宝	2－1			2.53	2.15	0.61	0.15	0.13	3.39
	2－2			2.55	2.13	0.62	0.16	0.14	3.81
	2－3			2.53	2.20	0.62	0.15	0.13	3.86
	2－4			2.54	2.16	0.60	0.14	0.12	3.24
皇宋通宝	2－5			2.51	1.92	0.71	0.14	0.13	3.46
	2－6			2.45	1.91	0.59	0.14	0.12	3.43
正隆元宝	2－7			2.52	2.13	0.53	0.15	0.13	3.71
祥符通宝	2－8			2.57	1.86	0.59	0.16	0.14	5.07
元丰通宝	2－9			2.45	1.85	0.59	0.13	0.11	3.31

续表三五

种类	编号	特征		郭径	钱径	穿宽	郭厚	肉厚	重量
		文字特征	记号						
皇宋元宝	2－10			2.52	1.83	0.65	0.13	0.12	3.94
天圣元宝	2－11			2.50	2.00	0.63	0.13	0.11	4.34
	2－12			2.49	2.01	0.66	0.13	0.12	3.85
熙宁元宝	2－13			2.49	2.0	0.60	0.12	0.10	2.68
	2－14			2.48	2.02	0.67	0.11	0.10	3.74
政和通宝	2－15			2.51	1.92	0.60	0.13	0.11	4.04
嘉祐通宝	2－16			2.54	1.94	0.68	0.13	0.11	3.73
开元通宝	7－1		背月	2.46	2.06	0.69	0.12	0.10	3.03
	7－2			2.48	2.05	0.68	0.13	0.11	3.61
	7－3			2.45	2.05	0.68	0.13	0.11	3.29
皇宋通宝	7－4			2.48	1.62	0.60	0.12	0.11	3.67
	7－5			2.45	1.97	0.68	0.15	0.13	4.29
	7－6			2.45	1.86	0.59	0.14	0.12	3.60
天圣元宝	7－7			2.52	2.04	0.69	0.11	0.10	3.38
祥符通宝	7－8			2.54	1.78	0.57	0.12	0.11	4.01
元丰通宝	7－9			2.43	1.76	0.59	0.13	0.11	3.58
绍圣元宝	7－10			2.64	1.65	0.55	0.13	0.11	4.28
宋元通宝	7－11			2.50	2.08	0.63	0.13	0.11	3.76

2015M71

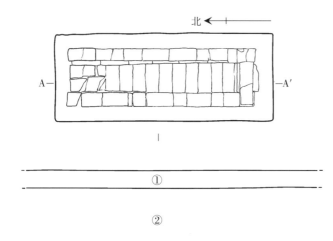

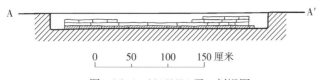

图一四三　2015M71 平、剖视图

位于本发掘区中部，方向 0°（图一四三）。开口于②层下，开口距地表 1.19 米。

（一）墓葬结构

该墓为砖椁墓。墓圹为土坑竖穴，平面呈圆角长方形，结构为直壁，平底。仅存墓底，墓壁及墓顶残损不存（彩版一〇〇，1）。墓圹长 3.01、宽 1.16、残深 0.22 米。墓内填土为黄褐色花土，土质较疏松。

（二）葬具及人骨

葬具为砖椁，被严重破坏，仅存椁底。四壁砌法为平砖顺铺错缝垒砌，最高处仅存三层；椁底铺砖为横向平铺。椁室长 2.64、宽 0.76、残高 0.12 米。未见木制葬具痕迹。

未发现人骨痕迹。

（三）随葬品

该墓出土随葬品2件，均出土于扰土中。包括1件陶器及1件瓷器。

1. 陶器

罐 1件。标本M71：扰1，泥质灰褐陶。方唇，侈口，束颈，溜肩，鼓腹，最大腹径偏上，平底。口径6.3、最大腹径8.8、底径3.4、高9.6厘米（图一四四，1；彩版一〇一，1）。

2. 瓷器

残器底 1件。标本M71：扰2，黄褐胎，黑釉，釉不及底。上半部残，仅存下腹及底部。弧腹，饼足。底径4、残高6.5厘米（图一四四，2；彩版一〇一，2）。

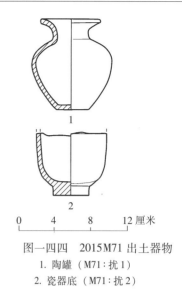

图一四四 2015M71出土器物
1. 陶罐（M71：扰1）
2. 瓷器底（M71：扰2）

2015M72

位于本发掘区中部，墓向200°（图一四五）。开口于②层下，现存开口距离地表1.28米。

（一）墓葬结构

该墓为单室砖室墓，简化仿木结构。墓圹平面近"凸"字形，由墓道、墓门及墓室组成（彩版一〇〇，3）。

墓道 位于墓室南侧。长斜坡状。未完全发掘，长度不详，宽1.55米。

墓门 位于墓室南侧。由门框、门额、门簪及墓门、甬道组成。门框用两块长砖为一组顺砌三面构成，门框两侧立有门额，上方门框用花边形砖镶嵌砌筑两个门簪。门框内设有圆拱形墓门，门用一层丁砖、一层菱角牙子交错平砌封堵（彩版一〇〇，2）。墓室甬道连接墓门，较短。墓门宽0.64、高1.1米，甬道宽0.62、长0.34米。

墓室 平面呈六角形。墓壁由顺砖十字缝平砌，墓室东、西两侧四壁中部各出垛墙，各转角处用两块长砖为一组向上立砌，表示角柱，无柱础。墓顶坍塌，应为穹隆顶。墓底用青砖横竖相对平铺。墓室长径约2.15、短径约1.83、残高约0.75米。

（二）葬具及人骨

墓室后部置一棺床，由两块长方形石板平铺而成。其上放置一石函。函盖盝顶式，子母口。函身长方形，长0.78、宽0.58、高0.56、壁厚0.1～0.2米。发掘时函盖放置在函身旁，坍塌的青砖位于函内。

石函内残留少量骨灰。

（三）随葬品

该墓共出土随葬品4件（套），均出土于墓室之中。包括2件瓷器、1件铁器及19枚铜钱。

1. 瓷器

共2件。计有盘1、瓶1。

盘 1件。标本M72：2，白釉，芒口，足部及外底为满釉，积釉处釉色微黄。尖唇，侈口，微弧腹，矮圈足，足墙竖直。腹内饰凹线纹一周，盘心刻划折枝荷花荷叶图案。口径16.6、

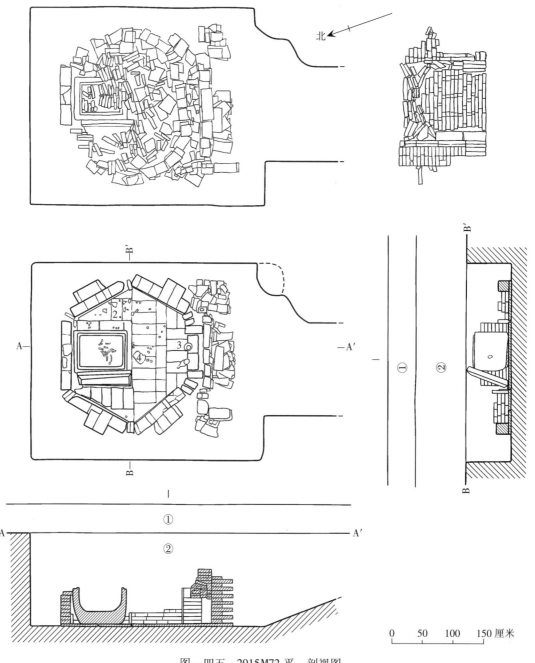

图一四五   2015M72 平、剖视图
1. 铜钱   2. 瓷盘   3. 瓷瓶   4. 铁犁铧

底径 6、高 2.9 厘米（图一四六，1；彩版一○一，3）。

瓶   1 件。标本 M72：3，黑釉，有较多棕红色斑点，釉不及底，胎体红褐色，有细砂粒，胎质不甚细腻。圆唇，微侈口，长颈斜直内收，溜肩，圆鼓腹，圈足，足墙竖直，足底平。口径 4.7、最大腹径 10.3、底径 5.8、高 17.4 厘米（图一四六，2；彩版一○一，4）。

2. 铁器

犁铧   1 件。标本 M72：4，腐蚀较为严重。大部残。残长 20、残宽 18.5、残高 10.5 厘米。

3. 铜钱

19 枚，编号 M72：1－1～1－19。详情见表三六。

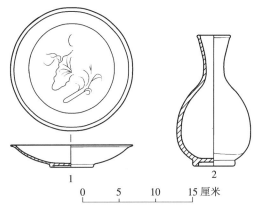

图一四六　2015M72 出土瓷器
1. 盘（M72:2）　2. 瓶（M72:3）

| 表三六 | | | | | | 2015M72 出土铜钱登记表 | | | | （尺寸单位：厘米；重量单位：克） |

种类	编号	特征		郭径	钱径	穿宽	郭厚	肉厚	重量
		文字特征	记号						
开元通宝	1－1		背月	2.46	1.94	0.63	0.14	0.12	3.79
	1－2			2.48	2.05	0.70	0.14	0.12	3.51
	1－3			2.36	1.98	0.68	0.13	0.11	3.22
景祐元宝	1－4			2.52	1.89	0.63	0.12	0.11	3.29
皇宋通宝	1－5			2.45	1.88	0.68	0.12	0.10	2.67
	1－6			2.45	1.86	0.59	0.14	0.12	3.17
皇宋元宝	1－7			2.35	1.89	0.69	0.13	0.11	3.56
熙宁元宝	1－8			2.42	1.88	0.57	0.13	0.11	3.97
元丰通宝	1－9			2.36	1.79	0.57	0.13	0.11	3.77
	1－10			2.54	1.82	0.55	0.14	0.11	3.64
熙宁元宝	1－11			2.40	1.90	0.59	0.15	0.13	3.
天圣元宝	1－12			2.53	2.00	0.68	0.13	0.12	3.71
圣宋元宝	1－13			2.49	1.80	0.60	0.13	0.11	3.72
皇宋通宝	1－14			2.50	2.01	0.58	0.14	0.12	3.18
元祐通宝	1－15			2.48	2.03	0.57	0.13	0.11	3.48
天圣元宝	1－16			2.50	2.05	0.65	0.14	0.12	4.43
天禧通宝	1－17			2.55	1.93	0.62	0.15	0.13	4.64
	1－18	字迹不清		2.49	1.94	0.54	0.13	0.11	4.40
元祐通宝	1－19			2.47	1.96	0.68	0.13	0.11	3.71

2015M73

位于本发掘区中部，方向 10°（图一四七）。开口于②层下，开口距地表 0.75 米。

（一）墓葬结构

该墓被严重破坏，形制不辨。现仅存土坑墓圹，平面近圆角长方形，结构为直壁，平底。墓

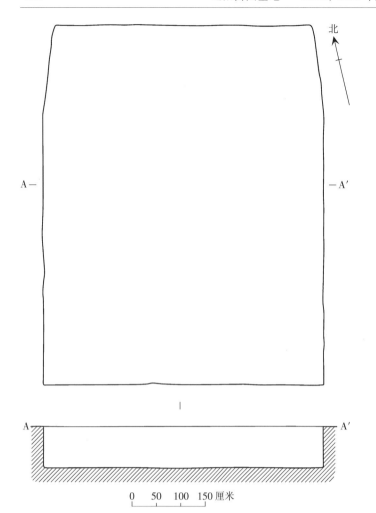

图一四七　2015M73 平、剖视图

扩长 7.15、宽 5.79、残深 0.81 米。

（二）葬具及人骨

未见葬具痕迹。

分属于数例个体的人骨集中堆积于墓底一角，葬式不辨。

（三）随葬品

该墓出土随葬品 18 件（套），均出土于墓葬扰土中。其中陶器 10 件、石器 1 件、铜器 4 件、骨器 1 件、铁器 1 件，另有铜钱 76 枚。

1. 陶器

共 10 件。计有俎 1、小甑 1、单把杯 1、方盘 1、樽 1、器盖 2、小瓢 2、奁 1。

俎　1 件。标本 M73：扰 1，泥质灰陶。长方形俎面，中部下凹，俎底置两个长方形扁足。俎面模印鱼纹，鱼背鳍处压有一削。长 17.4、宽 5、高 4.4 厘米（图一四八，1；彩版一〇二，1）。

小甑　1 件。标本 M73：扰 2，泥质灰陶。尖唇，敞口，小卷沿，斜弧腹，台底。底部有八个长条形甑孔，孔由外向内戳刺，沿面有凹槽一周，上腹部饰凹弦纹五周。口径 14、底径 7、高 5.8 厘米（图一四八，2）。

单把杯　1 件。标本 M73：扰 3，泥质灰陶。圆唇，敛口，斜直腹，上细下粗，平底。腹壁一侧置有一柱状把手，把手残缺，把手下端出一圆柱形泥条连接于腹壁。唇下饰凸棱一周，杯壁上、中、下部各有一组多周细弦纹。口径 7.2、底径 8、高 12.8 厘米（图一四八，3；彩版一〇二，2）。

方盘　1 件。标本 M73：扰 4，泥质灰褐陶。整体呈倒梯形，方唇，敞口，平折沿，斜直壁，平底，底部凹凸不平。沿面刻划水波纹。口长 18.5、口宽 9.6、底长 13.3、底宽 4.7、高 2.8 厘米（图一四八，4；彩版一〇二，3）。

樽　1 件。标本 M73：扰 5，泥质灰陶。圆唇，直口，直腹略内凹，平底，底置三个兽蹄状足。腹部饰凹弦纹两周。口径 19.7、底径 20.5、高 15.6 厘米（图一四八，5；彩版一〇二，4）。

器盖　2 件（M73：扰 6、扰 7）。均为泥质灰褐陶。形制相似，圆唇，子母口，弧顶。标本 M73：扰 6，口径 6.2、盖径 9.2、高 1.4 厘米（图一四八，7）。标本 M73：扰 7，口径 4.5、盖径 7、高 1.3 厘米（图一四八，8）。

小瓢　2 件（M73：扰 9、扰 10）。均为泥质灰陶。形制相似，平面近梨形，方圆唇，斜弧腹，圜底。标本 M73：扰 9，口通长 5.5、口通宽 3.5、高 2.1 厘米（图一四八，11；彩版一〇二，6）。标本 M73：扰 10，口通长 4.1、口通宽 2.7、高 1.5 厘米（图一四八，12）。

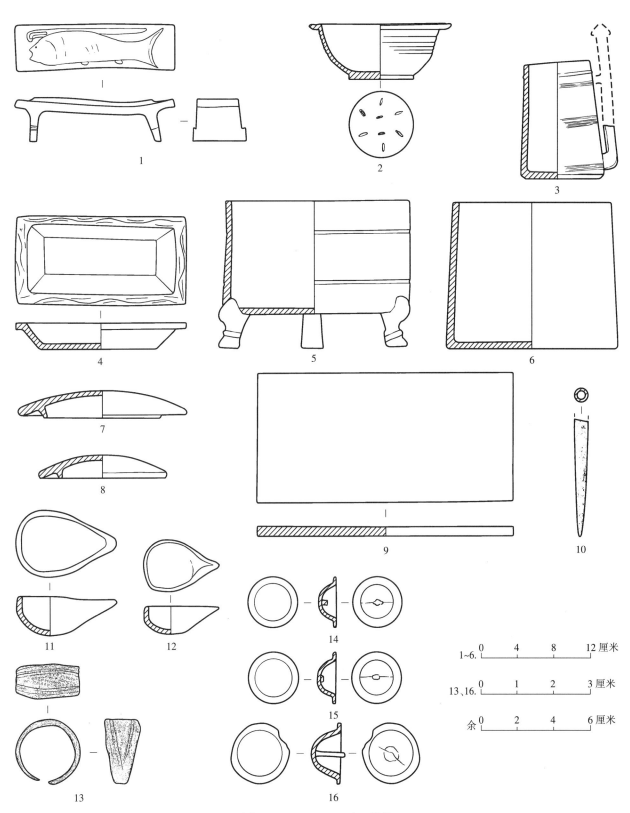

图一四八　2015M73 出土器物

1. 俎（M73：扰1）　2. 小甑（M73：扰2）　3. 单把杯（M73：扰3）　4. 方盘（M73：扰4）　5. 樽（M73：扰5）　6. 奁（M73：扰11）　7、8. 器盖（M73：扰6、扰7）　9. 石研板（M73：扰8）　10. 骨簪（M73：扰16）　11、12. 小瓢（M73：扰9、扰10）　13. 铜顶针（M73：扰12）　14～16. 铜泡钉（M73：扰14、扰15、扰13）（未标明质地者均为陶器）

盆　1 件。标本 M73：扰 11，泥质灰陶。仅存盆体。圆唇，直口，直腹略内凹，平底。口径 17.2、底径 18.2、高 15.5 厘米（图一四八，6；彩版一〇二，7）。

2. 石器

研板　1 件。标本 M73：扰 8，黑色页岩。磨制而成，磨制较为光滑。平面呈长方形，通体扁薄，一面黑色或是墨痕。长 14.1、宽 6.9、厚 0.5 厘米（图一四八，9；彩版一〇二，5）。

3. 铜器

共 4 件。计有顶针 1、泡钉 3。

顶针　1 件。标本 M73：扰 12，环形。外壁上、下两侧各有凹弦纹两周，两组弦纹间满饰凹窝。外径 1.8、内径 1.5、最宽 1 厘米（图一四八，13）。

泡钉　3 件（M73：扰 13、扰 14、扰 15）。形制相似，钉身呈细长方棱状，钉帽为圆帽形，边缘有折沿。标本 M73：扰 13，泡径 1.6、高 0.9 厘米（图一四八，16）。标本 M73：扰 14，泡径 2.7、高 1 厘米（图一四八，14）。标本 M73：扰 15，泡径 2.7、高 1 厘米（图一四八，15）。

4. 骨器

簪　1 件。标本 M73：扰 16，圆锥形，簪身细长，截面呈圆形。残长 6.2、最大径 0.7 厘米（图一四八，10）。

5. 铁器

棺钉　1 件。标本 M73：扰 17，残损。重 20 克。

6. 铜钱

76 枚，编号 M73：扰 18－1～扰 18－76。均为"五铢"。详情见表三七。

表三七　　　　　　　　　2015M73 出土铜钱登记表　　　　　（尺寸单位：厘米；重量单位：克）

| 种类 | 编号 | 特征 | | 郭径 | 钱径 | 穿宽 | 郭厚 | 肉厚 | 重量 |
		文字特征	记号						
五铢	扰 18－1	"五"字瘦长，竖画甚曲；"金"头三角形，四竖点；"朱"头较圆，"朱"下较圆		2.54	2.35	0.92	0.11	0.10	2.67
	扰 18－2	同上		2.55	2.31	0.91	0.11	0.09	1.85
	扰 18－3	同上		2.57	2.27	0.95	0.16	0.12	2.99
	扰 18－4	同上		2.57	2.27	0.95	0.16	0.12	2.99
	扰 18－5	同上		2.53	2.35	0.92	0.13	0.11	2.61
	扰 18－6	同上		2.63	2.32	0.96	0.13	0.12	2.98
	扰 18－7	同上		2.57	2.28	0.91	0.15	0.13	2.77
	扰 18－8	同上		2.59	2.23	0.90	0.14	0.13	3.25
	扰 18－9	同上		2.55	2.32	0.99	0.13	0.12	3.00
	扰 18－10	同上		2.57	2.28	0.89	0.12	0.11	3.22

种类	编号	特征		郭径	钱径	穿宽	郭厚	肉厚	重量
		文字特征	记号						
五铢	扰18－11	"五"字瘦长，竖画甚曲；"金"头三角形，四竖点；"朱"头较圆，"朱"下较圆		2.79	2.21	0.87	0.13	0.12	2.46
	扰18－12	同上		2.55	2.30	0.93	0.12	0.11	2.55
	扰18－13	同上		2.65	2.22	0.96	0.14	0.12	3.00
	扰18－14	同上		2.48	2.24	0.87	0.12	0.10	2.47
	扰18－15	同上		2.47	2.34	0.93	0.12	0.10	2.55
	扰18－16	同上		2.62	2.25	0.91	0.14	0.12	3.12
	扰18－17	同上		2.57	2.28	0.96	0.13	0.12	3.04
	扰18－18	同上		2.64	2.23	0.93	0.12	0.11	2.88
	扰18－19	同上		2.66	2.32	0.89	0.16	0.14	3.67
	扰18－20	同上		2.70	2.36	0.90	0.17	0.15	3.86
	扰18－21	同上		2.55	2.25	0.91	0.13	0.12	2.87
	扰18－22	同上		2.60	2.30	0.88	0.14	0.13	3.02
	扰18－23	同上		2.59	2.58	0.96	0.12	0.11	2.67
	扰18－24	同上		2.49	2.31	0.88	0.11	0.09	2.32
	扰18－25	同上		2.55	2.35	0.86	0.14	0.12	3.06
	扰18－26	同上		2.56	2.34	0.97	0.15	0.13	3.45
	扰18－27	同上		2.57	2.28	0.96	0.13	0.12	3.04
	扰18－28	同上		2.64	2.23	0.93	0.12	0.11	2.88
	扰18－29	同上		2.66	2.32	0.89	0.16	0.14	3.67
	扰18－30	同上		2.70	2.36	0.90	0.17	0.15	3.86
	扰18－31	同上		2.55	2.25	0.91	0.13	0.12	2.87
	扰18－32	同上		2.63	2.34	0.94	0.12	0.10	2.77
	扰18－33	同上		2.60	2.30	0.88	0.14	0.13	3.02
	扰18－34	同上		2.66	2.26	0.90	0.15	0.14	3.23
	扰18－35	同上		2.58	2.34	0.92	0.12	0.10	2.45
	扰18－36	同上		2.57	2.21	0.87	0.11	0.09	2.32
	扰18－37	同上		2.55	2.31	0.90	0.12	0.11	2.57
	扰18－38	同上		2.47	2.23	0.93	0.12	0.10	2.55
	扰18－39	同上		2.70	2.36	0.90	0.17	0.15	3.86
	扰18－40	同上		2.55	2.25	0.91	0.13	0.12	2.87
	扰18－41	同上		2.63	2.34	0.94	0.12	0.10	2.77
	扰18－42	同上	磨郭		2.10	0.97		0.11	1.27

种类	编号	特征		郭径	钱径	穿宽	郭厚	肉厚	重量
		文字特征	记号						
五铢	扰 18－43	"五"字瘦长，竖画甚曲；"金"头三角形，四竖点；"朱"头较方，"朱"下较圆		2.55	2.19	0.96	0.14	0.08	2.21
	扰 18－44	同上		2.65	2.35	0.95	0.15	0.13	2.34
	扰 18－45	同上		2.59	2.31	0.89	0.17	0.14	3.19
	扰 18－46	同上		2.56	2.24	0.83	0.16	0.15	3.22
	扰 18－47	同上		2.65	2.35	0.95	0.15	0.13	2.34
	扰 18－48	同上		2.59	2.31	0.89	0.17	0.14	3.19
	扰 18－49	同上		2.56	2.24	0.83	0.16	0.15	3.22
	扰 18－50	同上		2.59	2.24	0.90	0.15	0.12	2.32
	扰 18－51	同上		2.56	2.25	0.90	0.15	0.14	3.03
	扰 18－52	同上		2.79	2.21	0.87	0.13	0.12	2.46
	扰 18－53	同上		2.60	2.31	0.89	0.15	0.13	3.33
	扰 18－54	同上		2.63	2.34	0.94	0.12	0.10	2.77
	扰 18－55	"五"字瘦长，竖画甚曲；"金"头三角形，四竖点；"朱"头较方，"朱"下较方		2.58	2.23	0.95	0.12	0.10	2.43
	扰 18－56	同上		2.55	2.19	0.90	0.13	0.12	2.58
	扰 18－57	同上		2.53	2.30	0.92	0.15	0.12	2.98
	扰 18－58	同上		2.55	2.31	0.88	0.12	0.10	2.68
	扰 18－59	"五"字瘦长，竖画甚曲；"金"头三角形，四竖点；"朱"头较圆，"朱"下较方		2.55	2.19	0.90	0.13	0.12	2.58
	扰 18－60	同上		2.53	2.35	0.92	0.13	0.11	2.61
	扰 18－61	同上		2.58	2.23	0.95	0.12	0.10	2.43
	扰 18－62	同上		2.66	2.32	0.94	0.14	0.12	2.96
	扰 18－63	"五"字瘦长，竖画缓曲；"金"头三角形，四竖点；"朱"头较圆，"朱"下较方		2.58	2.39	0.97	0.11	0.09	3.06
	扰 18－64	同上		2.55	2.31	0.91	0.11	0.09	1.85
	扰 18－65	"五"字瘦长，竖画缓曲；"金"头三角形，四竖点；"朱"头较方，"朱"下较圆		2.55	2.32	0.99	0.13	0.12	3.00

种类	编号	特征		郭径	钱径	穿宽	郭厚	肉厚	重量
		文字特征	记号						
五铢	扰18-66	"五"字瘦长，竖画缓曲；"金"头三角形，四竖点；"朱"头较方，"朱"下较方		2.57	2.28	0.89	0.12	0.11	3.22
	扰18-67	"五"字瘦长，竖画缓曲；"金"头三角形，四竖点；"朱"头较圆，"朱"下较圆		2.55	2.31	0.88	0.12	0.10	2.68
	扰18-68	字迹不清		2.55	2.25	0.91	0.13	0.12	2.87
	扰18-69	字迹不清		2.63	2.34	0.94	0.12	0.10	2.77
	扰18-70	字迹不清		2.60	2.30	0.88	0.14	0.13	3.02
	扰18-71	字迹不清		2.59	2.58	0.96	0.12	0.11	2.67
	扰18-72	字迹不清		2.49	2.31	0.88	0.11	0.09	2.32
	扰18-73	字迹不清		2.55	2.35	0.86	0.14	0.12	3.06
	扰18-74	字迹不清		2.63	2.34	0.94	0.12	0.10	2.77
	扰18-75	字迹不清	磨郭		2.56	0.90		0.12	1.87
	扰18-76	字迹不清	磨郭		2.21	0.87		0.11	1.45

2015M74

位于本发掘区中部，方向195°（图一四九）。开口于②层下，开口距地表0.9米。

（一）墓葬结构

该墓为单室砖室墓，简化仿木结构。由墓道、墓门及墓室组成（彩版一〇三，1）。

墓道　位于墓室南侧。长斜坡状。平面近梯形，未完全发掘，长度不详，宽1.87米。

墓门　位于墓室南侧。由门框、门额、门簪及墓门、甬道组成。门框用两块长砖为一组顺砌三面构成，门框两侧立有门额，上方门框用花边形砖镶嵌砌筑两个门簪。门框内设有圆拱形墓门，拱券处用砖为花边形，门用一层丁砖、一层菱角牙子交错平砌封堵（彩版一〇三，2）。墓室甬道连接墓门，较短。墓门宽1.75、高1.53米，甬道长0.42、宽1.27米。

墓室　平面呈六角形。墓壁由平砖错缝顺砌，各转角处用两块长砖为一组向上立砌，表示角柱，无柱础。墓顶坍塌，应为穹隆顶。墓底用青砖横竖相对平铺。墓室内长径2.81、短径2.52、残高约0.87米。

（二）葬具及人骨

墓室后部置一长方形石制棺床，其上垫数块青砖，而后放置一石函。函盖盝顶式，子母口，函身近长方形，长1.21、宽0.96、高约0.54米。

石函内残留少量骨灰。

（三）随葬品

该墓共出土随葬品9件（套），均出土于墓室内。其中瓷器5件，另有玉器2件、铁器1件及

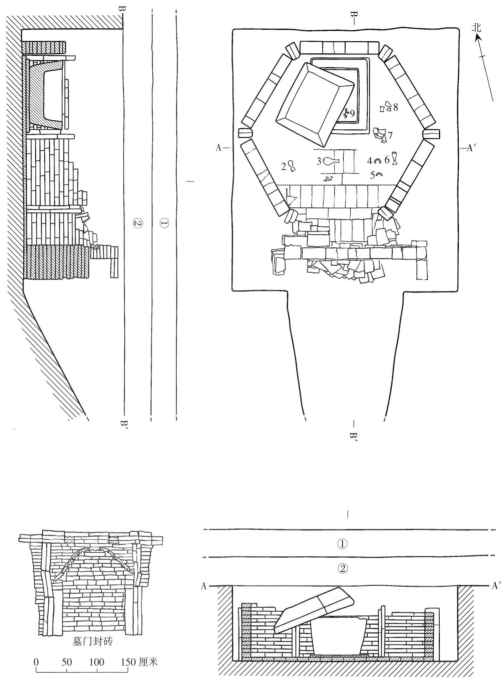

图一四九　2015M74 平、剖视图
1. 铁犁铧　2、3、6. 瓷瓶　4、5. 玉环　7. 瓷碗　8. 瓷盘　9. 铜钱

铜钱 4 枚。

1. 瓷器

共 5 件。计有瓶 3、碗 1、盘 1。

瓶　3 件（M74∶2、3、6）。形制相似，圆唇，侈口，卷沿，长束颈，溜肩，垂腹，矮圈足。标本 M74∶2、6，茶末釉，胎体发红，夹细砂，圈足无釉。标本 M74∶3，酱釉，釉面光滑，胎灰白色，夹细砂。标本 M74∶2，口径 4.5、最大腹径 10.3、底径 6.2、高 18.5 厘米（图一五〇，3；彩版一〇四，1）。标本 M74∶3，口径 4.4、最大腹径 10.5、底径 6.4、高 17.7 厘米（图一五〇，4；彩版一〇四，2）。标本 M74：6，口径 4.1、最大腹径 10.5、底径 5.4、高 17.5 厘米（图一五〇，5）。

碗 1 件。标本 M74：7，白釉。尖唇，敞口，六瓣花口，内壁出筋，斜弧腹，矮圈足，足墙斜直微内倾。内底刻划鱼纹及水波纹。口径 19.4、底径 6.4、高 7 厘米（图一五〇，6；彩版一〇四，3）。

盘 1 件。标本 M74：8，白釉，芒口，足部外底满釉，积釉处釉色微黄。尖唇，侈口，斜弧腹，矮圈足，足墙竖直。内底刻划荷花荷叶纹。口径 16.2、底径 5.1、高 3.1 厘米（图一五〇，7；彩版一〇四，4）。

2. 玉器

共 2 件。均为环。

标本 M74：4、5，残。形制相似，平面呈环形，器身宽扁，一侧起脊。标本 M74：4，外径 3.4、内径 1.9 厘米（图一五〇，1）。标本 M74：5，外径 3.5、内径 2.1 厘米（图一五〇，2）。

3. 铁器

犁铧 1 件。标本 M74：1，腐蚀严重。残。

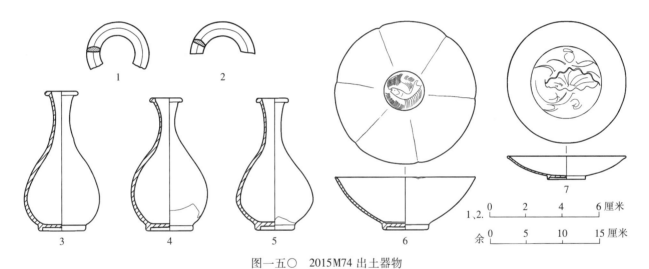

图一五〇 2015M74 出土器物

1、2. 玉环（M74：4、5） 3~5. 瓷瓶（M74：2、3、6） 6. 瓷碗（M74：7） 7. 瓷盘（M74：8）

4. 铜钱

4 枚，编号 M74：9-1~9-4。均为"大定通宝"（彩版一〇三，3）。详情见表三八。

表三八　　　　　　　　　　2015M74 出土铜钱登记表　　　　（尺寸单位：厘米；重量单位：克）

种类	编号	特征		郭径	钱径	穿宽	郭厚	肉厚	重量
		文字特征	记号						
大定通宝	9-1	楷书，穿上、下书"大""定"，穿右、左书"通""宝"		2.53	2.15	0.58	0.16	0.14	3.44
	9-2	同上		2.54	2.13	0.57	0.16	0.14	3.83
	9-3	同上		2.53	2.10	0.57	0.16	0.14	3.46
	9-4	同上		2.5	2.14	0.57	0.16	0.14	3.26

2015M75

位于本发掘区中部，方向 180°（图一五一）。开口于②层下，开口距地表 0.78 米。

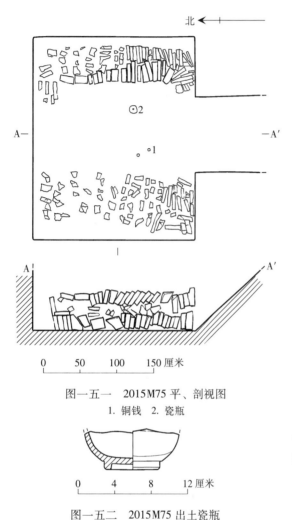

图一五一　2015M75 平、剖视图
1. 铜钱　2. 瓷瓶

图一五二　2015M75 出土瓷瓶
（M75：2）

（一）墓葬结构

该墓为单室砖室墓。由墓道、墓门及墓室组成（彩版一〇五，1）。

墓道　位于墓室南侧。长斜坡状。未完全发掘，长度不详，宽 1.02 米。

墓门　被严重破坏，墓门无存。

墓室　平面呈长方形。墓底及墓顶被破坏无存。墓壁由整砖夹杂碎小砖块砌成，砌法为一层碎砖平铺和一层立砖丁砌组合垒砌。墓圹长 2.7、宽 2.21、残深约 0.63 米。

（二）葬具及人骨

该墓被严重破坏，未见葬具痕迹及人骨痕迹。

（三）随葬品

该墓出土随葬品 2 件（套），出土于墓室之中。分别为瓷瓶 1 件、铜钱 1 枚。

1. 瓷器

1 件，为瓶底部。标本 M75：2，夹砂黄灰色胎，黑釉，釉不及底。残存下腹及圈足，下腹斜弧。底径 5.9、残高 4.3 厘米（图一五二）。

2. 铜钱

1 枚，编号 M75：1。为"正隆元宝"。详情见表三九。

表三九　　　　　　　　　2015M75 出土铜钱登记表　　　　　　（尺寸单位：厘米；重量单位：克）

种类	编号	特征		郭径	钱径	穿宽	郭厚	肉厚	重量
		文字特征	记号						
正隆元宝	1－1	顺时针楷书		2.49	2.13	0.56	0.17	0.14	3.47

2015M76

位于本发掘区中部偏南，方向 40°（图一五三）。开口于②层下，开口距地表 1.25 米。

（一）墓葬结构

该墓为多室石室墓。由墓道、墓门及墓室组成（彩版一〇五，2）。

墓道　位于墓室东北侧。长斜坡状。未完全发掘，长度不详，宽 2.92 米。

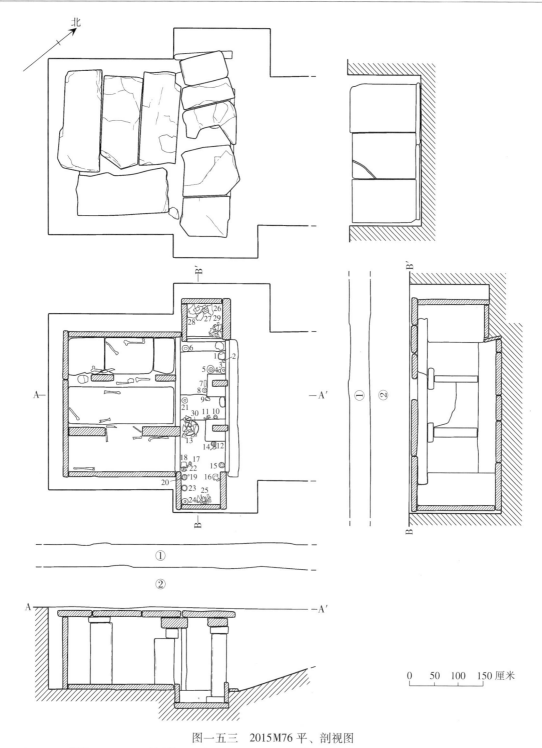

图一五三 2015M76 平、剖视图

1. 奁 2、4. 器盖 3、6、24. 长颈瓶 5. 灯 7. 俎 8、21. 小罐 9. 耳杯 10、17. 小釜 11. 铜钱 12. 小甑
13、30. 案 14. 小勺 15、19. 小钵 16、26、27. 盘 18. 井 20、23. 小盆 22. 水斗 25. 灶 28. 奁盖 29. 瓮
（未标明质地者均为陶器）

墓门　位于墓室东北侧。由门楣、门框及门槛构成，宽2.71、高2.01米。门楣系两块长条形石板平铺于门框之上，门框借用东、西耳室侧板构成，门槛系用长方形石板横置于门框之间。门内立长方形立柱两根，立柱下有长方形柱础石，上接栌斗，栌斗上顶门楣，门楣上接墓室盖板。门外由三块长方形大石板立砌封堵，石板间白灰勾缝，门板下平铺有长条形石板。

墓室　平面近"T"字形，由前廊、东耳室、西耳室及主室组成。墓底及四壁用规整的石板砌筑而成，白灰勾缝，上盖石板为顶。前廊平面近长方形，面阔 2.62、进深 0.91、高 1.65 米。东耳室位于主室东北侧，平面呈长方形，面阔 0.78、进深 0.61、高 1.65 米。西耳室位于主室西北侧，平面近方形，底部高于前廊底部 0.24 米，面阔 0.71、进深 0.68、高 1.42 米。主室平面呈长方形，中部南北向立有两组长方形石板，将主室分为东、中、西三个长方形小室，石板下有础石，上接栌斗，栌斗上接墓顶。主室底部高于前廊底部 0.34 米，面阔 2.64、进深 2.23、高 1.32 米。

（二）葬具及人骨

主室的中、西小室各置一长方形棺床。中部棺床由一块石板构成，长 2.12、宽 0.71 米。西侧棺床由三块石板拼成，长 2.11、宽 0.71 米。不见木制葬具痕迹。

墓内人骨散乱，主室内散乱分布一例颅骨及少量肢骨，前廊靠近西耳室处发现一例颅骨。葬式不辨。

（三）随葬品

该墓出土随葬品 30 件（套），集中堆放于前廊及东、西耳室。其中陶器 29 件，另有铜钱 12 枚。

1. 陶器

共 29 件。计有奁 2、器盖 2、长颈瓶 3、灯 1、俎 1、小罐 2、耳杯 1、小釜 2、小甑 1、案 2、小勺 1、小钵 2、盘 3、井 1、小盆 2、水斗 1、灶 1、瓮 1。

奁　2 件（M76：1、28）。标本 M76：1，泥质灰褐陶。奁盖方唇，直口微侈，直壁略内弧，圆弧顶；顶部饰凹弦纹三组六周。口径 15.8、高 8.6 厘米。奁体圆唇，直口微侈，上腹直，略内弧，下腹向内斜直收，小平底。口径 14、底径 7、高 10.8 厘米（图一五五，1；彩版一〇六，1）。标本 M76：28，泥质灰褐陶。仅存奁盖，平面呈亚腰椭圆形。圆唇，直口，直壁，近顶处斜凹折，平顶。顶沿施两周凹弦纹，顶面置四个乳突状纽。口长径 21.9、口短径 10.8、高 10.8 厘米（图一五五，6；彩版一〇六，2）。

器盖　2 件（M76：2、4）。标本 M76：2，泥质黄褐陶。圆唇，弧顶。口径 4.6、高 1.2 厘米（图一五四，15）。标本 M76：4，泥质灰陶。方唇，弧壁，平顶略鼓。口径 4.7、高 1.3 厘米（图一五四，16；彩版一〇六，3）。

长颈瓶　3 件（M76：3、6、24）。形制相似，方唇，侈口，外沿厚，长颈，溜肩，鼓腹略扁，平底。腹部等距镂空三个圆孔，器底镂空一圆孔，肩腹部施两道凹弦纹。标本 M76：3，夹砂灰陶。口径 5.9、最大腹径 11.1、底径 8.2、高 15.6 厘米（图一五四，2；彩版一〇六，4）。标本 M76：6，泥质灰陶。口径 5.8、最大腹径 11.1、底径 8.1、高 15.1 厘米（图一五四，3）。标本 M76：24，夹砂黄褐陶。口径 6.3、最大腹径 11.4、底径 8.1、高 16.3 厘米（图一五四，1）。

灯　1 件。标本 M76：5，泥质灰陶。灯盘残。喇叭形灯座，高柄中空，座底陡折，形似盘口。柄下部施两道折棱纹。底径 14.8、残高 22.6 厘米（图一五四，22）。

俎　1 件。标本 M76：7，泥质灰陶。俎面近长方形，俎底置两个长方形矮足，足底削出一扇形缺口。俎面模印鱼纹，鱼腹鳍下压有一把削。长 10.5、宽 3.5、高 2.4 厘米（图一五五，2；彩版一〇六，5）。

小罐　2 件（M76：8、21）。形制相似，方唇，敛口，广肩，扁腹，最大腹径居中，平底。肩部饰一周凹弦纹。标本 M76：8，泥质灰陶。口径 4.4、最大腹径 10.7、底径 5.8、高 5.3 厘米（图

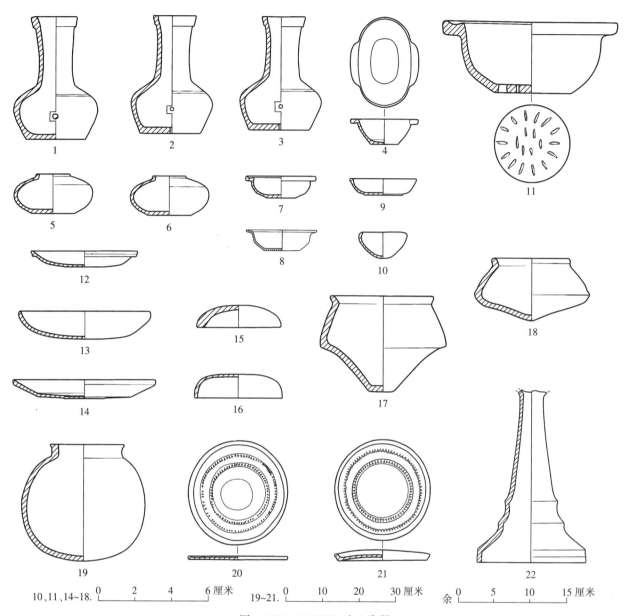

图一五四 2015M76 出土陶器

1~3. 长颈瓶（M76：24、3、6） 4. 耳杯（M76：9） 5、6. 小罐（M76：8、21） 7、8. 小盆（M76：20、23） 9、10. 小钵（M76：15、19） 11. 小甑（M76：12） 12~14. 盘（M76：16、27、26） 15、16. 器盖（M76：2、4） 17、18. 小釜（M76：17、10） 19. 瓮（M76：29） 20、21. 案（M76：13、30） 22. 灯（M76：5）

一五四，5；彩版一〇六，6）。标本 M76：21，泥质灰褐陶。口径 4.4、最大腹径 10.8、底径 6、高 5.3 厘米（图一五四，6）。

耳杯 1件。标本 M76：9，泥质灰陶。椭圆形杯口，双耳平齐，方唇，斜弧腹，台底。口长径 11.5、口短径 7.3、底长径 7.5、底短径 3.7、高 3.4 厘米（图一五四，4；彩版一〇七，1）。

小釜 2件（M76：10、17）。标本 M76：10，泥质灰褐陶。圆唇，侈口，束颈，折腹，折腹处略出檐，最大腹径居中，下腹急收，尖底。口径 4.1、最大腹径 6.3、高 3.3 厘米（图一五四，18）。标本 M76：17，泥质黄褐陶。尖唇，侈口，束颈，折腹，最大腹径居中，下腹急凹收，尖状小平底。口径 5.4、最大腹径 6.9、底径 1.3、高 5.1 厘米（图一五四，17；彩版一〇八，4）。

小甑　1件。标本 M76：12，泥质灰陶。方唇，平折沿，沿边上翘，斜弧腹，平底，底部由外向内刺有二十个水滴状镂孔。沿面施一圈宽凹槽。口径 9.6、底径 4.1、高 3.7 厘米（图一五四，11；彩版一〇八，5）。

案　2件（M76：13、30）。均为泥质灰陶。形制相似，案面呈圆形，扁平片状，边缘一周凸棱为沿，沿方唇略侈。略变形。案面戳印两周三角形几何纹，沿外侧戳印一周椭圆形凹窝。标本 M76：13，案沿向上微凸起。口径 27.2、高 1.2 厘米（图一五四，20；彩版一〇七，2）。标本 M76：30，案沿向上斜直。口径 26.3、底径 24.4、高 3.2 厘米（图一五四，21；彩版一〇七，3）。

小勺　1件。标本 M76：14，泥质灰陶。手工制成。勺口平面近梨形，圆唇，敞口，斜弧腹，圜底。口沿一侧置圆柱形长柄，柄身近直，柄尾向下弯折。口径 4.4、长 10.4、高 2.1 厘米（图一五五，3；彩版一〇八，6）。

图一五五　2015M76 出土陶器

1、6. 奁（M76：1、28）　2. 俎（M76：7）　3. 小勺（M76：14）　4. 水斗（M76：22）　5. 灶（M76：25）　7. 井（M76：18）

小钵　2件（M76：15、19）。标本 M76：15，泥质灰褐陶。方圆唇，敞口，斜弧腹，台底。口径9.3、底径5.4、高2.3厘米（图一五四，9；彩版一○七，4）。标本 M76：19，泥质灰陶。尖圆唇内勾，敛口，斜弧腹，圜底。口径14.7、高1.4厘米（图一五四，10）。

盘　3件（M76：16、26、27）。标本 M76：16，泥质黄褐陶。尖圆唇，侈口，斜弧腹微折，平底，内底凹折呈阶梯状。口外沿施一周凹槽，内壁施一周凸弦纹。口径14.6、底径6、高2.2厘米（图一五四，12；彩版一○七，5）。标本 M76：26，泥质灰陶。尖圆唇，敞口，折腹，台底，内底内凹呈阶梯状。口外沿施一周浅凹槽，内壁、内底各施一周凸弦纹。口径7.8、底径2.1、高1.1厘米（图一五四，14；彩版一○七，6）。标本 M76：27，夹砂红陶。尖圆唇，敞口，斜弧腹，圜底，内底凹折呈阶梯状。内壁施一周凸弦纹。口径17.6、高3.7厘米（图一五四，13）。

井　1件。标本 M76：18，泥质灰陶。方唇，侈口，平折沿，筒形深腹，腹饰竹节状凸棱，将腹部分为上、下腹，上腹内弧，下腹斜直内收，平底。沿面刻划云气纹，上腹饰有三个心形镂孔。口径14.2、最大腹径13.7、底径11.4、高19.8厘米（图一五五，7；彩版一○八，1）。

小盆　2件（M76：20、23）。泥质灰陶。形制相似，圆唇，敞口，平折沿，弧腹，平底。标本 M76：20，沿边凸起，形似小盘口。口径9.6、底径4.1、高3厘米（图一五四，7）。标本 M76：23，内底施一周凹槽。口径9.4、底径4.7、高2.7厘米（图一五四，8）。

水斗　1件。标本 M76：22，泥质灰陶。手工制成，由提梁和斗组成。提梁呈"人"字形，顶端有一圆形穿孔。斗圆唇，敞口，斜弧腹，圜底。口径4.1、高6.7厘米（图一五五，4；彩版一○八，2）。

灶　1件。标本 M76：25，泥质灰陶。灶面呈梯形，前端出遮烟檐，灶面成"品"字形置两小一大三个圆形火眼，尾端一角置一圆形烟孔；长方形灶门不落地。灶面沿灶边饰两周浅凹槽；遮烟檐上饰两组复线交叉斜线纹，斜线纹内间饰弧线纹，两组间用菱格纹分隔，菱格纹内饰圆点；灶门三面饰水波纹，灶门下饰复线交叉斜线纹。长20.6、宽22.2、高14.6厘米，火眼直径5.6（大）、4.5（小）厘米，烟孔直径1厘米，灶门长10.2、高5.8厘米（图一五五，5；彩版一○八，3）。

瓮　1件。标本 M76：29，夹砂灰陶。方唇，直口略侈，窄平沿略折，短直颈，溜肩，球腹，最大腹径居中，圜底。口径20.2、最大腹径33.8、高31.1厘米（图一五四，19；彩版一○七，7）。

2. 铜钱

12枚，编号 M76：11-1～11-12。均为"五铢"。详情见表四○。

表四○　　　　　　　2015M76 出土铜钱登记表　　　　（尺寸单位：厘米；重量单位：克）

种类	编号	特征		郭径	钱径	穿宽	郭厚	肉厚	重量
		文字特征	记号						
五铢	11-1	"五"字瘦长，竖画缓曲；"金"头三角形，四竖点；"朱"头较方，"朱"下较圆		2.64	2.36	0.95	0.15	0.13	2.37
	11-2	同上		2.57	2.20	0.95	0.16	0.12	2.99
	11-3	"五"字瘦长，竖画缓曲；"金"头三角形，四竖点；"朱"头较方，"朱"下较方		2.50	2.30	0.91	0.11	0.09	1.85

种类	编号	特征		郭径	钱径	穿宽	郭厚	肉厚	重量
		文字特征	记号						
五铢	11－4	"五"字瘦长，竖画甚曲；"金"头三角形，四竖点；"朱"头较圆，"朱"下较圆		2.58	2.22	0.95	0.12	0.10	2.43
	11－5	同上		2.53	2.18	0.90	0.13	0.12	2.58
	11－6	"五"字瘦长，竖画甚曲；"金"头三角形，四竖点；"朱"头较方，"朱"下较圆		2.56	2.30	1.00	0.17	0.14	3.09
	11－7	字迹不清		2.58	2.22	0.95	0.12	0.10	2.43
	11－8	字迹不清	剪轮		2.12	0.94		0.10	1.52
	11－9	字迹不清	剪轮		2.09	0.88		0.10	1.31
	11－10	字迹不清	剪轮		2.10	0.96		0.09	1.42
	11－11	字迹不清	剪轮		2.12	0.94		0.10	1.50
	11－12	字迹不清	剪轮		2.09	0.88		0.10	1.21

2015M77

位于本发掘区中部偏南，方向201°（图一五六）。开口于②层下，开口距地表0.89米。

（一）墓葬结构

该墓为多室石室墓。由墓道、墓门及墓室组成（彩版一○九，1）。

墓道　位于墓室南侧。长斜坡状。未完全发掘，长度不详，宽2.23米。

墓门　位于墓室南侧。仅存门槛，系长条形石板置于耳室之间。

墓室　平面近"凸"字形，由前廊、东耳室、西耳室及主室及组成。墓底及墓壁用规整的石板砌筑而成，墓底保存完整，墓壁仅剩主室侧板，墓顶不存。前廊平面呈长方形，靠近门槛处有一方形础石，面阔2.14、进深1.17米，高度不详。东、西耳室底部高于前廊底部0.44米。东耳室平面呈长方形，面阔1.74、进深0.99米，高度不详。西耳室平面呈长方形，面阔1.72、进深0.85米，高度不详。主室平面近方形，中部南北向置一长条形础石，将主室分为东、西两个长方形小室。主室面阔1.83、进深2.12、残高约1.56米。

（二）葬具及人骨

未发现葬具痕迹。

人骨保存情况较差，仅剩少量肢骨散乱分布在主室及前廊之中，葬式不辨。

（三）随葬品

该墓出土随葬品5件，主室、前廊、东耳室及墓道内均有发现。其中陶器4件，另有铜钱25枚。

1. 陶器

共4件。计有奁1、盘1、壶1、井1。

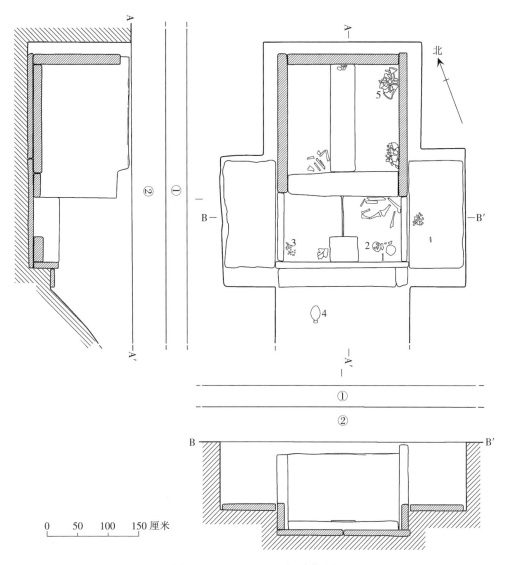

图一五六　2015M77 平、剖视图
1. 陶奁　2. 陶盘　3. 铜钱　4. 陶壶　5. 陶井

奁　1件。标本 M77：1，泥质黄褐陶。大部残，仅存圆弧形盖顶。顶饰三组六周凹弦纹。顶径 5.1、残高 1.6 厘米（图一五六，1）。

盘　1件。标本 M77：2，泥质灰褐陶。尖圆唇，敞口，斜弧腹，平底。外沿施一周浅凹槽，内壁、内底各施一周细凸棱。口径 13.3、底径 5.6、高 1.9 厘米（图一五六，2；彩版一〇九，2）。

壶　1件。标本 M77：4，夹细砂黄褐陶。方唇，侈口，平卷沿，束颈，卵形腹，最大腹径居中，台底。沿面施一周凹槽，肩及上腹各饰凹弦纹两周。口径 7.8、最大腹径 16.6、底径 9.8、高 25.3 厘米（图一五六，3；彩版一〇九，3）。

井　1件。标本 M77：5，泥质灰陶。尖方唇，侈口，平折沿，筒形深腹，平底。沿面施一周浅凹槽，腹饰两周竹节状凸棱将腹部分为上、下腹，上腹内弧，下腹直略内弧，近底处饰一周凸棱并斜凹内折。口径 15.5、最大腹径 16.8、底径 13.7、高 34.6 厘米（图一五六，4；彩版一〇九，4）。

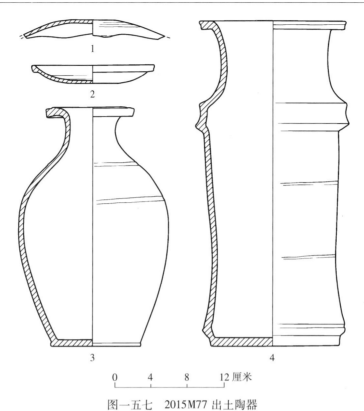

0　　　4　　　8　　　12 厘米

图一五七　2015M77 出土陶器

1. 奁盖（M77∶1）　2. 盘（M77∶2）　3. 壶（M77∶4）　4. 井（M77∶5）

2. 铜钱

25 枚，编号 M77∶3 – 1 ~ 3 – 25。包括"五铢"22 枚、"大泉五十"2 枚和"货泉"1 枚。详情见表四一。

表四一　　　　　　　　　　2015M77 出土铜钱登记表　　　　　　　　（尺寸单位：厘米；重量单位：克）

| 种类 | 编号 | 特征 | | 郭径 | 钱径 | 穿宽 | 郭厚 | 肉厚 | 重量 |
		文字特征	记号						
五铢	3 – 1	"五"字瘦长，竖画甚曲；"金"头三角形，四竖点；"朱"头较方，"朱"下较圆		2.49	2.25	0.97	0.14	0.11	2.75
	3 – 2	同上		2.63	2.30	0.92	0.12	0.13	2.76
	3 – 3	同上		2.58	2.33	0.95	0.14	0.12	2.77
	3 – 4	同上		2.50	2.33	0.91	0.13	0.11	3.00
	3 – 5	同上		2.63	2.36	0.95	0.15	0.13	2.34
	3 – 6	"五"字瘦长，竖画甚曲；"金"头三角形，四竖点；"朱"头较圆，"朱"下较圆		2.56	2.28	0.88	0.13	0.12	3.23
	3 – 7	同上		2.58	2.28	0.93	0.15	0.13	2.87
	3 – 8	同上		2.59	2.16	0.90	0.13	0.11	2.69
	3 – 9	同上		2.52	2.32	0.98	0.12	0.11	2.98

种类	编号	特征		郭径	钱径	穿宽	郭厚	肉厚	重量
		文字特征	记号						
五铢	3－10	"五"字瘦长，竖画缓曲；"金"头三角形，四竖点；"朱"头较方，"朱"下较圆		2.64	2.31	0.97	0.17	0.12	3.18
	3－11	"五"字瘦长，竖画缓曲；"金"头三角形，四竖点；"朱"头较方，"朱"下较方		2.58	2.27	0.90	0.15	0.14	3.19
	3－12	"五"字瘦长，竖画缓曲；"金"头三角形，四竖点；"朱"头较圆，"朱"下较圆		2.58	2.25	0.93	0.15	0.13	2.82
	3－13	字迹不清		2.50	2.30	0.91	0.11	0.09	1.85
	3－14	字迹不清		2.57	2.20	0.95	0.16	0.12	2.99
	3－15	字迹不清		2.56	2.30	1.00	0.17	0.14	3.09
	3－16	字迹不清		2.58	2.22	0.95	0.12	0.10	2.43
	3－17	字迹不清		2.53	2.18	0.90	0.13	0.12	2.58
	3－18	字迹不清		2.55	2.30	0.99	0.13	0.11	2.61
	3－19	字迹不清		2.57	2.24	0.83	0.16	0.15	3.22
	3－20	字迹不清		2.63	2.32	0.94	0.14	0.12	2.99
	3－21	字迹不清		2.62	2.30	0.96	0.13	0.12	2.98
	3－22	字迹不清		2.57	2.24	0.89	0.15	0.12	2.32
大泉五十	3－23	穿之右、左篆书"五""十"，上、下篆书"大""泉"		2.71	2.31	0.80	0.20	0.16	4.36
	3－24	同上		2.68	2.30	0.74	0.21	0.15	4.41
货泉	3－25	穿之右、左篆书"货泉"二字		2.24	1.90	0.61	0.22	0.16	2.35

2015M78

位于发掘区中部，方向190°（图一五八）。开口于②层下，开口距地表0.86米。

（一）墓葬结构

该墓为土坑竖穴墓，营建方式为砖石混筑。墓室形制呈上、下两种结构：下部平面为圆形，即用两层立砖丁砌呈圆井形向上垒砌而成，最大径1.14、高0.72米；上部平面近正方形（彩版一一〇，1、3）。四壁砌法为平砖顺砌，边长1.13、高0.68米。顶部平搭长方形大石板。圆形墓底平铺青砖2块。

（二）葬具及人骨

该墓葬具为瓮棺，置于砖椁内（彩版一一〇，2）。瓮为黑釉粗瓷，外底无釉。圆唇，敛口，圆肩，鼓腹，最大腹径偏上，腹部斜内收，平底，底部正中有一圆孔。口径40、最大腹径67、底径30、高73厘米（图一五九，4）。

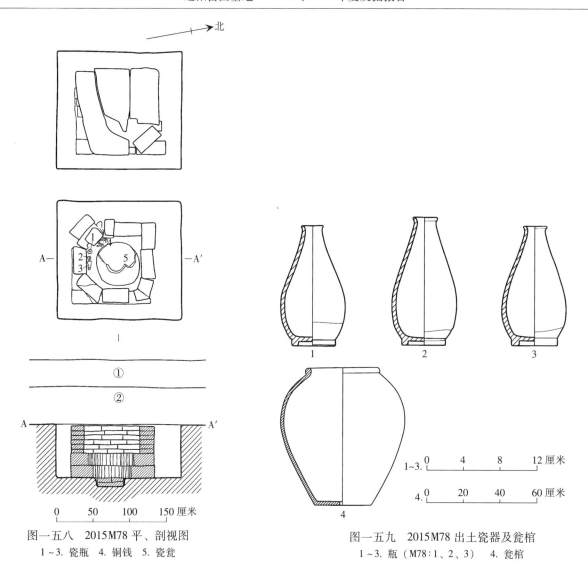

图一五八　2015M78 平、剖视图
1~3. 瓷瓶　4. 铜钱　5. 瓷瓮

图一五九　2015M78 出土瓷器及瓮棺
1~3. 瓶（M78:1、2、3）　4. 瓮棺

瓮棺内存有大量木炭并夹杂骨灰。

（三）随葬品

该墓出土随葬品4件（套），置于墓室西南。包括瓷器3件及铜钱21枚。

1. 瓷器

共3件。均为瓶。

标本 M78:1、2、3，均为黑釉，釉色纯黑，仅口部酱色，釉不及底，胎体白而微泛黄，含细砂。形制相似，圆唇，侈口，束颈，溜肩，下腹鼓，圈足。标本 M78:1，口径2.5、最大腹径7.1、底径4.7、高12.6厘米（图一五九，1；彩版一一一，1）。标本 M78:2，口径2.7、最大腹径7、底径4.8、高13.6厘米（图一五九，2）。标本 M78:3，口径2.4、最大腹径6.9、底径4.9、高12.7厘米（图一五九，3；彩版一一一，2）。

2. 铜钱

21枚，编号 M78:4-1~4-21。钱文为"开元通宝""咸平元宝""至道元宝""祥符元宝""天圣元宝""皇宋元宝""至和元宝""治平元宝""元丰通宝""绍圣元宝""元符通宝"（彩版一一一，3）。

2015M79

位于本发掘区东部中段，方向210°（图一六○）。开口于②层下，开口距地表0.92米。

（一）墓葬结构

该墓为多室石室墓。由墓道、墓门及墓室组成（彩版一一二，1）。

墓道　位于墓室南侧。长斜坡状。未完全发掘，长度不详，宽1.84米。

墓门　位于墓室南侧。残存门槛及东侧门框，宽1.94、残高1.3米。门框借用东、西耳室侧板，西侧门框残缺。门槛系用长方形石板横置于门框之间，门内立长方形立柱一根，立柱下有长方形础石。门外由两块长方形大石板立砌封堵，石板间白灰勾缝。东侧石板上角有一处扇形盗洞。

墓室　平面近"工"字形，由前廊、东耳室、西耳室、主室及后室组成。墓底及墓壁用规整的石板砌筑而成，白灰勾缝，墓顶不存。前廊呈长方形，面阔1.83、进深0.76、残高1.55米。东耳室平面呈长方形，面阔0.69、进深0.65、残高1.55米。西耳室被严重破坏，建墓石板均已不存，形制、尺寸不辨。主室平面近长方形，中部南北向立有两组长方形石板，将主室分为东、中、西三个长方形小室，西侧立板及西室壁板及底板残缺。主室面阔不详，进深1.95、残高1.4米。后室平面呈长方形，壁板大部残损，仅存一块北侧壁板，底部高于主室底部0.51米，现存面阔2.81、进深0.54、残高1米。

（二）葬具及人骨

未见葬具痕迹。

人骨保存情况较差，前廊发现颅骨一例，主室的东小室人骨散乱，仅存少量肢骨。葬式不明。

（三）随葬品

该墓出土随葬品19件，集中堆放于东耳室，前廊及主室也有少量分布。均为陶器。计有罐1、小釜2、钵4、小瓢1、小甑1、器盖1、盘2、耳杯1、小盆1、长颈瓶1、奁1、水斗1、小勺1、俎1。

罐　1件。标本M79:1，泥质灰褐陶。方圆唇，侈口，束颈，溜肩，鼓腹，最大腹径居中，平底。唇上施一周凹槽。口径7.7、最大腹径14.9、底径5.8、高13.8厘米（图一六一，8；彩版一一二，2）。

小釜　2件（M79:2、5）。均为夹细砂灰陶。形制相似，尖圆唇，直口微敛，束颈，折腹，折腹处稍出檐，下腹斜收，尖底。标本M79:2，口径4.1、最大腹径6.3、高4厘米（图一六一，2；彩版一一二，3）。标本M79:5，口径3.9、最大腹径6、底径0.7、高3.8厘米（图一六一，3）。

钵　4件（M79:3、8、10、12）。标本M79:3，夹砂灰白陶。尖圆唇，敞口，斜弧腹，平底。口径7.8、底径3.5、高2.9厘米（图一六一，17）。标本M79:8，夹砂红陶。方唇，直口，斜弧腹略折，平底。口沿下饰凹弦纹一周。口径8.1、底径4.7、高3.1厘米（图一六一，18；彩版一一三，3）。标本M79:10，夹砂灰白陶。方唇，口微敛，斜弧腹，圜底。口径6.7、高3厘米（图一六一，19）。标本M79:12，夹砂灰白陶。方圆唇，口外沿厚，敞口，斜弧腹，平底。内底施一周凸棱。口径14.8、底径9、高3.9厘米（图一六一，16）。

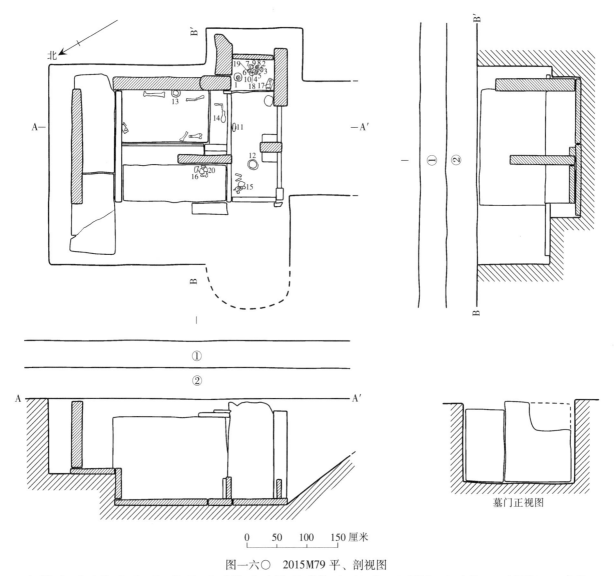

图一六〇　2015M79 平、剖视图

1. 罐　2、5. 小釜　3、8、10、12. 钵　4. 小瓢　6. 小甑　7. 器盖　9、20. 盘　11. 耳杯　13. 小盆　14. 长颈瓶　15. 奁盖　16. 奁体　17. 水斗　18. 小勺　19. 俎（均为陶器）

　　小瓢　1 件。标本 M79:4，泥质灰陶。手工制成。平面近鸡心形，尖圆唇，斜弧腹，圜底。口通长 4.2、口通宽 2.6、高 2 厘米（图一六一，5；彩版一一二，4）。

　　小甑　1 件。标本 M79:6，夹细砂灰陶。方圆唇，平折沿，斜直腹微弧，平底，底部穿有七个近圆形甑孔。口径 9.1、底径 3.7、高 3 厘米（图一六一，11；彩版一一三，1、2）。

　　器盖　1 件。标本 M79:7，泥质灰陶。圆唇，斜直壁，平顶略鼓。顶部有工具刮削痕迹。口径 6.1、高 1.1 厘米（图一六一，4）。

　　盘　2 件（M79:9、20）。均为泥质灰陶。形制相似，方唇，敞口，折腹，台底，内底内凹。内壁施一周凸棱。标本 M79:9，口径 12.8、底径 5、高 1.5 厘米（图一六一，9；彩版一一四，1）。标本 M79:20，口径 11.8、底径 4.1、高 1.6 厘米（图一六一，10）。

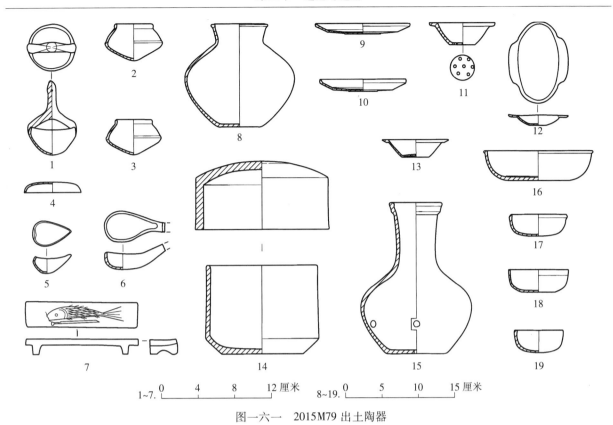

图一六一　2015M79 出土陶器

1. 水斗（M79∶17）　2、3. 小釜（M79∶2、5）　4. 器盖（M79∶7）　5. 小瓢（M79∶4）　6. 小勺（M79∶18）　7. 俎（M79∶19）
8. 罐（M79∶1）　9、10. 盘（M79∶9、20）　11. 小甑（M79∶6）　12. 耳杯（M79∶11）　13. 小盆（M79∶13）　14. 奁
（M79∶15 和 16）　15. 长颈瓶（M79∶14）　16～19. 钵（M79∶12、3、8、10）

耳杯　1 件。标本 M79∶11，夹细砂灰陶。方唇，椭圆形杯口，双耳平齐，弧腹，台底。口长径 10.8、口短径 8.1、底长径 6、底短径 2.5、高 1.4 厘米（图一六一，12；彩版一一四，2）。

小盆　1 件。标本 M79∶13，夹细砂灰褐陶。尖圆唇，平折沿，敞口，斜直腹，平底略内凹。口径 9.2、底径 3.9、高 2.3 厘米（图一六一，13；彩版一一四，3）。

长颈瓶　1 件。标本 M79∶14，泥质灰陶。方圆唇，口微侈，口外沿厚，形似盘口，长颈，溜肩，鼓腹，平底。腹部等距分布三个圆孔，底部有一圆形小孔。口径 7.2、最大腹径 15.3、底径 8.1、高 19.9 厘米（图一六一，15；彩版一一四，5）。

奁　1 件（M79∶15 和 16）。标本 M79∶15、16 应为一套，泥质灰陶。奁盖方唇，直口，直壁，圆弧顶；顶部饰凹弦纹两周。口径 18.2、高 9.1 厘米。奁体圆唇，直口，直腹，近底处斜直折，平底。口径 15.3、底径 11、高 11.6 厘米（图一六一，14；彩版一一四，6、7）。

水斗　1 件。标本 M79∶17，泥质灰褐陶。由提梁和斗组成。提梁呈"人"字形，顶端有圆形穿孔。斗尖圆唇，口微敛，斜弧腹，圜底。口径 4.9、高 7.9 厘米（图一六一，1；彩版一一四，4）。

小勺　1 件。标本 M79∶18，泥质灰陶。手工制成。勺口平面近梨形，尖圆唇，敞口，斜弧腹，圜底。口沿一侧置圆柱形长柄，柄身近直，柄尾残。口径 3.3、残长 9.2、高 3.3 厘米（图一六一，6；彩版一一三，4）。

俎　1 件。标本 M79∶19，泥质灰陶。长方形俎面，俎底置两个长方形矮扁足，足底削出扇形缺口。俎面刻划鱼纹，鱼腹鳍下刻有一把削。长 12.3、宽 2.7、高 1.6 厘米（图一六一，7；彩版一一三，5）。

2015M80

位于本发掘区东部中段，方向 0°（图一六二）。开口于②层下，开口距地表 0.87 米。

（一）墓葬结构

该墓被严重破坏，仅存土坑竖穴墓圹。墓圹近长方形，结构为直壁，平底。墓圹长 4.14、宽 2.39、残深约 0.86 米。

（二）葬具及人骨

该墓被严重破坏，未见葬具痕迹，亦未发现人骨痕迹。

（三）随葬品

未见随葬品。

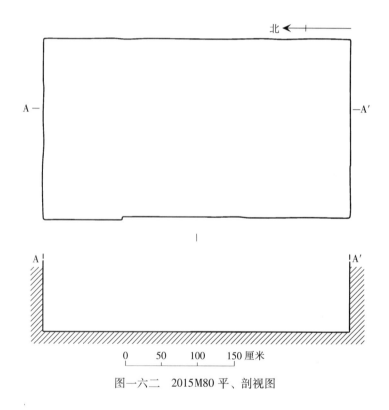

图一六二   2015M80 平、剖视图

2015M81

位于本发掘区东部中段，方向 6°（图一六三）。开口于②层下，开口距地表 0.75 米。

（一）墓葬结构

该墓被严重破坏，仅存墓道及墓圹。

墓道   位于墓葬北侧。长方形斜坡状。未完全发掘，长度不详，宽 1.3 米。

墓圹   平面呈长方形，结构为直壁，平底，长 4.23、宽 3.09、残深约 0.76 米。

（二）葬具及人骨

未见葬具痕迹。墓内未发现人骨痕迹。

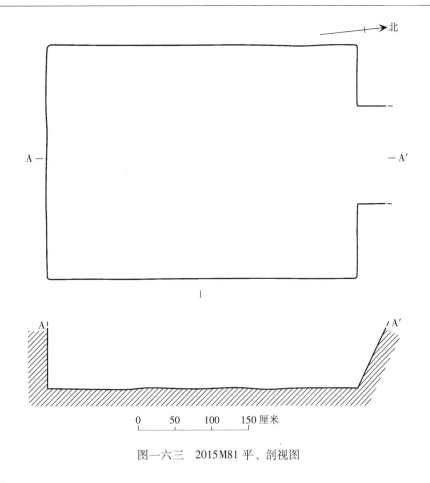

图一六三 2015M81 平、剖视图

（三）随葬品

该墓共出土随葬品 3 件，均出土于墓内淤土，皆为泥质灰陶残片。无法修复，仅可辨其中 1 件为圆形槅。

2015M82

位于本发掘区东部中段，方向 25°（图一六四）。开口于②层下，开口距地表 1.35 米。

（一）墓葬结构

该墓为多室石室墓。由墓道、墓门及墓室组成（彩版一一五，1）。

墓道 位于墓室北侧。长方形斜坡状。未完全发掘，长度不详，宽 4.24 米。

墓门 位于墓室北侧。由门框、门楣及门槛组成，宽 3.74、高 1.88 米。门框借用东、西耳室北侧板，门楣系用长方形石条横置于门框之上，上顶墓室盖板，门槛系长方形石板置于门框之间。门内立有三块长方形立板，立板下置长方形础石，上接栌斗，栌斗上顶门楣。门外由四块长方形大石板立砌封堵，石板间白灰勾缝，门板下平铺有长条形石板（彩版一一五，2）。

墓室 平面近"工"字形，由前廊、东耳室、西耳室、主室及后室组成。墓底及四壁由规整石板砌筑，白灰勾缝，上部平盖石板为顶，整体保存完整。前廊平面呈长方形，面阔 3.77、进深 1.09、高 2.04 米。东耳室平面呈长方形，底部高于前廊底部 0.35 米，面阔 1.86、进深 0.74、高 1.69 米。西耳室平面近方形，面阔 0.81、进深 0.8、高 2.04 米。主室平面呈长方形，其中部南北向立有大长方形石板一块，将主室隔断成东、西两部分，两部分内各南北向立长方形石板两块，将

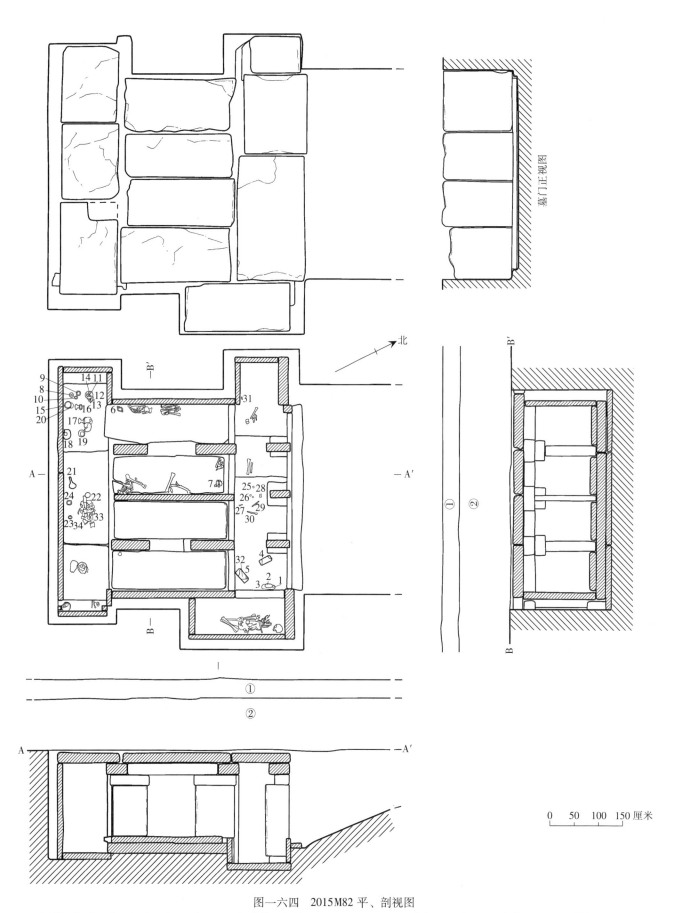

图一六四 2015M82 平、剖视图

1、2. 案 3、31. 盘 4. 奁 5、7、8、11、33. 器盖 6. 灶 9、10、18、22、23. 小盆 12. 俎 13. 方盘 14~16. 器座 17. 灯 19. 石盘状器 20. 长颈瓶 21. 井组合 24. 铜顶针 25、29. 铜泡钉 26、32. 铁棺钉 27. 铁镢 28. 骨簪 30. 铜饰件 34. 罐（未标明质地者均为陶器）

两部分再各自分为两个长方形小室，自东向西分别定为东一、东二、西二、西一室。立板下有条形础石，上接栌斗，栌斗上搭横梁，横梁上顶墓室盖板。主室底部高于前廊底部 0.42 米，面阔 3.79、进深 2.51、高 1.61 米。后室平面呈长方形，东侧有一处高台，宽约 0.22 米。后室底部低于主室底部 0.17 米，面阔 4.82、进深 0.93、高 1.79 米。

（二）葬具及人骨

主室内各小室均置有一长方形石板，作为棺床。东一室内棺床长 2.32、宽 0.73 米；东二室内棺床长 2.28、宽 0.76 米；西二室内棺床长 2.24、宽 0.77 米；西一室内棺床东侧边缘略有凹凸，长 2.51、宽约 0.76 米。未发现木制葬具痕迹。

人骨保存情况较差。东耳室内置一例个体，仰身直肢葬，头向北。后室内出土三例颅骨，前廊内发现颅骨碎片。主室的西一、西二室及前廊分布有散乱肢骨。

（三）随葬品

该墓共出土随葬品 35 件（套），集中堆放于前廊及后室（彩版一一五，3），主室内也有零星发现。其中陶器 26 件、骨器 1 件、石器 1 件、铜器 4 件及铁器 3 件。

1. 陶器

共 26 件。计有案 2、盘 2、奁 1、器盖 5、灶 1、小釜 5、俎 1、方盘 1、器座 3、灯 1、长颈瓶 1、井 1、支架 1、罐 1。

案　2 件（M82:1、2）。形制相似，平面呈圆形，略有变形。扁平片状，边缘凸起一周棱为沿，沿方唇外倾。标本 M82:1，泥质黑褐陶。沿外饰粗绳纹，案面饰凹弦纹数周。口径 33.1、底径 31.5、高 1.8 厘米（图一六五，12；彩版一一六，1）。标本 M82:2，泥质黄褐陶。案面饰两周凹弦纹，案心刻划鱼纹。口径 33.8、底径 31.9、高 2.1 厘米（图一六五，13；彩版一一六，2）。

盘　2 件（M82:3、31）。均为泥质灰褐陶。形制相似，尖唇，唇外沿厚，敞口，折腹，平底。口沿内侧、内壁、内底各施一周凸棱。标本 M82:3，口径 15.5、底径 8.4、高 2.5 厘米（图一六五，2；彩版一一六，3）。标本 M82:31，口径 17.2、底径 5.5、高 2.9 厘米（图一六五，1）。

奁　1 套。标本 M82:4-1、4-2 为一套，泥质灰褐陶。整体近亚腰椭圆形。奁盖方唇，直口，直壁，平顶；顶部外沿施两周凹弦纹，凹弦纹间刻划水波纹一周，盖面置四个乳丁状纽。顶长径 30.6、顶短径 11.5、底长径 31.5、底短径 13.2、高 14.7 厘米。奁体方唇，直口，直腹，平底。长径 6.6、短径 9.8、高 14.8 厘米。通高 18 厘米（图一六五，8；彩版一一六，5）。

器盖　5 件（M82:5、7、8、11、33）。均为泥质灰褐陶。其中，标本 M82:5、8、11、33 形制相似，圆唇，子母口，弧顶。顶部饰凹弦纹多道。标本 M82:5，口径 6.7、高 1.8 厘米（图一六六，5）。标本 M82:8，口径 7.6、高 2.4 厘米（图一六六，7）。标本 M82:11，口径 7.8、高 4.1 厘米（图一六六，9；彩版一一七，2）。标本 M82:33，口径 2.6、高 1.3 厘米（图一六六，6）。标本 M82:7，圆唇，子母口，弧壁，小平顶。口径 9.1、高 3.5 厘米（图一六六，8；彩版一一七，1）。

灶　1 件。标本 M82:6，泥质灰陶。灶面呈梯形，前端出遮烟檐，灶面前端并列置三个圆形小火眼，中部置一圆形大火眼，尾端一角置一圆形小火眼，另一端置一圆形小孔为烟洞；长方形灶门不落地。灶面一侧刻划鱼纹一条，边缘刻划凹弦纹两周；檐上刻划数道直线纹；灶门两侧及上方刻划水波纹和直线纹组成的几何纹饰，灶门下刻划斜线纹。长 26.6，宽 22.2、高 17.4 厘米，

图一六五　2015M82 出土器物

1、2. 盘（M82∶31、3）　3. 方盘（M82∶13）　4～6. 器座（M82∶14、15、16）　7. 俎（M82∶12）　8. 奁（M82∶4）　9. 石盘
状器（M82∶19）　10. 罐（M82∶34）　11. 灶（M82∶6）　12、13. 案（M82∶1、2）　14. 灯（M82∶17）（未标明质地者均为陶器）

火眼直径10.5（大）、4.5（小）厘米，烟孔直径0.8厘米，灶门长10、高6.2厘米（图一六五，11；彩版一一七，3）。

　　小釜　5件（M82∶9、10、18、22、23）。除M82∶18为泥质黑褐陶外，余均为泥质灰褐陶。形制相似，圆唇，侈口，束颈，折腹，下腹急内收，最大腹径偏下，小平底。折腹处带一凸棱。标本M82∶9，口径5.4、最大腹径6.6、底径2.3、高4.7厘米（图一六六，16）。标本M82∶10，口径

4.8、最大腹径 6.4、底径 1.3、高 4.6 厘米（图一六六，17）。标本 M82：18，口径 7.8、最大腹径 11.4、底径 1.3、高 9 厘米（图一六六，4；彩版一一七，4）。标本 M82：22，折腹凸棱不明显，口径 4.5、最大腹径 6、底径 1.6、高 4.9 厘米（图一六六，18）。标本 M82：23，口径 4.8、最大腹径 6.2、底径 1.4、高 4.4 厘米（图一六六，19）。

俎　1 件。标本 M82：12，泥质灰陶。俎面近长方形，俎底置两个长方形扁足，足底削出半圆形缺口。俎面模印鱼纹。长 13.3、宽 4.1、高 4.1 厘米（图一六五，7；彩版一一六，6）。

方盘　1 件。标本 M82：13，泥质灰陶。整体呈倒梯形，方唇，敞口，平折沿，斜直壁，平底内凹，底置四个乳丁状矮足。沿面刻划水波纹，内底刻划鱼纹一条。口长 16.1、口宽 8.6、底长 11.1、底宽 4.2、高 2.9 厘米（图一六五，3；彩版一一六，4）。

器座　3 件（M82：14、15、16）。均为泥质灰褐陶。形制相似，方圆唇，敛口，束腰形粗柄中空，喇叭形座，座底边陡折、内凹，形似盘口。口外沿施凹凸棱纹。标本 M82：14，口径 11.1、底径 15.7、高 10.3 厘米（图一六五，4）。标本 M82：15，口径 12.7、底径 15.9、高 11.2 厘米（图一六五，5）。标本 M82：16，口径 12.6、底径 15.8、高 11.1 厘米（图一六五，6）。

灯　1 件。标本 M82：17，泥质灰陶。分体灯，由灯盘及灯座组成。灯盘方唇，直口微敞，折腹，上腹内凹，下腹斜直，内底平，外底附一空心灯柄插入灯座中。灯座喇叭形，高柄中空，座底陡折内凹，形似盘口。柄上镂空三角形孔，孔周刻划直线和弧线纹，灯座施两周凹弦纹。通高 33、灯座高 29、灯盘高 7.5、柄底径 20.1、灯口径 16.4 厘米（图一六五，14；彩版一一七，5）。

长颈瓶　1 件。标本 M82：20，泥质灰陶。方唇，直口微敞，长颈，溜肩，鼓腹，平底。肩部及腹部各穿三个圆孔，底部有一圆形小孔。口径 5.3、最大腹径 15.3、底径 7.2、高 23.7 厘米（图一六六，3；彩版一一七，6）。

井　1 件。标本 M82：21-1，泥质灰褐陶。方尖唇，口微侈，平折沿，筒形深腹。腹饰竹节状两道凸棱，将腹部分为上下腹，上腹内凹并对称穿有两处圆形镂孔，下腹竖直。口径 16、底径 13.3、最大腹径 14.6、高 31.2 厘米（图一六六，2；彩版一一六，7）。

支架　1 件。标本 M82：21-2，泥质灰褐陶。平面呈上下不出头的"井"字形，中间呈环状。长 17.5、宽 7.4 厘米（图一六六，1；彩版一一六，7）。

罐　1 件。标本 M82：34，泥质灰陶。圆唇，敛口，短直颈，溜肩，鼓腹，最大腹径偏上，台底。肩部饰凹弦纹两周。口径 9.4、最大腹径 17.3、底径 8.5、高 13.7 厘米（图一六五，10；彩版一一七，7）。

2. 骨器

簪　1 件。标本 M82：28，残损。单股，棒状，截面呈圆形。残长 23 厘米（图一六六，10）。

3. 石器

盘状器　1 件。标本 M82：19，青灰色岩质。平面呈圆形，扁平状。一面磨制得较为光滑，另一面较粗糙，边缘有打制痕。直径 13.3、厚度 0.6 厘米（图一六五，9）。

4. 铜器

共 4 件。计有顶针 1、泡钉 2、饰件 1。

顶针　1 件。标本 M82：24，环形，截面扁宽。外壁上、下两侧各有两周凹弦纹，弦纹间满饰

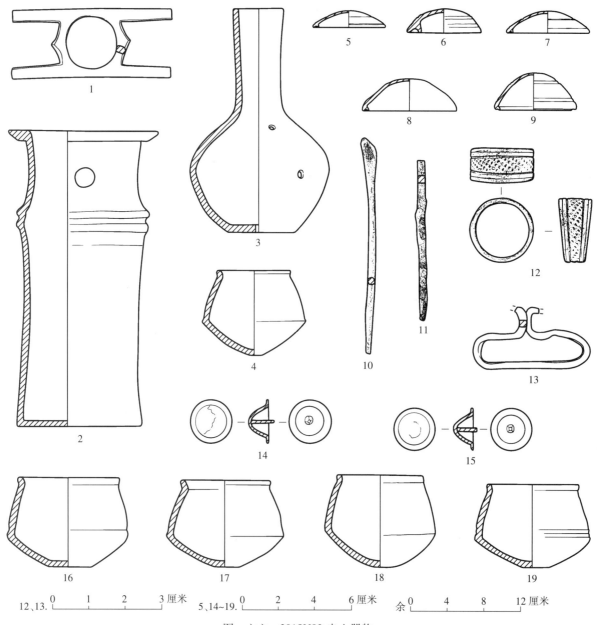

图一六六　2015M82 出土器物

1. 支架（M82∶21 - 2）　2. 井（M82∶21 - 1）　3. 长颈瓶（M82∶20）　4、16 ~ 19. 小釜（M82∶18、9、10、22、23）　5 ~
9. 器盖（M82∶5、33、8、7、11）　10. 骨簪（M82∶28）　11. 铁棺钉（M82∶26）　12. 铜顶针（M82∶24）　13. 铜饰件（M82∶
30）　14、15. 铜泡钉（M82∶25、29）（未标明质地者均为陶器）

錾刻的凹窝纹。外径 1.7、内径 1.5、最宽 0.9 厘米（图一六六，12）。

　　泡钉　2 件（M82∶25、29）。器面鎏金。形制相似，钉身呈细长方棱状，钉帽为圆帽形，边缘有折沿。标本 M82∶25，泡径 2.3、高 1.4 厘米（图一六六，14）。标本 M82∶29，泡径 2.2、高 1.3厘米（图一六六，15）。

　　饰件　1 件。标本 M82∶30，平面近椭圆形，截面扁薄。推测为穿系所用。长 3.2、宽 1.6 厘米（图一六六，13）。

　　5. 铁器

　　共 3 件。计有棺钉 2、镞 1。

棺钉　2 件（M82：26、32）。形制相似，整体长条形，截面呈方形，圆锥形钉尖。标本 M82：26，残长 17、截面边长 1.3 厘米，重 75 克（图一六六，11）。标本 M82：32，长 9.6 厘米，重 66 克。

镞　1 件。标本 M82：27，残损严重。长 5.1 厘米，重 3.16 克。

2015M83

位于本发掘区东部中段，方向 40°（图一六七）。开口于②层下，开口距地表 1.46 米。

（一）墓葬结构

该墓为多室石室墓。由墓道、墓门及墓室组成（彩版一一八，1）。

墓道　位于墓室东北侧。长方形斜坡状。未完全发掘，长度不详，宽 4.02 米。

墓门　位于墓室东北侧。由门框、门楣及门槛组成，宽 3.55、高 1.74 米。门框借用东、西耳室北侧板，门楣系用长方形石条横置于门框之上，上顶墓室盖板，门槛系长方形石板置于门框之间。门内立有三块长方形立板，立板下置长方形础石，上接栌斗，栌斗上顶门楣。门外由三块长方形石板立砌封堵，石板间白灰勾缝，门板下平铺有长条形石板（彩版一一八，2）。

墓室　平面近"工"字形，由前廊、东耳室、西耳室、主室及后室组成。墓底及四壁由规整石板砌筑，白灰勾缝，上部平盖石板为顶，整体保存完整。前廊平面呈长方形，面阔 3.42、进深 1.06、高 1.81 米。东耳室平面呈长方形，面阔 0.9、进深 0.96、高 1.81 米。西耳室平面呈长方形，底部高于前廊底部 0.45 米，面阔 1.75、进深 0.91、高 1.4 米。主室平面呈长方形，其内纵立长方形石板三组，将主室分为四个长方形小室，自东向西分别定为东一、东二、西二、西一室。立板下接石板，上接栌斗，栌斗上搭横梁，横梁上顶墓室盖板。主室底部高于前廊底部 0.15 米，面阔 3.48、进深 2.5、高 1.62 米。后室平面呈长方形，面阔 4.81、进深 0.9、高 1.61 米。

（二）葬具及人骨

主室内东一、西二、西一室内各置有厚 0.1 米的长方形石板，作为棺床。东一室内棺床长 2.54、宽 0.73 米，西二室内棺床长 2.33、宽 0.67 米，西一室内棺床长 2.36、宽 0.73 米。未发现木制葬具痕迹。东二室内无棺床，东一、西二室承托立板的石板延伸进来，形成一宽 0.46 米的夹缝，夹缝南置有一平面近椭圆形的石灰枕，枕长 0.26、宽 0.17、高 0.14 米，并葬有人。

墓内人骨保存情况较差，主室东二室内可见一例个体的颅骨及下肢骨，从残存的骨骼判断应为仰身直肢葬，头向南。另外在东一、西一室及西耳室内发现少量肢骨散乱堆放，还在后室内发现颅骨碎片。

（三）随葬品

该墓共出土随葬品 45 件（套），集中堆放于后室内（彩版一一八，3），墓室各处也有少量出土。其中陶器 39 件、金器 1 件、银器 1 件、琥珀器 1 件、石器 1 件及铁器 1 件，另有铜钱 5 枚。

1. 陶器

共 39 件。计有灯 1、小釜 4、奁 3、罐 6、耳杯 3、长颈瓶 4、器座 4、井 1、灶 1、小瓿 1、器盖 2、小盆 2、樽 1、盘 2、案 1、俎 1、亚腰形小陶器 1、水斗 1。

灯　1 件。标本 M83：1，泥质灰陶。分体灯，由灯盘及灯座组成。灯盘方圆唇，直口微敞，折腹，上腹内凹，下腹斜直，小平底，外底附一空心灯柄插入灯座中。灯座喇叭形，高柄中空，

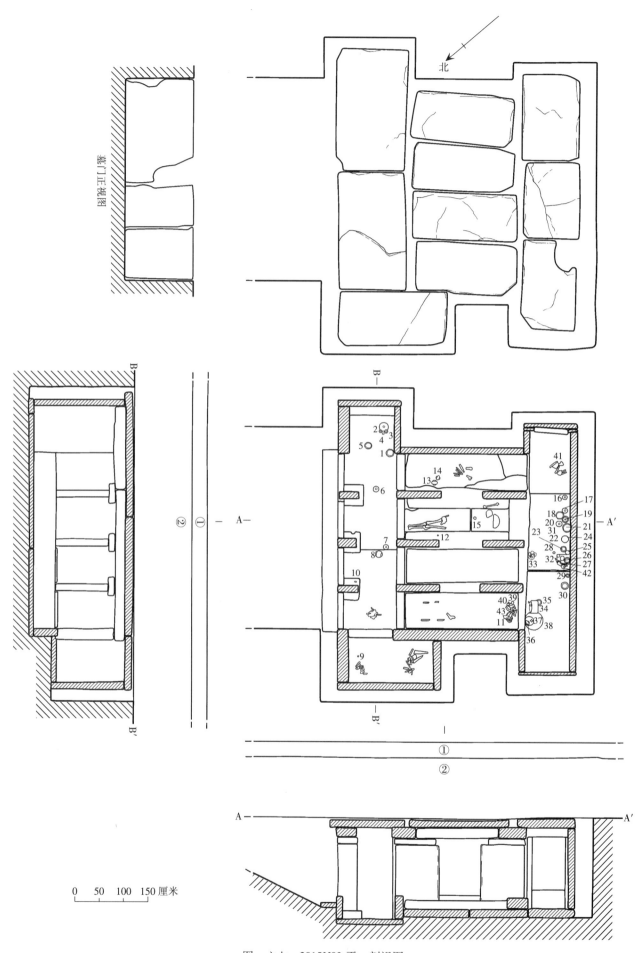

图一六七 2015M83 平、剖视图

1. 灯 2、3. 小釜 4. 铜钱 5 和 41、11、30. 奁 6~8、24、27、33. 罐 9. 金指环 10. 琥珀珠饰 12. 银指环 13、14、36. 耳杯
15. 石盘状器 16、17、19、20. 长颈瓶 18、21、22、31. 器座 23. 井 25. 灶组合 26、32. 器盖 28、29. 小盆 34. 樽 35、37. 盘
38. 案 39. 俎 40. 亚腰形小陶器 42. 水斗 43. 铁器（未标明质地者均为陶器）

座底陡折，底边外撇，形似盘口。柄上镂空小圆孔，灯柄中部和器座边缘施两周凹弦纹，柄和底座交接处饰瓦棱纹。通高37.1、口径16.4、底径22.3厘米（图一六九，8；彩版一一九，1）。

小釜　4件（M83：2、3、25－3、25－4）。除M83：25－4为泥质黄褐陶，其他均为泥质灰陶。形制相似，圆唇，侈口，束颈，折腹，下腹向内急收，最大腹径偏下，小平底。标本M83：2，折腹处出一折棱。口径4.4、最大腹径6.7、底径1.4、高4.8厘米（图一七〇，1；彩版一一九，6）。标本M83：3，折腹处出一折棱，下腹有修整痕。口径4.6、最大腹径7、底径1.5、高5.9厘米（图一七〇，3）。标本M83：25－3，下腹有修整痕迹。口径5.5、最大腹径7、底径2、高5.5厘米（图一七〇，2）。标本M83：25－4，折腹处出一折棱，下腹有修整痕。口径4.4、最大腹径6.8、底径1.6、高4.9厘米（图一七〇，4）。

奁　3件（M83：5和41、11、30）。均为泥质黑褐陶。其中，标本M83：5（和41）、30形制相似，平面呈圆形。奁盖方唇，口微敞，直壁，圆弧顶。顶部饰凹弦纹两周，置三个乳丁状纽。奁体圆唇，直口，直壁，平底。标本M83：5和M83：41为一套，奁体近底处斜直折腹。奁盖口径16.2、高10.1厘米，奁体口径14.6、底径9、高11厘米，通高13.1厘米（图一六九，4；彩版一一九，4）。标本M83：30，奁盖口径17、高10厘米，奁体口径13.8、底径15.7、高10.2厘米，通高13.5厘米（图一六九，2；彩版一一九，3）。标本M83：11，平面呈亚腰椭圆形。奁盖方唇，直口，直壁，近顶处凹折，平顶，盖面四角置四个乳丁状纽。顶长径24.5、顶短径7、底长径26.6、底短径9.5、高11厘米。奁体圆唇，直腹，平底。口长径24.2、口短径7.6、高10.5厘米。通高12.5厘米（图一六九，7；彩版一一九，2）。

罐　6件（M83：6、7、8、24、27、33）。其中，标本M83：6、7、24均为泥质黄褐陶。形制相似，圆唇，敛口，短直颈，溜肩，鼓腹，腹部最大径居中，平底。标本M83：6，口径5.7、最大腹径13.3、底径7.5、高9.1厘米（图一六八，1；彩版一二〇，1）。标本M83：7，口径5.6、最大腹径13.2、底径7.4、高9.6厘米（图一六八，2）。标本M83：24，口径6.1、最大腹径13.4、底径7.5、高9.7厘米（图一六八，3）。标本M83：8、27、33，形制相似，方唇内勾，敛口，束颈，溜肩，鼓腹，最大腹径居中，平底。标本M83：8，泥质灰陶。口径9.6、最大腹径16.2、底径8.3、高13.5厘米（图一六八，5；彩版一二〇，2）。标本M83：27，泥质黑褐陶。肩部饰凹弦纹两周。口径9.8、最大腹径16、底径8.2、高12.7厘米（图一六八，6；彩版一二〇，3）。标本M83：33，泥质黑灰陶。口径8.2、最大腹径11.7、底径6.1、高10.5厘米（图一六八，4；彩版一二〇，4）。

耳杯　3件（M83：13、14、36）。均为泥质灰陶。形制相似，椭圆形杯口，尖圆唇，双耳平齐，敞口，斜弧腹，台底。标本M83：13，口长径10.8、口短径7.4、底长径8.1、底短径3.4、高3.4厘米（图一六八，7；彩版一二〇，5）。标本M83：14，口长径10.7、口短径7.3、底长径8.1、底短径4.1、高3.3厘米（图一六八，8；彩版一二〇，6）。标本M83：36，口长径11.1、口短径7.1、底长径7、底短径3.8、高3.4厘米（图一六八，9）。

长颈瓶　4件（M83：16、17、19、20）。M83：20为泥质黑褐陶，其他均为泥质黄褐陶。形制相似，方唇，侈口，长直颈，溜肩，鼓腹，平底。下腹部等距镂空三个圆孔。标本M83：16，口径6.8、最大腹径12.8、底径7.6、高19.1厘米（图一六八，11；彩版一二一，1）。标本M83：17，口外沿厚，口径6.6、最大腹径12.4、底径7.2、高18.4厘米（图一六八，12）。标本M83：19，

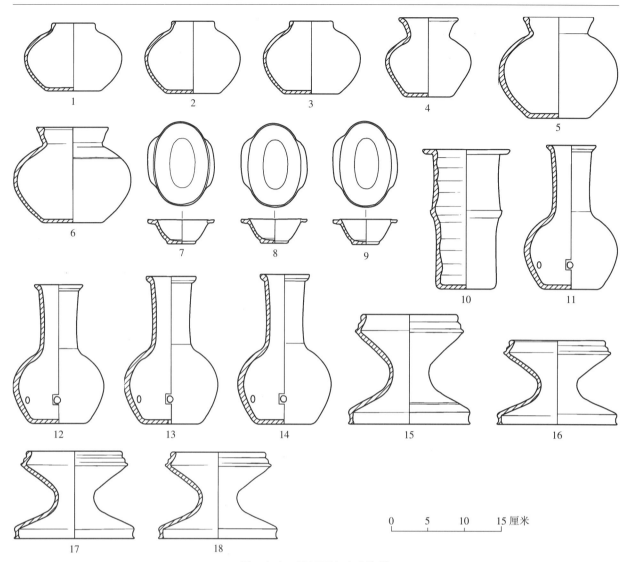

图一六八　2015M83 出土陶器

1~6. 罐（M83：6、7、24、33、8、27）　　7~9. 耳杯（M83：13、14、36）　　11~14. 长颈瓶（M83：16、17、19、20）　　10. 井
（M83：23）　　15~18. 器座（M83：22、31、18、21）

口外沿厚，口径 6.9、最大腹径 12.9、底径 7.5、高 19.7 厘米（图一六八，13）。标本 M83：20，
口外沿厚，口径 6.9、最大腹径 12.9、底径 7.6、高 19.9 厘米（图一六八，14；彩版一二一，2）。

　　器座　4 件（M83：18、21、22、31）。M83：21 为泥质灰陶，其他均为泥质灰褐陶。形制相似，
方圆唇，敛口，束腰形粗柄中空，喇叭形座，座底边陡折内凹，形似盘口。口外沿施凸凹棱纹。
标本 M83：18，底座面上饰凹弦纹两周。口径 12.6、底径 16.4、高 11.7 厘米（图一六八，17）。
标本 M83：21，口径 12.8、底径 16.4、高 11.5 厘米（图一六八，18）。标本 M83：22，底座面上饰
凹弦纹两周。口径 12.8、底径 16.6、高 14.6 厘米（图一六八，15）。标本 M83：31，口径 12.6、
底径 16.4、高 11.2 厘米（图一六八，16）。

　　井　1 件。标本 M83：23，泥质黄褐陶。圆唇，口微侈，平折沿，筒形深腹，平底。腹饰扁平
状凸棱，将腹部分为上、下腹，上、下腹壁均略内凹。口径 11.9、底径 7.5、高 18.4 厘米（图一
六八，10；彩版一二一，3）。

　　灶　1 件。标本 M83：25-1，泥质灰陶。灶面呈梯形，前端出遮烟檐，灶面前端并列置有三个圆

形小火眼，中部置一圆形大火眼，尾端一角置一圆形小火眼，另一端置一圆形小孔为烟洞；长方形灶门不落地。灶面近边缘处施凹槽一周，檐面刻划复线三角纹，灶门周围饰有复线三角纹和复线菱形纹组合图案，灶门下刻划多道直线纹和水波纹。长26.5、宽22.5、高18厘米，火眼直径11.3（大）、5（小）厘米，烟孔直径1厘米，灶门长11.5、高6.5厘米（图一六九，1；彩版一二一，4）。

小甑　1件。标本M83：25－2，泥质黄褐陶。方唇，平卷沿，上腹直，下腹弧收，台底，底部穿五个长条形甑孔。沿面施凹槽一周，上腹饰瓦棱纹数周。口径15.4、底径5.9、高7.8厘米（图一七〇，8）。

器盖　2件（M83：26、32）。均为夹细砂黄褐陶。形制相似，方圆唇，直壁，平顶微鼓。标本M83：26，盖内有修整痕迹。口径6.6、高1.4厘米（图一七〇，10；彩版一二一，5）。标本M83：32，口径6.1、高1.4厘米（图一七〇，9）。

小盆　2件（M83：28、29）。形制相似，尖圆唇，敞口，平折沿，斜直腹，平底。标本M83：28，夹砂黄褐陶。口径8.7、底径3.9、高2.5厘米（图一七〇，15；彩版一二一，6）。标本M83：29，夹砂灰陶。口径9.3、底径4.4、高3.4厘米（图一七〇，14）。

樽　1件。标本M83：34，泥质黑褐陶。圆唇，直口，直腹略内凹，平底，底置三个兽蹄状足。腹部饰凹弦纹两周。口径20.5、底径21.5、高16.4厘米（图一六九，3；彩版一一九，5）。

盘　2件（M83：35、37）。形制相似，方唇，敞口，折腹，平底。内壁及内底各施一周凸棱。标本M83：35，泥质灰陶，口沿内侧有一周浅凹槽。口径18.2、底径8.2、高2.4厘米（图一六九，6；彩版一二二，1）。标本M83：37，泥质灰褐陶。口径13.5、底径6.1、高1.8厘米（图一六九，5；彩版一二二，2）。

案　1件。标本M83：38，泥质灰陶。平面呈圆形，扁平片状，边缘有一周方形宽凸棱为沿，沿外倾。案面饰凹弦纹两周。口径32.6、底径31.4、高1.4厘米（图一七〇，18；彩版一二二，3）。

俎　1件。标本M83：39，泥质灰陶。长方形俎面，俎底置两个矮长方形扁状足，足底削出半圆形缺口。俎面模印鱼纹，鱼头处压有一把削。长11.8、宽4.4、高2.2厘米（图一七〇，11；彩版一二二，4）。

亚腰形小陶器　1件。标本M83：40，泥质灰陶。束腰，中空，两端呈喇叭口形。口径2.6、底径3.1、高2.2厘米（图一七〇，6；彩版一二二，5）。

水斗　1件。标本M83：42，泥质灰陶。由提梁和斗组成。提梁呈"人"字形，顶部有圆形穿孔。斗圆唇，敞口，斜腹，圜底。口径3.4、高5厘米（图一七〇，12；彩版一二二，6）。

2. 金器

指环　1件。标本M83：9，平面呈环形，截面呈扁圆形。外径2.1、内径1.9厘米，重2.1克（图一七〇，17）。

3. 银器

指环　1件。标本M83：12，平面呈环形，截面呈扁圆形。外径1.9、内径1.7厘米，重1克（图一七〇，16）。

4. 琥珀器

珠饰　1件。标本M83：10，管状。表面磨制，残半。残长1.5、直径约1.3厘米，残重1.5克

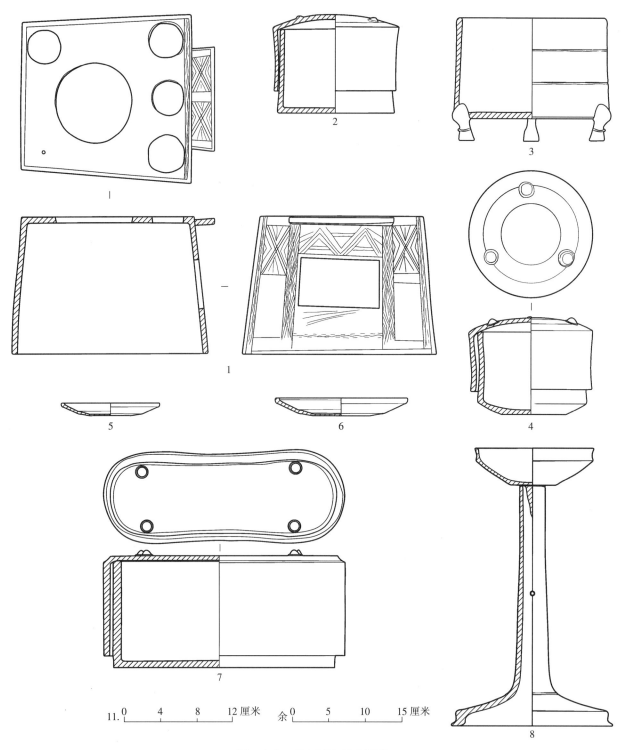

图一六九　2015M83 出土陶器

1. 灶（M83：25－1）　2、4、7. 奁（M83：30、5 和 41、11）　3. 樽（M83：34）　5、6. 盘（M83：37、35）　8. 灯（M83：1）

（图一七〇，7）。

5. 石器

盘状器　1 件。标本 M83：15，青灰色页岩。磨制而成，整体呈圆饼形，边缘规整。直径 3.9、厚 0.4 厘米（图一七〇，5；彩版一二二，7）。

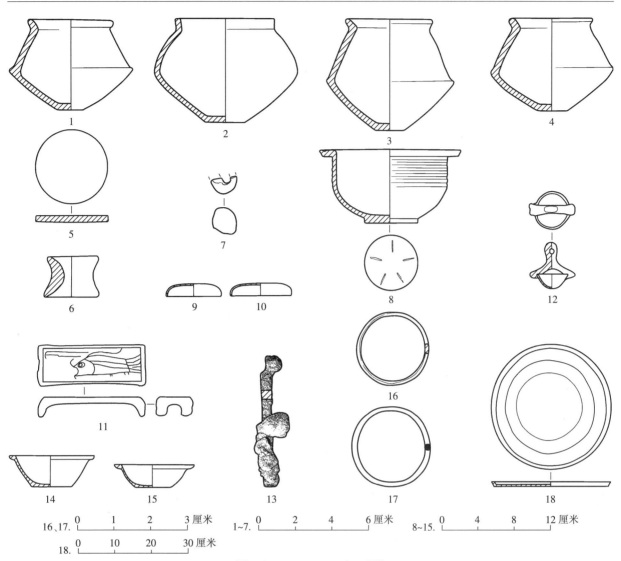

图一七〇　2015M83 出土器物

1~4. 小釜（M83:2、25-3、3、25-4）　5. 石盘状器（M83:15）　6. 亚腰形小陶器（M83:40）　7. 琥珀珠饰（M83:10）　8. 甑
（M83:25-2）　9、10. 器盖（M83:32、26）　11. 俎（M83:39）　12. 水斗（M83:42）　13. 铁器（M83:43）　14、15. 小盆
（M83:29、28）　16. 银指环（M83:12）　17. 金指环（M83:9）　18. 案（M83:38）（未标明质地者均为陶器）

6. 铁器

1 件。标本 M83:43，腐蚀严重。长条形。残长 14、截面边长 3.9 厘米，重 56 克（图一七〇，13）。

7. 铜钱

5 枚，编号 M83:4-1~4-5。均为"五铢"。详情见表四二。

表四二　　　　　　　　　　2015M83 出土铜钱登记表　　　　　　　（尺寸单位：厘米；重量单位：克）

种类	编号	特征		郭径	钱径	穿宽	郭厚	肉厚	重量
		文字特征	记号						
五铢	4-1	"五"字瘦长，竖画缓曲；"金"头三角形，四竖点；"朱"头较圆，"朱"下较圆		2.52	2.20	0.97	0.12	0.11	2.15

种类	编号	特征		郭径	钱径	穿宽	郭厚	肉厚	重量
		文字特征	记号						
五铢	4－2	"五"字瘦长，竖画缓曲；"金"头三角形，四竖点；"朱"头较圆，"朱"下较圆		2.59	2.21	0.89	0.15	0.13	2.77
	4－3	"五"字瘦长，竖画缓曲；"金"头三角形，四竖点；"朱"头较方，"朱"下较圆		2.44	2.21	0.94	0.13	0.11	2.97
	4－4	"五"字瘦长，竖画甚曲；"金"头三角形，四竖点；"朱"头较方，"朱"下较圆		2.58	2.35	0.90	0.12	0.11	2.12
	4－5	"五"字瘦长，竖画甚曲；"金"头三角形，四竖点；"朱"头较圆，"朱"下较圆		2.59	2.23	0.91	0.13	0.12	2.63

2015M84

位于本发掘区东部中段，方向 0°（图一七一）。开口于②层下，开口距地表 0.9 米。

（一）墓葬结构

被严重破坏，从墓葬结构形制推测，该墓为多室石室墓。墓圹呈"中"字形，现残存零星的墓底石板。从营建形制可以看出，该墓由墓道和墓室组成。

墓道　位于墓室北侧。呈长斜坡状。未完全发掘，长度不详，宽 3.3 米。

墓室　平面呈"凸"字形。结构为直壁，平底，仅在墓底西部保留有一块石板。墓室最长 5.24、最宽 4.6、残深约 0.51 米。

（二）葬具及人骨

该墓被严重破坏，未发现葬具痕迹。

人骨保存情况差，仅在墓底发现少量颅骨残片及肢骨。

（三）随葬品

该墓随葬品多残碎，可修复或可辨器形的计 7 件。其中陶器 5 件、铜器 2 件。

1. 陶器

共 5 件。计有案 1、俎 1、方盘 1、器盖 1、炉 1。

案　1 件。标本 M84：1，泥质灰陶。平面呈长方形，扁平片状、边缘一周厚凸棱。盘面四角有四个圆形穿孔；孔与孔间刻划两道弦纹，弦纹内刻划波浪纹，其内再刻划一周复线直线纹组成长方形，复线内饰弧线纹；盘心刻划鱼纹。长 39.3、宽 26.5、高 1.2 厘米（图一七二，5；彩版一二三，1）。

俎　1 件。标本 M84：2，泥质灰陶。长方形俎面，俎底置两个长方形扁状足，足底削出半圆形缺口。俎面模印浅浮雕鱼纹，鱼背鳍处压有一削。长 15.2、宽 4.9、高 4.6 厘米（图一七二，2；彩版一二三，2）。

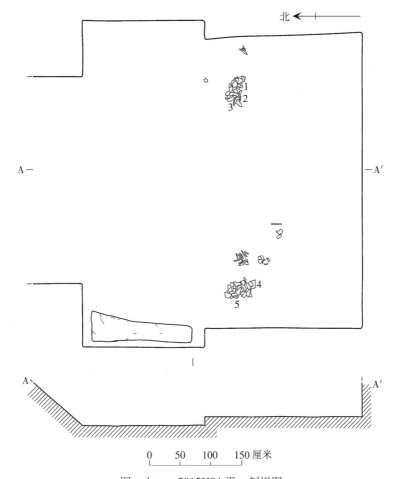

图一七一　2015M84 平、剖视图

1. 案　2. 俎　3. 方盘　4. 器盖　5. 炉（均为陶器）

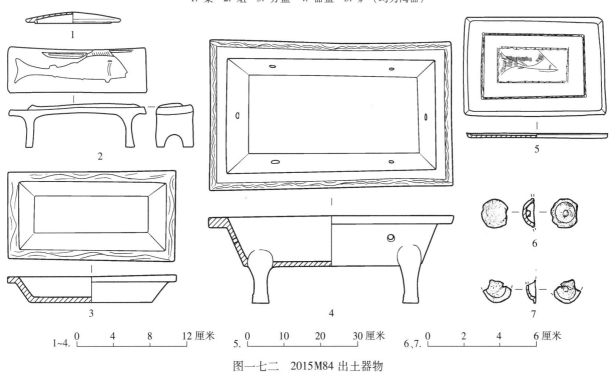

图一七二　2015M84 出土器物

1. 器盖（M84∶4）　2. 俎（M84∶2）　3. 方盘（M84∶3）　4. 炉（M84∶5）　5. 案（M84∶1）　6、7. 铜泡钉（M84∶6、7）
（未标明质地者均为陶器）

方盘　1 件。标本 M84：3，泥质灰褐陶。整体呈倒梯形，方唇，敞口，平折沿，斜直腹壁，平底略内凹。沿面刻划水波纹。口长 18.4、口宽 9.7、底长 13.4、底宽 4.5、高 2.7 厘米（图一七二，3；彩版一二三，3）。

器盖　1 件。标本 M84：4，泥质灰陶。圆唇，子母口，弧顶。口径 8、高 1.2 厘米（图一七二，1；彩版一二三，4）。

炉　1 件。标本 M84：5，泥质灰陶。整体呈倒梯形，方唇，敞口，平折沿，斜直腹壁，四壁镂空六个圆孔，平底，底附四个兽蹄状足。沿面饰水波纹。口长 26.4、口宽 16、底长 20、底宽 9.5、高 9.3 厘米（图一七二，4；彩版一二三，5）。

2. 铜器

共 2 件。均为泡钉。

标本 M84：6，较残。钉身呈细长方棱状，钉帽为圆帽形。泡径 1.5、残长 0.5 厘米（图一七二，6）。标本 M84：7，残损严重。泡径 1.4、残长 0.5 厘米，残重 1.5 克（图一七二，7）。

2015M85

位于本发掘区东部中段，方向 45°（图一七三）。开口于②层下，开口距地表 0.94 米。

（一）墓葬结构

该墓为多室石室墓。由墓道、墓门及墓室组成（彩版一二四，1）。

墓道　位于墓室东北侧。长方形斜坡状。未完全发掘，长度不详，宽 3.37 米。

墓门　位于墓室东北侧。被严重破坏，残留封门立板半块。

墓室　平面近长方形，由前廊、西耳室、主室及后室及组成。墓底用规整的石板平铺而成，墓壁仅存后室石板，墓顶不存。前廊平面呈长方形，面阔约 3.43、进深 0.82 米，高度不详。西耳室平面呈长方形，被严重破坏，具体尺寸不详。主室平面呈长方形，面阔 3.56、进深 2.01 米，高度不详。后室平面呈长方形，面阔约 3.92、进深 0.83 米，高度不详。

（二）葬具及人骨

该墓被严重破坏，未见葬具痕迹。

仅在主室内发现部分散乱的颅骨、躯干骨及肢骨。从颅骨看，应至少埋葬两例不同个体。

（三）随葬品

该墓随葬品多数残碎，可修复或可辨器形的有 12 件（套），分布于墓室各处。其中陶器 7 件，另有玛瑙器 1 件、铁器 1 件、铜器 1 件、石器 1 件以及铜钱 22 枚。

1. 陶器

共 7 件。计有罐 2、盘 3、奁 1、水斗 1。

罐　2 件（M85：1、2）。标本 M85：1，夹砂黄褐陶。圆唇，侈口，束颈，溜肩，鼓腹，最大腹径居中，平底内凹。下腹部饰戳印纹数周，外底有模印三叉竹叶状纹饰。口径 8.6、最大腹径 12.3、底径 6.8、高 14.5 厘米（图一七四，1；彩版一二四，2）。标本 M85：2，泥质灰陶。方圆唇，侈口，束颈，溜肩，鼓腹，腹作瓜棱状，最大腹径偏上，平底内凹。底模印一圆形，圆内套一近似三角形的图案。肩饰两道凸棱纹。口径 10.4、最大腹径 20、底径 10.3、高 19.2 厘米（图

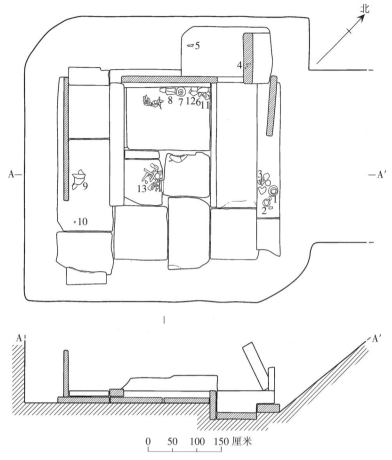

图一七三　2015M85 平、剖视图

1、2. 陶罐　3. 玛瑙珠饰　4. 铜钱　5. 铁棺钉　6、7、11. 陶盘　8、9. 陶奁　10. 铜泡钉　12. 陶水斗　13. 石珠饰

一七四，2；彩版一二四，3）。

盘　3 件（M85∶6、7、11）。均为泥质灰褐陶。形制相似，敞口，折腹，台底。内底内凹。标本 M85∶6，内壁饰一周凸棱纹，圆唇。口径 16、底径 7.4、高 2.8 厘米（图一七四，4；彩版一二五，1）。标本 M85∶7，尖圆唇。内沿饰一周折棱纹。口径 15、底径 6.2、高 2.7 厘米（图一七四，5；彩版一二五，2）。标本 M85∶11，尖圆唇。内壁饰一周凸棱纹，内沿饰一周折棱纹。口径 15、底径 6、高 3 厘米（图一七四，6）。

奁　1 套。标本 M85∶8 和 9，平面呈亚腰椭圆形。奁盖泥质灰陶。圆唇，直口，直壁，平顶，近顶处凹折，盖面置四个乳丁状纽。长 18.4、宽 6.3、高 6.6 厘米。奁体泥质灰褐陶。圆唇，直口，直腹，平底。长 16.6、宽 5.7、高 7.2 厘米。通高 8.2 厘米（图一七四，3；彩版一二五，3）。

水斗　1 件。标本 M85∶12，泥质灰陶。手工制成，由提梁和斗组成。提梁呈“人”字形。斗圆唇，敞口，弧腹，圜底。口径 4、高 5.6 厘米（图一七四，11；彩版一二五，4）。

2. 玛瑙

珠饰　1 件。与石珠饰同出于一颅骨内的淤泥中。标本 M85∶3，红色，磨制较为光滑。整体呈多棱椭圆形，纵向穿有一孔。长径 1.64、短径 1.4、孔径 0.2、高 1.6 厘米（图一七四，7；彩版一二五，5）。

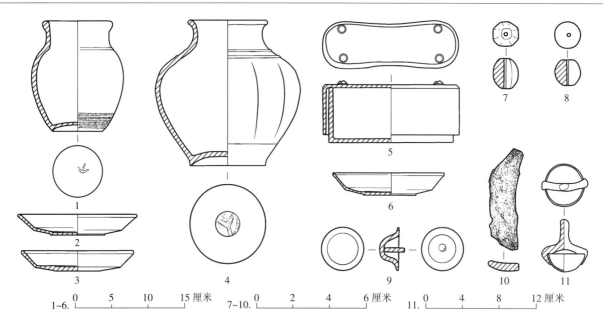

图一七四　2015M85 出土器物

1、4. 陶罐（M85∶1、2）　2、3、6. 陶盘（M85∶6、7、11）　5. 陶奁（M85∶8 和 9）　7. 玛瑙珠饰（M85∶3）　8. 石珠饰（M85∶13）　9. 铜泡钉（M85∶10）　10. 铁棺钉（M85∶5）　11. 陶水斗（M85∶12）

3. 铁器

棺钉　1 件。标本 M85∶5，锈蚀严重。扁薄长条形。残长 5.4、宽 1.8、厚 0.4 厘米，残重 24 克（图一七四，10）。

4. 铜器

泡钉　1 件。标本 M85∶10，表面鎏金。钉身呈细长方棱状，钉帽为圆帽形，周边折沿。泡径 2.3、高 1.4 厘米（图一七四，9）。

5. 石器

珠饰　1 件。与玛瑙珠饰同出于一颅骨内的淤泥中。标本 M85∶13，灰黑色，磨制较为光滑。整体近球形，中间穿有一孔。直径 1.4、孔径 0.2、高 1.4 厘米（图一七四，8）。

6. 铜钱

22 枚，编号 M85∶4-1～4-22。均为"五铢"。详情见表四三。

表四三　　　　　　　　　　2015M85 出土铜钱登记表　　　　　　　（尺寸单位：厘米；重量单位：克）

种类	编号	特征		郭径	钱径	穿宽	郭厚	肉厚	重量
		文字特征	记号						
五铢	4-1	"五"字瘦长，竖画甚曲；"金"头三角形，四竖点；"朱"头较圆，"朱"下较圆		2.52	2.28	0.88	0.13	0.12	3.22
	4-2	同上		2.58	2.28	0.90	0.14	0.13	2.91
	4-3	同上		2.64	2.30	0.92	0.12	0.13	1.89
	4-4	同上		2.55	2.16	0.90	0.13	0.11	2.62
	4-5	同上		2.62	2.32	0.98	0.12	0.11	2.53

种类	编号	特征		郭径	钱径	穿宽	郭厚	肉厚	重量
		文字特征	记号						
五铢	4-6	"五"字瘦长，竖画甚曲；"金"头三角形，四竖点；"朱"头较圆，"朱"下较圆		2.55	2.20	0.95	0.16	0.12	2.99
	4-7	同上	磨郭		2.30	0.99		0.11	1.96
	4-8	"五"字瘦长，竖画甚曲；"金"头三角形，四竖点；"朱"头较方，"朱"下较圆		2.54	2.25	0.92	0.14	0.11	2.75
	4-9	同上		2.63	2.33	0.95	0.14	0.12	2.74
	4-10	同上		2.53	2.33	0.91	0.13	0.11	2.12
	4-11	同上		2.61	2.36	0.95	0.15	0.13	2.25
	4-12	同上		2.59	2.30	1.00	0.17	0.14	3.08
	4-13	同上	磨郭		2.18	0.90		0.12	2.11
	4-14	同上	磨郭		2.24	0.83		0.09	1.67
	4-15	同上		2.68	2.24	0.90	0.15	0.12	2.15
	4-16	"五"字瘦长，竖画甚曲；"金"头三角形，四竖点；"朱"头较圆，"朱"下较方		2.62	2.22	0.95	0.12	0.10	2.15
	4-17	同上	磨郭		2.32	0.94		0.11	1.97
	4-18	同上	磨郭		2.30	0.96		0.10	1.95
	4-19	"五"字瘦长，竖画缓曲；"金"头三角形，四竖点；"朱"头较方，"朱"下较圆		2.57	2.31	0.96	0.17	0.15	2.42
	4-20	"五"字瘦长，竖画缓曲；"金"头三角形，四竖点；"朱"头较圆，"朱"下较圆	磨郭		2.23	0.97		0.07	1.66
	4-21	同上		2.59	2.25	0.93	0.15	0.13	2.85
	4-22	同上		2.40	2.30	0.91	0.11	0.09	1.78

2015M86

位于本发掘区东部中段，方向17°（图一七五）。开口于②层下，开口距地表0.84米。

（一）墓葬结构

该墓为土坑竖穴墓（彩版一二六，1）。墓圹平面近梯形，结构为直壁，平底。南北通长3.2、东西短边宽1.41、长边宽1.84、深1.28米。墓内填土为灰黄色花土，土质较疏松。

（二）葬具及人骨

该墓葬具为石椁，保存较完整。椁底平铺石板，椁室四壁由石板立砌，石灰勾缝，上盖石板为顶。椁室平面呈长方形，内长2.71、内宽约0.86、高1.18米。椁室南侧用长方形石板隔出脚箱，因受挤压变形，现平面近梯形，东西长0.89米，南北短边宽0.68、长边宽0.92米。

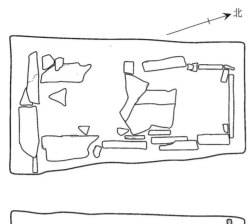

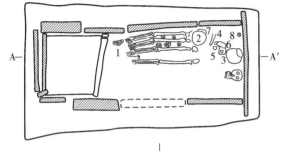

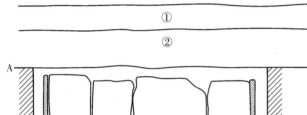

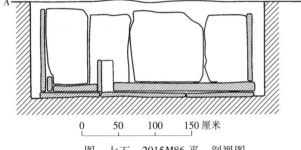

图一七五　2015M86 平、剖视图

1. 铜钱　2、3. 陶罐　4、6. 银钗　5. 琥珀珠饰　7. 铜片　8. 玉珠饰

椁室内置两例人骨，现存颅骨及下肢骨，仰身直肢葬，头向北。

（三）随葬品

该墓共出土随葬品 8 件（套），均出土于椁室。计有陶器 2 件、银器 2 件、琥珀器 1 件、铜器 1 件、玉器 1 件，另有铜钱 73 枚。

1. 陶器

共 2 件。均为罐。

标本 M86：2、3，均为泥质灰褐陶。形制相似，方唇内勾，敛口，束颈，溜肩，鼓腹，最大腹径居中，平底。标本 M86：2，口径 13、最大腹径 24.5、底径 10.2、高 20.4 厘米（图一七六，1；彩版一二六，3）。标本 M86：3，口径 13.6、最大腹径 25.5、底径 10.6、高 19.6 厘米（图一七六，2）。

2. 银器

共 2 件。均为钗。

标本 M86：4、6，形制相似，整体呈"U"形，器身细长，截面呈圆形，尾端锥形。标本 M86：4，长 14.4 厘米（图一七六，3）。标本 M86：6，长 15.3 厘米（图一七六，4；彩版一二六，2）。

3. 琥珀器

珠饰　1 件。标本 M86：5，表面呈灰白色，平面呈圆角方形，截面呈半圆形，纵向穿有一孔。长 3.2、宽 1.6、高 3.1、孔径 0.5 厘米（图一七六，5）。

4. 铜器

铜片　1 件。标本 M86：7，长条形，截面扁薄，器身变形弯曲。残长 7.3、宽 0.6、厚 0.1 厘米，重 6.8 克（图一七六，7）。

5. 玉器

珠饰　1 件。标本 M86：8，磨制较为光滑。青色，整体近球形，中有一孔。直径 1.3、孔径 0.3 厘米（图一七六，6）。

6. 铜钱

73 枚，编号 M86：1-1～1-73。其中"五铢"71 枚、"货泉"2 枚。详情见表四四。

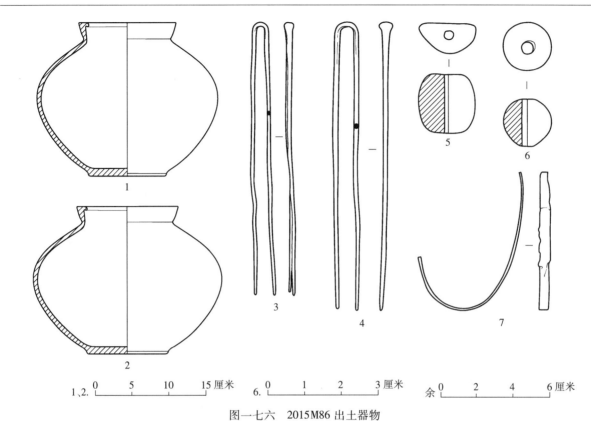

图一七六　2015M86 出土器物

1、2. 陶罐（M86：2、3）　　3、4. 银钗（M86：4、6）　　5. 琥珀珠饰（M86：5）　　6. 玉珠饰（M86：8）　　7. 铜片（M86：7）

表四四				2015M86 出土铜钱登记表					（尺寸单位：厘米；重量单位：克）
种类	编号	特征		郭径	钱径	穿宽	郭厚	肉厚	重量
		文字特征	记号						
五铢	1－1	"五"字瘦长，竖画甚曲；"金"头三角形，四竖点；"朱"头较圆，"朱"下较圆		2.58	2.38	0.96	0.11	0.08	2.87
	1－2	同上		2.54	2.35	0.92	0.11	0.10	2.67
	1－3	同上		2.55	2.31	0.91	0.11	0.09	1.85
	1－4	同上		2.57	2.27	0.95	0.16	0.12	2.99
	1－5	同上		2.57	2.27	0.95	0.16	0.12	2.99
	1－6	同上		2.53	2.35	0.92	0.13	0.11	2.61
	1－7	同上		2.63	2.32	0.96	0.13	0.12	2.98
	1－8	同上		2.57	2.28	0.91	0.15	0.13	2.77
	1－9	同上		2.59	2.23	0.90	0.14	0.13	3.25
	1－10	同上		2.55	2.32	0.99	0.13	0.12	3.00
	1－11	同上		2.57	2.28	0.89	0.12	0.11	3.22
	1－12	同上		2.79	2.21	0.87	0.13	0.12	2.46
	1－13	同上		2.55	2.30	0.93	0.12	0.11	2.55
	1－14	同上		2.65	2.22	0.96	0.14	0.12	3.00

种类	编号	特征		郭径	钱径	穿宽	郭厚	肉厚	重量
		文字特征	记号						
五铢	1–15	"五"字瘦长，竖画甚曲；"金"头三角形，四竖点；"朱"头较圆，"朱"下较圆		2.48	2.24	0.87	0.12	0.10	2.47
	1–16	同上		2.47	2.34	0.93	0.12	0.10	2.55
	1–17	同上		2.62	2.25	0.91	0.14	0.12	3.12
	1–18	同上	磨郭		2.28	0.96		0.10	2.10
	1–19	同上	磨郭		2.23	0.93		0.08	1.92
	1–20	同上	磨郭		2.22	0.89		0.11	2.24
	1–21	同上	磨郭		2.18	0.90		0.10	2.06
	1–22	同上		2.58	2.35	0.90	0.13	0.11	2.87
	1–23	同上	磨郭		2.25	0.91		0.12	2.04
	1–24	"五"字瘦长，竖画甚曲；"金"头三角形，四竖点；"朱"头较方，"朱"下较圆		2.65	2.35	0.95	0.15	0.13	2.34
	1–25	同上		2.63	2.28	0.87	0.14	0.11	3.41
	1–26	同上		2.59	2.31	0.89	0.17	0.14	3.19
	1–27	同上		2.56	2.24	0.83	0.16	0.15	3.22
	1–28	同上		2.65	2.35	0.95	0.15	0.13	2.34
	1–29	同上		2.59	2.31	0.89	0.17	0.14	3.19
	1–30	同上		2.56	2.24	0.83	0.16	0.15	3.22
	1–31	同上		2.59	2.24	0.90	0.15	0.12	2.32
	1–32	同上		2.56	2.25	0.90	0.15	0.14	3.03
	1–33	同上		2.79	2.21	0.87	0.13	0.12	2.46
	1–34	同上	磨郭		2.31	0.89		0.11	1.78
	1–35	同上	磨郭		2.23	0.94		0.10	1.46
	1–36	"五"字瘦长，竖画甚曲；"金"头三角形，四竖点；"朱"头较方，"朱"下较方		2.58	2.23	0.95	0.12	0.10	2.43
	1–37	同上		2.55	2.19	0.90	0.13	0.12	2.58
	1–38	同上		2.53	2.30	0.92	0.15	0.12	2.98
	1–39	同上		2.55	2.31	0.88	0.12	0.10	2.68
	1–40	"五"字瘦长，竖画甚曲；"金"头三角形，四竖点；"朱"头较圆，"朱"下较方		2.55	2.19	0.90	0.13	0.12	2.58
	1–41	同上		2.53	2.35	0.92	0.13	0.11	2.61
	1–42	同上		2.58	2.23	0.95	0.12	0.10	2.43

种类	编号	特征		郭径	钱径	穿宽	郭厚	肉厚	重量
		文字特征	记号						
五铢	1-43	"五"字瘦长，竖画甚曲；"金"头三角形，四竖点；"朱"头较圆，"朱"下较方		2.66	2.32	0.94	0.14	0.12	2.96
	1-44	"五"字瘦长，竖画甚曲；"金"字无；"朱"头较方，"朱"下较圆	剪轮		1.96	0.92		0.10	0.89
	1-45	同上	剪轮		1.73	0.93		0.11	1.24
	1-46	同上	剪轮		1.82	0.89		0.12	1.37
	1-47	"五"字瘦长，竖画缓曲；"金"头三角形，四竖点；"朱"头较圆，"朱"下较圆		2.55	2.31	0.91	0.11	0.09	1.85
	1-48	同上		2.55	2.31	0.88	0.12	0.10	2.68
	1-49	同上		2.56	2.26	0.94	0.15	0.12	3.02
	1-50	"五"字瘦长，竖画缓曲；"金"头三角形，四竖点；"朱"头较圆，"朱"下较方		2.58	2.39	0.97	0.11	0.09	3.06
	1-51	"五"字瘦长，竖画缓曲；"金"头三角形，四竖点；"朱"头较方，"朱"下较圆		2.55	2.32	0.99	0.13	0.12	3.00
	1-52	"五"字瘦长，竖画缓曲；"金"头三角形，四竖点；"朱"头较方，"朱"下较方		2.57	2.28	0.89	0.12	0.11	3.22
	1-53	字迹不清		2.52	2.33	0.91	0.13	0.12	2.97
	1-54	字迹不清		2.61	2.38	0.96	0.12	0.11	2.88
	1-55	字迹不清	剪轮		2.06	0.88		0.11	1.51
	1-56	字迹不清		2.60	2.30	0.88	0.14	0.13	3.02
	1-57	字迹不清		2.59	2.58	0.96	0.12	0.11	2.67
	1-58	字迹不清		2.49	2.31	0.88	0.11	0.09	2.32
	1-59	字迹不清		2.55	2.35	0.86	0.14	0.12	3.06
	1-60	字迹不清		2.56	2.34	0.97	0.15	0.13	3.05
	1-61	字迹不清	剪轮		2.08	0.90		0.11	1.26
	1-62	字迹不清	剪轮		2.03	0.91		0.12	1.87
	1-63	字迹不清	剪轮		2.21	0.94		0.10	1.77
	1-64	字迹不清	剪轮		1.96	0.88		0.09	2.02
	1-65	字迹不清	剪轮		2.11	0.90		0.10	2.23
	1-66	字迹不清	剪轮		1.89	0.92		0.09	2.05
	1-67	字迹不清	剪轮		2.08	0.87		0.09	1.65
	1-68	字迹不清	剪轮		2.12	0.90		0.11	1.90
	1-69	字迹不清	剪轮		2.06	0.93		0.10	2.11

续表四四

种类	编号	特征		郭径	钱径	穿宽	郭厚	肉厚	重量
		文字特征	记号						
五铢	1－70	字迹不清	剪轮		1.98	0.90		0.11	1.86
	1－71	字迹不清	剪轮		1.87	0.91		0.12	1.87
货泉	1－72	穿之右、左篆书"货泉"二字		2.09	1.90	0.76	0.12	0.10	1.10
	1－73	同上		2.39	2.12	0.72	0.13	0.11	2.87

2015M87

位于本发掘区东部中段,方向15°(图一七七)。开口于②层下,开口距地表0.68米。

(一)墓葬结构

该墓被严重破坏,平面呈"凸"字形,仅存墓道及墓圹。

墓道　位于墓葬北侧。长方形斜坡状。未完全发掘,长度不详,宽1.9米。

墓圹　平面呈长方形,结构为直壁,平底,长5.52、宽4.6、残深约0.84米。

(二)葬具及人骨

未见葬具痕迹及人骨痕迹。

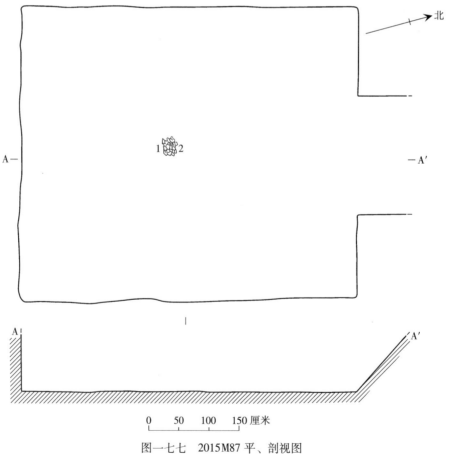

0　　50　　100　　150厘米

图一七七　2015M87平、剖视图
1. 陶片　2. 小陶釜

（三）随葬品

该墓随葬品多残碎，器形可辨的有 2 件，均为陶器。计有口沿残片 1、小釜 1。

口沿残片　1 件。标本 M87∶1，泥质灰陶。圆唇，敞口，微折沿。残长 11.2、残宽 7.6 厘米（图一七八，1）。

小釜　1 件。标本 M87∶2，泥质灰褐陶。方圆唇，平折沿微卷，敞口，折腹，平底。下腹部有刮削修整痕。口径 9.7、底径 3.1、高 3.5 厘米（图一七八，2）。

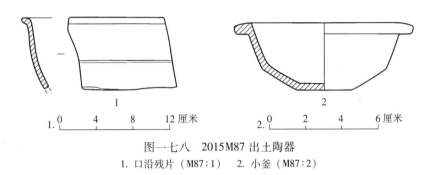

图一七八　2015M87 出土陶器
1. 口沿残片（M87∶1）　2. 小釜（M87∶2）

2015M88

位于本发掘区中部，方向 210°（图一七九）。开口于②层下，开口距地表 0.57 米。

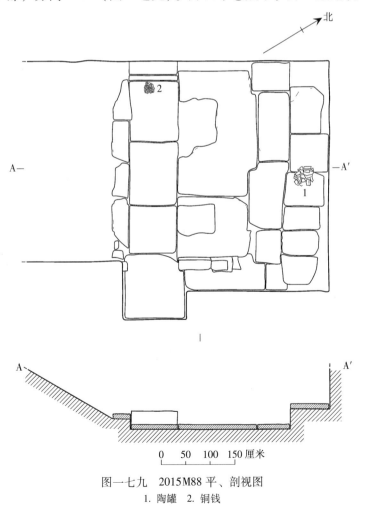

图一七九　2015M88 平、剖视图
1. 陶罐　2. 铜钱

（一）墓葬结构

该墓为多室石室墓。由墓道、墓门及墓室组成（彩版一二六，5）。

墓道　位于墓室南侧。长方形斜坡状。未完全发掘，长度不详，宽 4.01 米。

墓门　位于墓室南侧。被严重破坏，残存门板下平铺的长条形石板。

墓室　平面近长方形。根据墓室结构判断，该墓应由前廊、东耳室、主室及后室组成。墓底用规整的石板平铺而成，墓壁仅前廊西壁残存小半立板，墓顶不存。前廊平面呈长方形，面阔约 3.92、进深约 0.96 米，高度不详。东耳室平面呈长方形，面阔 1.24、进深 1.16 米，高度不详。主室平面呈长方形，面阔约 4.58、进深约 2.3 米，高度不详。后室平面呈长方形，底部高于主室底部 0.39 米，面阔约 3.98、进深约 0.72 米，高度不详。

（二）葬具及人骨

该墓被严重破坏，未见葬具痕迹及人骨痕迹。

（三）随葬品

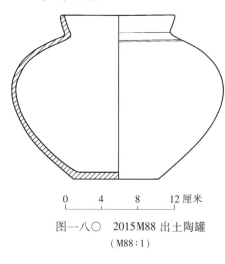

0   4   8   12厘米

图一八〇　2015M88 出土陶罐
（M88∶1）

该墓出土随葬品 2 件（套），分别为陶罐 1 件及铜钱 80 枚。

1. 陶罐

1 件。标本 M88∶1，泥质灰褐陶。方圆唇，敞口，束颈，溜肩，鼓腹，最大腹径偏上，平底。肩部及腹部各饰凹弦纹两周。口径 12.5、最大腹径 23.3、底径 9.3、高 17.3 厘米（图一八〇；彩版一二六，4）。

2. 铜钱

80 枚，编号 M88∶2-1~2-80。均为"五铢"。详情见表四五。

表四五　　　　　　　　2015M88 出土铜钱登记表　　　　　　　（尺寸单位：厘米；重量单位：克）

种类	编号	特征		郭径	钱径	穿宽	郭厚	肉厚	重量
		文字特征	记号						
五铢	2-1	"五"字瘦长，竖画甚曲；"金"头三角形，四竖点；"朱"头较圆，"朱"下较圆		2.66	2.28	0.88	0.13	0.12	3.23
	2-2	同上		2.58	2.26	0.93	0.15	0.12	2.98
	2-3	同上		2.57	2.27	0.95	0.16	0.12	2.99
	2-4	同上		2.53	2.35	0.92	0.13	0.11	2.61
	2-5	同上		2.63	2.32	0.96	0.13	0.12	2.98
	2-6	同上		2.57	2.28	0.91	0.15	0.13	2.77
	2-7	同上		2.55	2.20	0.92	0.12	0.11	2.66
	2-8	同上		2.56	2.25	0.90	0.15	0.14	3.03
	2-9	同上		2.57	2.28	0.89	0.12	0.11	3.22

种类	编号	特征		郭径	钱径	穿宽	郭厚	肉厚	重量
		文字特征	记号						
五铢	2-10	"五"字瘦长，竖画甚曲；"金"头三角形，四竖点；"朱"头较圆，"朱"下较圆		2.79	2.21	0.87	0.13	0.12	2.46
	2-11	同上		2.55	2.30	0.93	0.12	0.11	2.55
	2-12	同上		2.65	2.22	0.96	0.14	0.12	3.00
	2-13	同上		2.48	2.24	0.87	0.12	0.10	2.47
	2-14	同上		2.45	2.34	0.93	0.12	0.10	2.55
	2-15	同上		2.62	2.25	0.91	0.14	0.12	3.12
	2-16	同上		2.60	2.31	0.89	0.15	0.13	3.30
	2-17	同上		2.59	2.32	0.93	0.13	0.12	3.01
	2-18	同上		2.67	2.29	0.94	0.12	0.10	2.34
	2-19	同上		2.60	2.25	0.89	0.16	0.14	3.25
	2-20	同上		2.58	2.32	0.91	0.14	0.12	3.00
	2-21	同上		2.59	2.31	0.94	0.13	0.11	2.98
	2-22	同上		2.49	2.24	0.87	0.12	0.10	2.94
	2-23	同上		2.66	2.32	0.90	0.15	0.13	3.22
	2-24	同上		2.59	2.58	0.96	0.12	0.11	2.67
	2-25	同上		2.55	2.35	0.86	0.14	0.12	3.06
	2-26	同上		2.56	2.34	0.97	0.15	0.13	3.45
	2-27	同上		2.57	2.28	0.96	0.13	0.12	3.04
	2-28	同上		2.66	2.32	0.89	0.16	0.14	3.22
	2-29	同上		2.70	2.36	0.90	0.17	0.15	3.34
	2-30	同上		2.55	2.25	0.91	0.13	0.12	2.87
	2-31	同上		2.60	2.30	0.88	0.14	0.13	3.02
	2-32	同上		2.66	2.26	0.90	0.15	0.14	3.23
	2-33	同上		2.57	2.21	0.87	0.11	0.09	2.32
	2-34	同上		2.55	2.31	0.90	0.12	0.11	2.57
	2-35	同上		2.47	2.23	0.93	0.12	0.10	2.55
	2-36	同上		2.55	2.32	0.99	0.13	0.12	3.00
	2-37	同上		2.59	2.23	0.90	0.13	0.11	2.85
	2-38	同上		2.56	2.25	0.90	0.15	0.14	3.03
	2-39	"五"字瘦长，竖画甚曲；"金"头三角形，四竖点；"朱"头较方，"朱"下较圆		2.56	2.33	1.01	0.11	0.09	2.24
	2-40	同上		2.49	2.24	0.97	0.13	0.11	2.75
	2-41	同上		2.64	2.32	0.92	0.12	0.13	1.97

种类	编号	特征		郭径	钱径	穿宽	郭厚	肉厚	重量
		文字特征	记号						
五铢	2-42	"五"字瘦长，竖画甚曲；"金"头三角形，四竖点；"朱"头较方，"朱"下较圆		2.50	2.34	0.91	0.13	0.11	3.04
	2-43	同上		2.65	2.35	0.95	0.15	0.13	2.34
	2-44	同上		2.59	2.31	0.89	0.17	0.14	3.19
	2-45	同上		2.56	2.24	0.83	0.16	0.15	3.22
	2-46	同上		2.59	2.24	0.90	0.15	0.12	2.32
	2-47	同上		2.64	2.27	0.87	0.13	0.10	2.58
	2-48	同上		2.49	2.31	0.88	0.11	0.09	2.32
	2-49	同上		2.63	2.34	0.94	0.12	0.10	2.77
	2-50	同上		2.58	2.34	0.92	0.12	0.10	2.45
	2-51	同上		2.56	2.32	0.90	0.13	0.12	2.66
	2-52	同上		2.55	2.31	0.88	0.12	0.10	2.68
	2-53	"五"字瘦长，竖画甚曲；"金"头三角形，四竖点；"朱"头较方，"朱"下较方		2.58	2.33	0.95	0.14	0.12	2.77
	2-54	同上		2.55	2.19	0.90	0.13	0.12	2.58
	2-55	同上		2.55	2.30	0.92	0.15	0.12	2.88
	2-56	同上		2.56	2.27	0.91	0.11	0.12	2.79
	2-57	"五"字瘦长，竖画甚曲；"金"头三角形，四竖点；"朱"头较圆，"朱"下较方		2.59	2.16	0.90	0.12	0.11	2.69
	2-58	同上		2.52	2.32	0.98	0.12	0.11	2.87
	2-59	同上		2.58	2.23	0.95	0.12	0.10	2.43
	2-60	同上		2.66	2.32	0.94	0.14	0.12	2.96
	2-61	同上		2.59	2.23	0.90	0.13	0.11	2.85
	2-62	同上		2.64	2.23	0.93	0.12	0.11	2.88
	2-63	"五"字瘦长，竖画缓曲；"金"头三角形，四竖点；"朱"头较圆，"朱"下较圆		2.50	2.27	0.94	0.19	0.15	3.16
	2-64	同上		2.55	2.31	0.91	0.11	0.09	1.85
	2-65	同上		2.55	2.31	0.88	0.12	0.10	2.68
	2-66	"五"字瘦长，竖画缓曲；"金"头三角形，四竖点；"朱"头较方，"朱"下较圆		2.58	2.27	0.93	0.15	0.13	2.82
	2-67	同上		2.58	2.21	0.98	0.12	0.11	2.56

种类	编号	特征		郭径	钱径	穿宽	郭厚	肉厚	重量
		文字特征	记号						
五铢	2-68	"五"字瘦长，竖画缓曲；"金"头三角形，四竖点；"朱"头较方，"朱"下较方		2.55	2.32	0.99	0.13	0.12	3.00
	2-69	字迹不清		2.57	2.28	0.89	0.12	0.11	3.22
	2-70	字迹不清		2.79	2.21	0.87	0.13	0.12	2.46
	2-71	字迹不清		2.55	2.30	0.93	0.12	0.11	2.55
	2-72	字迹不清		2.65	2.22	0.96	0.14	0.12	3.00
	2-73	字迹不清		2.76	2.32	0.97	0.12	0.13	2.67
	2-74	字迹不清		2.55	2.32	0.99	0.13	0.12	3.00
	2-75	字迹不清		2.59	2.23	0.90	0.13	0.11	2.85
	2-76	字迹不清		2.56	2.25	0.90	0.11	0.14	2.80
	2-77	字迹不清		2.35	2.31	0.88	0.12	0.10	2.68
	2-78	字迹不清		2.37	2.18	0.89	0.12	0.11	2.88
	2-79	字迹不清		2.39	2.21	0.87	0.13	0.12	2.46
	2-80	字迹不清		2.35	2.27	0.93	0.12	0.11	2.55

2015M89

位于本发掘区中部，方向205°（图一八一）。开口于②层下，开口距地表1.42米。

（一）墓葬结构

该墓为多室石室墓。由墓道、墓门及墓室组成（彩版一二七，1）。

墓道　位于墓室南侧。长方形斜坡状。未完全发掘，长度不详，宽1.59米。

墓门　位于墓室南侧。现存门框及门槛。门框借用东、西耳室的侧板，门槛系长方形石板置于门框之间。门内留有立板残块，立板下有方形础石。门外由两块长方形大石板立砌封堵，白灰勾缝。

墓室　平面近"凸"字形，由前廊、东耳室、西耳室及主室组成。墓底及四壁由规整石板砌筑，墓壁略有缺损，白灰勾缝，墓顶不存。前廊平面呈长方形，面阔1.62、进深0.69米，高度不详。东耳室平面呈长方形，底部高于前廊底部0.45米，面阔2.09、进深0.61、残高0.96米。西耳室平面呈长方形，底部高于前廊底部0.47米，面阔1.57、进深0.64、残高1.02米。主室平面呈长方形，其中部南北向立有石板一组，将主室分为东、西两个长方形小室，石板下有长条形础石，两小室南侧、棺床和前廊之间用石板隔出一个小箱。主室底部高于前廊底部0.29米，面阔1.58、进深2.45、残高0.97米。

（二）葬具及人骨

主室西小室内置长方形石制棺床一处，长2.07、宽0.66米。未见木制葬具痕迹。

该墓人骨保存情况差，仅在主室的东、西小室内发现少量肢骨残块。

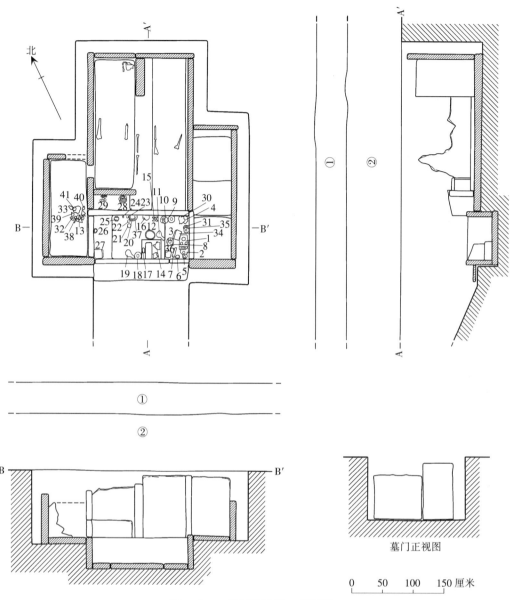

图一八一　2015M89 平、剖视图

1. 灶　2、8、13、16. 罐　3、27. 奁盖　4、5、26. 小釜　6、21～23、33. 器盖　7. 俎　9、11、18、19、30. 长颈瓶　10. 灯　12. 樽　14. 奁体　15. 支架　17、25. 耳杯　20、34、35. 盘　24. 小瓢　28. 铜环　29. 铜钱　31、37. 小盆　32. 烟囱　36. 案　38. 亚腰形小陶器　39、40. 小甑　41. 小钵（未标明质地者均为陶器）

（三）随葬品

该墓共出土随葬品 40 件（套），集中堆放于前廊（彩版一二七，2）及西耳室，主室西小室内也有少量摆放。其中陶器 38 件，另有铜器 1 套 5 件及铜钱 34 枚。

1. 陶器

共 38 件。计有灶 1、罐 4、奁 2、小釜 3、器盖 5、俎 1、长颈瓶 5、灯 1、樽 1、支架 1、耳杯 2、盘 3、小瓢 1、小盆 2、烟囱 1、案 1、亚腰形小陶器 1、小甑 2、小钵 1。

灶　1 件。标本 M89：1，泥质灰褐陶。灶面呈梯形，前端出遮烟檐，灶面前端并列置有两个圆形小火眼，中部置一圆形大火眼，尾端置一圆形烟孔；长方形灶门不落地。灶面外沿施凹槽一周，檐上刻划三角形图案；灶门上、左、右三侧饰水波纹图案，灶门下刻划三条斜线。长 21.4、

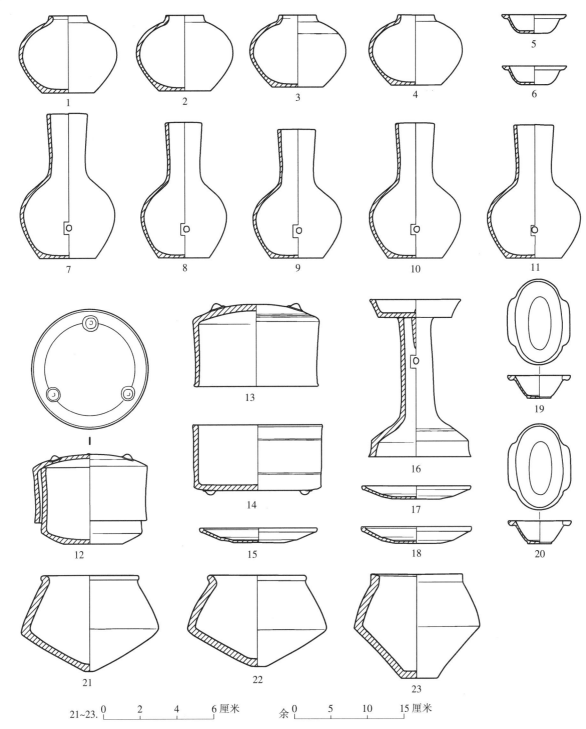

图一八二　2015M89 出土陶器

1~4. 罐（M89：2、8、13、16）　5、6. 小盆（M89：31、37）　7~11. 长颈瓶（M89：9、11、18、19、30）　12、13. 奁（M89：14 和 27、3）　14. 樽（M89：12）　15、17、18. 盘（M89：20、34、35）　16. 灯（M89：10）　19、20. 耳杯（M89：17、25）　21~23. 小釜（M89：4、5、26）

宽17.2、高14.5 厘米，火眼直径7.6（大）、5.2（小）厘米，烟孔直径1 厘米，灶门长9.7、高 7 厘米（图一八三，1；彩版一二八，1）。

罐　4件（M89：2、8、13、16）。均为泥质灰褐陶。形制相似，方圆唇，敛口，圆肩，鼓腹略扁，最大腹径居中，平底。标本 M89：2，口径5.1、最大腹径13.3、底径7、高10.2 厘米（图一八二，1；

彩版一二八，2）。标本M89：8，口径5、最大腹径13、底径7、高10厘米（图一八二，2）。标本M89：13，肩部饰弦纹一周。口径4.9、最大腹径13、底径6.9、高9.5厘米（图一八二，3）。标本M89：16，口径4.8、最大腹径12.8、底径6.9、高9.3厘米（图一八二，4；彩版一二八，3）。

奁　2件（M89：3、14和27）。标本M89：3，泥质灰陶。仅存奁盖。圆唇，敞口，直壁略内凹，圆弧顶。顶部饰凹弦纹两周，盖面置三个乳丁状纽。口径16.3、高11厘米（图一八二，13；彩版一二八，4）。标本M89：14、27为一套，泥质灰褐陶。奁盖方唇，敞口，直壁略内凹，圆弧顶；顶部饰凹弦纹一周，盖面置三个乳丁状纽。口径15、高8.8厘米。奁体方圆唇，直口，直腹，近底处斜直折，平底。口径13.3、底径8.7、高10.1厘米。通高12厘米（图一八二，12；彩版一二八，5、6）。

小釜　3件（M89：4、5、26）。形制相似，尖圆唇，侈口，折腹，腹部最大径偏下，下腹急收，尖状小平底。标本M89：4，泥质灰陶。口径5.2、最大腹径7.5、高5.1厘米（图一八二，21；彩版一二九，1）。标本M89：5，泥质黄褐陶。口径5.2、最大腹径7.6、底径0.8、高4.8厘米（图一八二，22）。标本M89：26，泥质灰陶。口径5.5、最大腹径6.9、底径2、高5.5厘米（图一八二，23；彩版一二九，2）。

器盖　5件（M89：6、21、22、23、33）。均为泥质灰陶。形制相似，圆唇，敞口，弧壁，平顶略鼓。标本M89：6，口径5.4、高1厘米（图一八三，4；彩版一二九，3）。标本M89：21，口径6.4、高1.3厘米（图一八三，5）。标本M89：22，口径7.2、高1.5厘米（图一八三，7）。标本M89：23，口径6.2、高1厘米（图一八三，6）。标本M89：33，口径6.9、高1.3厘米（图一八三，8；彩版一二九，4）。

俎　1件。标本M89：7，泥质灰陶。长方形俎面，俎底置两个长方形扁矮足，两足略有变形，足底削出半圆形缺口。俎面模印鱼纹，鱼腹鳍处压有一把削。长12.8、宽4.2、高1.7厘米（图一八三，9；彩版一二九，5）。

长颈瓶　5件（M89：9、11、18、19、30）。均为泥质灰褐陶。形制相似，方圆唇，口微侈，长颈，溜肩，鼓腹，平底。下腹部等距镂空三个圆孔。标本M89：9，口径5.3、最大腹径10.3、底径7.6、高19.2厘米（图一八二，7；彩版一二七，3）。标本M89：11，口径4.7、最大腹径11.5、底径6.8、高18厘米（图一八二，8；彩版一二九，6）。标本M89：18，口径4.9、最大腹径12、底径7.1、高17厘米（图一八二，9）。标本M89：19，口径5.1、最大腹径12.5、底径7.5、高17.9厘米（图一八二，10）。标本M89：30，口径5.2、最大腹径12.6、底径7.5、高17.6厘米（图一八二，11；彩版一二九，7）。

灯　1件。标本M89：10，泥质黄褐陶。豆形灯。灯盘方唇，敞口，斜直腹，平底，盘心置一锥状烛钎。灯座喇叭形，高柄中空，座底边陡折内凹，形似盘口。柄上镂空圆孔两个，器座施两周凹弦纹。通高20.8、灯盘径12.3、灯座径14厘米（图一八二，16；彩版一三〇，1）。

樽　1件。标本M89：12，泥质灰褐陶。方圆唇，直口，直腹，平底，底置三个乳丁状矮足。腹饰凹弦纹两周。口径17.4、底径16.5、高9.4厘米（图一八二，14；彩版一三〇，2）。

支架　1件。标本M89：15，泥质灰陶。平面呈上下不出头的"井"字形，中间呈环状。长8.5、宽5.9、厚1厘米（图一八三，2；彩版一三〇，3）。

耳杯　2件（M89：17、25）。均为泥质灰陶。形制相似，椭圆形杯口，尖圆唇，双耳平齐，斜弧腹近直，台底。标本M89：17，口长径11.4、口短径6.2、底长径6.6、底短径3.2、高3厘米

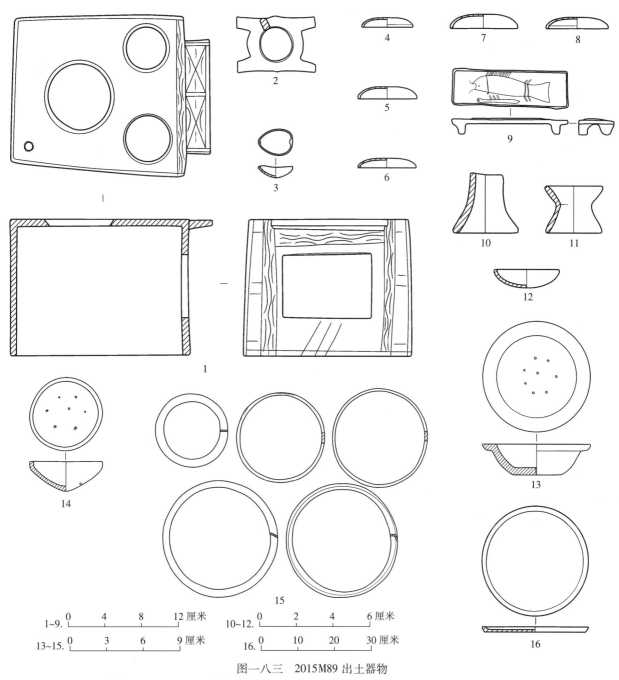

图一八三　2015M89 出土器物

1. 灶（M89:1）　2. 支架（M89:15）　3. 小瓢（M89:24）　4~8. 器盖（M89:6、21、23、22、33）　9. 俎（M89:7）　10. 烟囱（M89:32）　11. 亚腰形小陶器（M89:38）　12. 小钵（M89:41）　13、14. 小瓶（M89:40、39）　15. 铜环（M89:28）　16. 案（M89:36）（未标明质地者均为陶器）

（图一八二，19）。标本 M89:25，口长径 11.3、口短径 6、底长径 6.7、底短径 3.2、高 3.1 厘米（图一八二，20；彩版一三〇，4）。

　　盘　3 件（M89:20、34、35）。均为泥质灰褐陶。形制相似，尖圆唇，敞口，外沿厚重，折腹，台底。内壁施两道凸棱。标本 M89:20，内沿施一周凸棱。口径 15.8、底径 6.9、高 1.9 厘米（图一八二，15；彩版一三〇，5）。标本 M89:34，口径 14.9、底径 6.6、高 1.7 厘米（图一八二，17）。标本 M89:35，内沿施一周凸棱。口径 15、底径 6.3、高 2.2 厘米（图一八二，18）。

　　小瓢　1 件。标本 M89:24，泥质灰褐陶。平面近桃心形，圆唇，斜弧腹，圜底。口通长 3.8、口通宽 2.8、高 1.3 厘米（图一八三，3；彩版一三一，1）。

小盆　2 件（M89：31、37）。均为夹细砂灰陶。形制相似，方圆唇，敞口，平折沿，斜弧腹，平底。标本 M89：31，口径 8.6、底径 3.7、高 2.5 厘米（图一八二，5；彩版一三一，2）。标本 M89：37，口径 7.5、底径 3.3、高 2.7 厘米（图一八二，6）。

烟囱　1 件。标本 M89：32，泥质灰陶。整体呈喇叭形，圆柄中空。口径 1.8、底径 3.5、高 3.1 厘米（图一八三，10；彩版一三一，3）。

案　1 件。标本 M89：36，泥质灰褐陶。平面呈圆形，扁平片状，边缘有一周凸棱为沿，沿方唇外倾。口径 29、底径 27.7、高 1.5 厘米（图一八三，16；彩版一三〇，6）。

亚腰形小陶器　1 件。标本 M89：38，泥质灰陶。束腰形，两端呈喇叭口状，中空。口径 3、底径 2.9、高 2.5 厘米（图一八三，11；彩版一三一，4）。

小甑　2 件（M89：39、40）。标本 M89：39，泥质灰褐陶。方唇，敞口，斜弧腹略直，尖底，底部穿有七个近圆形甑孔。口径 5.9、高 2.4 厘米（图一八三，14；彩版一三一，5）。标本 M89：40，泥质灰陶。尖唇，敞口，平折沿，斜弧腹，平底，底部穿有八个近圆形甑孔。口径 8.8、底径 3.9、高 2.4 厘米（图一八三，13；彩版一三一，6）。

小钵　1 件。标本 M89：41，泥质灰陶。圆唇，敞口，斜弧腹，圜底。口径 3.4、高 1 厘米（图一八三，12；彩版一三一，7）。

2. 铜器

1 套 5 件。均为环。

标本 M89：28 - 1 ~ 28 - 5，锈蚀严重。形制相似，平面呈环形，截面扁薄、呈长条形。标本 M89：28 - 1，外径 5.8、内径 4.6 厘米。标本 M89：28 - 2，外径 9、内径 8.2 厘米。标本 M89：28 - 3，外径 9.3、内径 8.1 厘米。标本 M89：28 - 4，外径 7.8、内径 7.4 厘米。标本 M89：28 - 5，外径 7.1、内径 6.7 厘米（图一八三，15）。

3. 铜钱

34 枚，编号 M89：29 - 1 ~ 29 - 34。其中"五铢"33 枚、"半两"1 枚。详情见表四六。

表四六　　　　　　　　　2015 M89 出土铜钱登记表　　　　　（尺寸单位：厘米；重量单位：克）

| 种类 | 编号 | 特征 | | 郭径 | 钱径 | 穿宽 | 郭厚 | 肉厚 | 重量 |
		文字特征	记号						
五铢	29 - 1	"五"字瘦长，竖画甚曲；"金"头三角形，四竖点；"朱"头较方，"朱"下较圆		2.54	2.25	0.92	0.14	0.11	2.75
	29 - 2	同上		2.63	2.33	0.95	0.14	0.12	2.74
	29 - 3	同上		2.53	2.33	0.91	0.13	0.11	2.12
	29 - 4	同上		2.61	2.36	0.95	0.15	0.13	2.25
	29 - 5	同上		2.59	2.30	1.00	0.17	0.14	3.08
	29 - 6	同上		2.65	2.18	0.90	0.13	0.12	2.55
	29 - 7	同上	磨郭	1.86	0.90		0.14		1.72

续表四六

种类	编号	特征		郭径	钱径	穿宽	郭厚	肉厚	重量
		文字特征	记号						
五铢	29 – 8	"五"字瘦长，竖画甚曲；"金"头三角形，四竖点；"朱"头较圆，"朱"下较圆		2.52	2.28	0.88	0.13	0.12	3.22
	29 – 9	同上		2.58	2.28	0.90	0.14	0.13	2.91
	29 – 10	同上		2.64	2.30	0.92	0.12	0.13	1.89
	29 – 11	同上		2.55	2.16	0.90	0.13	0.11	2.62
	29 – 12	同上		2.62	2.32	0.98	0.12	0.11	2.53
	29 – 13	同上		2.55	2.20	0.95	0.16	0.12	2.99
	29 – 14	"五"字瘦长，竖画甚曲；"金"头三角形，四竖点；"朱"头较圆，"朱"下较方		2.62	2.22	0.95	0.12	0.10	2.15
	29 – 15	"五"字瘦长，竖画缓曲；"金"头三角形，四竖点；"朱"头较方，"朱"下较圆		2.53	2.25	0.90	0.14	0.11	2.52
	29 – 16	同上		2.57	2.31	0.96	0.17	0.15	2.42
	29 – 17	同上		2.59	2.25	0.93	0.15	0.13	2.85
	29 – 18	"五"字瘦长，竖画缓曲；"金"头三角形，四竖点；"朱"头较圆，"朱"下较圆		2.40	2.30	0.91	0.11	0.09	1.78
	29 – 19	字迹不清		2.63	2.30	0.99	0.13	0.11	2.66
	29 – 20	字迹不清		2.57	2.24	0.83	0.16	0.15	3.37
	29 – 21	字迹不清		2.70	2.32	0.94	0.14	0.12	2.97
	29 – 22	字迹不清		2.51	2.30	0.96	0.13	0.12	2.95
	29 – 23	字迹不清		2.68	2.24	0.90	0.15	0.12	2.15
	29 – 24	字迹不清		2.43	2.28	0.91	0.15	0.13	2.56
	29 – 25	字迹不清		2.55	2.30	0.92	0.15	0.12	2.75
	29 – 26	字迹不清		2.57	2.22	0.98	0.12	0.11	2.56
	29 – 27	字迹不清		2.56	2.20	0.90	0.14	0.11	2.57
	29 – 28	字迹不清		2.63	2.29	0.87	0.13	0.10	2.48
	29 – 29	字迹不清		2.55	2.27	0.91	0.11	0.12	2.68
	29 – 30	字迹不清		2.57	2.33	0.99	0.13	0.12	3.54
	29 – 31	字迹不清		2.57	2.23	0.90	0.14	0.13	3.20
	29 – 32	字迹不清	剪轮		1.76	0.94		0.08	0.92
	29 – 33	字迹不清		2.58	2.27	0.89	0.13	0.11	3.22
半两	29 – 34	"半"字头硬折，上横两端锐折，人字"两"			2.30	0.80		0.10	2.63

2015M90

位于本发掘区中部，方向 20°（图一八四）。开口于②层下，开口距地表 1.11 米。

（一）墓葬结构

该墓为土坑竖穴墓。墓圹平面呈圆角长方形，结构为直壁，平底（彩版一三二，1）。墓圹长3.08、宽 2.02、深 1.32 米。墓内填土为灰黄色花土，土质较疏松。

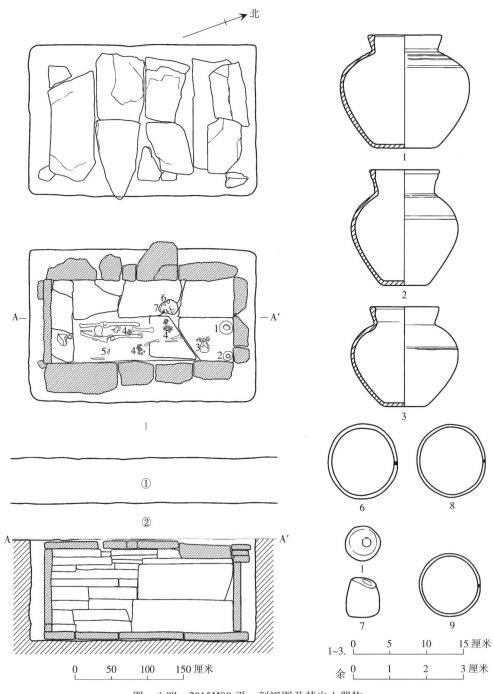

图一八四　2015M90 平、剖视图及其出土器物

1～3. 陶罐　4. 铜钱　5. 铁棺钉　6、8. 银指环　7. 琥珀珠　9. 金指环

（二）葬具及人骨

该墓葬具为石椁，平面呈长方形，保存较完整。椁底平铺不规则石板，椁室四壁大部用石板砌筑，仅西壁南半部分用长方形石条垒砌。上盖石板为顶。建墓石材不统一，有青、灰、褐黄等颜色。椁室内长 2.52、均宽约 1.05、高 1.11 米。椁内未见木制葬具痕迹，仅存 2 枚棺钉。

墓内人骨保存情况一般，从存留的颅骨及肢骨判断应为仰身直肢葬，头向北。

（三）随葬品

该墓共出土随葬品 9 件（套），均出土于椁室之内。计有陶器 3 件、银器 2 件、琥珀器 1 件、金器 1 件、铁器 1 套 2 件，另有铜钱 184 枚。

1. 陶器

共 3 件。均为罐。

标本 M90:1、2、3，均为泥质灰褐陶。形制相似，方圆唇略内勾，敞口，束颈，溜肩，鼓腹，最大腹径居中，平底。标本 M90:1，肩部饰弦纹三周。口径 9.5、最大腹径 17.5、底径 7.5、高 15 厘米（图一八四，1；彩版一三二，3）。标本 M90:2，肩、腹部各饰弦纹两周。口径 9、最大腹径 14.5、底径 5.7、高 15.3 厘米（图一八四，2；彩版一三二，4）。标本 M90:3，腹部饰两周弦纹。口径 9、最大腹径 14.5、底径 5.3、高 14.5 厘米（图一八四，3；彩版一三二，5）。

2. 银器

共 2 件。均为指环。

标本 M90:6、8，形制相似，平面呈环形，截面扁圆。标本 M90:6，外径 2、内径 1.8 厘米，重 0.6 克（图一八四，6）。标本 M90:8，外径 1.9、内径 1.8 厘米，重 0.2 克（图一八四，8）。

3. 琥珀器

珠　1 件。标本 M90:7，黄褐色。整体呈圆柱形，截面呈不规则圆形，纵向穿有一孔。直径 0.7、长 1、孔径 0.2 厘米，重 0.6 克（图一八四，7；彩版一三二，2）。

4. 金器

指环　1 件。标本 M90:9，平面呈环形，截面呈长条形。外径 1.8、内径 1.5 厘米，重 0.64 克（图一八四，9）。

5. 铁器

棺钉　2 件。标本 M90:5，残。锈蚀严重。长条形。

6. 铜钱

184 枚，编号 M90:4-1~4-184。均为"五铢"。详情见表四七。

表四七　　　　　　　　2015M90 出土铜钱登记表　　　　　（尺寸单位：厘米；重量单位：克）

种类	编号	特征		郭径	钱径	穿宽	郭厚	肉厚	重量
		文字特征	记号						
五铢	4-1	"五"字瘦长，竖画甚曲；"金"头三角形，四竖点；"朱"头较圆，"朱"下较圆		2.58	2.22	0.91	0.11	0.09	2.56

种类	编号	特征		郭径	钱径	穿宽	郭厚	肉厚	重量
		文字特征	记号						
五铢	4－2	"五"字瘦长，竖画甚曲；"金"头三角形，四竖点；"朱"头较圆，"朱"下较圆		2.57	2.29	0.90	0.10	0.11	2.94
	4－3	同上		2.58	2.28	0.96	0.16	0.14	2.77
	4－4	同上		2.58	2.32	0.96	0.12	0.10	3.32
	4－5	同上		2.58	2.25	0.95	0.18	0.16	3.22
	4－6	同上		2.54	2.28	0.98	0.12	0.10	2.36
	4－7	同上		2.54	2.25	0.97	0.13	0.12	3.12
	4－8	同上		2.55	2.27	0.94	0.13	0.11	3.00
	4－9	同上		2.58	2.27	0.93	0.13	0.10	3.13
	4－10	同上		2.52	2.41	0.10	0.14	0.14	3.01
	4－11	同上		2.47	2.29	0.98	0.10	0.09	2.19
	4－12	同上		2.60	2.33	0.90	0.13	0.12	3.39
	4－13	同上		2.56	2.21	0.94	0.12	0.12	2.55
	4－14	同上		2.58	2.24	0.83	0.16	0.15	2.84
	4－15	同上		2.48	2.25	0.88	0.10	0.11	2.76
	4－16	同上		2.54	2.27	0.96	0.13	0.12	2.93
	4－17	同上		2.54	2.33	0.99	0.15	0.12	2.83
	4－18	同上		2.51	2.21	0.87	0.15	0.11	3.24
	4－19	同上		2.57	2.33	0.90	0.12	0.11	3.32
	4－20	同上		2.49	2.23	0.99	0.13	0.12	3.28
	4－21	同上		2.57	2.23	0.90	0.14	0.13	3.57
	4－22	同上		2.55	2.22	0.90	0.15	0.14	3.72
	4－23	同上		2.57	2.32	0.90	0.12	0.10	2.65
	4－24	同上		2.58	2.27	0.89	0.12	0.11	3.78
	4－25	同上		2.68	2.22	0.87	0.15	0.14	2.64
	4－26	同上		2.57	2.24	0.90	0.13	0.10	2.95
	4－27	同上		2.56	2.26	0.90	0.13	0.12	3.33
	4－28	同上		2.55	2.23	0.90	0.12	0.11	2.62
	4－29	同上		2.42	2.27	0.87	0.13	0.10	3.29
	4－30	同上		2.55	2.22	0.90	0.12	0.09	2.87
	4－31	同上		2.57	2.35	0.98	0.13	0.12	2.78
	4－32	同上		2.57	2.27	0.90	0.12	0.11	2.39
	4－33	同上		2.48	2.27	0.98	0.17	0.14	2.92
	4－34	同上		2.56	2.41	0.90	0.15	0.14	2.81

种类	编号	特征		郭径	钱径	穿宽	郭厚	肉厚	重量
		文字特征	记号						
五铢	4-35	"五"字瘦长，竖画甚曲；"金"头三角形，四竖点；"朱"头较圆，"朱"下较圆		2.38	2.22	0.99	0.09	0.10	2.55
	4-36	同上		2.58	2.25	0.95	0.12	0.11	2.25
	4-37	同上		2.53	2.23	0.93	0.12	0.11	2.40
	4-38	同上		2.55	2.22	0.90	0.13	0.10	2.50
	4-39	同上		2.60	2.31	0.98	0.10	0.14	2.81
	4-40	同上		2.58	2.21	0.91	0.11	0.09	2.85
	4-41	同上		2.56	2.31	0.99	0.12	0.10	2.31
	4-42	同上		2.56	2.19	0.87	0.12	0.11	3.03
	4-43	同上		2.57	2.26	0.97	0.13	0.10	2.53
	4-44	同上		2.52	2.24	0.96	0.08	0.07	2.07
	4-45	同上		2.54	2.24	0.89	0.16	0.14	3.60
	4-46	同上		2.56	2.29	0.91	0.12	0.10	2.67
	4-47	同上		2.57	2.32	0.93	0.16	0.14	3.77
	4-48	同上		2.55	2.34	0.97	0.13	0.11	2.42
	4-49	同上		2.54	2.25	0.91	0.12	0.10	2.39
	4-50	同上		2.60	2.28	0.99	0.17	0.14	2.82
	4-51	同上		2.53	2.26	0.97	0.15	0.13	2.66
	4-52	同上		2.50	2.22	0.88	0.10	0.09	2.57
	4-53	同上		2.58	2.28	0.96	0.16	0.14	2.77
	4-54	同上		2.41	2.11	0.87	0.09	0.07	2.75
	4-55	同上		2.58	2.22	0.91	0.11	0.09	2.56
	4-56	同上		2.57	2.29	0.90	0.10	0.11	2.92
	4-57	同上		2.59	2.39	0.88	0.12	0.10	3.43
	4-58	同上		2.53	2.23	0.93	0.12	0.11	2.83
	4-59	同上		2.51	2.23	0.93	0.13	0.12	3.06
	4-60	同上		2.59	2.25	0.98	0.15	0.10	2.09
	4-61	同上		2.49	2.26	0.88	0.16	0.14	2.65
	4-62	同上		2.56	2.20	0.89	0.17	0.14	2.50
	4-63	同上		2.53	2.27	0.86	0.12	0.10	2.42
	4-64	同上		2.59	2.31	0.98	0.14	0.13	3.46
	4-65	同上		2.58	2.28	0.96	0.16	0.14	2.77
	4-66	同上		2.34	2.15	0.91	0.11	0.10	1.92
	4-67	同上		2.41	2.11	0.87	0.09	0.07	2.72
	4-68	同上		2.58	2.22	0.91	0.11	0.09	2.56

种类	编号	特征		郭径	钱径	穿宽	郭厚	肉厚	重量
		文字特征	记号						
五铢	4－69	"五"字瘦长，竖画甚曲；"金"头三角形，四竖点；"朱"头较圆，"朱"下较圆		2.57	2.29	0.90	0.10	0.11	2.94
	4－70	同上		2.58	2.28	0.96	0.16	0.14	2.77
	4－71	同上		2.34	2.15	0.91	0.11	0.10	1.92
	4－72	同上		2.41	2.11	0.87	0.09	0.07	2.72
	4－73	同上		2.58	2.22	0.91	0.11	0.09	2.56
	4－74	同上		2.57	2.29	0.90	0.10	0.11	2.94
	4－75	同上		2.58	2.27	0.97	0.15	0.14	3.65
	4－76	同上		2.58	2.28	0.96	0.16	0.14	2.77
	4－77	同上		2.34	2.15	0.91	0.11	0.10	1.92
	4－78	同上		2.41	2.11	0.87	0.09	0.07	2.72
	4－79	同上		2.58	2.22	0.91	0.11	0.09	2.56
	4－80	同上		2.57	2.29	0.90	0.10	0.11	2.94
	4－81	同上		2.56	2.29	0.91	0.12	0.10	2.67
	4－82	同上		2.57	2.32	0.93	0.16	0.14	3.77
	4－83	同上		2.55	2.34	0.97	0.13	0.11	2.42
	4－84	同上		2.54	2.25	0.91	0.12	0.10	2.39
	4－85	同上		2.60	2.28	0.99	0.17	0.14	2.82
	4－86	同上		2.53	2.26	0.97	0.15	0.13	2.66
	4－87	同上		2.50	2.22	0.88	0.10	0.09	2.47
	4－88	同上		2.58	2.28	0.96	0.16	0.14	2.77
	4－89	同上		2.34	2.15	0.91	0.11	0.10	1.92
	4－90	同上		2.56	2.29	0.91	0.12	0.10	2.67
	4－91	同上		2.57	2.32	0.93	0.16	0.14	3.77
	4－92	同上		2.55	2.34	0.97	0.13	0.11	2.42
	4－93	同上		2.54	2.25	0.91	0.12	0.10	2.38
	4－94	同上		2.60	2.28	0.99	0.17	0.14	2.82
	4－95	同上		2.53	2.26	0.97	0.15	0.13	2.66
	4－96	同上		2.58	2.28	0.96	0.16	0.14	2.65
	4－97	同上		2.34	2.15	0.91	0.11	0.10	1.92
	4－98	同上		2.56	2.29	0.91	0.12	0.10	2.67
	4－99	"五"字瘦长，竖画甚曲；"金"头三角形，四竖点；"朱"头较方，"朱"下较方		2.50	2.28	0.98	0.17	0.13	3.13
	4－100	同上		2.57	2.21	0.99	0.15	0.08	2.76

种类	编号	特征		郭径	钱径	穿宽	郭厚	肉厚	重量
		文字特征	记号						
五铢	4－101	"五"字瘦长，竖画甚曲；"金"头三角形，四竖点；"朱"头较方，"朱"下较方		2.55	2.27	0.91	0.11	0.12	2.65
	4－102	同上		2.61	2.22	0.91	0.15	0.14	3.32
	4－103	同上		2.59	2.19	0.90	0.15	0.12	2.98
	4－104	"五"字瘦长，竖画甚曲；"金"头三角形，四竖点；"朱"头较方，"朱"下较圆		2.41	2.11	0.87	0.09	0.07	2.72
	4－105	同上		2.53	2.22	0.92	0.12	0.13	2.75
	4－106	同上		2.63	2.29	0.87	0.13	0.10	2.42
	4－107	同上		2.62	2.30	0.97	0.14	0.12	2.75
	4－108	同上		2.54	2.19	0.90	0.14	0.12	2.98
	4－109	同上		2.62	2.30	0.97	0.14	0.12	2.75
	4－110	同上		2.62	2.30	0.97	0.14	0.12	2.75
	4－111	"五"字瘦长，竖画甚曲；"金"头三角形，四竖点；"朱"头较圆，"朱"下较方		2.56	2.30	0.97	0.11	0.12	3.00
	4－112	同上		2.50	2.32	0.93	0.13	0.11	2.45
	4－113	同上		2.66	2.28	0.98	0.15	0.14	3.19
	4－114	"五"字瘦长，竖画缓曲；"金"头三角形，四竖点；"朱"头较方，"朱"下较圆		2.32	2.21	0.96	0.12	0.10	2.32
	4－115	"五"字瘦长，竖画缓曲；"金"字无；"朱"头较圆，"朱"下较圆	剪轮		1.89	0.97		0.10	1.08
	4－116	"五"字瘦长，竖画缓曲；"金"头三角形，四竖点；"朱"头较圆，"朱"下较圆		2.57	2.38	0.91	0.16	0.13	2.93
	4－117	"五"字瘦长，竖画较直；"金"头三角形，四竖点；"朱"头较圆，"朱"下较圆		2.56	2.26	0.96	0.16	0.15	3.39
	4－118	同上		2.34	2.15	0.91	0.11	0.10	1.94
	4－119	同上		2.50	2.22	0.88	0.10	0.09	2.47
	4－120	字迹不清		2.29	2.09	0.96	0.10	0.09	2.05
	4－121	字迹不清		2.07	1.99	0.97	0.10	0.10	1.74
	4－122	字迹不清		2.53	2.32	0.92	0.12	0.10	2.01

种类	编号	特征		郭径	钱径	穿宽	郭厚	肉厚	重量
		文字特征	记号						
五铢	4－123	字迹不清		2.34	2.22	0.93	0.13	0.11	2.56
	4－124	字迹不清		2.56	2.32	0.86	0.13	0.12	2.19
	4－125	字迹不清		2.38	2.12	0.90	0.12	0.11	1.98
	4－126	字迹不清		2.29	2.09	0.96	0.10	0.09	2.05
	4－127	字迹不清		2.58	2.28	0.96	0.16	0.14	2.77
	4－128	字迹不清		2.34	2.15	0.91	0.11	0.10	1.92
	4－129	字迹不清		2.53	2.26	0.97	0.15	0.13	2.66
	4－130	字迹不清		2.50	2.22	0.88	0.10	0.09	2.48
	4－131	字迹不清		2.58	2.28	0.96	0.16	0.14	2.67
	4－132	字迹不清		2.34	2.15	0.91	0.11	0.10	1.92
	4－133	字迹不清		2.63	2.26	0.97	0.15	0.13	2.66
	4－134	字迹不清		2.50	2.22	0.88	0.10	0.09	2.37
	4－135	字迹不清		2.58	2.28	0.96	0.16	0.14	2.77
	4－136	字迹不清		2.34	2.15	0.91	0.11	0.10	1.92
	4－137	字迹不清		2.54	2.26	0.97	0.15	0.13	2.66
	4－138	字迹不清		2.63	2.26	0.97	0.15	0.13	2.66
	4－139	字迹不清		2.50	2.22	0.88	0.10	0.09	2.47
	4－140	字迹不清		2.58	2.28	0.96	0.16	0.14	2.77
	4－141	字迹不清		2.34	2.15	0.91	0.11	0.10	1.92
	4－142	字迹不清		2.53	2.26	0.97	0.14	0.13	2.66
	4－143	字迹不清		2.50	2.22	0.88	0.10	0.09	2.47
	4－144	字迹不清		2.58	2.28	0.96	0.16	0.14	2.77
	4－145	字迹不清		2.34	2.15	0.91	0.11	0.10	1.92
	4－146	字迹不清		2.53	2.26	0.97	0.15	0.13	2.66
	4－147	字迹不清		2.57	2.22	0.88	0.10	0.09	2.47
	4－148	字迹不清		2.59	2.28	0.96	0.16	0.14	2.77
	4－149	字迹不清		2.34	2.15	0.91	0.11	0.10	1.92
	4－150	字迹不清		2.63	2.26	0.97	0.15	0.13	2.66
	4－151	字迹不清		2.51	2.26	0.97	0.15	0.13	2.66
	4－152	字迹不清		2.50	2.22	0.88	0.10	0.09	2.47
	4－153	字迹不清		2.57	2.28	0.96	0.16	0.14	2.77
	4－154	字迹不清		2.34	2.15	0.91	0.11	0.10	1.92
	4－155	字迹不清		2.52	2.26	0.97	0.15	0.13	2.66
	4－156	字迹不清		2.50	2.22	0.88	0.10	0.09	2.47
	4－157	字迹不清		2.58	2.28	0.96	0.16	0.14	2.77
	4－158	字迹不清		2.34	2.15	0.91	0.11	0.10	1.92

种类	编号	特征		郭径	钱径	穿宽	郭厚	肉厚	重量
		文字特征	记号						
五铢	4-159	字迹不清		2.55	2.26	0.97	0.15	0.13	2.66
	4-160	字迹不清		2.30	2.06	0.90	0.07	0.06	1.94
	4-161	字迹不清		2.54	2.30	0.96	0.12	0.11	2.74
	4-162	字迹不清		2.55	2.32	0.90	0.12	0.10	2.11
	4-163	字迹不清		2.19	2.02	0.96	0.10	0.08	2.17
	4-164	字迹不清		2.54	2.31	0.93	0.12	0.10	2.65
	4-165	字迹不清		2.55	2.28	0.96	0.13	0.10	2.29
	4-166	字迹不清		2.50	2.16	0.92	0.17	0.14	3.29
	4-167	字迹不清		2.58	2.28	0.96	0.16	0.14	2.77
	4-168	字迹不清		2.56	2.32	0.86	0.13	0.12	2.19
	4-169	字迹不清		2.38	2.12	0.90	0.12	0.11	1.98
	4-170	字迹不清		2.29	2.09	0.96	0.10	0.09	2.05
	4-171	字迹不清		2.07	1.99	0.97	0.10	0.10	1.74
	4-172	字迹不清		2.53	2.32	0.92	0.12	0.10	2.01
	4-173	字迹不清		2.57	2.22	0.93	0.12	0.11	2.45
	4-174	字迹不清		2.56	2.32	0.86	0.13	0.12	2.19
	4-175	字迹不清		2.38	2.23	0.90	0.12	0.11	1.99
	4-176	字迹不清		2.29	2.10	0.96	0.10	0.09	2.25
	4-177	字迹不清		2.57	2.32	0.86	0.13	0.12	2.17
	4-178	字迹不清		2.58	2.32	0.90	0.12	0.11	2.98
	4-179	字迹不清		2.29	2.09	0.96	0.10	0.09	2.05
	4-180	字迹不清		2.07	1.99	0.97	0.10	0.10	1.74
	4-181	字迹不清		2.53	2.32	0.92	0.12	0.10	2.01
	4-182	字迹不清		2.66	2.40	0.93	0.11	0.11	0.93
	4-183	字迹不清		2.56	2.32	0.86	0.13	0.12	2.19
	4-184	字迹不清		2.38	2.12	0.90	0.12	0.11	1.98

2015M91

位于本发掘区中部，方向30°（图一八五）。开口于②层下，开口距地表约1.4米。

（一）墓葬结构

该墓为多室石室墓。由墓道、墓门、墓室组成，保存较好（彩版一三三，1）。

墓道　位于墓室北侧。长斜坡状。未完全发掘，长度不详，宽2米。

墓门　位于墓室北侧。由门框、门楣及门槛组成（彩版一三三，3），宽1.71、高1.22米。门框借用东、西耳室北侧板。门楣为长方形石条，横置于门框之上，上顶墓室盖板。门槛为长方形石板置于门框之间。门内立有一根长方形立柱，立柱下置长方形础石，上接栌斗，栌斗上顶门楣。门外由两块长方形大石板封堵，石板间白灰勾缝。

墓室　平面整体呈"凸"字形，由前廊、东耳室、西耳室、主室组成。墓底及四壁由规整的石板砌筑，白灰填缝，上盖石板为顶，整体保存较完整。前廊平面呈长方形，面阔1.57、进深0.91、高1.62米。耳室位于前廊东、西两侧，平面均呈方形，东耳室面阔0.74、进深0.76、高1.6米，西耳室面阔0.74、进深0.74、高1.6米。主室平面呈长方形，中部南北向立有两块长方形石板支撑，将主室分为东、西两个长方形小室，立板下有条形础石。主室底部高于前廊底部0.44米，面阔1.52、进深2.31、高1.14米。

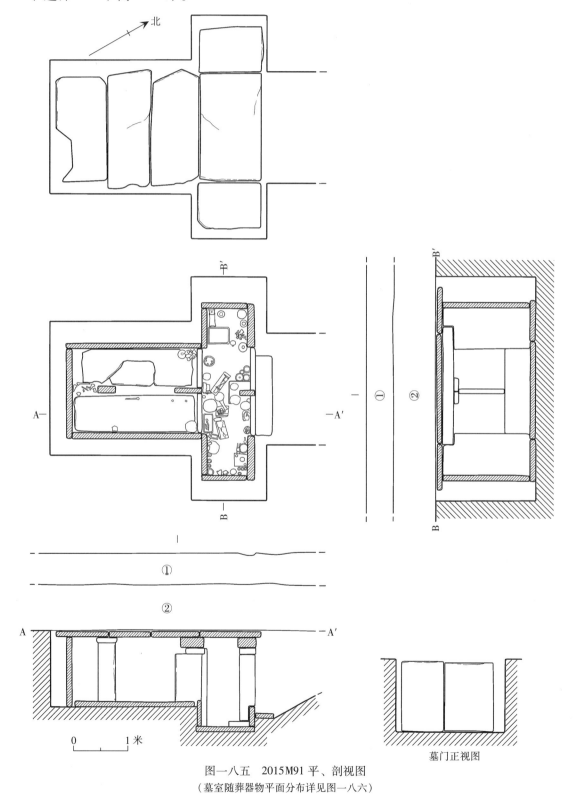

图一八五　2015M91 平、剖视图
（墓室随葬器物平面分布详见图一八六）

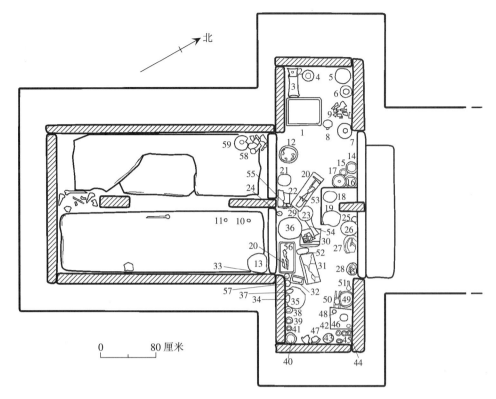

图一八六　2015M91墓室随葬器物平面分布图

1. 案　2. 井组合　3、5、49. 罐　4、8、17、18. 盘　6、27. 灯　7. 单把杯　9、10. 银环　11. 炉　12、36. 石盘状器　13、15、26. 器座　14、40、43. 盆　16、23、24、32、33、37、39、47. 器盖　19. 楼　20. 碗　21、25＋30、28＋29. 奁　22. 长颈瓶　31. 方盘　34、35、46、48、50、52～57. 耳杯　38. 小盆　41. 甑　42. 灶组合　44. 支架　45. 小勺　51. 俎　58. 魁　59. 樽（未标明质地者均为陶器）

（二）葬具及人骨

主室东、西小室内各置一长方形石板，作为棺床。东侧棺床长2.2、宽0.70米，西侧棺床长2、宽0.64米。

墓内仅东棺床上、墓室后部两棺床之间有少量肢骨。

（三）随葬品

该墓共出土随葬品66件（套），大多位于前廊及东、西耳室，极少量位于主室（图一八六；彩版一三三，2）。其中陶器60件，另有石器、银器各2件。

1. 陶器

共60件。计有罐3、长颈瓶1、奁3、盆3、盘4、方盘1、碗1、器盖8、器座3、灯2、单把杯1、耳杯11、甑2、灶1、俎1、樽1、魁1、楼1、案1、炉1、井1、水斗1、支架1、烟囱1、小盆1、小釜4、勺1。

罐　3件（M91:3、5、49）。均为泥质灰褐陶。形制相似，方唇，敛口，短直颈，溜肩，鼓腹，最大腹径居中，台底。肩饰两周凹弦纹。标本M91:3，口径8.3、最大腹径16.1、底径7、高13厘米（图一八七，1；彩版一三四，1）。标本M91:5，口径8.7、最大腹径15.9、底径7.5、高11.8厘米（图一八七，2）。标本M91:49，口径9、最大腹径17.5、底径6.6、高13.9厘米（图一八七，3；彩版一三四，2）。

长颈瓶 1 件。标本 M91：22，泥质灰褐陶。方唇，直口微侈，长颈，溜肩，鼓腹，台底。下腹部分布三处圆孔，底部一圆形小孔，颈、肩及腹部饰有多道凹弦纹。口径 6.2、最大腹径 19.6、底径 10、高 39 厘米（图一九〇，2；彩版一三五，2）。

奁 3 件。均为泥质灰褐陶。标本 M91：21，平面呈圆形，圆唇，直口，直腹略内弧，平底。口径 23、底径 24.4、高 16.1 厘米（图一八八，2；彩版一三五，4）。标本 M91：25 与 M91：30 为一套。标本 M91：25，奁体。平面呈亚腰形，圆唇，直腹，平底。口长径 31.8、口短径 11.5、高 15.3 厘米（图一八八，5；彩版一三五，5）。标本 M91：30，泥质奁盖。平面呈椭圆形，圆唇，直口，直壁，近顶处内凹折成平顶，顶置四个乳丁纽，刻一周凹槽。顶长径 32.9、顶短径 13.9、底长径 35、底短径 14、高 17.3 厘米（图一八八，4；彩版一三五，5）。标本 M91：28 与 M91：29 为一套。标本 M91：28，奁盖。平面呈圆形，圆唇，直口，直壁，圆弧顶。顶部饰有三周瓦棱纹，其上置三个乳丁纽。口径 26.5、底径 25.3、高 22.7 厘米。标本 M91：29，奁体。平面呈圆形，圆唇，直口，直腹略内弧，平底。口径 23、底径 24、高 21.2 厘米（图一八八，3；彩版一三五，6）。

盆 3 件（M91：14、40、43）。均为泥质灰陶。其中 M91：14、40 形制相似，方尖唇，平折沿略卷，斜弧腹，台底。沿面饰一周凹槽，上腹饰数周瓦棱纹。标本 M91：14，口径 15.3、底径 6、高 7.1 厘米（图一八七，11；彩版一三四，5）。标本 M91：40，口径 15.2、底径 5.8、高 7 厘米（图一八七，12）。标本 M91：43，方圆唇，敞口，平折沿，斜弧腹，圜底。口径 17、高 7 厘米（图一八七，13；彩版一三四，6）。

盘 4 件（M91：4、8、17、18）。均为泥质灰褐陶。形制相似，尖唇，敞口，折腹，台底，内底内凹。外沿施一周凹槽，内沿、内壁、内底各饰一周凸棱。标本 M91：4，口径 20、底径 9.2、高 4.1 厘米（图一八七，8；彩版一三四，3）。标本 M91：8，口径 22.7、底径 10.1、高 4.5 厘米（图一八七，7；彩版一三四，4）。标本 M91：17，口径 19.3、底径 8.5、高 3.3 厘米（图一八七，10）。标本 M91：18，口径 19.3、底径 8.5、高 4 厘米（图一八七，9）。

方盘 1 件。标本 M91：31，泥质灰陶。方唇，敞口，平折沿，斜直壁，平底，底置四个圆饼状扁足。内底刻划鱼纹。口长 16、口宽 8.5、底长 11.7、底宽 4.6、高 3.1 厘米（图一八九，2；彩版一三五，3）。

碗 1 件。标本 M91：20，泥质灰褐陶。方圆唇，敛口，斜弧腹，台底。口沿下饰一周凹槽，内底饰一周凹槽。口径 15.2、底径 6.3、高 6 厘米（图一八七，22；彩版一三五，1）。

器盖 8 件（M91：16、23、24、32、33、37、39、47）。均为泥质灰陶。除 M91：39 外，其他器盖形制相近，尖圆唇，子母口，弧顶。标本 M91：16，口径 6.7、高 1.6 厘米（图一八九，11）。标本 M91：23，口径 4.5、高 1 厘米（图一八九，9；彩版一三六，1）。标本 M91：24，口径 7.4、高 1.7 厘米（图一八九，7）。标本 M91：32，口径 6.8、高 1.4 厘米（图一八九，8）。标本 M91：33，口径 4.3、高 1 厘米（图一八九，13；彩版一三六，2）。标本 M91：37，平沿。口径 6.4、高 1.7 厘米（图一八九，12；彩版一三六，3）。标本 M91：47，口径 4.5、高 0.9 厘米（图一八九，10）。标本 M91：39，方唇，直口略敞，直壁，平顶略鼓。口径 5.3、高 1.3 厘米（图一八九，14）。

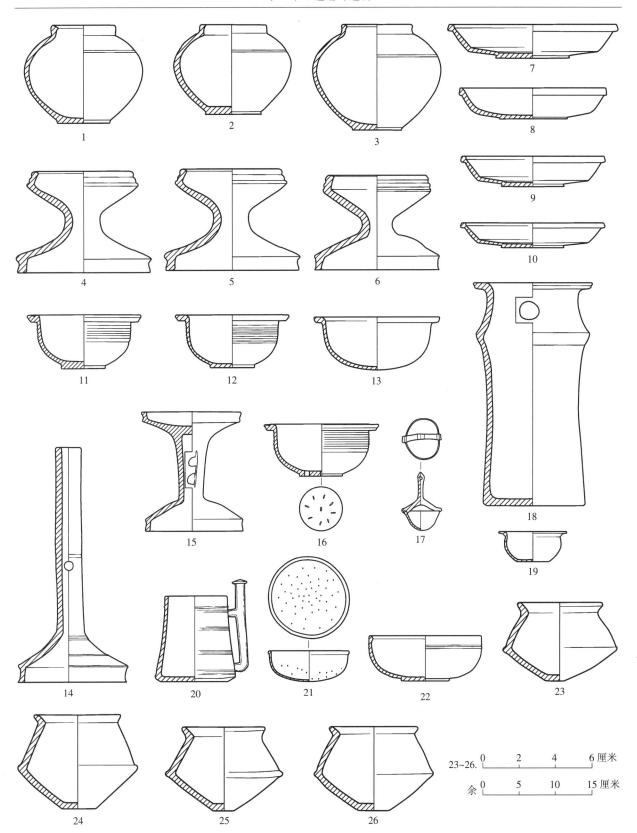

图一八七　2015M91 出土陶器

1~3. 罐（M91：3、5、49）　4~6. 器座（M91：26、15、13）　7~10. 盘（M91：8、4、18、17）　11~13. 盆（M91：14、40、43）
14、15. 灯（M91：6、27）　16、21. 甑（M91：41、42-1）　17. 水斗（M91：2-2）　18. 井（M91：2-1）　19. 小盆（M91：38）
20. 单把杯（M91：7）　22. 碗（M91：20）　23~26. 小釜（M91：42-2、42-3、42-4、42-5）

器座　3 件（M91：13、15、26）。均为泥质灰陶。形制相似，圆唇，敛口，束腰形粗柄中空，喇叭形座，座底边陡折内凹，形似盘口。外沿施凸凹棱纹。标本 M91：13，口径 13、底径 17、高 12.5 厘米（图一八七，6）。标本 M91：15，口径 13、底径 17.8、高 13.5 厘米（图一八七，5）。标本 M91：26，口径 12.9、底径 18、高 13.4 厘米（图一八七，4）。

灯　2 件（M91：6、27）。均为泥质灰褐陶。标本 M91：6，残存灯座。喇叭形灯座，高柄中空，座底边陡折内凹，形似盘口。柄中部对镂两个圆孔，柄及器座施多周凹弦纹。口径 3.1、底径 14.8、高 31 厘米（图一八七，14；彩版一三六，5）。标本 M91：27，豆形灯，灯盘方唇，直口微敞，折腹，上腹内凹，下腹斜直，内底平。喇叭形灯座，高柄中空，座底陡折内凹，形似盘口。柄中部镂空两个半圆形孔。口径 13.5、底径 13.4、高 15.9 厘米（图一八七，15；彩版一三六，6）。

单把杯　1 件。标本 M91：7，泥质灰陶。方唇，敛口，斜直壁外撇，近底处斜直折，平底。腹壁一侧置柱状柄，柄一侧横出二泥条与器身相连，柄身高于杯口，柄端饰一帽形沿。口下方、上腹部、下腹部及近底部各刻划一组多周细浅弦纹，口下部及近底处饰一周凸棱。口径 8.2、底径 9.1、高 13.5 厘米（图一八七，20；彩版一三六，4）。

耳杯　11 件（M91：34、35、46、48、50、52、53、54、55、56、57）。均为泥质灰陶。形制相似，椭圆形杯口，双耳平齐，斜弧腹，台底。标本 M91：34，口长径 11.6、口短径 9、底长径 7、底短径 3.2、高 3.2 厘米（图一八九，25）。标本 M91：35，口长径 11.2、口短径 7.3、底长径 7、底短径 3.7、高 3.1 厘米（图一八九，22；彩版一三九，1）。标本 M91：46，口长径 11.3、口短径 9.4、底长径 7、底短径 3.3、高 2.9 厘米（图一八九，23）。标本 M91：48，口长径 11.4、口短径 9.5、底长径 6.8、底短径 3.3、高 3.5 厘米（图一八九，20）。标本 M91：50，口长径 11.1、口短径 9.3、底长径 6.8、底短径 3.5、高 3.4 厘米（图一八九，26；彩版一三九，2）。标本 M91：52，口长径 13.3、口短径 10.3、底长径 7.4、底短径 4.2、高 3.5 厘米（图一八九，17）。标本 M91：53，口长径 9.6、口短径 8.3、底长径 5.2、底短径 3.3、高 2.8 厘米（图一八九，27）。标本 M91：54，口长径 11.3、口短径 9.2、底长径 6.8、底短径 3.8、高 3.1 厘米（图一八九，21）。标本 M91：55，口长径 11.3、口短径 9.2、底长径 6.9、底短径 3.8、高 3.1 厘米（图一八九，24）。标本 M91：56，口长径 12.2、口短径 9.5、底长径 7.2、底短径 3.6、高 3.6 厘米（图一八九，18）。标本 M91：57，口长径 12.3、口短径 9.2、底长径 7.1、底短径 3.9、高 3.9 厘米（图一八九，19）。

甑　2 件（M91：41、42-1）。均为泥质灰陶。标本 M91：41，圆唇，平卷沿，斜弧腹，台底，底部由外向内戳刺九个镂孔。沿面饰一周凹槽，上腹饰数周瓦棱纹。口径 15.5、底径 5.8、高 6.9 厘米（图一八七，16；彩版一三七，8）。标本 M91：42-1，方圆唇，敞口，斜弧腹，圜底，底部由内向外戳刺数个镂孔。口径 10.6、高 4.1 厘米（图一八七，21；彩版一三七，3）。

灶　1 件。标本 M91：42-6，泥质灰陶。灶面呈梯形，前端出长方形遮烟檐，灶面前端并列置三个圆形小火眼，中置一个圆形大火眼，后端一角置有一圆形小火眼，另一角置一圆形烟孔；长方形灶门不落地。檐上刻划复线交叉几何纹和短线纹组合纹饰，灶门两侧刻划连续折线纹和短线纹组合纹饰，灶门上方刻划水波纹，下方刻划四道斜线纹，灶正面两侧刻划复线交叉几何纹和短线纹组合纹饰。长 6.7、宽 21.4、高 18.3 厘米，火眼直径 10.5（大）、4.5（小）厘米，烟孔直

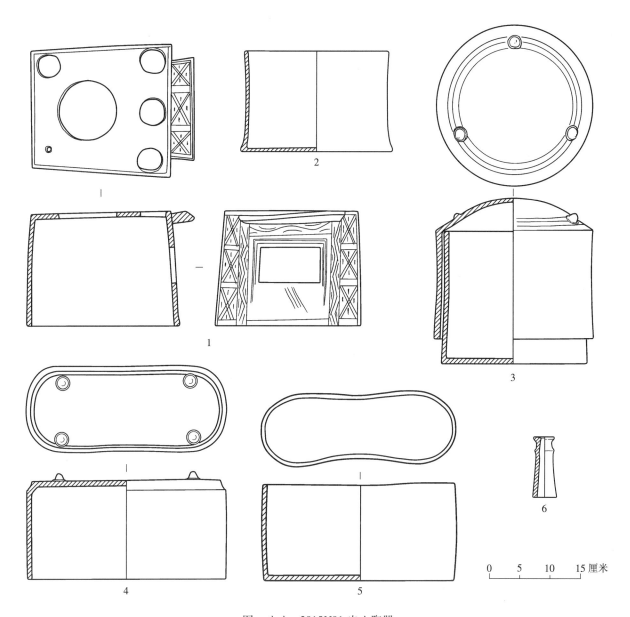

图一八八　2015M91 出土陶器

1. 灶（M91:42-6）　2～5. 仓（M91:21、28 和 29、30、25）　6. 烟囱（M91:42-7）

径 1 厘米，灶门长 10.5、高 6 厘米（图一八八，1；彩版一三七，1）。

　　俎　1 件。标本 M91:51，泥质灰陶。俎面近长方形，边沿有一周凹槽，俎面模印鱼形浮雕图案。俎底置两个长方形扁足，足底削出半圆形缺口。长 14.2、宽 4.3、高 4.1 厘米（图一八九，5；彩版一三八，1）。

　　樽　1 件。标本 M91:59，泥质灰褐陶。圆唇，直口，直壁略内凹，平底，底附三个兽蹄状足。腹饰多周弦纹。口径 20.9、底径 22.7、高 16 厘米（图一八九，1；彩版一三八，2）。

　　魁　1 件。标本 M91:58，泥质灰陶。整体平面近心形，尖唇，敞口，斜弧腹，台底。口沿一侧置一弯弧状柄，柄身截面呈三角形。口长径 16.5、口短径 14.2、底径 9、高 8.4 厘米（图一八九，3；彩版一三八，3）。

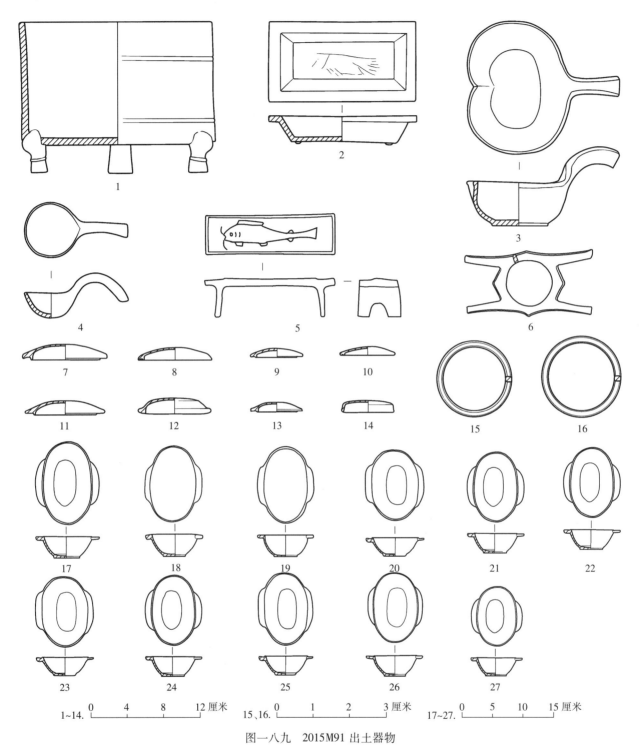

图一八九　2015M91 出土器物

1. 樽（M91：59）　2. 方盘（M91：31）　3. 魁（M91：58）　4. 勺（M91：45）　5. 俎（M91：51）　6. 支架（M91：44）　7～14. 器盖（M91：24、32、23、47、16、37、33、39）　15、16. 银环（M91：9、10）　17～27. 耳杯（M91：52、56、57、48、54、35、46、55、34、50、53）（未标明质地者均为陶器）

　　楼　1件。标本 M91：19，泥质黑陶。楼顶为悬山式结构，坡面呈"人"字形两面坡，中间有长条形正脊，两端上翘，中部切削出半圆形缺口。阳面有七道瓦垄和四道侧垄，阴面有五道瓦垄和两道侧垄。瓦垄上饰单瓦当，面为圆形，饰"井"字形纹。楼体正面呈长方形，上部楼体饰上

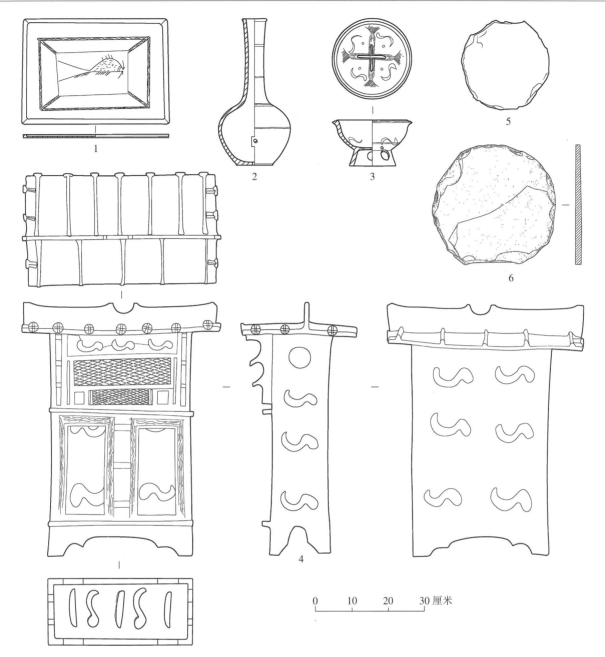

图一九〇　2015M91 出土器物

1. 案（M91：1）　2. 长颈瓶（M91：22）　3. 炉（M91：11）　4. 楼（M91：19）5、6. 石盘状器（M91：12、36）（未标明质地者均为陶器）

下两扇镂空菱格式窗，窗上部饰勾云形镂孔三个，下窗两侧对称分布两个小方窗；檐下、楼体窗两侧有双尖波浪状扁平构件，应表示斗拱；窗两侧对应有两个长方形孔，表示门，两门上下各伸出一长方形檐，上檐表示门檐，下檐表示台阶；两侧山墙各饰圆形镂孔一个及勾云形镂孔三个；后墙有勾云形镂孔六个；底部有三个半圆形镂孔和三个勾云形镂孔。楼体悬空，前墙为双拱，后墙为单拱。通高 67.3 厘米，楼顶长 54、宽 30.4 厘米，楼体高 47、长 30.2、宽 12.8 厘米，楼底高 6 厘米（图一九〇，4；彩版一三八，4）。

案　1 件。标本 M91：1，夹砂黑褐陶。平面呈长方形，扁平片状，边缘有一周截面方形的宽厚凸棱为沿，沿外倾。凸棱外壁饰一周凹槽，案面穿四个圆形小孔，刻划同心长方形、斜线纹和水波纹组合纹饰，案心刻划鱼形纹。长40.3、宽28、高1厘米（图一九〇，1；彩版一三九，4）。

炉　1件。标本 M91∶11，泥质灰褐陶。方唇，侈口，斜弧腹，圜底，喇叭状高圈足。唇面饰两周凹槽；内壁及底饰四组横置"S"形、"十"字形及圆形镂孔组合纹饰表示炉箅，"十"字形镂孔周围刻划有直线、斜线、弧线及水波纹组合纹饰；圈足一周饰四个圆形镂孔。口径18.7、底径12.5、高12厘米（图一九〇，3；彩版一三九，3）。

井　1件。标本 M91∶2-1，泥质灰陶。尖圆唇，侈口，平折沿，筒形深腹，平底。颈部饰有两个圆形镂孔。腹饰竹节状凸棱，将腹部分为上下腹，上腹内凹，下腹竖直略凹。口径16、最大腹径15.6、底径13.2、高29.5厘米（图一八七，18；彩版一三八，5左）。

水斗　1件。标本 M91∶2-2，泥质灰陶。由提梁和斗组成。提梁呈"人"字形，顶部有圆形穿孔。斗为圆唇，敞口，弧腹，圜底。口径4.9、通高7.8厘米（图一八七，17；彩版一三八，5右）。

支架　1件。标本 M91∶44，泥质灰褐陶。平面呈上下不出头的"井"字形，中间呈八边形，孔圆形。长13.8、宽7厘米（图一八九，6；彩版一三九，5）。

烟囱　1件。标本 M91∶42-7，泥质灰陶。整体呈圆柱形，上细下粗。圆唇，侈口，束颈，折肩，腹壁斜直，中空。口径3.3、底径3.9、高9.6厘米（图一八八，6；彩版一三七，2）。

小盆　1件。标本 M91∶38，泥质灰陶。圆唇，平折沿，略束颈，弧腹，平底，内底略凸。口径9.1、腹径7.8、底径4.3、高4厘米（图一八七，19；彩版一三四，7）。

小釜　4件（M91∶42-2、42-3、42-4、42-5）。均为泥质灰陶。形制相似，尖圆唇，侈口，束颈，折腹，腹部最大径位置居中，尖状小平底，下腹部留有刮削修整痕。标本 M91∶42-2，口径4.8、最大腹径6.3、底径1.5、高4.9厘米（图一八七，23；彩版一三七，4）。标本 M91∶42-3，口径4.7、最大腹径6.6、底径1.5、高5厘米（图一八七，24；彩版一三七，5）。标本 M91∶42-4，口径4.6、最大腹径6.4、底径1.7、高4.9厘米（图一八七，25；彩版一三七，6）。标本 M91∶42-5，口径4.8、最大腹径6.6、底径1.6、高5厘米（图一八七，26；彩版一三七，7）。

勺　1件。标本 M91∶45，泥质灰陶。勺口平面圆形，尖圆唇，敞口，斜弧腹，圜底。口沿一侧置弯弧状柄。口径5.8、长11.2、高4.8厘米（图一八九，4；彩版一三九，6）。

2. 石器

共2件。均为盘状器。

标本 M91∶12、36，均为青灰色岩质。形制相似，平面呈圆形。磨制，边缘留有打制痕迹，标本 M91∶12，表面较为光滑。直径24、厚1厘米（图一九〇，5）。标本 M91∶36，表面留有较多石片剥落痕。直径34、厚1.7厘米（图一九〇，6；彩版一三九，7）。

3. 银器

共2件。均为环。

标本 M91∶9、10，形制相似，平面呈环形，截面长方扁圆形。标本 M91∶9，直径2厘米，重2克（图一八九，15）。标本 M91∶10，直径2.2厘米，重2.8克（图一八九，16）。

2015M92

位于本发掘区中部，方向213°（图一九一）。开口于②层下，开口距地表0.89米。

（一）墓葬结构

由于被严重破坏，仅存墓圹。墓圹呈"中"字形，结构为直壁，平底。从营建形制推测，该墓为多室石室墓。从墓葬结构可以看出，是由墓道和墓室组成。

墓道　位于墓室南侧。长方形斜坡状。未完全发掘，长度不详，宽1.85米。

墓室　平面近"凸"字形。墓圹南北最长3.9、东西最宽4.16、残深约1.36米。

（二）葬具及人骨

该墓被严重破坏，未见葬具痕迹及人骨痕迹。

（三）随葬品

该墓出土随葬品均碎为残片，器形可辨、可修复的2件，均为陶器。计有盘1、小器座1。

盘　1件。标本M92:1，泥质灰褐陶。尖唇，敞口，折腹，台底，内底内凹。内沿有一周凹槽，内壁饰两周凸棱。口径17.8、底径8、高4厘米（图一九二，1）。

小器座　1件。标本M92:2，泥质灰陶。敛口，束腰形粗柄中空，喇叭形座，座底陡折内凹，形似盘口。外沿施一周凹槽，柄部平均分布三个长条形镂孔。口径5.2、底径4.6、高4.1厘米（图

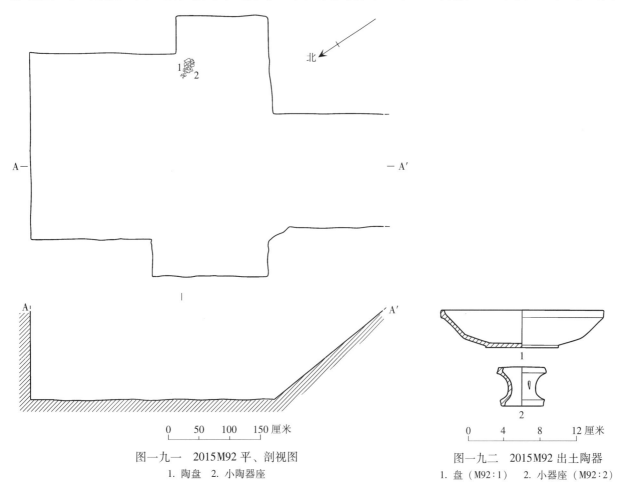

0　50　100　150厘米

图一九一　2015M92 平、剖视图
1. 陶盘　2. 小陶器座

0　4　8　12厘米

图一九二　2015M92 出土陶器
1. 盘（M92:1）　2. 小器座（M92:2）

一九二，2）。

2015M93

位于本发掘区西部中段，方向 0°（图一九三）。开口于②层下，开口距地表 1.43 米。

（一）墓葬结构

该墓为土坑竖穴墓。墓圹平面呈长方形，结构为直壁，平底（彩版一四〇，1）。墓圹长 2.81、宽 1.35、深 1.16 米。

（二）葬具及人骨

葬具为石板垒砌的石椁，墓底及四壁由规整石板砌筑，白灰勾缝，上盖六块长方形石板为顶。石椁内长 2.6、宽 0.64、高 0.76 米。

椁内葬人骨一具，葬式为仰身直肢。头向北（彩版一四〇，2）。

人骨颅前及颈椎下方有呈倒梯形的石灰枕，肋骨下及两股之间发现成片白灰，推测铺垫有成片白灰。

（三）随葬品

该墓共出土随葬品 3 件（套），2 件为陶器，另有铜钱 4 枚。

1. 陶器

共 2 件。计有盘 1、罐 1。

盘　1 件。标本 M93：1，泥质黄褐陶。方唇，敞口，斜弧腹，平底。口径 17.3、底径 6.4、高 3.5 厘米（图一九四，1；彩版一四〇，3）。

罐　1 件。标本 M93：2，夹细砂红陶。圆唇，敞口，短束颈，鼓腹，平底。口径 8.6、最大腹径 12.4、底径 8.8、高 11.5 厘米（图一九四，2；彩版一四〇，4）。

2. 铜钱

4 枚，编号 M93：3-1～3-4。均为"五铢"。详情见表四八。

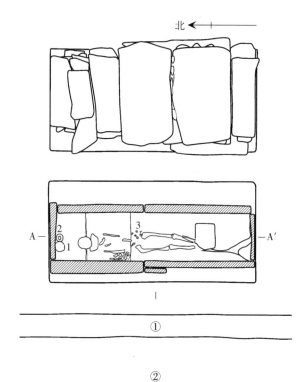

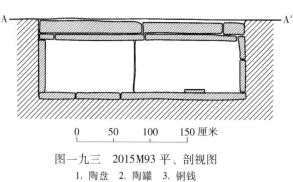

图一九三　2015M93 平、剖视图
1. 陶盘　2. 陶罐　3. 铜钱

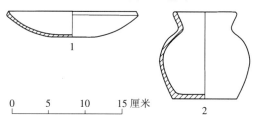

图一九四　2015M93 出土陶器
1. 盘（M93：1）　2. 罐（M93：2）

表四八		2015M93 出土铜钱登记表							（尺寸单位：厘米；重量单位：克）
种类	编号	特征		郭径	钱径	穿宽	郭厚	肉厚	重量
		文字特征	记号						
五铢	3－1	字迹不清	剪轮		2.09	0.91		0.12	1.67
	3－2	字迹不清	剪轮		1.94	0.95		0.10	0.91
	3－3	字迹不清	剪轮		2.06	0.89		0.11	0.96
	3－4	字迹不清	剪轮		1.94	0.95		0.10	1.08

2015M94

位于本发掘区西部中段，方向 205°（图一九五）。开口于②层下，开口距地表 0.78 米。

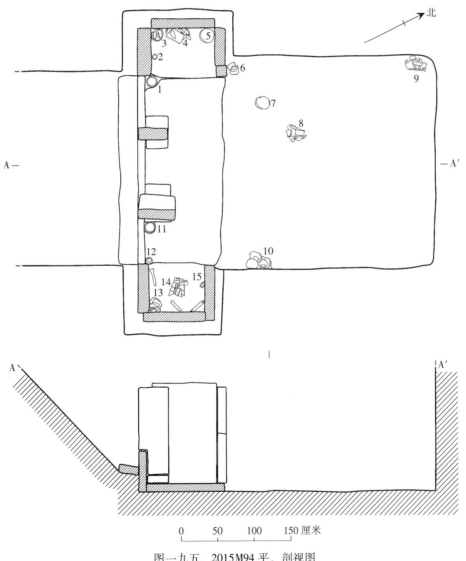

图一九五　2015M94 平、剖视图

1、11、13. 器座　2. 器盖　3、10. 罐　4. 奁盖　5、7. 石盘状器　6. 盘　8. 俎　9. 残陶片　12、15. 小釜
14. 奁体（未标明质地者均为陶器）

（一）墓葬结构

该墓为多室石室墓。由墓道、墓门、墓室组成（彩版一四一，1）。

墓道　位于墓室南侧。长方形斜坡状。未完全发掘，长度不详，宽 2.58 米。

墓门　位于墓室南侧。被严重破坏，残存门槛及门内立板。门槛为长方形石条砌筑，置于门框中。门内立有长方形石板两块，立板下置长方形础石，仅余一块封门石板。

墓室　整体平面呈"凸"字形，由前廊、东耳室、西耳室及主室组成。墓顶不存。前廊及东、西耳室残存墓底及四壁，由规整石板砌筑，白灰勾缝。主室仅存墓圹。前廊平面呈长方形，面阔 2.44、进深 1.04 米，高度不详。东、西耳室位于前廊两侧，平面均呈长方形，东耳室面阔 0.76、进深 0.64 米，西耳室面阔 0.86、进深 0.72 米，高度均不详。主室被严重破坏，建墓石板均已缺失，具体形制及尺寸不辨。

（二）葬具及人骨

该墓被严重破坏，未见葬具痕迹及人骨痕迹。

（三）随葬品

该墓共出土随葬品 15 件（套），多位于耳室，少量散落于前廊和主室。其中陶器 13 件、石器 2 件。

1. 陶器

共 13 件。计有罐 2、奁 2、盘 1、器盖 1、器座 3、俎 1、小釜 2、残片 1。

罐　2 件（M94：3、10）。均为泥质灰褐陶。形制相似，尖圆唇略内勾，敛口，短直颈，溜肩，鼓腹，最大腹径居中，台底。肩饰两周凹弦纹。标本 M94：3，方唇。口径 9.1、最大腹径 17.1、底径 7.8、高 13.4 厘米（图一九六，1；彩版一四一，2）。标本 M94：10，圆唇。口径 8.5、最大腹径 16.8、底径 7.4、高 14.5 厘米（图一九六，2；彩版一四一，3）。

奁　2 件（M94：4、14）。标本 M94：4，泥质灰陶。为奁盖，平面呈椭圆形。圆唇，直口，直壁，上部凹折成平顶。顶部外沿饰一周凹槽，盖面置四个乳丁纽。口长径 35、口短径 16、顶长径 32.7、顶短径 12、高 17.3 厘米（图一九六，5；彩版一四二，2）。标本 M94：14，泥质灰褐陶。为奁体，平面呈圆形。圆唇，直口微敛，直壁外撇，平底。口径 14.5、底径 15.2、高 12.6 厘米（图一九六，9；彩版一四二，3）。

盘　1 件。标本 M94：6，泥质灰褐陶。尖圆唇，敞口，折腹，台底，内底内凹。内沿饰一周折棱，内壁饰一周凸弦纹。口径 19.1、底径 8.7、高 3.3 厘米（图一九六，3；彩版一四二，4）。

器盖　1 件。标本 M94：2，泥质灰陶。圆唇，直口，直壁，圆弧顶。口径 7.4、高 1.6 厘米（图一九六，10；彩版一四二，1）。

器座　3 件（M94：1、11、13）。均为泥质灰陶。形制相似，圆唇，敛口，束腰形粗柄中空，喇叭形座，座底边陡折内凹，形似盘口。外沿施两周凹槽。标本 M94：1，口径 13.5、底径 16、高 11.1 厘米（图一九六，7）。标本 M94：11，口径 12.4、底径 16.6、高 12.1 厘米（图一九六，6）。标本 M94：13，口径 12.5、底径 17.2、高 12.4 厘米（图一九六，8）。

俎　1 件。标本 M94：8，泥质灰陶。俎面近长方形，俎底置两个长方形扁足，足底削出半圆形缺口。俎面饰一周浅凹槽，面心模印鱼形浮雕图案。长 14、宽 3.8、高 3.4 厘米（图一九六，4；彩版

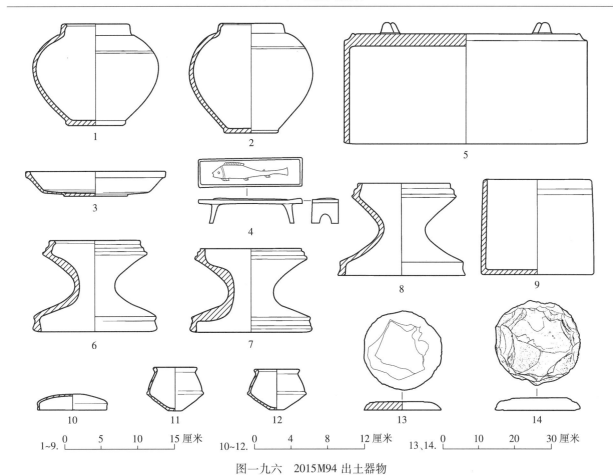

图一九六　2015M94 出土器物

1、2. 罐（M94：3、10）　3. 盘（M94：6）　4. 俎（M94：8）　5、9. 奁（M94：4、14）　6～8. 器座（M94：11、1、13）
10. 器盖（M94：2）　11、12. 小釜（M94：12、15）　13、14. 石盘状器（M94：5、7）（未标明质地者均为陶器）

一四二，5）。

小釜　2件（M94：12、15）。均为泥质灰陶。形制相似，圆唇，侈口，束颈，折腹，腹部最大径位置居中，尖状小平底。标本 M94：12，口径 4.7、最大腹径 6.2、底径 1.6、高 4.6 厘米（图一九六，11）。标本 M94：15，口径 4.9、最大腹径 6.4、底径 1.6、高 4.2 厘米（图一九六，12；彩版一四二，6）。

残片　1件。标本 M94：9，泥质灰褐陶，不可修复，器类不明。

2. 石器

共2件。均为盘状器。

标本 M94：5、7，均为青灰色岩质。形制相似，平面呈圆形，留有明显的打制痕，一面凹凸不平，保留较多石片剥落痕，一面处理得相对平整。标本 M94：5，直径 20.9、厚度 2 厘米（图一九六，13）。标本 M94：7，直径 22.9、厚度 3.2 厘米（图一九六，14；彩版一四二，7）。

2015M95

位于本发掘区西部中段，方向 202°（图一九七）。开口于②层下，开口距地表 1.36 米。

（一）墓葬结构

该墓为多室石室墓。由墓道、墓门、墓室组成（彩版一四三，1）。

墓道　位于墓室南侧。长方形斜坡状，未完全发掘，长度不详，宽 3.08 米。

墓门　位于墓室南侧。由门框、门楣、门槛组成，宽 2.96、高 1.04 米。门框借用墓室西侧板及东耳室南侧板。门楣系用长方形石条横置于门框之上，上顶墓室盖板。门槛系长方形石板置于门框之间。门内立有长方形石板两块，立板下接墓底石板，上顶门楣。门外由三块长方形石板立砌封堵，石板间白灰勾缝，门板下平铺有长条形石板。

墓室　平面呈"L"形，由主室、东耳室及后室组成。墓底及四壁由规整石板砌筑，白灰勾缝，上部平盖石板为顶，墓顶残损大半。主室平面呈长方形，其内南北向纵立长方形石板两组，将主室分为东、中、西三个长方形小室，立板下接墓底。主室面阔 2.95、进深 2.1、高 1.06 米。东耳室平面近方形，面阔 0.8、进深 0.66、高 0.96 米。后室位于主室北部，底部略高于主室底部 0.08 米，面阔 3.1、进深 0.58、残高 1 米。

（二）葬具及人骨

主室各小室内各置长方形石板一块，作为棺床。东小室棺床长 1.86、宽 0.86 米，中小室棺床长 1.98、宽 0.8 米，西小室棺床长 2、宽 0.8 米。

西小室内遗骸至少分属于四例个体，中小室出土一例个体。

（三）随葬品

该墓共出土随葬品 39 件（套），多位于西小室中，少量散落于后室与中小室、东小室中（彩版一四三，2、3）。其中陶器 36 件，另有银器 2 件和铜钱 19 枚。

1. 陶器

共 36 件。计有罐 1、长颈瓶 4、奁 3、盘 5、方盘 1、碗 1、耳杯 5、器盖 5、瓮 2、案 2、樽 2、井 1、小盆 1、小瓿 1、小钵 1、残片 1。

罐　1 件。标本 M95：6，泥质黄褐陶。圆唇，直口微敛，短直颈，溜肩，鼓腹，最大腹径居中，台底。肩、腹部各饰两周凹弦纹。口径 6.3、最大腹径 13、底径 8、高 10.9 厘米（图一九八，11；彩版一四四，2）。

长颈瓶　4 件（M95：2、11、30、32）。均为泥质灰陶。形制相似，圆唇，口微侈，长颈，溜肩，鼓腹，平底。下腹部分布三处圆孔，底部一圆形小孔，颈肩及腹饰多道凹弦纹。标本 M95：2，口径 4.7、最大腹径 12.2、底径 5.7、高 22 厘米（图一九八，4；彩版一四四，3）。标本 M95：11，口径 4.4、最大腹径 11.8、底径 6.3、高 25 厘米（图一九八，2）。标本 M95：30，口径 4.7、最大腹径 11.7、底径 5.6、高 24.3 厘米（图一九八，3）。标本 M95：32，口径 4.8、最大腹径 12.3、底径 6、高 22.5 厘米（图一九八，5；彩版一四四，4）。

奁　3 件（M95：10、31 和 35、34）。标本 M95：10，夹砂黄褐陶。奁盖，平面呈亚腰形。圆唇，直口微敛，直壁，上部折收成平顶。顶部外沿一周折棱，盖面置四个乳丁纽。顶长径 24.5、顶短径 7.5、底长径 24.2、底短径 9.5、高 13 厘米（图一九九，3；彩版一四五，3）。M95：34、35 均为奁盖。形制相似，平面呈圆形。圆唇，直口，直壁，圆弧顶。顶饰两周浅凹槽，盖面置三个乳丁纽。标本 M95：34，泥质灰陶。口径 22.9、高 18.2 厘米（图一九九，2；彩版一四五，5）。标本 M95：35，泥质灰褐陶。口径 20、高 15.3 厘米（图一九九，1；彩版一四五，6）。标本 M95：31，为奁体。与标本 M95：35 为一套。泥质灰陶。平面呈圆形。圆唇，直口，腹略内弧，平底。口径 19、高 14 厘

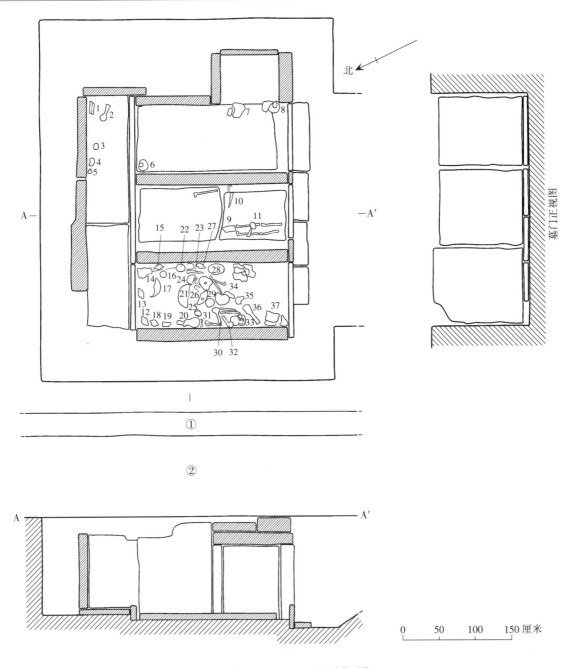

图一九七　2015M95 平、剖视图

1. 方盘　2、11、30、32. 长颈瓶　3. 小瓿　4、9、16、24、25. 器盖　5、20. 瓮　6. 罐　7. 碗　8. 小盆　10、31 和 35、34. 奁　12、13、15、18、27. 耳杯　14、17、22、23、37. 盘　19. 小钵　21、26. 案　28、29. 樽　33. 残陶片　36. 井　38、39. 银指环　40. 铜钱（未标明质地者均为陶器）

米（图一九九，1；彩版一四五，4）。

　　盘　5 件（M95：14、17、22、23、37）。均为泥质灰陶。形制相似，尖圆唇，外沿厚重，敞口，折腹，台底，内底内凹。标本 M95：14，内沿、内壁、内底各施一周凸棱。口径 17.2、底径 6.5、高 3.2 厘米（图一九八，15；彩版一四六，1）。标本 M95：17，内壁、内底各一周凸棱，盘心刻划鱼纹。口径 17.7、底径 8.3、高 4 厘米（图一九八，13；彩版一四六，2）。标本 M95：22，内沿、内壁、内底各施一周凸棱。口径 17.9、底径 6.7、高 3.9 厘米（图一九八，16；彩版一四

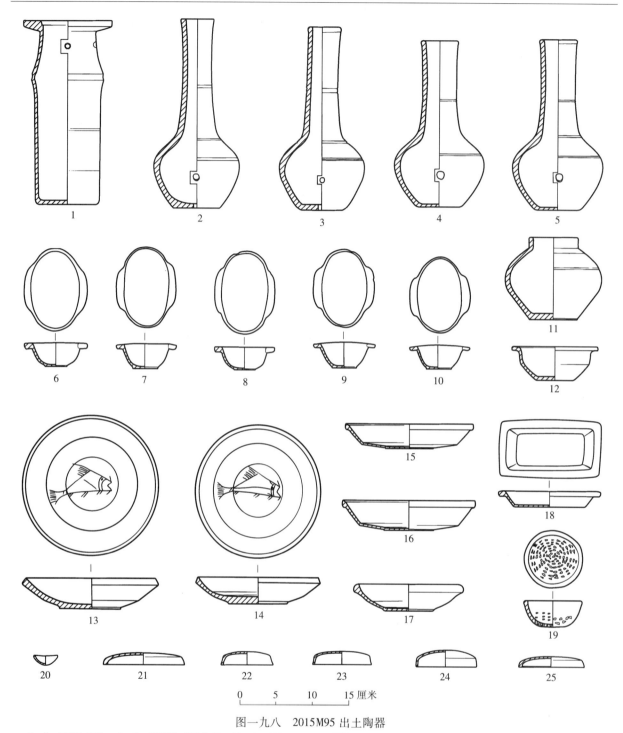

图一九八　2015M95 出土陶器

1. 井（M95：36）　2～5. 长颈瓶（M95：11、30、2、32）　6～10. 耳杯（M95：27、12、18、15、13）　11. 罐（M95：6）
12. 小盆（M95：8）　13～17. 盘（M95：17、23、14、22、37）　18. 方盘（M95：1）　19. 小瓶（M95：3）　20. 小钵（M95：
19）　21～25. 器盖（M95：16、4、9、24、25）

六，3）。标本 M95：23，内壁、内底各一周凸棱，盘心刻划鱼纹。口径 16.6、底径 8、高 3.5 厘米
（图一九八，14；彩版一四六，4）。标本 M95：37，残，内壁一周凹槽。口径 13.5、底径 6.6、高
3.5 厘米（图一九八，17）。

方盘　1 件。标本 M95：1，泥质灰陶。方唇，敞口，平折沿，四壁斜直内收，平底，底

附圆饼矮足。口长14、口宽7.7、底长10.7、底宽4、高2厘米（图一九八，18；彩版一四四，1）。

碗　1件。标本M95：7，泥质灰褐陶。尖唇，直口微敛，斜弧腹，台底。外沿施一周凹槽，内底饰一周凹弦纹。口径29.3、底径12、高8.0厘米（图一九九，10；彩版一四五，1）。

耳杯　5件（M95：12、13、15、18、27）。均为泥质灰陶。形制相似，椭圆形杯口，尖唇，敞口，双耳平齐，斜弧腹，台底。标本M95：12，口长径10.7、口短径6.2、底长径6、底短径3.4、高3.3厘米（图一九八，7；彩版一四七，1）。标本M95：13，口长径10、口短径6.2、底长径6、底短径3.4、高3.2厘米（图一九八，10）。标本M95：15，口长径10.3、口短径6.2、底长径6、底短径3、高3.3厘米（图一九八，9；彩版一四七，2）。标本M95：18，口长径11、口短径6.3、底长径5.8、底短径2.8、高3厘米（图一九八，8）。标本M95：27，口长径11、口短径6.5、底长径5.8、底短径3、高3.2厘米（图一九八，6；彩版一四七，3）。

器盖　5件（M95：4、9、16、24、25）。均为泥质灰褐陶。形制相似，方唇，敞口，斜直壁，圆弧顶略平。标本M95：4，口径7.2、高1.8厘米（图一九八，22；彩版一四七，4）。标本M95：9，口径8、高1.8厘米（图一九八，23）。标本M95：16，口径11.1、高1.5厘米（图一九八，21；彩版一四七，5）。标本M95：24，口径8.1、高2.2厘米（图一九八，24）。标本M95：25，口径8.9、高1.4厘米（图一九八，25）。

瓮　2件（M95：5、20）。标本M95：5，泥质灰褐陶。尖圆唇，敞口，束颈，弧肩，鼓腹，圜底。颈部饰四周不明显的凸棱，上腹饰两组每组两周凹弦纹，下腹及底拍印绳纹。口径19.6、最大腹径36.7、高31.7厘米（图一九九，7；彩版一四七，6）。标本M95：20，夹细砂灰褐陶。尖圆唇，侈口，矮领，束颈，溜肩，垂鼓腹，圜底。颈下饰一周凸棱，上腹饰两周水波纹及两道凹弦纹。口径14、最大腹径31.2、高25.7厘米（图一九九，6；彩版一四七，7）。

案　2件（M95：21、26）。均为泥质黑陶。形制相似，平面呈圆形，扁平片状，边缘起截面方形宽棱为沿，沿外倾。案面饰多道同心圆凹弦纹。标本M95：21，口径29.8、底径28.8、高2厘米（图一九九，8；彩版一四八，1）。标本M95：26，口径33、底径32、高2.1厘米（图一九九，9；彩版一四八，2）。

樽　2件（M95：28、29）。均为泥质灰陶。形制相似，圆唇，直壁略内凹，平底略凹。标本M95：28，敞口，底置三个乳丁足。口径20.6、高13.5厘米（图一九九，4；彩版一四八，3）。标本M95：29，底置三个兽蹄状足，足残。口径16.5、残高11.5厘米（图一九九，5；彩版一四八，4）。

井　1件。标本M95：36，泥质灰陶。方唇，敞口，平折沿，口部略有变形，筒形深腹，平底略内凹。腹饰竹节状凸棱纹，将腹部分为上、下腹，上腹内凹，下腹竖直。颈部饰有三个圆形镂孔，下腹部正中饰两道凹弦纹。口径11.8、最大腹径9.8、底径7.7、高24.3厘米（图一九八，1；彩版一四八，5）。

小盆　1件。标本M95：8，泥质灰陶。方唇，平折沿，弧腹略折，平底。口径11.4、底径5、高4.5厘米（图一九八，12；彩版一四五，2）。

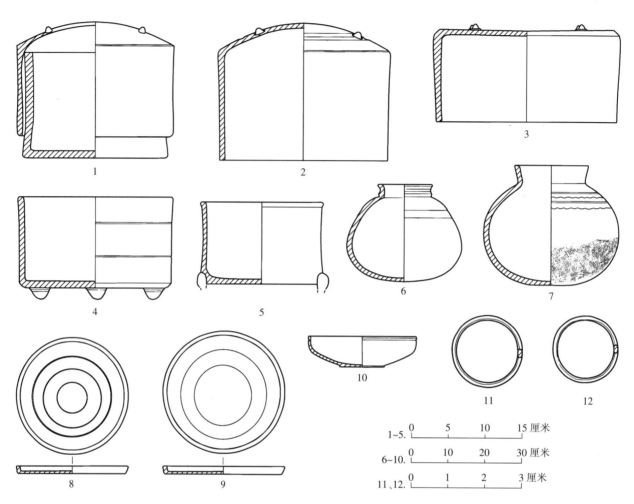

图一九九　2015M95 出土器物

1～3. 奁（M95：31 和 35、34、10）　4、5. 樽（M95：28、29）　6、7. 瓮（M95：20、5）　8、9. 案（M95：21、26）
10. 碗（M95：7）　11、12. 银指环（M95：38、39）（未标明质地者均为陶器）

　　小甑　1件。标本 M95：3，泥质黑陶。方圆唇，敞口，斜弧腹，圜底，底部由外向内戳刺数个镂孔。口径8、高4厘米（图一九八，19；彩版一四四，5）。

　　小钵　1件。标本 M95：19，泥质灰陶。圆唇，弧腹，圜底。口径3.1、高1.2厘米（图一九八，20；彩版一四四，6）。

　　残片　1件。标本 M95：33，泥质灰陶。不可修复，器形不明。

2. 银器

共2件。均为指环。

标本 M95：38、39，形制相似，整体呈环形，截面扁方形。标本 M95：38，外径1.9、内径1.7厘米，重0.95克（图一九九，11）。标本 M95：39，外径1.8、内径1.5厘米，重0.82克（图一九九，12）。

3. 铜钱

19枚，编号 M95：40-1～40-19。其中17枚为"五铢"，2枚为"大泉五十"。详情见表四九。

表四九　　　　　　　　　　2015M95 出土铜钱登记表　　　（尺寸单位：厘米；重量单位：克）

种类	编号	特征		郭径	钱径	穿宽	郭厚	肉厚	重量
		文字特征	记号						
五铢	40-1	"五"字瘦长，竖画缓曲；"金"头三角形，四竖点；"朱"头较方，"朱"下较圆		2.60	2.28	0.99	0.11	0.09	2.47
	40-2	同上		2.64	2.30	0.93	0.14	0.12	2.72
	40-3	同上		2.59	2.25	0.93	0.15	0.13	2.85
	40-4	"五"字瘦长，竖画甚曲；"金"头三角形，四竖点；"朱"头较方，"朱"下较圆		2.54	2.25	0.92	0.14	0.11	2.75
	40-5	"五"字瘦长，竖画甚曲；"金"头三角形，四竖点；"朱"头较圆，"朱"下较圆		2.52	2.28	0.88	0.13	0.12	3.22
	40-6	同上		2.58	2.28	0.90	0.14	0.13	2.91
	40-7	同上		2.64	2.30	0.92	0.12	0.13	1.89
	40-8	"五"字瘦长，竖画甚曲；"金"头三角形，四竖点；"朱"头较方，"朱"下较圆		2.63	2.33	0.95	0.14	0.12	3.12
	40-9	"五"字瘦长，竖画甚曲；"金"头三角形，四竖点；"朱"头较圆，"朱"下较圆		2.55	2.16	0.90	0.13	0.11	2.62
	40-10	同上		2.62	2.32	0.98	0.12	0.11	2.53
	40-11	"五"字瘦长，竖画甚曲；"金"头三角形，四竖点；"朱"头较方，"朱"下较方		2.53	2.33	0.91	0.13	0.11	2.12
	40-12	"五"字瘦长，竖画甚曲；"金"头三角形，四竖点；"朱"头较方，"朱"下较圆		2.61	2.36	0.95	0.15	0.13	2.25
	40-13	"五"字瘦长，竖画缓曲；"金"头三角形，四竖点；"朱"头较圆，"朱"下较圆		2.59	2.25	0.93	0.15	0.13	2.85
	40-14	"五"字瘦长，竖画甚曲；"金"头三角形，四竖点；"朱"头较圆，"朱"下较圆		2.59	2.25	0.93	0.15	0.13	2.85
	40-15	"五"字瘦长，竖画甚曲；"金"头三角形，四竖点；"朱"头较方，"朱"下较圆		2.43	2.28	0.91	0.15	0.13	2.56
	40-16	同上		2.55	2.30	0.92	0.15	0.12	2.75
	40-17	字迹不清		2.57	2.22	0.98	0.12	0.11	2.56
大泉五十	40-18	穿之右、左篆书"五十"，上、下篆书"大泉"		2.74	2.30	0.76	0.25	0.22	7.35
	40-19	同上		2.39	2.11	0.84	0.16	0.13	2.56

2015M96

位于本发掘区西部中段，方向190°（图二〇〇）。开口于②层下，开口距地表0.94米。

（一）墓葬结构

该墓为多室石室墓。由墓道、墓门、墓室组成（彩版一四九，1）。被严重破坏，仅余墓圹及部分石板铺底。

墓道　位于墓室南侧。长方形斜坡状。未完全发掘，长度不详，宽度2.5米。

墓门　位于墓室南侧。被严重破坏，残存部分石条砌筑成的门槛。

墓室　平面呈"工"字形，由前廊、主室、东耳室、西耳室及后室组成。墓底由规整的大石板砌筑，白灰填缝。前廊平面呈长方形，面阔2.24、进深1.22米，高度不详。东、西耳室位于前廊

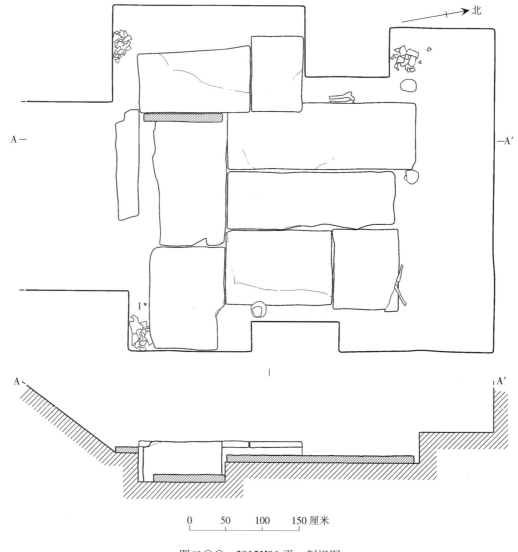

图二〇〇　2015M96 平、剖视图

1. 铜钱　2. 器座　3. 长颈瓶　4. 盆　5. 耳杯　6. 灶　7. 灯（未标明质地者均为陶器）

两侧，平面均呈长方形，东耳室面阔约 1.06、进深 0.8 米，西耳室底部高于前廊底部 0.45 米，面阔 2.21、进深约 0.94 米，高度均不详。主室呈方形，略高于前廊，面阔约 2.65、进深残约 2.56米，高度不详。后室呈长方形，底部高于主室底部 0.41 米，被严重破坏，建墓石板均已不存，具体形制及尺寸不辨。

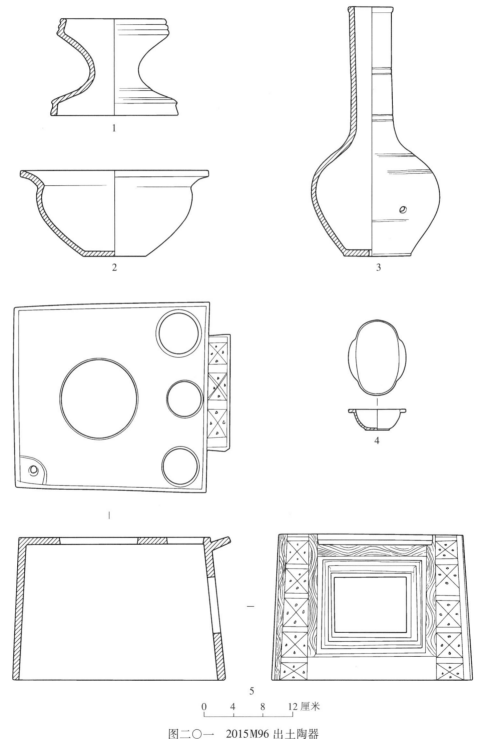

图二〇一 2015M96 出土陶器

1. 器座（M96:2） 2. 盆（M96:4） 3. 长颈瓶（M96:3） 4. 耳杯（M96:5） 5. 灶（M96:6）

（二）葬具及人骨

未见葬具痕迹。

经现场辨识，该墓内遗骸应至少分属于两例个体，被严重破坏，仅余颅骨及部分散乱肢骨。

（三）随葬品

该墓随葬品均残碎，经整理可修复、可辨明器形的共计 7 件，置放于主室和后室内。其中陶器 6 件，另有铜钱 1 枚。

1. 陶器

共 6 件。计有器座 1、长颈瓶 1、盆 1、耳杯 1、灶 1、灯 1。

器座　1 件。标本 M96:2，泥质灰陶。圆唇，敛口，束腰形粗柄中空，喇叭形座，座底陡折，形似盘口。外沿施一周凸棱，座底饰三道凹弦纹。口径 14、底径 17.2、高 12.8 厘米（图二〇一，1）。

长颈瓶　1 件。标本 M96:3，泥质黄褐陶。方唇，直口微侈，外沿厚，长颈，溜肩，鼓腹，平底。残缺的下腹部可见一处圆孔，底部一圆形小孔，颈、肩及腹饰数周凹弦纹。口径 5.9、最大腹径 17.7、底径 9.2、高 33.1 厘米（图二〇一，3；彩版一四九，2）。

盆　1 件。标本 M96:4，夹砂灰陶。方唇，侈口，折沿，束颈，斜弧腹，平底。口径 25.4、底径 8.5、高 11.4 厘米（图二〇一，2；彩版一四九，4）。

耳杯　1 件。标本 M96:5，泥质灰陶。椭圆形杯口，方唇，双耳平齐，斜弧腹，台底。口长径 10、口短径 6.3、底长径 5.5、底短径 3.3、高 2.8 厘米（图二〇一，4；彩版一四九，3）。

灶　1 件。标本 M96:6，泥质灰陶。灶面呈梯形，前端出长方形遮烟檐，灶面前端并列置有三个圆形小火眼，后端居中置有一个圆形大火眼；后端一角有一圆形烟孔；长方形灶门不落地。檐面刻划方框，其内刻划"X"纹及锥刺纹组合纹饰。灶门四周饰瓦棱纹，瓦棱纹外刻划水波纹，两侧刻划方框，其内刻划"X"纹及锥刺纹组合纹饰。长 29.4、宽 25.2、高 19 厘米，火眼直径 11（大）、5.5（小）厘米，烟孔直径 1 厘米，灶门长 10.5、高 7.5 厘米（图二〇一，5；彩版一四九，5）。

灯　1 件。标本 M96:7，夹砂灰陶。残存灯盘及柄。灯盘平面呈方形，方唇，直口，折腹，底置柱状细高柄。不可修复。

2. 铜钱

1 枚，编号 M96:1。为"货泉"。详情见表五〇。

表五〇　　　　　　　　2015M96 出土铜钱登记表　　　　（尺寸单位：厘米；重量单位：克）

种类	编号	特征		郭径	钱径	穿宽	郭厚	肉厚	重量
		文字特征	记号						
货泉	1	穿之右、左篆书"货泉"二字		2.24	1.97	0.59	0.15	0.13	2.12

2015M97

位于本发掘区西部中段，方向190°（图二○二）。开口于②层下，开口距地表0.96米。

（一）墓葬结构

该墓为多室石室墓。由墓道、墓门、墓室组成（彩版一五○，1）。被严重破坏，仅余土圹及部分石板铺底。

墓道　位于墓室南侧。长方形斜坡状。未完全发掘，长度不详，宽度3.43米。

墓门　位于墓室南侧。被严重破坏，残存部分石条砌筑成的门槛。通宽3.14米，高度不详。

墓室　平面呈"工"字形，由前廊、东耳室、西耳室、主室及后室组成。墓底由规整的大石板砌筑，白灰填缝。前廊平面呈长方形，面阔3.18、进深1.08米，高度不详。东、西耳室位于前廊两侧，东耳室平面呈长方形，面阔1.06、进深0.8米，高度不详；西耳室被严重破坏，具体形制及尺寸不辨。主室呈方形，略高于前廊，面阔3.6、进深2.56米，高度不详。后室呈长方形，底部高于主室底部0.25米，面阔4.58、进深1.04米，高度不详。

（二）葬具及人骨

该墓被严重破坏，未见葬具痕迹及人骨痕迹。

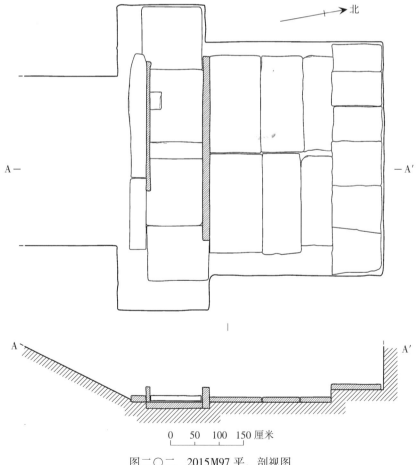

图二○二　2015M97 平、剖视图

（三）随葬品

在该墓扰土中出土器物 2 件，均为陶器。计有奁体 1、案 1。

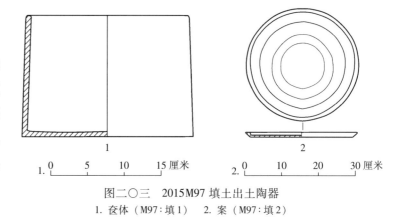

图二〇三　2015M97 填土出土陶器
1. 奁体（M97：填 1）　2. 案（M97：填 2）

奁体　1 件。标本 M97：扰 1，泥质灰褐陶。平面呈圆形，圆唇，直口，腹壁内弧，平底。口径 22.1、底径 23.3、高 16 厘米（图二〇三，1）。

案　1 件。标本 M97：扰 2，夹砂黑褐陶。平面呈圆形，扁平片状，边缘附截面方形的宽厚凸棱为沿，沿外倾。案面饰三周弦纹。口径 30.5、底径 27.8、高 1.5 厘米（图二〇三，2）。

2015M98

位于本发掘区中部偏西北，方向 215°（图二〇四）。开口于②层下，开口距地表 0.89 米。

（一）墓葬结构

该墓为多室石室墓。由墓道、墓门及墓室组成（彩版一五〇，2）。被破坏较严重，残存铺底石板。

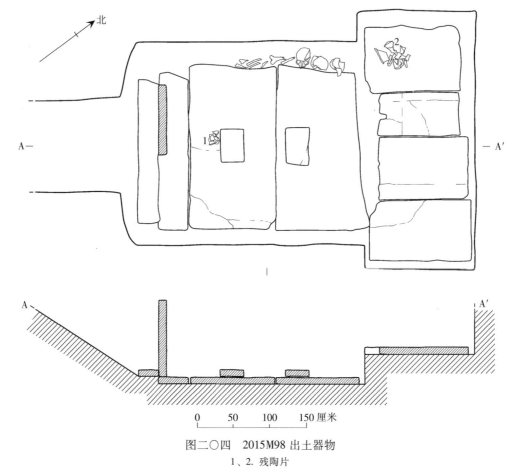

图二〇四　2015M98 出土器物
1、2. 残陶片

墓道　位于墓室西南部。长方形斜坡状。未完全发掘，长度不详，宽 0.66 米。

墓门　位于墓室西南部。被严重破坏，残存石条砌筑成的门槛及一块封门石板。通宽 2.1 米，高度不详。

墓室　平面呈"凸"字形，由主室及后室组成。墓底由规整的大石板砌筑，白灰填缝。主室平面呈长方形，中部南北向置有两块石块，将主室分为东、西两个长方形小室，面阔约 2.13、进深约 2.83 米，高度不详。后室平面呈长方形，底部高于主室底部 0.35 米，面阔约 3.07、进深约 1.38 米，高度不详。

（二）葬具及人骨

该墓被严重破坏，未见葬具痕迹。散乱分布两例个体的颅骨及若干肢骨。

（三）随葬品

该墓出土陶片若干，均为泥质灰陶，可辨器形有方案、器座、盘等，不可修复。

2015M99

位于本发掘区中部偏西北，方向 205°（图二〇五）。开口于②层下，开口距地表 0.43 米。

（一）墓葬结构

该墓为多室石室墓。由墓道、墓门、墓室组成。被破坏得较严重，仅余土圹及铺底石板和石壁。

墓道　位于墓室南侧。长方形斜坡状。未完全发掘，长度不详，宽 1.68 米。

墓门　位于墓室南侧。被严重破坏。

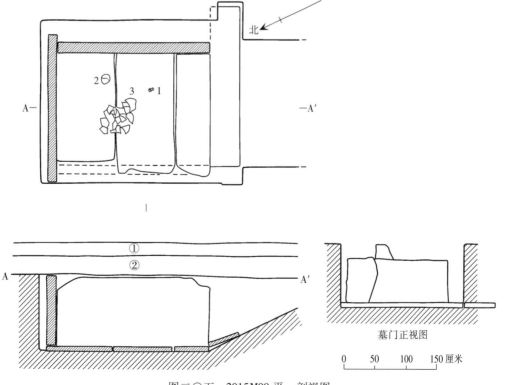

图二〇五　2015M99 平、剖视图
1. 铜钱　2. 陶器盖　3. 残陶片

墓室　由前廊、主室及耳室组成。残存墓底及部分四壁，由规整石板砌筑，白灰勾缝，上部平盖石板为顶，墓顶现已不存。前廊平面呈长方形，底部铺一长石板延伸至耳室，面阔 1.63、进深 0.4 米，高度不详。耳室平面呈长方形，面阔 0.4、进深 0.51 米，高度不详。主室呈长方形，面阔 1.49、进深 2.09、残高 0.93 米。

（二）葬具及人骨

该墓被严重破坏，未见葬具痕迹及人骨痕迹。

（三）随葬品

该墓共出土随葬品 4 件（套），其中陶器 2 件和铜钱 1 套 12 枚置于主室中，另有铜顶针 1 件位于扰土中。

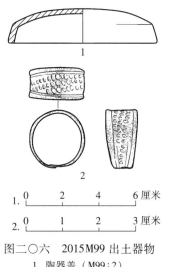

1. 陶器

共 2 件。计有器盖 1、残片 1。

器盖　1 件。标本 M99：2，泥质灰陶。方唇，敞口，斜直壁，圆弧顶略平。口径 8、高 1.8 厘米（图二〇六，1）。

残片　1 件。标本 M99：3，泥质灰陶。不可修复，器形不明。

2. 铜器

顶针　1 件。标本 M99：扰 1，圆形。外壁上、下两侧各有两周凸弦纹，中间錾刻凹窝纹。外径 1.5、内径 1.3、厚 0.1 厘米，重 1.17 克（图二〇六，2）。

图二〇六　2015M99 出土器物
1. 陶器盖（M99：2）
2. 铜顶针（M99：扰 1）

3. 铜钱

12 枚，编号 M99：1 - 1～1 - 12。2 枚残碎，其余 10 枚均为"五铢"。详情见表五一。

表五一　　　　　　　　　　2015M99 出土铜钱登记表　　　　（尺寸单位：厘米；重量单位：克）

种类	编号	特征		郭径	钱径	穿宽	郭厚	肉厚	重量
		文字特征	记号						
五铢	1 - 1	"五"字瘦长，竖画缓曲；"金"头三角形，四竖点；"朱"头较方，"朱"下较圆		2.55	2.20	0.91	0.17	0.14	3.73
	1 - 2	"五"字瘦长，竖画缓曲；"金"头三角形，四竖点；"朱"头较方，"朱"下较方		2.63	2.27	0.90	0.15	0.14	3.15
	1 - 3	"五"字瘦长，竖画缓曲；"金"头三角形，四竖点；"朱"头较方，"朱"下较圆		2.58	2.25	0.93	0.15	0.13	2.77
	1 - 4	"五"字瘦长，竖画甚曲；"金"头三角形，四竖点；"朱"头较圆，"朱"下较方		2.55	2.25	0.97	0.14	0.11	2.92

种类	编号	特征		郭径	钱径	穿宽	郭厚	肉厚	重量
		文字特征	记号						
五铢	1－5	"五"字瘦长，竖画甚曲；"金"头三角形，四竖点；"朱"头较方，"朱"下较方		2.56	2.28	0.88	0.13	0.12	2.33
	1－6	"五"字瘦长，竖画甚曲；"金"头三角形，四竖点；"朱"头较圆，"朱"下较圆		2.62	2.28	0.93	0.15	0.13	3.29
	1－7	"五"字瘦长，竖画甚曲；"金"头三角形，四竖点；"朱"头较方，"朱"下较圆		2.50	2.30	0.92	0.12	0.13	2.43
	1－8	同上		2.58	2.33	0.95	0.14	0.12	2.61
	1－9	"五"字瘦长，竖画甚曲；"金"头三角形，四竖点；"朱"头较圆，"朱"下较圆		2.39	2.23	0.90	0.11	0.09	1.86
	1－12	"五"字瘦长，竖画甚曲；"金"头三角形，四竖点；"朱"头较方，"朱"下较圆		2.63	2.36	0.95	0.15	0.13	2.34

2015M100

位于本发掘区中部偏西北，方向180°（图二〇七）。开口于②层下，开口距地表0.82米。

（一）墓葬结构

由于被严重破坏，仅存墓圹，墓圹近"土"字形，结构为直壁，平底。从营建形制推测，该墓为多室石室墓。从墓葬结构可以看出，是由墓道和墓室组成。

墓道　位于墓室南侧。长方形斜坡状。未完全发掘，长度不详，宽1.6米。

墓室　被严重破坏，建墓所用石板仅存少量底板，墓壁及墓顶不存。墓圹南北最长4.9、东西最宽4.8、残深0.85米。

（二）葬具及人骨

被严重破坏，未见葬具痕迹。

墓底发现数例颅骨及少量肢骨散乱分布。经现场辨认，墓内遗骸至少分属于六例个体。

（三）随葬品

该墓共出土随葬品8件（套），均散落于主室西侧偏北。其中陶器6件、铁块1件，另有铜钱49枚。

1. 陶器

共6件。计有盘2、耳杯2、小釜1件、楼1件。

盘　2件（M100：1、2）。均为泥质灰褐陶。形制相似，尖圆唇，敞口，折腹，平底，内底内凹。

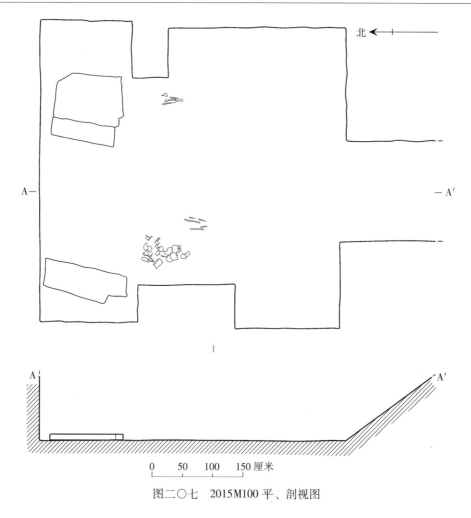

图二〇七　2015M100 平、剖视图

内壁饰一周凸棱。标本 M100∶1，口径 14.9、底径 7.1、高 2.4 厘米（图二〇八，1）。标本 M100∶2，口径 13、底径 6、高 2.1 厘米（图二〇八，2）。

耳杯　2 件（M100∶3、4）。均为泥质灰陶。形制相似，椭圆形杯口，方唇，双耳平齐，斜弧腹，台底。标本 M100∶3，口长径 10.1、口短径 6、底长径 5、底短径 3.2、高 2.8 厘米（图二〇八，3）。标本 M100∶4，器内底部模印阳线纹饰，最外部为两周凸棱，凸棱内十字分割，并各填充三个小圆点。口长径 9.8、口短径 6、底长径 5.8、底短径 3.2、高 2.8 厘米（图二〇八，4；彩版一五一，1）。

小釜　1 件。标本 M100∶5，泥质灰陶。圆唇，侈口，折腹，小平底。折腹处出一周折棱。口径 4.4、最大腹径 6.8、底径 1.3、高 4 厘米（图二〇八，5）。

楼　1 件。标本 M100∶6，夹砂黄陶。由楼顶和楼体两部分组成。楼顶悬山式结构，"一"字坡式，坡面接近水平，中间有长条形正脊，正脊切削出两个扁圆形缺口和一个半圆形缺口。阳面有八道瓦垄和四道侧垄，阴面有五道瓦垄和四道侧垄。瓦垄端饰瓦当，面为圆形，饰"井"字形纹。楼体正面呈长方形，楼体上段中部饰一扇菱格式窗，两侧对称分布六个长条形窗；其下有长方形孔，表示门，门上出檐，门中有槛，门下有台阶，门两侧饰有波浪纹；两侧山墙均有不规则圆形和勾云形镂孔，表示窗；后墙上段中部饰 1 扇菱格式窗；底部有两个椭圆形镂孔。楼体悬空，四底边挖拱形成四足。通高 57.9 厘米，楼顶长 46.8、宽 29.6、高 8.5 厘米，楼体长 29.5、宽

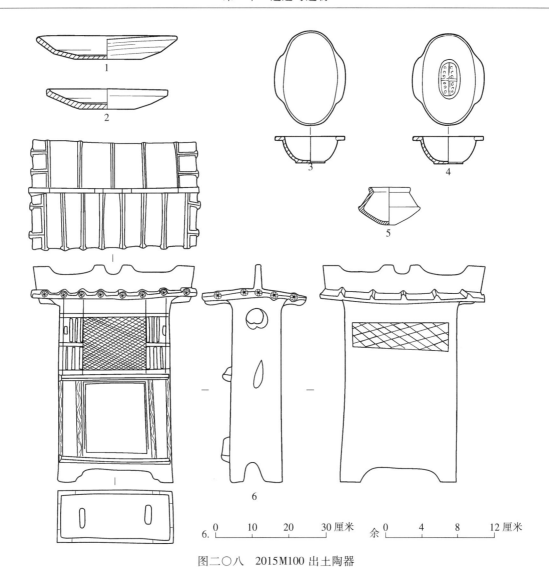

图二〇八 2015M100 出土陶器

1、2. 盘（M100:1、2） 3、4. 耳杯（M100:3、4） 5. 小釜（M100:5） 6. 楼（M100:6）

12.5、高46.5厘米（图二〇八，6；彩版一五一，2）。

2. 铁器

铁块 1件。标本M100:7，锈蚀严重。器形不明。

3. 铜钱

49枚，编号M100:8-1~8-49。均为"五铢"。详情见表五二。

表五二 2015M100出土铜钱登记表 （尺寸单位：厘米；重量单位：克）

种类	编号	特征		郭径	钱径	穿宽	郭厚	肉厚	重量
		文字特征	记号						
五铢	8-1	"五"字瘦长，竖画缓曲；"金"头三角形，四竖点；"朱"头较圆，"朱"下较圆		2.57	2.32	0.95	0.15	0.13	3.28

续表五二

种类	编号	特征		郭径	钱径	穿宽	郭厚	肉厚	重量
		文字特征	记号						
五铢	8－2	"五"字瘦长，竖画缓曲；"金"头三角形，四竖点；"朱"头较方，"朱"下较方		2.68	2.32	0.90	0.17	0.15	3.76
	8－3	"五"字瘦长，竖画缓曲；"金"头三角形，四竖点；"朱"头较方，"朱"下较圆		2.58	2.25	0.93	0.15	0.13	2.92
	8－4	"五"字瘦长，竖画甚曲；"金"头三角形，四竖点；"朱"头较方，"朱"下较圆		2.49	2.25	0.97	0.14	0.11	2.77
	8－5	"五"字瘦长，竖画甚曲；"金"头三角形，四竖点；"朱"头较圆，"朱"下较圆		2.56	2.28	0.88	0.13	0.12	3.23
	8－6	同上		2.58	2.28	0.93	0.15	0.13	2.98
	8－7	"五"字瘦长，竖画甚曲；"金"头三角形，四竖点；"朱"头较方，"朱"下较方		2.63	2.30	0.92	0.12	0.13	1.97
	8－8	同上		2.58	2.33	0.95	0.14	0.12	2.77
	8－9	"五"字瘦长，竖画甚曲；"金"头三角形，四竖点；"朱"头较圆，"朱"下较方		2.55	2.16	0.90	0.13	0.11	2.69
	8－10	同上		2.52	2.32	0.98	0.12	0.11	2.88
	8－11	"五"字瘦长，竖画甚曲；"金"头三角形，四竖点；"朱"头较方，"朱"下较圆		2.50	2.33	0.91	0.13	0.11	3.00
	8－12	同上		2.57	2.38	0.91	0.16	0.13	2.93
	8－13	"五"字瘦长，竖画缓曲；"金"头三角形，四竖点；"朱"头较圆，"朱"下较圆		2.52	2.41	1.00	0.14	0.14	3.01
	8－14	"五"字瘦长，竖画甚曲；"金"头三角形，四竖点；"朱"头较圆，"朱"下较圆		2.56	2.30	0.97	0.11	0.12	3.00
	8－15	"五"字瘦长，竖画甚曲；"金"头三角形，四竖点；"朱"头较方，"朱"下较圆		2.47	2.29	0.98	0.10	0.09	2.19
	8－16	"五"字瘦长，竖画甚曲；"金"头三角形，四竖点；"朱"头较圆，"朱"下较方		2.60	2.33	0.90	0.13	0.12	3.39

种类	编号	特征		郭径	钱径	穿宽	郭厚	肉厚	重量
		文字特征	记号						
五铢	8-17	"五"字瘦长，竖画甚曲；"金"头三角形，四竖点；"朱"头较方，"朱"下较圆		2.56	2.21	0.94	0.12	0.12	2.55
	8-18	"五"字瘦长，竖画甚曲；"金"头三角形，四竖点；"朱"头较圆，"朱"下较圆		2.58	2.24	0.83	0.16	0.15	2.83
	8-19	"五"字瘦长，竖画甚曲；"金"头三角形，四竖点；"朱"头较方，"朱"下较圆		2.48	2.25	0.88	0.10	0.11	2.75
	8-20	"五"字瘦长，竖画甚曲；"金"头三角形，四竖点；"朱"头较圆，"朱"下较方		2.54	2.27	0.96	0.13	0.12	2.95
	8-21	"五"字瘦长，竖画甚曲；"金"头三角形，四竖点；"朱"头较圆，"朱"下较圆		2.54	2.33	0.97	0.15	0.12	2.83
	8-22	"五"字瘦长，竖画甚曲；"金"头三角形，四竖点；"朱"头较方，"朱"下较圆		2.51	2.21	0.87	0.15	0.11	3.46
	8-23	"五"字瘦长，竖画甚曲；"金"头三角形，四竖点；"朱"头较圆，"朱"下较圆		2.57	2.21	0.99	0.15	0.08	2.76
	8-24	"五"字瘦长，竖画甚曲；"金"头三角形，四竖点；"朱"头较方，"朱"下较方		2.53	2.22	0.92	0.12	0.13	2.73
	8-25	字迹不清		2.55	2.22	0.98	0.12	0.11	2.46
	8-26	字迹不清		2.57	2.20	0.90	0.14	0.11	2.66
	8-27	字迹不清		2.63	2.29	0.87	0.13	0.10	2.58
	8-28	字迹不清		2.54	2.27	0.91	0.11	0.12	2.79
	8-29	字迹不清		2.56	2.33	0.99	0.13	0.12	3.67
	8-30	字迹不清		2.58	2.23	0.90	0.14	0.13	3.22
	8-31	字迹不清		2.54	2.26	0.90	0.15	0.14	3.13
	8-32	字迹不清		2.55	2.32	0.88	0.12	0.10	2.68
	8-33	字迹不清		2.57	2.27	0.89	0.13	0.11	3.25
	8-34	字迹不清		2.78	2.22	0.87	0.13	0.12	2.46
	8-35	字迹不清		2.55	2.22	0.98	0.12	0.11	2.46
	8-36	字迹不清		2.57	2.20	0.90	0.14	0.11	2.66
	8-37	字迹不清		2.63	2.29	0.87	0.13	0.10	2.58

种类	编号	特征		郭径	钱径	穿宽	郭厚	肉厚	重量
		文字特征	记号						
五铢	8-38	字迹不清		2.56	2.32	0.90	0.13	0.11	2.87
	8-39	字迹不清		2.59	2.27	0.91	0.15	0.13	3.34
	8-40	字迹不清		2.60	2.25	0.90	0.17	0.14	2.95
	8-41	字迹不清		2.58	2.25	0.93	0.15	0.13	2.92
	8-42	字迹不清		2.49	2.25	0.97	0.14	0.11	2.77
	8-43	字迹不清		2.56	2.28	0.88	0.13	0.12	3.23
	8-44	字迹不清		2.58	2.28	0.93	0.15	0.13	2.98
	8-45	字迹不清		2.63	2.30	0.92	0.12	0.13	1.97
	8-46	字迹不清		2.58	2.33	0.95	0.14	0.12	2.77
	8-47	字迹不清		2.55	2.16	0.90	0.13	0.11	2.69
	8-48	字迹不清							
	8-49	字迹不清		2.52	2.32	0.98	0.12	0.11	2.88

2015M101

位于本发掘区西北部，方向193°（图二〇九）。开口于②层下，开口距地表1.48米。

（一）墓葬结构

该墓为多室石室墓。由墓道、墓门及墓室组成（彩版一五二，1）。

墓道　位于墓室南侧。长斜坡状。未完全发掘，长度不详，宽2.74米。

墓门　位于墓室南侧。现存门框、门槛，宽2.1、高1.5米。门框借用东、西耳室侧板。门槛为长方形石条置于门框之间，中为石条立柱，将门分作双门道。门外由两块长方形大石板立砌封堵。

墓室　平面呈"工"字形，由前廊、东耳室、西耳室、主室及回廊组成。墓底及四壁由规整的大石板砌筑，白灰填缝，墓顶不存。前廊平面呈长方形，面阔4.53、进深1.48、残高1.81米。东耳室位于前廊后侧、回廊东侧，平面呈长方形，东西宽0.8、南北长1.72、残高1.61米，底部高于前廊底部0.2米。西耳室平面呈长方形，位于前廊及主室西侧，内部呈阶梯状，将西耳室分为南、北两部分；南部位于前廊西侧，底部高于前廊底部0.4米，北部位于主室西侧，与主室间有立板相隔，北部高于南部0.17米；西耳室南部东西宽1.1、南北长1.54、残高1.41米，北部东西宽1.1、南北长1.06、残高1.24米。主室平面呈长方形，其内南北向纵立长方形石板一组，将主室分为东、西两个长方形小室，立板下置长条形石板，面阔2.18、进深0.93、残高1.81米。主室与回廊之间用石板相隔，主室北壁板残损严重，仅存残片。回廊整体近"L"形，连接前廊围绕在主室的东侧及北侧，内宽1.2、残高1.8米。

（二）葬具及人骨

主室各小室均置有一长方形石板，作为棺床。东侧棺床长2.48、宽0.76米，西侧棺床长2.1、宽0.72米。

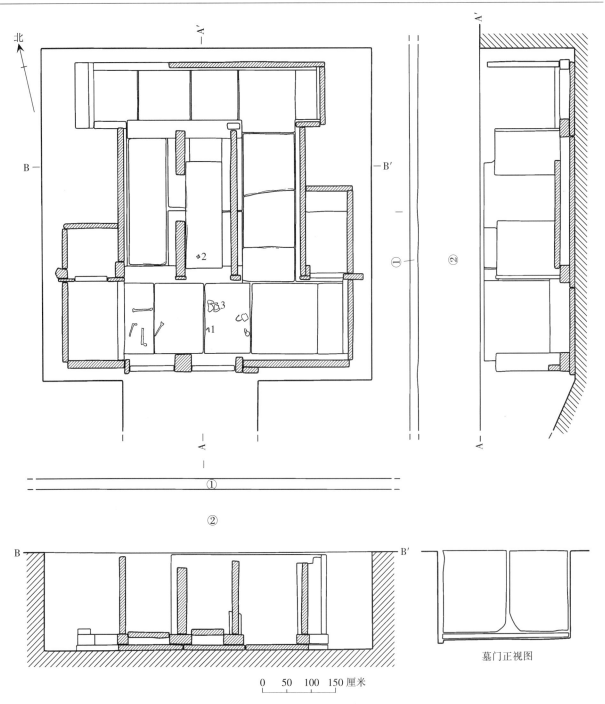

图二〇九　2015M101 平、剖视图
1. 铁棺钉　2. 铜钱　3. 陶片

人骨仅余少量肢骨，散落于前廊中，至少存在一例个体。

（三）随葬品

该墓共出土随葬品 3 件（套），散落于前廊和主室南侧。有陶片 1 件、铁棺钉 1 件、铜钱 2 枚。

1. 陶片

1 件。标本 M101：3，泥质灰陶。不可修复，推测为灶。

2. 铁棺钉

1 件。标本 M101：1，长条形棍状，锈蚀严重。残长 8.4、截面直径约 0.2 厘米。

3. 铜钱

2 枚，编号 M101：2 - 1、2 - 2。均为"五铢"。详情见表五三。

表五三　　　　　　　　　　　2015M101 出土铜钱登记表　　　　　（尺寸单位：厘米；重量单位：克）

种类	编号	特征		郭径	钱径	穿宽	郭厚	肉厚	重量
		文字特征	记号						
五铢	2 - 1	"五"字瘦长，竖画缓曲；"金"头三角形，四竖点；"朱"头较方，"朱"下较圆		2.54	2.05	0.91	0.12	0.10	2.18
	2 - 2	"五"字瘦长，竖画缓曲；"金"头三角形，四竖点；"朱"头较圆，"朱"下较圆		2.54	2.21	0.99	0.15	0.13	3.02

2015M102

位于本发掘区西北部，方向 198°（图二一〇）。开口于②层下，开口距地表 0.88 米。

（一）墓葬结构

该墓为多室石室墓。由墓道、墓门及墓室组成。

墓道　位于墓室南侧。长斜坡状。未完全发掘，长度不详，宽 2.33 米。

墓门　位于墓室南侧。现存门框及门槛，宽 1.5、高 1.32 米。门框借用东、西耳室南侧板，门槛系长方形石板置于门框之间。门外由两块长方形大石板立砌封堵。

墓室　整体呈"工"字形，由前廊、东耳室、西耳室、主室及后室组成。墓顶不存，墓底及四壁由规整的大石板砌筑，白石灰填缝。前廊平面呈长方形，面阔 1.5、进深 0.96、残高 1.32 米。耳室位于前廊东、西两侧，平面均呈长方形，东耳室面阔 0.96、进深 0.52、残高 1.32 米，西耳室面阔 0.97、进深 0.57、残高 1.32 米。主室平面呈长方形，中部南北向置四块础石，将主室分为东、西两个长方形小室，面阔 1.46、进深 2.2、残高 1.5 米。后室位于主室北部，平面呈长方形，底部高于主室底部 0.45 米，墓壁及墓顶均已不存，具体尺寸不辨。

（二）葬具及人骨

主室各小室均置有一长方形石板，作为棺床。东侧棺床长 2.06、宽 0.5 米，西侧棺床长 2.02、宽 0.5 米。

主室、后室散落有颅骨及肢骨残片。经现场辨识，墓内遗骸至少分属于两例个体，保存极差。

（三）随葬品

该墓共出土随葬品 13 件（套），散落于主室及后室。其中陶器 10 件、瓷器 1 件、铁器 1 件、铜钱 12 枚。

1. 陶器

共 10 件。计有长颈瓶 3、器盖 1、樽 1、俎 1、甑 1、水斗 1、支架 1、小瓿 1。

长颈瓶　3 件（M102：1、2、3）。均为泥质灰陶。形制相似，圆唇，直口微侈，长颈，溜肩，

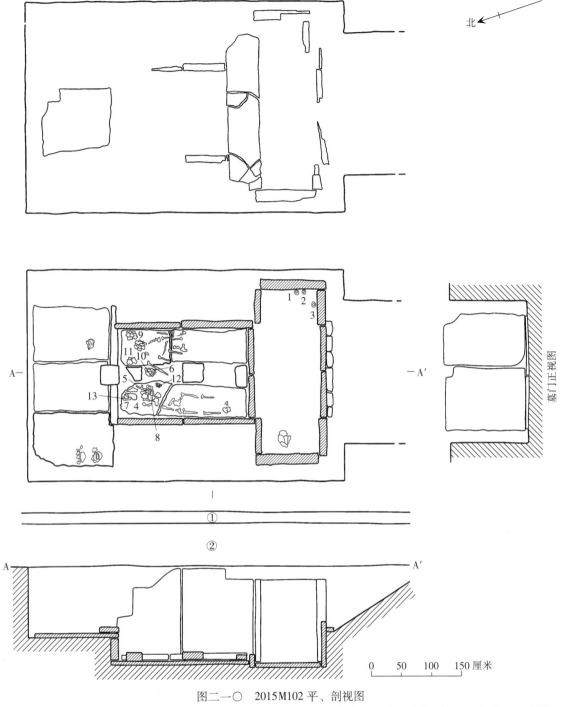

图二一〇 2015M102 平、剖视图

1～3. 长颈瓶 4. 樽 5. 支架 6. 小甑 7. 器盖 8. 甑 9. 俎 10. 水斗 11. 瓷塑动物玩具 12. 铜钱 13. 铁器 （未标明质地者均为陶器）

鼓腹，平底。下腹部分布三处圆孔，底部一圆形小孔。标本 M102∶1，口径 5.4、最大腹径 14.5、底径 7.5、高 27 厘米（图二一一，1；彩版一五二，2）。标本 M102∶2，口径 5.4、最大腹径 14.7、底径 7.3、高 26 厘米（图二一一，2；彩版一五二，3）。标本 M102∶3，口径 4.7、最大腹径 13.5、底径 7.5、高 24.5 厘米（图二一一，3）。

器盖 1件。标本 M102∶7，泥质灰陶。尖圆唇，子母口，斜直壁，小平顶。盖面口径 5.8、顶径 3.8、高 1.8 厘米（图二一一，8；彩版一五三，5）。

樽　1件。标本M102:4，泥质黑褐陶。方圆唇，敞口，直壁，底略内凹，底置三个兽蹄乳丁足，足残。腹饰两周凹弦纹。口径20.2、残高11.6厘米（图二一一，5；彩版一五三，1）。

俎　1件。标本M102:9，泥质灰陶。长方形俎面，俎底竖置两个长方形扁足。俎面边沿有一周凹槽，中部模印鱼纹。长14.1、宽4.2、高5厘米（图二一一，7；彩版一五三，2）。

甑　1件。标本M102:8，泥质黄褐陶。圆唇，敞口，斜弧腹，圜底，下腹及底由外向内戳刺密集的、螺旋状排列的约12～13周镂孔。外沿饰有一周凹槽。口径12.8、高6.6厘米

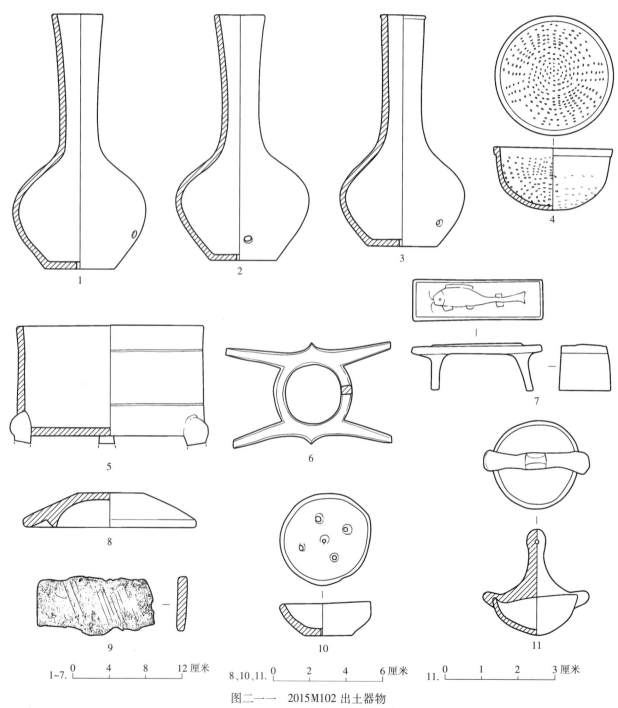

图二一一　2015M102 出土器物

1～3. 长颈瓶（M102:1、2、3）　4. 甑（M102:8）　5. 樽（M102:4）　6. 支架（M102:5）　7. 俎（M102:9）　8. 器盖（M102:7）
9. 铁器（M102:13）　10. 小甑（M102:6）　11. 水斗（M102:10）（未标明质地者均为陶器）

（图二一一，4；彩版一五三，3）。

水斗　1件。标本 M102：10，泥质灰陶。由提梁和斗组成。提梁呈"人"字形，顶部有圆形穿孔。斗为圆唇，敞口，斜弧腹，圜底。口径4.6、高5.6厘米（图二一一，11；彩版一五三，6）。

支架　1件。标本 M102：5，泥质灰陶。平面呈上下不出头的"井"字形，中间呈环状。长18.2、宽11.4厘米（图二一一，6；彩版一五三，7）。

小甑　1件。标本 M102：6，泥质灰陶。圆唇，敞口，斜弧腹，圜底，底部由内向外戳刺五个镂孔。口径4.9、高1.7厘米（图二一一，10；彩版一五三，4）。

2．瓷器

瓷塑动物玩具　1件。标本 M102：11，灰白胎，白釉，积釉处发黄，饰点状铁彩。仅见前肢。残高5.8厘米。不可修复。

3．铁器

1件。标本 M102：13，残损严重，器形不明。现存长方形残块。残长约3.2、宽1.5、厚0.3厘米（图二一一，9）。

4．铜钱

12枚，编号 M102：12-1～12-12。其中11枚为"五铢"，1枚为"熙宁重宝"。详情见表五四。

表五四　　　　　　　　　　2015M102 出土铜钱登记表　　　　　（尺寸单位：厘米；重量单位：克）

| 种类 | 编号 | 特征 | | 郭径 | 钱径 | 穿宽 | 郭厚 | 肉厚 | 重量 |
		文字特征	记号						
五铢	12-1	字迹不清		2.31	2.11	0.96	0.13	0.13	1.94
	12-2	字迹不清		2.52	2.30	0.94	0.12	0.10	2.88
	12-3	字迹不清		2.41	2.21	0.90	0.13	0.11	2.87
	12-4	字迹不清		2.31	2.23	0.91	0.13	0.12	2.45
	12-5	字迹不清		2.31	2.16	0.89	0.12	0.11	1.88
	12-6	字迹不清		2.38	2.24	0.93	0.13	0.11	2.39
	12-7	字迹不清		2.48	2.25	0.87	0.12	0.10	2.42
	12-8	字迹不清		2.11	1.90	0.90	0.13	0.12	1.55
	12-9	字迹不清		2.10	1.93	0.88	0.11	0.10	1.57
	12-10	字迹不清	磨郭		1.76	0.83		0.12	1.03
	12-11	残，字迹不清		2.25		0.87			1.26
熙宁重宝	12-12	顺时针楷书		2.96	2.17	0.65	0.18	0.16	6.45

2015M103

位于本发掘区西北部，方向200°（图二一二）。开口于②层下，开口距地表0.9米。

（一）墓葬结构

该墓为单室石室墓，被严重破坏。由墓道、墓门、墓室组成（彩版一五四，1）。

墓道　位于墓室南侧。长斜坡状。未完全发掘，长度不详，宽1.9米。

墓门　位于墓室南侧。被严重破坏，现已不存。

墓室　平面呈长方形。墓顶不存。墓壁用长方形小石板砌筑而成，被严重破坏，仅存近底部分。墓底由规整石板砌筑。面阔 1.21、进深 2.34、残高 0.23 米。

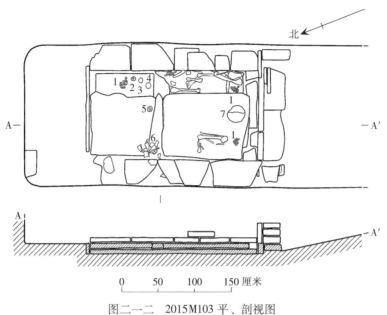

图二一二　2015M103 平、剖视图
1. 铜钱　2、5. 小陶釜　3、6. 陶器盖　4. 小陶甑　7. 饼状陶器

（二）葬具及人骨

墓底由两块石板组成棺床，紧靠墓室西壁，长 2.17、宽 0.84 米。

该墓被严重破坏，墓主骨骼散乱置于墓室之内，葬式不辨。

（三）随葬品

该墓共出土随葬品 7 件（套），其中陶器 6 件，另有铜钱 97 枚。

1. 陶器

共 6 件。计有器盖 2、小釜 2、小甑 1、饼状陶器 1。

器盖　2 件（M103：3、6）。均为泥质灰陶。标本 M103：3，圆唇，敞口，弧顶。口径 7.1、高 2.3 厘米（图二一三，3；彩版一五五，3）。标本 M103：6，尖唇，子母口，弧顶。口径 6.8、高 2 厘米（图二一三，4；彩版一五五，4）。

小釜　2 件（M103：2、5）。均为泥质灰陶。形制相近，圆唇，直口略侈，短束颈，折腹，腹部最大径位置居下，尖状小平底。标本 M103：2，口径 5.2、最大腹径 7.3、高 3.9 厘米（图二一三，1；彩版一五五，1）。标本 M103：5，口径 4.7、最大腹径 7.2、底径 0.8、高 4.7 厘米（图二一三，2；彩版一五五，2）。

小甑　1 件。标本 M103：4，泥质灰陶。圆唇，敞口，斜弧腹，圜底，底部由内向外戳刺五个镂孔。口径 5.3、高 2.4 厘米（图二一三，5；彩版一五五，5）。

饼状陶器　1 件。标本 M103：7，泥质灰陶。整体呈圆饼形，一面平一面圆隆。平的一面印有多个长方形、正方形凹槽，隆起的一面粗糙不平，似饰粗绳纹。一面直径 23.6、另一面直径

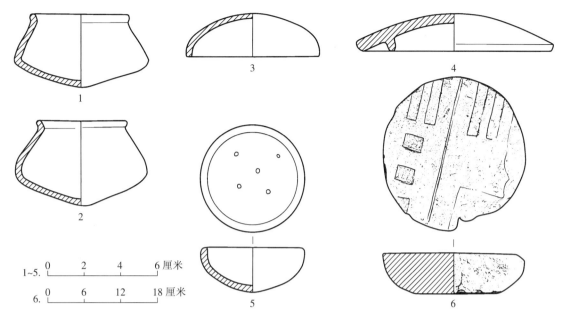

图二一三　2015M103 出土陶器

1、2. 小釜（M103:2、5）　3、4. 器盖（M103:3、6）　5. 小甑（M103:4）　6. 饼状陶器（M103:7）

13.6、厚 6.6 厘米（图二一三，6；彩版一五五，6）。

2. 铜钱

97 枚，编号 M103:1-1～1-97。其中 95 枚为"五铢"，1 枚为"货泉"，1 枚钱文不明。详情见表五五。

表五五　　　　　　　　　2015M103 出土铜钱登记表　　　　　（尺寸单位：厘米；重量单位：克）

| 种类 | 编号 | 特征 | | 郭径 | 钱径 | 穿宽 | 郭厚 | 肉厚 | 重量 |
		文字特征	记号						
五铢	1-1	"五"字瘦长，竖画缓曲；"金"头三角形，四竖点；"朱"头较圆，"朱"下较圆		2.58	2.29	0.94	0.15	0.13	2.33
	1-2	"五"字瘦长，竖画甚曲；"金"头三角形，四竖点；"朱"头较方，"朱"下较圆		2.54	2.23	0.98	0.12	0.10	2.04
	1-3	"五"字瘦长，竖画缓曲；"金"头三角形，四竖点；"朱"头较方，"朱"下较圆		2.58	2.27	0.93	0.15	0.13	2.82
	1-4	"五"字瘦长，竖画甚曲；"金"头三角形，四竖点；"朱"头较方，"朱"下较圆		2.49	2.24	0.97	0.13	0.11	2.75
	1-5	"五"字瘦长，竖画甚曲；"金"头三角形，四竖点；"朱"头较圆，"朱"下较圆		2.66	2.28	0.88	0.13	0.12	3.23
	1-6	同上		2.58	2.26	0.93	0.15	0.12	2.98

种类	编号	特征		郭径	钱径	穿宽	郭厚	肉厚	重量
		文字特征	记号						
五铢	1－7	"五"字瘦长，竖画甚曲；"金"头三角形，四竖点；"朱"头较方，"朱"下较圆		2.64	2.32	0.92	0.12	0.13	1.97
	1－8	"五"字瘦长，竖画甚曲；"金"头三角形，四竖点；"朱"头较方，"朱"下较方		2.58	2.33	0.95	0.14	0.12	2.77
	1－9	"五"字瘦长，竖画甚曲；"金"头三角形，四竖点；"朱"头较圆，"朱"下较方		2.59	2.16	0.90	0.12	0.11	2.69
	1－10	同上		2.52	2.32	0.98	0.12	0.11	2.87
	1－11	"五"字瘦长，竖画甚曲；"金"头三角形，四竖点；"朱"头较方，"朱"下较圆		2.50	2.34	0.91	0.13	0.11	3.04
	1－12	同上		2.65	2.35	0.95	0.15	0.13	2.34
	1－13	"五"字瘦长，竖画缓曲；"金"头三角形，四竖点；"朱"头较圆，"朱"下较圆		2.55	2.31	0.91	0.11	0.09	1.85
	1－14	"五"字瘦长，竖画甚曲；"金"头三角形，四竖点；"朱"头较圆，"朱"下较圆		2.57	2.27	0.95	0.16	0.12	2.99
	1－15	"五"字瘦长，竖画甚曲；"金"头三角形，四竖点；"朱"头较方，"朱"下较圆		2.59	2.31	0.89	0.17	0.14	3.19
	1－16	"五"字瘦长，竖画甚曲；"金"头三角形，四竖点；"朱"头较圆，"朱"下较方		2.58	2.23	0.95	0.12	0.10	2.43
	1－17	"五"字瘦长，竖画甚曲；"金"头三角形，四竖点；"朱"头较方，"朱"下较方		2.55	2.19	0.90	0.13	0.12	2.58
	1－18	"五"字瘦长，竖画甚曲；"金"头三角形，四竖点；"朱"头较圆，"朱"下较圆		2.53	2.35	0.92	0.13	0.11	2.61
	1－19	"五"字瘦长，竖画甚曲；"金"头三角形，四竖点；"朱"头较方，"朱"下较圆		2.56	2.24	0.83	0.16	0.15	3.22

种类	编号	特征		郭径	钱径	穿宽	郭厚	肉厚	重量
		文字特征	记号						
五铢	1－20	"五"字瘦长，竖画甚曲；"金"头三角形，四竖点；"朱"头较圆，"朱"下较方		2.66	2.32	0.94	0.14	0.12	2.96
	1－21	"五"字瘦长，竖画甚曲；"金"头三角形，四竖点；"朱"头较圆，"朱"下较圆		2.63	2.32	0.96	0.13	0.12	2.98
	1－22	"五"字瘦长，竖画甚曲；"金"头三角形，四竖点；"朱"头较方，"朱"下较圆		2.59	2.24	0.90	0.15	0.12	2.32
	1－23	"五"字瘦长，竖画甚曲；"金"头三角形，四竖点；"朱"头较圆，"朱"下较圆		2.57	2.28	0.91	0.15	0.13	2.77
	1－24	"五"字瘦长，竖画甚曲；"金"头三角形，四竖点；"朱"头较方，"朱"下较方		2.55	2.30	0.92	0.15	0.12	2.88
	1－25	"五"字瘦长，竖画缓曲；"金"头三角形，四竖点；"朱"头较方，"朱"下较圆		2.58	2.21	0.98	0.12	0.11	2.56
	1－26	"五"字瘦长，竖画甚曲；"金"头三角形，四竖点；"朱"头较圆，"朱"下较圆		2.55	2.20	0.92	0.12	0.11	2.66
	1－27	"五"字瘦长，竖画甚曲；"金"头三角形，四竖点；"朱"头较方，"朱"下较圆		2.64	2.27	0.87	0.13	0.10	2.58
	1－28	"五"字瘦长，竖画甚曲；"金"头三角形，四竖点；"朱"头较方，"朱"下较方		2.56	2.27	0.91	0.11	0.12	2.79
	1－29	"五"字瘦长，竖画缓曲；"金"头三角形，四竖点；"朱"头较方，"朱"下较方		2.55	2.32	0.99	0.13	0.12	3.00
	1－30	"五"字瘦长，竖画甚曲；"金"头三角形，四竖点；"朱"头较方，"朱"下较圆		2.59	2.23	0.90	0.13	0.11	2.85
	1－31	"五"字瘦长，竖画甚曲；"金"头三角形，四竖点；"朱"头较圆，"朱"下较圆		2.56	2.25	0.90	0.15	0.14	3.03

种类	编号	特征		郭径	钱径	穿宽	郭厚	肉厚	重量
		文字特征	记号						
五铢	1－32	"五"字瘦长，竖画缓曲；"金"头三角形，四竖点；"朱"头较圆，"朱"下较圆		2.55	2.31	0.88	0.12	0.10	2.68
	1－33	"五"字瘦长，竖画甚曲；"金"头三角形，四竖点；"朱"头较圆，"朱"下较圆		2.57	2.28	0.89	0.12	0.11	3.22
	1－34	同上		2.79	2.21	0.87	0.13	0.12	2.46
	1－35	同上		2.55	2.30	0.93	0.12	0.11	2.55
	1－36	同上		2.65	2.22	0.96	0.14	0.12	3.00
	1－37	同上		2.48	2.24	0.87	0.12	0.10	2.47
	1－38	同上		2.45	2.34	0.93	0.12	0.10	2.55
	1－39	同上		2.62	2.25	0.91	0.14	0.12	3.12
	1－40	同上		2.60	2.31	0.89	0.15	0.13	3.30
	1－41	同上		2.59	2.32	0.93	0.13	0.12	3.01
	1－42	同上		2.67	2.29	0.94	0.12	0.10	2.34
	1－43	同上		2.60	2.25	0.89	0.16	0.14	3.25
	1－44	同上		2.58	2.32	0.91	0.14	0.12	3.00
	1－45	同上		2.59	2.31	0.94	0.13	0.11	2.98
	1－46	同上		2.49	2.24	0.87	0.12	0.10	2.94
	1－47	同上		2.66	2.32	0.90	0.15	0.13	3.22
	1－48	同上		2.59	2.58	0.96	0.12	0.11	2.67
	1－49	"五"字瘦长，竖画甚曲；"金"头三角形，四竖点；"朱"头较方，"朱"下较圆		2.49	2.31	0.88	0.11	0.09	2.32
	1－50	"五"字瘦长，竖画甚曲；"金"头三角形，四竖点；"朱"头较圆，"朱"下较圆		2.55	2.35	0.86	0.14	0.12	3.06
	1－51	同上		2.56	2.34	0.97	0.15	0.13	3.45
	1－52	同上		2.57	2.28	0.96	0.13	0.12	3.04
	1－53	"五"字瘦长，竖画甚曲；"金"头三角形，四竖点；"朱"头较圆，"朱"下较方		2.64	2.23	0.93	0.12	0.11	2.88
	1－54	"五"字瘦长，竖画甚曲；"金"头三角形，四竖点；"朱"头较圆，"朱"下较圆		2.66	2.32	0.89	0.16	0.14	3.22

种类	编号	特征		郭径	钱径	穿宽	郭厚	肉厚	重量
		文字特征	记号						
五铢	1－55	"五"字瘦长，竖画甚曲； "金"头三角形，四竖点； "朱"头较圆，"朱"下较圆		2.70	2.36	0.90	0.17	0.15	3.34
	1－56	同上		2.55	2.25	0.91	0.13	0.12	2.87
	1－57	"五"字瘦长，竖画甚曲； "金"头三角形，四竖点； "朱"头较方，"朱"下较圆		2.63	2.34	0.94	0.12	0.10	2.77
	1－58	"五"字瘦长，竖画甚曲； "金"头三角形，四竖点； "朱"头较圆，"朱"下较圆		2.60	2.30	0.88	0.14	0.13	3.02
	1－59	同上		2.66	2.26	0.90	0.15	0.14	3.23
	1－60	同上		2.58	2.34	0.92	0.12	0.10	2.45
	1－61	同上		2.57	2.21	0.87	0.11	0.09	2.32
	1－62	同上		2.55	2.31	0.90	0.12	0.11	2.57
	1－63	字迹不清		2.47	2.23	0.93	0.12	0.10	2.55
	1－64	字迹不清		2.56	2.32	0.90	0.13	0.12	2.66
	1－65	字迹不清		2.55	2.32	0.99	0.13	0.12	3.00
	1－66	字迹不清		2.59	2.23	0.90	0.13	0.11	2.85
	1－67	字迹不清		2.56	2.25	0.90	0.15	0.14	3.03
	1－68	字迹不清		2.55	2.31	0.88	0.12	0.10	2.68
	1－69	字迹不清		2.57	2.28	0.89	0.12	0.11	3.22
	1－70	字迹不清		2.79	2.21	0.87	0.13	0.12	2.46
	1－71	字迹不清		2.55	2.30	0.93	0.12	0.11	2.55
	1－72	字迹不清		2.65	2.22	0.96	0.14	0.12	3.00
	1－73	字迹不清		2.76	2.32	0.97	0.12	0.13	2.67
	1－74	字迹不清		2.55	2.32	0.99	0.13	0.12	3.00
	1－75	字迹不清		2.59	2.23	0.90	0.13	0.11	2.85
	1－76	字迹不清		2.56	2.25	0.90	0.11	0.14	2.80
	1－77	字迹不清		2.35	2.31	0.88	0.12	0.10	2.68
	1－78	字迹不清		2.37	2.18	0.89	0.12	0.11	2.88
	1－79	字迹不清		2.39	2.21	0.87	0.13	0.12	2.46
	1－80	字迹不清		2.35	2.27	0.93	0.12	0.11	2.55
	1－81	字迹不清		2.25	2.22	0.96	0.14	0.12	3.00
	1－82	字迹不清		2.28	2.24	0.87	0.12	0.10	2.47
	1－83	字迹不清		2.28	2.19	0.91	0.14	0.12	3.00
	1－84	字迹不清		2.29	2.13	0.94	0.13	0.11	2.98

续表五五

种类	编号	特征		郭径	钱径	穿宽	郭厚	肉厚	重量
		文字特征	记号						
五铢	1 – 85	字迹不清		2.29	2.20	0.87	0.12	0.10	2.94
	1 – 86	字迹不清		2.26	2.12	0.90	0.15	0.13	2.66
	1 – 87	字迹不清	剪轮		2.10	0.96		0.09	1.42
	1 – 88	字迹不清	剪轮		2.12	0.94		0.10	1.52
	1 – 89	字迹不清	剪轮		2.09	0.88		0.10	1.21
	1 – 90	字迹不清	剪轮		2.10	0.96		0.09	1.28
	1 – 91	字迹不清	剪轮		2.12	0.94		0.10	1.52
	1 – 92	字迹不清	剪轮		2.08	0.88		0.10	1.11
	1 – 93	字迹不清	剪轮		2.10	0.96		0.09	1.42
	1 – 94	"五"字瘦长，竖画甚曲；"金"头三角形，四竖点；"朱"头较圆，"朱"下较圆	磨郭	2.35	2.22	0.99	0.10	0.09	1.72
	1 – 95	同上	磨郭		2.06	0.92		0.08	1.13
货泉	1 – 96	穿之右、左篆书"货泉"二字		2.35	2.02	0.76	0.12	0.10	2.17
	1 – 97	钱文不明		2.20	1.80	0.68	0.16	0.12	2.25

2015M104

位于本发掘区西北部，方向 205°（图二一四）。开口于②层下，开口距地表约 0.51 米。

（一）墓葬结构

该墓为多室石室墓。由墓道、墓门、墓室组成（彩版一五四，2）。

墓道　位于墓室南侧。长斜坡状。未完全发掘，长度不详，宽 1.78 米。

墓门　位于墓室南侧。被严重破坏，残存门槛，门槛为长方形石板。宽 1.4、高 1.24 米。

墓室　平面近长方形，由主室及后室组成。墓底及四壁由规整的大石板砌筑，白石灰填缝，墓顶不存。主室平面呈长方形，中部南北向分布一组三块长方形础石，将主室分为东、西两个长方形小室。面阔 1.33、进深 2.23、残高 1.49 米。后室平面呈长方形，底部高于主室底部 0.52 米，面阔 2.08、进深 0.71、高 0.98 米。

（二）葬具及人骨

该墓被严重破坏，未见葬具痕迹及人骨痕迹。

（三）随葬品

该墓共出土随葬品 2 件（套），位于主室。包括陶器 1 件、铜钱 4 枚。

1. 陶器

灶　1 件。标本 M104：1，泥质灰陶。残存圆形火眼及长方形遮烟檐。不可修复。

2. 铜钱

4 枚，编号 M104：2 – 1 ~ 2 – 4。均为"五铢"。详情见表五六。

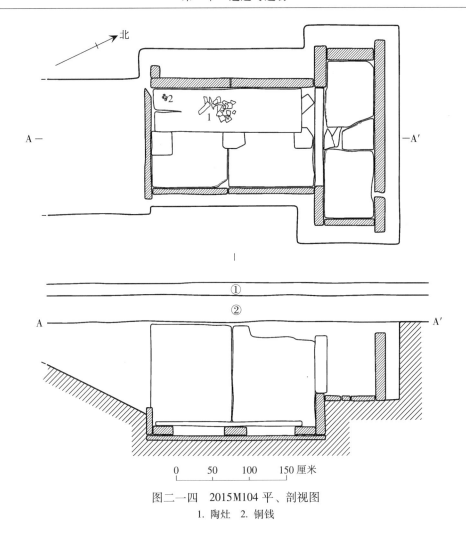

图二一四　2015M104 平、剖视图
1. 陶灶　2. 铜钱

表五六		2015M104 出土铜钱登记表							（尺寸单位：厘米；重量单位：克）
种类	编号	特征		郭径	钱径	穿宽	郭厚	肉厚	重量
		文字特征	记号						
五铢	2－1	"五"字瘦长，竖画缓曲；"金"头三角形，四竖点；"朱"头较方，"朱"下较圆		2.56	2.30	0.95	0.12	0.11	2.77
	2－2	"五"字瘦长，竖画缓曲；"金"头三角形，四竖点；"朱"头较圆，"朱"下较圆		2.61	2.21	0.99	0.15	0.15	2.74
	2－3	"五"字瘦长，竖画缓曲；"金"头三角形，四竖点；"朱"头较方，"朱"下较方		2.56	2.21	0.94	0.13	0.11	2.59
	2－4	"五"字瘦长，竖画甚曲；"金"头三角形，四竖点；"朱"头较方，"朱"下较圆		2.58	2.35	0.90	0.14	0.11	2.49

2015M105

位于本发掘区西北部，方向 200°（图二一五）。开口于②层下，开口距地表 1.14 米。

（一）墓葬结构

该墓为多室石室墓。由墓道、墓门、墓室组成（彩版一五六，1）。

墓道　位于墓室南侧。长斜坡状。未完全发掘，长度不详，宽 3.46 米。

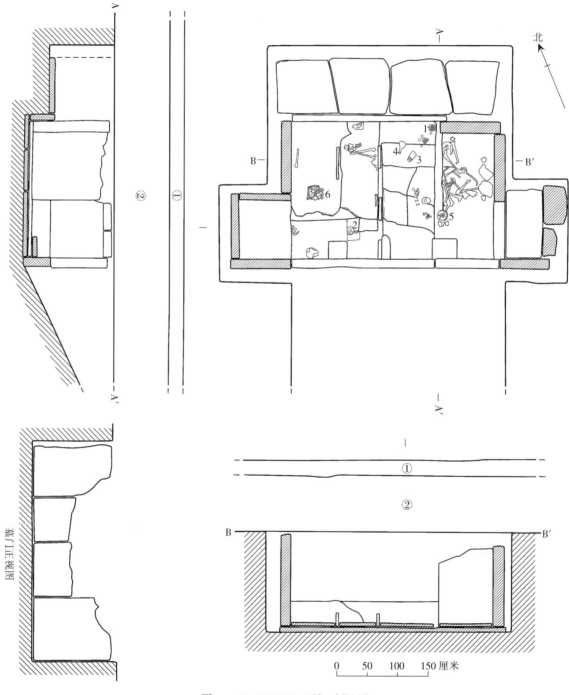

图二一五　2015M105 平、剖视图

1. 铜钱　2、5. 陶奁盖　3. 陶井　4. 陶长颈瓶　6. 陶楼

墓门　位于墓室南侧。被严重破坏，残存门槛，门槛为长方形石板。宽 3.44、残高 1.16 米。

墓室　平面近"工"字形。由主室、东耳室、西耳室及后室组成。墓底及四壁由规整的石板砌筑，石板间石灰填缝，墓顶不存。主室平面呈长方形，室内南北向纵立石板三组，将主室分为四个长方形小室。主室面阔 3.37、进深 2.21、残高 1.43 米。耳室位于主室东、西两侧，均为近长方形；东耳室底部高于主室底部 0.34 米，面阔约 1.08、进深 0.92、残高 0.9 米；西耳室底部高于主室底部 0.3 米，面阔 0.96、进深 0.86、残高 1 米。后室位于主室北侧，平面为长方形，墓壁及墓顶不存，底部高于主室底部 0.34 米，面阔约 3.64、进深约 0.9、残高约 1 米。

（二）葬具及人骨

主室中四个小室各置一长方形棺床，自西向东尺寸分别为：残长 1.5、宽 0.72 米，残长 1.54、宽 0.6 米，残长 1.75、宽 0.88 米，长 2、宽 0.84 米。

人骨散落于主室中，集中发现于东北角，在前廊西侧近墓门处也发现了颅骨残片。经现场辨识，遗骸至少分属于五例个体。

（三）随葬品

该墓共出土随葬品 6 件（套）。散落于主室中。其中陶器 5 件，另有铜钱 41 枚。

1. 陶器

共 5 件。计有长颈瓶 1、奁盖 2、井 1、楼 1。

长颈瓶　1 件。标本 M105：4，泥质黄褐陶。方圆唇，直口，长束颈，溜肩，鼓腹，平底。下腹部分布三处圆孔，底部一圆形小孔。口径 6.7、最大腹径 12.4、底径 5.4、高 17.7 厘米（图二一六，3；彩版一五六，5）。

奁盖　2 件（M105：2、5）。均为泥质灰陶。形制相似，圆唇，直口，直壁，圆弧顶。顶面刻划两周凹弦纹，置三个乳丁组。标本 M105：2，口径 15.4、高 7.3 厘米（图二一六，1；彩版一五六，2）。标本 M105：5，口径 14.7、高 7.6 厘米（图二一六，4；彩版一五六，3）。

井　1 件。标本 M105：3，泥质灰陶。方唇，直口，平折沿，束颈，折肩，直腹，近底处斜直折，平底内凹。口径 10.8、底径 6、高 14.2 厘米（图二一六，2；彩版一五六，4）。

楼　1 件。标本 M105：6，泥质黑陶。楼顶悬山式结构，坡面近"一"字形，两面坡，中间有长条形正脊，两端上翘，中部切削出半圆形缺口。阳面有七道瓦垄和两道侧垄，阴面有五道瓦垄和两道侧垄。瓦垄上饰瓦当，当面为圆形，饰"井"字形纹。楼体正面呈长方形，上部楼体饰菱格式窗，窗上饰勾云形镂孔三个，窗下分布三个长方形小窗，窗间饰长条形镂孔，檐下窗两侧有片状出戟构件，应表示斗拱；下半部为一长方形孔，表示门，门两侧及上方刻划水波纹，门上下各伸出一长方形檐，上檐表示门檐，下檐表示台阶；两侧山墙各饰圆形镂孔一个及勾云形镂孔三个；后墙饰菱格式窗，窗下有长条形镂孔两个。楼体悬空，墙基为立柱式结构。通高 57.6 厘米，楼顶长 44.6、宽 26、高 10 厘米，楼体长 29.5、宽 10.5、高 45.5 厘米（图二一六，5；彩版一五七）。

2. 铜钱

41 枚，编号 M105：1-1～1-41。其中 40 枚"五铢"、1 枚"货泉"。详情见表五七。

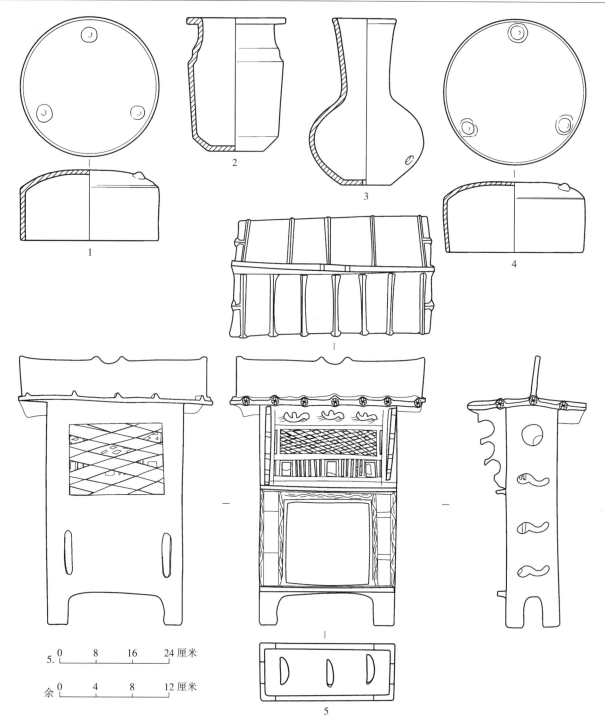

5. $\dfrac{0\quad\quad 8\quad\quad 16\quad\quad 24\text{ 厘米}}{}$

余 $\dfrac{0\quad\quad 4\quad\quad 8\quad\quad 12\text{ 厘米}}{}$

图二一六　2015M105 出土陶器

1、4. 奁盖（M105：2、5）　2. 井（M105：3）　3. 长颈瓶（M105：4）　5. 楼（M105：6）

表五七				2015M105 出土铜钱登记表					（尺寸单位：厘米；重量单位：克）	
种类	编号	特征		郭径	钱径	穿宽	郭厚	肉厚	重量	
		文字特征	记号							
五铢	1－1	"五"字瘦长，竖画缓曲； "金"头三角形，四竖点； "朱"头较方，"朱"下较圆		2.49	2.25	0.97	0.14	0.11	2.77	

续表五七

| 种类 | 编号 | 特征 | | 郭径 | 钱径 | 穿宽 | 郭厚 | 肉厚 | 重量 |
		文字特征	记号						
五铢	1-2	"五"字瘦长，竖画甚曲；"金"头三角形，四竖点；"朱"头较圆，"朱"下较圆		2.56	2.28	0.88	0.13	0.12	3.00
	1-3	"五"字瘦长，竖画甚曲；"金"头三角形，四竖点；"朱"头较方，"朱"下较圆		2.58	2.28	0.93	0.15	0.13	2.98
	1-4	同上		2.63	2.30	0.92	0.12	0.13	1.97
	1-5	"五"字瘦长，竖画甚曲；"金"头三角形，四竖点；"朱"头较圆，"朱"下较圆		2.58	2.33	0.95	0.14	0.12	2.77
	1-6	同上		2.55	2.16	0.90	0.13	0.11	2.69
	1-7	"五"字瘦长，竖画甚曲；"金"头三角形，四竖点；"朱"头较圆，"朱"下较方		2.52	2.32	0.98	0.12	0.11	2.86
	1-8	"五"字瘦长，竖画甚曲；"金"头三角形，四竖点；"朱"头较方，"朱"下较方		2.64	2.33	0.90	0.14	0.10	3.04
	1-9	"五"字瘦长，竖画甚曲；"金"头三角形，四竖点；"朱"头较圆，"朱"下较方		2.58	2.21	0.89	0.13	0.11	2.95
	1-10	同上		2.52	2.30	0.93	0.14	0.12	2.99
	1-11	"五"字瘦长，竖画甚曲；"金"头三角形，四竖点；"朱"头较方，"朱"下较圆		2.56	2.25	0.94	0.13	0.11	2.85
	1-12	同上		2.66	2.36	0.95	0.15	0.13	2.43
	1-13	"五"字瘦长，竖画缓曲；"金"头三角形，四竖点；"朱"头较圆，"朱"下较圆		2.54	2.30	0.91	0.11	0.09	1.96
	1-14	"五"字瘦长，竖画甚曲；"金"头三角形，四竖点；"朱"头较圆，"朱"下较圆		2.60	2.25	0.95	0.16	0.12	2.99
	1-15	"五"字瘦长，竖画甚曲；"金"头三角形，四竖点；"朱"头较方，"朱"下较圆		2.56	2.30	1.00	0.17	0.14	3.09
	1-16	"五"字瘦长，竖画甚曲；"金"头三角形，四竖点；"朱"头较圆，"朱"下较方		2.58	2.22	0.95	0.12	0.10	2.43

种类	编号	特征		郭径	钱径	穿宽	郭厚	肉厚	重量
		文字特征	记号						
五铢	1–17	"五"字瘦长，竖画甚曲；"金"头三角形，四竖点；"朱"头较方，"朱"下较圆		2.53	2.18	0.90	0.13	0.12	2.58
	1–18	"五"字瘦长，竖画甚曲；"金"头三角形，四竖点；"朱"头较圆，"朱"下较圆		2.55	2.30	0.93	0.13	0.11	2.61
	1–19	"五"字瘦长，竖画甚曲；"金"头三角形，四竖点；"朱"头较方，"朱"下较圆		2.57	2.24	0.83	0.16	0.15	3.20
	1–20	"五"字瘦长，竖画甚曲；"金"头三角形，四竖点；"朱"头较圆，"朱"下较方		2.63	2.32	0.94	0.14	0.12	2.95
	1–21	"五"字瘦长，竖画甚曲；"金"头三角形，四竖点；"朱"头较圆，"朱"下较圆		2.59	2.30	0.89	0.13	0.12	2.88
	1–22	"五"字瘦长，竖画甚曲；"金"头三角形，四竖点；"朱"头较方，"朱"下较圆		2.57	2.24	0.90	0.14	0.12	2.32
	1–23	"五"字瘦长，竖画甚曲；"金"头三角形，四竖点；"朱"头较圆，"朱"下较圆		2.54	2.28	0.91	0.15	0.13	2.77
	1–24	"五"字瘦长，竖画甚曲；"金"头三角形，四竖点；"朱"头较方，"朱"下较圆		2.62	2.30	0.92	0.15	0.12	2.98
	1–25	同上		2.55	2.22	0.98	0.12	0.11	2.46
	1–26	"五"字瘦长，竖画甚曲；"金"头三角形，四竖点；"朱"头较圆，"朱"下较圆		2.55	2.20	0.90	0.14	0.11	2.59
	1–27	"五"字瘦长，竖画甚曲；"金"头三角形，四竖点；"朱"头较方，"朱"下较圆		2.63	2.29	0.87	0.13	0.10	2.58
	1–28	同上	磨郭		2.27	0.91		0.06	1.11
	1–29	字迹不清		2.56	2.33	0.99	0.13	0.12	3.67
	1–30	字迹不清		2.58	2.23	0.90	0.14	0.13	3.22
	1–31	字迹不清		2.54	2.26	0.90	0.15	0.14	3.03
	1–32	字迹不清		2.55	2.32	0.88	0.12	0.10	2.68
	1–33	字迹不清		2.57	2.27	0.89	0.13	0.11	3.23
	1–34	字迹不清		2.78	2.22	0.87	0.13	0.12	2.47
	1–35	字迹不清	磨郭		2.22	0.98		0.11	1.37

续表五七

种类	编号	特征		郭径	钱径	穿宽	郭厚	肉厚	重量
		文字特征	记号						
五铢	1－36	字迹不清	磨郭		2.20	0.90		0.08	1.20
	1－37	字迹不清	磨郭		2.22	0.87		0.07	1.61
	1－38	字迹不清	磨郭		2.02	0.90		0.07	1.52
	1－39	字迹不清	磨郭		2.27	0.91		0.08	1.56
	1－40	字迹不清	磨郭		2.14	0.90		0.06	1.44
货泉	1－41	穿之右、左篆书"货泉"二字		2.12	1.75	0.62	0.12	0.10	1.75

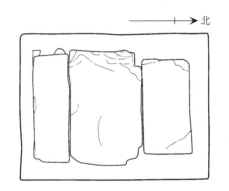

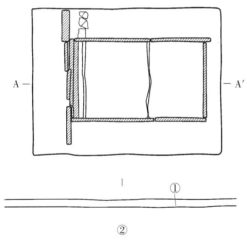

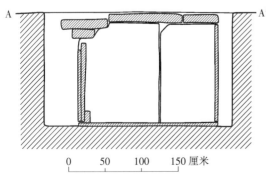

图二一七　2015M106 平、剖视图

2015M106

位于本发掘区中部偏东北，方向180°（图二一七）。开口于②层下，开口距地表0.69米。

（一）墓葬结构

该墓为土坑竖穴墓。平面呈长方形，墓圹长2.56、宽1.94、深1.52米（彩版一五八，1）。

（二）葬具及人骨

葬具为石椁。椁室平面呈长方形，底及四壁由规整石板砌筑，白灰勾缝，上部平盖石板为顶，整体保存完整。椁内宽1.01、内长1.72、内深1.3米。

椁室南壁做成门状，由门框、门楣及门槛组成，宽1.06、高1.1米。门框借用椁室两侧壁板。门楣系用长方形石条横置于门框之上，上顶椁室盖板。门槛系长方形石板置于门框之间。门外由长方形石板立砌封堵，石板间白灰勾缝。

未见人骨痕迹。

（三）随葬品

未见随葬品。

2015M107

位于本发掘区西北部，方向190°（图二一八）。开口于②层下，开口距地表0.87米。

（一）墓葬结构

该墓为多室石室墓。由墓道、墓门及墓室组成（彩版一五八，2）。

墓道　位于墓室南侧。长方形斜坡状。未完全发

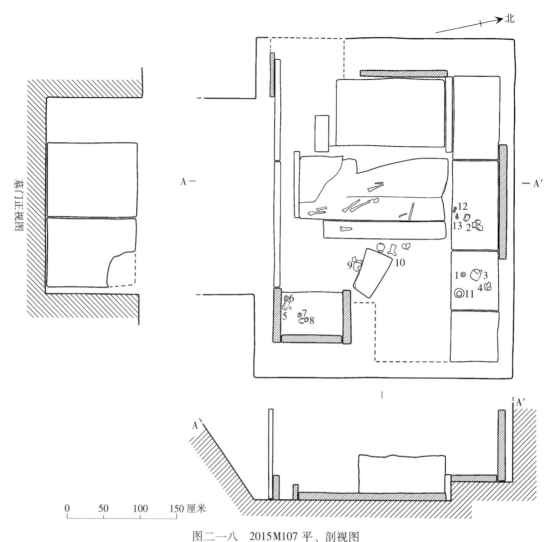

图二一八　2015M107 平、剖视图

1、2. 器盖　3、5、9. 盘　4、6~8. 耳杯　10. 长颈瓶　11. 罐　12、13. 铜钱（未标明质地者均为陶器）

掘，长度不详，宽 2.6 米。

墓门　位于墓室南侧，宽 2.6、高 1.24 米。被严重破坏，西侧封门石板不存，内存门槛。门槛为长方形石板。

墓室　平面近"工"字形，由主室、东耳室、西耳室及后室组成。大部分墓顶及部分墓壁不存，墓底及墓壁由规整的石板砌筑，石板间白灰填缝。主室平面呈长方形，进深 2.1 米，面阔、高度不详。东、西耳室位于前廊两侧，东耳室面阔 0.84、进深 0.56 米，高 1.44 米；西耳室被严重破坏，仅存部分南侧石板，具体数据不详。后室平面呈长方形，底部高于主室底部 0.22 米，面阔 3.76、进深 0.59 米，高度不详。

（二）葬具及人骨

该墓被严重破坏，未见葬具痕迹。

人骨散落于主室。经现场辨识，至少存在两例个体，保留有颅骨及部分肢骨。

（三）随葬品

该墓共出土随葬品 13 件（套）。散落于主室与后室。其中陶器 11 件，另有铜钱 27 枚。

1. 陶器

共 11 件。计有罐 1、长颈瓶 1、盘 3、耳杯 4、器盖 2。

罐　1 件。标本 M107：11，泥质灰陶。圆唇，直口微侈，短直颈，弧肩，鼓腹，平底。口径 5.6、最大腹径 12.4、底径 5.4、高 10.4 厘米（图二一九，11；彩版一五九，1）。

长颈瓶　1 件。标本 M107：10，泥质灰陶。方圆唇，直口微侈，长颈，溜肩，鼓腹，平底。腹残，下腹部存两处圆孔，底部一圆形小孔。口径 6.8、最大腹径 12.4、底径 6.4、高 18.2 厘米（图二一九，6；彩版一五九，2）。

盘　3 件（M107：3、5、9）。均为泥质灰褐陶。形制相似，圆唇，敞口，折腹，平底内凹。标本 M107：3，口径 10.1、底径 5、高 2.4 厘米（图二一九，1）。标本 M107：5，内壁和内底有一周凹槽。口径 10.6、底径 5、高 1.7 厘米（图二一九，2；彩版一五九，3）。标本 M107：9，内壁和内底有一周凹槽。口径 9.8、底径 3.4、高 1.3 厘米（图二一九，3；彩版一五九，4）。

耳杯　4 件（M107：4、6、7、8）。均为泥质灰陶。形制相似，椭圆形杯口，圆唇，双耳平齐，斜弧腹，台底。标本 M107：4，口长径 9.3、口短径 7.6、底长径 5.2、底短径 2.5、高 2.3 厘米（图二一九，10）。标本 M107：6，口长径 9.7、口短径 7.6、底长径 5、底短径 2.5、高 2.4 厘米（图二一九，7；彩版一五九，5）。标本 M107：7，口长径 10.8、口短径 8.7、底长径 6.7、底短径 3、高 3.1 厘米（图二一九，8；彩版一五九，6）。标本 M107：8，口长径 11.4、口短径 8.6、底长径 6.7、底短径 3.5、高 3 厘米（图二一九，9）。

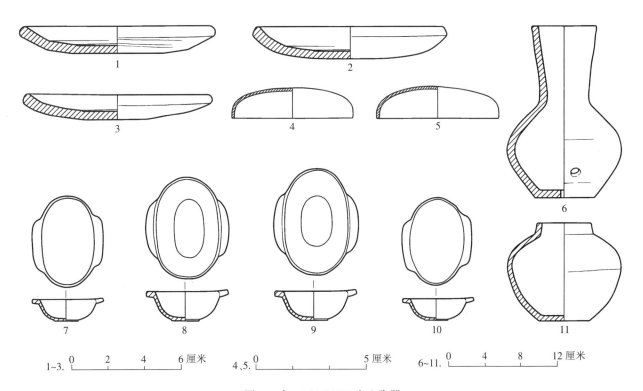

图二一九　2015M107 出土陶器

1～3. 盘（M107：3、5、9）　4、5. 器盖（M107：1、2）　6. 长颈瓶（M107：10）　7～10. 耳杯（M107：6、7、8、4）　11. 罐（M107：11）

器盖　2 件（M107：1、2）。均为泥质灰陶。形制相似，方唇，直口略敞，弧顶。标本 M107：1，口径 6.6、高 1.6 厘米（图二一九，4）。标本 M107：2，口径 6.7、高 1.7 厘米（图二一九，5；彩版一五九，7）。

2. 铜钱

27 枚。其中 26 枚为"五铢"，编号 M107：12 - 1、12 - 2、13 - 1～13 - 24，另 1 枚为"货泉"，编号 M107：13 - 25。详情见表五八。

表五八　　　　　　　　　　2015M107 出土铜钱登记表　　　　　（尺寸单位：厘米；重量单位：克）

| 种类 | 编号 | 特征 | | 郭径 | 钱径 | 穿宽 | 郭厚 | 肉厚 | 重量 |
		文字特征	记号						
五铢	12 - 1	"五"字瘦长，竖画缓曲；"金"头三角形，四竖点；"朱"头较圆，"朱"下较圆		2.59	2.35	0.91	0.12	0.10	2.25
	12 - 2	同上		2.54	2.21	0.99	0.13	0.11	2.13
	13 - 1	"五"字瘦长，竖画甚曲；"金"头三角形，四竖点；"朱"头较圆，"朱"下较圆		2.56	2.25	0.95	0.12	0.11	3.09
	13 - 2	"五"字瘦长，竖画缓曲；"金"头三角形，四竖点；"朱"头较方，"朱"下较圆		2.53	2.26	0.94	0.14	0.12	2.55
	13 - 3	同上		2.58	2.29	0.93	0.15	0.13	2.82
	13 - 4	"五"字瘦长，竖画甚曲；"金"头三角形，四竖点；"朱"头较方，"朱"下较圆		2.49	2.25	0.97	0.14	0.11	2.75
	13 - 5	"五"字瘦长，竖画甚曲；"金"头三角形，四竖点；"朱"头较圆，"朱"下较圆		2.50	2.30	0.91	0.11	0.09	1.85
	13 - 6	同上		2.57	2.23	0.95	0.16	0.12	3.13
	13 - 7	"五"字瘦长，竖画甚曲；"金"头三角形，四竖点；"朱"头较方，"朱"下较圆		2.66	2.32	0.94	0.14	0.12	2.96
	13 - 8	"五"字瘦长，竖画甚曲；"金"头三角形，四竖点；"朱"头较方，"朱"下较方		2.63	2.32	0.96	0.13	0.12	2.98
	13 - 9	"五"字瘦长，竖画甚曲；"金"头三角形，四竖点；"朱"头较圆，"朱"下较方		2.59	2.24	0.90	0.15	0.12	2.32
	13 - 10	同上		2.57	2.28	0.91	0.15	0.13	2.77

种类	编号	特征		郭径	钱径	穿宽	郭厚	肉厚	重量
		文字特征	记号						
五铢	13－11	"五"字瘦长，竖画甚曲；"金"头三角形，四竖点；"朱"头较方，"朱"下较圆		2.66	2.32	0.94	0.14	0.12	2.96
	13－12	同上		2.63	2.36	0.95	0.15	0.13	2.34
	13－13	"五"字瘦长，竖画缓曲；"金"头三角形，四竖点；"朱"头较圆，"朱"下较圆		2.65	2.35	0.95	0.15	0.13	2.34
	13－14	"五"字瘦长，竖画甚曲；"金"头三角形，四竖点；"朱"头较圆，"朱"下较圆		2.55	2.31	0.91	0.11	0.09	1.85
	13－15	"五"字瘦长，竖画甚曲；"金"头三角形，四竖点；"朱"头较方，"朱"下较圆		2.57	2.27	0.95	0.16	0.12	2.99
	13－16	"五"字瘦长，竖画甚曲；"金"头三角形，四竖点；"朱"头较圆，"朱"下较方		2.59	2.31	0.89	0.17	0.14	3.19
	13－17	"五"字瘦长，竖画甚曲；"金"头三角形，四竖点；"朱"头较方，"朱"下较圆		2.58	2.23	0.95	0.12	0.10	2.43
	13－18	"五"字瘦长，竖画缓曲；"金"头三角形，四竖点；"朱"头较圆，"朱"下较圆		2.55	2.19	0.90	0.13	0.12	2.58
	13－19	字迹不清		2.53	2.35	0.92	0.13	0.11	2.61
	13－20	字迹不清		2.57	2.20	0.90	0.14	0.11	2.66
	13－21	字迹不清		2.63	2.29	0.87	0.13	0.10	2.58
	13－22	字迹不清		2.54	2.27	0.91	0.11	0.12	2.79
	13－23	字迹不清		2.56	2.33	0.99	0.13	0.12	3.09
	13－24	字迹不清		2.58	2.23	0.90	0.14	0.13	3.22
货泉	13－25	穿之右、左篆书"货泉"二字		2.22	1.99	0.69	0.15	0.12	1.83

2015M108

位于本发掘区西北部，方向205°（图二二〇）。开口于②层下，开口距地表0.96米。

（一）墓葬结构

该墓为土坑竖穴墓。墓圹平面呈圆角长方形，结构为直壁，平底（彩版一六〇，1）。墓圹长3.4、宽1.52、残深0.89米。墓内填土为灰黄色花土，土质较疏松。

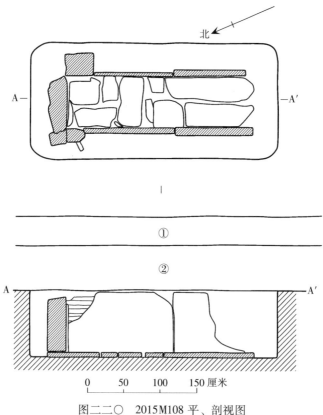

图二二〇　2015M108 平、剖视图

（二）葬具及人骨

该墓葬具为石椁。椁室南壁缺失，其余三壁由石板立砌，石灰勾缝。椁底平铺石板。椁顶不存。平面形状呈"Ⅱ"形，内长 2.56、宽 0.68、残深 0.86 米。椁内未见木制葬具痕迹。

未见人骨痕迹。

（三）随葬品

未见随葬品。

2015M109

位于本发掘区西北部，方向 0°（图二二一左）。开口于②层下，开口距地表 0.78 米。

（一）墓葬结构

该墓被严重破坏，残存不规则近圆形墓圹，结构为直壁，平底。最长径约 3.4、残深约 0.18 米。

（二）葬具及人骨

未见葬具痕迹及人骨痕迹。

（三）随葬品

该墓共出土随葬品 5 件（套），其中铁器 4 件，其余为灰陶片，残碎，器形多不可辨。

1. 陶器

灶　1 件。残片。标本 M109：1，泥质灰陶。不可修复。

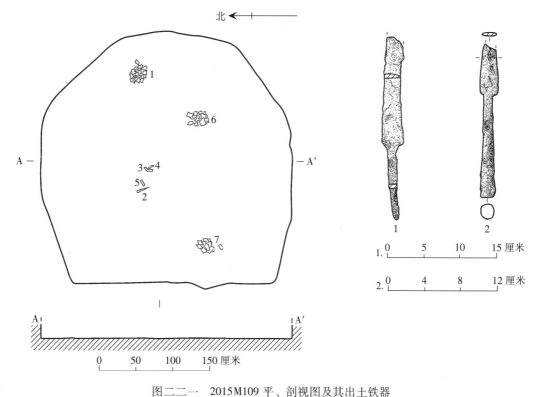

图二二一　2015M109 平、剖视图及其出土铁器

左：1、6、7. 陶片　2. 铁矛　3、5. 铁削　4. 铁锸　右：1. 削（M109：3）　2. 矛（M109：2）

2. 铁器

共4件。计有矛1、削2、锸1。

矛　1件。标本 M109：2，柳叶形矛尖，尖锋，双面弧刃，有中脊，截面近菱形，圆形銎口，銎正面有一圆孔用以穿钉固定木柄。总长16.2、銎口径1.8、叶宽1.8厘米，重64克（图二二一，右2）。

削　2件（M109：3、5）。标本 M109：3，腐蚀较为严重。尖部上翘。残长24.5厘米，重63克（图二二一，右1）。标本 M109：5，腐蚀较为严重。肩部上翘断裂。通长21.4、通宽3.6厘米，重70克。

锸　1件。标本 M109：4，通体锈蚀。平面呈长方形，扁方銎。长8.7、宽3.8厘米，重143克。

2015M110

位于本发掘区西北部，方向190°（图二二二）。开口于②层下，开口距地表0.88米。

（一）墓葬结构

该墓为多室石室墓。由墓道、墓门及墓室组成（彩版一六〇，2）。

墓道　位于墓室南侧。长方形斜坡状。未完全发掘，长度不详，宽2.01米。

墓门　位于墓室南侧。被严重破坏，封门石板不存，仅余条石砌成的门槛。

墓室　平面近方形，由前廊、东耳室、西耳室、主室及后室组成。墓顶不存，墓壁仅存东耳室侧板，墓底由规整的大石板砌筑，白灰勾缝。前廊平面呈长方形，面阔2.91、进深1.42米，高度不详。东耳室平面呈长方形，面阔 1.07、进深 0.53、残高 1.45 米。西耳室平面呈长方形，仅西部立板残留约 10 厘米，面阔 1.1、进深 0.96 米，高度不详。主室平面呈长方形，其中部有两条石块砌成的南北向石条将主室分为东西向分布的三个长方形小室，定为东室、中室、西室。主室底部高于前廊底部 0.23 米，面阔约 3.08、进深 1.96 米，高度不详。后室平面呈长方形，底部高于主室底部 0.31 米，面阔约 3.1、进深约 1.33 米，高度不详。

（二）葬具及人骨

未见葬具痕迹。

墓内人骨残损严重，仅余少量肢骨，散落于前廊及主室中。

（三）随葬品

该墓共出土随葬品 4 件（套），散落于主室及后室中。其中瓷器 3 件、铜钱 63 枚。另有泥质灰陶片若干，不可修复，器形不辨。

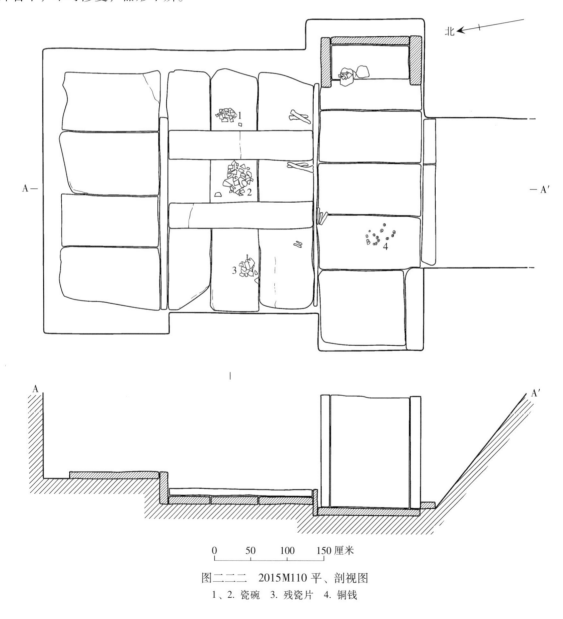

图二二二　2015M110 平、剖视图
1、2. 瓷碗　3. 残瓷片　4. 铜钱

1. 瓷器

共3件。计有碗2、残片1。

碗 2件（M110:1、2）。白釉，釉不及底。圆唇，敞口，弧腹，圈足。标本M110:1，口径23.4、底径7.3、高8.7厘米（图二二三，1）。标本M110:2，口径20、底径8、高4.2厘米（图二二三，2）。

残片 1件。标本M110:3，无法修复（图二二三，3）。

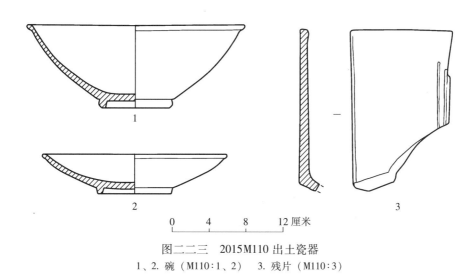

0   4   8   12厘米

图二二三 2015M110出土瓷器
1、2. 碗（M110:1、2） 3. 残片（M110:3）

2. 铜钱

63枚，编号M110:4-1~4-63。其中1枚为"开元通宝"，其余均为"五铢"。详情见表五九。

表五九 　　　　　　2015M110出土铜钱登记表 　　　（尺寸单位：厘米；重量单位：克）

种类	编号	特征		郭径	钱径	穿宽	郭厚	肉厚	重量
		文字特征	记号						
开元通宝	4-1	楷书		2.41	1.98	0.66	0.14	0.13	2.56
五铢	4-2	"五"字瘦长，竖画甚曲；"金"头三角形，四竖点；"朱"头较方，"朱"下较圆		2.57	2.33	0.98	0.17	0.14	2.68
	4-3	"五"字瘦长，竖画缓曲；"金"头三角形，四竖点；"朱"头较方，"朱"下较圆		2.58	2.27	0.93	0.15	0.13	2.82
	4-4	"五"字瘦长，竖画甚曲；"金"头三角形，四竖点；"朱"头较方，"朱"下较圆		2.49	2.24	0.97	0.14	0.11	2.75
	4-5	"五"字瘦长，竖画甚曲；"金"头三角形，四竖点；"朱"头较圆，"朱"下较圆		2.56	2.28	0.88	0.13	0.12	3.23
	4-6	同上		2.58	2.26	0.93	0.15	0.13	2.81

种类	编号	特征		郭径	钱径	穿宽	郭厚	肉厚	重量
		文字特征	记号						
五铢	4-7	"五"字瘦长，竖画甚曲；"金"头三角形，四竖点；"朱"头较方，"朱"下较圆		2.63	2.32	0.92	0.12	0.13	1.97
	4-8	"五"字瘦长，竖画甚曲；"金"头三角形，四竖点；"朱"头较方，"朱"下较方		2.58	2.33	0.95	0.14	0.12	2.77
	4-9	"五"字瘦长，竖画甚曲；"金"头三角形，四竖点；"朱"头较圆，"朱"下较方		2.59	2.16	0.90	0.13	0.11	2.69
	4-10	同上		2.52	2.32	0.98	0.12	0.11	2.88
	4-11	"五"字瘦长，竖画甚曲；"金"头三角形，四竖点；"朱"头较方，"朱"下较圆		2.50	2.34	0.91	0.13	0.11	3.00
	4-12	同上		2.65	2.35	0.95	0.15	0.13	2.34
	4-13	"五"字瘦长，竖画缓曲；"金"头三角形，四竖点；"朱"头较圆，"朱"下较圆		2.55	2.31	0.91	0.11	0.09	1.85
	4-14	"五"字瘦长，竖画甚曲；"金"头三角形，四竖点；"朱"头较圆，"朱"下较圆		2.57	2.27	0.95	0.16	0.12	2.99
	4-15	"五"字瘦长，竖画甚曲；"金"头三角形，四竖点；"朱"头较方，"朱"下较圆		2.59	2.31	0.89	0.17	0.14	3.19
	4-16	"五"字瘦长，竖画甚曲；"金"头三角形，四竖点；"朱"头较圆，"朱"下较方		2.58	2.23	0.95	0.12	0.10	2.43
	4-17	"五"字瘦长，竖画甚曲；"金"头三角形，四竖点；"朱"头较方，"朱"下较方		2.55	2.19	0.90	0.13	0.12	2.58
	4-18	"五"字瘦长，竖画甚曲；"金"头三角形，四竖点；"朱"头较圆，"朱"下较圆		2.53	2.35	0.92	0.13	0.11	2.61
	4-19	"五"字瘦长，竖画甚曲；"金"头三角形，四竖点；"朱"头较方，"朱"下较圆		2.56	2.24	0.83	0.16	0.15	3.22

种类	编号	特征		郭径	钱径	穿宽	郭厚	肉厚	重量
		文字特征	记号						
五铢	4－20	"五"字瘦长，竖画甚曲；"金"头三角形，四竖点；"朱"头较圆，"朱"下较方		2.66	2.32	0.94	0.14	0.12	2.96
	4－21	"五"字瘦长，竖画甚曲；"金"头三角形，四竖点；"朱"头较圆，"朱"下较圆		2.63	2.32	0.96	0.13	0.12	2.98
	4－22	"五"字瘦长，竖画甚曲；"金"头三角形，四竖点；"朱"头较方，"朱"下较圆		2.59	2.24	0.90	0.15	0.12	2.32
	4－23	"五"字瘦长，竖画甚曲；"金"头三角形，四竖点；"朱"头较圆，"朱"下较圆		2.57	2.28	0.91	0.15	0.13	2.77
	4－24	"五"字瘦长，竖画甚曲；"金"头三角形，四竖点；"朱"头较方，"朱"下较方		2.53	2.30	0.92	0.15	0.12	2.98
	4－25	"五"字瘦长，竖画缓曲；"金"头三角形，四竖点；"朱"头较方，"朱"下较圆		2.60	2.21	0.98	0.12	0.11	2.46
	4－26	"五"字瘦长，竖画甚曲；"金"头三角形，四竖点；"朱"头较圆，"朱"下较圆		2.55	2.20	0.90	0.12	0.11	2.66
	4－27	"五"字瘦长，竖画甚曲；"金"头三角形，四竖点；"朱"头较方，"朱"下较圆		2.64	2.27	0.87	0.13	0.10	2.58
	4－28	"五"字瘦长，竖画甚曲；"金"头三角形，四竖点；"朱"头较方，"朱"下较方		2.56	2.27	0.91	0.11	0.12	2.79
	4－29	"五"字瘦长，竖画缓曲；"金"头三角形，四竖点；"朱"头较方，"朱"下较方		2.55	2.32	0.99	0.13	0.12	3.00
	4－30	"五"字瘦长，竖画甚曲；"金"头三角形，四竖点；"朱"头较方，"朱"下较圆		2.59	2.23	0.90	0.14	0.13	3.25
	4－31	"五"字瘦长，竖画甚曲；"金"头三角形，四竖点；"朱"头较圆，"朱"下较圆		2.56	2.25	0.90	0.15	0.14	3.03

种类	编号	特征		郭径	钱径	穿宽	郭厚	肉厚	重量
		文字特征	记号						
五铢	4－32	"五"字瘦长，竖画缓曲；"金"头三角形，四竖点；"朱"头较圆，"朱"下较圆		2.55	2.31	0.88	0.12	0.10	2.68
	4－33	"五"字瘦长，竖画甚曲；"金"头三角形，四竖点；"朱"头较圆，"朱"下较圆		2.57	2.28	0.89	0.12	0.11	3.22
	4－34	同上		2.79	2.21	0.87	0.13	0.12	2.46
	4－35	同上		2.55	2.30	0.93	0.12	0.11	2.55
	4－36	同上		2.65	2.22	0.96	0.14	0.12	3.00
	4－37	同上		2.48	2.24	0.87	0.12	0.10	2.47
	4－38	同上		2.47	2.34	0.93	0.12	0.10	2.55
	4－39	同上		2.62	2.25	0.91	0.14	0.12	3.12
	4－40	同上		2.60	2.31	0.89	0.15	0.13	3.33
	4－41	同上		2.59	2.32	0.93	0.13	0.12	3.01
	4－42	同上		2.67	2.29	0.94	0.12	0.10	2.34
	4－43	同上		2.60	2.25	0.89	0.16	0.14	3.25
	4－44	同上		2.58	2.32	0.91	0.14	0.12	3.00
	4－45	同上		2.59	2.31	0.94	0.13	0.11	2.98
	4－46	同上		2.49	2.24	0.87	0.12	0.10	2.94
	4－47	同上		2.66	2.32	0.90	0.15	0.13	3.22
	4－48	同上		2.59	2.58	0.96	0.12	0.11	2.67
	4－49	同上		2.49	2.31	0.88	0.11	0.09	2.32
	4－50	同上		2.55	2.35	0.86	0.14	0.12	3.06
	4－51	同上		2.56	2.34	0.97	0.15	0.13	3.45
	4－52	同上		2.57	2.28	0.96	0.13	0.12	3.04
	4－53	同上		2.64	2.23	0.93	0.12	0.11	2.88
	4－54	同上		2.66	2.32	0.89	0.16	0.14	3.67
	4－55	同上		2.70	2.36	0.90	0.17	0.15	3.86
	4－56	同上		2.55	2.25	0.91	0.13	0.12	2.87
	4－57	同上		2.63	2.34	0.94	0.12	0.10	2.77
	4－58	同上		2.60	2.30	0.88	0.14	0.13	3.02
	4－59	同上		2.66	2.26	0.90	0.15	0.14	3.23
	4－60	同上		2.58	2.34	0.92	0.12	0.10	2.45
	4－61	同上		2.57	2.21	0.87	0.11	0.09	2.32
	4－62	同上		2.55	2.31	0.90	0.12	0.11	2.57
	4－63	同上		2.47	2.23	0.93	0.12	0.10	2.55

2015M111

位于本发掘区西北角，方向 0°（图二二四）。开口于②层下，现存开口距地表 1.81 米。

（一）墓葬形制

该墓为土坑竖穴墓。平面略呈平行四边形，结构为直壁，平底（彩版一六一，1）。长约 2.43、宽 0.74、残深 0.56 米。墓内填土为灰黄色黏土。

（二）葬具及人骨

该墓葬具为木棺，棺板腐朽严重，仅残存灰黑色板灰痕迹，但仍可看出棺室的形制和尺寸。墓内靠南置木棺一具，形制为长方形箱式，平面随墓室略有变形，长边约 1.79、宽约 0.68、残高 0.08 米。

棺内葬有人骨一具，保存较差。从形态面貌模糊可辨应为侧身直肢葬，头向北。

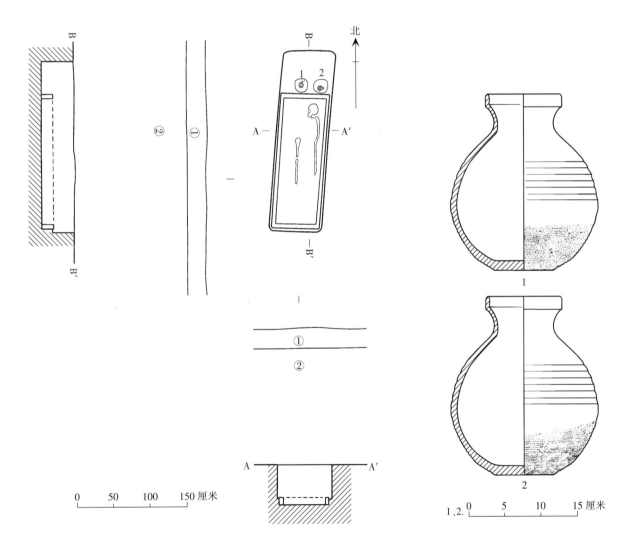

图二二四　2015M111 平、剖视图及其出土陶壶
1、2. 陶壶

（三）随葬品

出土陶壶 2 件，置于棺外北侧。

壶　2 件（M111：1、2）。形制相似，均为夹砂灰褐陶。尖唇，小盘口，束颈，溜肩，球腹，最大腹径偏下，平底。上腹饰瓦棱纹，下腹拍印绳纹。标本 M111：1，口径 10.1、最大腹径 20.3、底径 8.1、高 23.3 厘米（图二二四，1；彩版一六一，3）。标本 M111：2，整体略有变形。口径 10.3、最大腹径 20.3、底径 8.1、高 23.5 厘米（图二二四，2；彩版一六一，4）。

2015M112

位于本发掘区中部偏北，方向 200°（图二二五）。开口于①层下，开口距地表 0.58 米。

（一）墓葬结构

由于被严重破坏，仅存墓圹。从营建形制推测，该墓为多室石室墓。从墓葬结构可以看出，是由墓道和墓室组成。

墓道　位于墓室南侧。长方形斜坡状。未完全发掘，长度不详，宽 2.2 米。

墓室　平面呈"工"字形，结构为直壁，平底。最长 5.6、最宽 4.38、最深 0.26 米。

（二）葬具及人骨

该墓被严重破坏，未见葬具痕迹及人骨痕迹。

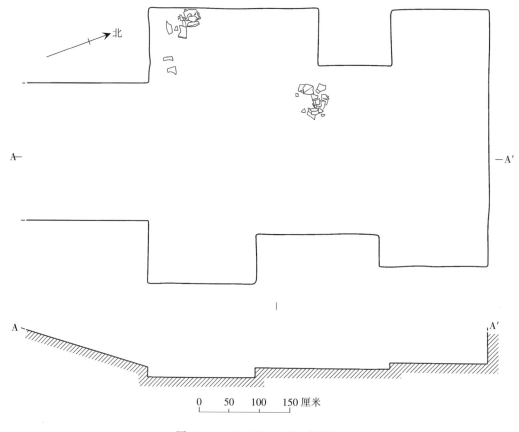

　　　　　0　　50　　100　　150 厘米

图二二五　2015M112 平、剖视图

（三）随葬品

该墓出土随葬品多残碎，不可修复，多数不明器形，可分辨的仅4件，出土于墓底及填土中。分别为陶器2件、瓷器1件、铜器1件，保存状况较差，仅存残片。

1. 陶器

共2件。计有器座1、盘1。

器座 1件。标本M112：1，泥质灰陶。器座口及底均已残损，束腰形柄，圆柄中空。残损严重，不可修复。

盘 1件。标本M112：2，泥质灰褐陶。残片，不可修复。

2. 瓷器

瓷片 1件。标本M112：3，黑釉。器物腹部残片，不可修复。

3. 铜器

铜件 1件。标本M112：扰1，表面鎏金。平面呈"U"形。重0.7克。

2015M113

位于本发掘区西北角，方向190°（图二二六）。开口于②层下，开口距地表1.19米。

（一）墓葬结构

该墓为多室石室墓。由墓道、墓门及墓室组成（彩版一六二，1）。

墓道 位于墓室南侧。长方形斜坡状。未完全发掘，长度不详，宽1.39米。

墓门 位于墓室南侧。被严重破坏，现仅存门槛及门槛外立板下平铺的长条形石板。

墓室 平面呈不规则"L"方形，由主室、东耳室及后室组成。墓底用规整的石板平铺而成，墓壁及墓顶不存。主室平面呈长方形，面阔约1.38、进深约2.38米，高度不详。东耳室平面呈长方形，底部高于主室底部0.43米，面阔约1.62、进深约0.87米，高度不详。后室平面呈长方形，底部高于主室底部0.51米，面阔约2.15、进深约0.83米，高度不详。

（二）葬具及人骨

主室内东西排列两处棺床，均由两块长方形石板拼接而成。东侧棺床长2.31、宽约0.59米，西侧棺床长2.08、宽0.57米。未发现木制葬具痕迹。

该墓人骨保存情况较差，仅存一例颅骨及少量肢骨散乱分布于主室之内，葬式不明。

（三）随葬品

该墓随葬品多残碎，可修复或可辨器形的共计10件（套），出土于主室及后室之中。其中陶器7件，另有铜器1件、铁器1件、铜钱77枚。

1. 陶器

共7件。计有樽1、盘2、耳杯2、小盆1、案1。

樽 1件。标本M113：1，泥质灰陶。圆唇，直口，直腹略内凹，平底，樽足残缺，腹部近底处留有残痕。腹饰两周凹弦纹。口径20、壁厚0.7、残高11.2厘米（图二二七，1；彩版一六三，1）。

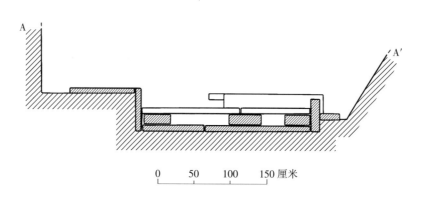

图二二六　2015M113 平、剖视图

1. 陶樽　2、4. 陶盘　3. 铜勺　5、6. 陶耳杯　7. 小陶盆　8. 铜钱　9. 铁器　10. 陶案

盘　2件（M113:2、4）。形制相似，尖唇，敞口，折腹，台底。内壁及内底施两周凸棱。标本 M113:2，泥质灰褐陶。腹部刻划三周弦纹。口径 18、底径 9.3、高 2.8 厘米（图二二七，2；彩版一六三，2）。标本 M113:4，泥质灰陶。口径 17.7、底径 8.2、高 2.8 厘米（图二二七，3；彩版一六三，3）。

耳杯　2件（M113:5、6）。均为泥质灰褐陶。形制相似，椭圆形杯口，尖圆唇，敞口，双耳平齐，斜弧腹，台底。标本 M113:5，口长径 10.2、口短径 6、底长径 5.3、底短径 2.7、高 2.7 厘米（图二二七，4；彩版一六三，4）。标本 M113:6，口长径 10、口短径 6、底长径 5.5、底短径 2.7、高 2.6 厘米（图二二七，5；彩版一六三，5）。

小盆　1件。标本 M113:7，泥质灰陶。方唇，敞口，折沿，斜弧腹，平底。口径 8.1、底径 2.5、高 2.8 厘米（图二二七，7；彩版一六三，6）。

案　1件。标本 M113:10，泥质灰陶。平面呈长方形，扁平片状，四周有边框。长 35.5、宽 28、高 2.1 厘米（图二二七，8）。

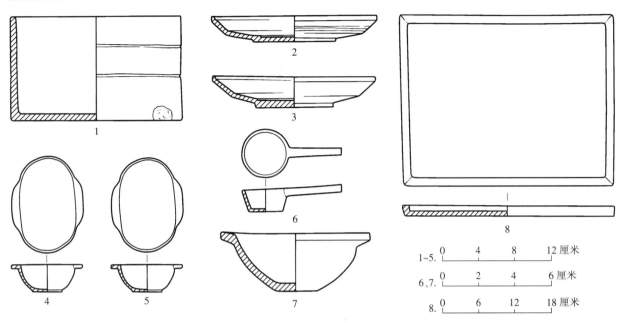

图二二七 2015M113 出土器物

1. 陶樽（M113：1） 2、3. 陶盘（M113：2、4） 4、5. 陶耳杯（M113：5、6） 6. 铜勺（M113：3） 7. 小陶盆（M113：7）
8. 陶案（M113：10）

2. 铜器

勺 1件。标本 M113：3，圆形勺头，截面呈梯形，细长柄。通长 5.3、高 1.3 厘米，重 12 克（图二二七，6）。

3. 铁器

残件 1件。标本 M113：9，腐蚀严重，数据不明。

4. 铜钱

77 枚，编号 M113：8 - 1 ~ 8 - 77。其中 76 枚为"五铢"，1 枚为"大泉五十"。详情见表六〇。

表六〇　　　　　　　2015M113 出土铜钱登记表　　　　（尺寸单位：厘米；重量单位：克）

种类	编号	特征		郭径	钱径	穿宽	郭厚	肉厚	重量
		文字特征	记号						
五铢	8 - 1	"五"字瘦长，竖画甚曲；"金"头三角形，四竖点；"朱"头较圆，"朱"下较圆		2.57	2.27	0.95	0.16	0.12	2.99
	8 - 2	同上		2.59	2.31	0.89	0.17	0.14	3.19
	8 - 3	同上		2.57	2.27	0.95	0.16	0.12	2.99
	8 - 4	同上		2.57	2.28	0.89	0.12	0.11	3.22
	8 - 5	同上		2.55	2.31	0.88	0.12	0.10	2.68
	8 - 6	同上		2.79	2.21	0.87	0.13	0.12	2.46
	8 - 7	同上		2.59	2.23	0.90	0.14	0.13	3.25

续表六〇

种类	编号	特征		郭径	钱径	穿宽	郭厚	肉厚	重量
		文字特征	记号						
五铢	8－8	"五"字瘦长，竖画甚曲；"金"头三角形，四竖点；"朱"头较圆，"朱"下较圆		2.55	2.32	0.99	0.13	0.12	3.00
	8－9	同上		2.57	2.28	0.96	0.13	0.12	3.04
	8－10	同上		2.64	2.23	0.93	0.12	0.11	2.88
	8－11	同上		2.66	2.32	0.89	0.16	0.14	3.67
	8－12	同上		2.70	2.36	0.90	0.17	0.15	3.86
	8－13	同上		2.55	2.25	0.91	0.13	0.12	2.87
	8－14	同上		2.63	2.34	0.94	0.12	0.10	2.77
	8－15	同上		2.60	2.30	0.88	0.14	0.13	3.02
	8－16	同上		2.59	2.58	0.96	0.12	0.11	2.67
	8－17	同上		2.49	2.31	0.88	0.11	0.09	2.32
	8－18	同上		2.55	2.35	0.86	0.14	0.12	3.06
	8－19	同上		2.56	2.34	0.97	0.15	0.13	3.45
	8－20	同上		2.57	2.28	0.96	0.13	0.12	3.04
	8－21	同上		2.60	2.30	0.88	0.14	0.13	3.02
	8－22	同上		2.59	2.58	0.96	0.12	0.11	2.67
	8－23	同上		2.49	2.31	0.88	0.11	0.09	2.32
	8－24	同上		2.55	2.35	0.86	0.14	0.12	3.06
	8－25	同上		2.56	2.34	0.97	0.15	0.13	3.45
	8－26	同上		2.57	2.28	0.96	0.13	0.12	3.04
	8－27	同上		2.64	2.23	0.93	0.12	0.11	2.88
	8－28	同上		2.66	2.32	0.89	0.16	0.14	3.67
	8－29	同上		2.70	2.36	0.90	0.17	0.15	3.86
	8－30	同上		2.55	2.25	0.91	0.13	0.12	2.87
	8－31	同上		2.63	2.34	0.94	0.12	0.10	2.77
	8－32	同上		2.60	2.30	0.88	0.14	0.13	3.02
	8－33	同上		2.66	2.26	0.90	0.15	0.14	3.23
	8－34	同上		2.58	2.34	0.92	0.12	0.10	2.45
	8－35	同上		2.57	2.21	0.87	0.11	0.09	2.32
	8－36	同上		2.55	2.31	0.90	0.12	0.11	2.57
	8－37	同上		2.47	2.23	0.93	0.12	0.10	2.55
	8－38	"五"字瘦长，竖画甚曲；"金"头三角形，四竖点；"朱"头较方，"朱"下较圆		2.56	2.32	0.87	0.12	0.10	2.30

种类	编号	特征		郭径	钱径	穿宽	郭厚	肉厚	重量
		文字特征	记号						
五铢	8－39	"五"字瘦长，竖画甚曲；"金"头三角形，四竖点；"朱"头较方，"朱"下较圆		2.55	2.31	0.91	0.11	0.09	1.85
	8－40	同上		2.58	2.23	0.95	0.12	0.10	2.43
	8－41	同上		2.66	2.32	0.94	0.14	0.12	2.96
	8－42	同上		2.65	2.35	0.95	0.15	0.13	2.34
	8－43	同上		2.59	2.23	0.90	0.14	0.13	3.25
	8－44	同上		2.79	2.21	0.87	0.13	0.12	2.46
	8－45	同上		2.57	2.28	0.89	0.12	0.11	3.22
	8－46	同上		2.56	2.25	0.90	0.15	0.14	3.03
	8－47	同上		2.79	2.21	0.87	0.13	0.12	2.46
	8－48	同上		2.60	2.30	0.88	0.14	0.13	3.02
	8－49	同上		2.64	2.23	0.93	0.12	0.11	2.88
	8－50	"五"字瘦长，竖画甚曲；"金"头三角形，四竖点；"朱"头较方，"朱"下较方		2.55	2.19	0.90	0.13	0.12	2.58
	8－51	同上		2.55	2.31	0.88	0.12	0.10	2.68
	8－52	同上		2.55	2.30	0.93	0.12	0.11	2.55
	8－53	同上		2.55	2.31	0.88	0.12	0.10	2.68
	8－54	"五"字瘦长，竖画甚曲；"金"头三角形，四竖点；"朱"头较圆，"朱"下较方		2.53	2.35	0.92	0.13	0.11	2.61
	8－55	同上		2.56	2.24	0.83	0.16	0.15	3.22
	8－56	同上		2.56	2.25	0.90	0.15	0.14	3.03
	8－57	同上		2.55	2.32	0.99	0.13	0.12	3.00
	8－58	"五"字瘦长，竖画缓曲；"金"头三角形，四竖点；"朱"头较圆，"朱"下较方		2.65	2.35	0.95	0.15	0.13	2.34
	8－59	"五"字瘦长，竖画缓曲；"金"头三角形，四竖点；"朱"头较圆，"朱"下较圆		2.55	2.31	0.91	0.11	0.09	1.85
	8－60	同上		2.55	2.31	0.88	0.12	0.10	2.68

续表六○

种类	编号	特征		郭径	钱径	穿宽	郭厚	肉厚	重量
		文字特征	记号						
五铢	8-61	"五"字瘦长，竖画缓曲；"金"头三角形，四竖点；"朱"头较方，"朱"下较圆		2.55	2.32	0.99	0.13	0.12	3.00
	8-62	"五"字瘦长，竖画缓曲；"金"头三角形，四竖点；"朱"头较方，"朱"下较方		2.57	2.28	0.89	0.12	0.11	3.22
	8-63	"五"字瘦长，竖画较直；"金"头三角形，四竖点；"朱"头较圆，"朱"下较圆		2.52	2.18	0.93	0.14	0.12	3.25
	8-64	字迹不清		2.70	2.36	0.90	0.17	0.15	3.86
	8-65	字迹不清		2.55	2.25	0.91	0.13	0.12	2.87
	8-66	字迹不清		2.63	2.34	0.94	0.12	0.10	2.77
	8-67	字迹不清		2.55	2.25	0.91	0.13	0.12	2.87
	8-68	字迹不清		2.63	2.34	0.94	0.12	0.10	2.77
	8-69	字迹不清		2.60	2.30	0.88	0.14	0.13	3.02
	8-70	字迹不清		2.59	2.58	0.96	0.12	0.11	2.67
	8-71	字迹不清		2.49	2.31	0.88	0.11	0.09	2.32
	8-72	字迹不清		2.55	2.35	0.86	0.14	0.12	3.06
	8-73	字迹不清		2.55	2.32	0.99	0.13	0.12	3.00
	8-74	字迹不清		2.59	2.23	0.90	0.13	0.11	2.85
	8-75	字迹不清		2.36	2.16	0.90	0.12	0.10	2.32
	8-76	字迹不清	剪轮		2.12	0.88		0.10	1.95
大泉五十	8-77	穿之右、左篆书"大泉"，上、下篆书"五十"		2.46	2.18	0.94	0.09	0.07	2.36

2015M114

位于本发掘区西北角，方向120°（图二二八）。开口于②层下，开口距地表1.19米。

（一）墓葬结构

该墓为多室石室墓。由墓道、墓门及墓室组成（彩版一六二，2）。

墓道 位于墓室东侧。长方形斜坡状。未完全发掘，长度不详，宽2.63米。

墓门 位于墓室东侧。现存门框及门槛，宽2.15、残高1.68米。门框借用南、北耳室侧板。门槛系长方形石板置于门框之间，门内立有长方形立板一块，立板下置长方形础石。门外由两块长方形石板立砌封堵，封门石板两侧垒砌石块，石板间白灰勾缝，门板下平铺有长条形石板。

墓室 平面近"工"字形，由前廊、南耳室、北耳室、主室及后室组成。墓底及四壁由规整石板砌筑，白灰勾缝，仅后室残存墓顶。前廊平面呈长方形，面阔2.33、进深1.18米，高度不

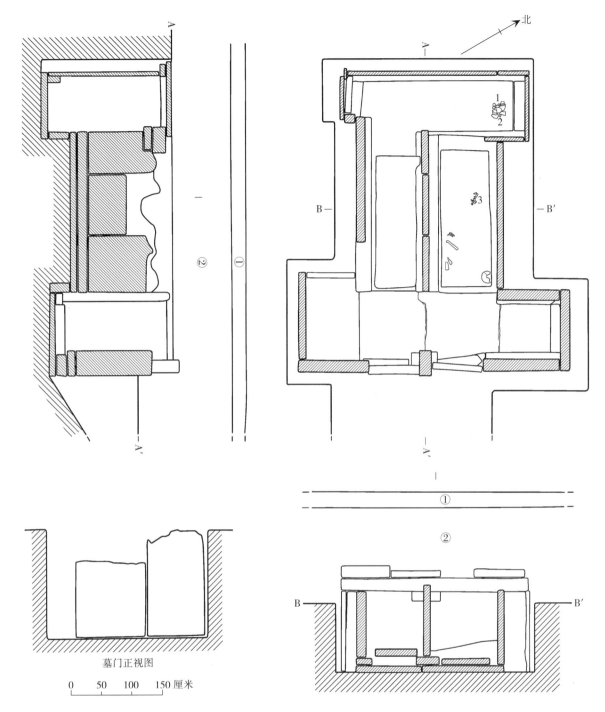

图二二八　2015M114 平、剖视图
1. 陶钵　2. 陶器底　3. 铁棺钉

详。南耳室平面呈长方形，底部高于前廊底部 0.18 米，面阔 1.31、进深 1.88、残高 1.4 米。北耳室平面呈长方形，面阔 1.28、进深 1.21、高 1.82 米。主室平面呈长方形，其内东西向纵立长方形石板一组，将主室分为南、北两个长方形小室，立板下置长条形石板。主室底部高于前廊底部 0.34 米，面阔 2.21、进深 2.2、残高 1.34 米。后室平面呈长方形，面阔 3.02、进深 1、高 1.93 米。

（二）葬具及人骨

主室南、北两小室内各置一长方形石板为棺床。南侧棺床长 2.15、宽 0.66 米，北侧棺床长

2.14、宽 0.78 米。未见木制葬具痕迹，仅存锈蚀严重的棺钉数枚，最完整的通长 10、截面直径 1.5 厘米。

人骨保存情况差，仅在主室的北小室发现一例颅骨及少量肢骨。

（三）随葬品

该墓后室共出土随葬品 2 件，均为陶器，包括钵 1、器底 1。

钵　1 件。标本 M114：1，泥质灰陶。圆唇，敞口，斜弧腹，平底。内底施凹槽一周。口径 21.4、底径 6、高 10.1 厘米（图二二九；彩版一六四，1）。

器底　1 件。标本 M114：2，泥质黄褐陶。残存下腹及底，不可修复。下腹斜弧收，平底。

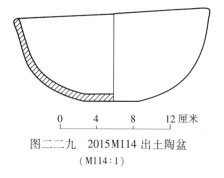

图二二九　2015M114 出土陶盆
（M114：1）

2015M115

位于本发掘区西北角，方向 20°（图二三〇）。开口于②层下，开口距地表 1.71 米。

（一）墓葬结构

该墓为土坑竖穴墓。平面近圆角长方形，结构为直壁，平底（彩版一六一，2）。长 2.74、宽

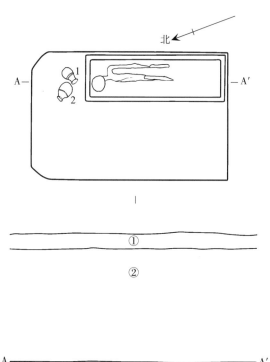

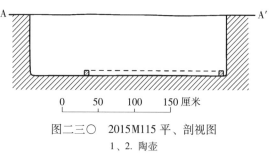

图二三〇　2015M115 平、剖视图
1、2. 陶壶

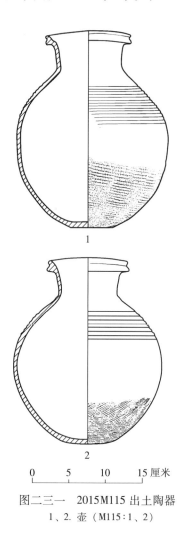

图二三一　2015M115 出土陶器
1、2. 壶（M115：1、2）

1.72、深 0.79 米。墓内填土为灰褐色花土，土质较疏松。

（二）葬具及人骨

该墓葬具为木棺，位于墓圹东侧。棺板腐朽严重，仅残存灰黑色板灰痕迹。但仍可看出棺室的形制和尺寸，形制为长方形箱式，长 1.94、宽 0.69 米。

棺内葬有人骨一具，保存较差。从形态面貌模糊可辨应为侧身直肢葬，头向北。

（三）随葬品

该墓出土随葬品为 2 件陶壶，置于棺外北侧。

壶　2 件（标本 M115：1、2）。均为夹砂灰陶。形制相似，圆唇，敞口，口沿略变形，短直颈，弧肩，圆鼓腹，最大腹径居中，平底。口沿外侧施一周凹槽，肩及上腹饰多道瓦棱纹，下腹拍印绳纹。标本 M115：1，口径 11.5、最大腹径 20.4、底径 5.9、高 26.2 厘米（图二三一，1；彩版一六四，2）。标本 M115：2，口径 10.8、最大腹径 20.1、底径 6.8、高 24.6 厘米（图二三一，2；彩版一六四，3）。

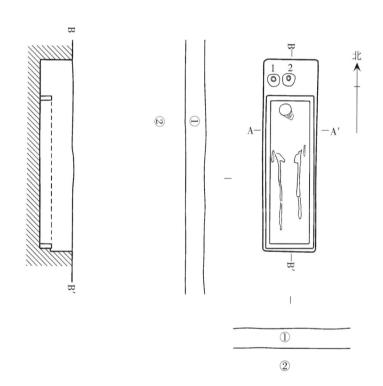

图二三二　2015M116 平、剖视图

1、2. 陶壶

2015M116

位于本发掘区西北角，方向 0°（图二三二）。开口于②层下，现存开口距地表 1.81 米。

（一）墓葬结构

该墓为土坑竖穴墓。平面呈长方形，结构为直壁，平底（彩版一六一，1）。长 2.56、宽 0.74、残深 0.45 米。墓内填土为灰黄色黏土。

（二）葬具及人骨

该墓葬具为木棺，棺板腐朽严重，仅残存灰黑色板灰痕迹，但仍可看出棺室的形制和尺寸。墓内靠南置木棺一具，形制为长方形箱式，长 2.03、宽 0.65、残高 0.17 米。

棺内葬有人骨一具，保存较差。从形态面貌模糊可辨应为侧身直肢葬，头向北。

（三）随葬品

出土陶壶 2 件，置于棺外北侧。

壶　2 件（M116：1、2）。均为夹砂黄褐陶。形制相似，尖唇，敞口，外沿较宽厚，沿面下斜，口沿形近盘口，束颈，弧肩，球腹，最大腹径居中，平底。肩及上腹饰瓦棱纹，下腹及底拍印绳纹。标本 M116：1，口径 9.9、最大腹径 21、底径 8、高 22.6 厘米（图二三三，1；彩版一六四，4）。标本 M116：2，口径 10、最大腹径 20.6、底径 8.1、高 22.4 厘米（图二三三，2；彩版一六四，5）。

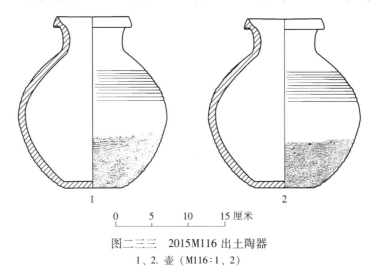

图二三三　2015M116 出土陶器
1、2. 壶（M116：1、2）

2015M117

位于本发掘区西北部，方向 0°（图二三四）。开口于②层下，现存开口距地表 2.12 米。

（一）墓葬结构

该墓为土坑竖穴墓。平面呈长方形，结构为直壁，平底（彩版一六五，1）。长 3.11、最宽约 1.43、残深 0.81 米。墓内填土为灰黄色黏土。

（二）葬具及人骨

葬具由椁和棺组成，椁板和棺板腐朽严重，仅残存灰黑色板灰痕迹，但仍可看出椁室和棺室的形制和尺寸。木椁平面形状呈长方形，椁内靠南置木棺一具，形制为长方形箱式，椁室北侧置

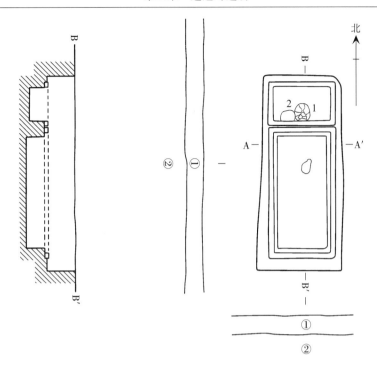

图二三四　2015M117 平、剖视图
1、2. 陶壶

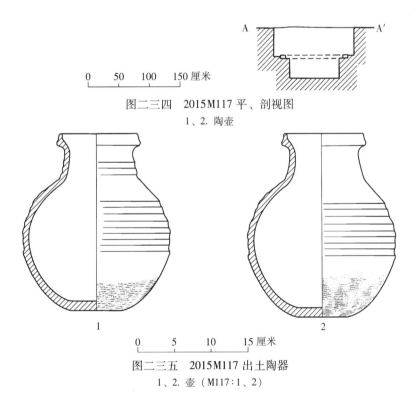

图二三五　2015M117 出土陶器
1、2. 壶（M117：1、2）

长方形头箱一处。椁室长 2.11、宽 1.1 米，木棺长 1.93、宽 0.95 米，头箱长 1.11、宽 0.69 米。

棺内葬有人骨一例，保存较差。从形态面貌模糊可辨应为侧身直肢葬，头向北。

（三）随葬品

陶壶 2 件，置于头箱内。

　　壶　2 件（M117：1、2）。均为夹砂灰褐陶。形制相似，尖唇，敞口，外沿较宽，沿面斜，口沿近盘口，束颈，弧肩，球腹，最大腹径居中，平底。上腹饰瓦棱纹，下腹及底拍印绳纹。标本 M117：1，颈部施瓦棱纹。口径 10.7、最大腹径 20.1、底径 7.1、高 23.4 厘米（图二三五，1；彩版一六五，2）。标本 M117：2，口径 10.9、最大腹径 20.6、底径 7.1、高 24.2 厘米（图二三五，2；彩版一六五，3）。

2015M118

　　位于本发掘区西北部，方向 115°（图二三六）。开口于②层下，开口距地表 1.14 米。

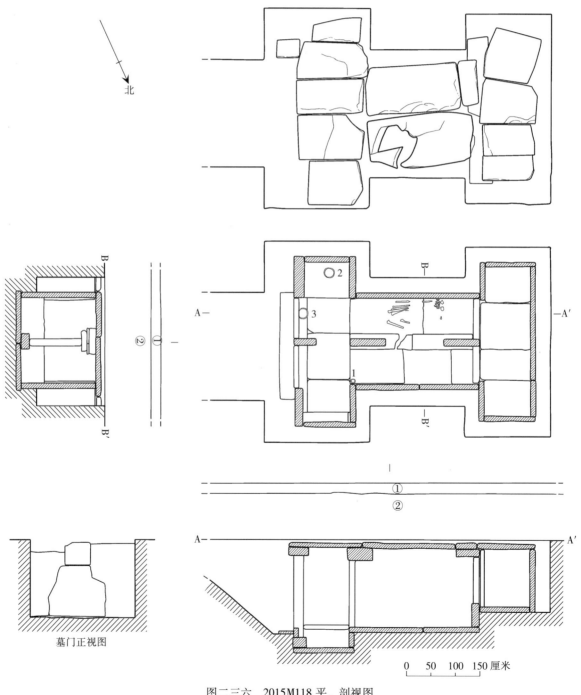

图二三六　2015M118 平、剖视图
1~3. 陶钵

（一）墓葬结构

该墓为多室石室墓。由墓道、墓门及墓室组成（彩版一六六，1）。

墓道　位于墓室东侧。长方形斜坡状。未完全发掘，长度不详，宽2.15米。

墓门　位于墓室东侧。由门框、门楣及门槛组成，宽2.12、高1.73米。门框借用南、北耳室东侧板。门楣系用长方形石条横置于门框之上，上顶墓室盖板。门槛系长方形石板置于门框之间。门内立有长方形石板一块，立板下置长方形础石，上接栌斗，栌斗上顶门楣。门外由两块长方形大石板立砌封堵，石板间白灰勾缝，门板下平铺有长条形石板。

墓室　平面近"工"字形，由前廊、南耳室、北耳室、主室及后室组成。墓底及四壁由规整石板砌筑，白灰勾缝，上盖石板为顶。主室北侧盖板可见一处形状不规则的盗洞。前廊平面呈长方形，面阔1.73、进深1.01、高1.95米。南耳室平面呈长方形，底部高于前廊底部0.45米，面阔0.89、进深0.69、高1.5米。北耳室平面近方形，面阔0.93、进深0.61、高1.95米。主室平面呈长方形，其中部东西向立有石板一组，将主室分为南、北两个长方形小室，石板下置长条形础石，上接栌斗，栌斗上顶墓室盖板。主室底部高于前廊底部0.42米，面阔1.67、进深2.59、高1.53米。后室平面呈长方形，底部高于主室底部0.36米，面阔2.96、进深0.99、高1.17米。

（二）葬具及人骨

未见葬具痕迹。

人骨保存情况较差，仅在主室南侧小室内发现少量躯干骨及肢骨，葬式不辨。

（三）随葬品

该墓共出土3件随葬品，均为陶钵。分别出土于前廊、主室及南耳室。

钵　3件（M118：1、2、3）。标本M118：1，夹砂灰陶。尖唇，敞口，斜直腹，平底。口径8.3、底径5.4、高3.2厘米（图二三七，1）。标本M118：2、3，均为夹细砂黄褐陶。形制相似，圆唇，敞口，斜弧腹，平底。内底施凹槽一周。标本M118：2，唇面饰一周凹槽。口径20、底径10.5、高7厘米（图二三七，2；彩版一六六，2）。标本M118：3，口径19.8、底径9.1、高7.1厘米（图二三七，3；彩版一六六，3）。

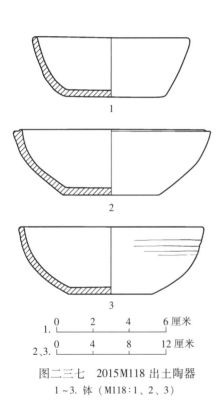

图二三七　2015M118出土陶器
1~3. 钵（M118：1、2、3）

2015M119

位于本发掘区西北部，方向290°（图二三八）。开口于②层下，开口距地表1.23米。

（一）墓葬结构

该墓为多室石室墓。由墓道、墓门及墓室组成（彩版一六六，4）。

墓道　位于墓室西侧。长方形斜坡状。未完全发掘，长度不详，宽1.99米。

墓门　被严重破坏，残存门板下平铺的长条形石板。

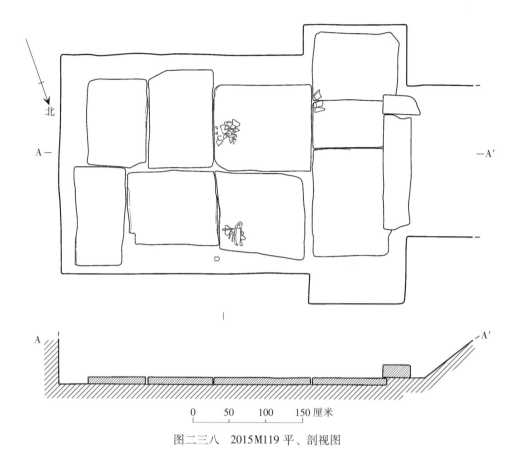

图二三八　2015M119 平、剖视图

墓室　现仅存墓底。墓底平面近"T"字形，由前廊、主室及南、北耳室组成。墓底由规整石板砌筑，白灰勾缝，墓壁及墓顶不存。前廊平面呈长方形，整体面阔约 2.1、进深约 1.01 米，高度不详。南耳室平面呈长方形，面阔约 1.1、进深约 0.9 米，高度不详。北耳室平面呈长方形，面阔约 1.1、进深约 0.6 米，高度不详。主室平面呈长方形，面阔约 2.6、进深约 3.2 米，高度不详。

（二）葬具及人骨

该墓被严重破坏，未发现葬具痕迹。

人骨保存情况差，仅在墓底发现少量肢骨。

（三）随葬品

该墓出土随葬品多已残碎不可修复，可辨器形者 2 件，计有陶盘 1、铜件 1。

1. 陶器

盘　1 件。标本 M119：1，泥质灰褐陶。尖唇，敞口，外沿厚，折腹，台底，内底内凹。内沿、内壁各施一周凸棱。口径 16.6、底径 5.8、高 3 厘米（图二三九，1；彩版一六六，5）。

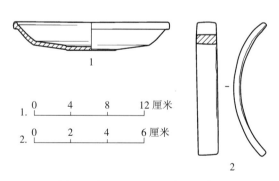

图二三九　2015M119 出土器物
1. 陶盘（M119：1）　2. 铜件（M119：2）

2. 铜器

铜件　1件。标本 M119：2，端头残损。整体呈圆弧形，端头折曲弧缓，截面呈长方形。残长 7.1、宽 1.16、厚 0.36 厘米，重 23 克（图二三九，2）。

2015M120

位于本发掘区西北部，方向 202°（图二四○）。开口于②层下，现存开口距地表 1.12 米。

（一）墓葬结构

该墓为竖穴土坑墓。墓圹平面呈长方形（彩版一六七，1），长 4、宽 2.4、残深 0.65 米。

（二）葬具及人骨

葬具为石椁，由规整石板砌筑椁室，白灰勾缝，上盖石板为顶，顶部石板部分缺失。椁室为并列的五个小室，分别定为西一室、西二室、中室、东二室、东一室。西一室平面呈长方形，西侧及南侧墓壁缺失，内长 1.87、宽 0.54 米。西二室平面呈长方形，内长 1.82、宽 0.69 米。中室平面近长方形，内长约 1.83、宽约 0.66 米。东二室平面呈长方形，长 1.86、宽 0.61 米。东一室

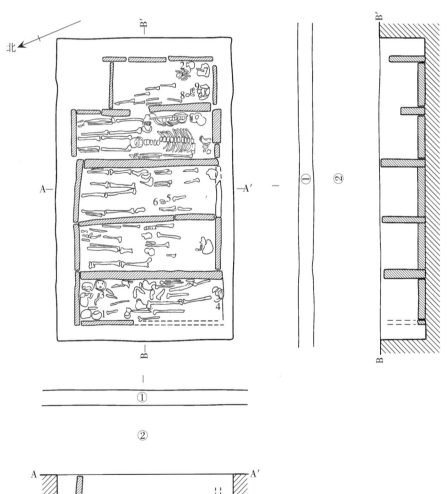

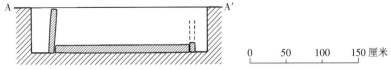

图二四○　2015M120 平、剖视图

1、2. 陶罐　3、4. 陶夌　5、6. 银指环　7. 骨簪　8. 铜顶针　9. 玉石串饰

长度较其他四室短，长 1.35、宽 0.64 米。通高约 0.6 米（彩版一六七，2、3）。

各椁室底部均发现较多白灰堆积，东一室、东二室尤甚。

墓内各小室内均有人骨出土，保存情况各异。西一室内发现三例颅骨，葬式为仰身直肢葬，头向北。西二室内可见一例颅骨及分属于两例个体的肢骨，应为仰身直肢葬，头向南。中室内可见两例个体，葬式为仰身直肢，头向南。东二室内两例个体保存较好，仰身直肢葬，头向南，面向东。东一室内人骨保存情况较差，可见分属两例个体的颅骨碎片，葬式不明。

（三）随葬品

该墓共出土随葬品 9 件（套），出土于各椁室中。包括陶器 4 件、玉石器 1 套 5 件、骨器 1 件、铜器 1 件及银器 2 件。

1. 陶器

共 4 件。计有罐 2、奁 2。

罐　2 件（M120：1、2）。标本 M120：1，泥质灰陶。圆唇，敛口，斜直颈，弧肩，鼓腹，最大腹径偏上，平底。口径 5.8、最大腹径 14.5、底径 7.2、高 12.4 厘米（图二四一，1；彩版一六八，1）。标本 M120：2，夹砂黄褐陶。方圆唇，喇叭形侈口，束颈，溜肩，弧鼓腹，最大腹径偏上，平底。肩部饰两周凹弦纹。口径 5.6、最大腹径 9.8、底径 3.5、高 11.4 厘米（图二四一，2；彩版一六八，2）。

奁　2 件（M120：3、4）。标本 M120：3，泥质黑褐陶。仅存奁盖。圆唇，直口略敞，直壁略内弧，圆弧顶。顶置三个乳丁纽，并饰两周凹弦纹。口径 17.2、壁厚 0.6、高 12.3 厘米（图二四一，5；彩版一六八，3）。标本 M120：4，泥质灰褐陶。奁盖方唇，直口微敞，直壁略内弧，圆弧顶略平。顶饰两周凹弦纹。口径 14.4、高 8.1 厘米。奁体方圆唇，直口，直壁略内弧，近底处

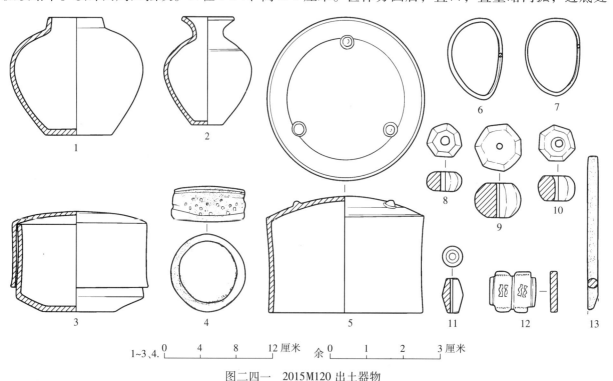

图二四一　2015M120 出土器物

1、2. 陶罐（M120：1、2）　　3、5. 陶奁（M120：4、3）　　4. 铜顶针（M120：8）　　6、7. 银指环（M120：5、6）
8～12. 玉石串饰（M120：9-1、9-2、9-3、9-4、9-5）　　13. 簪棒（M120：7）

斜直折，平底。口径12.3、底径7.9、高9.2厘米（图二四一，3；彩版一六八，4）。

2. 玉石器

共1套5件。为串饰组件（彩版一六八，3）。

串饰组件　5件（M120:9-1、9-2、9-3、9-4、9-5）。其中标本M120:9-1、9-2、9-3为红玛瑙，形制相似，磨制较为光滑，整体近扁球形，表面多棱状，纵向穿有一孔。标本M120:9-1，直径0.9、孔径0.3厘米，重4.1克（图二四一，8）。标本M120:9-2，直径0.8、孔径0.4厘米，重0.91克（图二四一，9）。标本M120:9-3，直径1.1、孔径0.3厘米，重1.95克（图二四一，10）。标本M120:9-4、9-5，为煤精制品。标本M120:9-4，整体呈梭形，两端齐平，纵向穿有一孔。最大腹径0.6、孔径0.3、高0.9厘米，重1.3克（图二四一，11）。标本M120:9-5，胜形饰件，双连结构，中部纵向穿有一孔，穿孔两侧平面均呈上下带翼的长方形，整体扁薄。正、反两面均有两个长方形界格，界格内压印"亚"字形纹饰。通长1.2、通高0.2厘米，重2.2克（图二四一，12）。

3. 骨器

簪　1件。标本M120:7，两端残缺，棒状，截面呈圆形。残长4.1、杆径0.3厘米（图二四一，13）。

4. 铜器

顶针　1件。标本M120:8，整体呈圆形。外壁上、下两侧各锻出两周凸纹，两组弦纹间饰圆点纹；中间为錾刻的窝点纹。直径2.1、宽0.9厘米，重4.51克（图二四一，4）。

5. 银器

共2件。均为指环。

标本M120:5、6，形制相似，平面呈椭圆形。标本M120:5，截面近梯形。最大直径2.2厘米，重0.35克（图二四一，6）。标本M120:6，截面近扁圆形。最大直径2.1厘米，重0.5克（图二四一，7）。

2015M121

位于本发掘区北部，方向144°（图二四二）。开口于②层下，开口距地表1.53米。

（一）墓葬结构

该墓为多室石室墓。由墓道、墓门及墓室组成（彩版一六九，1）。

墓道　位于墓室东侧。长方形斜坡状。未完全发掘，长度不详，宽2.97米。

墓门　位于墓室东侧。由门框、门楣及门槛组成，宽2.25、高1.49米。门框借用南、北耳室东侧板。门楣系用长方形石条横置于门框之上，上顶墓室盖板。门槛系长方形石板置于门框之间。门内立有长方形石板，立板下置长方形础石，上接栌斗，栌斗上顶门楣。门外由两块长方形大石板立砌封堵，石板间白灰勾缝，门板下平铺有长条形石板。

墓室　平面近"工"字形，由前廊、北耳室、南耳室、主室及回廊组成。墓底及四壁由规整石板砌筑，白灰勾缝，上盖石板为顶。主室顶板可见一处近长方形盗洞。前廊平面呈长方形，面阔3.04、进深1.12、高1.85米。北耳室平面呈长方形，面阔1.07、进深0.89、高1.85米。南耳

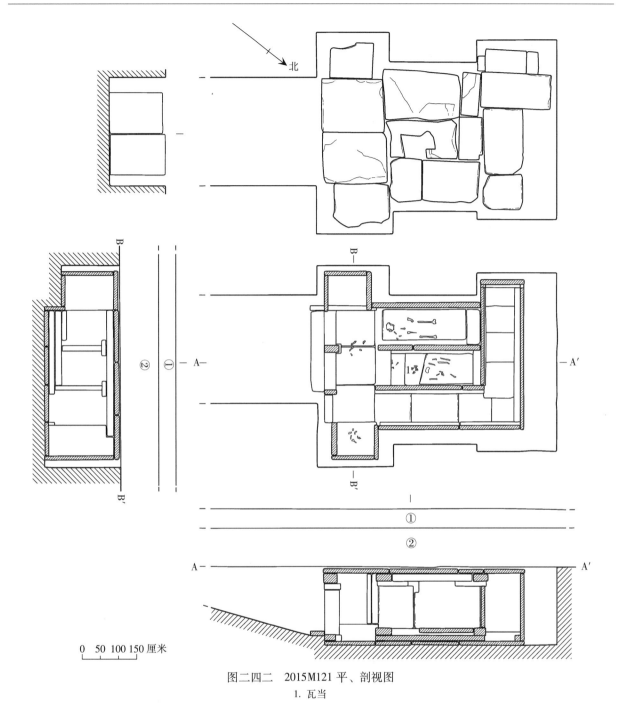

图二四二　2015M121 平、剖视图
1. 瓦当

室平面呈长方形，底部高于前廊底部 0.44 米，面阔 1.08、进深 0.96、高 1.41 米。主室平面呈长方形，其内东西向纵立长方形石板一组，将主室分为北、南两个长方形小室，立板下置长条形石板，上接栌斗，栌斗上顶墓室盖板。主室底部高于前廊底部 0.34 米，面阔 2.13、进深 2.97、高 1.48 米。主室西侧、北侧用石板与回廊相隔。回廊整体呈"L"形，围绕在主室的西侧及北侧，内宽 0.94、高 1.83 米（彩版一六九，2）。

（二）葬具及人骨

主室的南侧小室置有一长方形石板，作为棺床。长 2.28、宽 0.79 米。未见木制葬具痕迹。

人骨保存情况较差，小室内各出土一例颅骨碎片及少量肢骨。从残存人骨判断，南侧小室内个体葬式为仰身直肢葬，头向南。北侧小室内个体葬式不明。

（三）随葬品

该墓出土随葬品 1 件，为瓦当。

标本 M121：1，泥质灰陶。当面呈圆形，边轮较宽，略有残损。当面中心为圆纽形，当面主纹饰四组羊角形卷云纹。直径 15.3、厚 2.2 厘米（图二四三；彩版一六九，3）。

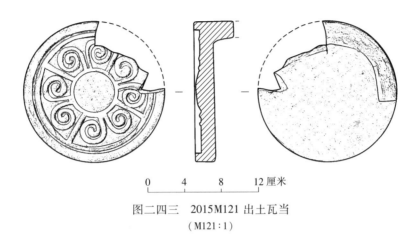

0　　4　　8　　12 厘米

图二四三　2015M121 出土瓦当
（M121：1）

2015M122

位于本发掘区北部，方向 201°（图二四四）。开口层位及深度难以判断。

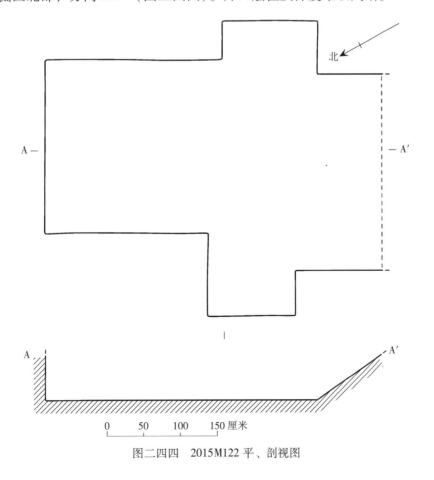

0　　50　　100　　150 厘米

图二四四　2015M122 平、剖视图

（一）墓葬结构

由于被严重破坏，现仅存墓圹。墓圹呈"中"字形，结构为直壁，平底。从营建形制推测，该墓为多室石室墓。从墓葬结构可以看出，是由墓道和墓室组成。

墓道　位于墓室南侧。长方形斜坡状。未完全发掘，长度不详，宽2.6米。

墓室　平面近"凸"字形，由主室、前廊及东、西耳室组成。墓圹南北最长3.7、东西最宽3.9、残深约0.57米。

（二）葬具及人骨

该墓被严重破坏，未见葬具痕迹及人骨痕迹。

（三）随葬品

未见随葬品。

2015M123

位于本发掘区北部，方向204°（图二四五）。开口于②层下，开口距地表0.98米。

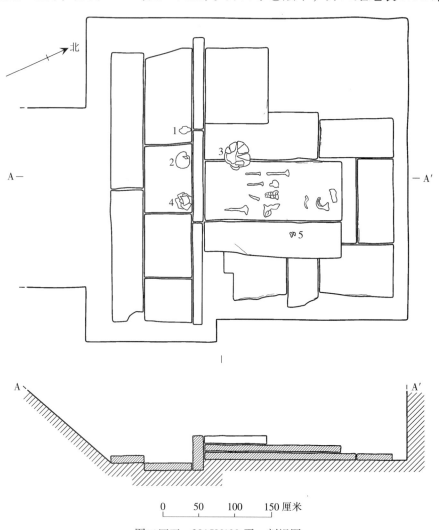

图二四五　2015M123 平、剖视图

1. 陶耳杯　2. 陶盘　3. 陶案　4. 陶奁　5. 铁棺钉

（一）墓葬结构

该墓为多室石室墓。由墓道、墓门及墓室组成（彩版一七〇，1）。

墓道 位于墓室南侧。长方形斜坡状。未完全发掘，长度不详，宽 2.41 米。

墓门 位于墓室南侧。被严重破坏，现已不存。

墓室 平面呈"L"形，由前廊、耳室、主室及回廊组成。墓底由规整石板砌筑，白灰勾缝，墓壁及墓顶不存。前廊平面呈长方形，面阔约 3.62、进深约 0.68 米，高度不详。耳室位于主室西南角，平面近方形，面阔约 0.92、进深 0.98 米，高度不详。主室平面近长方形，面阔约 1.78、进深约 2.02 米，高度不详。回廊整体呈"L"形，围绕在主室的东侧及北侧，宽约 0.7 米。

（二）葬具及人骨

该墓被严重破坏，未见木制葬具痕迹，仅存数枚铁棺钉。

人骨保存情况较差，仅存颅骨碎片及少量肢骨置于主室内。

（三）随葬品

该墓出土 4 件陶器，置于前廊及主室之内。计有耳杯 1、盘 1、案 1、奁 1。

耳杯 1 件。标本 M123：1，泥质黄褐陶。椭圆形杯口，尖圆唇，敞口，双耳平齐，弧腹，台底。口长径 10.8、口短径 8.4、底长径 6、底短径 3.2、高 3.1 厘米（图二四六，2；彩版一七一，1）。

盘 1 件。标本 M123：2，泥质灰褐陶。尖唇，敞口，外沿厚，折腹，台底，内底内凹。内沿施一周浅凹槽，内壁饰一周凸棱纹。口径 17.3、底径 7.4、高 3.7 厘米（图二四六，1；彩版一七一，2）。

案 1 件。标本 M123：3，泥质灰褐陶。平面呈圆形，扁平片状，边缘一周凸棱，为截面方形略外倾的边沿。案面刻划两周弦纹。口径 38.1、底径 36、高 1.5 厘米（图二四六，3；彩版一七一，3）。

奁 1 件。标本 M123：4，泥质灰陶。仅存奁盖。圆唇，直口略敞，直壁略内弧，圆弧顶，顶置三个乳丁状纽，顶边缘刻划一周弦纹。口径 17、高 13.6 厘米（图二四六，4；彩版一七一，4）。

2015M124

位于本发掘区北部，方向 190°（图二四七）。开口于②层下，开口距地表 1.1 米。

（一）墓葬结构

该墓为多室石室墓。由墓道、墓门及墓室组成（彩版一七二，1）。

墓道 位于墓室南侧。长方形斜坡状。未完全发掘，长度不详，宽 1.88 米。

墓门 位于墓室南侧。现存门框及门槛。门宽 1.84 米，高度不详。门框借用东、西耳室南侧板。门槛系长方形石板置于门框之间，其内置近方形础石一块。封门石板不存，可见门板下长方形石条。

墓室 平面近"工"字形，由前廊、东耳室、西耳室、主室及后室组成。墓壁仅存东耳室的东、南侧板。墓顶不存。墓底由规整石板砌筑，白灰勾缝。前廊平面呈长方形，面阔 2.09、进深 1.09 米，高度不详。西耳室平面呈长方形，面阔约 1.76、进深约 0.92 米，高度不详。东耳室平面近方形，面阔 0.94、进深 0.77 米，高度不详。主室平面呈长方形，中部南北向置一长方形础石，将主室分为东、西两个长方形小室。主室底部高于前廊底部 0.2 米，面阔约 2.42、进深约 2.48 米，高度不详。后室平面呈长方形，面阔约 3.62、进深约 0.94 米，高度不详。

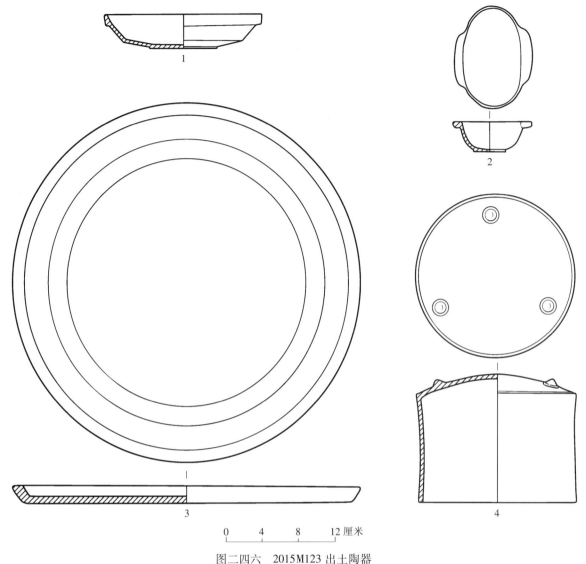

0　　4　　8　　12 厘米

图二四六　2015M123 出土陶器
1. 盘（M123:2）　2. 耳杯（M123:1）　3. 案（M123:3）　4. 奁（M123:4）

（二）葬具及人骨

该墓被严重破坏，未见葬具痕迹。

该墓人骨保存情况较差，主室及东耳室可见颅骨残片及少量肢骨。

（三）随葬品

该墓共出土随葬品4件（套），出土于主室及前廊。计有陶器2件、铜器1件、铜钱123枚。

1. 陶器

共2件。计有长颈瓶1、壶1。

长颈瓶　1件。标本 M124:1，泥质灰陶。方唇，直口微敞，长颈，溜肩，鼓腹，平底。下腹部等距镂空三个圆孔，底部有一圆形小孔。口径4.7、最大腹径13.4、底径7、高22.5 厘米（图二四八，1；彩版一七二，2）。

壶　1件。标本 M124:2，泥质灰陶。形似鸟，"鸟背"部为口，口方唇，直口，直颈，弧肩，鼓腹，平底略外凸。颈肩相接处对称穿有两处圆孔，上腹一侧置鱼鳍状耳如"鸟头"，对侧置

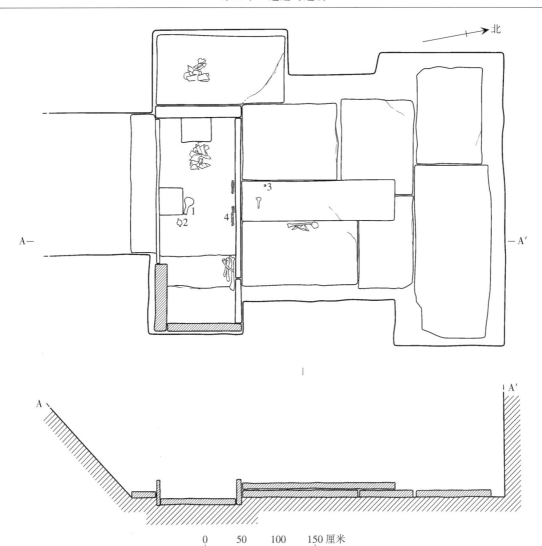

图二四七　2015M124 平、剖视图
1. 陶长颈瓶　2. 陶壶　3. 铜泡钉　4. 铜钱

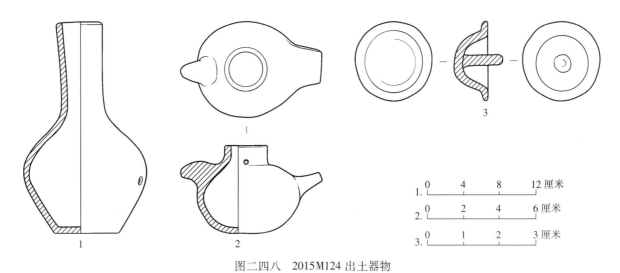

图二四八　2015M124 出土器物
1. 陶长颈瓶（M124∶1）　2. 陶壶（M124∶2）　3. 铜泡钉（M124∶3）

一宽扁錾耳如"鸟尾"。口径2.3、通长7.8、通宽5.1、高4.7厘米（图二四八，2；彩版一七二，3）。

2. 铜器

泡钉　1件。标本M124:3，表面鎏金。圆帽形，周边有折沿，中部置一方棱状钉。泡径2.1、高1.4厘米（图二四八，3）。

3. 铜钱

123枚，编号M124:4－1～4－123。均为"五铢"。详情见表六一。

表六一　　　　　　　　　　2015M124出土铜钱登记表　　　　（尺寸单位：厘米；重量单位：克）

种类	编号	特征		郭径	钱径	穿宽	郭厚	肉厚	重量
		文字特征	记号						
五铢	4－1	"五"字瘦长，竖画甚曲；"金"头三角形，四竖点；"朱"头较圆，"朱"下较圆		2.62	2.32	0.96	0.12	0.11	3.24
	4－2	同上		2.53	2.22	0.90	0.13	0.09	3.00
	4－3	同上		2.57	2.33	0.90	0.14	0.14	3.55
	4－4	同上		2.61	2.30	0.92	0.12	0.13	3.31
	4－5	同上		2.57	2.29	0.87	0.14	0.13	3.1
	4－6	同上		2.59	2.35	0.93	0.16	0.11	2.65
	4－7	同上		2.59	2.39	0.98	0.13	0.11	3.02
	4－8	同上		2.55	2.33	0.90	0.18	0.11	2.65
	4－9	同上		2.52	2.41	0.10	0.14	0.14	3.01
	4－10	同上		2.47	2.29	0.98	0.10	0.09	2.19
	4－11	同上		2.60	2.33	0.90	0.13	0.12	3.39
	4－12	同上		2.56	2.21	0.94	0.12	0.12	2.55
	4－13	同上		2.58	2.24	0.83	0.16	0.15	2.83
	4－14	同上		2.48	2.25	0.88	0.10	0.11	2.75
	4－15	同上		2.54	2.27	0.96	0.13	0.12	2.95
	4－16	同上		2.54	2.33	0.99	0.15	0.12	2.83
	4－17	同上		2.51	2.21	0.87	0.15	0.11	3.46
	4－18	同上		2.57	2.33	0.90	0.12	0.11	3.40
	4－19	同上		2.49	2.23	0.99	0.13	0.12	3.28
	4－20	同上		2.57	2.23	0.90	0.14	0.13	3.57
	4－21	同上		2.55	2.22	0.90	0.15	0.14	3.71
	4－22	同上		2.57	2.32	0.90	0.12	0.10	2.60

续表六一

种类	编号	特征		郭径	钱径	穿宽	郭厚	肉厚	重量
		文字特征	记号						
五铢	4-23	"五"字瘦长，竖画甚曲；"金"头三角形，四竖点；"朱"头较圆，"朱"下较圆		2.58	2.27	0.89	0.12	0.11	3.78
	4-24	同上		2.68	2.22	0.87	0.15	0.14	2.69
	4-25	同上		2.57	2.24	0.90	0.13	0.10	2.92
	4-26	同上		2.56	2.26	0.90	0.13	0.12	3.33
	4-27	同上		2.55	2.23	0.90	0.12	0.11	2.62
	4-28	同上		2.42	2.27	0.87	0.13	0.10	3.24
	4-29	同上		2.55	2.22	0.90	0.12	0.09	2.87
	4-30	同上		2.57	2.35	0.98	0.13	0.12	2.78
	4-31	同上		2.57	2.27	0.90	0.12	0.11	2.38
	4-32	同上		2.48	2.27	0.98	0.17	0.14	2.90
	4-33	同上		2.56	2.41	0.90	0.15	0.14	2.81
	4-34	同上		2.38	2.22	0.99	0.09	0.10	2.05
	4-35	同上		2.58	2.25	0.95	0.12	0.11	2.25
	4-36	同上		2.53	2.23	0.93	0.12	0.11	2.37
	4-37	同上		2.60	2.39	0.10	0.14	0.16	2.34
	4-38	同上		2.55	2.22	0.90	0.13	0.10	2.50
	4-39	同上		2.60	2.31	0.98	0.10	0.14	2.91
	4-40	同上		2.58	2.32	0.96	0.12	0.10	3.32
	4-41	同上		2.58	2.25	0.95	0.18	0.16	3.41
	4-42	同上		2.54	2.28	0.98	0.12	0.10	2.36
	4-43	同上		2.54	2.25	0.97	0.13	0.12	3.08
	4-44	同上		2.55	2.27	0.94	0.13	0.11	3.05
	4-45	同上		2.58	2.27	0.93	0.13	0.10	3.11
	4-46	同上		2.54	2.25	0.91	0.12	0.10	2.39
	4-47	同上		2.56	2.31	0.99	0.12	0.10	2.31
	4-48	同上		2.56	2.19	0.87	0.12	0.11	3.03
	4-49	同上		2.57	2.26	0.97	0.13	0.10	2.53
	4-50	同上		2.52	2.24	0.96	0.08	0.07	2.07
	4-51	同上		2.54	2.24	0.89	0.16	0.14	3.60
	4-52	同上		2.56	2.29	0.91	0.12	0.10	2.67
	4-53	同上		2.57	2.32	0.93	0.16	0.14	3.77
	4-54	同上		2.55	2.34	0.97	0.13	0.11	2.42
	4-55	同上		2.58	2.21	0.91	0.11	0.09	2.85
	4-56	同上		2.60	2.28	0.99	0.17	0.14	2.82

种类	编号	特征		郭径	钱径	穿宽	郭厚	肉厚	重量
		文字特征	记号						
五铢	4－57	"五"字瘦长，竖画甚曲；"金"头三角形，四竖点；"朱"头较圆，"朱"下较圆		2.53	2.26	0.97	0.15	0.13	2.66
	4－58	同上		2.50	2.22	0.88	0.10	0.09	2.47
	4－59	同上		2.58	2.28	0.96	0.16	0.14	2.77
	4－60	同上		2.34	2.15	0.91	0.11	0.10	1.92
	4－61	同上		2.41	2.11	0.87	0.09	0.07	2.72
	4－62	同上		2.58	2.22	0.91	0.11	0.09	2.56
	4－63	同上		2.57	2.29	0.90	0.10	0.11	2.94
	4－64	同上		2.59	2.39	0.88	0.12	0.10	3.43
	4－65	同上		2.53	2.23	0.93	0.12	0.11	2.83
	4－66	同上		2.51	2.23	0.93	0.13	0.12	3.06
	4－67	同上		2.59	2.25	0.98	0.15	0.10	2.09
	4－68	同上		2.49	2.26	0.88	0.16	0.14	2.63
	4－69	同上		2.66	2.28	0.98	0.15	0.14	3.19
	4－70	同上		2.56	2.20	0.89	0.17	0.14	2.50
	4－71	同上		2.53	2.27	0.86	0.12	0.10	2.42
	4－72	同上		2.59	2.31	0.98	0.14	0.13	3.44
	4－73	"五"字瘦长，竖画甚曲；"金"头三角形，四竖点；"朱"头较方，"朱"下较圆		2.53	2.41	0.92	0.15	0.07	3.2
	4－74	同上		2.53	2.22	0.92	0.12	0.13	2.73
	4－75	同上		2.63	2.29	0.87	0.13	0.10	2.44
	4－76	同上		2.62	2.30	0.97	0.14	0.12	2.75
	4－77	同上		2.54	2.19	0.90	0.14	0.12	2.96
	4－78	"五"字瘦长，竖画甚曲；"金"头三角形，四竖点；"朱"头较圆，"朱"下较方		2.56	2.30	0.97	0.11	0.12	3.00
	4－79	同上		2.50	2.32	0.93	0.13	0.11	2.77
	4－80	"五"字瘦长，竖画甚曲；"金"头三角形，四竖点；"朱"头较方，"朱"下较方		2.57	2.21	0.99	0.15	0.08	2.76
	4－81	同上		2.55	2.27	0.91	0.11	0.12	2.68
	4－82	同上		2.61	2.22	0.91	0.15	0.14	3.32
	4－83	同上		2.59	2.19	0.90	0.15	0.12	2.96

种类	编号	特征		郭径	钱径	穿宽	郭厚	肉厚	重量
		文字特征	记号						
五铢	4-84	"五"字瘦长，竖画缓曲；"金"头三角形，四竖点；"朱"头较圆，"朱"下较圆		2.57	2.26	0.96	0.13	0.14	3.22
	4-85	同上		2.54	2.30	0.91	0.15	0.13	2.93
	4-86	同上		2.57	2.38	0.91	0.16	0.13	2.93
	4-87	"五"字瘦长，竖画较直；"金"头三角形，四竖点；"朱"头较圆，"朱"下较圆		2.56	2.26	0.96	0.16	0.15	3.39
	4-88	字迹不清		2.58	2.27	0.97	0.15	0.14	3.65
	4-89	字迹不清		2.59	2.30	0.90	0.12	0.10	2.99
	4-90	字迹不清		2.51	2.18	0.88	0.11	0.09	2.60
	4-91	字迹不清		2.54	2.18	0.96	0.12	0.10	2.62
	4-92	字迹不清		2.55	2.17	0.90	0.15	0.13	3.43
	4-93	"五"字瘦长，竖画较直；"金"头三角形，四竖点；"朱"头较圆，"朱"下较圆		2.44	2.22	0.87	0.13	0.10	2.55
	4-94	同上		2.53	2.17	0.91	0.12	0.11	2.45
	4-95	同上		2.59	2.29	0.90	0.11	0.09	2.44
	4-96	同上		2.52	2.31	0.91	0.13	0.11	2.63
	4-97	同上		2.53	2.20	0.94	0.14	0.12	2.67
	4-98	同上		2.57	2.31	0.94	0.17	0.15	4.52
	4-99	同上		2.53	2.28	0.92	0.12	0.11	2.12
	4-100	同上		2.55	2.26	0.89	0.15	0.12	2.97
	4-101	同上		2.53	2.35	0.90	0.17	0.15	3.64
	4-102	同上		2.48	2.19	0.88	0.12	0.10	2.09
	4-103	同上		2.44	2.27	0.99	0.09	0.08	1.73
	4-104	同上		2.52	2.24	0.93	0.12	0.09	2.76
	4-105	同上		2.50	2.21	0.97	0.12	0.10	2.43
	4-106	同上		2.43	2.25	0.98	0.11	0.09	2.18
	4-107	同上		2.51	2.17	0.90	0.11	0.10	2.05
	4-108	同上		2.43	2.22	0.92	0.09	0.06	1.81
	4-109	同上		2.42	2.20	0.90	0.13	0.11	2.87
	4-110	同上		2.38	2.19	0.87	0.10	0.09	2.50
	4-111	同上		2.30	2.06	0.90	0.07	0.06	1.94
	4-112	同上		2.54	2.30	0.96	0.12	0.11	2.74
	4-113	同上		2.55	2.32	0.90	0.12	0.10	2.11

种类	编号	特征		郭径	钱径	穿宽	郭厚	肉厚	重量
		文字特征	记号						
五铢	4-114	"五"字瘦长，竖画较直；"金"头三角形，四竖点；"朱"头较圆，"朱"下较圆		2.19	2.02	0.96	0.10	0.08	2.17
	4-115	同上		2.54	2.31	0.93	0.12	0.10	2.65
	4-116	同上		2.55	2.28	0.96	0.13	0.10	2.29
	4-117	同上		2.50	2.16	0.92	0.17	0.14	3.29
	4-118	同上		2.56	2.32	0.86	0.13	0.12	2.19
	4-119	同上		2.38	2.12	0.90	0.12	0.11	1.98
	4-120	同上		2.29	2.09	0.96	0.10	0.09	2.05
	4-121	同上		2.07	1.99	0.97	0.10	0.10	1.74
	4-122	同上		2.53	2.32	0.92	0.12	0.10	2.01
	4-123	同上	剪轮	1.73	0.93			0.11	0.93

2015M125

位于本发掘区北部，方向 28°（图二四九）。开口于第②层下，开口距地表 0.96 米。

（一）墓葬结构

由于被严重破坏，仅存墓圹。墓圹呈"中"字形，结构为直壁，平底。从营建形制推测，该墓为多室石室墓。从墓葬结构可以看出，是由墓道和墓室组成。

墓道　位于墓室北侧。长方形斜坡状。未完全发掘，长度不详，宽 1.36 米。

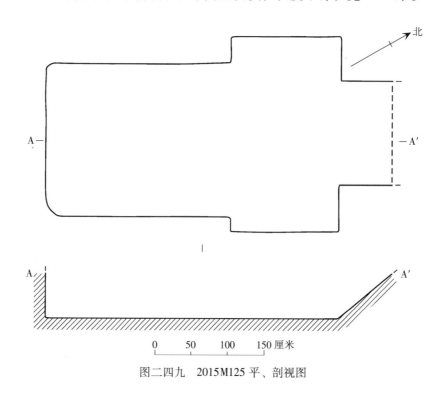

图二四九　2015M125 平、剖视图

墓室　平面近"凸"字形，由主室、前廊及东、西耳室组成。墓圹南北最长 4.04、东西最宽 2.58、残深约 0.57 米。

（二）葬具及人骨

该墓被严重破坏，未见葬具痕迹及人骨痕迹。

（三）随葬品

未见随葬品。

2015M126

位于本发掘区北部，方向 200°（图二五〇）。开口于②层下，开口距地表 0.89 米。

（一）墓葬结构

该墓为多室石室墓。由墓道、墓门及墓室组成（彩版一七〇，2）。

墓道　位于墓室南侧。长方形斜坡状。未完全发掘，长度不详，宽 3.74 米。

墓门　位于墓室南侧。现存门槛，门槛系长方形石条拼接而成。门内残留长方形础石四块。封门石板不存，可见门板下铺设的长方形石条。

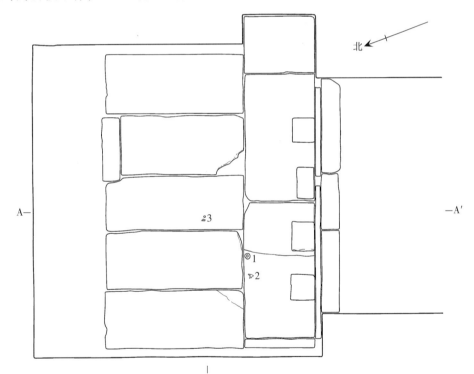

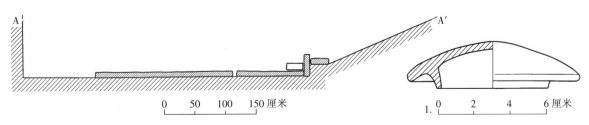

图二五〇　2015M126 平、剖视图及其出土陶器盖
1. 陶器盖　2. 残陶片　3. 铜钱

墓室　平面呈"L"形，由前廊、东耳室及主室组成。被严重破坏，仅存墓底。墓底用规整的石板砌筑而成，白灰勾缝。前廊平面呈长方形，面阔 4.38、进深 1.16 米，高度不详。东耳室平面近方形，面阔约 1.16、进深约 1.1 米，高度不详。主室平面呈长方形，面阔约 4.72 米，进深及高度不详。

（二）葬具及人骨

该墓被严重破坏，未见葬具痕迹及人骨痕迹。

（三）随葬品

该墓出土随葬品 3 件（套），均出土于前廊，包括陶器 2 件及铜钱 10 枚。

1. 陶器

2 件。计有器盖 1、残片 1。

器盖　1 件。标本 M126：1，泥质灰陶。方唇，子母口，弧顶。顶部有工具刮削痕迹。盖面径 9.5、口径 6.1、高 2.5 厘米（图二五〇，1；彩版一七一，5）。

残片　1 件。标本 M126：2，泥质灰陶。不可修复。

2. 铜钱

10 枚，编号 M126：3 - 1 ~ 3 - 10。均为"五铢"。详情见表六二。

表六二　　　　　　　　　　2015M126 出土铜钱登记表　　　　　（尺寸单位：厘米；重量单位：克）

种类	编号	特征		郭径	钱径	穿宽	郭厚	肉厚	重量
		文字特征	记号						
五铢	3 - 1	"五"字瘦长，竖画甚曲；"金"头三角形，四竖点；"朱"头较圆，"朱"下较圆		2.56	2.28	0.88	0.13	0.12	3.23
	3 - 2	同上		2.58	2.28	0.93	0.15	0.13	2.87
	3 - 3	同上		2.63	2.30	0.92	0.12	0.13	2.76
	3 - 4	同上		2.59	2.16	0.90	0.13	0.11	2.69
	3 - 5	同上		2.52	2.32	0.98	0.12	0.11	2.98
	3 - 6	"五"字瘦长，竖画甚曲；"金"头三角形，四竖点；"朱"头较方，"朱"下较圆		2.49	2.25	0.97	0.14	0.11	2.75
	3 - 7	同上		2.58	2.33	0.95	0.14	0.12	2.77
	3 - 8	"五"字瘦长，竖画缓曲；"金"头三角形，四竖点；"朱"头较圆，"朱"下较圆		2.55	2.28	0.92	0.14	0.12	2.92
	3 - 9	同上		2.58	2.25	0.93	0.15	0.13	2.82
	3 - 10	"五"字瘦长，竖画缓曲；"金"头三角形，四竖点；"朱"头较方，"朱"下较圆		2.58	2.27	0.90	0.15	0.14	3.19

2015M127

位于本发掘区北部，方向220°（图二五一）。开口于②层下，开口距地表0.79米。

（一）墓葬结构

该墓为多室石室墓。平面近"士"字形，由墓道、墓门及墓室组成（彩版一七三，1）。

墓道　位于墓室南侧。长方形斜坡状。未完全发掘，长度不详，宽4.69米。

墓门　位于墓室南侧。现存门框及门槛。门宽2.8米，从门槛及东耳室侧板推测高度为1.2米。门框借用东、西耳室南侧板，现存东侧门框；门槛系长方形石板置于门框之间。门内残留长方形础石三块。封门石板不存，可见门板下铺设的长方形石条。门外两侧用青砖砌成门垛，砌法为单层平砖顺砌。

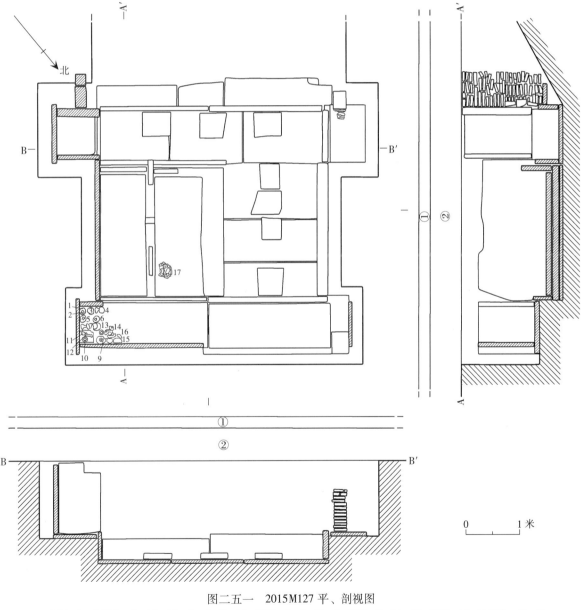

图二五一　2015M127 平、剖视图

1. 小甄　2. 井组合　3、12、13. 盆　4、7、15. 器座　5、9. 罐　6. 鋗镂　8、14、16. 器盖　10. 灶组合　11. 俎
17. 亚腰形小陶器（未标明质地者均为陶器）

墓室 平面近"工"字形，由前廊、东耳室、西耳室、主室及后室组成。墓底及四壁由规整石板砌筑，白灰勾缝，墓顶不存。前廊平面呈长方形，面阔 4.12、进深 0.91 米，高度不详。东耳室平面近方形，底部高于前廊底部 0.46 米，面阔 0.69、进深 0.81 米，高度不详。西耳室平面呈长方形，底部高于前廊底部 0.47 米，尺寸不辨。主室平面呈长方形，主室内应存在南北向纵立石板三组，现存最东侧立板，将主室分为东一、东二、西二、西一室四个长方形小室，东室高于西室。主室底部高于前廊底部 0.13 米，面阔 4.09、进深 2.58 米，高度不详。后室平面呈长方形，底部高于主室底部 0.33 米，面阔 5、进深 0.71 米，高度不详。

（二）葬具及人骨

主室东侧两小室内各置一长方形石板棺床。东一室内棺床长 2.21、宽 0.84 米，东二室内棺床长 2.16、宽 0.86 米。未见木制葬具痕迹。

未见人骨痕迹。

（三）随葬品

该墓共出土随葬品 27 件，集中堆放于后室东端（彩版一七三，2），主室及西耳室也有零星出土。其中陶器 26 件、铜器 1 件。

1. 陶器

共 26 件。计有小甑 1、井 1、水斗 1、盆 3、器座 3、罐 2、鋗镂 1、器盖 3、小釜 5、小瓢 2、烟囱 1、灶 1、俎 1、亚腰形小陶器 1。

小甑 1 件。标本 M127：1，泥质灰陶。圆唇，敞口，斜弧腹，圜底。外沿施一周凹槽，下腹及底有多个近圆形甑孔。口径 9.3、高 4 厘米（图二五二，2；彩版一七四，1）。

井 1 件。标本 M127：2-1，泥质灰陶。尖圆唇，侈口，平折沿，筒形深腹，平底。腹饰竹节状凸棱纹，将腹部分为上下腹，上腹内凹，下腹竖直。口径 13、底径 9.7、高 18.8 厘米（图二五二，13；彩版一七四，2 左）。

水斗 1 件。标本 M127：2-2，泥质灰陶。由提梁及斗身组成。提梁呈"人"字形。斗身圆唇，敞口，弧腹，圜底。口径 4.4、高 6.3 厘米（图二五二，14；彩版一七四，2 右）。

盆 3 件（M127：3、12、13）。均为泥质灰褐陶。形制相似，方圆唇，敞口，平卷沿略折，斜弧腹，台底。沿面施一周凹槽，上腹部施多周凹弦纹。标本 M127：3，口径 16.2、底径 5、高 6.6 厘米（图二五二，7；彩版一七四，3）。标本 M127：12，口径 15.9、底径 5、高 6.2 厘米（图二五二，9）。标本 M127：13，口径 17.2、底径 6.1、高 7.7 厘米（图二五二，8；彩版一七四，4）。

器座 3 件（M127：4、7、15）。形制相似，圆唇，敛口，束腰形粗柄中空，喇叭形座，座底边陡折内凹，形似盘口。外沿施凸凹棱纹。标本 M127：4，泥质灰陶。口径 11.6、底径 16.9、高 12.3 厘米（图二五二，4）。标本 M127：7，泥质灰褐陶。口径 11.4、底径 16.6、高 12 厘米（图二五二，5）。标本 M127：15，泥质灰褐陶。口径 11.3、底径 16.6、高 11.8 厘米（图二五二，6）。

罐 2 件（M127：5、9）。均为泥质灰褐陶。形似相似，圆唇，敛口，短直颈，溜肩，鼓腹，台底。标本 M127：5，最大腹径居中。肩及上腹各饰两周凹弦纹。口径 9.1、最大腹径 16.3、底径 8.1、高 13.5 厘米（图二五二，10；彩版一七四，5）。标本 M127：9，最大腹径偏上。口径 8.3、最大腹径 16.9、底径 8.1、高 13.1 厘米（图二五二，11；彩版一七四，6）。

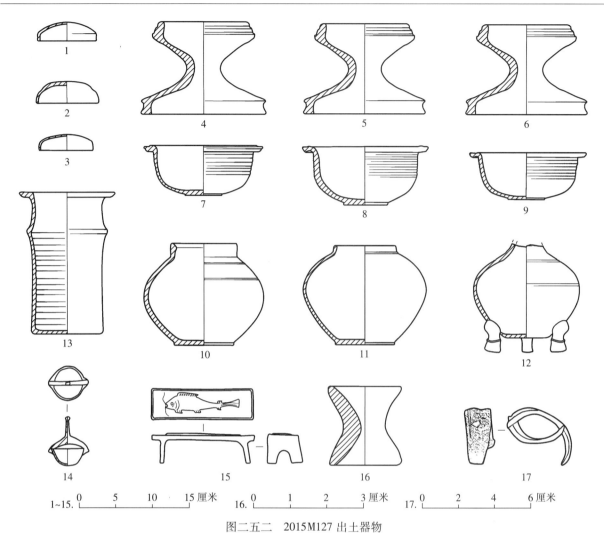

图二五二　2015M127 出土器物

1～3. 器盖（M127：8、14、16）　4～6. 器座（M127：4、7、15）　7～9. 盆（M127：3、13、12）　10、11. 罐（M127：5、9）
12. 鍪镂（M127：6）　13. 井（M127：2-1）　14. 水斗（M127：2-2）　15. 俎（M127：11）　16. 亚腰形小陶器（M127：17）
17. 铜顶针（M127：18）（未标明质地者均为陶器）

　　鍪镂　1 件。标本 M127：6，泥质灰陶。口部残缺，溜肩，鼓腹，平底，下腹置三个兽蹄状足。腹饰两两一组共两组四道凹弦纹。最大腹径 14.4、残高 14 厘米（图二五二，12）。

　　器盖　3 件（M127：8、14、16）。均为夹细砂灰陶。形制相似，方圆唇，敞口略直，圆弧顶。标本 M127：8，口径 8、高 2.5 厘米（图二五二，1；彩版一七五，1）。标本 M127：14，顶部留有修整痕。口径 8.5、高 2.9 厘米（图二五二，2；彩版一七五，2）。标本 M127：16，直壁，口径 7.3、高 2.2 厘米（图二五二，3）。

　　小釜　5 件（M127：10-1、10-2、10-3、10-4、10-5）。均为泥质灰褐陶。形制相似，圆唇，侈口，束颈，折腹，折腹处略出檐，下腹急内收，最大腹径偏下，尖状小平底。标本 M127：10-1，口径 4.6、最大腹径 7.2、底径 1.2、高 5.1 厘米（图二五三，7；彩版一七五，4）。标本 M127：10-2，口径 4.7、最大腹径 6.8、底径 0.7、高 4.7 厘米（图二五三，8；彩版一七五，5）。标本 M127：10-3，口径 4.6、最大腹径 6.8、底径 0.5、高 5 厘米（图二五三，9）。标本 M127：10-4，口径 4.8、最大腹径 7、底径 0.4、高 5.1 厘米（图二五三，10）。标本 M127：10-

5，口径9.3、最大腹径13.7、底径3.5、高9.8厘米（图二五三，3）。

小瓢　2件（M127：10－6、10－7）。均为泥质黄褐陶。形制相似，平面近鸡心形，圆唇，斜弧腹，圜底。内底留有制作时的指甲痕。标本M127：10－6，通长4.3、通宽2.9、高1.6厘米（图二五三，4；彩版一七五，6）。标本M127：10－7，通长4.5、通宽3、高1.6厘米（图二五三，5）。

烟囱　1件。标本M127：10－8，泥质灰陶。束腰，中空，两端呈喇叭口形，口部及底部内凹。口径1.8、底径2.7、高4.6厘米（图二五三，6；彩版一七五，7）。

灶　1件。标本M127：10－9，泥质灰褐陶。灶面呈梯形，前端出长方形遮烟檐，灶面前端并列置有三个圆形小火眼，中部置一圆形大火眼，尾端一角置一圆形小火眼，另一角置有一圆形烟孔；长方形灶门不落地。灶面外沿施一周凹槽，灶面前部边缘刻划水波纹，遮烟檐面刻划复线三角纹，灶前面两边刻划水波纹，灶门上、左、右三边饰复线三角纹和复线菱形纹组合图案，下部刻划六道斜线纹。长27.4、宽23.2、高18.0厘米，火眼直径11.2（大）、4.3（小）厘米，烟孔直径0.8厘米，灶门长11.8、高7.4厘米（图二五三，1；彩版一七五，3）。

俎　1件。标本M127：11，泥质黄褐陶。俎面近长方形，俎底置两个长方形扁足，足底削出半圆形缺口。俎面模印鱼形浮雕图案。长14、宽4、高4厘米（图二五二，15；彩版一七三，3）。

亚腰形小陶器　1件。标本M127：17，泥质灰陶。柱状，束腰，中纵穿一孔，两端呈喇叭口形。口径3.9、底径3.8、高4.2厘米（图二五二，16；彩版一七五，8）。

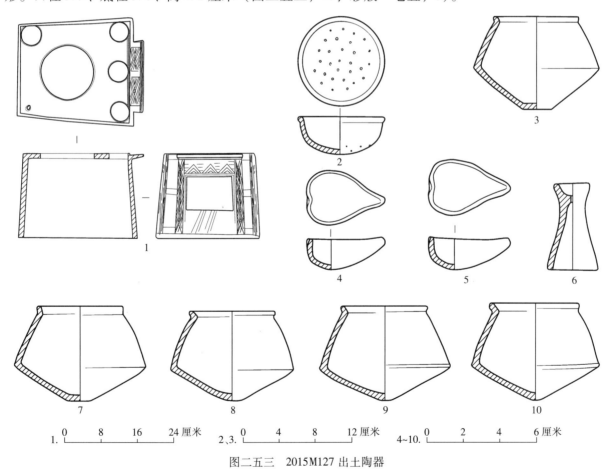

图二五三　2015M127出土陶器

1. 灶（M127：10－9）　2. 小甑（M127：1）　3、7～10. 小釜（M127：10－5、10－1、10－2、10－3、10－4）　4、5. 小瓢（M127：10－6、10－7）　6. 烟囱（M127：10－8）

2. 铜器

顶针 1 件。标本 M127：18，变形严重。外壁上、下两侧各有两周凸弦纹，中间为窝点纹。长 2、宽 1、厚 0.1 厘米，重 1.21 克（图二五二，17）。

2015M128

位于本发掘区北部，方向 10°（图二五四）。开口于①层下，开口距地表 1.32 米。

（一）墓葬结构

该墓为多室石室墓。由墓道、墓门及墓室组成（彩版一七六，1）。

墓道 位于墓室北侧。长方形斜坡状。未完全发掘，长度不详，宽 2.28 米。

墓门 位于墓室北侧。被严重破坏，残存门槛。门槛为长方形石板。

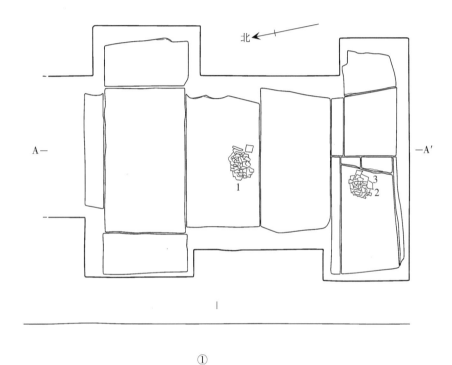

①

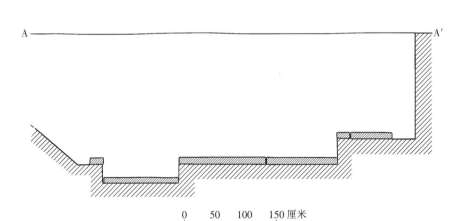

0 50 100 150 厘米

图二五四 2015M128 平、剖视图
1. 陶案 2. 陶灶 3. 陶楼

　　墓室　平面近"工"字形，由前廊、东耳室、西耳室、主室及后室组成。残存墓底，由规整石板砌筑，白灰勾缝。墓壁及墓顶不存。前廊平面呈长方形，面阔约2.32、进深约1.32米，高度不详。东耳室平面呈长方形，面阔约1.42、进深约0.74米，高度不详。西耳室平面呈长方形，面阔约1.4、进深约0.68米，高度不详。主室平面呈长方形，底部高于前廊底部0.28米，面阔约2.14、进深约2.41米，高度不详。后室平面呈长方形，底部高于主室底部0.38米，面阔约3.58、进深约0.9米，高度不详。

　　（二）葬具及人骨

　　该墓被严重破坏，未见葬具痕迹及人骨痕迹。

　　（三）随葬品

　　该墓随葬品出土时均残碎为陶片，器形多不可分辨，不可修复。可辨器形的有3件，为陶案1、灶1、楼1。

　　案　1件。标本M128:1，泥质灰胎黑衣陶。依稀可辨平面近圆形。残损严重，不可修复。

　　灶　1件。标本M128:2，泥质灰陶。仅见一个灶眼的一半，不可修复。

　　楼　1件。标本M128:3，泥质黄褐陶。仅见残损的房檐，不可修复。

2015M129

　　位于本发掘区北部，方向28°（图二五五）。开口于②层下，开口距地表0.86米。

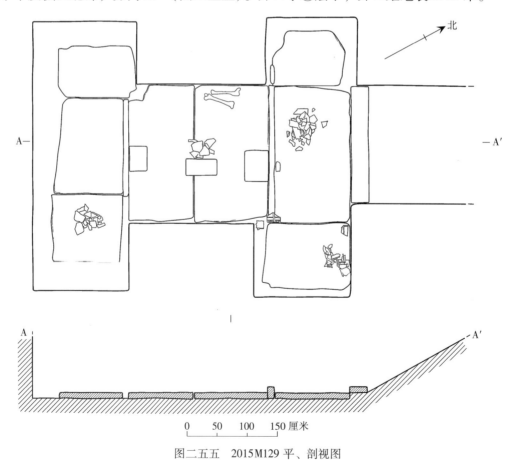

图二五五　2015M129平、剖视图

（一）墓葬结构

该墓为多室石室墓。由墓道、墓门及墓室组成（彩版一七六，2）。

墓道　位于墓室北侧。长方形斜坡状。未完全发掘，长度不详，宽1.91米。

墓门　位于墓室北侧。被严重破坏，残存门槛。门槛为长方形石板。

墓室　平面近"工"字形，由前廊、东耳室、西耳室、主室及后室组成。墓底由规整石板砌筑，白灰勾缝。墓壁及墓顶不存。前廊平面呈长方形，面阔约2.18、进深约1.26米，高度不详。东耳室平面呈长方形，面阔约1.42、进深1.08米，高度不详。西耳室平面呈长方形，面阔约1.2、进深约0.88米，高度不详。主室平面呈长方形，中部南北向分布一组三块长方形础石，将主室分为东、西两个长方形小室。主室面阔约2.14、进深约2.36米，高度不详。后室平面呈长方形，残损严重，尺寸不辨。

（二）葬具及人骨

该墓被严重破坏，未见葬具痕迹。

人骨保存情况较差，仅在主室西小室内发现颅骨碎片及少量肢骨。

（三）随葬品

该墓随葬品出土于前廊和后室，均为陶器，残碎。可分辨器形的仅有1件器座。

器座　1件。标本M129∶1，夹砂灰陶。器底不存。形似豆，方圆唇，敛口，折腹，束腰形柄，柄中空。唇下有一周凸棱。残高9.8、残宽12.5厘米。

2015M130

位于本发掘区北部，方向199°（图二五六）。开口于②层下，开口距地表1.03米。

（一）墓葬结构

该墓为多室石室墓。由墓道、墓门及墓室组成（彩版一七七，1）。

墓道　位于墓室南侧。长方形斜坡状。未完全发掘，长度不详，宽1.82米。

墓门　位于墓室南侧。被严重破坏，现已不存。

墓室　平面近"中"字形，由前廊、东耳室、西耳室及主室组成。墓底由规整石板砌筑，白灰勾缝。墓壁及墓顶不存。前廊平面呈长方形，面阔约2.4、进深约1.48米，高度不详。东耳室平面呈长方形，面阔约0.96、进深约0.9米，高度不详。西耳室平面呈长方形，面阔约1.06、进深约0.88米，高度不详。主室平面呈长方形，底部高于前廊底部0.21米，面阔约2.1、进深约3.12米，高度不详。

（二）葬具及人骨

该墓被严重破坏，未见葬具痕迹及人骨痕迹。

（三）随葬品

该墓随葬品均出土于前廊。陶器均为泥质灰陶，均残碎不可修复，器形不可辨。另有铜钱1枚。

铜钱　1枚，编号M130∶3。为"五铢"。详情见表六三。

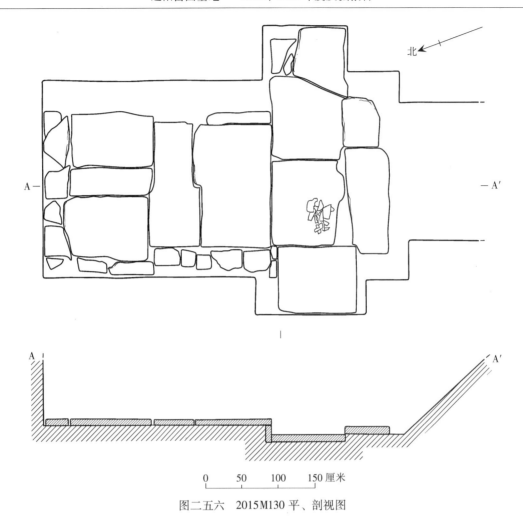

图二五六　2015M130 平、剖视图

表六三		2015M130 出土铜钱登记表							（尺寸单位：厘米；重量单位：克）
种类	编号	特征		郭径	钱径	穿宽	郭厚	肉厚	重量
		文字特征	记号						
五铢	3	"五"字瘦长，竖画甚曲；"金"头三角形，四竖点；"朱"头较圆，"朱"下较圆		2.52	2.24	0.98	0.12	0.10	1.92

2015M131

位于本发掘区西北部，方向 0°（图二五七）。开口于②层下，现存开口距地表 2.12 米。

（一）墓葬形制

土坑竖穴墓。平面呈长方形，结构为直壁，平底（见彩版一六五，1）。长 2.92、宽 1.03、残深 0.44 米。墓内填土为灰黄色黏土。

（二）葬具及人骨

葬具由椁和棺组成，椁板和棺板腐朽严重，仅残存灰黑色板灰痕迹。但仍可看出椁和棺的形制和尺寸。木椁平面形状呈长方形。椁内靠南置木棺一具，形制为长方形箱式。椁室北侧置长方形头

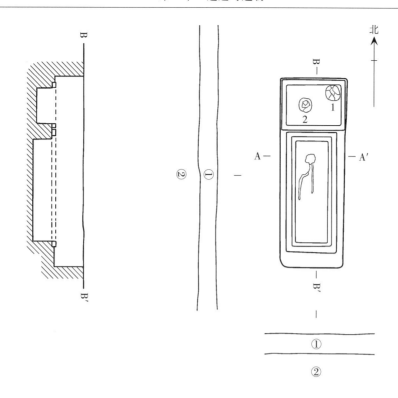

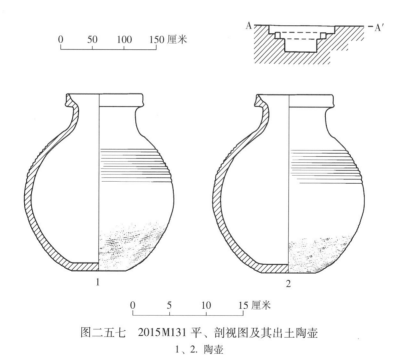

图二五七 2015M131 平、剖视图及其出土陶壶

1、2. 陶壶

箱一处。椁室长 1.82、宽 0.71 米，木棺长 1.68、宽 0.64 米，头箱长 1.01、宽 0.75 米。

棺内葬有人骨一例，保存较差。从形态面貌模糊可辨应为侧身直肢葬，头向北。

（三）随葬品

陶壶 2 件，置于头箱内。

壶　2件（M131：1、2）。均为夹砂灰褐陶。形制相似，尖唇，敞口，外沿较宽，口沿近盘口，束颈，弧肩，球腹，最大腹径居中，平底。颈部隐见瓦棱纹，上腹饰瓦棱纹，下腹及底部拍印绳纹。标本M131：1，口径10.3、最大腹径20.3、底径7.4、高23.4厘米（图二五七，1；彩版一七七，2）。标本M131：2，口径10.7、最大腹径20.8、底径7.5、高23.6厘米（图二五七，2；彩版一七七，3）。

2015M132

位于本发掘区北部，方向20°（图二五八）。开口于②层下，开口距地表1.52米。

（一）墓葬结构

该墓为多室石室墓。由墓道、墓门及墓室组成（彩版一七八，1）。

墓道　位于墓室北侧。长方形斜坡状。未完全发掘，长度不详，宽2.36米。

墓门　位于墓室北侧。由门框、门楣及门槛组成，宽2.09、高1.89米。门框借用前廊北侧壁板。门楣系用长方形石条横置于门框之上，上顶墓室盖板。门槛系长方形石板置于门框之间。门内立有长方形石板一块，立板下置长方形础石，上接栌斗，栌斗上顶门楣。门外由两块长方形石板立砌封堵，石板间白灰勾缝，门板下平铺有长条形石板。

墓室　平面近"工"字形，由前廊、主室及后室组成。墓底及四壁由规整石板砌筑，白灰勾缝，上部平盖石板为顶，整体保存完整。前廊平面呈长方形，面阔3.52、进深1.34、高1.97米。主室平面呈长方形，其内南北向纵立长方形石板一组，将主室分为东、西两个长方形小室，立板下接长方形础石，上接栌斗，栌斗上搭横梁，横梁上顶墓室盖板。主室底部高于前廊底部0.28米，面阔1.72、进深2.36、高1.69米。后室平面呈长方形，底部高于主室底部0.32米，面阔3.25、进深1.16、高1.37米。

东、西耳室及墓室近前廊处的立柱和栌斗上均发现彩绘痕迹，色彩以红、黑为主，也有白色（彩版一七九，1~7）。其中，东耳室北壁偏左绘大块红色色块，似为人物，可能为门吏或门卒。东耳室东壁偏上有红色直线斜线组成的图案，或为楼阁。东耳室南壁也有彩绘，大部分漫漶，仅中部残存一小块红褐色线条组成的图案。西耳室西壁左上部为连弧线，左中部为平行四边形，似为帷帐及榻，中部黑色色块及右部红色色块似为人物，可能是墓主家居图。西耳室南壁左上部有白色彩绘竖线及弧线，中部偏左有红色弧线，具体图案无法辨识。立柱及栌斗上为红、黑色组成的折线纹及三角纹。

（二）葬具及人骨

主室各小室内均置长方形石板一块，作为棺床。东侧棺床长2.21、宽0.67米，西侧棺床长2.13、宽0.71米。

人骨保存情况较差，主室内可见股骨等部分肢骨，至少有两个个体。

（三）随葬品

该墓出土随葬品24件（套），集中堆放于后室之内（彩版一七八，2），主室及前廊也有少量出土。其中陶器22件、石器2件。

1. 陶器

共22件。计有耳杯4、器座4、小釜1、长颈瓶3、钵1、灯座2、灶1、小瓢2、楼1、盘1、

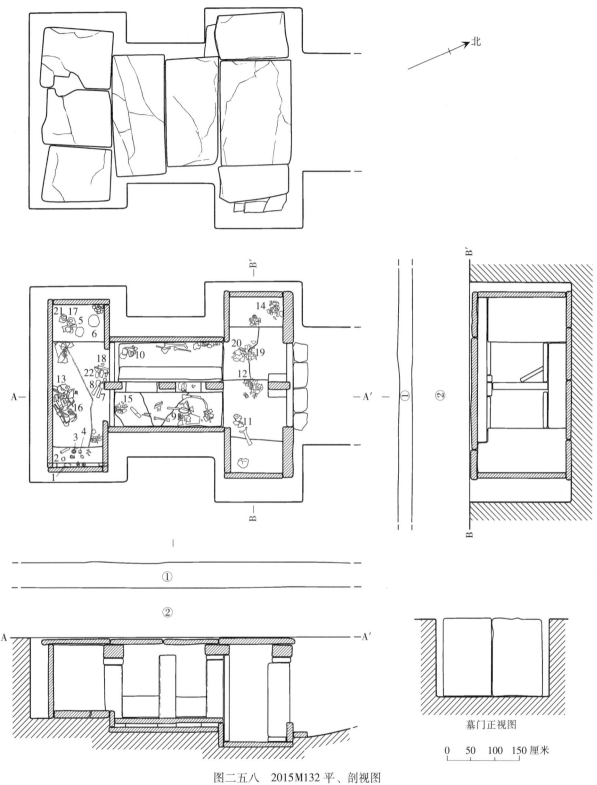

北

B'

②

墓门正视图

0   50   100   150 厘米

图二五八　2015M132 平、剖视图

1、2、19、20. 耳杯　3、14、17、21. 器座　4. 小釜　5、6. 石盘状器　7、8、10. 长颈瓶　9. 钵　11、18. 灯座　12. 灶组合
13. 楼　15. 盘　16. 炉　22. 小器盖（未标明质地者均为陶器）

炉 1、小器盖 1。

耳杯　4 件（M132：1、2、19、20）。形制相似，椭圆形杯口，尖唇，敞口，双耳平齐，斜弧腹，台底。标本 M132：19，内底施一周凹槽，杯心无纹饰。其他 3 件杯底模印两周线雕凸棱及鱼纹。标

本 M132∶1，泥质灰陶。口长径 9.7、口短径 5.9、底长径 5.8、底短径 3.1、高 2.2 厘米（图二五九，15；彩版一八〇，1）。标本 M132∶2，泥质灰陶。口长径 10.3、口短径 6.3、底长径 6、底短径 3.3、高 2.3 厘米（图二五九，16；彩版一八〇，2）。标本 M132∶19，夹砂灰褐陶。口长径 12.1、口短径 7.3、底长径 8、底短径 3.8、高 3.5 厘米（图二五九，18；彩版一八〇，3）。标本 M132∶20，泥质灰陶。口长径 9.9、口短径 5.6、底长径 6、底短径 3、高 2.1 厘米（图二五九，17；彩版一八〇，4）。

器座　4 件（M132∶3、14、17、21）。标本 M132∶3，泥质灰陶。尖唇，敞口，束腰形粗柄中空，喇叭形座。唇下施一周凹槽，柄上穿有三个椭圆形镂孔。口径 5.5、底径 6、高 4.7 厘米（图二五九，4；彩版一八〇，5）。标本 132∶14、17、24 形制相似，方圆唇，束腰形粗柄中空，喇叭形座，座底陡折并饰凸棱纹，形似盘口。外沿施凸棱纹。标本 M132∶14，泥质灰褐陶。直口。口径 17、底径 20.5、高 16.2 厘米（图二五九，1）。标本 M132∶17，泥质灰褐陶。直口微敛。口径 17.4、底径 21.2、高 16 厘米（图二五九，2）。标本 M132∶21，泥质黄褐陶。敛口。口径 15.4、底径 20.4、高 12.6 厘米（图二五九，3）。

小釜　1 件。标本 M132∶4，泥质灰陶。圆唇，侈口，束颈，折腹，下腹斜急内收，最大腹径偏上，小平底。折腹处施一周凸棱纹。口径 5.9、最大腹径 8、底径 2.5、高 5.3 厘米（图二五九，22；彩版一八〇，6）。

长颈瓶　3 件（M132∶7、8、10）。均为泥质灰褐陶。形制相似，方唇，直口，平折沿，细长颈，广肩，鼓腹略扁，台底。颈、肩及上腹各饰一组两道凹弦纹，下腹等距镂空三个圆孔，底部有一圆形小孔。标本 M132∶7，口径 5.9、最大腹径 18.2、底径 10.5、高 34 厘米（图二五九，8；彩版一八二，1）。标本 M132∶8，口径 6.4、最大腹径 18.3、底径 11.2、高 33.4 厘米（图二五九，9）。标本 M132∶10，口径 5.2、最大腹径 17.2、底径 10.1、高 31.8 厘米（图二五九，7；彩版一八二，2）。

钵　1 件。标本 M132∶9，泥质黄褐陶。圆唇，敞口，斜弧腹，矮圈足，内底一周凸棱，外壁口沿下一周凹槽。口径 21.4、底径 12.6、高 8.4 厘米（图二五九，13；彩版一八二，5）。

灯座　2 件（M132∶11、18）。均为泥质黄褐陶。分体灯，由灯盘及灯座组成，灯盘不存。形制相似，喇叭形灯座，高柄中空，座底边陡折内凹，形似盘口。柄饰两周凹弦纹，座面饰三周深瓦棱纹。标本 M132∶11，口径 5.4、底径 21.3、高 32.5 厘米（图二五九，10；彩版一七八，3）。标本 M132∶18，口径 5、底径 22.2、高 36.1 厘米（图二五九，11；彩版一七八，4）。

灶　1 件。标本 M132∶12 - 1，泥质灰褐陶。近方形灶面，前端出长方形遮烟檐，灶面前端置三个圆形小火眼，中部置一圆形大火眼，后端中部置一圆形小火眼，尾端两侧各置一长方形烟孔，其中一端在烟孔上置一长条形烟囱，烟囱侧面顶部有一长方形出烟孔；近方形灶门不落地。灶门两侧及上部饰两道折棱，灶门四角各贴附一乳丁纹玉璧状饰物。璧间用复线菱形纹相连，每组菱形纹对角处贴附一小玉璧状饰，其上满饰乳丁纹。长 38.5、宽 30.5、高 20.5 厘米，火眼直径 14.2（大）、7（中）、5.2（小）厘米，烟孔长 2.2、宽 1.3 厘米，烟囱高 23.5 厘米，灶门长 9、高 8.9 厘米（图二五九，21；彩版一八一，1）。

小瓢　2 件（M132∶12 - 2、12 - 3）。均为夹砂灰陶。形制相似，平面近桃心状，方唇，敞口，斜弧腹，圜底。标本 M132∶12 - 2，口径 5.2、高 2.6 厘米（图二五九，6；彩版一八一，1）。标本 M132∶12 - 3，口径 3.2、高 1.8 厘米（图二五九，5；彩版一八一，1）。

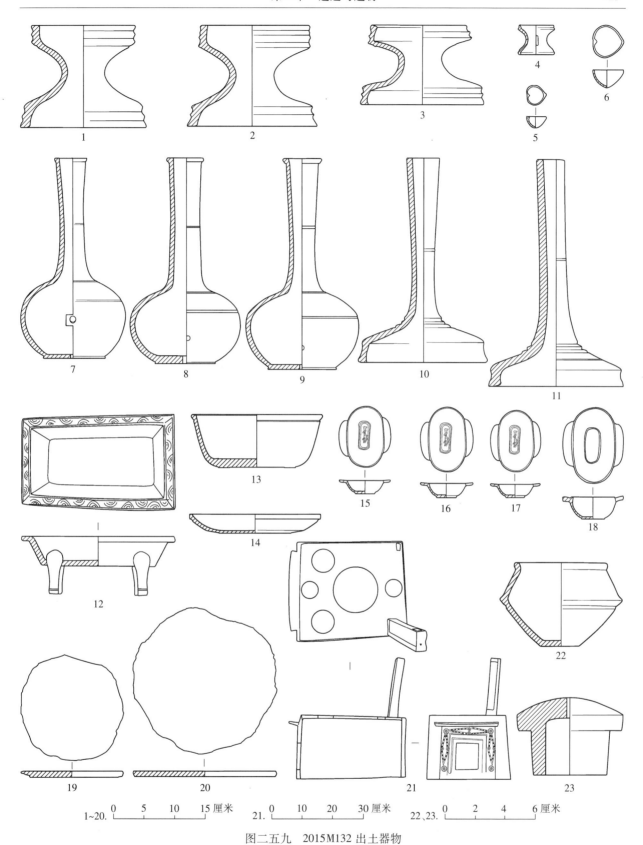

图二五九 2015M132 出土器物

1~4. 器座（M132：14、17、21、3） 5、6. 小瓢（M132：12-3、12-2） 7~9. 长颈瓶（M132：10、7、8） 10、11. 灯座（M132：11、18） 12. 炉（M132：16） 13. 钵（M132：9） 14. 盘（M132：15） 15~18. 耳杯（M132：1、2、20、19） 19、20. 石盘状器（M132：5、6） 21. 灶（M132：12-1） 22. 小釜（M132：4） 23. 小器盖（M132：22）（未标明质地者均为陶器）

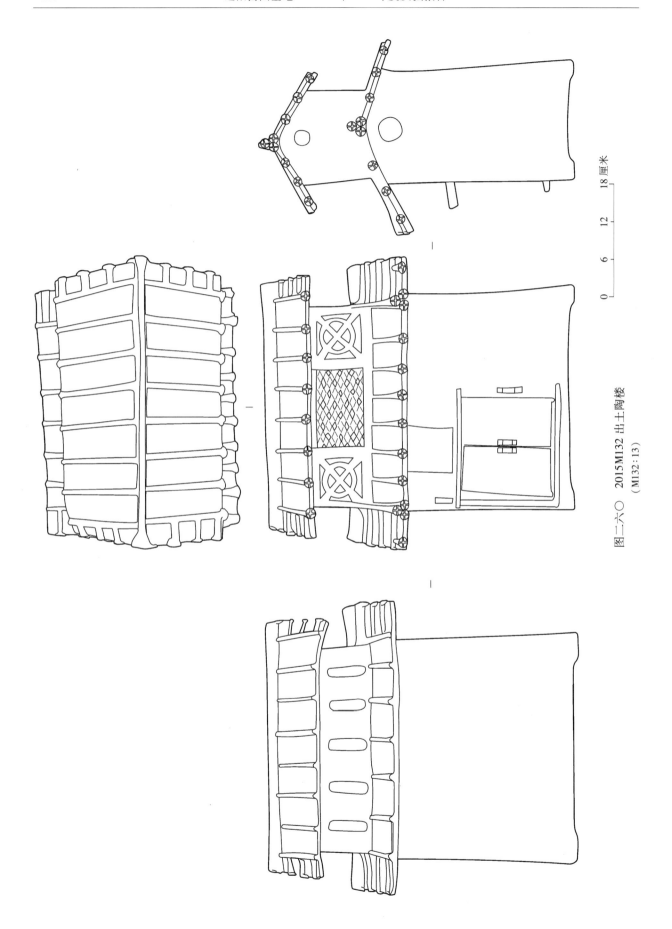

图二六〇　2015M132 出土陶楼
（M132：13）

楼　1件。标本 M132:13，泥质灰陶。由楼顶和楼体两部分组成，均分为上、下两层。楼顶悬山式结构，坡面呈"人"字形两面坡，中间有长条形正脊，上层正脊两侧对称置有八组竖向瓦垄和三组横向瓦垄，下层坡面两侧对称置有十组竖向瓦垄和三组横向瓦垄，正脊两端及两侧瓦垄饰三个叠压呈"品"字形的瓦当，其余瓦垄均为单瓦当，当面为圆形并饰"十"字形纹。楼体正面呈长方形，上层楼体中部为菱格式窗，两侧对称分布两个方窗，窗内饰圆孔和"十"字形组合纹饰，窗间墙壁刻划复线菱格纹；上层后墙分列五个长条形后窗。下层前墙上部一侧开有长方形孔表示窗，其下设长方形门，门中有槛；门上伸出一长方形门檐，门下出台表示台阶，门檐及台阶各对称分布两个圆形小孔，用以穿插门板转轴。两侧山墙上下层各开有两个圆形镂孔表示通风口。房基为单拱结构。通高51.2厘米。楼顶上层长42、宽23厘米，下层长47、宽34厘米；楼体上层长33.5、宽15.5、高11.5厘米，下层长36.5、宽25、高35.5厘米（图二六〇；彩版一八一，3）。

盘　1件。标本 M132:15，泥质灰褐陶。方唇，敞口，微折沿，折腹，台底，内底内凹。内壁饰一周凸棱纹。口径21.5、底径11.7、高3厘米（图二五九，14；彩版一八二，4）。

炉　1件。标本 M132:16，泥质灰陶。平面呈长方形，炉底残损。方唇，敞口，平折沿，斜直壁，平底，底置四个兽蹄状足。沿面饰三叠弧线不连续水波纹。口长25.1、口宽15.1、底长20、底宽8.7、高9.5厘米（图二五九，12；彩版一八一，2）。

小器盖　1件。标本 M132:22，泥质灰陶。圆柱形盖体中空，圆弧顶，方唇。顶置一圆形小孔。顶径7、口径4.8、高4.9厘米（图二五九，23；彩版一八二，3）。

2. 石器

共2件。均为盘状器。

标本 M132:5、6，青灰色岩质。形制相似，整体呈不规则圆饼形。器表两面磨制光滑，边缘留有打制成坯时的石片疤。标本 M132:5，直径16.9、厚1厘米（图二五九，19；彩版一八二，6）。标本 M132:6，直径23.4、厚1厘米（图二五九，20）。

2015M133

位于本发掘区北部，方向0°（图二六一）。开口于②层下，开口距地表0.98米。

（一）墓葬结构

该墓为土坑竖穴墓。平面近长方形，结构为直壁，平底，被严重破坏。墓圹长6.5、宽3.99、残深约1.12米。墓底满铺卵石，从结构看，铺垫卵石分为东、西两个长方形区域。东部卵石个体较大，铺垫松散；西部卵石个体较小，铺垫紧密（彩版一八三，1）。墓内填土为灰黄色花土，土质较疏松。

（二）葬具及人骨

该墓被严重破坏，未见葬具痕迹及人骨痕迹。

（三）随葬品

未见随葬品。

2015M134

位于本发掘区北部，方向185°（图二六二）。开口于②层下，开口距地表0.89米。

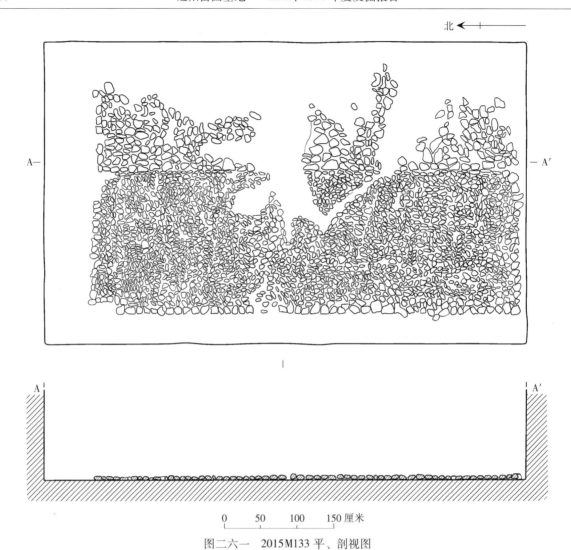

图二六一　2015M133 平、剖视图

（一）墓葬结构

该墓为多室石室墓。被严重破坏，仅残存墓底。由墓道、墓门及墓室组成（彩版一八三，2）。

墓道　位于墓室南侧。长方形斜坡状。未完全发掘，长度不详，宽4.14米。

墓门　位于墓室南侧。被严重破坏，现已不存。

墓室　平面近"工"字形，由前廊、东耳室、西耳室、主室及后室组成。墓底由规整石板砌筑，白灰勾缝。墓壁残损。墓顶不存。前廊平面呈长方形，面阔4.56、进深1.12米，高度不详。东耳室平面呈长方形，被严重破坏，形制及尺寸不辨。西耳室平面呈长方形，底部高于前廊底部0.11米，侧板刻划人物及动物纹饰，线条杂乱，造型幼稚，涂鸦感非常强。面阔1.4、进深0.98米，高度不详。主室平面呈长方形，底部高于前廊底部0.11米，侧板缺失，底板少量缺失，尺寸不辨。后室平面呈长方形，面阔6.14、进深1.02米，高度不详。

（二）葬具及人骨

主室内东西向并列三块长方形石板，作为棺床。西侧棺床长2.49、宽0.62米，中部棺床长2.38、宽0.74米，东侧棺床长2.39、宽0.58米。未见木制葬具痕迹。

人骨保存情况差，主室内各棺床之上均有人骨散乱放置，葬式不辨。经辨认，至少埋葬了两例个体。

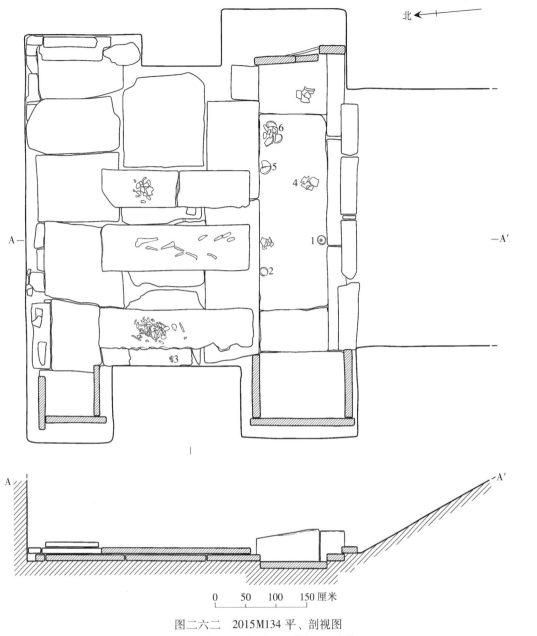

图二六二　2015M134 平、剖视图

1、2、4. 陶钵　3. 铜钱　5. 陶盘　6. 陶罐

（三）随葬品

该墓出土随葬品 6 件（套），出土于墓室各处。其中陶器 5 件，另有铜钱 6 枚。

1. 陶器

共 5 件。计有钵 3、盘 1、罐 1。

钵　3 件（M134：1、2、4）。形制相似，圆唇，敞口，斜弧腹，外壁隐见数周凸棱，平底。标本 M134：1，夹细砂灰褐陶。内底内凹。口径 17.1、底径 9.6、通高 7 厘米（图二六三，1；彩版一八四，1）。标本 M134：2，泥质灰褐陶。内底施凹槽两周，沿略外撇。口径 18.9、底径 12.6、通高 6.6 厘米（图二六三，2；彩版一八四，2）。标本 M134：4，夹砂灰陶。内底内凹。口径 15、底径 8.4、通高 6 厘米（图二六三，3；彩版一八四，3）。

盘　1 件。标本 M134：5，夹细砂灰褐陶。方唇，敞口，斜直腹，平底，内底凹折。唇面施一周

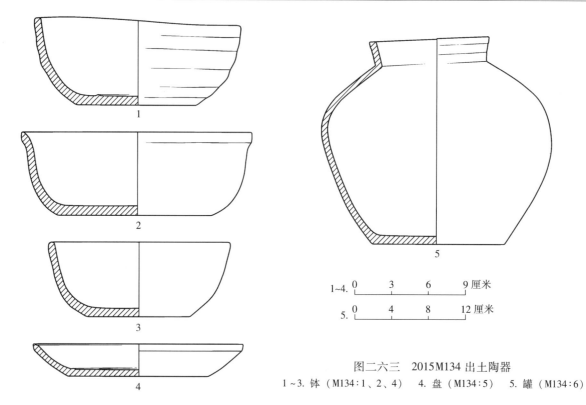

图二六三　2015M134 出土陶器
1 ~ 3. 钵（M134∶1、2、4）　4. 盘（M134∶5）　5. 罐（M134∶6）

凹槽，内壁施一周凸棱纹。口径 17.1、底径 11.4、通高 2.7 厘米（图二六三，4；彩版一八四，4）。

　　罐　1 件。标本 M134∶6，泥质灰陶。方唇，敞口，溜肩，弧腹，最大腹径居中，平底。颈部饰凹槽两周。口径 12.8、最大腹径 25.2、底径 14.4、通高 22 厘米（图二六三，5；彩版一八四，5）。

2. 铜钱

6 枚，编号 M134∶3 - 1 ~ 3 - 6。均为"五铢"。详情见表六四。

表六四　　　　　　　　　　2015M134 出土铜钱登记表　　　　　　（尺寸单位：厘米；重量单位：克）

种类	编号	特征		郭径	钱径	穿宽	郭厚	肉厚	重量
		文字特征	记号						
五铢	3 - 1	"五"字瘦长，竖画缓曲；"金"头三角形，四竖点；"朱"头较圆，"朱"下较圆		2.55	2.28	0.92	0.14	0.12	2.92
	3 - 2	同上		2.58	2.27	0.90	0.15	0.14	3.19
	3　3	同上		2.58	2.25	0.93	0.15	0.13	2.82
	3 - 4	字迹不清		2.49	2.25	0.97	0.14	0.11	2.75
	3 - 5	字迹不清		2.42	2.32	0.88	0.13	0.12	2.24
	3 - 6	字迹不清		2.58	2.28	0.93	0.15	0.13	2.87

2015M135

位于本发掘区北部，方向 200°（图二六四）。开口于②层下，开口距地表 1.18 米。

（一）墓葬结构

该墓为多室石室墓。由墓道、墓门及墓室组成（彩版一八五，1）。

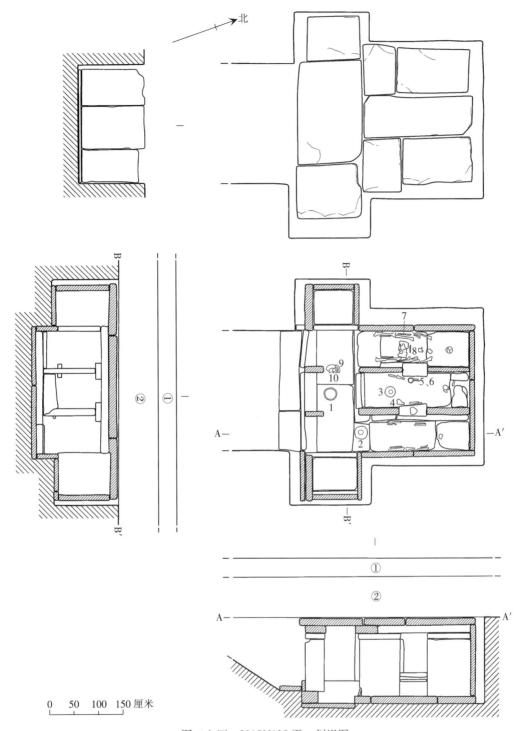

图二六四　2015M135 平、剖视图

1. 陶奁　2. 陶罐　3、4. 陶钵　5、6. 铜环　7. 铁匕首　8. 铜带钩　9、10. 陶盘

　　墓道　位于墓室南侧。长方形斜坡状。未完全发掘，长度不详，宽 2.43 米。

　　墓门　位于墓室南侧。由门框、门楣及门槛组成，宽 2.4、高 1.52 米（彩版一八五，2）。门框借用东、西耳室南侧板。门楣系用长方形石条横置于门框之上，上顶墓室盖板。门槛系长方形石板置于门框之间。门内立有长方形石板两块，立板下以整块长方形石条为础，上接栌斗，栌斗上顶门楣。门外由三块长方形石板立砌封堵，石板间白灰勾缝，门板下平铺有长条形石板。

墓室　平面近"凸"字形，由前廊、东耳室、西耳室及主室组成。墓底及四壁由规整石板砌筑，白灰勾缝，上部平盖石板为顶，整体保存完整。前廊平面呈长方形，面阔 2.45、进深 0.79、高 1.52 米。东耳室平面呈长方形，底部高于前廊底部 0.42 米，面阔 0.95、进深 0.85、高 1.1 米。西耳室平面呈长方形，底部高于前廊底部 0.45 米，面阔 0.86、进深 0.81、高 1.06 米。主室平面近方形，其内南北向纵立长方形石板两组，将主室分为东、中、西三个长方形小室，立板下接墓底石板，上接栌斗，栌斗上搭横梁，横梁上顶墓室盖板。中部小室与前廊之间用石板间隔。主室底部高于前廊底部 0.15 米，面阔 2.43、进深 2.42、高 1.37 米。

（二）葬具及人骨

墓内未见葬具痕迹，人骨置于墓室底板上。

人骨保存情况较差，主室各小室内均可见一例颅骨残片及少量肢骨。从残存的遗骸判断，墓内人骨均为仰身直肢葬，头向北。

（三）随葬品

该墓共出土随葬品 10 件（套），多置于主室之内，前廊也有少量出土。其中陶器 6 件，另有铁器 1 件及铜器 3 件。

1. 陶器

共 6 件。计有奁 1、罐 1、钵 2、盘 2。

奁　1 件。标本 M135：1，夹砂灰褐陶。仅存奁体。圆唇，直口，折腹，上腹直，下腹斜直收，小平底。口径 21.2、底径 8.9、高 9.1 厘米（图二六五，1）。

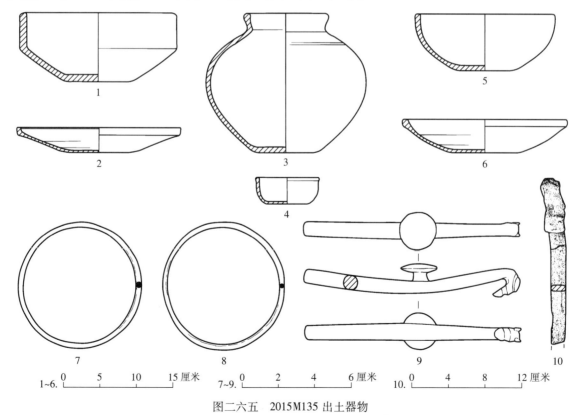

图二六五　2015M135 出土器物

1. 奁（M135：1）　2、6. 盘（M135：9、10）　3. 罐（M135：2）　4、5. 钵（M135：4、3）　7、8. 铜环（M135：5、6）
9. 铜带钩（M135：8）　10. 铁匕首（M135：7）（未标明质地者均为陶器）

罐　1件。标本 M135：2，夹砂灰褐陶。圆唇，微敛口，束颈，弧肩，鼓腹，最大腹径居中，平底。肩饰两周凹弦纹。口径 11.3、最大腹径 21.8、底径 8.2、高 18.4 厘米（图二六五，3）。

钵　2件（M135：3、4）。均为夹砂灰陶。标本 M135：3，方唇，敞口，斜弧腹，平底。口径 18.9、底径 7.3、高 7.5 厘米（图二六五，5；彩版一八五，4）。标本 M135：4，圆唇，敞口微直，斜弧腹略折，大平底。口径 8.6、底径 5.9、高 3.5 厘米（图二六五，4；彩版一八五，5）。

盘　2件（M135：9、10）。标本 M135：9，夹砂灰褐陶。尖圆唇，敞口，折腹，平底。外沿一周浅凹槽，内壁、内底各施一周浅凹槽。口径 22.3、底径 8.5、高 3.4 厘米（图二六五，2）。标本 M135：10，夹砂黄褐陶。圆唇厚重，敞口，斜弧腹，平底。内壁及内底各施一周浅凹槽。口径 22.3、底径 9.6、高 4.4 厘米（图二六五，6）。

2. 铁器

匕首　1件。标本 M135：7，细长柄，尖锋，截面呈棱形，直脊。截面腐蚀严重。残长 7.6、宽 2.2 厘米，重 68 克（图二六五，10）。

3. 铜器

共 3 件。计有带钩 1、环 2。

带钩　1件。标本 M135：8，长琵琶形，兽头形钩首，钩体至钩尾处渐粗宽，钩身侧视略呈 "S" 形。圆形钩纽。长 11.7、宽 1.9 厘米，重 59 克（图二六五，9；彩版一八五，3）。

环　2件（M135：5、6）。出土时叠放在一起。形制相似，圆形，截面呈扁圆形。标本 M135：7，直径 6.7 厘米，重 9.94 克（图二六五，7）。标本 M135：8，直径 6.7 厘米，重 9.18 克（图二六五，8）。

2015M136

位于本发掘区中部偏东北，方向 200°（图二六六）。开口于②层下，开口距地表 1.2 米。

（一）墓葬结构

该墓为多室石室墓。被严重破坏，仅残存墓底。由墓道、墓门及墓室组成（彩版一八六，1）。

墓道　位于墓室南侧。长方形斜坡状。未完全发掘，长度不详，宽 2.56 米。

墓门　位于墓室南侧。被严重破坏，现已不存。

墓室　平面近 "工" 字形，由前廊、东耳室、西耳室、主室及后室组成。墓底由规整石板砌筑，白灰勾缝。墓壁及墓顶不存。前廊平面呈长方形，面阔 4.16、进深 1.08 米，高度不详。东耳室平面呈长方形，被严重破坏，尺寸不辨。西耳室平面呈长方形，面阔约 1.24、进深约 0.9 米，高度不详。主室平面呈长方形，其底部残存平铺的南北向长方形石板四组，面阔约 3.98、进深 2.05 米，高度不详。后室平面呈长方形，底部高于主室底部 0.26 米，面阔约 4.15、进深约 0.99 米，高度不详。

（二）葬具及人骨

被严重破坏，未见葬具痕迹。

人骨保存情况差，主室内可见两例颅骨，前廊可见一例颅骨，主室及前廊之内可见少量肢骨，堆放散乱，葬式不明。

（三）随葬品

该墓出土随葬品 11 件（套），均出土于主室及前廊之内。其中陶器 9 件，另有铜器 1 件及铜

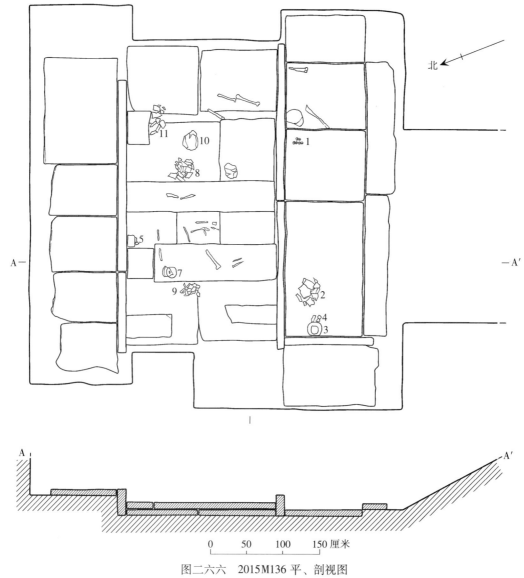

图二六六　2015M136 平、剖视图

1. 铜钱　2. 樽　3、9~11. 盘　4. 耳杯　5. 炉　6. 铜顶针　7. 器座　8. 长颈瓶（未标明质地者均为陶器）

钱 29 枚。

1. 陶器

共 9 件。计有樽 1、盘 4、耳杯 1、炉 1、器座 1、长颈瓶 1。

樽　1 件。标本 M136：2，泥质黄褐陶。圆唇，直口微敞，直腹略内凹，平底，底置三个兽蹄状足。腹部饰两周凹槽。口径 19.4、高 14.9 厘米（图二六七，1；彩版一八六，2）。

盘　4 件（M136：3、9、10、11）。均为夹砂灰褐陶。形制相似，尖唇，敞口，外沿厚，折腹，台底，内底内凹。内壁施一周凸棱纹。标本 M136：3，略有形变，口径 15.9、底径 6.1、高 3.2 厘米（图二六七，4；彩版一八七，1）。标本 M136：9，口径 17.8、底径 7.8、高 4 厘米（图二六七，7；彩版一八七，2）。标本 M136：10，口径 17、底径 7.6、高 3.2 厘米（图二六七，5；彩版一八七，3）。标本 M136：11，口径 15.8、底径 6.4、高 3.3 厘米（图二六七，6；彩版一八七，4）。

耳杯　1 件。标本 M136：4，泥质灰褐陶。椭圆形杯口，尖唇，敞口，双耳平齐，斜弧腹，台底。口长径 10.9、口短径 9、底长径 6.8、底短径 3.2、高 3.4 厘米（图二六七，2；彩版一八七，5）。

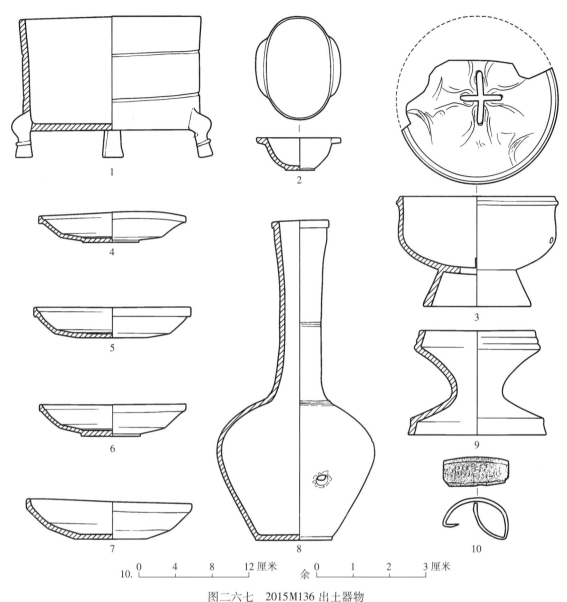

图二六七 2015M136 出土器物

1. 樽（M136:2） 2. 耳杯（M136:4） 3. 炉（M136:5） 4～7. 盘（M136:3、10、11、9） 8. 长颈瓶（M136:8）
9. 器座（M136:7） 10. 铜顶针（M136:6）（未标明质地者均为陶器）

炉 1件。标本 M136:5，泥质黄褐陶。圆唇，子母口，斜弧腹，圈底，喇叭状高圈足。腹饰圆形镂孔及刻剔三角形组合纹饰，器底镂空"十"字形表示炉箅，内壁围绕"十"字形镂孔刻划草叶纹。口径16.9、最大腹径17.3、底径11.8、高11.6厘米（图二六七，3；彩版一八六，3）。

器座 1件。标本 M136:7，泥质黄褐陶。方圆唇，敛口，束腰形粗柄中空，喇叭形座，座底陡折内凹，形似盘口。外沿施凸凹棱纹。口径12.5、底径15.1、高11厘米（图二六七，9）。

长颈瓶 1件。标本 M136:8，泥质灰陶，底部略残。圆唇，直口微敞，口外沿厚，细长颈，弧肩，鼓腹，最大腹径偏上，平底。颈、肩及上腹饰有多道凹弦纹。口径6、最大腹径17.1、底径8.2、高33.9厘米（图二六七，8；彩版一八七，6）。

2. 铜器

顶针 1件。标本 M136:6，残损。长1.8、宽0.74厘米，重0.61克（图二六七，10）。

3. 铜钱

29 枚，编号 M136：1 - 1 ~ 1 - 29。均为"五铢"。详情见表六五。

表六五　　　　　　　　　　2015M136 出土铜钱登记表　　　　　　（尺寸单位：厘米；重量单位：克）

种类	编号	特征		郭径	钱径	穿宽	郭厚	肉厚	重量
		文字特征	记号						
五铢	1 - 1	"五"字瘦长，竖画甚曲；"金"头三角形，四竖点；"朱"头较圆，"朱"下较圆		2.59	2.29	0.96	0.15	0.12	2.69
	1 - 2	同上		2.63	2.29	0.87	0.13	0.10	2.42
	1 - 3	同上		2.55	2.27	0.91	0.11	0.12	2.65
	1 - 4	同上		2.55	2.31	0.91	0.11	0.09	1.85
	1 - 5	同上		2.55	2.19	0.90	0.13	0.12	2.58
	1 - 6	同上		2.66	2.32	0.94	0.14	0.12	2.96
	1 - 7	同上		2.59	2.24	0.90	0.15	0.12	2.32
	1 - 8	同上		2.57	2.20	0.90	0.14	0.11	2.66
	1 - 9	同上		2.63	2.29	0.87	0.13	0.10	2.58
	1 - 10	同上		2.54	2.27	0.91	0.11	0.12	2.79
	1 - 11	同上		2.56	2.33	0.99	0.13	0.12	3.09
	1 - 12	"五"字瘦长，竖画甚曲；"金"头三角形，四竖点；"朱"头较方，"朱"下较圆		2.57	2.33	0.90	0.12	0.11	3.32
	1 - 13	同上		2.49	2.23	0.99	0.13	0.12	3.28
	1 - 14	同上		2.58	2.27	0.89	0.12	0.11	3.78
	1 - 15	同上		2.63	2.36	0.95	0.15	0.13	2.34
	1 - 16	同上		2.57	2.27	0.95	0.16	0.12	2.99
	1 - 17	同上		2.58	2.23	0.95	0.12	0.10	2.43
	1 - 18	同上		2.53	2.35	0.92	0.13	0.11	2.61
	1 - 19	同上		2.63	2.32	0.96	0.13	0.12	2.98
	1 - 20	同上		2.55	2.22	0.98	0.12	0.11	2.46
	1 - 21	"五"字瘦长，竖画甚曲；"金"头三角形，四竖点；"朱"头较方，"朱"下较方		2.57	2.23	0.90	0.14	0.13	3.57
	1 - 22	同上		2.57	2.28	0.91	0.15	0.13	2.77
	1 - 23	"五"字瘦长，竖画甚曲；"金"头三角形，四竖点；"朱"头较圆，"朱"下较方		2.55	2.22	0.90	0.15	0.14	3.72
	1 - 24	同上		2.57	2.32	0.90	0.12	0.10	2.65
	1 - 25	同上		2.59	2.31	0.89	0.17	0.14	3.19

种类	编号	特征		郭径	钱径	穿宽	郭厚	肉厚	重量
		文字特征	记号						
五铢	1-26	"五"字瘦长，竖画甚曲；"金"头三角形，四竖点；"朱"头较圆，"朱"下较方		2.56	2.24	0.83	0.16	0.15	3.22
	1-27	"五"字瘦长，竖画缓曲；"金"头三角形，四竖点；"朱"头较方，"朱"下较圆		2.62	2.35	1.01	0.14	0.12	2.04
	1-28	同上		2.53	2.22	0.92	0.12	0.13	2.75
	1-29	"五"字瘦长，竖画缓曲；"金"头三角形，四竖点；"朱"头较圆，"朱"下较圆		2.65	2.35	0.95	0.15	0.13	2.34

2015M137

位于本发掘区中部偏东北，方向200°（图二六八）。开口于②层下，开口距地表1.08米。

（一）墓葬结构

该墓为多室石室墓。由墓道、墓门及墓室组成（彩版一八八，1）。

墓道　位于墓室南侧。长方形斜坡状。未完全发掘，长度不详，宽2.09米。

墓门　位于墓室南侧。现存门框及门槛。门框借用东、西耳室南侧板，门槛系长方形石板置于门框之间。门内中部可见一近方形础石。门外由两块长方形石板立砌封堵，石板残损，门板下平铺有长条形石板。

墓室　平面近"工"字形，由前廊、东耳室、西耳室、主室及后室组成。墓底及四壁由规整石板砌筑，白灰勾缝。墓壁部分缺失。墓顶不存。前廊平面呈长方形，面阔1.64、进深0.81米，高度不详。东耳室平面呈长方形，底部与前廊底部平齐，面阔0.7、进深0.61米，高度不详。西耳室平面呈长方形，底部高于前廊底部0.44米，面阔0.72、进深0.8米，高度不详。主室平面呈长方形，前端以长条形石板与前廊间隔，中部南北向纵立长方形石板一组，其下未见础石，纵立的石板将主室分为东、西两个长方形小室。主室底部高于前廊底部0.21米，面阔1.61、进深2.47米，高度不详。后室平面呈长方形，底部高于主室底部0.31米，面阔约2.92、进深约0.85米，高度不详。

（二）葬具及人骨

该墓未见葬具痕迹。

该墓人骨保存情况差，主室西小室内可见一例颅骨残片，另还可见少量散乱肢骨。

（三）随葬品

该墓出土随葬品20件（套），均为陶器。多置于主室之内，前廊及后室也有少量发现。计有耳杯5、案1、灶1、小瓢3、长颈瓶1、器盖2、器座2、奁1、炉1、盘2、方盘1。

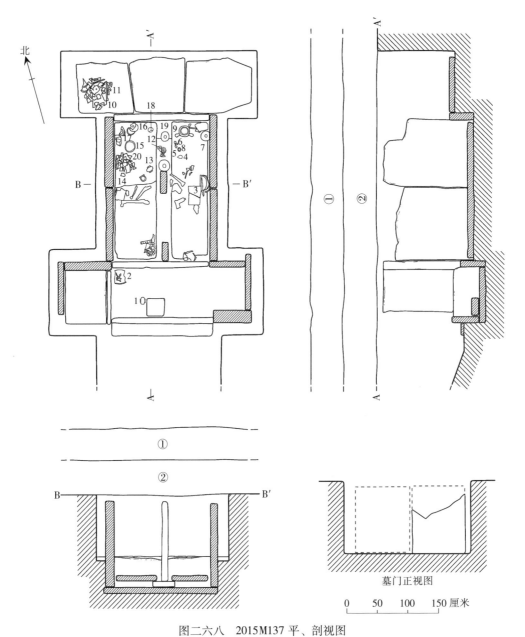

图二六八 2015M137 平、剖视图

1、11~14. 耳杯 2. 案 3. 灶 4~6. 小瓢 7. 长颈瓶 8、18. 器盖 9、15. 器座 10. 奁 16. 炉 17、19. 盘 20. 方盘（均为陶器）

耳杯 5 件（M137：1、11、12、13、14）。形制相似，椭圆形杯口，尖唇，敞口，双耳平齐略起伏，斜弧腹，台底。标本 M137：1，泥质灰陶。口长径 10.1、口短径 9.1、底长径 6.5、底短径 3.5、高 3.3 厘米（图二六九，4；彩版一八八，2）。标本 M137：11，泥质灰陶。口长径 11.1、口短径 9.2、底长径 6.6、底短径 3.5、高 3.3 厘米（图二六九，5）。标本 M137：12，泥质灰褐陶。口残，口长径约 10.4、口短径 9、底长径 6、底短径 3.2、高 3.6 厘米（图二六九，6）。标本 M137：13，泥质灰褐陶。口残，口长径约 11、口短径 9、底长径 6.8、底短径 3.5、高 3.4 厘米（图二六九，7；彩版一八八，3）。标本 M137：14，夹砂灰褐陶。口长径 10.8、口短径 9.2、底长径 7、底短径 3.5、高 3 厘米（图二六九，8）。

图二六九　2015M137 出土陶器

1. 案（M137：2）　2. 长颈瓶（M137：7）　3. 奁（M137：10）　4～8. 耳杯（M137：1、11、12、13、14）　9. 炉（M137：16）　10、11.
器座（M137：9、15）　12. 方盘（M137：20）　13、14. 盘（M137：17、19）　15～17. 小瓢（M137：4、5、6）　18、19. 器盖
（M137：18、8）　20. 灶（M137：3）

案　1 件。标本 M137：2，泥质黄褐陶。平面呈圆形，扁平片状，边缘为一周凸起的沿，沿方唇，略外撇。案面饰五周戳刺纹。口径 35.5、底径 34、高 1.8 厘米（图二六九，1；彩版一八八，4）。

灶　1 件。标本 M137：3，泥质灰陶。灶面呈梯形，前端出长方形遮烟檐，灶面前端并列置三个圆形小火眼，中部置一圆形大火眼，尾端一角置一圆形小火眼，另一端置一圆形小烟孔；长方形灶门不落地。灶面前端饰条带状三角和短线组合纹饰；檐面刻划复线"X"形纹和短线组合纹饰；灶门上、左、右三边刻划阶梯状深凹槽两道，凹槽向外，两侧刻划水波纹，上方饰条带状三角纹和短线组合纹饰，外侧边缘各饰条带状三角纹和短线组合纹饰。长 30.5、宽 28.1、高 19.8 厘米，火眼直径 10.2（大）、5.9（小）厘米，烟孔直径 0.9 厘米，灶门长 9、高 4.8 厘米（图二六九，20；彩版一八九，1）。

小瓢　3 件（M137：4、5、6）。形制相似，平面近鸡心形，尖唇，敞口，弧腹，圜底。标本 M137：4，泥质灰陶。口长 5.8、口宽 4.3、高 3 厘米（图二六九，15；彩版一八九，2）。标本 M137：5，泥质黄褐陶。口长 4.5、口宽 3.1、高 2 厘米（图二六九，16；彩版一八九，3）。标本 M137：6，泥质灰陶。口长 4.6、口宽 3.2、高 2.4 厘米（图二六九，17）。

长颈瓶　1 件。标本 M137：7，泥质黄褐陶。方圆唇，直口微侈，细长颈，弧肩，鼓腹，最大腹径居中，台底。下腹镂空三个圆孔，底部有一圆形小孔。肩及上腹各饰一组两周凹弦纹，肩腹交接处刻划瓦棱纹。口径 6.5、最大腹径 17.9、底径 8.7、高 34.1 厘米（图二六九，2；彩版一八九，4）。

器盖　2 件（M137：8、18）。均为泥质灰陶。标本 M137：8，尖唇，直口，折壁，小平顶。盖内有多道凹槽。口径 7.5、顶径 2.1、高 2.1 厘米（图二六九，19；彩版一八八，5）。标本 M137：18，尖唇，子母口，弧顶。口径 8.9、高 1.7 厘米（图二六九，18）。

器座　2 件（M137：9、15）。均为泥质灰褐陶。形制相似，方圆唇，敞口，束腰形粗柄中空，喇叭形座，座底边陡折内凹，形似盘口。标本 M137：9，口沿外沿施瓦棱纹。口径 13.9、底径 17.4、高 12.9 厘米（图二六九，10）。标本 M137：15，口径 13.5、底径 17、高 11.1 厘米（图二六九，11）。

奁　1 件。标本 M137：10，泥质灰陶。奁盖尖圆唇，直口，直壁，圆弧顶；顶饰一周宽扁条瓦棱纹，其上置三个乳丁状纽。口径 23.7、高 21.4 厘米。奁体圆唇，直口，腹略内弧，台底。口径 20.9、底径 22.7、高 19.1 厘米。通高 22.5 厘米（图二六九，3；彩版一八九，5、6）。

炉　1 件。标本 M137：16，泥质灰褐陶。方唇，口微敛，唇面饰一周凹槽，斜弧腹，圜底，喇叭状高圈足。内壁及底饰四组横置"S"形、"十"字形及圆形镂孔组合纹饰表示炉箅，"S"形纹一侧刻划多道弧线纹；圈足一周饰四个圆形镂孔。口径 22.9、底径 13.6、高 12.5 厘米（图二六九，9；彩版一九〇，1）。

盘　2 件（M137：17、19）。均为泥质灰陶。形制相似，尖唇，敞口，外沿厚，微内凹，折腹，台底，内底内凹。内沿、内壁施一周凸棱纹。标本 M137：17，口径 19.5、底径 8、高 4.2 厘米（图二六九，13；彩版一九〇，2）。标本 M137：19，外壁两周弦纹，口径 19.9、底径 8.3、高 4 厘米（图二六九，14；彩版一九〇，3）。

方盘　1 件。标本 M137：20，泥质黄褐陶。整体呈倒梯形，方唇，敞口，平折沿，斜直壁，平底略内凹，底置圆饼状矮足。沿面外缘施一周凹槽，内底刻划鱼纹。口长 16.5、口宽 7.7、底长

12.4、底宽 4.5、高 3.1 厘米（图二六九，12；彩版一九〇，4）。

2015M138

位于本发掘区东部中段，方向 300°（图二七〇）。开口于②层下，开口距地表 1.02 米。

（一）墓葬结构

该墓为多室石室墓。平面近"凸"字形，由墓道、墓门及墓室组成（彩版一九一，1）。

墓道　位于墓室西侧。长方形斜坡状。未完全发掘，长度不详，宽 1.94 米。

墓门　位于墓室西侧。现存门框及门槛。宽 1.66、残高 0.72 米。门框系两块长条形石板立于墓室侧板西端，门槛系长方形石板置于门框之下。门外由一大一小两块长方形石板立砌封堵，门板下平铺有长条形石板。

墓室　平面近"凸"字形，由主室及后室组成。墓底及四壁由规整石板砌筑，白灰勾缝，墓壁部分缺失。墓顶不存。主室平面近方形，中部东西向纵立长方形石板一块，立板下置长条形础石，将主室分为南、北两个长方形小室。主室面阔 1.75、进深 2.04 米，高度不详。后室平面近长方形，底部高于主室底部 0.29 米，面阔约 2.46、进深约 0.9 米，高度不详。

（二）葬具及人骨

主室南、北两小室之内各置一块长方形石板作为棺床。北侧棺床长 1.8、宽 0.64 米，南侧棺床长 1.59、宽 0.57 米。未见木制葬具痕迹，仅见 1 枚铁棺钉。

人骨保存情况差，主室内可见少量散乱肢骨。

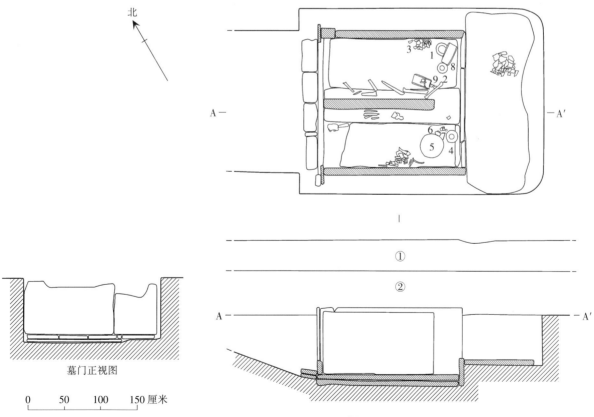

图二七〇　2015M138 平、剖视图

1、2、4. 盘　3. 铁棺钉　5. 案　6. 耳杯　7. 铜钱　8、9. 筒瓦残片（未标明质地者均为陶器）

（三）随葬品

该墓出土随葬品9件（套），主要出土于主室之内，多残碎，不少残片散落于后室。其中陶器7件，另有铁棺钉1枚及铜钱34枚。

1. 陶器

共7件。计有盘3、案1、耳杯1、筒瓦残片2。

盘　3件（M138：1、2、4）。形制相似，尖唇，敞口，外沿厚，折腹，台底。内沿、内壁及底各施一周凸棱。标本M138：1，泥质黄褐陶。口径18.3、底径9.4、高3.6厘米（图二七一，2；彩版一九一，2）。标本M138：2，泥质灰陶。口径17.9、底径8.8、高3.2厘米（图二七一，3）。标本M138：4，泥质灰黑陶。外沿一周施凹槽。口径19、底径6.5、高3.4厘米（图二七一，4）。

案　1件。标本M138：5，泥质灰褐陶。平面呈圆形，扁平片状，整体略有变形。边缘凸起一周棱为沿，沿方唇，略外倾，沿外壁施一周绳纹。口径33、底径32、高1.8厘米（图二七一，1；彩版一九一，3）。

耳杯　1件。标本M138：6，泥质灰褐陶。椭圆形杯口，尖唇，敞口，双耳平齐，斜弧腹，台底。口长径9.6、口短径8.1、底长径5.3、底短径2.3、高2.8厘米（图二七一，5；彩版一九一，4）。

筒瓦残片　2件（M138：8、9）。均为夹砂灰陶。残损严重。形制相似，近半圆形。瓦面饰粗绳纹。标本M138：8，残长28.8、残宽13.5、厚3厘米（图二七一，6；彩版一九一，5）。标本M138：9，残长15.8、残宽13.1、厚3.4厘米（图二七一，7）。

2. 铁器

棺钉　1件。标本M138：3，残，锈蚀严重。形制不明。重17克。

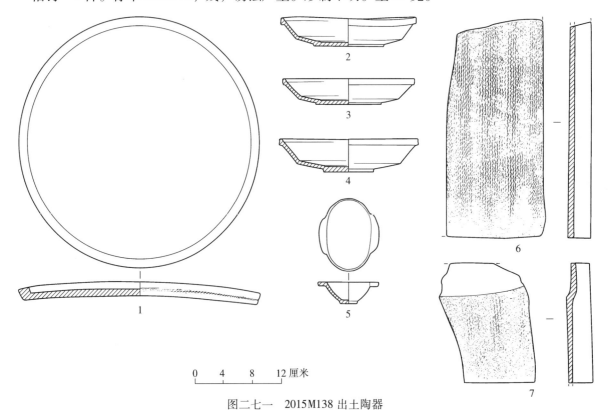

0　　4　　8　　12厘米

图二七一　2015M138 出土陶器

1. 案（M138：5）　2~4. 盘（M138：1、2、4）　5. 耳杯（M138：6）　6、7. 筒瓦残片（M138：8、9）

3. 铜钱

34 枚，编号 M138：7 – 1 ~ 7 – 34。均为"五铢"。详情见表六六。

表六六　　　　　　　　　2015M138 出土铜钱登记表　　　　　（尺寸单位：厘米；重量单位：克）

| 种类 | 编号 | 特征 | | 郭径 | 钱径 | 穿宽 | 郭厚 | 肉厚 | 重量 |
		文字特征	记号						
五铢	7 – 1	"五"字瘦长，竖画甚曲；"金"头三角形，四竖点；"朱"头较圆，"朱"下较圆		2.56	2.31	0.90	0.15	0.12	2.78
	7 – 2	同上		2.56	2.28	0.88	0.13	0.12	3.23
	7 – 3	同上		2.58	2.28	0.93	0.15	0.13	2.81
	7 – 4	同上		2.57	2.20	0.95	0.16	0.12	2.99
	7 – 5	同上		2.55	2.30	0.99	0.13	0.11	2.61
	7 – 6	同上		2.62	2.30	0.96	0.13	0.12	2.98
	7 – 7	同上		2.54	2.28	0.91	0.15	0.13	2.77
	7 – 8	同上		2.57	2.20	0.90	0.14	0.11	2.66
	7 – 9	同上		2.54	2.26	0.90	0.15	0.14	3.13
	7 – 10	同上		2.57	2.27	0.89	0.13	0.11	3.25
	7 – 11	同上		2.78	2.22	0.87	0.13	0.12	2.46
	7 – 12	"五"字瘦长，竖画甚曲；"金"头三角形，四竖点；"朱"头较方，"朱"下较圆		2.49	2.25	0.97	0.14	0.11	2.75
	7 – 13	同上		2.63	2.30	0.92	0.12	0.13	1.97
	7 – 14	同上		2.50	2.33	0.91	0.13	0.11	3.00
	7 – 15	同上		2.63	2.36	0.95	0.15	0.13	2.34
	7 – 16	同上		2.56	2.30	1.00	0.17	0.14	3.09
	7 – 17	同上		2.53	2.18	0.90	0.13	0.12	2.58
	7 – 18	同上		2.57	2.24	0.83	0.16	0.15	3.22
	7 – 19	同上		2.57	2.24	0.90	0.15	0.12	2.32
	7 – 20	同上		2.55	2.22	0.98	0.12	0.11	2.46
	7 – 21	同上		2.63	2.29	0.87	0.13	0.10	2.58
	7 – 22	同上		2.58	2.23	0.90	0.14	0.13	3.22
	7 – 23	"五"字瘦长，竖画甚曲；"金"头三角形，四竖点；"朱"头较方，"朱"下较方		2.58	2.33	0.95	0.14	0.12	2.77
	7 – 24	同上		2.52	2.30	0.92	0.15	0.12	2.98
	7 – 25	同上		2.54	2.27	0.91	0.11	0.12	2.79
	7 – 26	同上		2.56	2.33	0.99	0.13	0.12	3.67

种类	编号	特征		郭径	钱径	穿宽	郭厚	肉厚	重量
		文字特征	记号						
五铢	7－27	"五"字瘦长，竖画甚曲；"金"头三角形，四竖点；"朱"头较圆，"朱"下较方		2.59	2.16	0.90	0.13	0.11	2.69
	7－28	同上		2.52	2.32	0.98	0.12	0.11	2.88
	7－29	同上		2.58	2.22	0.95	0.12	0.10	2.43
	7－30	同上		2.63	2.32	0.94	0.14	0.12	2.99
	7－31	"五"字瘦长，竖画缓曲；"金"头三角形，四竖点；"朱"头较方，"朱"下较方		2.58	2.20	0.90	0.15	0.14	3.50
	7－32	"五"字瘦长，竖画缓曲；"金"头三角形，四竖点；"朱"头较方，"朱"下较圆		2.58	2.25	0.93	0.15	0.13	2.82
	7－33	"五"字瘦长，竖画缓曲；"金"头三角形，四竖点；"朱"头较圆，"朱"下较圆		2.50	2.30	0.91	0.11	0.09	1.85
	7－34	同上		2.55	2.32	0.88	0.12	0.10	2.68

2015M139

位于本发掘区中部偏东北，方向 202°（图二七二）。开口于②层下。开口距地表 1.4 米。

（一）墓葬结构

由于被严重破坏，仅存墓圹，墓圹呈"L"字形。从墓葬结构推测，该墓应为多室石室墓。从营建形制可以看出，是由墓道和墓室组成。

墓道　位于墓室南侧。长斜坡状。在墓道后端发现长条形石板一块。未完全发掘，长度不详，宽 1.7 米。

墓室　平面呈"凸"字形，结构为直壁，平底。墓室最长 5.1、最宽 3.2、残深约 0.51 米。

（二）葬具及人骨

该墓被严重破坏，未发现葬具痕迹及人骨痕迹。

（三）随葬品

该墓被严重破坏，仅在墓底发现少量瓷器残片及陶器残片。

1. 瓷器残片

3 件（M139：1、2、3）。其中标本 M139：1 为碗底，白釉，器外底及圈足均施釉，唯外底中心有直径 1 厘米的圆点形露胎处，胎红褐色。下腹斜弧收，圈足。器表饰铁彩花卉纹。不可修复。

2. 陶器残片

1 件。标本 M139：4，为口沿及肩部残片，不可修复。泥质灰陶。圆唇，敛口，口沿下附一竖桥耳。

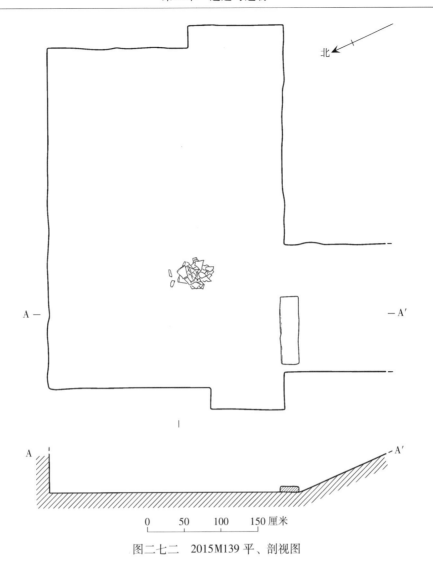

图二七二　2015M139 平、剖视图

2015M140

位于本发掘区中部偏北，方向 23°（图二七三）。开口于②层下，开口距地表 0.51 米。

（一）墓葬结构

该墓为多室石室墓。平面呈"中"字形，由墓道、墓门及墓室组成（彩版一九二，1）。

墓道　位于墓室北侧。长方形斜坡状。未完全发掘，长度不详，宽 2.4 米。

墓门　位于墓室北侧。现存门框及门槛。门宽 1.51 米。门框借用东、西耳室北侧板，门槛系长方形石板置于门框之间，门内置一近方形础石。门外由两块长方形石板立砌封堵，白灰勾缝，门板残损，门板下平铺有长条形石板。

墓室　平面近"凸"字形，由前廊、东耳室、西耳室及主室组成。墓底及四壁由规整石板砌筑，白灰勾缝，墓壁部分缺失。墓顶不存。前廊平面近长方形，面阔 1.54、进深 0.88 米，高度不详。东耳室平面近方形，底部高于前廊底部 0.49 米，面阔 0.75、进深 0.79 米，高度不详。西耳室平面近长方形，面阔 0.78、进深 0.62 米，高度不详。主室平面呈长方形，底部可见南北向并列两块础石，将主室分为东、西两个长方形小室。主室底部高于前廊底部 0.28 米，面阔约 1.61、进

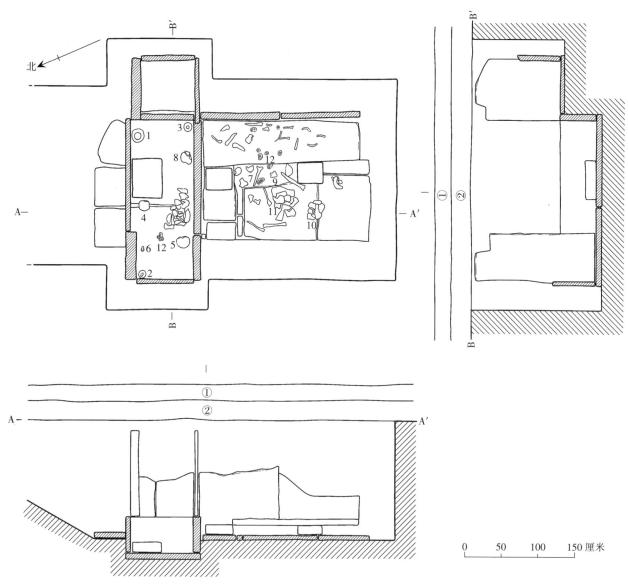

图二七三　2015M140 平、剖视图
1. 罐　2. 长颈瓶　3. 灯　4. 钵　5. 樽　6. 小瓢　7. 器盖　8、10. 盘　9. 铁器　11. 方盘　12. 铜钱（未标明质地者均为陶器）

深约 2.2 米，高度不详。

（二）葬具及人骨

主室东侧小室内置一块长方形石板，紧靠墓室东壁，作为棺床，长 2.18、宽 0.56 米。西侧小室内未见葬具。人骨及随葬品置于墓底石板之上。未见木制葬具痕迹。

该墓人骨保存情况差，主室内可见少量散乱肢骨。

（三）随葬品

该墓出土随葬品多残碎，可修复或可辨器形的共计 12 件（套），集中置于前廊及西耳室之内，主室也有少量出土。其中陶器 10 件，另有铁器 1 件及铜钱 25 枚。

1. 陶器

共 10 件。计有罐 1、长颈瓶 1、灯 1、钵 1、樽 1、小瓢 1、器盖 1、盘 2、方盘 1。

罐　1 件。标本 M140:1，泥质灰褐陶。方唇，直口，弧肩，鼓腹，最大腹径偏上，下腹壁斜直略内凹，台底。肩饰两周浅凹槽。口径8.4、最大腹径16.9、底径7.7、高15.5厘米（图二七四，1；彩版一九二，2）。

长颈瓶　1件。标本M140:2，泥质黄褐陶。方唇，直口微敞，长颈，溜肩，鼓腹，平底。唇面刻划一周凹弦纹。下腹等距镂空三个圆孔，底部有一圆形小孔。口径5、最大腹径13.2、底径6.2、高23.2厘米（图二七四，2；彩版一九三，1）。

灯　1件。标本M140:3，泥质灰陶。由灯盘及灯座组成。灯盘方唇，直口微敞，折腹，上腹内凹，下腹斜直，内底平。灯座喇叭形，高柄中空，座底边陡折内凹，形似盘口。柄上镂空小圆孔和长条形孔。柄上留有刮削修整痕。口径14.2、底径15.1、高23厘米（图二七四，3；彩版一九二，3）。

钵　1件。标本M140:4，泥质黄褐陶。圆唇，直口，弧腹，下腹斜急收，台底，内底部略凹。外沿饰三道凸弦纹。口径13.2、底径7.2、高5.8厘米（图二七四，5；彩版一九三，2）。

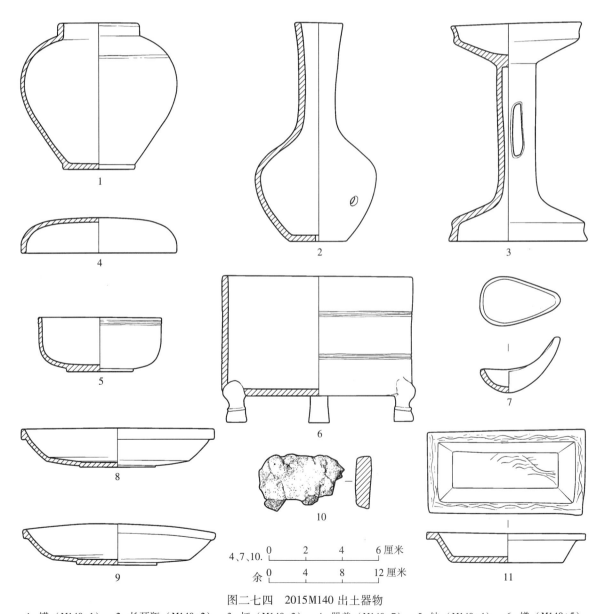

图二七四　2015M140出土器物

1. 罐（M140:1）　2. 长颈瓶（M140:2）　3. 灯（M140:3）　4. 器盖（M140:7）　5. 钵（M140:4）　6. 樽（M140:5）
7. 小瓢（M140:6）　8、9. 盘（M140:8、10）　10. 铁器（M140:9）　11. 方盘（M140:11）（未标明质地者均为陶器）

　　樽　1件。标本 M140∶5，泥质灰褐陶。圆唇，直口，筒形腹，腹壁直略内凹，平底，底置三个兽蹄状足。腹饰两组四道浅凹槽。口径20.6、高15.5厘米（图二七四，6；彩版一九三，3）。

　　小瓢　1件。标本 M140∶6，泥质灰陶。平面近鸡心形，圆唇，斜弧腹，圜底。口长4.4、口宽2.6、高3厘米（图二七四，7；彩版一九三，4）。

　　器盖　1件。标本 M140∶7，夹砂黄褐陶。圆唇，直口，斜直壁，平顶微弧。口径8.3、高1.9厘米（图二七四，4；彩版一九三，5）。

　　盘　2件（M140∶8、10）。均为泥质灰褐陶。形制相似，尖唇，敞口，外沿厚，折腹，台底。内壁及底施两周凸棱纹。标本 M140∶8，口径20.9、底径8.2、高4.3厘米（图二七四，8）。标本 M140∶10，口径20.9、底径8.6、高4.4厘米（图二七四，9；彩版一九三，6）。

　　方盘　1件。标本 M140∶11，泥质灰褐陶。整体呈倒梯形，方唇，敞口，平折沿，斜直壁，平底，底置圆饼状矮足。沿面饰水波纹，内底刻划鱼纹。口长17.3、口宽9.1、底长12.5、底宽4.5、高3.1厘米（图二七四，11；彩版一九三，7）。

2. 铁器

1件。标本 M140∶9，残，锈蚀严重。器形不明。残长4.6、宽3、厚0.9厘米，重30克（图二七四，10）。

3. 铜钱

25枚，编号 M140∶12 - 1 ~ 12 - 25。包括24枚"五铢"及1枚"货泉"。详情见表六七。

表六七　　　　　2015M140 出土铜钱登记表　　　　（尺寸单位：厘米；重量单位：克）

| 种类 | 编号 | 特征 | | 郭径 | 钱径 | 穿宽 | 郭厚 | 肉厚 | 重量 |
		文字特征	记号						
五铢	12 - 1	"五"字瘦长，竖画甚曲；"金"头三角形，四竖点；"朱"头较圆，"朱"下较圆		2.56	2.25	0.90	0.12	0.11	2.57
	12 - 2	同上		2.57	2.33	0.90	0.12	0.11	3.32
	12 - 3	同上		2.63	2.29	0.87	0.13	0.10	2.42
	12 - 4	同上		2.55	2.31	0.91	0.11	0.09	1.85
	12 - 5	同上		2.63	2.29	0.87	0.13	0.10	2.58
	12 - 6	"五"字瘦长，竖画甚曲；"金"头三角形，四竖点；"朱"头较方，"朱"下较圆		2.53	2.22	0.92	0.12	0.13	2.75
	12 - 7	同上		2.55	2.27	0.91	0.11	0.12	2.65
	12 - 8	同上		2.57	2.32	0.90	0.12	0.10	2.65
	12 - 9	同上		2.63	2.36	0.95	0.15	0.13	2.34
	12 - 10	同上		2.57	2.27	0.95	0.16	0.12	2.99
	12 - 11	同上		2.58	2.23	0.95	0.12	0.10	2.43
	12 - 12	同上		2.53	2.35	0.92	0.13	0.11	2.61

种类	编号	特征		郭径	钱径	穿宽	郭厚	肉厚	重量
		文字特征	记号						
五铢	12-13	"五"字瘦长，竖画甚曲；"金"头三角形，四竖点；"朱"头较方，"朱"下较圆		2.54	2.27	0.91	0.11	0.12	2.79
	12-14	同上		2.58	2.23	0.90	0.14	0.13	3.22
	12-15	"五"字瘦长，竖画甚曲；"金"头三角形，四竖点；"朱"头较方，"朱"下较方		2.49	2.23	0.99	0.13	0.12	3.28
	12-16	"五"字瘦长，竖画甚曲；"金"头三角形，四竖点；"朱"头较圆，"朱"下较方		2.57	2.23	0.90	0.14	0.13	3.57
	12-17	同上		2.55	2.22	0.90	0.15	0.14	3.72
	12-18	同上		2.59	2.31	0.89	0.17	0.14	3.19
	12-19	同上		2.56	2.33	0.99	0.13	0.12	3.09
	12-20	"五"字瘦长，竖画缓曲；"金"头三角形，四竖点；"朱"头较方，"朱"下较圆		2.58	2.29	0.91	0.12	0.11	3.09
	12-21	同上		2.62	2.35	1.01	0.14	0.12	2.04
	12-22	"五"字瘦长，竖画缓曲；"金"头三角形，四竖点；"朱"头较圆，"朱"下较圆		2.65	2.35	0.95	0.15	0.13	2.34
	12-23	同上		2.55	2.19	0.90	0.13	0.12	2.58
	12-24	同上		2.57	2.20	0.90	0.14	0.11	2.66
货泉	12-25	字迹不清		2.28	1.99	0.69	0.15	0.12	2.78

2015M141

位于本发掘区中部偏北，开口210°（图二七五）。开口于②层下，开口距地表0.92米。

（一）墓葬结构

由于被严重破坏，仅存墓圹。墓圹呈"土"字形。从营建形制推测，该墓为多室石室墓。从墓葬结构可以看出，是由墓道和墓室组成。

墓道 位于墓室西南侧。长斜坡状。未完全发掘，长度不详，宽1.94米。

墓室 结构为直壁，平底，营造墓室所用石板均已不见。墓室最长5.4、最宽4.4、残深约0.33米。

（二）葬具及人骨

该墓被严重破坏，未发现葬具痕迹及人骨痕迹。

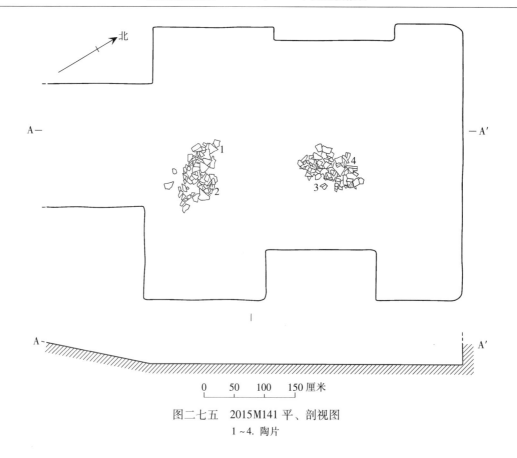

图二七五　2015M141 平、剖视图

1~4. 陶片

（三）随葬品

仅在墓底发现少量陶器残片。可辨器形者共 4 件，计有案 1、盘 1、器底 2。

案　1 件。标本 M141：1，泥质黄褐陶。平面圆形，扁平片状，边缘起凸棱为沿，沿方唇外倾。案面饰两周凹弦纹。残缺大部，不可修复。

盘　1 件。标本 M141：2，夹砂黄褐陶。尖唇，敞口，外沿厚，折腹，台底。残缺大部，不可修复。

器底　2 件（M141：3、4）。形制相似，均为台底。不可修复。标本 M141：3，泥质灰褐陶。标本 M141：4，泥质灰陶。

二　2016 年度发掘墓葬

2016M1

位于本发掘区西北角，方向 163°（图二七六）。开口于②层下，开口距地表 0.8 米。

（一）墓葬结构

该墓为多室石室墓。由墓道、墓门及墓室组成。

墓道　位于墓室南侧。长方形斜坡状。未完全发掘，长度不详，宽 6.13 米。

墓门　位于墓室南侧。现仅存门槛。门外两侧用石块垒砌成门垛，门槛系数块长方形石板拼接而成，置于门垛之间。门内保留有近方形础石五块。门外由石板立砌封堵，石板残损严重，仅

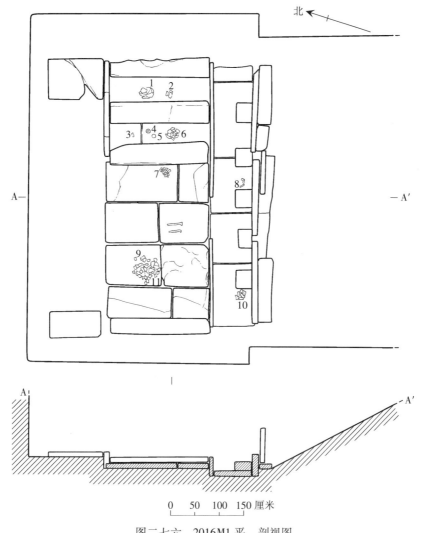

图二七六 2016M1 平、剖视图
1、7~10. 奁 2. 盘 3. 俎 4~6. 器盖 11. 残片（均为陶器）

在中部存留一块石板残块，门板下平铺有长条形石板。

墓室 平面近长方形，由前廊、西耳室、主室及后室组成。墓底由规整石板砌筑，白灰勾缝。墓壁及墓顶均已不存。前廊平面呈长方形，面阔5.11、进深0.78米，高度不详。西耳室位于前廊及主室西侧，平面呈长方形，仅存主室、西耳室之间的一块石板，该石板长2、宽0.3、厚0.2米，置于主室最西端石板上，高于主室。主室平面呈长方形，其中部现存数条南北向平铺的长方形石条，底部高于前廊底部0.28米，面阔5.45、进深2.16米，高度不详。后室平面呈长方形，底部高于主室底部0.24米，墓底石板及侧板大都缺失，面阔约5.52、进深约1.11米，高度不详。

（二）葬具及人骨

未见葬具痕迹。人骨保存极差，仅存少量肢骨痕迹。

（三）随葬品

该墓共出土随葬品12件（套），墓室各处均有出土。其中陶器11件，另有铜钱20枚。

1. 陶器

共11件。计有奁5、盘1、俎1、器盖3、残片1。

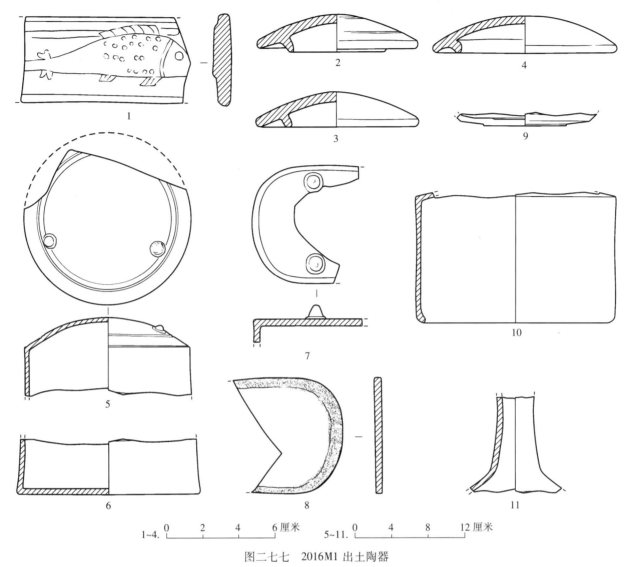

图二七七　2016M1 出土陶器

1. 俎（M1:3）　2~4. 器盖（M1:6、5、4）　5~8、10. 奁（M1:1、7、10、8、9）　9. 盘（M1:2）　11. 残片（M1:11）

奁　5件（M1:1、7、8、9、10）。标本 M1:1，泥质黑褐陶。残，仅存奁盖顶。圆弧顶，顶置三个乳丁状纽。顶面施两周浅凹槽。口径18.1、残高8.4厘米（图二七七，5）。标本 M1:7，泥质灰陶。仅存奁体残片，截面呈圆形。底径20、残高2.8厘米（图二七七，6）。标本 M1:8，泥质黑褐陶。仅存残片，残破严重。截面呈椭圆形。残长11.8、宽12.2、厚0.8厘米（图二七七，8）。标本 M1:9，泥质灰褐陶。现存奁盖残片。圆唇，直口，直腹。口径21.6、残高13.4厘米（图二七七，10）。标本 M1:10，泥质黑褐陶。截面呈圆角长方形，现残存奁盖顶部，顶部残存两个乳丁状纽。残长11.6、残宽12.6、残高4厘米（图二七七，7）。

盘　1件。标本 M1:2，泥质灰褐陶。残，台底，内底内凹。残高1厘米（图二七七，9）。

俎　1件。标本 M1:3，泥质灰褐陶。残，仅存俎面。近长方形。俎面模印鱼纹，边缘施凹槽一周。残长9、宽4.5、厚1厘米（图二七七，1）。

器盖　3件（M1:4、5、6）。均为泥质灰陶。形制相似，圆唇，子母口，弧顶。盖顶饰凹弦纹两组四周。标本 M1:4，口径10、高2厘米（图二七七，4）。标本 M1:5，口径8.9、高1.9厘米

（图二七七，3）。标本 M1∶6，口径8.8、高2厘米（图二七七，2）。

残片 1件。标本 M1∶11，夹砂灰陶。残存圆柱形柄。不可修复，器形不明。残高9.9、残径9.8厘米（图二七七，11）。

2. 铜钱

20枚。均锈蚀严重，零星钱文可辨，为"五铢"。

2016M2

位于本发掘区北部，方向154°（图二七八）。开口于②层下，开口距地表0.69米。

（一）墓葬结构

由于被严重破坏，仅存墓道及墓圹。墓圹呈平面近"甲"字形，直壁、平底。从墓圹结构推测，该墓为多室石室墓，由墓道和墓室组成。

墓道 位于墓室南侧。长斜坡状。未完全发掘，长度不详，宽1.96米。

墓室 平面近长方形，结构为直壁，平底，建墓石板均已不存。墓圹南北通长4.17、东西通宽3.56、残深约1.16米。

（二）葬具及人骨

未见葬具痕迹及人骨痕迹。

（三）随葬品

该墓出土随葬品多残碎，不可修复。可辨器形者仅1件奁。

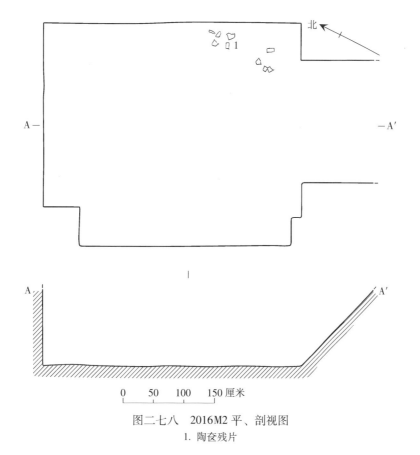

图二七八 2016M2 平、剖视图
1. 陶奁残片

奁　1件。标本 M2:1，泥质黄褐陶。残存口沿，推测平面应为圆形。圆唇，直腹，腹上部和下部各饰一周凸棱，腹中部刻划一组两道弦纹。残高 11.1、残宽 9.8 厘米。

2016M3

位于本发掘区北部，方向 160°（图二七九）。开口于②层下，开口距地表 0.85 米。

（一）墓葬结构

该墓为多室石室墓。平面近"凸"字形，由墓道、墓门及墓室组成（彩版一九四，1）。

墓道　位于墓室南侧。长方形斜坡状。未完全发掘，长度不详，宽 2.66 米。

墓门　位于墓室南侧。现仅存门槛。门外用石块垒砌成门垛，门槛系长方形石板置于前廊南侧。门内保留一块近方形础石。门外由石板立砌封堵，现存西侧长方形门板，门板下平铺长条形石板。

墓室　平面近"⌐"形，由前廊、西耳室及主室、后室组成。墓底由规整石板砌筑，白灰勾缝。大多数墓壁及墓顶均已不存。前廊平面呈长方形，面阔约 2.59、进深 1.03 米，高度不详。西

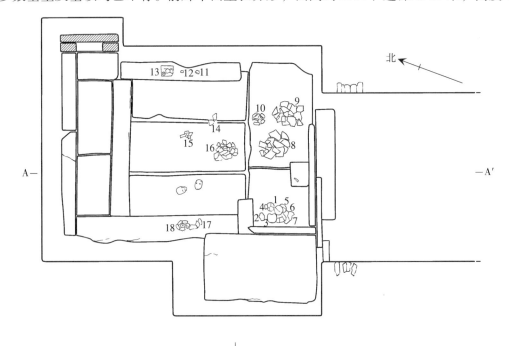

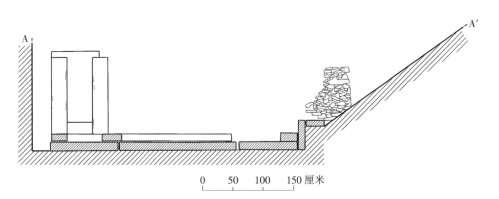

0　50　100　150 厘米

图二七九　2016M3 平、剖视图

1、3、5~7. 盘　2、4. 耳杯　8. 罐　9. 盆　10. 樽　11. 器盖　12. 俎　13. 灶　14、16、17. 器座　15. 长颈瓶　18. 井（均为陶器）

耳室位于前廊西侧，平面呈长方形，面阔约 1.83、进深约 0.98 米，高度不详。主室平面呈长方形，底部与前廊底部平齐，面阔约 2.68、进深 2.21 米，高度不详。后室平面呈长方形，底部与主室底部平齐，两侧及后壁的立板缺失，东壁尚保存，面阔 2.88、进深 0.7、残高约 1.44 米。

（二）葬具及人骨

未见葬具痕迹。人骨保存不佳，肢骨及躯干骨皆不见，主室西部发现颅骨两件。葬式不明。

（三）随葬品

该墓出土随葬品多残碎，可辨器形或可修复的共计 19 件（套），集中堆放于前廊及主室之内。其中陶器 18 件，另有铜钱 1 套多枚。

1. 陶器

共 18 件。计有盘 5、耳杯 2、罐 1、盆 1、樽 1、器盖 1、俎 1、灶 1、器座 3、长颈瓶 1、井 1。

盘　5 件（M3：1、3、5、6、7）。均为泥质黄褐陶。形制相似，尖唇，外沿厚，敞口，折腹，内底内凹。内沿、内壁、内底各施一周凸棱。标本 M3：1，台底。口径 18.9、底径 9.6、高 3.8 厘米（图二八〇，1；彩版一九五，1）。标本 M3：3，台底。口径 18.9、底径 9、高 4.1 厘米（图二八〇，2；彩版一九五，2）。标本 M3：5，台底。口径 19.3、底径 9.6、高 4 厘米（图二八〇，3；彩版一九五，3）。标本 M3：6，平底。外沿施一周凹槽。口径 18.2、底径 7.5、高 4.3 厘米（图二八〇，4；彩版一九五，4）。标本 M3：7，台底。外沿施一周凹槽。口径 20.7、底径 9、高 4.3 厘米（图二八〇，5；彩版一九五，5）。

耳杯　2 件（M3：2、4）。形制相似，椭圆形杯口，尖唇，敞口，双耳平齐，斜弧腹，台底。标本 M3：2，泥质黄褐陶。口长径 9.7、口短径 8.1、底长径 7.1、底短径 3.6、高 4 厘米（图二八〇，7；彩版一九四，2）。标本 M3：4，夹细砂灰褐陶。口长径 13.2、口短径 8.3、底长径 7.4、底短径 3.7、高 4 厘米（图二八〇，8；彩版一九四，3）。

罐　1 件。标本 M3：8，泥质黄褐陶。残，仅存下腹及底，不可修复。下腹斜弧收，平底。底径 22、残高 11.4 厘米（图二八〇，18）。

盆　1 件。标本 M3：9，泥质灰陶。残，仅存上腹及口沿。敞口，卷沿，上腹斜弧。沿面施一周凹槽。口径 40、残高 8.8 厘米（图二八〇，16）。

樽　1 件。标本 M3：10，泥质灰陶。圆唇，直口，直壁略内凹，平底，底置三个兽蹄状足。腹部饰凹弦纹两周。口径 21.1、通高 16.1 厘米（图二八〇，10；彩版一九四，4）。

器盖　1 件。标本 M3：11，夹细砂灰陶。圆唇，子母口，弧顶。口径 7、高 1.9 厘米（图二八〇，6）。

俎　1 件。标本 M3：12，泥质灰陶。长方形俎面，俎底置两个长方形扁状足，足底削出半圆形缺口。俎面模印鱼纹，边缘施凹槽一周。长 14.4、宽 4.5、通高 4.4 厘米（图二八〇，13；彩版一九四，5）。

灶　1 件。标本 M3：13，泥质灰陶。残存灶面后半部分。灶面呈梯形，灶面中部置一大圆形火眼，尾端一端置一小圆形火眼，另一端置一烟孔。灶面残长 19.6、宽 23.8、残高 13.1 厘米（图二八〇，17）。

器座　3 件（M3：14、16、17）。均为泥质灰陶。形制相似，方唇，敛口，束腰形粗柄中空，

图二八〇　2016M3 出土陶器

1~5. 盘（M3：1、3、5、6、7）　6. 器盖（M3：11）　7、8. 耳杯（M3：2、4）　9. 长颈瓶（M3：15）　10. 樽（M3：10）　11、12、15. 器座（M3：17、14、16）　13. 俎（M3：12）　14. 井（M3：18）　16. 盆（M3：9）　17. 灶（M3：13）　18. 罐（M3：8）

喇叭形座，座底边陡折内凹，形似盘口。外沿施瓦棱纹。标本 M3：14，口径 14.4、底径 17.7、高 12.1 厘米（图二八〇，12）。标本 M3：16，座底残。口径 13.6、残高 10.1 厘米（图二八〇，15）。

标本 M3：17，口径 14.2、底径 18.4、高 12.6 厘米（图二八〇，11；彩版一九五，6）。

长颈瓶　1件。标本 M3：15，泥质灰褐陶。残存部分颈部，不可修复。方唇，直口微敞，细长颈。残高 14.6 厘米（图二八〇，9）。

井　1件。标本 M3：18，夹砂灰陶。残存下腹及底，不可修复。下腹斜直，平底。底径 10、残高 17 厘米（图二八〇，14）。

2. 铜钱

多枚。标本 M3：19，锈蚀粘连成条状，通长 12.1 厘米，钱文模糊不清。

2016M4

位于本发掘区东北部，方向 165°（图二八一）。开口于②层下，开口距地表 0.71 米。

（一）墓葬结构

该墓为多室石室墓。由墓道、墓门及墓室组成（彩版一九六，1）。

墓道　位于墓室南侧。长方形斜坡状。未完全发掘，长度不详，宽 1.91 米。

墓门　位于墓室南侧。由门框、门楣及门槛组成。门宽 1.87、高 1.39 米。门框借用东、西耳室南侧板。门楣系用长方形石条横置于门框之上，上顶墓室盖板。门槛系长方形石板置于门框之间。门内立有长方形立板一块，立板下置长方形础石，上接栌斗，栌斗上顶门楣。门外由两块长方形石板立砌封堵，石板间白灰勾缝，门板下平铺有长条形石板。

墓室　平面近"工"字形，由前廊、东耳室、西耳室、主室及后室组成。墓底及四壁由规整石板砌筑，白灰勾缝，上部平盖石板为顶，整体保存完整。前廊平面呈长方形，面阔 1.7、进深 0.88、高 1.81 米。东耳室平面近方形，面阔 0.75、进深 0.76、高 1.81 米。西耳室平面呈长方形，面阔 0.88、进深 0.67、高 1.81 米。主室平面呈长方形，其中部南北向纵立长方形石板一组，将主室分为东、西两个长方形小室，立板下接墓底，上接栌斗，栌斗上搭横梁，横梁上顶墓室盖板。主室底部高于前廊底部 0.43 米，面阔 1.71、进深 2.38、高 1.38 米。后室平面呈长方形，底部高于主室底部 0.22 米，面阔 2.51、进深 0.69、高 1.16 米。

（二）葬具及人骨

墓内未见葬具痕迹。

人骨保存情况差，西耳室内可见一例颅骨。

（三）随葬品

该墓共出土随葬品 33 件（套），集中堆放于主室北部及后室之内，前廊及耳室也有少量发现。其中陶器 31 件，另有琥珀珠 1 件及石器 1 件。

1. 陶器

共 31 件。计有罐 3、器座 3、楼 1、盆 1、奁 2、支架 1、樽 1、灶 1、小器座 1、小釜 4、小勺 1、小瓢 4、烟囱 1、俎 1、盘 2、器盖 1、耳杯 1、甑 1、残片 1。

罐　3件（M4：1、2、4）。均为泥质黄褐陶。形制相似，由罐身与罐盖两部分组成。罐方唇，直口，矮领，弧肩，鼓腹，最大腹径偏上，台底；肩部施两周凹弦纹。盖圆唇，子母口，弧顶。标本 M4：1，盖口径 8、高 1.8 厘米，罐身口径 10、最大腹径 17.5、底径 8.6、高 14.8 厘米（图二八二，

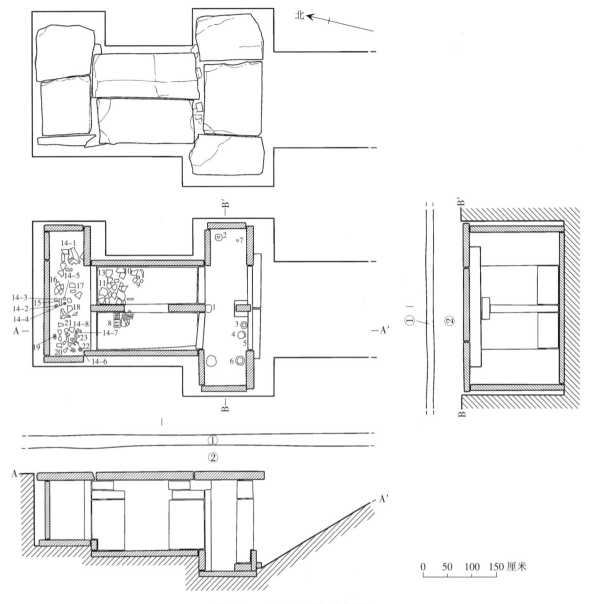

图二八一　2016M4 平、剖视图

1、2、4. 罐　3、5、6. 器座　7. 琥珀珠　8. 楼　9. 残陶片　10、17. 奁　11. 盆　12. 支架　13. 樽　14-1. 灶　14-2～14-5. 小釜　14-6. 小勺　14-7、23～25. 小瓢　14-8. 烟囱　15. 俎　16、21. 盘　18. 器盖　19. 耳杯　20. 甑　22. 小器座　26. 石研板（未标明质地者均为陶器）

1；彩版一九七，1）。标本 M4：2，盖口径 7.2、高 1.7 厘米，罐身口径 8.9、最大腹径 16.6、底径 8.4、高 13.3 厘米（图二八二，2；彩版一九七，2）。标本 M4：4，盖口径 8、高 1.8 厘米，罐身口径 10、最大腹径 17.5、底径 8.6、高 14.8 厘米（图二八二，3；彩版一九七，3）。

　　器座　3 件（M4：3、5、6）。形制相似，方圆唇，敛口，束腰形粗柄中空，喇叭形座，座底边陡折内凹，形似盘口。外沿施瓦棱纹。标本 M4：3，泥质黄褐陶。口径 12.7、底径 17.3、高 12.2 厘米（图二八二，13）。标本 M4：5，泥质灰褐陶。口径 13、底径 18.5、高 11.5 厘米（图二八二，11）。标本 M4：6，泥质灰褐陶。口径 13.8、底径 17.4、高 12.2 厘米（图二八二，12）。

　　小器座　1 件。标本 M4：22，泥质灰褐陶。圆唇，直口微敞，束腰形粗柄中空，喇叭形座，

图二八二 2016M4 出土陶器

1~3. 罐（M4：1、2、4） 4、5. 盘（M4：16、21） 6. 甑（M4：20） 7~9. 小瓢（M4：23、24、25） 10. 盆（M4：11） 11~13. 器座（M4：5、6、3） 14. 耳杯（M4：19） 15. 支架（M4：12） 16. 俎（M4：15） 17. 樽（M4：13） 18、19. 奁（M4：17、10）

座底边折，形似盘口。口外沿施凹凸棱纹，柄中部对称穿有两个圆形镂孔。口径5.4、底径5.6、高4.1厘米（图二八三，1；彩版一九七，7）。

楼 1件。标本 M4：8，泥质灰黑陶。楼上部及后部残缺。楼体共两层，正面呈长方形。上层楼体一侧残存菱格式窗，窗间墙壁刻划水波纹。正面下半部为一长方形孔，表示门，门洞上部正中残存菱格装饰一片，四周刻划水波纹；门上下各伸出一长方形檐，上檐表示门檐，下檐表示台阶；两侧山墙各饰桃形镂孔一个及勾云形镂孔三个。楼体悬空，底边做成拱形，形成四足。通长 30.5、通宽 14.3、残通高 47.5 厘米（图二八三，13）。

盆　1 件。标本 M4：11，泥质灰陶。残存口沿及上腹，不可修复。折沿，沿部有一周凹槽，敞口，斜弧腹。口径 22、残高 6.7 厘米（图二八二，10）。

奁　2 件（M4：10、17）。标本 M4：10，夹砂灰陶。由奁盖和奁体组成。奁盖尖圆唇，直口，直壁，弧顶，顶置三个乳丁组；顶饰有凹弦纹两周。奁体方唇，直口微敛，直壁深腹，平底。奁盖口径 23.4、高 16.5 厘米，奁体口径 20.6、底径 20.4、高 14.5 厘米（图二八二，19；彩版一九八，1）。标本 M4：17，泥质黑褐陶。为奁体。圆唇，直口，直壁微向内弧，深腹，下腹壁外撇，平底。口径 23.4、底径 25.8、高 20.4 厘米（图二八二，18；彩版一九八，2）。

支架　1 件。标本 M4：12，夹细砂灰陶。平面呈上下不出头的"井"字形，中间呈环状，截面呈六边形。长 10.3、宽 6、孔径 3 厘米（图二八二，15；彩版一九七，4）

樽　1 件。标本 M4：13，圆唇，直口，直壁略内凹，平底，底置三个兽蹄状足。腹部饰两周凹弦纹。口径 20.3、通高 16.8 厘米（图二八二，17；彩版一九八，3）。

灶　1 件。标本 M4：14 - 1，泥质灰陶。灶面呈梯形，前端出长方形遮烟檐，灶面前端并置三个圆形小火眼，中部置一圆形大火眼，尾端一角置一圆形小火眼，另一端置一圆形烟孔；长方形灶门不落地。灶面一侧刻划鱼纹一条，外沿刻划凹弦纹一周；檐面刻划水波纹；灶门上、右方刻划两道阶梯状凹槽和水波纹，左侧残，灶前面边缘各刻划三组"X"形与短竖线组合纹。灶面通长 30.3、通宽 25 厘米，火眼直径 12.2（大）、4.9（小）厘米，烟孔直径 1.4 厘米，灶门长 10.7、宽 7.4 厘米，灶通高 21.1 厘米（图二八三，12；彩版一九六，2）。

小釜　4 件（M4：14 - 2、14 - 3、14 - 4、14 - 5）。均为泥质灰陶。形制相似，圆唇，侈口，束颈，折腹，折腹处出折棱，下腹急内收，尖底或尖状小平底（彩版一九六，2）。标本 M4：14 - 2，尖状小平底。口径 4.7、最大腹径 6.1、底径 1.6、高 4 厘米（图二八三，4）。标本 M4：14 - 3，尖状小平底。口径 4.4、最大腹径 5.8、底径 0.7、高 4.4 厘米（图二八三，5）。标本 M4：14 - 4，尖底。口径 4.3、最大腹径 5.7、高 4.6 厘米（图二八三，6）。标本 M4：14 - 5，尖底。口径 4.6、最大腹径 5.7、高 4.4 厘米（图二八三，7）。

小勺　1 件。标本 M4：14 - 6，夹砂灰陶。柄部缺失。平面近圆形，圆唇，敞口，斜弧腹，圜底。口径 5.8、高 2.6 厘米（图二八三，9）。

小瓢　4 件（M4：14 - 7、23、24、25）。均为泥质灰陶。形制相似，平面呈鸡心形，尖圆唇，斜弧腹，圜底。标本 M4：14 - 7，通长 3.2、通宽 2.5、高 1.5 厘米（图二八三，2；彩版一九六，2）。标本 M4：23，通长 4.8、通宽 3.4、高 2 厘米（图二八二，7；彩版一九六，3）。标本 M4：24，通长 4.3、通宽 3.2、高 2.5 厘米（图二八二，8；彩版一九六，4）。标本 M4：25，通长 4、通宽 2.2、高 2.5 厘米（图二八二，9）。

烟囱　1 件。标本 M4：14 - 8，泥质灰陶。束腰，中空，两端呈喇叭口形。口径 3、底径 2.1、高 4.7 厘米（图二八三，3；彩版一九六，2）。

俎　1 件。标本 M4：15，泥质灰褐陶。俎面近长方形，俎底置两个长方形扁足，足底削出半圆形缺口。俎面模印鱼纹，近边缘处施凹槽一周。长 14.3、宽 4.4、高 4.2 厘米（图二八二，16；彩版一九七，5）。

盘　2件（M4:16、21）。均为泥质黄褐陶。形制相似，尖唇，敞口，外沿厚，弧腹，台底，内底内凹。内沿、内壁、内底各施一周凸棱。外沿施一周浅凹槽，标本M4:16，口径19.5、底径8.8、高4.1厘米（图二八二，4；彩版一九八，4）。标本M4:21，口径19.1、底径8.8、高3.7厘米（图二八二，5）。

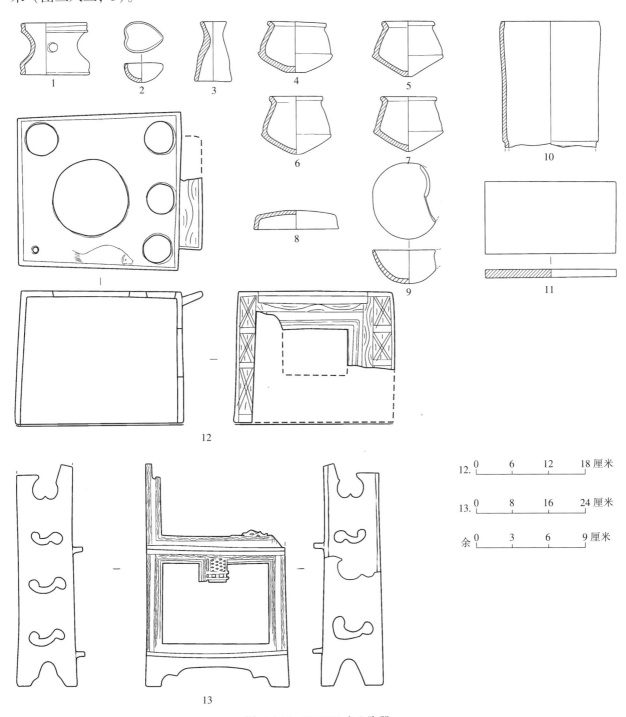

图二八三　2016M4 出土陶器

1. 小器座（M4:22）　2. 小瓢（M4:14-7）　3. 烟囱（M4:14-8）　4～7. 小釜（M4:14-2、14-3、14-4、14-5）　8. 器盖（M4:18）　9. 小勺（M4:14-6）　10. 残片（M4:9）　11. 石研板（M4:26）　12. 灶（M4:14-1）　13. 楼（M4:8）（未标明质地者均为陶器）

　　器盖　1 件。标本 M4：18，泥质灰褐陶。方唇，直口，直壁略外撇，平顶微弧。口径 10.4、高 1.5 厘米（图二八三，8；彩版一九七，6）。

　　耳杯　1 件。标本 M4：19，泥质黄褐陶。椭圆形杯口，尖唇，敞口，双耳平齐，斜弧腹，台底。口长径 10.9、口短径 7.4、底长径 6.6、底短径 3.5、高 3.4 厘米（图二八二，14；彩版一九八，5）。

　　甑　1 件。标本 M4：20，泥质灰陶。尖唇，敞口，卷沿，斜弧腹，台底。沿面施凹槽一周，上腹饰六周凹弦纹，底部穿刺三周十四个水滴状甑孔。口径 16.4、底径 6.7、高 6.5 厘米（图二八二，6；彩版一九八，6）。

　　残片　1 件。标本 M4：9，泥质灰陶。整体呈圆柱形，不可修复，器形不辨。口径 8、残高 9.8 厘米（图二八三，10）。

2．琥珀器

　　珠饰　1 件。标本 M4：7，红褐色。平面椭圆形，近圆柱状，中有一孔。通长 2.1、高 1.2 厘米。

3．石器

　　研板　1 件。标本 M4：26，青灰色岩质。平面呈长方形，片状，磨制光滑。长 10.7、宽 5.7、厚 0.7 厘米（图二八三，11；彩版一九八，7）。

2016M5

位于本发掘区东北角，方向 145°（图二八四）。开口于②层下，开口距地表 0.83 米。

（一）墓葬结构

由于被严重破坏，仅存墓圹。墓圹呈平面近"甲"字形。从墓圹结构推测，该墓为多室石室墓，由墓道和墓室组成。

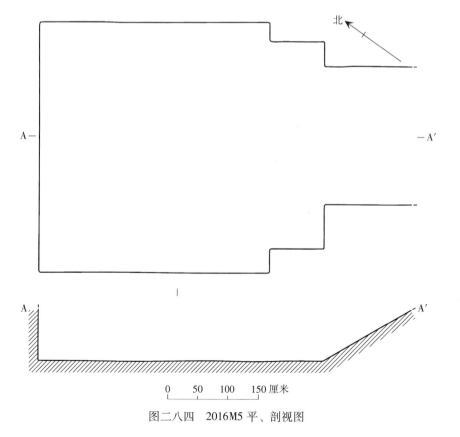

图二八四　2016M5 平、剖视图

墓道　位于墓室南侧。长斜坡状。未完全发掘，长度不详，宽2.21米。

墓室　结构为直壁，平底，建墓所用石板不存。墓室南北最长4.72、东西最宽3.98、残深0.76米。

（二）葬具及人骨

未发现葬具痕迹及人骨痕迹。

（三）随葬品

未发现随葬品。

2016M6

位于本发掘区东北部，方向148°（图二八五）。开口于②层下，开口距地表0.7米。

（一）墓葬结构

由于被严重破坏，仅存墓圹。墓圹近"凸"字形，直壁，平底（彩版一九九，1）。从墓葬结构形制推测，该墓为多室石室墓。墓道及墓门不存，残存部分墓室。

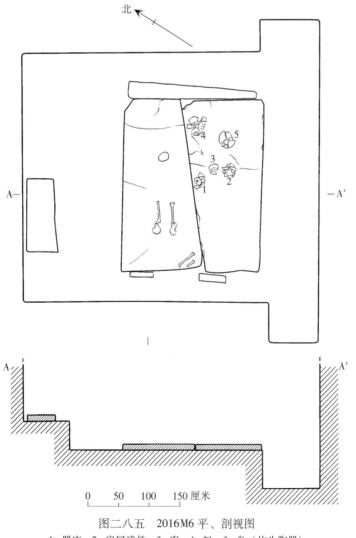

图二八五　2016M6平、剖视图
1. 器座　2. 房屋残件　3. 案　4. 魁　5. 盘（均为陶器）

墓室　平面近"凸"字形，结构为直壁，阶梯状墓底。依据墓圹结构推断，应由前廊、主室及后室组成，仅在主室及后室底部发现三块石板。前廊平面呈长方形，面阔 5.21、进深 0.82、残高约 1.88 米。主室平面呈长方形，底部高于前廊底部 0.62 米，面阔 4.01、进深 3.19、残高 1.26 米。后室平面呈长方形，底部高于主室底部 0.47 米，面阔 4.01、进深 0.76、残高 0.79 米。

（二）葬具及人骨

未见葬具痕迹。

人骨保存情况差，主室内可见一例颅骨、两侧髋骨及股骨，均已发生位移，葬式不辨。

（三）随葬品

该墓出土随葬品 5 件。均为陶器，出土于主室底板之上。计有器座 1、房屋残件 1、案 1、魁 1、盘 1。

器座　1 件。标本 M6：1，泥质黄褐陶。残。方圆唇，敛口，束腰形粗柄中空，座底残缺。外沿施凸凹棱纹。口径 13.1、残高 9.5 厘米（图二八六，1）。

房屋残件　1 件。标本 M6：2，夹砂黄褐陶。残损严重，仅存部分，不可修复。悬山式结构，坡面呈"人"字形两面坡，前端残留瓦垄和一处瓦当。残长 21.7、残宽 21.7、残高 13.4 厘米（图二八六，5）。

图二八六　2016M6 出土陶器

1. 器座（M6：1）　2. 盘（M6：5）　3. 魁（M6：4）　4. 案（M6：3）　5. 房屋残件（M6：2）

案 1件。标本M6:3，泥质黄褐陶。残，平面呈圆形，扁平片状，略有变形。边缘附一周略外撇的凸棱为沿，沿方唇。沿外饰浅凹槽一周，案面饰弦纹两周；案面近缘处残留两个圆形小孔。口径32.2、高2.4厘米（图二八六，4；彩版一九九，2）。

魁 1件。标本M6:4，泥质灰陶。由魁身与柄两部分组成。魁身平面呈桃心形，尖唇，敞口，斜弧腹，台底。口沿一侧置弯弧形状柄，截面呈三角形。魁通长15.6、通宽14.1、口宽9.9、柄长6.1、通高7.8厘米（图二八六，3；彩版一九九，3）。

盘 1件。标本M6:5，泥质灰陶。尖唇，敞口，外沿厚，折腹，内底凹折，台底。口径22、高2.1厘米（图二八六，2）。

2016M7

位于本发掘区西北部，方向160°（图二八七）。开口于②层下，开口距地表0.98米。

（一）墓葬结构

该墓为多室石室墓。由墓道、墓门及墓室组成（彩版二〇〇，1）。

墓道 位于墓室南侧。长方形斜坡状。未完全发掘，长度不详，宽3.04米。

墓门 位于墓室南侧。由门框、门楣及门槛组成。门宽1.66、高1.12米。门框借用东、西耳室南侧板，门框外侧用石块垒砌成门垛。门楣系用长方形石条横置于门框之上，上顶墓室盖板。门槛系长方形石板置于门框之间。门内立有长方形立板一块，立板下置长方形础石，上接栌斗，栌斗上顶门楣。门外由两块长方形石板立砌封堵，东侧门板略有残损，石板间白灰勾缝，门板下平铺有长条形石板。

墓室 平面近"凸"字形，由前廊、东耳室、西耳室及主室组成。墓底及四壁由规整石板砌筑，白灰勾缝，上部平盖石板为顶，整体保存完整。前廊平面呈长方形，面阔1.65、进深0.79、高1.7米。东耳室平面近方形，底部与前廊底部平齐，面阔0.59、进深0.74、高1.7米。西耳室平面呈长方形，位于前廊西侧、主室西南侧，底部高于前廊底部0.51米，面阔1.76、进深0.77、高1.19米。主室平面呈长方形，其中部南北向纵立长方形石板一组，将主室分为东、西两个长方形小室，立板下接墓底，上接栌斗，栌斗上搭横梁，横梁上顶墓室盖板。主室底部高于前廊底部0.34米，面阔1.65、进深2.33、高1.38米。

（二）葬具及人骨

主室各小室内各置近长方形石板一块，作为棺床。东侧棺床长约2.04、宽约0.72米，西侧棺床长约2.08、宽约0.62米。

人骨保存较差，主室西小室内可见颅骨一例及少量散乱肢骨；前廊及东耳室内可见颅骨一例及少量散乱肢骨，葬式不辨。

（三）随葬品

该墓出土随葬品为33件（套），集中置于东、西耳室内，前廊及主室也有少量发现。均为陶器，计有樽1、灯1、井2、甑2、小釜4、灶1、釜1、器盖1、支架1、盆2、炉1、方盘1、俎1、魁1、盘4、耳杯6、勺1、亚腰形小陶器1、小盆1。

樽 1件。标本M7:1，泥质灰褐陶。圆唇，直口，直壁略内凹，平底，底置三个兽蹄状足。腹部饰凹弦纹两周。口径19.9、通高15.3厘米（图二八九，15；彩版二〇〇，2）。

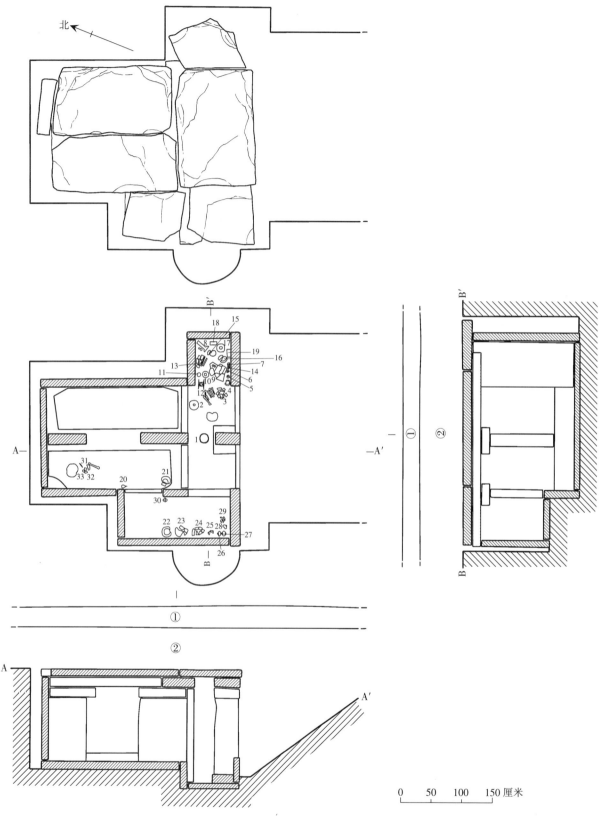

图二八七　2016M7 平、剖视图

1. 樽　2. 灯　3、13. 井　4、14. 甑　5~8. 小釜　9. 灶　10. 釜　11. 器盖　12. 支架　15、16. 盆　17. 炉　18. 方盘
19. 俎　20. 魁　21~24. 盘　25~30. 耳杯　31. 勺　32. 亚腰形小陶器　33. 小盆（均为陶器）

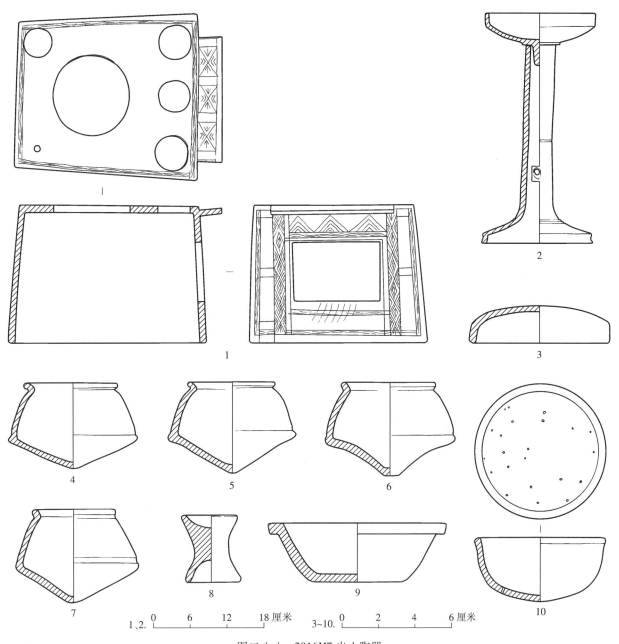

图二八八　2016M7 出土陶器

1. 灶（M7∶9）　2. 灯（M7∶2）　3. 器盖（M7∶11）　4~7. 小釜（M7∶5、6、7、8）　8. 亚腰形小陶器（M7∶32）
9. 小盆（M7∶33）　10. 甑（M7∶14）

灯　1件。标本 M7∶2，泥质灰陶。分体灯，由灯盘及灯座组成。灯盘方唇，直口微敞，折腹，上腹直，下腹略弧，内底平，外底置一筒状灯柄插入灯座中。灯座喇叭形，高柄中空，座底陡折，形似盘口。柄上镂空圆形小孔，柄饰弦纹两周，柄座相接处施瓦棱纹两周。口径 18.1、底径 18、通高 31.4 厘米（图二八八，2；彩版二〇〇，3）。

井　2件（M7∶3、13）。均为泥质灰陶。标本 M7∶3，残存口沿，不可修复。方唇，侈口，卷沿。口径 15.8、残高 17.7 厘米（图二八九，18）。标本 M7∶13，尖唇，口微侈，平折沿，筒形深腹，平底。腹饰竹节状凸棱纹，将腹部分为上、下腹，上腹中部略内弧，下腹直，上腹中部对称穿心形镂孔两个。口径 16.7、最大腹径 14.2、底径 11.2、高 29.5 厘米（图二八九，17；彩版二〇一，1）。

甑　2 件（M7：4、14）。标本 M7：4，泥质灰陶。圆唇，敞口，卷沿，斜弧腹，台底，底部穿刺数个水滴状甑孔。沿面施凹槽一周，上腹部饰瓦棱纹数周。口径 16.5、底径 6.8、高 6.5 厘米（图二八九，13；彩版二〇一，3）。标本 M7：14，泥质黄褐陶。方圆唇，口微敞，弧腹，圜底，底部由内而外穿刺数个近圆形甑孔，一些孔未穿透。口径 7.2、高 3.4 厘米（图二八八，10）。

小釜　4 件（M7：5、6、7、8）。均为泥质灰陶。形制相似，圆唇，侈口，束颈，折腹，折腹处略出檐，下腹急内收，尖底。标本 M7：5，口径 5.1、最大腹径 7、高 4.5 厘米（图二八八，4；彩版二〇一，4）。标本 M7：6，口径 4.7、最大腹径 7.9、高 4.8 厘米（图二八八，5）。标本 M7：7，口径 5.1、最大腹径 7.1、高 5 厘米（图二八八，6）。标本 M7：8，口径 4.5、最大腹径 6.7、高 4.9 厘米（图二八八，7）。

灶　1 件。标本 M7：9，泥质灰褐陶。灶面呈梯形，前端出长方形遮烟檐，灶面前端并列置三个圆形小火眼，中部置一圆形大火眼，尾端一角置一圆形小火眼，另一端置一圆形小烟孔；长方形灶门不落地。灶面外沿饰水波纹一周；檐上刻划方格三角组合纹；灶门两侧刻划条带状菱形纹，上方刻划水波纹及三角形纹，下方刻划数道斜线纹，灶正面外侧饰水波纹。灶面通长 33.6、通宽 26.3 厘米，火眼直径 13（大）、5.4（小）厘米，烟孔直径 1.1 厘米，灶门长 14.2、宽 9.3 厘米，通高 22 厘米（图二八八，1；彩版二〇一，5）。

釜　1 件。标本 M7：10，泥质黄褐陶。圆唇，侈口，束颈，折腹，折腹处略出檐，下腹斜急收，小平底。口径 9.2、最大腹径 13.7、底径 4.5、高 10 厘米（图二八九，14；彩版二〇一，6）。

器盖　1 件。标本 M7：11，泥质灰褐陶。方唇，直口，圆弧顶。口径 7.7、高 1.9 厘米（图二八八，3；彩版二〇二，1）。

支架　1 件。标本 M7：12，泥质灰褐陶。平面呈上下不出头的"井"字形，中间呈椭圆环状。长 16.1、宽 7.5、孔径 4.5～5.5 厘米（图二八九，21；彩版二〇一，2）。

盆　2 件（M7：15、16）。均为泥质灰褐陶。形制相似，方唇，敞口，平折沿，斜弧腹，台底。唇面及沿面各施一周凹槽，上腹部施数周凹弦纹。标本 M7：15，口径 16.5、底径 6.2、高 8 厘米（图二八九，1）。标本 M7：16，口径 16.4、底径 5.8、高 7.5 厘米（图二八九，2；彩版二〇二，3）。

炉　1 件。标本 M7：17，泥质灰陶。圆唇，子母口，弧腹，圜底，喇叭状高圈足。底部中心饰"十"字形镂孔表示炉箅，内壁刻划四组单线条组成的图案，随意性较强，内容包括柿蒂、草叶、鸟纹等。腹部穿四个小圆孔，圈足穿四个椭圆形镂孔。口径 18.9、底径 10.8、高 10.6 厘米（图二八九，16；彩版二〇二，4）。

方盘　1 件。标本 M7：18，泥质黄褐陶。整体呈倒梯形，方唇，敞口，平折沿，斜直壁，平底内凹，底置四个乳丁状矮足。内底刻划鱼纹，外腹和外底刻划有文字，腹外壁似为三个"嘉"字，剩余一字及外底文字仅能分辨其部首似有"阝""斤"等，不能识读全字。口长 15.9、口宽 8.6、底长 11.2、底宽 4、高 3 厘米（图二八九，19；彩版二〇三，1）。

俎　1 件。标本 M7：19，泥质灰陶。长方形俎面，俎底竖置两个长方形扁足，足底削出半圆形缺口。俎面模印浅浮雕鱼纹。长 14.4、宽 4.2、高 4.2 厘米（图二八九，20；彩版二〇二，5）。

魁　1 件。标本 M7：20，泥质灰陶。由魁身与柄两部分组成。魁身平面呈鸡心形，尖唇，敞口，斜弧腹，台底。口沿一侧置弯弧状柄，截面呈三角形。口长径 14.4、口短径 9.6、柄长 5.8、通高 7.5 厘米（图二八九，22；彩版二〇三，2）。

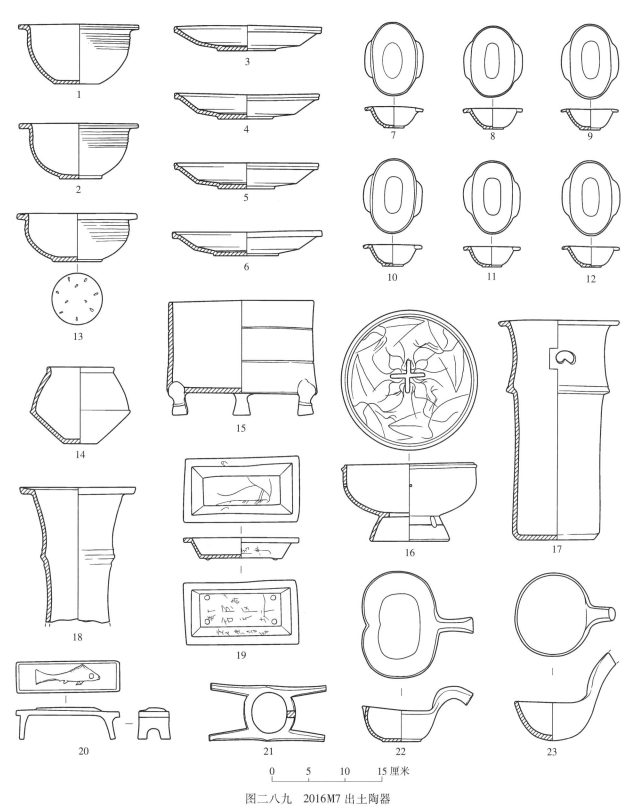

图二八九 2016M7 出土陶器

1、2. 盆（M7：15、16） 3～6. 盘（M7：21、22、23、24） 7～12. 耳杯（M7：25、26、27、28、29、30） 13. 甑（M7：4）
14. 釜（M7：10） 15. 樽（M7：1） 16. 炉（M7：17） 17、18. 井（M7：13、3） 19. 方盘（M7：18） 20. 俎（M7：19）
21. 支架（M7：12） 22. 魁（M7：20） 23. 勺（M7：31）

盘　4 件（M7：21、22、23、24）。均为泥质灰褐陶。形制相似，尖唇，敞口，外沿厚，折腹，台底。唇面一周凹槽，内沿、内壁、内底各施一周凸棱纹。标本 M7：21，口径 20.2、底径 7.9、高 3.4 厘米（图二八九，3）。标本 M7：22，口径 19.8、底径 7.5、高 3.3 厘米（图二八九，4）。标本 M7：23，口径 19.7、底径 7.8、高 3.5 厘米（图二八九，5）。标本 M7：24，口径 20.6、底径 8.8、高 3.1 厘米（图二八九，6；彩版二〇二，2）。

耳杯　6 件（M7：25、26、27、28、29、30）。形制相似，椭圆形杯口，尖唇，敞口，双耳平齐，斜弧腹，台底。标本 M7：25，夹细砂灰褐陶。口长径 9.6、口短径 5.6、底长径 4.8、底短径 2.8、高 2.8 厘米（图二八九，7）。标本 M7：26，泥质黄褐陶。口长径 9.2、口短径 6.2、底长径 4.7、底短径 2.8、高 2.8 厘米（图二八九，8）。标本 M7：27，泥质黄褐陶。口长径 9.7、口短径 5.6、底长径 5.1、底短径 2.7、高 2.8 厘米（图二八九，9；彩版二〇三，4）。标本 M7：28，夹细砂灰褐陶，口长径 9.8、口短径 5.9、底长径 4.9、底短径 2.8、高 2.8 厘米（图二八九，10；彩版二〇三，5）。标本 M7：29，夹细砂灰陶。口长径 9.5、口短径 5.7、底长径 5.2、底短径 2.7、高 2.8 厘米（图二八九，11）。标本 M7：30，夹细砂灰陶。口长径 9.6、口短径 5.8、底长径 5.2、底短径 2.7、高 2.7 厘米（图二八九，12）。

勺　1 件。标本 M7：31，泥质黄褐陶。圆唇，敞口，斜弧腹，圜底。口沿一侧置柱状柄，柄残。长径 5.6、短径 4.6、通高 5.9 厘米（图二八九，23；彩版二〇三，3）。

亚腰形小陶器　1 件。标本 M7：32，泥质黄褐陶。手工捏制而成。束腰，两端呈喇叭口形。口径 3、底径 3、高 3.5 厘米（图二八八，8；彩版二〇三，6）。

小盆　1 件。标本 M7：33，夹砂灰褐陶。方唇，敞口，平折沿，斜弧腹略直，平底。口径 9.7、底径 5.3、高 3.1 厘米（图二八八，9）。

2016M8

位于本发掘区中部偏北，方向 162°（图二九〇）。开口于②层下，开口距地表 0.69 米。

（一）墓葬结构

该墓为多室石室墓。平面近"士"字形，由墓道、墓门及墓室组成（彩版三〇四，1）。

墓道　位于墓室南侧。长方形斜坡状。未完全发掘，长度不详，宽 3.31 米。

墓门　位于墓室南侧。由门框、门楣及门槛组成。门宽 2.81、高 1.39 米。门框借用东、西耳室南侧板。门楣系用长方形石条横置于门框之上，上顶墓室盖板。门槛系长方形石板置于门框之间。门内立有长方形立板两块，立板下置长方形础石，上接栌斗，栌斗上顶门楣。门外由三块长方形石板立砌封堵，石板间白灰勾缝，门板下平铺有长条形石板。

墓室　平面近"工"字形，由前廊、东耳室、西耳室、主室、西侧室及后室组成。墓底及四壁由规整石板砌筑，白灰勾缝，上部平盖石板为顶。墓顶被破坏，主室东侧可见一处半圆形盗洞。前廊平面呈长方形，面阔 2.81、进深 0.95、高 1.83 米。东耳室平面呈长方形，底部与前廊底部平齐，面阔 0.79、进深 0.6、高 1.83 米。西耳室平面呈长方形，底部高于前廊底部 0.28 米，面阔 0.86、进深 0.75、高 1.32 米。主室平面呈长方形，其中部南北向纵立长方形石板一组，将主室分为东、西两个长方形小室，立板下接墓底石板，上接栌斗，栌斗上搭横梁，横梁上顶墓室盖板。主室底部高于前廊底部0.31米，面阔1.65、进深2.43、高1.52米。西侧室平面呈长方形，位于主室西侧，以石板与主室间隔，底部与主室底部平齐，面阔1.08、进深2.12、高1.52米。后室平面呈长方形，底部高于主室底部0.23米，面阔2.69、进深0.75、残高约1.29米。

（二）葬具及人骨

主室各小室内各置一长方形石板，作为棺床。西侧棺床长2.08、宽0.65米，东侧棺床长2.17、宽0.59米。

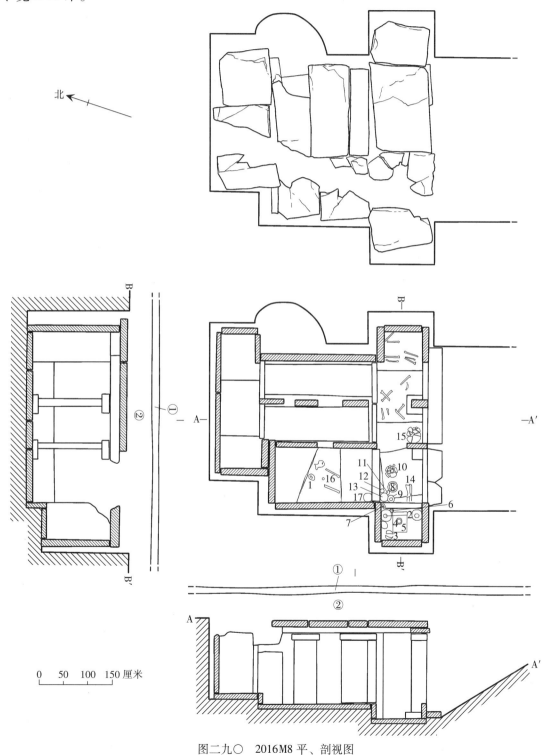

图二九〇 2016M8 平、剖视图

1、7. 耳杯 2. 壶 3. 樽 4、8、10. 盘 5. 案 6、9. 盆 11. 小釜 12. 器盖 13~15. 奁 16. 铜指环
17. 器座（未标明质地者均为陶器）

人骨保存较差，西侧室内可见一例髋骨及部分肢骨，前廊西部及西耳室内可见部分散乱肢骨，葬式不辨。

（三）随葬品

该墓出土随葬品 17 件，集中出土于西耳室及前廊西侧（彩版二〇四，2），西侧室也有零星出土。其中陶器 16 件、铜器 1 件。

1. 陶器

共 16 件。计有耳杯 2、壶 1、樽 1、盘 3、案 1、盆 2、小釜 1、器盖 1、奁 3、器座 1。

耳杯　2 件（M8：1、7）。均为夹细砂灰褐陶。形制相似，椭圆形杯口，尖唇，敞口，双耳平齐，斜弧腹，台底。标本 M8：1，口长径 13.2、口短径 8.6、底长径 7.8、底短径 3.6、高 4.1 厘米（图二九一，8；彩版二〇四，3）。标本 M8：7，口长径 10.9、口短径 7.3、底长径 7.3、底短径 3.6、高 3.3 厘米（图二九一，9；彩版二〇四，3）。

壶　1 件。标本 M8：2，泥质灰褐陶。口沿残。高领，束颈，溜肩，鼓腹，下腹竖直呈柱状，平底。底径 14、最大腹径 26.3、残高 29.3 厘米（图二九一，11）。

樽　1 件。标本 M8：3，泥质灰陶。圆唇，直口，筒形腹，腹壁略内凹，平底，底置三个兽蹄状足。腹部饰两周凹弦纹。口径 21.5、高 15.9 厘米（图二九一，5；彩版二〇五，1）。

盘　3 件（M8：4、8、10）。形制相似，尖唇，敞口，折腹，外沿厚。内沿、内壁、内底各施一周凸棱纹。标本 M8：4，泥质黄褐陶。台底。口径 19、底径 9.4、高 3.4 厘米（图二九一，1；彩版二〇五，2）。标本 M8：8，泥质黄褐陶。台底。口径 18.5、底径 8.5、高 3.4 厘米（图二九一，2；彩版二〇五，3）。标本 M8：10，泥质灰褐陶。平底。口径 19.4、底径 5.2、高 3.5 厘米（图二九一，3；彩版二〇五，4）。

案　1 件。标本 M8：5，泥质灰褐陶。平面呈长方形，整体略有变形，扁平片状，边缘有一周凸棱为沿。案面近四角处各穿一圆孔，孔间以直线相连，案心刻划一尾鱼，鱼外侧刻划一周水波纹。长 41、宽 30.6、高 1.6 厘米（图二九一，16；彩版二〇五，5）。

盆　2 件（M8：6、9）。标本 M8：6，泥质灰褐陶。方唇，敞口，平折沿，斜弧腹，台底。唇面及沿面各施一周凹槽，腹部施数周瓦棱纹。口径 14.3、底径 5.7、高 5.7 厘米（图二九一，7；彩版二〇六，1）。标本 M8：9，泥质黄褐陶。方唇，敛口，平折沿，深折腹，台底。沿面施一周凹槽。口径 16.4、最大腹径 15、底径 7.8、高 9.4 厘米（图二九一，4；彩版二〇六，2）。

小釜　1 件。标本 M8：11，泥质灰陶。圆唇，侈口，束颈，折腹，折腹处略出檐，下腹急内收，尖状小平底。下腹修整痕迹明显。口径 4.8、最大腹径 7.2、底径 1.1、高 5.5 厘米（图二九一，15；彩版二〇六，3）。

器盖　1 件。标本 M8：12，泥质灰陶。方唇，直口，直壁，圆弧顶。口径 6.7、高 2.1 厘米（图二九一，14；彩版二〇六，4）。

奁　3 件（M8：13、14、15）。标本 M8：13，泥质黄褐陶。平面呈圆形，由奁盖和奁体两部分组成。奁盖方唇，直口，直壁略内弧，顶部弧收，小平顶。顶施一周浅凹槽，置三个乳丁纽。口径 14.6、顶径 4.9、高 9.6 厘米。奁体方唇，直口，直腹，腹壁略内弧，近底处斜直折，平底。口径 12.7、底径 6.2、高 10.3 厘米。通高 12.6 厘米（图二九一，10；彩版二〇六，5）。标本 M8：14，泥质黑

图二九一　2016M8 出土陶器

1～3. 盘（M8：4、8、10）　4、7. 盆（M8：9、6）　5. 樽（M8：3）　6. 器座（M8：17）　8、9. 耳杯（M8：1、7）

10、12、13. 奁（M8：13、14、15）　11. 壶（M8：2）　14. 器盖（M8：12）　15. 小釜（M8：11）　16. 案（M8：5）

褐陶。平面呈圆形，仅存奁盖。圆唇，直口，直壁略内弧，圆弧顶，其上置三个乳丁状纽。顶部施三周凸棱。口径 27.2、高 21.1 厘米（图二九一，12；彩版二〇六，6）。标本 M8：15，泥质灰褐陶。整体呈圆角长方形，由奁盖和奁体两部分组成。奁盖圆唇，直口，直壁，平顶，盖面置四个乳丁状纽。顶部外沿施一周凹槽。长 34.5、宽 14.5、高 15.7 厘米。奁体圆唇，直口，直腹，平底。长 30.7、宽 12、高 15.5 厘米。通高 16.9 厘米（图二九一，13；彩版二〇六，7）。

器座　1 件。标本 M8：17，夹砂灰陶。残损严重，仅存座底。束腰形粗柄中空，喇叭形座，座底陡折，形似盘口。底径 19.6、残高 9.6 厘米（图二九一，6）。

2. 铜器

指环　1 件。标本 M8：16，锈蚀变形严重，直径约 1.5 厘米。

2016M9

位于本发掘区东北部，方向 157°（图二九二）。开口于②层下，开口距地表 0.7 米。

（一）墓葬结构

由于被严重破坏，仅存墓圹。墓圹平面近"中"字形，直壁，平底。从墓圹结构推测，该墓为多室石室墓，由墓道和墓室组成。

墓道　位于墓室南侧。长斜坡状。未完全发掘，长度不详，宽 2.96 米。

墓室　平面近"凸"字形，建墓所用石板不存。依据墓圹形态可辨，墓室应由前廊、东耳室、西耳室、主室及后室组成。墓室南北最长 5.42、东西最宽 4.84、残深约 1.21 米。

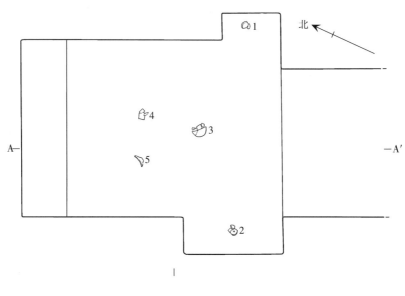

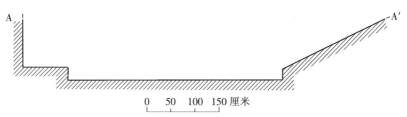

图二九二　2016M9 平、剖视图

1、4. 残片　2. 器座　3. 案　5. 盘（均为陶器）

（二）葬具及人骨

未见葬具痕迹及人骨痕迹。

（三）随葬品

该墓出土随葬品5件，散布于墓室各处。均为陶器，计有器座1、案1、残片2、盘1。

器座　1件。标本M9：2，泥质黄褐陶。残存上部，座底残缺。方圆唇，敛口，束腰形粗柄中空。外沿施瓦棱纹。口径12.5、残高10.4厘米（图二九三，1）。

案　1件。标本M9：3，泥质灰陶。平面呈圆形，扁平片状，边缘起一周宽棱为沿。内底刻划两周同心圆弦纹，在外圈弦纹与边框间用细密的平行线刻划有纹饰，似为两只鸟纹和一处多曲折线纹，内圈弦纹中用同样手法饰鸟纹三只，其中两只较完整，一只残缺大半仅余尾部。圆心处刻有铭文，约四字，两字可辨，为"所造"。口径32.1、底径30.7、高1.6厘米（图二九三，5；彩版二〇七，1、2）。

残片　2件（M9：4、6）。标本M9：4，泥质灰陶。不可修复，器形不明。残长15.3、残宽31.6、残高6.2厘米（图二九三，4）。标本M9：6，夹砂黄褐陶。疑为器座底部。底径18、残高4.2厘米（图二九三，2）。

盘　1件。标本M9：5，泥质灰陶。整体略有变形。尖唇，敞口，外沿厚，折腹，台底。内沿、内壁及内底各施一周凸棱。口径18.6、底径8.8、高3.7厘米（图二九三，3；彩版二〇七，3）。

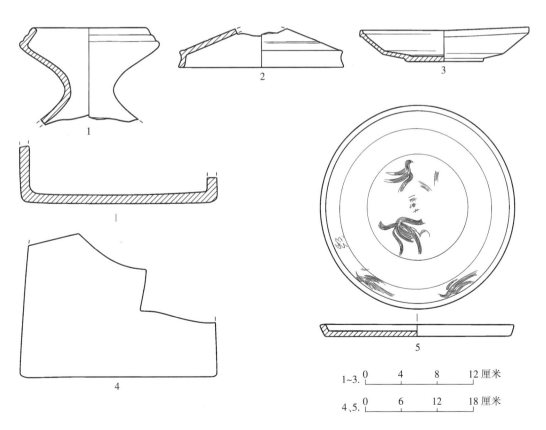

图二九三　2016M9出土陶器

1. 器座（M9：2）　2、4. 残片（M9：6、4）　3. 盘（M9：5）　5. 案（M9：3）

2016M10

位于本发掘区中部偏东，方向 145°（图二九四）。开口于②层下，开口距地表 0.82 米。

（一）墓葬结构

由于被严重破坏，仅存墓圹。墓圹平面近"中"字形，直壁，平底。从墓圹结构推测，该墓为多室石室墓，由墓道和墓室组成。

墓道　位于墓室南侧。长斜坡状。未完全发掘，长度不详，宽 2.69 米。

墓室　在主室西侧残存两块墓底石板。墓室南北最长 5.38、东西最宽 3.65、残深 0.73 米。

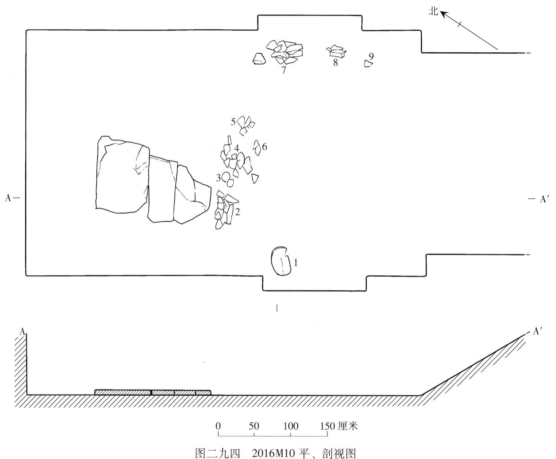

图二九四　2016M10 平、剖视图
1. 案　2. 小甑　3. 盘　4. 灶　5. 奁　6. 耳杯　7. 罐　8. 房屋残件　9. 井（均为陶器）

（二）葬具及人骨

未见葬具痕迹及人骨痕迹。

（三）随葬品

该墓出土随葬品 9 件，散布于墓室各处。均为陶器，计有案 1、小甑 1、盘 1、灶 1、奁 1、耳杯 1、罐 1、房屋残件 1、井 1。

案　1 件。标本 M10：1，泥质灰陶。平面呈圆形，扁平片状，边缘起凸棱为沿，沿方唇，较宽。外壁施一周凹槽，案面饰数周凹弦纹。口径 30.1、底径 29.1、高 2.1 厘米（图二九五，6）。

小甑　1 件。标本 M10：2，泥质灰褐陶。尖圆唇，敞口，斜弧腹，圈底，腹及底部戳刺数个

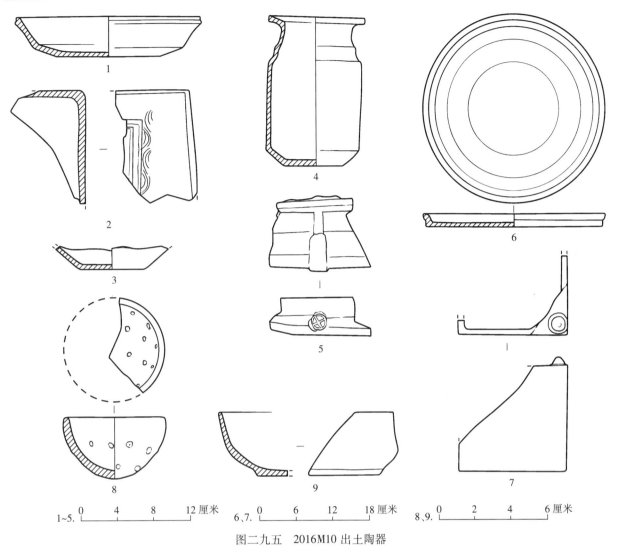

图二九五 2016M10 出土陶器

1. 盘（M10：3） 2. 灶（M10：4） 3. 器底（M10：7） 4. 井（M10：9） 5. 房屋残件（M10：8） 6. 案（M10：1） 7. 奁（M10：5）

8. 小甑（M10：2） 9. 耳杯（M10：6）

近圆形甑孔。口径 4、高 3.3 厘米（图二九五，8）。

盘 1件。标本 M10：3，泥质灰陶。尖唇，敞口，外沿厚，折腹，平底。外沿施一周凹槽，内壁和内底各施一周凸棱。口径 20.1、底径 11.4、高 4.2 厘米（图二九五，1）。

灶 1件。标本 M10：4，泥质灰褐陶。残存部分灶正面，不可修复。面刻划短促水波纹。残长 11.9、残宽 8.8 厘米（图二九五，2）。

奁 1件。标本 M10：5，泥质灰陶。仅残存部分奁盖，应为方形奁。方圆唇，直口，直壁，平顶，顶部残存一处乳丁状纽。残长 18.3、宽 18.1 厘米（图二九五，7）。

耳杯 1件。标本 M10：6，泥质黄褐陶。残缺双耳。椭圆形杯口，尖唇，直口微敞，弧腹，台底。高 3.4 厘米（图二九五，9）。

器底 1件。标本 M10：7，泥质灰褐陶。仅存器底，不可修复。平底。底径 7.1、残高 2.5 厘米（图二九五，3）。

房屋残件 1件。标本 M10：8，泥质灰陶。残损严重，仅存部分屋顶，不可修复。前端残留一处瓦当。残高 4.2 厘米（图二九五，5）。

井　1 件。标本 M10：9，泥质灰陶。方唇，口微侈，平折沿，束颈，筒形深直腹，近底处斜直折，平底。颈施折棱。口径 10.5、底径 6.4、高 16 厘米（图二九五，4；彩版二〇七，4）。

2016M11

位于本发掘区中部，方向 160°（图二九六）。开口于②层下，开口距地表 0.87 米。

（一）墓葬结构

该墓为多室石室墓。由墓道、墓门及墓室组成（彩版二〇八，1）。

墓道　位于墓室南侧。长方形斜坡状。未完全发掘，长度不详，宽 3.32 米。

墓门　位于墓室南侧。由门框、门楣及门槛组成。门宽 2.5、高 1.51 米。门框借用东、西耳室南侧板，门框外用石块垒砌成门垛。门楣系用长方形石条横置于门框之上，墓室盖板不存。门槛系长方形石板置于门框之间。门内立有长方形立板两块，立板下置长方形础石，上接栌斗，栌斗上顶门楣。门外由三块长方形石板立砌封堵，石板间白灰勾缝，门板下平铺有长条形石板。

墓室　平面近"凸"字形，由前廊、东耳室、西耳室、主室及后室组成。墓底及四壁由规整石板砌筑，白灰勾缝。墓顶仅存后室顶板。前廊平面呈长方形，面阔 2.55、进深 1.13、高 1.63 米。东耳室平面近方形，底部与前廊底部平齐，面阔 0.91、进深 0.9、高 1.63 米。西耳室平面呈长方形，底部高于前廊底部 0.31 米，面阔 1.89、进深 0.88、高 1.32 米。主室平面呈长方形，其中部南北向纵立长方形石板两组，将主室分为东、中、西三个长方形小室。立板底部缝隙填以平铺青砖或石块，上接栌斗，栌斗上搭石条为梁，墓顶不存。主室底部高于前廊底部 0.39 米，面阔 2.61、进深 2.29、残高约 1.49 米。后室平面呈长方形，整体保存完整，底部高于主室底部 0.15 米，面阔 2.92、进深 0.71、高 1.33 米。

（二）葬具及人骨

主室各小室内均置一长方形石板，作为棺床。东小室内棺床长 2.15、宽 0.65 米，中小室内棺床长 2.11、宽 0.76 米，西小室内棺床长 2.13、宽 0.71 米。未见木制葬具痕迹。

人骨保存较差，前廊内可见分属三例个体的颅骨残片，东耳室可见两例颅骨，主室的中、东小室内可见散乱肢骨。葬式不辨。

（三）随葬品

该墓出土随葬品多残碎，可修复或辨别器形的 18 件。大部分集中置于前廊之内，主室、后室及东耳室也有零星随葬品出土。均为陶器，计有小盆 1、小釜 4、长颈瓶 5、灶 1、盆 1、耳杯 1、盘 2、三足盆 1、奁 1、罐 1。

小盆　1 件。标本 M11：1，夹细砂灰陶。尖唇，敞口，平折沿，斜弧腹，平底。口径 8.6、底径 3.8、高 2.5 厘米（图二九七，14；彩版二〇八，4）。

小釜　4 件（M11：2、5-2、5-3、15）。均为泥质灰陶。形制相似，尖圆唇，侈口，束颈，折腹，下腹急内收，小平底。标本 M11：2，口径 4.4、最大腹径 5.7、底径 2.2、高 3.7 厘米（图二九七，15；彩版二〇八，3）。标本 M11：5-2，口径 4.4、最大腹径 5.8、底径 2.1、高 3.9 厘米（图二九七，16；彩版九四，2）。标本 M11：5-3，口径 4.8、最大腹径 6.2、底径 2.6、高

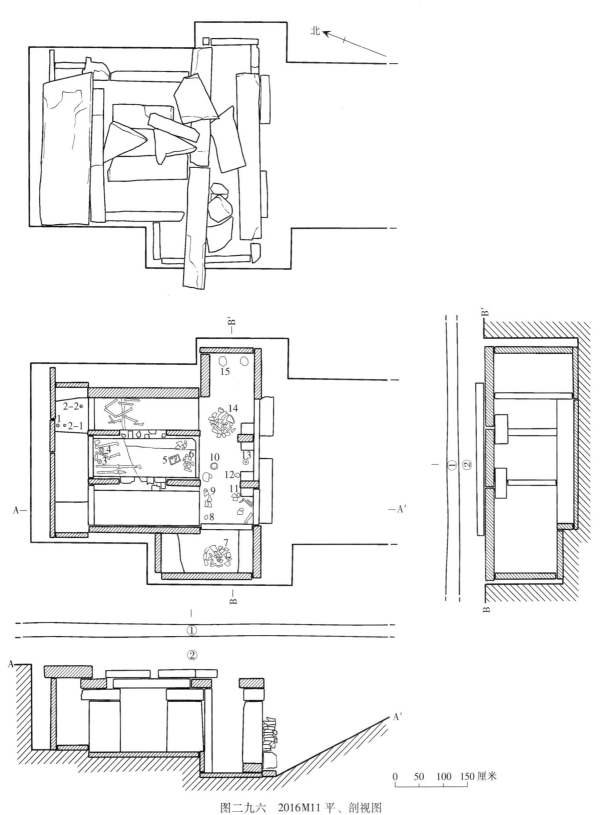

图二九六 2016M11 平、剖视图

1. 小盆 2、15. 小釜 3、4、6、11、13. 长颈瓶 5. 灶组合（含灶1、小釜2） 7. 盆 8. 耳杯 9、12. 盘
10. 三足盆 14. 奁（均为陶器）

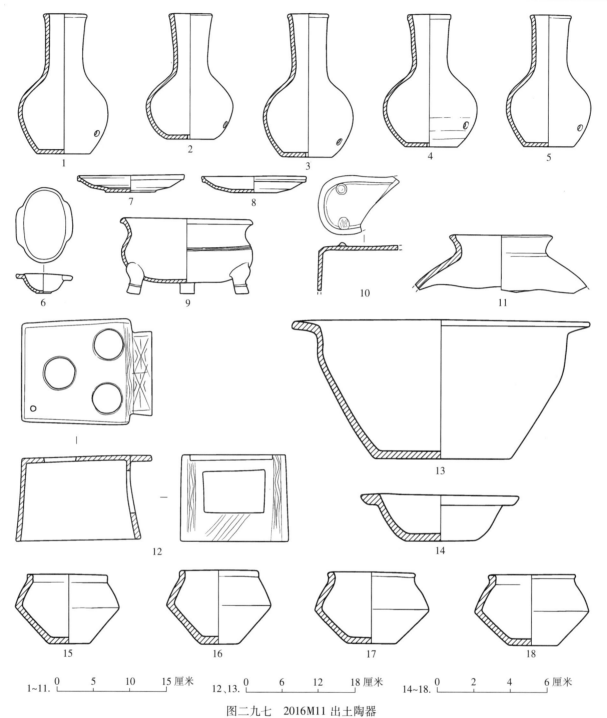

1~11.　0　　5　　10　　15厘米　　12、13.　0　　6　　12　　18厘米　　14~18.　0　　2　　4　　6厘米

图二九七　2016M11 出土陶器

1~5. 长颈瓶（M11：3、4、6、11、13）　6. 耳杯（M11：8）　7、8. 盘（M11：9、12）　9. 三足盆（M11：10）　10. 奁（M11：14）　11. 罐（M11：16）　12. 灶（M11：5-1）　13. 盆（M11：7）　14. 小盆（M11：1）　15~18. 小釜（M11：2、5-2、5-3、15）

3.8 厘米（图二九七，17；彩版九四，2）。标本 M11：15，口径 4.7、最大腹径 6.2、底径 2.7、高 3.8 厘米（图二九七，18）。

长颈瓶　5 件（M11：3、4、6、11、13）。形制相似，圆唇，敞口，长颈，溜肩，鼓腹，平底。下腹部等距镂空三个圆孔，底部穿有一圆形小孔。标本 M11：3，泥质黄褐陶。口径 6、最大腹径 12.2、底径 6.8、高 18.6 厘米（图二九七，1；彩版二〇九，1）。标本 M11：4，泥质灰陶。口径 6.1、最大腹径 12、底径 6.6、高 16.7 厘米（图二九七，2）。标本 M11：6，泥质黄褐陶。口径

5.7、最大腹径 12.3、底径 6.8、高 19.1 厘米（图二九七，3；彩版二〇九，2）。标本 M11：11，泥质灰陶。口径 5.9、最大腹径 12.8、底径 7.1、高 17.6 厘米（图二九七，4）。标本 M11：13，泥质灰陶。口径 5.6、最大腹径 11.5、底径 6.8、高 17.5 厘米（图二九七，5）。

灶　1 件。标本 M11：5 - 1，泥质黄褐陶。灶面呈梯形，前端出长方形遮烟檐，灶面呈"品"字形置三个圆形火眼，尾端置一圆形烟孔；长方形灶门不落地。灶面外沿施凹槽一周，灶面前端饰水波纹；檐上刻划菱格纹；灶门两侧饰水波纹，门下刻划斜线纹。灶面通长 21.4、最宽 16.9 厘米，火眼直径 5 厘米，灶门长 9.9、宽 6.6 厘米，通高 13.8 厘米（图二九七，12；彩版二〇八，2）。

盆　1 件。标本 M11：7，泥质灰褐陶。方唇，敞口，折沿，斜弧腹，平底。口径 48.7、底径 22.2、高 22.2 厘米（图二九七，13；彩版二〇九，3）。

耳杯　1 件。标本 M11：8，夹细砂灰陶。椭圆形杯口，方唇，敞口，双耳平齐，斜弧腹，台底。口长径 9.2、口短径 5.7、底长径 4.4、底短径 2.1、高 2.6 厘米（图二九七，6；彩版二〇九，5）。

盘　2 件（M11：9、12）。均为泥质灰陶。形制相似，尖唇，敞口，外沿厚，折腹。外沿上施一周凹槽，内壁施一周凹槽，内底施一周凸棱纹。标本 M11：9，台底。口径 14.6、底径 6.9、高 2.4 厘米（图二九七，7）。标本 M11：12，平底。口径 14.4、底径 6.4、高 2.2 厘米（图二九七，8；彩版二〇九，6）。

三足盆　1 件。标本 M11：10，泥质灰陶。尖唇，敞口，束颈，弧鼓腹，圜底，底置三个兽蹄状足。腹饰两周凹弦纹。口径 18.2、高 10.1 厘米（图二九七，9；彩版二〇九，4）。

奁　1 件。标本 M11：14，泥质黄褐陶。残损严重，仅存部分奁盖。整体呈圆角长方形，直口，直壁，平顶。顶部外沿施一周凹槽，盖面残存一个乳丁状纽。残长 11、宽 8、残高 6.4 厘米（图二九七，10）。

罐　1 件。标本 M11：16，泥质灰褐陶。残存口沿部分。方唇，敞口，束颈。口径 14.1、残高 7.8 厘米（图二九七，11）。

2016M12

位于本发掘区中部，方向 155°（图二九八）。开口于②层下，开口距地表 0.78 米。

（一）墓葬结构

该墓为土坑竖穴墓（彩版九五，1）。墓圹平面近方形。墓底及墓壁部分缺失，墓顶不存。墓圹南北长 2.41、东西宽 2.25、残深约 0.95 米。

（二）葬具及人骨

葬具为石椁，以规整的淡青色长方形石板紧贴墓圹砌筑，墓底及墓壁石板部分缺失，墓顶不存。墓中部南北向纵立长方形石板一块，将椁室分为东、西两个长方形小室，立板下置长条形础石。未发现人骨痕迹。

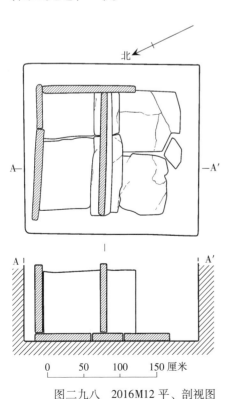

图二九八　2016M12 平、剖视图

（三）随葬品

未发现随葬品。

2016M13

位于本发掘区东南角，方向 160°（图二九九）。开口于②层下，开口距地表 0.88 米。

（一）墓葬结构

由于被严重破坏，仅存墓圹。墓圹平面近曲尺形，直壁，平底。从墓葬结构推测，该墓为多室石室墓。墓室底部发现少量石板残块。墓室东西最长 3.84、南北最宽 2.71、残深约 0.92 米。

（二）葬具及人骨

未发现葬具痕迹及人骨痕迹。

（三）随葬品

未发现随葬品。

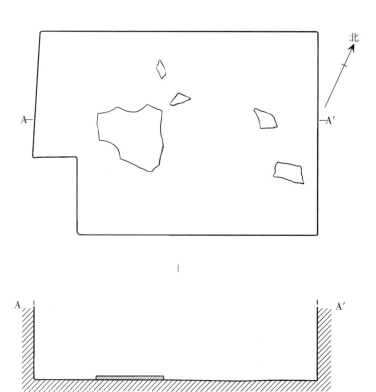

图二九九　2016M13 平、剖视图

2016M14

位于本发掘区西南角，方向 162°（图三〇〇）。开口于②层下，开口距地表 0.83 米。

（一）墓葬结构

该墓为多室石室墓。因南部压在现代建筑地基下，未完全揭露，清理的墓圹呈曲尺形。

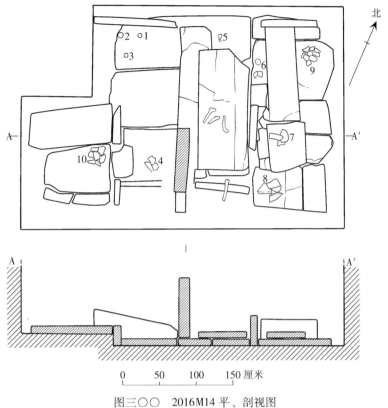

图三〇〇　2016M14 平、剖视图

1~3. 器盖　4. 耳杯　5、6、8. 罐　7. 盆　9. 残片　10. 瓮（均为陶器）

墓室　平面近"L"字形，由耳室、主室组成。墓底及四壁由规整石板砌筑，白灰勾缝。墓壁及墓顶不存。耳室位于西侧，平面呈长方形，未完全发掘，面阔不详。主室平面呈长方形，室内南北向纵立长方形石板两组，将主室分为东、中、西三个长方形小室，面阔 3.85 米，进深不详。

（二）葬具及人骨

主室中小室内置一长方形石板作为棺床，长约 1.62、宽约 0.67 米。

人骨保存较差，墓室可见少量散乱肢骨。葬式不辨。

（三）随葬品

该墓出土随葬品 10 件，散布于墓室各处。均为陶器，计有器盖 3、耳杯 1、罐 3、盆 1、瓮 1、残片 1。

器盖　3 件（M14∶1、2、3）。形制相似，方唇，敞口。标本 M14∶1，泥质灰陶，弧顶。口径 6.3、高 2.5 厘米（图三〇一，8；彩版二一〇，1）。标本 M14∶2，泥质灰陶。弧壁，平顶。口径 7.5、高 1.7 厘米（图三〇一，10；彩版二一〇，2）。标本 M14∶3，泥质灰褐陶。弧顶。口径 7.1、高 2.2 厘米（图三〇一，9）。

耳杯　1 件。标本 M14∶4，泥质灰陶。残损严重。椭圆形杯口，尖唇，敞口，双耳上翘，斜弧腹，台底。耳上刻划水波纹，杯心刻划鱼纹。口长径约 13、口短径约 9.9、底短径 2.6、高 3.6 厘米（图三〇一，3）。

罐　3 件（M14∶5、6、8）。标本 M14∶5，夹砂红陶。残存口沿及部分腹部，圆唇，敛口，弧腹。口径 18、残高 9 厘米（图三〇一，1）。标本 M14∶6，夹砂红陶。残存口沿及部分腹部。方唇，

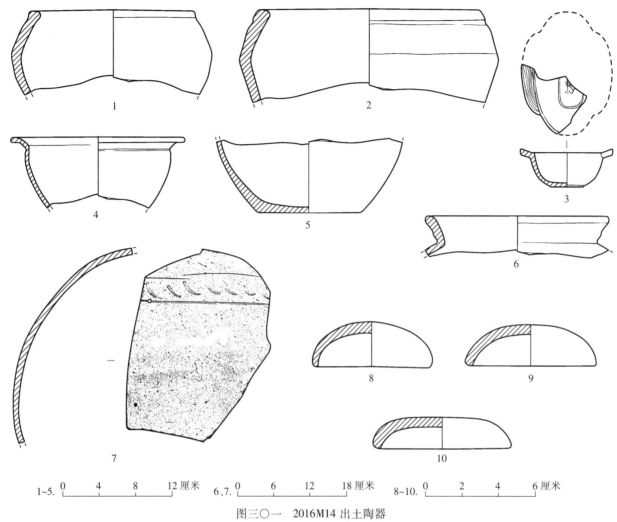

图三〇一　2016M14 出土陶器

1、2、5. 罐（M14：5、6、8）　3. 耳杯（M14：4）　4. 盆（M14：7）　6. 瓮（M14：10）　7. 残片（M14：9）　8～10. 器盖
（M14：1、3、2）

敛口，折腹。口径 24、残高 10.1 厘米（图三〇一，2）。标本 M14：8，泥质黄褐陶。残存下腹及
底，不可修复。下腹斜弧收，平底。底径 22、残高 7.8 厘米（图三〇一，5）。

　　盆　1 件。标本 M14：7，泥质灰陶。残存口沿及部分腹部，不可修复。圆唇，敞口，束颈，
斜弧腹。口径 38、残高 15.2 厘米（图三〇一，4）。

　　瓮　1 件。标本 M14：10，夹砂灰白陶。圆唇，敞口，束颈，颈部以下残。颈部施一周凸棱。
口径 30、残高 6.6 厘米（图三〇一，6）。

　　残片　1 件。标本 M14：9，夹砂灰褐陶。残存部分腹片，上饰条带状戳印纹。不可修复（图
三〇一，7）。

2016M15

　　位于本发掘区南部中段，方向 30°（图三〇二）。开口于②层下，开口距地表 0.65 米。

（一）墓葬结构

　　由于被严重破坏，仅存墓圹。墓圹平面近长方形，直壁，平底。从墓葬结构推测，该墓为石

室墓。墓室底部发现少量石板残块。墓室南北长约 5.13、东西宽约 4.21、残深约 1.02 米。

（二）葬具及人骨

未发现葬具痕迹及人骨痕迹。

（三）随葬品

该墓出土随葬品为铜钱 3 枚。编号 M15：1 - 1 ～ 1 - 3。均锈蚀严重，字迹不清，似为"五铢"。

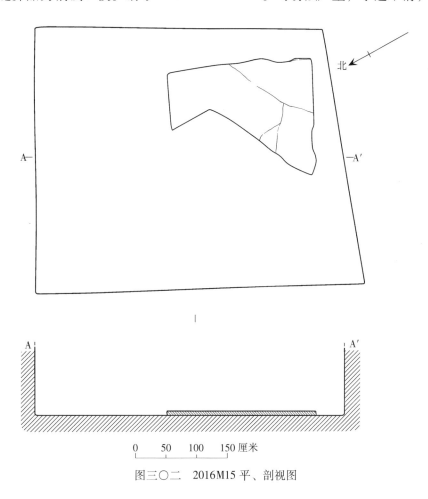

图三〇二　2016M15 平、剖视图

2016M16

位于本发掘区南部中段，方向 152°（图三〇三）。开口于②层下，开口距地表 0.69 米。

（一）墓葬结构

该墓为多室石室墓。由墓道、墓门及墓室组成（彩版二一〇，3）。

墓道　位于墓室南侧。长斜坡状。未完全发掘，长度不详，宽 1.81 米。

墓门　被破坏不存。

墓室　平面呈"凸"字形，由前廊、主室及后室组成。墓底由规整石板砌筑。墓壁及墓顶不存。前廊平面呈长方形，面阔约 2.73、进深 1.01 米，高度不详。主室平面呈长方形，其中部南北向立础石一组，将主室分为东、西两个长方形小室。主室面阔 1.86、进深 1.93 米，高度不详。后室平面呈长方形，底部高于主室底部 0.51 米，面阔约 2.01、进深约 1.33 米，高度不详。

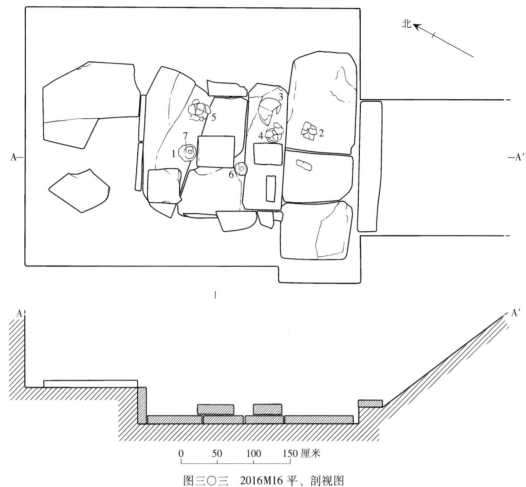

图三〇三　2016M16 平、剖视图
1. 石盘状器　2. 陶器底　3. 陶案　4. 陶樽　5. 陶奁　6、7. 陶灯

（二）葬具及人骨

未发现葬具痕迹及人骨痕迹。

（三）随葬品

该墓出土随葬品 8 件（套），均出土于前廊及主室之内。其中陶器 6 件，另有石器 1 件及铜钱 12 枚。

1. 陶器

共 6 件。计有器底 1、案 1、樽 1、奁 1、灯 2。

器底　1 件。标本 M16：2，泥质灰陶。残存下腹及底。下腹斜弧，台底。底径 9.8、残高 8 厘米（图三〇四，2）。

案　1 件。标本 M16：3，泥质灰陶。平面呈圆形，扁平片状，边缘起一周宽凸棱为沿，沿方圆唇。沿外饰粗绳纹，案面刻划同心圆纹及波浪纹。口径 33.3、底径 30.6、高 2.8 厘米（图三〇四，7；彩版二一〇，5）。

樽　1 件。标本 M16：4，泥质灰陶。方圆唇，直口，直壁略内凹，平底，底置三个兽蹄状足。腹部饰两周凸棱。口径 21.2、通高 16.9 厘米（图三〇四，3；彩版二一〇，4）。

奁　1 件。标本 M16：5，泥质灰褐陶。仅存奁盖，不可修复。平面呈圆角长方形，顶残存一

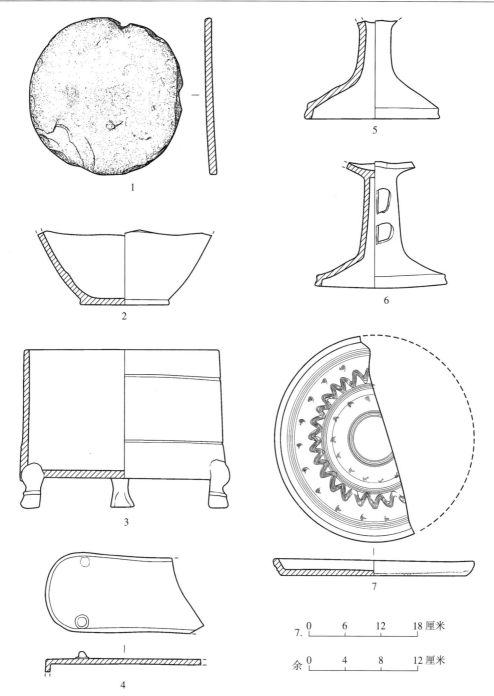

图三〇四 2016M16 出土器物

1. 石盘状器（M16：1） 2. 器底（M16：2） 3. 檠（M16：4） 4. 奁（M16：5） 5、6. 灯（M16：6、7）
7. 案（M16：3）（未标明质地者均为陶器）

个乳丁状纽。残长 17.3、宽 8.6 厘米（图三〇四，4）。

灯 2件（M16：6、7）。形制相似，残存灯座。喇叭形灯座，矮柄中空，座底边陡折，形似盘口。标本 M16：6，泥质灰陶。底径 14.9、残高 10.5 厘米（图三〇四，5）。标本 M16：7，泥质灰褐陶。柄部镂两个上下并列、近圆形的孔。底径 14.6、残高 13.4 厘米（图三〇四，6）。

2. 石器

盘状器 1件。标本 M16：1，青黄色页岩。平面呈圆形，片状。两面磨制光滑，边缘留有打制痕迹。最大径 16.7 厘米（图三〇四，1；彩版二一〇，6）。

3. 铜钱

12 枚，编号 M16:8-1~8-12。锈蚀残损严重，可辨钱文为"五铢"。

2016M17

位于本发掘区南部中段，方向 187°（图三〇五）。开口于②层下，开口距地表 0.89 米。

（一）墓葬结构

该墓为多室石室墓。被严重破坏，墓道不存，仅余墓室底部部分石板。现存墓室平面近长方形。

墓室　残缺大半，现存部分包括主室及后室。墓底由规整的石板砌筑而成。墓壁残损严重，仅南部和西部各存一块立板。墓顶不存。主室平面呈长方形，面阔 1.08、进深约 2.71 米，高度不详。后室平面呈长方形，底部高于主室底部 0.36 米，残损严重，尺寸不详。

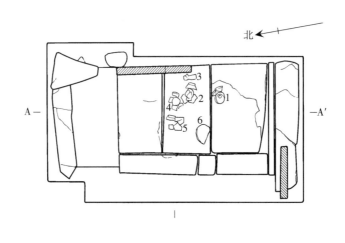

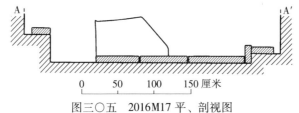

图三〇五　2016M17 平、剖视图
1. 器座　2. 残陶片　3. 长颈瓶　4、5. 罐　6. 灶（均为陶器）

（二）葬具及人骨

未发现葬具痕迹及人骨痕迹。

（三）随葬品

该墓随葬品多残碎，共 6 件。均为陶器，计有器座 1、残片 1、长颈瓶 1、罐 2、灶 1。

器座　1 件。标本 M17:1，泥质红褐陶。圆唇，敛口，束腰形粗柄中空，喇叭形座，座底陡折，形似盘口。外沿及座底边施瓦棱纹。口径 11、底径 16.3、高 10 厘米（图三〇六，1）。

残片　1 件。标本 M17:2，夹砂灰白陶。不可修复，器形不明。

长颈瓶　1 件。标本 M17:3，泥质灰褐陶。方唇，直口微敞，细长颈，溜肩，鼓腹，平底。下腹部穿三个圆孔，底部有一圆形小孔。口径 5.1、最大腹径 13.2、底径 9.1、高 22.6 厘米（图三〇六，4）。

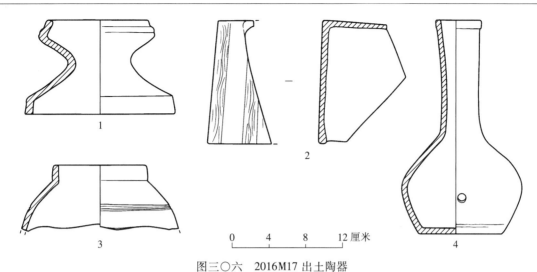

图三〇六　2016M17 出土陶器

1. 器座（M17:1）　2. 灶（M17:6）　3. 罐（M17:5）　4. 长颈瓶（M17:3）

　　罐　2 件（M17:4、5）。均为夹砂灰陶。残存口沿及上腹。形制相似，圆唇，直口，弧肩，鼓腹。肩、腹处饰数周凹弦纹。标本 M17:4，残损严重。标本 M17:5，口径 10.2、残高 6.9 厘米（图三〇六，3）。

　　灶　1 件。标本 M17:6，夹砂灰褐陶。仅存部分灶正面残片。灶正面刻划水波纹。残长 6.9、残宽 13 厘米（图三〇六，2）。

第三节　窑址

　　共两座，编号 2016Y1、2016Y2。

2016Y1

　　位于本发掘区东北部（图三〇七；彩版二——，1）。

　　（一）遗迹

　　窑址整体平面近椭圆形，长径 3.34、短径 3.09 米。火膛位于西半部，平面呈半圆形，西部有一长方形通风口，西侧用泥质灰陶弧形壁板围筑，东壁由青砖立砌。火膛深 1.41 米。青砖长 36、宽 18、厚 6 厘米。窑床位于东半部，平面呈半圆形，表面为红烧土硬面，底部高于火膛底部 0.96 米。上设八处出烟孔，烟孔平面近长方形，长约 0.14、宽约 0.15 米。火膛内出土少量砖块和瓦片（彩版二——，3、4）。

　　（二）遗物

　　窑内出土较完整或可辨器形陶器 2 件，为 1 件青砖及 1 件窑圈。

　　青砖　1 件。标本 Y1:1，夹砂灰陶。整体呈长方形，因长期高温烧灼，一面呈灰红褐色。长 36、宽 18、厚 7.8 厘米（图三〇八；彩版二——，2）。

　　窑圈　1 件。标本 Y1:2，泥质灰陶。平面呈长方形，截面呈弧形。内面可见布面纹。残长 23.6、残高 9.6 厘米。

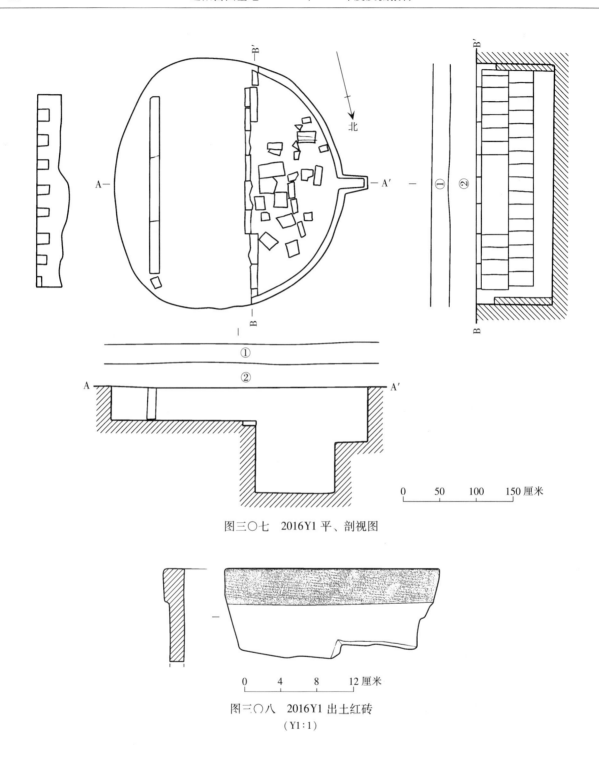

图三〇七　2016Y1 平、剖视图

图三〇八　2016Y1 出土红砖
（Y1∶1）

2016Y2

位于本发掘区西北部（图三〇九；彩版二一二，1）。

（一）遗迹

平面近椭圆形，东西向，西侧被一灰坑打破。窑室呈椭圆形，直径为 2.2 米。火膛位于西侧，三个出火口。窑室东侧有一烟道，窑床上有一层烧灼硬面。火膛内出土大量夹粗砂灰陶片。

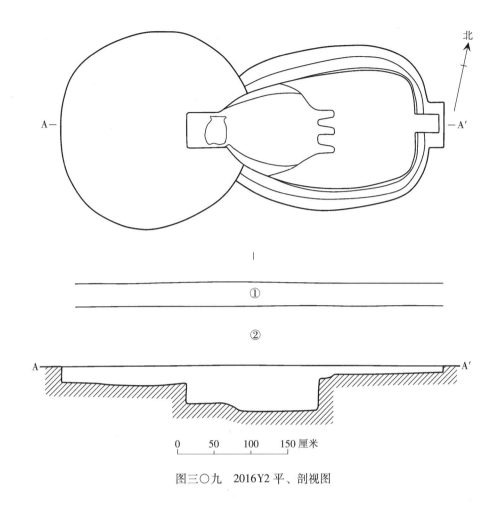

图三〇九　2016Y2 平、剖视图

（二）遗物

出土完整或可辨器形陶器 9 件。计有器足 1、瓮 5、筒瓦 3。

器足　1 件。标本 Y2：2，夹砂灰陶。柱状足，足尖残。残高 12.4 厘米（彩版二一二，6）。

瓮　5 件（Y2：1、3、4、5、9）。均为夹砂灰陶。形制相似，尖唇，敞口，斜折沿，束颈，弧腹。标本 Y2：1，保存完整。圜底。器身拍印绳纹。口径 23、高 33 厘米（图三一〇，3；彩版二一二，3）。标本 Y2：3，残存口沿部分。口径 28、残高 22.2 厘米（图三一〇，1）。标本 Y2：4，残存口沿部分。口径 32、残高 11.3 厘米（图三一〇，4；彩版二一二，5）。标本 Y2：5，残存口沿部分。口径 30、残高 10.6 厘米（图三一〇，2）。标本 Y2：9，保存较为完整。圜底。器身拍印绳纹。口径 17.2、高 32.1 厘米（图三一〇，5；彩版二一二，4）。

筒瓦　3 件（Y2：6、7、8）。均为夹砂红褐陶。形制相似，截面呈半圆形。瓦面饰绳纹。标本 Y2：6，残长 39、残宽 17.7 厘米（图三一〇，6）。标本 Y2：7，残长 48.1、残宽 21.6 厘米（图三一〇，7）。标本 Y2：8，残长 43.5、残宽 21.3 厘米（图三一〇，8；彩版二一二，2）。

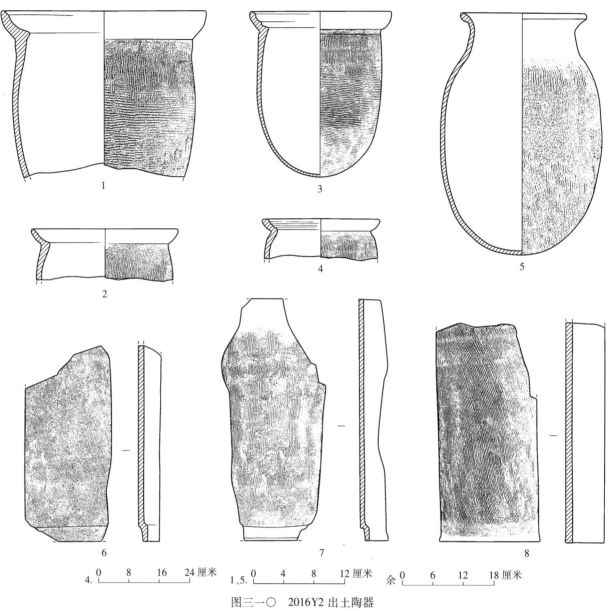

图三一〇　2016Y2 出土陶器

1~5. 瓮（Y2∶3、5、1、4、9）　　6~8. 筒瓦（Y2∶6、7、8）

第三章　初步研究

　　苗圃墓地 2015、2016 年度共清理墓葬 158 座。根据出土随葬品的类型与墓葬形制，可将之分为三种。其一，墓与出土随葬品时代统一，为汉魏晋时期墓葬；其二，墓与随葬品时代统一，为辽金时期墓葬；其三，墓与随葬品时代不一致，墓的形制为汉魏晋时期，随葬品中包含辽金时期遗物。

第一节　汉魏晋时期墓葬研究

一　墓葬形制

　　汉魏晋时期墓葬 144 座，根据构筑方式的不同可分为竖穴墓与带墓道的横穴室墓两大类[1]，依照构筑材料的不同，竖穴墓可分为土坑木制葬具墓和石椁墓两种，横穴室墓可分为砖室墓和石室墓两种（表六八）。不少墓葬残损过甚，通过墓圹结构和残存的筑造墓室材料，将其归入某一类型。

　　（一）竖穴墓

　　共 15 座。根据构筑材料的差异可再分为土坑木制葬具墓（以下简称"土坑墓"）和石椁墓两种。

　　1. 土坑墓

　　共 5 座。

　　墓葬平面多近长方形，墓圹较规整，四壁较平直，墓底较平坦。墓葬内均置有木制葬具，盖板均已不存，仅能通过墓内残留的板灰痕迹判断葬具情况。人骨保存状况大多不佳，存有人骨的墓葬多为直肢葬，头向多为北或北偏东。随葬品较少，通常为 2 件陶壶，置于人骨头部附近。依据葬具可细分为单棺墓和一椁单棺墓 2 型[2]。

　　A 型　单棺墓，3 座。计有：2015M111、2015M115、2015M116。随葬陶壶位于人骨头部附近、棺与墓壁之间的空隙中。

---

[1]　黄晓芬：《汉墓的考古学研究》，岳麓书社，2003 年，第 70 页。原文称"竖穴椁墓"，考虑到本墓地一些墓葬未见椁，故称为"竖穴墓"。

[2]　2015M111 和 2015M116、2015M117 和 2015M131 两两紧邻，墓圹并列，葬具及人骨方向基本一致，有同封异穴并棺葬的可能，原墓号只给了 2015M116 和 2015M117 两个，后期整理和研究中，考虑到封土不存且人骨保存较差未做鉴定，为客观报告发掘成果，都作为独立的墓葬看待并将销号的 2015M111 和 2015M131 分别给了 2015M116 和 2015M117 的东侧墓穴。

B 型　一椁单棺墓，2 座。计有：2015M117、2015M131。椁紧贴棺，椁外有一头箱，随葬陶壶位于头箱内。

2. 石椁墓

共 10 座。指无墓道、在竖穴土坑内用石材砌成椁室的墓葬。平面形状均呈长方形，未发现木制葬具痕迹。根据椁室结构不同可分为 2 型：A 型，单椁室墓；B 型，多椁室墓。

A 型　8 座。6 座为典型墓葬，2015M3、2015M42、2015M45、2015M86、2015M93，造墓石材均做成石板，比较规整，所用石材较统一；2015M90 以石条石块砌筑，筑造墓室的石材形制不甚统一，砌筑墓顶和墓壁的既有石板，又有石条，墓底铺石不规整，石材色泽有红、淡青、黄褐色，各不相同。另有 2 座墓：2015M106 未发现人骨及随葬品，2015M108 椁顶和部分椁壁缺失，可以归入这一类型。

B 型　2 座。2015M120，椁室用纵立的石板分隔为并列五个小室，每个椁室内皆葬有人。2016M12 归入这一型。

（二）横穴室墓

共 129 座。根据构筑材料可分为砖室墓和石室墓两种。本墓地横穴室墓的墓室中往往有一块高于葬人主室的位置，发掘中发现此处是放置随葬品的主要位置，为墓内祭奠之处，称之为“器物台”或“明器台”。器物台的设置及其位置的变化与墓葬建造时代关系较紧密。

1. 砖室墓

共 5 座。均为单室，形制较为简单，由墓道、墓门和墓室三部分组成，斜坡墓道，墓门居中或稍偏，墓室平面呈长方形，四壁平直，可看出券顶结构，顶部破坏不存。除去 1 座破坏较为严重不参与分式，其余 4 座根据有无器物台可分为 2 式：Ⅰ 式，无器物台；Ⅱ 式，有器物台。

Ⅰ 式　无器物台，1 座。2015M41。

Ⅱ 式　有器物台，3 座。2 座用青砖铺成低矮的器物台，即 2015M11 和 2015M18。2015M18 的器物台更高一些，2015M11 较矮并与棺床连成一片。2015M6 在墓室后部用一层侧砖顺砌隔出一块类似头箱的位置，归入此类。

不参与型式划分的 1 座，为 2015M66。

2. 石室墓

124 座。由长方形斜坡状墓道、墓门、长方形墓室组成。除少数为石块和石条砌筑外，多由淡青色或灰白色的大石板竖立搭砌，白灰勾缝。这种构筑墓室的方式是汉魏时期辽阳地区的特色。除去破坏严重形制不辨的 37 座墓葬不参与分型外，其余的 87 座石室墓可根据墓室结构分为单室墓和多室墓 2 型。

A 型　单室墓，3 座。计有：2015M38、2015M52、2015M103。墓室结构较为简单，平面呈长方形，用石条砌筑墓壁。典型墓葬 2015M38、2015M52，无器物台，其中 2015M52 近墓门处较低，似一个小的前廊。2015M103 破坏严重，墓室后部缺失，从残存的石块看，或许存在高于底部的器物台，归入此型。

B 型　多室墓，84 座。指墓室形制较为复杂，墓室面积较大，存在或用石板等间隔开的，或高低有差别而形成的多个空间或功能区。一般将墓内葬人的空间称为“主室”，主室往往用石条做成的立柱或石板间隔成二至三个小室，主室后部、远离墓门处称为"后室"，主室前部靠近墓门处，底部往往低于主室的空间称为"前廊"，主室或前廊两侧、面积一般较小的空间称为"耳室"。可根据墓室后部结构将其分为3个亚型。

Ba 型　共2座。计有：2015M9、2015M39。墓室结构较简单，平面长方形，主室中有立柱分隔，后室高起，为器物台，无前廊无耳室。典型墓葬1座，2015M9。另有2015M39，破坏殆尽只余平面呈长方形的墓圹，但墓圹后部高起为台状，归入此型。

Bb 型　共55座。形制为后室扩充，宽度大于主室宽度。按照器物台的位置和前廊的有无可分为4式。

Ⅰ式　10座。器物台即是后室，无前廊，无耳室，墓室平面类似"T"字。典型墓葬7座：2015M7、2015M22、2015M26、2015M49、2015M69、2015M104、2015M138。归入墓葬3座：2015M17、2015M36、2015M98。

Ⅱ式　10座。器物台即后室，无前廊，有耳室。典型墓葬8座，7座墓（2015M12、2015M20、2015M31、2015M32、2015M60、2015M62、2015M95）有一个耳室，且均为面对墓门时右侧的耳室（后文所有左、右耳室，均指面对墓门时耳室的位置），其中2015M95的主室有三个小室；1座墓（2015M105）有两个耳室，且主室分为三个小室。归入墓葬2座：2015M107为双耳室，主室三小室；2015M113残破较甚，可能是只有一耳室的双小室墓。

Ⅲ式　21座。有前廊，有两个耳室，或等大或一耳室（通常是左耳室）大，器物台位于后室，也有一些墓葬同时在耳室搭建器物台。典型墓葬10座，计有：2015M13、2015M37、2015M79、2015M118、2015M127、2015M132、2015M137、2016M4、2016M8、2016M11。7座双耳室等大：2015M13、2015M37、2015M118、2015M127、2015M132、2015M137、2016M4，其中2015M118和2015M137左耳室高于前廊，2015M127两个耳室都高于前廊；3座左耳室大于右耳室并高于前廊：2015M79、2016M8、2016M11。归入墓葬11座，计有：2015M34、2015M47、2015M50、2015M88、2015M97、2015M128、2015M129、2015M136、2016M1、2016M6、2016M16。其中2015M97、2015M128、2015M129、2015M136、2016M1、2016M6、2016M16等7座墓双耳室等大，除2015M136左耳室高于前廊外，其余的墓葬两个耳室均与前廊等高；2015M34、2015M47、2015M50、2015M88等4座墓的左耳室高于前廊，2015M47右耳室不存，其余3座墓左耳室均大于右耳室。

Ⅳ式　10座。有前廊，有两个耳室，或等大或一大一小，一个耳室内搭建高于前廊的器物台，如耳室一大一小，则都搭建在大耳室内。后室无器物台，与前廊或与主室底部相平，一些墓葬主室的小室与前廊相平并连接后室，形成回廊。典型墓葬5座，有2015M82、2015M83、2015M101、2015M114、2015M121，除2015M101外，均在左耳室内搭建器物台。2015M82和2015M83左耳室较大，2015M114和2015M121双耳室等大，2015M101左耳室较大，左右耳室均高于前廊。另外，2015M101和2015M121有回廊。归入墓葬5座：2015M65、2015M123、2015M124、2015M134、2016M3。2015M65和2015M123残破太甚，只能看出后室与主室底部基本相平，无法判断耳室的情况；其余3座墓均为左耳室高于前廊，2015M124和2016M3左耳室大，2015M134双耳室等大。

表六八　　　　　　　　　　苗圃墓地 2015、2016 年度发掘汉魏晋时期墓葬类型统计表

类别			形制			典型墓葬	归入墓葬	数量
竖穴墓	土坑墓		A 型　单棺墓			2015M111、2015M115、2015M116		3
			B 型　一椁单棺墓			2015M117、2015M131		2
	石椁墓		A 型　单椁室墓			2015M3、2015M42、2015M45、2015M86、2015M90、2015M93	2015M106、2015M108	8
			B 型　多椁室墓			2015M120	2016M12	2
横穴室墓	砖室墓		Ⅰ式　无器物台			2015M41		1
			Ⅱ式　有器物台			2015M11、2015M18	2015M6	3
			不参与型式划分			2015M66		1
	石室墓	A 型　单室墓				2015M38、2015M52	2015M103	3
		B 型　多室墓	Ba 型　平面长方形，后室为器物台			2015M9	2015M39	2
			Bb 型　后室宽度大于主室	Ⅰ式　器物台即后室，无前廊，无耳室		2015M7、2015M22、2015M26、2015M49、2015M69、2015M104、2015M138	2015M17、2015M36、2015M98	10
				Ⅱ式　器物台即后室，无前廊，有耳室		2015M12、2015M20、2015M31、2015M32、2015M60、2015M62、2015M95、2015M105	2015M107、2015M113	10
				Ⅲ式　有前廊，有两个耳室，器物台位于后室		2015M13、2015M37、2015M79、2015M118、2015M127、2015M132、2015M137、2016M4、2016M8、2016M11	2015M34、2015M47、2015M50、2015M88、2015M97、2015M128、2015M129、2015M136、2016M1、2016M6、2016M16	21
				Ⅳ式　有前廊，两耳室，器物台位于耳室内，后室无器物台		2015M82、2015M83、2015M101、2015M114、2015M121	2015M65、2015M123、2015M124、2015M134、2016M3	10
				不参与分式		2015M16、2015M30、2015M96、2015M100		4
			Bc 型　有前廊，有耳室，没有后室	Ⅰ式　两耳室至少有一个与前廊同高		2015M76、2015M91、2015M140、2016M7	2015M94、2015M119、2016M14	7
				Ⅱ式　耳室均高于前廊		2015M1、2015M77、2015M89、2015M135	2015M64、2015M130	6
				Ⅲ式　左耳室较大，右耳室较小甚至没有，前廊顶部叠涩顶		2015M2、2015M14、2015M21、2015M46		4
				不参与分式		2015M24、2015M51、2015M53、2015M54、2015M59、2015M92、2015M99、2015M122、2015M125、2015M126		10
严重破坏、形制不辨、未参与分型						2015 年：M4、M5、M8、M10、M19、M23、M25、M27、M28、M29、M33、M35、M40、M43、M48、M55、M56、M57、M58、M61、M63、M68、M73、M80、M81、M84、M87、M109、M133、M141 2016 年：M2、M5、M9、M10、M13、M15、M17		37

归入本亚型不参与分式的墓葬 4 座，2015M16、2015M30、2015M96、2015M100。

Bc 型　共 27 座。有前廊，有耳室，没有后室，可分为 3 式。

Ⅰ式　7 座。两耳室或等大或一大一小，至少有一个与前廊同高。典型墓葬 4 座：2015M76、2015M91、2015M140、2016M7。其中 2016M7 左耳室大且高于前廊，其余 3 座双耳室等大；2015M76 右耳室高于前廊，2015M91 双耳室与前廊齐平，2015M140 左耳室高于前廊。归入墓葬 3 座：2015M94、2015M119、2016M14，都破坏严重，仅存底部或部分墓壁石板。其中 2015M94 和 2015M119 双耳室等大且与前廊同高，2016M14 左耳室高于前廊且应较大，右耳室不存。

Ⅱ式　6 座。两耳室均高于前廊。典型墓葬 4 座：2015M1、2015M77、2015M89、2015M135。其中 2015M1 左耳室更大，2015M89 右耳室更大，其余两座墓双耳室等大。归入墓葬 2 座：2015M64、2015M130。2015M64 双耳室等大，2015M130 左耳室更大。

Ⅲ式　4 座。两耳室中左耳室较大，右耳室较小甚至几乎没有，前廊顶部多呈叠涩顶形式。计有：2015M2、2015M14、2015M21、2015M46。2015M14 和 2015M21 左耳室大，2015M2 和 2015M46 只有左耳室，除 2015M46 顶部不存不知形制，其余 3 座墓葬的前廊顶部都垒砌多于一层的石板或石块，呈叠涩顶形式。

归入本亚型不参与分式的墓葬 10 座，2015M24、2015M51、2015M53、2015M54、2015M59、2015M92、2015M99、2015M122、2015M125、2015M126。

二　葬具、葬式与葬俗

（一）葬具

葬具的使用与墓葬形制有一定关系。土坑竖穴墓中均使用了木制葬具：2015 年度发掘的 M111、M115、M116 发现木棺，M117、M131 发现木棺木椁组合。石椁墓和石室墓中也发现有棺钉，如石椁墓 2015M90 和石室墓 2015M9、2015M14、2015M20、2015M21、2015M37、2015M82、2015M101、2015M114、2015M138 等，表明这两类墓中也使用木棺，但发现棺钉的墓葬总体占比不大，且多为石室墓中的 BbⅢ、BbⅣ、BcⅢ 这样在墓室型式排列中比较偏晚的墓葬。另外，2015M14 中还发现了木棺痕。

石室墓中发现石板棺床的现象比较普遍，大多数保留墓室底部的石室墓中均有发现。2015M38 既有石制棺床又有红砖砌成的棺床。砖室墓 2015M11、2015M41 中有青砖垒砌的棺床，位于靠近墓门处。

竖穴土坑石椁墓一般用石板垒砌椁室，如 2015M3、2015M42、2015M45、2015M86、2015M93，也有如 2015M90 这样用石块石条石板各种石材掺杂垒砌的。

此外，墓葬中普遍使用石灰，多用石灰勾缝或铺垫在墓底，一些墓葬如 2015M21、2015M42、2015M93 等，人骨头部下方还发现有石灰枕。

（二）葬式

因骨骼腐朽严重，且墓葬多被破坏，人骨多已不存或散乱，其初始的埋葬姿态已不可辨。可辨识个体中呈仰身直肢形态的个体占绝大多数。如 2015 年度发掘的 M9、M11、M12、M42、M82、M86、M90、M93、M120 等。侧身葬鲜见，仅在 2015 年度发掘的 M21 中发现一例侧身屈肢葬。

可确认的人骨头向以北向占多数。竖穴墓基本头向北，2015M120 较特殊，五个并列的椁室内，一个椁室内人骨头向北，其余椁室内人骨头向南。一些人骨保存较好的石室墓人骨头向与墓门一致，如 2015M21。

（三）葬俗

竖穴土坑墓多为单人葬，也不能排除同封土异墓穴埋葬的可能，如 2015M111 和 2015M116、2015M117 和 2015M131。竖穴石椁墓既有单人葬，也有双人或者多人葬，2015M120 多个椁室并列，每个椁室内至少埋葬 2 人。石室墓基本全部为多人葬，存在多次埋葬并多次随葬器物、多次祭奠的现象。

三　陶器初步研究

2015～2016 年度苗圃墓地出土各类随葬品 1800 余件，按材质分有陶器、铜器、铁器、玉石器、玻璃器、骨器等。以陶器为大宗，钱币次之，另有少量其他材质随葬品。

汉魏晋时期的陶器陶色主色系为灰色，也有偏红、偏黄、偏黑的灰褐陶、黄褐陶、黑褐陶，陶质主要是泥质陶，夹砂陶也以夹细砂的为主。陶器烧成火候一般较高，较坚硬致密。制法有轮制、模制和手制三种。绝大多数圆形器物轮制，耳杯、椭奁、方奁等平面非圆形的器物模制，水斗、小瓢等器物多为手制。器物装饰手法有模印、刻划、拍印、戳刺、镂空等：如俎面上的鱼，有的是模印而成，有的是刻划上的；器物上的弦纹往往为刻划，瓮、壶等下腹部装饰绳纹的器物，绳纹多拍印而成；一些案上有戳刺的凹窝；楼的侧板和菱格窗会采用镂空的装饰手法。纹饰有弦纹、凸棱、凹槽、绳纹、波曲纹、云纹等，具象的纹饰常见鱼纹，常出现于方盘和方案内、俎面上，也见于耳杯内和灶面上。

本部分仅对陶器中具有代表性和典型性的器物进行了初步的类型学研究。有些陶器虽有一定出现率，但变化不明显或制作随意性较强，如盆、盘、勺、器盖、钵、案、小釜、小瓢等，暂未对其进行类型学研究。

以功能和用途划分，出土陶器可分为礼器、生活用器、祭奠用器、模型明器四类（表六九）。

（一）礼器

指仿铜礼器形态的陶器。苗圃墓地包括鼎、盒、壶三种，但在 2015 年和 2016 年发掘区，鼎和盒出土稀少，未发现仿铜陶礼器壶。

1. 鼎。2 件。腹中部有腰檐，依照口部形态分为 2 型。

A 型　腹部有耳，长方形立耳，器耳弯折，并镂空有一圆形穿孔。如 2015M41：30。

B 型　腹部无耳，敛口，折腹，上腹竖直，肩部对称有两个长方形镂孔，如 2015M22：37。

2. 盒。只零散发现了盒盖或盒体，未在同一墓葬中发现确定为同一器物的完整的盒。

盒盖顶部饰有弦纹，分 2 型。

A 型　顶部隆起。如 2015M26：14。

B 型　顶部平。如 2015M26：26、2015M52：24。

盒体较扁而浅，下半部有沿，承托盒盖，台底。如 2015M22：39。

分期 \ 型式	樽 A型	樽 B型	奁 A型	奁 B型	奁 C型	耳杯 A型	耳杯 B型	灶 A型	灶 B型	井 A型	井 B型	俎 A型	俎 B型
第一期													
第二期	2015M41:27 I式						2015M41:35	2015M41:28					
第三期		2015M26:36				2015M26:3			2015M20:16 I式	2015M52:14	2015M22:31 I式		
第四期 前段	2015M9:2 II式		2015M95:31 和35 I式		2015M11:6				2015M38:12 II式		2015M20:5 II式	2015M31:2 I式	2015M20:4 I式
第四期 后段			2016M8:13 II式	2015M37:11					2015M62:1 III式		2015M91:2 III式		
第五期 前段		II式							2015M96:6 IV式		2015M83:23 IV式	2015M76:7 II式	2015M79:19 II式
第五期 后段									2015M89:1 V式				

型式 分期	鼎 A 型	鼎 B 型	盒（盖）A 型	盒（盖）B 型	壶 A 型	壶 B 型	壶 C 型	壶 D 型	壶 E 型	罐 A 型	罐 B 型	罐 C 型	长颈瓶 A 型	长颈瓶 B 型	灯 A 型	灯 B 型	炉 Aa 型	炉 Ab 型	炉 B 型
第一期					2015M111：1														
第二期	2015M41：30					2015M41：31 Ⅰ式	2015M41：8						2015M41：6 Ⅰ式						
第三期		2015M22：37	2015M26：14	2015M26：26		2015M38：2 Ⅱ式		2015M48：4		2015M22：35 Ⅰ式	2015M52：13			2015M52：28 Ⅰ式	2015M22：25 Ⅰ式				
第四期 前段						2015M12：2 Ⅰ式	2015M60：19 Ⅱ式	2015M18：15					2015M7：16 Ⅱ式		2015M18：12 Ⅱ式	2015M69：44	2015M11：31	2015M69：18	
第四期 后段																			2015M132：16
第五期 前段						2015M120：2 Ⅱ式	2015M83：6 Ⅲ式			2015M88：1			2015M89：9 Ⅱ式						
第五期 后段																			

（二）生活用器

包括壶、罐、长颈瓶、瓮、盆、盘、钵、碗、勺、魁、鋗镂、扁壶、方盘、灯、熏炉、炉等。

1. 壶。战国秦汉时期的"壶"类器包括两类，一类为仿铜陶礼器壶，一类为生活用器壶。2015、2016 年发掘区出土的生活用器壶不多，据口部至颈部形态分为 5 型。

A 型　高领直颈，上腹部为弦纹，下腹部施绳纹。如 2015M116：1。

B 型　卷沿，沿内侧较高，沿部往往有一周凹槽。束颈，溜肩，腹部较鼓，最大腹径略上。分 2 式。

Ⅰ 式　颈部较长，腹部圆鼓。如 2015M41：31。

Ⅱ 式　颈部短，腹部较鼓。如 2015M38：2。

C 型　盘口，束颈，溜肩，腹部较圆鼓。如 2015M41：8。

D 型　折沿或撇口，唇部有一道凹槽。如 2015M48：4。

E 型　束颈，肩部宽广，鼓腹，下腹部斜直内收。可分 2 式。

Ⅰ 式　腹部较矮扁。如 2015M12：2。

Ⅱ 式　腹部较瘦长。如 2015M120：2。

2. 罐。罐是本墓地出土数量最多、种类最多的一种。依照口及颈部形态分为 3 型。

A 型　矮领，据颈部分 2 式。

Ⅰ 式：直领，直口或唇内勾，鼓腹，最大腹径位于腹中部，上腹常饰弦纹，多为台底。如 2015M22：35。

Ⅱ 式　领内倾，敛口，鼓腹，最大腹径在腹中部，多为台底。如 2015M60：19。

Ⅲ 式　领内倾，敛口，口领界限不分明，鼓腹偏矮扁，最大腹径在腹中部，多为平底。如 2015M83：6。

B 型　折沿，束颈，鼓腹，最大腹径位于腹中部，平底或台底。如 2015M52：13、2015M18：15。

C 型　束颈，侈口，撇口或唇内勾，零星为微折沿呈盘口状，鼓腹，最大腹径位于腹中部，多为平底。如 2015M88：1。

3. 长颈瓶。长颈瓶是辽沈地区汉代比较有地方特色的器形，辽阳地区出土更为众多。依照形态可分为 2 型。

A 型　颈部细长，器形高，口部通常有或加厚或略翘的唇，据颈部形态分 2 式。

Ⅰ 式　直口，颈部较细长而直。如 2015M41：6。

Ⅱ 式　直口或略侈口，细长颈，颈部缓缓收束，上部粗下部细。如 2015M7：16。

B 型　直口，颈短粗。据口唇分 2 式。

Ⅰ 式　直口，颈部较直。如 2015M52：28。

Ⅱ 式　直口或略侈口，有的有略翘的唇，颈部更短粗，有收束感。如 2015M89：9。

4. 灯。分为 2 型。

A 型　灯盘灯柱连体。分 2 式。

Ⅰ 式　灯柱喇叭状。如 2015M22：25。

Ⅱ 式　灯柱变长，为短柱状，下接喇叭状足。如 2015M18：12。

B 型　　灯身分体制作，灯柱细高。如 2015M69：44。

5. 炉。依照形态分为 2 型。

A 型　　圆形，可分 2 亚型。

Aa　　底部三足，如 2015M11：31。

Ab　　底部圈足，如 2015M69：18。

B 型　　方形，如 2015M132：16。

（三）祭奠用器

祭奠用器顾名思义是实施墓祭时使用或放入的陶器，与生活用器有时难以区分。典型的祭奠用器有耳杯、案、樽、奁等。

1. 樽。依照形态分为 2 型。

A 型　　腹部筒形。据足部形态分 2 式。

Ⅰ式　　足部上部圆鼓，中部扁细，下部略外凸。如 2015M41：27。有的做成熊状，如 2015M38：1。

Ⅱ式　　足中部有一道凸棱，足类似马蹄状。如 2015M9：2。

不参与型式划分　　乳丁状足。如 2015M95：28。

B 型　　折腹，腹部浅，下腹部内收，下附三个棱柱状或乳丁状足。如 2015M26：36。

2. 奁。东北地区汉墓出土的习惯上称"奁"的器物共有三种形态，即圆形、长方形、椭圆形①，分别称为圆奁、方奁、椭奁。分为 3 型。

A 型　　圆奁。据形态分 2 式。

Ⅰ式　　奁体较高，平底。奁盖较大，基本可将奁体覆盖。如 2015M95：31 和 35。

Ⅱ式　　奁体较矮，下腹部内折，底部小于腹部。奁盖不能将奁体全部盖住。如 2016M8：13。

B 型　　方奁。整体呈长方形，奁体较矮，奁盖较大，基本可将奁体覆盖。如 2015M37：11。

C 型　　椭奁。平面略呈椭圆亚腰形，奁体较矮，奁盖较大，基本可将奁体覆盖。如 2015M11：6。

3. 耳杯。分为 2 型。

A 型　　素面，如 2015M26：3。

B 型　　杯上有刻划或模印纹饰。如 2015M41：35。

（四）模型明器

包括灶、井、俎、房、瓢、甑、水斗等。

1. 灶。按照形状分为 2 型。

A 型　　圆形灶。本发掘区仅发现 1 件。四火眼，灶面一角刻划有鱼、环首刀、案等纹饰。如 2015M41：28。

B 型　　近梯形灶。根据灶面形制和装饰分为 5 式。

Ⅰ式　　灶面梯形，三火眼，大火眼居中，两个小火眼在前部，灶体素面。如 2015M20：16。

Ⅱ式　　灶面梯形，五火眼，灶面中间一大火眼，小火眼两两一组，分别位于灶前部和后部，

---

① 这三种形态不同的器物在文献中可能有不同称谓，长方形盝顶的可能称为"笈"，椭圆形的可能为"簏"，均为盛物器皿（具体称谓见孙机：《汉代物质文化资料图说》，上海古籍出版社，2011 年，第 395～397 页），这里依照传统研究习惯笼统称为"奁"。

有通体素面，也有在灶面上刻划纹饰的。如2015M38：12。

Ⅲ式　灶面梯形，五火眼，三火眼在灶面前部一火眼在后部一侧或居中，中间是一大火眼。以灶面或刻有鱼纹或素面，遮烟檐及火门四周有刻划纹饰为主。少量素面。如2015M62：1。

Ⅳ式　灶面近长方形，四火眼，三火眼在灶面前部，中间是一大火眼。遮烟檐、火门四周有刻划纹饰。如2015M96：6。

Ⅴ式　灶面近长方形，三火眼，大火眼居中，两个小火眼在前部，遮烟檐、火门四周有刻划纹饰。如2015M89：1。

2. 井。分2型。

A 型　侈口。井身矮，下腹斜折收，平底。如2015M52：14。

B 型　折沿。制作较精致。依照形态分为4式。

Ⅰ式　井身较矮，口沿部较小，井圈较短，直腹，靠底部折收成平底，有的井圈装饰有镂孔或井沿刻划弦纹。如2015M22：31。

Ⅱ式　井身矮，口沿部与腹部基本等大，井圈短，直腹，靠底部折收成平底。如2015M20：5。

Ⅲ式　井身高，口沿部略大于腹部，井圈略长，上、下腹均内弧，多有装饰井圈镂孔。如2015M91：2。

Ⅳ式　井身矮，口沿部大于腹部，井圈长，下腹略内弧收。如2015M83：23。

3. 俎。依据俎面装饰手法分2型。

A 型　模印。俎面模印一条鱼，或鱼身下压一环首刀。依据足的高度分2式。

Ⅰ式　足部高。如2015M31：2。

Ⅱ式　足部矮。如2015M76：7。

B 型　刻划。按照足的高度分2式。

Ⅰ式　足部高。如2015M20：4.

Ⅱ式　足部矮。如2015M79：19。

四　器物组合研究

由于本墓地墓葬多数遭到破坏——尤其是石室墓，很难找到器物组合完整的墓葬；另外，本墓地明显存在多人、多代同葬一墓的葬俗，一个墓葬即使未经扰动，随葬器物的时间跨度也比较大，共时性不是特别强。以上两点导致器物组合的讨论较为困难，这里采用归类讨论法[①]。即：通过对陶器功用的分类将之分为陶礼器、生活用器、祭奠用器、模型明器四类，将其余材质的随葬品归为一类，每个墓葬首先统计该类随葬器物是否出现，其次统计具体型式。

经过统计，随葬器物组合大致有以下几种。

组合1：生活用器。为 A 型壶，均为两件。

组合2：陶礼器＋生活用器＋祭奠用器＋模型明器，也有其他随葬品。陶礼器为鼎、盒，生活用

---

① 这种讨论器物组合的方法可见刘未：《辽阳汉魏晋壁画墓研究》一文，《边疆考古研究》第2辑，科学出版社，2004年，第232～257页。

器有壶、盘、瓮、长颈瓶等，祭奠用器有樽、耳杯、案，模型明器有圆灶、井，其他随葬品种类增多，有铜钱、银指环。

组合 3：与第 2 组器物类别相同。陶礼器仅盒常见，偶见鼎；生活用器器类丰富起来，仍有壶，A 型和 B 型罐出现，A 型罐稍多一些，长颈瓶出现颈部较粗的 B 型，灯为连体；祭奠用器出现方奁，有圆案但少见；圆灶不见，灶变为近梯形；井出现带折沿的 BⅠ 式。其他类随葬品种类也非常丰富。

组合 4：生活用器 + 祭奠用器 + 模型明器，有其他随葬品，另外陶礼器的盒偶见。生活用器类型丰富，长颈瓶常见颈部细长、缓缓收束的 AⅡ 式，灯柱变高，出现 B 型分体灯，出现圆形炉；祭奠用器出现椭奁，几种奁常同出，樽常见 AⅡ 式，圆案较常见；模型明器中，灶火眼增多，井的口沿变大，出现俎。其他随葬品材质、种类均比较多样。

组合 5：与第 4 组器类近似，陶礼器彻底不见，生活用器种类丰富，长颈瓶多为 AⅡ 式，陶罐多为 A 型，出现钵，灯常见 B 型，炉常见 Ab 型，也出现了 B 型；祭奠用器几种奁都有，也有樽、耳杯、方案、圆案等；模型明器灶均为 B 型，多为 Ⅱ 式或 Ⅲ 式，井为 BⅢ 式，俎为 AⅠ 式。

组合 6：与第 5 组器类近似，其他随葬品在组合中比重增加。生活用器种类减少，有长颈瓶、瓮、罐、灯、盘、钵等，长颈瓶多为 B 型，陶罐多为 AⅢ 式和 C 型；祭奠用器有奁（通常是 Ⅱ 式圆奁）、耳杯、圆案等；模型明器灶通常为 BⅤ 式，井为 BⅣ 式，俎为 AⅡ 式和 BⅡ 式。其他随葬品常见珠串类饰件。

组合 7：主要生活用器，有其他随葬品，且如果有的话比重较大。随葬品整体数量锐减，生活用器种类少数量少，有罐、钵、盘、盆等；其他随葬品有银钗、铜镜、铁镜、钱币等。

结合墓葬类型发现：组合 1 对应墓葬类型为土坑墓。组合 2 对应出现于砖室墓 I。组合 3 出现于石室墓 A、BbⅡ 中。组合 4 见于砖室墓 Ⅱ，石室墓 Ba、BbⅠ、BbⅡ，BcⅡ。组合 5 均为石室墓，多为 BbⅢ，也有 BbⅣ。组合 6 出现的墓葬类型均为石构墓，主要为石椁墓 A 和 B，石室墓 BbⅢ、BbⅣ、BcⅠ、BcⅡ。组合 7 出现于石椁墓 A 和石室墓 BbⅣ、BcⅡ、BcⅢ 中。

五　分期与年代

2008 年以来，苗圃墓地已进行过数次发掘，陆续清理了汉魏晋时期墓葬三百余座。目前已有阶段性研究成果公布。

2015 年与 2016 年发掘中，未出土具有明确纪年的遗物，墓葬间未见叠压打破关系。因此墓葬的分期与年代研究，只能结合该墓地以往发现情况，并通过与邻近地区时代相近的发现进行对比来进行大致判断。本节中对分期和年代判定的依据除与苗圃墓地 2008～2014 年发掘资料进行对比外，主要参考了姜屯汉墓①和羊草庄汉墓②的可对比材料。

通过对墓葬及随葬品的分类、组合的研究，可以将本发掘区汉魏晋墓葬分为 7 组，进而进行分期和年代研究。需要说明的是：如前文所述，首先，墓葬中的石构墓和砖室墓多半遭到破坏或

① 辽宁省文物考古研究所：《姜屯汉墓》，文物出版社，2013 年。
② 辽宁省文物考古研究所：《羊草庄汉墓》，文物出版社，2015 年。

盗掘，讨论器物组合困难较大，只能依据器物功用将之分类，从大的分类上根据某种器物是否存在，推测其组合。其次，石室墓尤其是较大型的石室墓，存在多次入葬多次祭奠并多次随葬的情况，故随葬品本身存在时间差，并出现墓葬形制较早而随葬品较晚——即早期墓出晚期文物的情况，加之某些器物沿用时间较长，使得同一座墓中早、晚器物共出，给细致的编年带来更大的困难。

针对上述情况，对墓地的分期采用如下原则：1. 随葬品类型与墓葬形制中，优先考虑墓葬形制对相对年代的标尺作用。2. 讨论墓葬阶段性的分期而不是连续性的编年。3. 对于随葬品及墓葬形制过渡性比较强的墓葬，将其归入晚期。4. 随葬品型式晚而墓葬形制早的墓葬，一般依照墓葬形制（即建墓时代）来划定时代。5. 对于墓室破坏严重，随葬品散失殆尽的墓葬，通过与分期明确的典型墓葬形制、出土随葬品等文化因素比较来归入某期或给出一个大致的时代范围。

第 1 组　墓穴为竖穴土圹墓，葬具多为单木棺，也有一椁一棺者。墓主头向大多北向，可辨葬式多单人仰身直肢葬。随葬品少，均为 2 件 A 型壶，即器物组合 1，多位于墓主头顶处。本组墓葬包括 2015M111、2015M115、2015M116、2015M117、2015M131，共 5 座。

第 1 组出土的壶与袁台子东区西汉墓、姜屯汉墓第一期墓葬[①]出土者相同。本墓地 2008～2012 年发掘区中的同类墓葬 2012M80 中出土有"半两"，未见"五铢"，故第 1 组年代为西汉早期，即汉初到武帝铸行"五铢"之前的元狩四年（前 119 年），前 3 世纪末至前 2 世纪晚期。

第 2 组　2015、2016 年发掘区的本组墓葬仅 1 座，2015M41，为砖室墓 A I 式，墓内无器物台。随葬品种类为鼎、壶、瓮、盆、樽、案、灶等，有长颈瓶和典型祭奠用器耳杯，灶为圆形。墓葬形制比较简单，随葬品种类不多，器物组合为组合 2，出土铜钱均为"货泉"，故推测其时代为新莽至东汉初。该墓葬为本墓地第二期，时代大约在王莽铸"货泉"的天凤元年（14 年）至光武帝铸造建武"五铢"的建武十六年（40 年）之间。

第 3 组　墓葬为 A 型单室石室墓和带有器物台的 Bb I 式多室石室墓。随葬品器物组合为 3，陶器有鼎、盒、壶、罐、瓮、盆、盘、灯、长颈瓶、樽、方案、耳杯、方奁、勺、灶、井等，盒为 Ba II 式和 Bb II 式，壶为 D 型，罐多为 A 型，出现 B 型樽，长颈瓶多颈部较长，也出现颈部短粗的 B 型长颈瓶，井为 B 型，灶为梯形灶。墓葬包括 2015M22、2015M26、2015M38、2015M48、2015M52 等 5 座。

本组墓葬的墓室形制开始向复杂转变，配有器物台的墓葬增多。随葬品品类增多，陶礼器仅有盒比较常见，生活用器增加，典型祭奠用器常见，模型明器的制作开始变得规整，但装饰风格仍较朴实。本组墓葬中的单室墓，与出有"永元十七年"铭方案的三道壕二十七号墓[②]类似，该墓所出的其他随葬品灯、方奁、器座在本组墓葬中亦有发现。故将本组墓葬年代定为东汉中期，是本墓地第三期。具体年代为殇帝至质帝[③]，即 2 世纪初期至中期。

第 4 组　墓葬形制多样，均为室墓，砖室墓均为有器物台的 II 式，石室墓中 1 座（2015M9）

---

① 《朝阳袁台子》（文物出版社，2010 年）中将这种器物命名为罐，《姜屯汉墓》中将之命名为壶。本文命名同《姜屯汉墓》。
② 关于该墓情况见 a. 李文信：《东北文物工作队一九五四年工作简报》，《文物参考资料》1955 年第 3 期，第 3～29 页；b. 刘俊勇：《辽宁汉墓述论》，《辽宁师范大学学报（社会科学版）》1990 年第 6 期，第 85～88 页。
③ "永元十七年"为汉和帝最后一年，即 105 年。故本期具体年代对应的帝王自殇帝始。

为 Ba 型，绝大多数为 Bb 型中的 I 式和 II 式，出现了耳室，也出现了一座不用后室的 Bc 型（2015M77）。随葬品组合为组合 4，种类更为丰富，计有壶、盒、罐、瓮、盆、盘、钵、方盘、长颈瓶、樽、鐎镂、魁、单把杯、勺、魁、灯、炉、支架、圆奁、方奁、椭奁、方案、圆案、耳杯、灶及灶组件、井、水斗、俎、楼、器座、器盖等。未见鼎，偶见盒。偶见生活用器壶，罐绝大多数是 A 型，出现 A II 式，偶见 B 型；长颈瓶多 A II 式，偶见 B 型；灯出现 B 型分体高柱灯。樽多蹄足的 A II 式；圆奁数量大增，出现椭奁；方案、圆案上常装饰鱼纹。灶均为梯形，大多数为五火眼灶；井出现了 B II 式。椭奁、方盘、俎都是新出现且迅速流行普及的器形。礼器类器物更加稀少，生活用器、祭奠用器、模型明器类型都更为丰富。器物不仅种类丰富多彩，且装饰增多，除方案外，灶、槽、奁上也多有鱼之类的纹饰，其他器物上也常添加弦纹，看起来美观大方，制作技艺娴熟。2015、2016 年发掘区的墓葬属于本组的较多，典型墓葬有 2015M7、2015M9、2015M11、2015M12、2015M18、2015M20、2015M31、2015M32、2015M60、2015M62、2015M69、2015M77、2015M95 等 13 座，根据墓葬形制或出土随葬品类型归入本组的墓葬有 2015M17、2015M36、2015M49、2015M105、2015M107、2015M113、2015M138 等 7 座。共计 20 座墓葬。

　　本组墓葬中 Bb I 式石室墓的墓葬形制与东门里墓[1]一致，器物种类及形态也非常类似，东门里墓一般认为是东汉中晚期[2]或东汉晚期前段[3]，另外 2015M60 和 2015M69 出土东汉晚期云雷连弧纹镜，故本组墓葬年代也定在东汉晚期前段。对应帝王为汉桓帝、汉灵帝，约 2 世纪中期至晚期。

　　第 5 组　墓葬均为石室墓，基本为大型的 Bb III 式和 Bb IV 式多室墓，出现 Bc I 式墓。本组墓葬的器物组合为组合 5，罐基本全部是 A 型；长颈瓶多 A 型 II 式，偶出 B 型；灯多见 B 型高柱灯；炉出现了一件 B 型。樽均为蹄足的 A II 式；奁种类齐全数量较多，圆奁出现 II 式；方案圆案都较常见，耳杯有 B 型。灶均为梯形，大多数为 B II 式残 B III 式的五火眼灶；井多为 B III 式；俎多为 A I 式。本组墓葬数量也较多，典型墓葬有 2015M13、2015M37、2015M82、2015M91、2015M127、2015M132、2015M136、2015M137、2015M140、2016M4、2016M7、2016M8 等 12 座，归入墓葬有 2015M47、2015M50、2015M54、2015M61、2015M65、2015M73、2015M84、2015M94、2015M96、2015M97、2015M100、2015M123、2016M1、2016M3、2016M6、2016M16 等 16 座，共计 28 座墓。

　　本组墓葬特点为石室墓较大且结构复杂，随葬品种类丰富并制作较精美，2015M132 中还发现有壁画。结合前一组墓葬和本墓地其他发掘区墓葬情况，推测本组墓葬为东汉晚期后段至公孙氏割据时期，即汉少帝、汉献帝至曹魏景初二年（238 年），约为 2 世纪末至 3 世纪前期（约 190年～238 年）。

　　考虑到以上两组随葬品组合相同、类型基本相同，第 5 组中大多数为较大型石室墓，过于单一，可能是当时的高等级墓葬，而中小型墓存在于第 4 组中，无法根据随葬品类型区分。故而将第 4、5 组合为第四期，即东汉晚期至曹魏灭公孙氏之前。第 4 组为前段，第 5 组为后段。

　　第 6 组　本组墓葬均为石构墓，形制多样，有 A 型石椁墓、B 型石椁墓和石室墓 Bb III 式、Bb IV 式、Bc I 式、Bc II 式。随葬品组合为组合 6，陶器品类不多，主要有罐、盘、长颈瓶、耳杯、

①　冯永谦、韩宝兴、刘忠诚：《辽阳旧城东门里东汉壁画墓发掘报告》，《文物》1985 年第 6 期，第 25～42 页。
②　张永珍：《辽沈地区汉魏晋墓葬的类型与分期研究》，吉林大学 2007 年硕士学位论文。
③　刘未：《辽阳汉魏晋壁画墓研究》，《边疆考古研究》第 2 辑，科学出版社，2004 年，第 232～257 页。

圆案、奁、支架、灶、井、俎等。生活用器类种类少，罐或为敛口特甚、几乎无领的 A Ⅲ 式矮领罐，或为侈口束颈的 C 型罐；长颈瓶均为矮粗的 B Ⅱ 式。祭奠用器保留，但也减少，奁基本仅圆形一种，且多为折腹的 Ⅱ 式。模型明器中，灶多 Ba Ⅱ 式三火眼灶，装饰多在遮烟檐或灶门周围；井为 B Ⅳ 式；俎足低矮，均为 A Ⅱ 或 B Ⅱ 式，其上模印的鱼多为线雕且占俎面的一半而非全部。总体上看，模型明器制作较为粗糙。本组墓葬中几乎所有器物造型都矮、扁、粗、边角浑圆。

本组墓葬包括 2015M3、2015M76、2015M79、2015M83、2015M89、2015M118、2015M120、2016M11，归入墓葬有 2015M34、2015M53、2015M64、2015M88、2015M124、2016M14，共计 14 座。

本组墓葬形制中 Bc Ⅰ 式石室墓与令支令墓①、南环街墓②相同，令支令墓壁画有榜题"巍令支令张□□"，学术界公认其为曹魏令支县令张君墓。Bb Ⅳ 式石室墓则与三道壕西晋"太康十年"纪年墓③相同。石室墓总体上变小，或前廊窄小，或后室消失。本组墓葬随葬品中多见珠串类装饰品，也有铁镜，都是魏晋墓常见的，因此本组墓葬时代很可能是魏晋时期。墓门旁侧有器物台方便进行祭奠，不重视随葬品尤其是模型明器的制作，这与曹魏薄葬同时重祭奠的葬俗④相吻合。另外这组墓葬中常见的敛口罐腹部矮扁，与两汉时期高而圆的罐腹不同，更具有魏晋时风格，如曹魏西晋时期陕西华阴晋墓⑤、朝阳十二台营子 88M1⑥ 出土釉陶小罐都与之略有类似；比较常见的 C 型陶罐侈口束颈的形态更近于"太康十年"墓和本墓地 2014 年发掘的 2014M2"太安三年"纪年墓中所出的小罐。又因"太康十年"墓及"太安三年"墓的随葬品与此不同且更为稀少，故推测本组墓葬时代应早于"太康十年"（289 年），下限约为西晋初期。其上限接续前期，为公孙氏割据政权之覆灭。时段大致为 2 世纪中期至晚期（约 239 年～3 世纪七八十年代）。

第 7 组　本组墓穴形制有 A 型石椁墓和石室墓 Bb Ⅳ 式、Bc Ⅱ 式、Bc Ⅲ 式几种类型。随葬品数量极少，组合为组合 7，陶器类型与前几组截然不同，器形有陶钵、罐、盘、小碗、盆，以及银钗、银镯、珠饰等。

本组典型墓葬 11 座，2015M2、2015M14、2015M21、2015M42、2015M45、2015M86、2015M90、2015M93、2015M114、2015M121、2015M135。归入墓葬 4 座，2015M46、2015M106、2015M108、2015M134。共计 15 座。

这组墓葬中的 A 型石椁墓，与出土"太康二年"瓦当的三道壕西晋墓⑦形制相同；Bb Ⅳ 式石室墓与三道壕"太康十年"纪年墓形制相近；Bc Ⅲ 式石室墓与本墓地 2014M2"太安三年"（304 年）⑧ 纪年墓相似；2015M2、2015M14 前廊为叠涩顶的砌筑方式，与出土青瓷虎子的上王家墓⑨砌筑方式类似。故此推测本组墓葬为西晋中晚期到东晋早期，上限约 3 世纪八九十年代，下限为东

① 李文信：《辽阳发现的三座壁画古墓》，《文物参考资料》1955 年第 5 期，第 15～42 页。
② 辽宁省文物考古研究所：《辽宁辽阳南环街壁画墓》，《北方文物》1998 年第 3 期，第 22～25 页。
③ 辽阳博物馆：《辽阳市三道壕西晋墓清理简报》，《考古》1990 年第 4 期，第 333～336 页。
④ 李梅田：《曹魏薄葬考》，《中原文物》2010 年第 4 期，第 17～20 页。
⑤ 夏振英：《陕西华阴县晋墓清理简报》，《考古与文物》1984 年第 3 期，第 36～42 页。该墓断代见李梅田：《魏晋北朝墓葬的考古学研究》，商务印书馆，2009 年，第 133～139 页。
⑥ 辽宁省文物考古研究所、朝阳市博物馆：《朝阳十二台乡砖厂 88M1 发掘简报》，《文物》1997 年第 11 期，第 19～32 页。
⑦ 王增新：《辽阳三道壕发现的晋代墓葬》，《文物参考资料》1955 年第 1 期，第 37～45 页。
⑧ 西晋太安年号仅用了两年，没有三年，这里应是辽东工匠不了解年号变化误刻。详细考证见李海波、刘潼、徐沂蒙：《辽宁辽阳苗圃汉魏墓地纪年墓葬》，《北方民族考古》第 2 辑，科学出版社，2015 年，第 17～27 页。
⑨ 李庆发：《辽阳上王家晋代壁画墓清理简报》，《文物》1959 年第 7 期，第 60～62 页。

晋咸和九年（334 年）前燕占据辽东。

因第 6 组、第 7 组墓葬形制、随葬品类型相近，推定的时代也相近，与第 5 组差别较明显。故将这两组划为一期，是本发掘区的第五期，时代为曹魏至东晋早期，第 6 组为前段，第 7 组为后段。

另有一些墓葬因破坏严重，无法精准分期，只能划分更粗略的年代范围。时代划分如下：

东汉时期：2015M8、2015M10、2015M35、2015M55、2015M66；

东汉中晚期：2015M6、2015M16、2015M27、2015M30、2015M33、2015M39、2015M43、2015M56、2015M68、2015M87、2015M98、2015M99、2015M103、2015M104、2015M141；

东汉晚期：2015M5、2015M25、2015M92、2016M9、2016M10、2016M17；

东汉晚期至魏晋：2015M1、2015M19、2015M24、2015M57、2015M59、2015M101、2015M119、2015M122、2015M125、2015M126、2015M128、2015M129、2015M130、2016M2、2016M15；

魏晋时期：2015M4、2015M81；

东汉魏晋时期：2015M109、2016M12。

第二节　辽金时期墓葬研究

一　辽金时期建造的墓葬

辽金时期建造的墓葬共计 8 座：2015M15、2015M44、2015M70、2015M71、2015M72、2015M74、2015M75、2015M78。

墓葬形制有竖穴墓和横穴室墓两种。竖穴墓包括 2015M15、2015M44、2015M71、2015M78，墓葬平面一般为方形或长方形。横穴室墓包括 2015M70、2015M72、2015M74、2015M75，均为砖室墓，其中 2015M70、2015M72、2015M74 形制相似，均为六边形，位置相近，应为一组家族墓；2015M75 破坏严重，平面呈长方形。

二　辽金时期利用东汉魏晋墓葬改建的墓葬

在发掘中发现一些墓葬形制为东汉魏晋时期墓，出土器物中既包含东汉魏晋时期的椭奁、水斗、长颈瓶、樽、俎、"五铢"等典型器物，但同时又出土具有辽金时代特点的瓜棱罐、白釉碗、白釉铁彩瓷片、"开元通宝"、"熙宁重宝"等器物，判断这些墓葬初建年代为东汉魏晋时期，辽金时期改建或直接利用了这些前代墓葬，甚至将原有的随葬品也保留了。

这些墓葬包括 2015M67、2015M85、2015M102、2015M110、2015M112、2015M139，共计 6 座。其中 2015M67、2015M112、2015M139 只余墓圹和墓底部分石板，2015M67 甚至连墓道也不存，但从墓圹和石板形制推测，它们原应为东汉魏晋时期的石室墓。2015M85、2015M102、2015M110 墓底石板保留较完整，可判断原均为东汉魏晋时期的石室墓。2015M85，有前廊、耳室和与主室齐平的后室，属 BbⅣ式石室墓；2015M102 和 2015M110，有前廊、耳室，后室高于主室，属 BbⅢ式石室墓。

这些墓葬均破坏严重，保存状况差，人骨散乱，一些随葬品发现于扰土之中。应在辽金时期改造利用之后，又受到破坏。

三　葬具、葬俗

（一）葬具

葬具大致可分为石椁、砖椁、瓮棺、石函 4 种。

石椁墓 1 座，2015M15，墓内发现棺钉，或曾有木制葬具。

砖椁墓 3 座，2015M44、2015M71、2015M78。2015M44 顶部平铺石板，为砖石混筑，一侧椁壁有小龛容纳随葬品。2015M71 仅存砖砌长方形椁底。2015M78 也是砖石混筑，顶部平铺石板，石板下是围绕瓮棺砌筑的下圆上方的砖椁，此墓同时亦是瓮棺墓。

瓮棺墓 1 座，2015M78，瓮棺为高 73 厘米底有一圆孔的黑釉粗瓷瓮。

使用石函的墓葬有 4 座，2015M67、2015M70、2015M72、2015M74。石函平面呈长方形，2015M70、2015M72、2015M74 是六边形砖室墓，石函下铺砌一层青砖为棺床，2015M67 石函下保留了原汉魏晋石构墓使用的大石板，或也与砖室墓中的铺砌的青砖功用相同。

未见葬具的有 6 座，2015M75、2015M85、2015M102、2015M110、2015M112、2015M139。

（二）葬俗

瓮棺内发现大量黑灰色木炭和少量骨块，应为火葬，石函除 2015M67 外，其内均发现少量烧过的骨块，也应为火葬。

2015M70、2015M72、2015M74 墓葬形制相同，呈"品"字形排列，或许为家族墓地，并且很可能是按照宋金时期流行的五音昭穆葬的埋葬方法排列的。

改建或直接利用前代墓葬，是本墓地较有特色的一个现象。这一现象在同墓地 2014 年发掘时即已发现——2014M2，有"太安三年"纪年，为西晋人改建汉代墓葬[1]。辽东地区墓葬自汉代起，就受到山东地区影响，山东地区魏晋时就有改建利用汉墓埋葬当代人的习俗，2014M2 的建造应该有这方面影响因素在内。2015 年发掘区的多座辽金时期墓葬同样出现了再利用前代墓葬的现象。无独有偶，山东地区也曾发现金代将汉代石椁再利用为墓的现象[2]。但从本墓地发现有汉魏石室墓中出土辽代早期陶器的情况看，再利用前代墓葬的现象，在辽代早期本墓地就出现了，且发现了数例辽金时期的这种墓葬，因此不能排除金代山东地区的利用前代墓葬再建墓的习俗，反而是受到本地区的影响，本地是这一文化因素的输出方。

四　出土器物

出土于同一墓中的汉魏晋时期器物不再赘述，辽金时期的器物主要包括陶瓷器和铜钱，也有玉石器和金属器。

陶器有灰陶，也有黄褐陶，有夹砂也有泥质。2015M15 出土的灰陶平底盘口壶，2015M85 出土的夹砂黄褐陶大口罐底内凹并戳印篦纹、夹砂灰陶瓜棱罐底内凹且有模印的圆形符号，都具有

---

① 李海波、刘潼、徐沂蒙：《辽宁辽阳苗圃汉魏墓地纪年墓葬》，《北方民族考古》第 2 辑，科学出版社，2015 年，第 17 ~ 27 页。
② 滕县博物馆：《山东滕县金苏瑀墓》，《考古》1984 年第 4 期，第 349 ~ 351 页。

明显的契丹—辽早期陶器特点。2015M139 灰陶双耳器物口沿，应为金代双耳罐。瓷器有白釉、黑釉、茶末釉。2015M15、2015M110 出土的白瓷瓶、白瓷粉盒、白釉碗的胎、釉、造型等都具辽代瓷器特点。2015M72 和 2015M74 白瓷碗、盘为定窑系产品，同时兼具辽宁地区特色。几座墓中所出黑釉瓶胎质坚实，釉面黑亮，2015M78 随葬黑釉瓶胎体更白而细腻。茶末釉器物均为长颈瓶，即传统所称"玉壶春瓶"，胎、釉、造型非常一致，应为同一窑口产品。

确定为金代的玉石器是 2015M74 出土的两枚环，推测为巾环。

2015M15 出土有金耳环和银环，其中金耳环造型少见，既具有辽宋时期首饰的风格，又提供了辽代金银首饰的一个早期新类型。

2015M70、2015M72、2015M74 中出土的铁犁铧，应是宋金时期"安金"葬俗的体现[①]。

五　墓葬年代

根据出土器物和墓葬形制中时代最晚的特征判断，这些墓葬主要为辽和金两个时期。

2015M15，辽代早期偏晚段墓。绝对年代在 10 世纪初至 10 世纪六七十年代，约辽太祖至辽景宗时，早于辽圣宗在位时期。结合竖穴石椁、灰陶平底盘口壶器形等细节考虑，在 10 世纪 40 年代到 50 年代左右的可能性较大。

2015M85，辽代早期利用东汉魏晋时期石室墓再建墓。出土夹砂黄褐陶大口罐和夹砂灰陶瓜棱罐，底部内凹，瓜棱罐底部还有模印圆形符号，瓜棱造型的器物，辽代中期以后稀少。同出椭奁、水斗、"五铢"等汉魏时期器物。

2015M44，金代晚期墓。带壁龛的墓葬形制有一定元代特点，随葬黑釉瓶器形、胎、釉为金代器物。

2015M67，金代墓。葬具为石函，与本墓地出土"大定通宝"的 2015M70 和 2015M74 相似。出土北宋"天圣元宝"。

2015M70、2015M72、2015M74，金代中晚期墓。是一组墓葬，应为家族墓，2015M70 和 2015M74 出土的铜钱时代最晚者是始铸于金世宗大定十八年（1178 年）的"大定通宝"铜钱，则此二墓的年代上限为此。2015M72 出土钱币虽均为北宋所铸，但此墓与其余两座距离甚近，应属同一家族墓地中的一座，故年代也与 2015M70 和 2015M74 相近。结合出土的瓷器、玉器等随葬品，绝对时代应为 1178 年之后至 1233 年蒙古灭东夏。

2015M71，辽金时期墓。出土黑釉器底。

2015M75，金代墓。出土黑釉瓶底、"正隆元宝"铜钱。

2015M78，金代墓。黑釉瓶胎、釉、器形为金代风格，同出北宋铜钱。

2015M102，金代利用东汉曹魏时期石室墓再建墓。出土白釉铁彩瓷玩具及"熙宁重宝"铜钱，同出长颈瓶、樽、俎等汉魏时期器物。

2015M110，辽金时期利用东汉魏晋时期石室墓再建墓。白瓷碗形制有辽代特点，同出"五铢"和"开元通宝"。

---

① 赵永军：《金代墓葬研究》，吉林大学 2010 年博士学位论文。

　　2015M112，辽金时期利用东汉魏晋时期石室墓再建墓。出土黑釉瓷片，墓圹为汉魏晋石室墓形状，同出汉魏时期灰陶器座残件。

　　2015M139，金代利用东汉魏晋时期石室墓再建墓。出土白釉铁彩器底及灰陶双耳罐口沿，墓圹为汉魏晋石室墓形状。

第四章 结 语

苗圃墓地历经数年发掘。墓葬类型与出土器物丰富。整理研究的结果显示，汉魏晋墓葬的编年序列始自西汉早期，直至东晋初年，几乎是完整演变的。从2015、2016年度发掘区墓葬分期情况看，时代存在缺环，缺乏西汉晚期、东汉早期两个时代的遗存，东汉中期墓葬也不多，较大量的墓葬集中于东汉晚期至魏晋时期。但此两发掘区这一时期墓葬中集中发现了典型的魏晋时期石椁墓，丰富了本墓地该时期的墓葬类型。

数百年间，苗圃墓地中的墓葬由竖穴土坑木棺墓逐渐演变为石构墓葬，进而发展成为本地特色鲜明的大型石板支筑的横穴石室墓，到魏晋时期再一次出现竖穴石椁墓。由竖穴发展为横穴、由单人葬发展为多人多次合葬的变化，体现出彼时此地居民对待死亡的观念的转变。辽东地区的这种转变虽晚于中原地区，但也紧跟中原风尚，在东汉中期基本完成。同时，本地产生并发展了后室搭器物台放置随葬品的墓室设计形式，这是辽东地区墓葬的特色。随着祭奠之风的盛行，后室放置器物的葬俗转为随葬品放置于前室。至曹魏剪灭公孙氏后，本地对中原文化的迎合更为迅速积极。体现在葬俗上，可见墓室的形制、结构、随葬品数量等与中原的同步性更强。而西晋时竖穴石椁墓的再一次出现，或许是另一人群带来的文化因素。

随葬品层面，器形与器物组合也与墓葬形制的演变相呼应。早期，主要器形与器物组合几乎与中原相同，仅在个别器物上仍保有地方特色。这种地方特色在东汉中晚期逐渐消失。

苗圃墓地汉魏时期墓葬所呈现出的渐变状态，反映出中原文化对辽东地区的渗透和影响不断深化的动态进程。辽东地区接收中原汉文化的路径逐步由辽西、辽东半岛两条线路变为山东半岛—辽东半岛一条线路。自西汉早期到东晋，辽阳地区汉代墓葬虽有自身特色，但总体不脱中原汉文化范畴，体现了汉代大一统国家强有力的文化影响。

辽金时期的墓葬也有较为突出的学术研究价值。辽东地区尤其是辽阳，作为辽代东京所在地，囿于历史沿革、地理因素、埋藏环境等种种原因，发现的辽金时期墓葬数量、等级和保存状况总体一直逊于辽西地区，本墓地辽金墓葬形制丰富，其发现补充并增加了辽东地区辽金时期墓葬的基础研究资料。

几座金代家族墓的发现，对于了解辽东地区金墓区域特征、研究金代辽东地区葬俗葬制具有重要意义。一批辽金时期改建东汉魏晋墓葬为当代所用的墓葬的发现，揭示了本地区一种新的埋葬现象，为辽金时期这一葬俗的深入研究补充了丰富的考古资料。

这些墓葬中发现的文物，既有辽金时期的典型时代风格，也具有一些不同以往的新特点，对辽金时期陶瓷器、金银器等文物的研究具有较重要参考价值。

　　史载，辽太祖阿保机建国后，"攻渤海，……神册四年，葺辽阳故城……（太宗）天显三年，……升为南京。……天显十三年，改南京为东京，府曰辽阳"①。在幽州升为南京之前，辽阳作为"京城"，与上京并立，成为辽的统治中心之一，是辽学习唐"二京制"、强化对渤海遗民控制的具体实施地点②。金代继续以辽阳为东京，金世宗完颜雍在东京辽阳府正式称帝，年号大定，并于同年取代海陵王完颜亮，夺得金朝中央政权。本墓地辽金墓葬的发现，从考古学的角度印证了辽金两个政权统治者积极经营以辽阳为中心的辽东地区以稳固统治、发展经济的政治方略，丰富了对于此时期辽东地区人群社会生活、风俗习惯及物质文化的了解。

---

① ［元］脱脱等:《辽史》卷三十八志第八"地理志二·东京道"，中华书局，1974 年，第 456～457 页。
② 田广林等:《契丹时代的辽东与辽西》，辽宁师范大学出版社，2007 年，第 99 页。

附表一

苗圃墓地 2015 年度发掘墓葬登记表

墓号	方向	墓葬形制	尺寸	封门	葬具	葬式	随葬品	保存情况	墓葬年代
M1	200°	多室石室墓	墓道长度不详，宽 2.2 米；墓门宽 1.8、高 1.6 米；前廊面阔 2.13，进深 0.72，高 1.62 米；主室底部高于前廊底部 0.31 米，面阔 2.12，进深 2.16，面阔 1.31 米，西耳室底部高于前廊底部 0.45 米，面阔 1.25，进深 0.73，高 1.17 米；东耳室面阔 0.66，进深 0.59，高 1.62 米	石板				一般	东汉晚期至魏晋
M2	205°	多室石室墓	墓道长度不详，宽 1.43 米；墓门宽 1.1、高 0.98 米；前廊面阔 1.42，进深 0.8、高 0.98 米；主室面阔 0.95，进深 1.94，高 0.94 米	石板	石板棺床 1		陶盆 1、陶罐 1、陶钵 1、铜镜 1，铜钱 27 枚	一般	西晋中晚期至东晋早期
M3	200°	土坑竖穴石椁墓	墓圹长 2.28，宽 0.92，深 0.77 米		石椁 1		陶奁 1、陶器盖 1、陶罐 1	一般	三国魏至西晋初期
M4	190°	推测为单室石室墓	墓圹长 2.1，宽 1.12，残深 0.41 米				铜钱 42 枚	严重破坏	魏晋时期
M5	195°	推测为单室石室墓	墓圹长 2.5，宽 1.4，残深 0.52 米				陶奁盖 1	严重破坏	东汉晚期
M6	192°	单室砖室墓	墓道长度不详，宽 1.3 米；墓门宽 1.44，残高 0.34 米；墓室长 3.5，宽 1.6，残高 0.4 米	青砖垒砌				一般	东汉中晚期
M7	10°	多室石室墓	墓门宽 1.8、高 1.4 米；主室面阔 1.64，进深 2.28，高 1.47 米；后室底部高于主室底部 0.52 米，面阔 2.21，进深 0.61，高 0.95 米	石板	石板棺床 2		陶方盘 1、陶瓮 1、陶耳杯 6、陶樽 1、陶器座 5、亚腰形小陶器盖 1、陶小盆瓶 2、陶长颈瓶 5、陶小甑 1、陶器盖 4、陶罐 1、陶盆 1、陶奁 1、陶灯 2、陶俎 1、陶灶 1、陶井 1、陶水斗 1、陶小瓢 1、陶烟囱 1、铜钱 82 枚	较好	东汉晚期前段

墓号	方向	墓葬形制	尺寸	封门	葬具	葬式	随葬品	保存情况	墓葬年代
M8	墓向不辨	推测为石室墓	墓圹长4.5、宽4.21、残深0.59米				铜钱6枚	严重破坏	东汉时期
M9	200°	多室石室墓	墓道长度不详，宽1.9米；墓门通宽1.8、高1.76米；主室面阔1.6、进深2.5、高1.6米；后室室底部高于主室底部0.41米，面阔1.6、进深0.84、高1.19米	石板	石板棺床2	仰身直肢2	陶樽2、陶奁2、陶盆1、陶罐3、陶盘3、陶井1、陶支架1、陶水斗1、陶案1、陶灶1、陶长颈瓶5、陶灯1、陶耳杯7、陶小瓶3、陶器盖2、陶小盆2、陶小釜2、陶小盆2、陶小勺1、铜钱102枚	较好	东汉晚期前段
M10	墓向不辨	推测为石室墓	墓圹长4.48、宽3.5、残深1.27米				陶器盖1、铜带钩1	严重破坏	东汉时期
M11	180°	单室砖室墓	墓道长度不详，宽1.6米；墓门通宽1.2、残高1.1米；墓室长2.6、宽1.2、残高1.24米	条砖封堵	砖砌棺床1	仰身直肢2	陶罐2、陶长颈瓶4、陶奁2、陶方盘1、陶盘6、陶盆1、陶器盖2、陶灶1、陶俎1、陶器座1、陶耳杯1、陶灯座1、陶井1、陶案1、陶炉1、陶小甑1、陶小勺1、陶小瓢3、陶小釜2、石研板1、银指环1、铜件2、铜钱48枚	一般	东汉晚期前段
M12	197°	多室石室墓	墓道长度不详，宽1.74米；墓门通宽1.84、高1.44米；主室面阔1.68、进深2.22、残深1.5、高0.58、进深1.12米；东耳室面阔0.68、进深0.3米，后室底部高于主室底部0.3米，面阔1.7、进深1.1、残高0.3米	石板	石板棺床2	仰身直肢2	陶罐3、陶壶1、陶奁1、陶井1、陶瓮2、陶器盖2、陶案1、水斗1、陶耳杯4、骨弓玞3件、骨片状器2件、铜钱81枚、铁镓1、铜泡1、铜锁4件	较好	东汉晚期前段

续附表一

墓号	方向	墓葬形制	尺寸	封门	葬具	葬式	随葬品	保存情况	墓葬年代
M13	193°	多室石墓	墓道长度不详，宽 1.78 米；墓门宽 1.6、高 1.4 米；前廊面面阔 1.46、进深 0.72、高 1.62 米；东耳室面阔 0.64、进深 0.6、高 1.62 米；西耳室面阔 0.6、进深 0.66、高 1.62 米；主室底部高于前廊底部 0.18 米、面阔 1.5、进深 2.1、残高 1.32 米；后室底部高于主室底部 0.18 米、面阔 2.36、进深 0.82、高 1.2 米	石板	石板棺床 2		陶罐 1、陶瓮 2、陶奁盖 2、陶器盖 1、陶耳杯 4、陶小盒 2、陶小盆 3、陶烟囱 1、陶水斗 1、铁马掌 1（扰动混入）、铜钱 20 枚	一般	东汉晚期后段至公孙氏割据时期
M14	204°	多室石墓	墓道长度不详，宽 1.3 米；墓门宽 1.5、高 1.5 米；前廊面面阔 2.14、进深 0.8、高 1.5 米；主室面阔 2.22、进深 2.5、进深 0.64、高 1.3 米；东耳室面阔 0.8、西耳室底部高于前廊底部 0.23 米、面阔 0.74、进深 0.8、高 1.1 米	石板	石椁 1 木棺腐蚀		陶小盒 1、银镯 1	较完整	西晋中晚期至东晋早期
M15	335°	竖穴墓	长 2.36、宽 1.3、深 1.3 米				陶壶 1、瓷瓶 1、瓷盒 1、银环 2、金耳环 2、羊距骨 5	较完整	辽代早期
M16	185°	推测为多室石墓	墓扩长 5.04、宽 4.23、残深 1.31 米				铜钱 9 枚	严重破坏	东汉中晚期
M17	190°	推测为多室石墓	墓道长度不详，宽 2.1 米；主室面阔约 2.5、进深约 3.4 米；后室底部高于主室底部 0.2 米、面阔约 3.29、进深约 1.2 米	石板			陶器座 1、铁环 1、铜钱 25 枚	严重破坏	东汉晚期前段

续附表一

墓号	方向	墓葬形制	尺寸	封门	葬具	葬式	随葬品	保存情况	墓葬年代
M18	110°	单室砖室墓	墓道长度不详，宽1.64米；墓室长2.76，宽1.64，高1.3米	条砖封堵	石制棺床1		陶罐6、陶双耳罐1、陶长颈瓶3、陶奁盖1、陶盆1、陶碗1、陶器座1、陶勺1、陶器盖1、陶耳杯5、陶案1、陶小釜2、陶盒体1、陶炉1、陶楼1、木管1、陶小瓢1、铜带钩1、铜钱30枚	较完整	东汉晚期前段
M19	方向不辨	推测为多室石室墓	墓圹长3.62，宽2.69，残深1.11米					严重破坏	东汉晚期至魏晋
M20	210°	多室石室墓	墓道长度不详，宽2.4米；墓门通宽2.19，高1.24米；东耳室面阔0.84，进深0.99，高1.79米；主室面阔1.82，进深2.62，高1.8米；后室底部高于主室底部0.44米，面阔2.72，进深0.88，高1.45米	石板	石板棺床2		陶长颈瓶3、陶盘1、陶方盘1、陶盒1、陶案1、陶灶1、陶俎1、陶井1、陶支架1、陶器盖1、陶器座1、陶灯座3、陶小釜1、陶小甑2、陶小盆2、陶小瓿1、铜钱27枚	较好	东汉晚期前段
M21	115°	多室石室墓	墓道长度不详，宽2.16米；墓门通宽1.8，高1.44米；前廊面面阔2.41，进深0.56，高1.49米；主室面阔2.56，进深2.24，高1.19米；两耳室底部高于前廊底部0.44米；南耳室面阔1.54，进深0.71，高1.05米；北耳室面阔0.66，进深0.5，高1.05米	石板	石板棺床3	侧身曲肢1；仰身直肢2	陶罐2、陶杯2、铜镜2、铜钱17枚	较好	西晋中晚期至东晋早期
M22	200°	多室石室墓	墓道长度不详，宽1.9米；墓门宽1.66，高1.14米；主室面阔2.74，进深1.61，高1.38米；后室底部高于主室底部0.4米，面阔2.7，进深1.04，高1.36米	石板	石板棺床2		陶罐4、陶长颈瓶1、陶盒盖1、陶盘1、陶奁体2、陶盆2、陶器1、陶井1、陶灶1、陶鼎1、陶器盖5、陶器座3、陶灯1、陶樽1、陶耳杯8、陶小盆4、陶小盒1、陶小甑1、铜钱153枚	一般	东汉中期

续附表一

墓号	方向	墓葬形制	尺寸	封门	葬具	葬式	随葬品	保存情况	墓葬年代
M23	方向不辨	残存墓圹	墓圹长3.22、宽1.59米					严重破坏	无法判断
M24	0°	推测为多室石室墓	主室面阔1.06，进深2.5米；西耳室面阔0.8，进深1.1米				陶罐1、陶盘2、陶方盘1、陶碗1、陶灶1、陶甑1、陶井1、陶水斗1、陶支架1、陶器盖5、陶小盆7、陶小甑1、亚腰形小陶器1、铜顶针1、铜指环2	严重破坏	东汉晚期至魏晋
M25	180°	推测为单室石室墓	墓道长度不详，宽0.91米；墓室长2.78，宽0.9，残高0.2米				陶盘2、陶方盘1、陶俎1、陶耳杯1、陶器盖2、陶支架2、陶烟囱1、陶小盆6、陶小罐1、小陶碗1、亚腰形小陶器1、铜钱4枚	严重破坏	东汉晚期
M26	198°	多室石室墓	墓道长度不详，宽1.62米；墓门宽1.5、高1.1米；主室面阔1.6，进深2.44，残高1.66米，后室底部高于主室底部0.26米，面阔2.35、进深0.92、残高1.4米	石板	石板 棺床2		陶长颈瓶6、陶盒2、陶盘2、陶耳杯7、陶井1、陶樽1、陶灯1、陶器盖3、陶器座3、陶勺1、陶小盆4、陶小盆3、陶小瓢2、铜钱279枚	较好	东汉中期
M27	245°	残存墓圹，整体呈"干"字形	墓道长度不详，宽1.58米；墓室最长约3.28、最宽约2.56、残深约0.38米					严重破坏	东汉中晚期
M28	160°	土坑竖穴墓，平面近"L"形	墓圹最长3.87、最宽3.2、残深0.42米					严重破坏	无法判断
M29	0°	推测为石室墓	墓室长3.51、宽2.42米、残高0.68米					严重破坏	无法判断

续附表一

墓号	方向	墓葬形制	尺寸	封门	葬具	葬式	随葬品	保存情况	墓葬年代
M30	250°	推测为多室石墓	墓圹长4.19、宽2.79、残深1.05米		石制棺床1		陶小盆1、陶水斗1、陶小瓢1	被破坏较严重	东汉中晚期
M31	210°	多室石墓	墓道长度不详，宽1.7米；墓门宽1.6、高0.96米；主室面阔2.3、进深1.6、高1.6米；耳室面阔0.84、进深0.94、高1.56米；后室底部高于主室底部0.54米、面阔2.54、进深0.48、高1.06米	石板	石制棺床2		陶罐4、陶俎2、陶灶1、陶小盆2、陶器座5、陶耳杯2、陶门盖1、陶小钵2、陶长颈瓶3、陶灯1、陶小瓢1、陶奁3、陶盘1、陶小盆1、陶方盘1、陶小勺1、石盘状器1、铜指环1、铜钱67枚	较好	东汉晚期前段
M32	200°	多室石墓	墓道长度不详，宽2.4米；墓门宽1.92、高0.94米；主室面阔2.15、进深2.45、残高1.64米；东耳室面阔0.81、进深0.65、高1.64米；后室底部高于主室底部0.43米、面阔3.29、进深0.71、高1.21米	石板	石制棺床2		陶奁1、陶案1、陶器盖1、陶小盆2、陶勺1、陶盖2、陶耳杯1、残陶罐2、陶盘状器3件、石盘状器1、骨梳1、铜顶针1、铜钱数枚	较好	东汉晚期前段
M33	20°	单室石墓	长3.11、宽1.88、残深0.91米				陶器盖1、亚腰形小陶器1	差	东汉中晚期
M34	200°	多室石墓	墓道长度不详，前廊面阔2.58、进深0.73米、高度不详；东耳室尺寸不辨；西耳室底部高于前廊底部0.45米、面阔1.39、进深0.9米；主室面阔2.52、进深2.15米、高度不详；后室底部高于主室底部0.5米、面阔2.46、进深0.82米、高度不详	石板			陶器盖2、陶耳杯1、陶小盆2、陶俎1、陶方盘1、陶小钵1、陶小瓢1、亚腰形小陶器1、铜指环1、铜顶针1、铜钱43枚	一般	三国魏至西晋初期
M35	90°	推测为单室石墓	墓圹长4.4、宽2.61、残深0.92米				铜钱2枚	严重破坏	东汉时期

续附表一

墓号	方向	墓葬形制	尺寸	封门	葬具	葬式	随葬品	保存情况	墓葬年代
M36	185°	多室石室墓	墓道长度不详，宽1.39米；主室面阔2.41，进深2.2米；后室底部高于主室底部0.3米，面阔2.92，进深1.2米，高度不详				陶水斗1、陶俎1	较差	东汉晚期前段
M37	210°	多室石室墓	墓道长度不详，宽2.84米；墓门宽2.3，高1.4米；前廊面阔2.25，进深0.95，高1.88米；东耳室面阔0.72，进深0.74，高1.88米；西耳室面阔0.72，进深0.58，高1.88米；主室底部高于前廊底部0.2米，面阔2.21，进深2.56，高1.68米；后室底部高于主室底部0.54米，面阔3.01，进深0.98，高1.14米	石板	石制棺床2		陶器盖4、陶罐4、陶灶1、陶灯2、陶案1、陶俎1、陶耳杯2、陶器座3、陶奁9、陶盆2、陶炉1、陶小盆4、陶小甑1、陶小瓢3、骨簪1、琉璃耳瑱1、铜钱47枚	较好	东汉晚期后段至公孙氏割据时期
M38	190°	单室石室墓	墓道长度不详，宽2.86米；墓门宽1.3，高1.32米；墓室面阔1.48，进深3.84，高1.54米	石板	石制棺床1 红砖棺床1		陶樽1、陶壶1、陶小盆2、陶盆3、陶长颈瓶2、陶灯1、器座1、陶灶1、陶楼1、陶器盖1、琉璃耳瑱1、铜钱52枚	较好	东汉中期
M39	290°	推测为多室石室墓，残存土坑竖穴墓圹	墓道长度不详，宽2.4米；墓圹长6.48，宽4.36、残深1.33米				陶小瓢1	严重破坏	东汉中晚期
M40	165°	石室墓，残存土坑竖穴墓圹	墓圹长2.18、宽1.4、残深0.6米					严重破坏	无法判断
M41	185°	单室砖室墓	墓道长度不详，宽1.78米；墓门宽1.2，高1.78米；墓室面阔1.94、进深4.75、残高1.84米	条砖封堵	砖砌棺床1		陶长颈瓶2、陶壶3、陶盆3、陶瓿2、陶耳杯9、陶灶1、陶仓1、陶案1、陶樽1、陶小盆8、陶小甑1、陶鼎1、陶器盖8、方形陶器1、陶器盖1、陶砖1、银指环2、铜钱20枚	较好	新莽至东汉初

附 表 517

续附表一

墓号	方向	墓葬形制	尺寸	封门	葬具	葬式	随葬品	保存情况	墓葬年代
M42	15°	土坑竖穴石椁墓	墓圹长3、宽1.8、深1.1米		石椁1	仰身直肢2	陶钵1、铜柿蒂形盖钮1	一般	西晋中晚期至东晋早期
M43	190°	单室石室墓	墓道长度不详，宽1.22米；墓圹长3.6、宽2.18、残深0.82米	石板	石制棺床1		陶小釜1、碗状小陶器1、陶小瓶1、陶器盖1	较差	东汉中晚期
M44	180°	土坑竖穴砖椁墓	挖出土圹后贴圹壁砌砖椁，砖椁外长1.45、外宽0.98、外高0.65米；砖椁上平搭石板为顶，石板长2.1、宽1.3、厚0.08米		砖椁1		瓷瓶3	一般	金代晚期
M45	15°	土坑竖穴石椁墓	墓圹长2.96、宽1.39、深1.11米		石椁1		陶罐1	一般	西晋中晚期至东晋早期
M46	195°	多室石室墓	墓道长度不详，宽1.5米；前廊面阔1.72、进深0.42米；耳室面阔1.36、进深0.54米；主室面阔1.74、进深1.7米	石板			陶器若干，残损严重器形不辨，铜钱6枚	较差	西晋中晚期至东晋早期
M47	195°	多室石室墓	墓道长度不详，宽1.8米；前廊面阔2.06、进深0.9米；耳室底部高于前廊底部0.4米，面阔0.7、进深1.5米；主室面阔2.4、进深2.86米；后室底部高于主室底部0.34米，面阔2.4、进深0.66米				陶盘1、陶水斗1、陶耳杯1、陶方盘1、骨簪1、铜钱29枚	较差	东汉晚期后段至孙氏公割据时期
M48	180°	单室石室墓	墓圹长3.9、宽2.29、残深0.95米		石制棺床1		陶长颈瓶1、陶灯1、陶小釜1、陶壶1、陶案1、陶盒1	差	东汉中期
M49	195°	多室石室墓	墓道长度不详，宽1.7米；主室面阔2.42、进深1.4米；后室底部高于主室底部0.62米，面阔2.19、进深0.87米，高度不详				陶俎1、陶盖2、陶支架1、陶盘1、陶方盘1	较差	东汉晚期前段

续附表一

墓号	方向	墓葬形制	尺寸	封门	葬具	葬式	随葬品	保存情况	墓葬年代
M50	190°	多室石室墓	墓道长度不详，宽2.2米；前廊面阔2.2，进深0.39米；东耳室面阔1.61，进深0.6米；西耳室面阔1.7，进深0.6米；主室面阔2.9，进深1.6米，高度不详；后室面阔2.9，进深0.8米，高度不详；				陶盘2、陶小釜1、陶小瓢1、银指指环2、陶器盖1、铜钱25枚	较差	东汉晚期后段至公孙氏割据时期
M51	115°	推测为多室石室墓	墓道长度不详，宽2.21米；墓室最长4.4，最宽3.8米					严重破坏	无法判断
M52	290°	单室石室墓	墓道长度不详，宽2.51米；墓门宽2.28，高1.72米；前廊面阔1.43，进深1.21，高1.83米；主室底部高于前廊底部0.23米，面阔1.43，进深2.69，高1.58米	石板			陶罐3、陶器盖4、陶耳杯3、陶长颈瓶5、陶井1、陶水斗1、陶小瓶1、陶小勺2、陶小釜5、陶灶1、陶樽1、陶钵1、陶盒1、铜钱82枚	一般	东汉中期
M53	80°	推测为多室石室墓	墓道长度不详，宽2.6米；墓室最长5.01，最宽4.34，残深约1.08米				陶案1、陶罐1、陶奁1、铁器1、骨器1	差	三国魏至西晋初期
M54	100°	推测为多室石室墓	墓道长度不详，宽2.06米；墓室最长4.8，最宽4.34，残深约1.05米				陶方盘1、陶案1	严重破坏	东汉晚期后段至公孙氏割据时期
M55	180°	推测为多室石室墓	墓道长度不详，宽2.25米；墓室最长4.1，最宽3.41，残深0.93米				铜钱5枚	严重破坏	东汉时期
M56	0°	推测为石室墓	墓圹长3.95，宽3.16，残深约0.95米				陶小瓢1、陶器盖4、亚腰形小陶器1、铜带钩1	严重破坏	东汉中晚期
M57	180°	推测为多室石室墓	墓圹长3.85，宽3米，最深处距地表1.71米				陶小盆1、陶案1、铜钱14枚	差	东汉晚期至魏晋
M58	195°	残存墓圹，形制不辨，鹅卵石铺底	墓圹长3.05，宽2.05，残深约0.91米					严重破坏	无法判断

续附表一

墓号	方向	墓葬形制	尺寸	封门	葬具	葬式	随葬品	保存情况	墓葬年代
M59	200°	推测为多室石室墓	墓道长度不详，宽2.1米；墓室最长4.82，最宽3.92米				陶钵2、陶小釜1、铜钱2枚	严重破坏	东汉晚期至魏晋
M60	290°	多室石室墓	墓道长度不详，宽2.5米；墓门宽1.92，高1.35米；主室面阔2.26，进深1.48，高1.47米；耳室面阔0.87，进深0.71，高1.47米；后室底部高于主室底部0.31米，面阔2.49，进深0.83，高1.05米	石板			陶长颈瓶4、陶罐5、陶灶1、陶小釜4、陶小瓢1、陶勺1、陶烟囱1、陶小甑1、陶小盆1、陶井1、陶支架1、陶水斗1、陶博山炉1、陶耳杯3、陶器盖6、陶器座5、陶器足3、盖状小陶器1、陶豆2、陶单把杯1、陶俎1、陶案1、铜盘2、铜顶针1、铜镜2、铜钱33枚	较好	东汉晚期前段
M61	275°	推测为多室石室墓	墓道长度不详，宽约1.6米；墓圹最长3.91，最宽3.8，残深约0.83米				陶盆1、陶案2、陶盘2、陶小釜1	差	东汉晚期后段至孙氏公据时期
M62	280°	多室石室墓	墓道长度不详，宽1.92米；墓门宽1.85，高1.16米；主室面阔2.24，进深1.36，高1.35米；耳室面阔0.6，进深0.95，高1.35米；后室底部高于主室底部0.37米，进深0.72，面阔2，高1.1米	石板	石制棺床2		陶罐2、陶鍑镂1、陶长颈瓶5、陶方盘1、陶豆2、陶盘5、陶灶1、陶俎1、陶案1、陶樽1、陶耳杯4、陶水斗1、陶支架1、陶器盖6、陶器座2、陶小釜2、陶小瓢2、亚腰形小陶器1、铜钱4枚	较好	东汉晚期前段
M63	10°	残存土坑竖穴墓圹	墓圹长5.51、宽2.63、残深约1.51米					严重破坏	无法判断

续附表一

墓号	方向	墓葬形制	尺寸	封门	葬具	葬式	随葬品	保存情况	墓葬年代
M64	205°	多室石室墓	墓道长度不详，宽 5.76 米；前廊面阔约 6.1，进深约 1.2 米；主室面阔 6.5，进深约 3.3 米；东耳室面阔约 2.13，进深约 1.2 米；西耳室面阔约 2.2，进深约 1.1 米；墓室高度不详	石板			陶奁 2、陶盘 4、陶俎 1、陶耳杯 3、陶器盖 1、陶壁 1、陶小瓢 1、石盆状器 1、铁镜 1、铜钱 8 枚	较差	三国魏至西晋初期
M65	300°	多室石室墓	墓道长度不详，宽约 2 米；前廊面阔约 3.9，进深约 1.2 米；主室面阔约 3，进深约 1.7 米；耳室面阔约 1.7，进深约 1 米；后室面阔约 3.5，进深约 1 米				陶炉 1、陶单把杯 1	差	东汉晚期后段至公孙氏割据时期
M66	0°	单室砖室墓	长 3.45，宽 3.4，残高 0.76 米				铜顶针 1	差	东汉时期
M67	0°	土坑竖穴墓	墓圹长 2.8，宽 2.4，深 0.6 米		石函 1		铜钱 1	差	金代
M68	0°	石室墓	通长约 2.7，通宽约 2.4，残深约 0.92 米				陶案 1、陶盆 1、陶盘 1、陶壶 1、残体 1	差	东汉中晚期
M69	40°	多室石室墓	墓道长度不详，宽 2.62 米；墓门通宽 2.59，高 1.33 米；主室面阔 2.3，进深 2.59，高 1.55 米；后室底部高于主室底部 0.31 米，面阔 3.28，进深 0.77，高 1.24 米	石板	棺床 3		陶罐 7、陶鎜镂 1、陶长颈瓶 5、陶径 3、陶盘 3、陶方盘 1、陶案 2、陶炉 1、陶甑 2、陶耳樽 1、陶俎 1、陶魁 1、陶耳杯 7、陶单把杯 1、陶器盖 6、陶器座 6、陶灶 1、陶烟囱 1、陶井 1、陶小瓢 3、陶小釜 4、陶小盆 4、陶小勺 2、亚腰形小陶器 1、陶水斗 1、铜泡钉 1、铜顶针 1、铜镜 1、银指环 2、铜钱 134 枚	较好	东汉晚期前段

续附表一

墓号	方向	墓葬形制	尺寸	封门	葬具	葬式	随葬品	保存情况	墓葬年代
M70	195°	单室砖室墓	墓道长度不详，宽1.61米；墓门宽0.9、高1.04米；甬道宽0.9、长0.34米；墓室内径约3.02、残高1.46米	砖砌	石板棺床上置石函1		瓷片1、铁矩形片状器1、铁犁铧1、圆砖1、铜钱52枚	一般	金代中晚期
M71	0°	土坑竖穴砖椁墓	墓圹长3.01、宽1.16、残深0.22米		砖椁		陶罐1、瓷器底1	差	辽金时期
M72	200°	单室砖室墓	墓道长度不详，宽1.55米；墓门宽0.64、高1.1米；甬道宽0.62、长0.34米；墓室长径约2.15、短径约1.83、残高约0.75米	砖砌	石板棺床上置石函1		瓷盘1、瓷瓶1、铁犁铧1、铜钱19枚	一般	金代中晚期
M73	10°	残存土坑墓圹	墓圹长7.15、宽5.79、残深0.81米				陶俎1、陶小瓶1、陶单把杯1、陶方盘1、陶樽1、陶器盖2、陶瓶2、陶盒1、石研板1、管1、铜顶针1、铜泡钉3、骨簪1、铁棺钉1、铜钱76枚	严重破坏	东汉晚期后段至公孙氏割据时期
M74	195°	单室砖室墓	墓道长度不详，宽1.87米；墓门宽1.75、高1.53米；甬道长0.42、宽1.27米；墓室内长径2.81、短径2.52、残高约0.87米	砖砌	石板棺床上置石函1		瓷瓶3、瓷碗1、瓷盘1、玉环2、铁犁铧1、铜钱4枚	较好	金代中晚期
M75	180°	单室砖室墓	墓道长度不详，宽1.02米；墓圹长2.7、宽2.21、残深约0.63米		石板棺床2		瓷瓶1、铜钱1	严重破坏	金代
M76	40°	多室石室墓	墓道长度不详，宽2.92米；墓门宽2.71、高2.01米；前廊面阔2.62、进深0.91、高1.65米；东耳室面阔0.78、进深0.61、高1.65米；西耳室高于前廊底部0.24米，面阔0.71、进深0.68、高1.42米；主室底部高于前廊底部0.34米，面阔2.64、进深2.23、高1.32米	石板	石板棺床2		陶瓷2、陶器盖2、陶长颈瓶3、陶灯1、陶俎1、陶小罐2、陶耳杯1、陶小釜2、陶小瓶1、陶案2、陶小勺1、陶小钵2、陶盘3、陶井1、陶小盆2、陶水斗1、陶灶1、陶瓮1、铜钱12枚	较好	三国魏至西晋初期

续附表一

墓号	方向	墓葬形制	尺寸	封门	葬具	葬式	随葬品	保存情况	墓葬年代
M77	201°	多室石室墓	墓道长度不详，宽 2.23 米，高度不详；前廊面阔 2.14、进深 1.17 米，高度不详；耳室底部高于前廊底部 0.44 米，东耳室面阔 1.74、进深 0.99 米，高度不详；西耳室面阔 1.72、进深 0.85 米，高度不详；主室面阔 1.83、进深 2.12、残高约 1.56 米				陶径盖 1、陶盘 1、陶壶 1、陶井 1、铜钱 25 枚	较差	东汉晚期前段
M78	190°	土坑竖穴砖石混筑墓	下部平面为圆形，最大径 1.14，高 0.72 米；上部平面近正方形，边长 1.13，高 0.68 米		硅石混筑瓮棺 1		瓷瓶 3、铜钱 21 枚	较好	金代
M79	210°	多室石室墓	墓道长度不详，宽 1.84 米，残高 1.3 米；墓门宽 1.94、残高 1.55 米；前廊面阔 1.83、进深 0.76、残高 1.55 米；东耳室面阔 0.69、进深 0.65、残高 1.4 米；西耳室尺寸不辨；主室面阔 1.95、进深 0.51、残高 1 米；后室面阔高于主室底部 0.54、进深 0.54、残高 1 米	石板			陶罐 1、陶小盒 2、陶小瓢 1、陶小瓶 1、陶钵 4、陶器盖 1、陶盘 2、陶耳杯 1、陶小盆 1、陶长颈瓶 1、陶奁 1、陶水斗 1、陶小勺 1、陶俎 1	较差	三国魏至西晋初期
M80	0°	残存土坑竖穴墓圹	墓圹长 4.14、宽 2.39、残深 0.86 米					严重破坏	无法判断
M81	6°	残存墓圹	墓道长度不详，宽 1.3 米；墓圹长 4.23、宽 3.09、残深约 0.76 米				陶片 2、陶圆隔 1	严重破坏	魏晋时期
M82	25°	多室石室墓	墓道长度不详，宽 4.24 米，高 1.88 米；墓门宽 3.74、进深 3.77、进深 1.09、高 2.04 米；东耳室底部高于前廊底部 0.35 米，面阔 1.86、进深 0.74、高 1.69 米；西耳室面阔 0.81、进深 0.8、高 2.04 米；主室底部高于前廊底部 0.42 米，面阔 3.79、进深 2.51、高 1.61 米；后室东侧有一处高台，宽约 0.22 米；后室底部低于主室底部 0.17 米，面阔 4.82、进深 0.93、高 1.79 米	石板	石板棺床 4	仰身直肢 1；其余不明	陶案 2、陶盘 2、陶径 1、陶器盖 1、陶小盆 5、陶灶 1、陶小盆 5、陶方盘、陶器座 3、陶俎 1、陶灯 1、陶长颈瓶 1、陶井 1、陶支架 1、陶罐 1、骨簪 1、石盘状器 1、铜顶针 1、铜泡钉 2、铜饰件 1、铁棺钉 2、铁镳 1	较好	东汉晚期后段至公孙氏割据时期

续附表一

墓号	方向	墓葬形制	尺寸	封门	葬具	葬式	随葬品	保存情况	墓葬年代
M83	40°	多室石室墓	墓道长度不详，宽4.02米，高1.74米；墓门宽3.55，高1.81米；前廊面面阔3.42，进深0.96，高1.81米，东耳室面阔0.9，进深0.96，面阔1.75，进深0.91，高1.4米；主室底部高于前廊底部0.15米，面阔3.48，进深2.5，高1.62米，后室面阔4.81，进深0.9，高1.61米	石板	石板棺床3	仰身直肢1；其余不明	陶灯1、陶罐1、陶小釜4、陶奁3、陶耳杯3、陶长颈瓶4、陶器座4、陶井1、陶灶1、陶器盖1、陶小盆2、陶盘1、陶樽1、陶案1、陶俎1、亚腰形小陶器1、陶水斗1、金指环1、银指环1、琥珀管饰1、石盘状器1、铁器1、铜钱5枚	较好	三国魏至西晋初期
M84	0°	推测为多室石室墓	墓道长度不详，宽3.3米，墓室最长5.24，最宽4.6，残深约0.51米				陶案1、陶俎1、陶方盘1、陶器盖1、陶炉1、铜泡钉2	严重破坏	东汉晚期后段至公孙氏割据时期
M85	45°	多室石室墓	墓道长度不详，宽3.37米；前廊面面阔3.43，进深0.82米，高度不详；西耳室具体尺寸不详，主室面阔3.56，进深2.01米，高度不详，后室面阔约3.92，进深0.83米，高度不详	石板			陶罐2、陶盘3、陶奁1、陶水斗1、玛瑙珠1、铜泡钉1、石珠饰1、铜钱22枚	较差	辽代早期（利用东汉魏晋时期墓葬再建）
M86	170°	土坑竖穴石椁墓	墓圹南北通长3.2，东西短边宽1.41，长边宽1.84，深1.28米		石椁1	仰身直肢2	陶罐2、银钗2、琥珀珠饰1、铜片1、玉珠饰1、铜钱73枚	一般	西晋中晚期至东晋早期
M87	15°	残存墓圹	墓道长度不详，宽1.9米；墓圹长5.52，宽4.6，残深约0.84米				陶口沿残片1、陶小釜1	严重破坏	东汉中晚期
M88	210°	多室石室墓	墓道长度不详，宽4.01米；前廊面面阔约3.92，进深约2.3米，高度不详；东耳室面阔1.24，进深1.16米，高度不详，主室面阔约4.58，进深约0.96米，高度不详，后室底部高于主室底部0.39米，面阔约3.98，进深约0.72米，高度不详				陶罐1、铜钱80枚	差	三国魏至西晋初期

续附表一

墓号	方向	墓葬形制	尺寸	封门	葬具	葬式	随葬品	保存情况	墓葬年代
M89	205°	多室石室墓	墓道长度不详，宽 1.59 米，前廊面面阔 1.62，进深 0.69 米，高度不详；东耳室底部高于前廊底部 0.45 米，面阔 2.09，进深 0.61，残高 0.96 米；西耳室底部高于前廊底部 0.47 米，面阔 1.57，进深 0.64，残高 1.02 米；主室底部高于前廊底部 0.29 米，面阔 1.58，进深 2.45，残高 0.97 米		石制棺床 1		陶灶 1、陶罐 4、陶奁 2、陶小盆 3、陶器盖 5、陶俎 1、陶樽 1、陶长颈瓶 5、陶灯 1、陶支架 1、陶耳杯 2、陶盘 3、陶小盆 1、陶小瓢 1、陶小盒 2、陶烟囱 1、亚腰形小陶器 1、陶案 1、陶甑 1、陶小瓶 2、陶小杯 1、铜环 1 套 5 件、铜钱 34 枚	一般	三国魏至西晋初期
M90	20°	土坑竖穴石椁墓	墓圹长 3.08、宽 2.02、深 1.32 米		石椁 1	仰身直肢 1	陶罐 3、银指环 2、琥珀珠 1、金指环 1、银指环 1、铜钱 184 枚	较好	西晋中晚期至东晋早期
M91	30°	多室石室墓	墓道长度不详，宽 2 米；墓门宽 1.71、高 1.22 米；前廊面面阔 1.57、进深 0.91、高 1.62 米；东耳室面阔 0.74、进深 0.76、高 1.6 米；西耳室面阔 0.74、进深 0.74、高 1.6 米；主室底部高于前廊底部 0.44 米、面阔 1.52、进深 2.31、高 1.14 米	石板	石板棺床 2		陶罐 3、陶长颈瓶 1、陶奁 3、陶方盘 1、陶盆 3、陶盘 4、陶器座 3、陶碗 1、陶器盖 3、陶器座 8、陶灯 1、陶单把杯 1、陶耳杯 11、陶甑 2、陶俎 1、陶灶 1、陶樽 1、陶魁 1、陶楼 1、陶井 1、陶烟囱 1、陶案 1、陶炉 1、陶水斗 1、陶支架 1、陶小盆 2、陶小勺 1、陶小盆 4、陶小勺 1、石盘状器 2、银环 2	较好	东汉晚期后段至公孙氏割据时期
M92	213°	推测为多室石室墓	墓圹长度不详，宽 1.85 米；墓圹南北最长 3.9、东西最宽 4.16、残深约 1.36 米				陶盘 1、陶小器座 1	严重破坏	东汉晚期
M93	0°	土坑竖穴石椁墓	墓圹长 2.81、宽 1.35、深 1.16 米		石椁 1	仰身直肢 1	陶盘 1、陶罐 1、铜钱 4 枚	较好	西晋中晚期至东晋早期

续附表一

墓号	方向	墓葬形制	尺寸	封门	葬具	葬式	随葬品	保存情况	墓葬年代
M94	205°	多室石室墓	墓道长度不详，宽 2.58 米；前廊面面阔 2.44 米，进深 1.04 米，高度不详；东耳室面阔 0.76 米，进深 0.64 米，高度不详；西耳室面阔 0.86 米，进深 0.72 米，高度不详；主室尺寸不辨	石板			陶罐 2、陶灶 2、陶盘 1、陶器座 1、陶器盖 1、陶俎 1、陶小釜 1、残陶片 1、石盘状器 2	差	东汉晚期后段至公孙氏割据时期
M95	202°	多室石室墓	墓道长度不详，宽 3.08 米；墓门宽 2.96 米，高 1.04 米；主室面阔 2.95，进深 2.1，高 1.06 米；东耳室面阔 0.8，进深 0.66，高 0.96 米；后回室略高于主室底部 0.08 米，面阔 3.1，进深 0.58，残高 1 米	石板	石板 棺床 3		陶罐 1、陶长颈瓶 4、陶灶 3、陶盘 5、陶方盘 1、陶耳杯 5、陶器盖 5、陶器座 2、陶樽 2、陶井 1、陶小盆 1、陶小甑 1、陶小钵 1、残陶片 1、银指环 2、铜钱 19 枚	一般	东汉晚期前段
M96	190°	多室石室墓	墓道长度不详，宽度 2.5 米；前廊面面阔 2.24，进深 1.22 米，高度不详；东耳室面阔约 1.06，进深 0.8 米，高度不详；西耳室底部高于前廊底部 0.45 米，面阔 2.21，进深约 0.94 米，高度不详；主室面阔约 2.65，进深残约 2.56 米，高度不详；后室底部高于主室底部 0.41 米，尺寸不辨				陶器座 1、陶长颈瓶 1、陶盆 1、陶耳杯 1、陶灶 1、陶灯 1、铜钱 1	差	东汉晚期后段至公孙氏割据时期
M97	190°	多室石室墓	墓道长度不详，宽度 3.43 米；墓门通宽 3.14 米，高度不详；前廊面面阔 3.18，进深 1.08 米，高度不详；东耳室面阔 1.06，进深 0.8 米，高度不详；西耳室面阔 3.6，进深 2.56 米，高度不详；主室底部高于主室底部 0.25 米，面阔 4.58，进深 1.04 米，高度不详				陶灰体 1、陶案 1	差	东汉晚期后段至公孙氏割据时期

续附表一

墓号	方向	墓葬形制	尺寸	封门	葬具	葬式	随葬品	保存情况	墓葬年代
M98	215°	多室石室墓	墓道长度不详，宽0.66米；主室面阔约2.13，进深约2.83米，高度不详；后室底部高于主室底部0.35米，面阔约3.07，进深约1.38米，高度不详				陶片若干	差	东汉中晚期
M99	205°	推测为多室石室墓	墓道长度不详，宽1.68米；前廊面阔1.63，进深0.4米，高度不详；耳室面阔0.4，进深0.51米，高度不详；主室面阔1.49，进深2.09，残高0.93米				陶器盖1、残陶片1、铜顶针1、铜钱12枚	差	东汉中晚期
M100	180°	推测为多室石室墓	墓道长度不详，宽1.6米；墓圹南北最长4.9，东西最宽4.8，残深0.85米				陶盘2、陶耳杯2、陶小盒1件、陶楼1、铁块1、铜钱49枚	严重破坏	东汉晚期后段至公孙氏割据时期
M101	193°	多室石室墓	墓道长度不详，宽2.74米；墓门宽2.1、高1.5米；前廊面阔4.53、进深1.48、残高1.81米，底部高于前廊底部0.2米；西耳室底部高于前廊底部0.4米、南部东西宽1.1、南北长1.54、残高1.41米、北部东西宽1.1，南北长1.06米，残高1.24米；东耳室东西宽0.8，南北长1.72，残高1.61米；主室面阔2.18，进深0.93，残高1.81米；回廊内宽1.2，残高1.8米	石板	石板 棺床2		残陶片1、铁棺钉1、铜钱2枚	差	东汉晚期至魏晋
M102	198°	多室石室墓	墓道长度不详，宽2.33米；墓门宽1.5、高1.32米；前廊面阔1.5、进深0.96、残高1.32米；东耳室面阔0.96、进深0.52、残高1.32米；西耳室面阔0.97、进深0.57、残高1.32米；主室面阔1.46、进深2.2、残高1.5米；后室底部高于主室底部0.45米，具体尺寸不辨	石板	石板 棺床2		陶长颈瓶3、陶器盖1、陶樽1、陶俎1、陶甑1、陶水斗1、陶支架1、陶小甑1、瓷塑动物玩具1、铁器1、铜钱12枚	较差	金代（利用东汉曹魏时期墓葬再建）

续附表一

墓号	方向	墓葬形制	尺寸	封门	葬具	葬式	随葬品	保存情况	墓葬年代
M103	200°	单室石室墓	墓道长度不详，宽 1.9 米；墓室面阔 1.21、进深 2.34、残高 0.23 米		石板棺床 1		陶器盖 2、陶小釜 2、陶小甑 1、饼状陶器 1、铜钱 97 枚	较差	东汉中晚期
M104	205°	多室石室墓	墓道长度不详，宽 1.78 米；墓门宽 1.4、高 1.24 米；主室面阔 1.33、进深 2.23、残高 1.49 米；后室底部高于主室底部 0.52 米，面阔 2.08、进深 0.71、高 0.98 米				陶灶 1、铜钱 4 枚	差	东汉中晚期
M105	200°	多室石室墓	墓道长度不详，宽 3.46 米；墓门宽 3.44、残高 1.16 米；主室面阔 3.37、进深 2.21、残高 1.43 米；东耳室底部高于主室底部 0.34 米，面阔约 1.08、进深 0.92、残高 0.9 米；西耳室底部高于主室底部 0.3 米，面阔 0.96、进深 0.86、残高 1 米；后室底部高于主室底部 0.34 米，面阔约 3.64、进深深约 0.9、残高约 1 米		石板棺床 4		陶长颈瓶 1、陶奁器盖 2、陶井 1、陶楼 1、铜钱 41 枚	较差	东汉晚期前段
M106	180°	土坑竖穴石椁墓	墓扩长 2.56、宽 1.94、深 1.52 米	石板	石椁 1			严重破坏	西晋中晚期至东晋早期
M107	190°	多室石室墓	墓道长度不详，宽 2.6 米；墓门宽 2.6、高 1.24 米；主室进深 2.1 米，面阔、高度不详；东耳室面阔 0.84、进深 0.56 米、高 1.44 米；西耳室尺寸不详；后室底部高于主室底部 0.22 米，进深 0.59 米、高度不详				陶罐 1、陶长颈瓶 1、陶盘 3、陶耳杯 4、陶器盖 2、铜钱 27 枚	较差	东汉晚期前段
M108	205°	土坑竖穴石椁墓	墓扩长 3.4、宽 1.52、残深 0.89 米		石椁 1			差	西晋中晚期至东晋早期

续附表一

墓号	方向	墓葬形制	尺寸	封门	葬具	葬式	随葬品	保存情况	墓葬年代
M109	0°	残存不规则近圆形墓圹	墓圹最长径约 3.4、宽 2.01 米，残深约 0.18 米				陶灶残片 1、铁矛 1、铁削 2、铁镖 1	严重破坏	东汉魏晋时期
M110	190°	多室石室墓	墓道长度不详，宽 2.91 米，进深 1.42 米，高度不详；前廊面阔 2.91、进深 0.53、高度不详；东耳室面阔 1.07、进深 0.96 米、高度不详；西耳室面阔 1.1、进深 ... 主室底部高于前廊底部 0.23 米、面阔约 3.08、进深 1.96 米，高度不详；后室底部高于主室底部 0.31 米、面阔约 3.1、进深约 1.33 米，高度不详				瓷碗 2、残瓷片 1、铜钱 63 枚	差	辽金时期（利用东汉魏晋时期墓葬再建）
M111	0°	土坑竖穴墓	长约 2.43、宽 0.74、残深 0.56 米		木棺 1	侧身直肢	陶壶 2	一般	西汉早期
M112	200°	推测为多室石室墓	墓道长度不详，宽 2.2 米；墓室最长 5.6、最宽 4.38、最深 0.26 米				陶器座 1、陶盘 1、瓷片 1、铜件 1	严重破坏	辽金时期（利用东汉魏晋时期墓葬再建）
M113	190°	多室石室墓	墓道长度不详，宽 1.39 米；主室面阔约 1.38、进深约 2.38 米，高度不详；东耳室底部高于主室底部 0.43 米，面阔约 1.62、进深约 0.87 米，高度不详；后室底部高于主室底部 0.51 米，进深 2.15、进深约 0.83 米，高度不详		石板、棺床 2		陶樽 1、陶盆 2、陶耳杯 2、陶小盆 1、陶案 1、铜勺 1、铁器残件 1、铜钱 77 枚	差	东汉晚期前段
M114	120°	多室石室墓	墓道长度不详，宽 2.63 米；墓门宽 2.15、残高 1.68 米；前廊面阔 2.33、进深 1.18 米，高度不详；南耳室底部高于前廊底部 0.18 米，面阔 1.31、进深 1.88、进深约 1.4 米；北耳室面阔 1.28、进深 1.21、高 1.82 米；主室底部高于前廊底部 0.34 米，面阔 2.21、进深 2.2、残高 1.34 米；后室面阔 3.02、进深 1、高 1.93 米	石板	石板、棺床 2		陶盆 1、陶器底 1	较差	西晋中晚期至东晋早期

续附表一

墓号	方向	墓葬形制	尺寸	封门	葬具	葬式	随葬品	保存情况	墓葬年代
M115	20°	土坑竖穴墓	长2.74、宽1.72、深0.79米		木棺1	侧身直肢1	陶壶2	一般	西汉早期
M116	0°	土坑竖穴墓	长2.56、宽0.74、残深0.45米		木棺1	侧身直肢1	陶壶2	一般	西汉早期
M117	0°	土坑竖穴墓	长3.11、最宽约1.43、残深约0.81米		木椁1木棺1	侧身直肢1	陶壶2	较好	西汉早期
M118	115°	多室石室墓	墓道长度不详，宽2.15米；墓门宽2.12、高1.73米；前廊面阔1.73，进深1.01，高1.95米；面阔南耳室底部高于前廊底部0.45米，0.89，进深0.69，高1.5米；北耳室面阔0.93，进深0.61，高1.95米；主室底部高于前廊底部0.42米，面阔1.67，进深2.59，高1.53米；后室底部高于主室底部0.36米，面阔2.96，进深0.99，高1.17米	石板			陶钵3	较差	三国魏至西晋初期
M119	290°	多室石室墓	墓道长度不详，宽1.99米；前廊面阔约2.1，进深约1.01米，高度不详；南耳室面阔约1.1，进深约0.9米，高度不详；北耳室面阔约1.1，进深约0.6米，高度不详；主室面阔约2.6，进深约3.2米，高度不详				陶盘1、铜件1	差	东汉晚期至魏晋
M120	202°	土坑竖穴石椁墓	墓圹长4、宽2.4、残深0.65米		石椁1	仰身直肢9；其余不明	陶罐2、陶奁2、玉石串饰1、铜顶针1、套5件、骨簪1、银指环2	一般	三国魏至西晋初期

续附表一

墓号	方向	墓葬形制	尺寸	封门	葬具	葬式	随葬品	保存情况	墓葬年代
M121	144°	多室石室墓	墓道长度不详，宽 2.97 米；墓门宽 2.25，高 1.49 米；前廊面阔 3.04，进深 0.89，高 1.85 米；北耳室面阔 1.07，进深 0.96，高 1.41 米；南耳室底部高于前廊底部 0.44 米，面阔 1.08，进深 0.34 米，面阔 2.13，进深 2.97，高 1.48 米；主室底部高于前廊底部 0.94 米，高 1.83 米；回廊内宽 0.94，高 1.83 米	石板	石板 棺床 1	仰身 直肢 1；其余不明	瓦当 1	较差	西晋中晚期至东晋早期
M122	208°	推测为 多室石室墓	墓道长度不详，宽 2.6 米；墓圹南北最长 3.7，东西最宽 3.9，残深约 0.57 米					严重破坏	东汉晚期至魏晋
M123	204°	多室石室墓	墓道长度不详，宽 2.41 米；前廊面阔约 3.62，进深约 0.68 米，高度不详；耳室面阔约 0.92，进深 0.98 米，高度不详；主室面阔约 1.78，进深 2.02 米，高度不详；回廊宽约 0.7 米				陶耳杯 1、陶盘 1、陶案 1、陶奁 1	较差	东汉晚期后段至公孙氏割据时期
M124	190°	多室石室墓	墓道长度不详，宽 1.88 米；墓门宽 1.84，高度不详；前廊面阔 2.09，进深 1.09 米，高度不详；西耳室面阔约 1.76，进深约 0.92 米，高度不详；东耳室面阔 0.94，进深 0.77 米，高度不详；主室底部高于前廊底部 0.2 米，面阔约 2.42，进深约 2.48 米，高度不详；后室面阔约 3.62，进深约 0.94 米，高度不详				陶长颈瓶 1、陶壶 1、铜泡钉 1、铜钱 123 枚	较差	三国魏至西晋初期

续附表一

墓号	方向	墓葬形制	尺寸	封门	葬具	葬式	随葬品	保存情况	墓葬年代
M125	28°	推测为多室石室墓	墓道长度不详，宽 1.36 米；墓扩南北最长 4.04，东西最宽 2.58，残深约 0.57 米					严重破坏	东汉晚期至魏晋
M126	200°	多室石室墓	墓道长度不详，宽 3.74 米；前廊面阔 4.38，进深 1.16 米，高度不详；东耳室面阔约 1.16，进深约 1.1 米，高度不详；主室面阔约 4.72 米，进深及高度不详				陶器盖 1，残陶片 1，铜钱 10 枚	差	东汉晚期至魏晋
M127	220°	多室石室墓	墓道长度不详，宽 4.69 米；墓门宽 2.8 米；前廊面阔 4.12，进深 0.91 米，高度不详；东耳室底部高于前廊底部 0.46 米，面阔 0.69，进深 0.81 米，高度不详；西耳室底部高于前廊底部 0.47 米，尺寸不辨；主室底部高于前廊底部 0.13 米，面阔 4.09，进深 2.58 米，高度不详；后室底部高于主室底部 0.33 米，面阔 5，进深 0.71 米，高度不详		石板棺床 2		陶小甑 1、陶井 1、陶水斗 1、陶盆 3、陶器座 3、陶罐 2、陶釜镂 1、陶器盖 3、陶小釜 5、陶小瓢 2、陶烟囱 1、陶灶 1、陶俎 1、亚腰形小陶器 1、铜顶针 1	较差	东汉晚期后段至公孙氏割据时期
M128	10°	多室石室墓	墓道长度不详，宽 2.28 米；前廊面阔约 2.32，进深约 1.32 米，高度不详；东耳室面阔约 1.42，进深约 0.74 米，高度不详；西耳室面阔约 1.4，进深约 0.68 米，高度不详；主室底部高于前廊底部 0.28 米，面阔约 2.14，进深约 2.41 米，高度不详；后室底部高于主室底部 0.38 米，面阔约 3.58，进深约 0.9 米，高度不详				陶案 1、陶灶 1、陶楼 1	差	东汉晚期至魏晋

续附表一

墓号	方向	墓葬形制	尺寸	封门	葬具	葬式	随葬品	保存情况	墓葬年代
M129	28°	多室石室墓	墓道长度不详，宽1.91米；前廊面阔面阔2.18米，进深约1.26米，高度不详；东耳室面阔1.42、进深1.08米，高度不详；西耳室面阔约1.2、进深约0.88米，高度不详；主室面阔约2.14、进深约2.36米，高度不详；后室残损严重，尺寸不辨				陶器座1	差	东汉晚期至魏晋
M130	199°	多室石室墓	墓道长度不详，宽1.82米；前廊面阔面阔2.4、进深约1.48米，高度不详；东耳室面阔约0.96、进深约0.9米，高度不详；西耳室面阔1.06、进深约0.88米，高度不详；主室底部高于前廊底部0.21米，面阔约2.1、进深约3.12米，高度不详				陶器残片若干，铜钱1	差	东汉晚期至魏晋
M131	0°	土坑竖穴墓	长2.92、宽1.03、残深0.44米		木椁1 木棺1	侧身直肢1	陶壶2	较好	西汉早期
M132	20°	多室石室墓	墓道长度不详，宽2.36米；墓门宽2.09、高1.89米；前廊面阔3.52、进深1.34、高1.97米；主室底部高于前廊底部0.28米，面阔1.72、进深2.36、高1.69米；后室底部高于主室底部0.32米，面阔3.25、进深1.16、高1.37米	石板	石板 棺床2		陶耳杯4、陶器座4、陶小盆1、陶长颈瓶3、陶钵1、陶灯1、陶灶1、陶小瓢2、陶座2、陶盘1、陶炉1、小陶楼1、石盘状器2、陶器盖1	一般	东汉晚期后段至公孙氏割据时期

续附表一

墓号	方向	墓葬形制	尺寸	封门	葬具	葬式	随葬品	保存情况	墓葬年代判断
M133	0°	土坑竖穴墓	墓圹长6.5、宽3.99、残深约1.12米					严重破坏	无法判断
M134	185°	多室石室墓	墓道长度不详，宽4.14米；前廊面阔4.56、进深1.12米，高度不详；东耳室尺寸不辨；西耳室底部高于前廊底部0.11米，面阔1.4、进深0.98米，高度不详；主室底部高于前廊底部0.11米，尺寸不详；后室面阔6.14、进深1.02米，高度不详		石板棺床3		陶钵3、陶盘1、陶罐1、铜钱6枚	差	西晋中晚期至东晋早期
M135	200°	多室石室墓	墓道长度不详，宽2.43米；墓门宽2.4、高1.52米；前廊面阔2.45、进深0.79、高1.52米；东耳室底部高于前廊底部0.42米，面阔0.95、进深0.85、高1.1米；西耳室底部高于前廊底部0.45米，面阔0.86、进深0.81、高1.06米；主室底部高于前廊底部0.15米，面阔2.43、进深2.42、高1.37米	石板		仰身直肢3	陶奁1、陶罐1、陶钵2、陶盘2、铁匕首1、铜带钩1、铜环2	一般	西晋中晚期至东晋早期
M136	200°	多室石室墓	墓道长度不详，宽2.56米；前廊面阔4.16、进深1.08米，高度不详；东耳室尺寸不辨；西耳室面阔约0.9米，高度不详；主室面阔约3.98、进深2.05米，高度不详；后室高于主室底部0.26米，面阔约0.99米，高度不详；主室底部高于前廊底部1.24、进深4.15、进深约0.99米，高度不详				陶樽1、陶盘4、陶耳杯1、陶炉1、陶器座1、陶长颈瓶1、铜顶针1、铜钱29枚	较差	东汉晚期后段至公孙氏割据时期

续附表一

墓号	方向	墓葬形制	尺寸	封门	葬具	葬式	随葬品	保存情况	墓葬年代
M137	200°	多室石室墓	墓道长度不详，宽2.09米，高度不详；前廊面阔1.64、进深0.81米，高度不详；东耳室面阔0.7、进深0.61米，高度不详；西耳室高于前廊底部0.44米，面阔0.72、进深0.8米，高度不详；主室底部高于前廊底部0.21米，面阔1.61、进深2.47米，高度不详；后室底部高于主室底部0.31米，面阔2.92、进深0.85米，高度不详	石板			陶耳杯5、陶案1、陶灶1、陶小瓢3、陶长颈瓶1、陶器盖2、陶器座2、陶奁1、陶炉1、陶盘2、陶方盘1	一般	东汉晚期后段至公孙氏割据时期
M138	300°	多室石室墓	墓道长度不详，宽1.94米；墓门宽1.66、残高0.72米；主室面阔2.04米，高度不详；主室底部高于前廊底部0.29米，面阔约2.46、进深约0.9米，高度不详		石板棺床2		陶盘3、陶案1、陶耳杯1、筒瓦残片2、铁棺钉1、铜钱34枚	较差	东汉晚期前段
M139	202°	推测为多室石室墓	墓道长度不详，宽1.7米；墓室最宽5.1，最宽3.2、残深约0.51米				瓷器残片3、陶器残片1	严重破坏	金代（利用东汉魏晋时期墓葬再建）
M140	23°	多室石室墓	墓道长度不详，宽2.4米；前廊面阔1.54、进深0.88米，高度不详；东耳室底部高于前廊底部0.49米，面阔0.75、进深0.79米，高度不详；西耳室面阔0.78、进深0.62米，高度不详；主室底部高于前廊底部0.28米，面阔约1.61、进深约2.2米，高度不详		石板棺床1		陶罐1、陶长颈瓶1、陶灯1、陶钵1、陶樽1、陶小瓢1、陶器盖1、陶盘2、陶方盘1、铁器1、铜钱25枚	较差	东汉晚期后段至公孙氏割据时期
M141	210°	推测为多室石室墓	墓道长度不详，宽1.94米；墓室最长5.4，最宽4.4、残深约0.33米				陶案1、陶盘1、陶器底2	严重破坏	东汉中晚期

附表二

苗圃墓地 2016 年度发掘墓葬登记表

墓号	方向	墓葬形制	尺寸	封门	葬具	葬式	随葬品	保存情况	墓葬年代
M1	163°	多室石室墓	墓道长度不详，宽 6.13 米，进深 0.78 米，高度不详；前廊面阔 5.11 米，面阔 5.45，西耳室尺寸不辨；主室底部高于前廊底部 0.28 米，进深 2.16 米，高度不详，后室底部高于主室底部 0.24 米，面阔约 5.52，进深约 1.11 米，高度不详	石板			陶仓 5、陶盘 1、陶俎 1、陶器盖 3、残陶片 1、铜钱 20 枚	较差	东汉晚期后段至公孙氏割据时期
M2	154°	推测为多室石室墓	墓道长度不详，宽 1.96 米；墓圹南北通长 4.17、东西通宽 3.56、残深约 1.16 米				陶仓 1	严重破坏	东汉晚期至魏晋
M3	160°	多室石室墓	墓道长度不详，宽 2.66 米；前廊面阔约 2.59、进深 1.03 米，高度不详；西耳室面阔约 1.83、进深约 0.98 米，高度不详；主室面阔约 2.68、进深 2.21 米，高度不详，后室面阔 2.88、进深 0.7、残高约 1.44 米	石板			陶盘 5、陶耳杯 2、陶罐 1、陶盆 1、陶樽 1、陶器座 1、陶俎 1、陶灶 1、陶器座 3、陶长颈瓶 1、陶井 1、铜钱若干	差	东汉晚期后段至公孙氏割据时期
M4	165°	多室石室墓	墓道长度不详，宽 1.91 米；墓门宽 1.87、高 1.39 米；前廊面阔 1.7、进深 0.88、高 1.81 米；东耳室面阔 0.75、进深 0.76、高 1.81 米；西耳室面阔 0.88、进深 0.67、高 1.81 米；主室底部高于前廊底部 0.43 米，面阔 1.71，进深 2.38、高 1.38 米；后室底部高于主室底部 0.22 米，面阔 2.51，进深 0.69、高 1.16 米				陶罐 3、陶器座 3、陶楼 1、陶盆 1、陶奁 2、陶支架 1、陶樽 1、陶灶 1、陶小器座 1、陶小盆 4、陶小勺 1、陶小瓢 4、陶烟囱 1、陶俎 1、陶盘 2、陶器盖 1、陶耳杯 1、陶甑 1、残陶片 1、琥珀珠饰 1、石研板 1	较好	东汉晚期后段至公孙氏割据时期
M5	145°	推测为多室石室墓	墓道长度不详，宽 2.21 米；墓室南北最长 3.98、残深 0.76 米，东西最宽 4.72、残深 0.76 米					严重破坏	无法判断

续附表二

墓号	方向	墓葬形制	尺寸	封门	葬具	葬式	随葬品	保存情况	墓葬年代
M6	148°	推测为多室石室墓	前廊面阔 5.21、进深 0.82、残高约 1.88 米；主室底部高于前廊底部 0.62 米、面阔 4.01、进深 3.19、残高 1.26 米；后室底部高于主室底部 0.47 米、面阔 4.01、进深 0.76、残高 0.79 米				陶器座 1、陶房屋残件 1、陶案 1、陶魁 1、陶盘 1	严重破坏	东汉晚期后段至公孙氏割据时期
M7	160°	多室石室墓	墓道长度不详，宽 3.04 米；墓门宽 1.66、高 1.12 米；前廊面阔 1.65、进深 0.79、高 1.7 米；东耳室面阔 0.59、进深 0.74、高 1.7 米；西耳室底部高于前廊底部 0.51 米、面阔 1.76、进深 0.77、高 1.19 米；主室底部高于前廊底部 0.34 米、面阔 1.65、进深 2.33、高 1.38 米	石板	石板棺床 2		陶樽 1、陶灯 1、陶井 2、陶甑 2、陶小盆 4、陶灶 1、陶釜 1、陶器盖 1、陶支架 1、陶盆 2、陶炉 1、陶方盘 1、陶俎 1、陶罐 1、陶盘 4、陶耳杯 6、陶勺 1、亚腰形小陶器 1、陶小盆 1	较好	东汉时期后段至公孙氏割据时期
M8	162°	多室石室墓	墓道长度不详，宽 3.31 米；墓门宽 2.81、高 1.39 米；前廊面阔 2.81、进深 0.95、高 1.83 米；东耳室面阔 0.79、进深 0.6、高 1.83 米；西耳室底部高于前廊底部 0.28 米、面阔 0.86、进深 0.75、高 1.32 米；主室底部高于前廊底部 0.31 米、面阔 1.65、进深 2.43、高 1.52 米；西侧室面阔 1.08、进深 2.12、高 1.52 米；后室底部高于主室底部 0.23 米、面阔 2.69、进深 0.75、残高约 1.29 米	石板	石板棺床 2		陶耳杯 2、陶壶 1、陶樽 1、陶盘 3、陶案 1、陶盆 2、陶小盆 1、陶器盖 1、陶奁 3、陶器座 1、铜指环 1	一般	东汉晚期后段至公孙氏割据时期
M9	157°	推测为多室石室墓	墓道长度不详，宽 2.96 米；墓室南北最长 5.42、东西最宽 4.84、残深约 1.21 米				陶器座 1、陶案 1、残陶片 2、陶盘 1	严重破坏	东汉晚期

续附表二

墓号	方向	墓葬形制	尺寸	封门	葬具	葬式	随葬品	保存情况	墓葬年代
M10	145°	推测为多室石室墓	墓道长度不详，宽 2.69 米；墓室南北最长 5.38，东西最宽 3.65，残深 0.73 米				陶案 1、陶小甑 1、陶盘 1、陶灶 1、陶匜 1、陶耳杯 1、陶罐 1、陶房室残件 1、陶井 1	严重破坏	东汉晚期
M11	160°	多室石室墓	墓道长度不详，宽 1.51 米；墓门宽 2.5，高 1.63 米；前廊面阔 2.55，进深 0.9，高 1.63 米；东耳室面阔 0.91，进深 1.13，高 1.63 米；西耳室底部高于前廊底部 0.31 米，面阔 1.89，进深 0.88，高 1.32 米；主室底部高于前廊底部 0.39 米，面阔 2.61，进深 2.29，残高约 1.49 米；后室底部高于主室底部 0.15 米，面阔 2.92，进深 0.71，高 1.33 米	石板	石板棺床 3		陶小盆 1、陶小盒 4、陶长颈瓶 5、陶灶 1、陶盆 1、陶耳杯 1、陶盆 2、陶三足盆 1、陶匜 1、陶罐 1	一般	三国魏至西晋初期
M12	155°	土坑竖穴石椁墓	墓圹南北长 2.41，东西宽 2.25，残深约 0.95 米		石椁 1			严重破坏	东汉魏晋时期
M13	160°	推测为多室石室墓	墓室东西最长 3.84，南北最宽 2.71，残深约 0.92 米					严重破坏	无法判断
M14	162°	多室石室墓	耳室未完全发掘，尺寸不详；主室面阔 3.85 米，进深不详	石板	石板棺床 1		陶器盖 3、陶耳杯 1、陶罐 2、陶盆 1、陶瓷 1、残陶片 2	差	三国魏至西晋初期
M15	30°	推测为石室墓	墓室南北长约 5.13，东西宽约 4.21，残深约 1.02 米				铜钱 3 枚	严重破坏	东汉晚期至魏晋
M16	152°	多室石室墓	墓道长度不详，宽 1.81 米；前廊面阔约 2.73，进深约 1.01 米，高度不详；主室面阔 1.86，进深 1.93 米，高度不详；后室底部高于主室底部 0.51 米，面阔约 2.01，进深约 1.33 米，高度不详				陶器底 1、陶案 1、陶樽 1、陶匜 1、陶灯 2、石盘状器 1、铜钱 12 枚	差	东汉晚期后段至公孙氏割据时期
M17	187°	多室石室墓	主室面阔 1.08，进深约 2.71 米；后室底部高于主室底部 0.36 米，尺寸不详				陶器座 1、残陶片 1、陶长颈瓶 1、陶罐 2、陶灶 1	差	东汉晚期

英文提要

Liao Yang, historically known as Xiangping, served as the political, economic, and cultural center, a pivotal transportation nexus, and a strategic military bastion in northeastern China from the 3rd century BCE to the early 17th century. The unearthing of Han – Wei – Jin mural tombs in the Liao Yang region by Japanese researchers in the early 20th century has positioned archaeological findings in this area as a focal point of archaeological inquiry in northeastern China.

The Miaopu cemetery, located in the southeastern part of Liaoyang City, Liaoning Province, was excavated by the Liaoning Provincial Academy of Cultural Relics and Archaeology from 2008 to 2016. The cemetery comprises tombs dating back to the Western Han, Eastern Han, Wei, Jin, and Ming dynasties, with over 300 tombs concentrated in this area. Additionally, there are several tombs from the Liao and Jin dynasties as well as the Ming dynasty. A total of 353 tombs have been unearthed. In 2015 – 2016, a total of 158 tombs and 2 pottery kilns were excavated. For research, this report will systematically disclose and publish all remains according to their designated locations.

During the Han, Wei, and Jin Dynasties, the tombs in the Miaopu cemetery are the primary archaeological remains and focal point of this report. These tombs can be categorized based on their construction methods into shaft tombs and horizontal chamber tombs with tomb passages. Additionally, they can be classified according to building materials as earth pit tombs, stone coffin tombs, brick chamber tombs, and stone chamber tombs. Shaft earth pit tombs typically contain single burials while stone chamber tombs often have multiple burials along with evidence of repeated interments and offerings. Some stone chamber tombs also feature murals. The unearthed burial objects consist mainly of pottery which is further categorized by function such as ritual vessels, daily utensils, offerings, and model items. Through an analysis of these funerary objects' classification and combination – particularly pottery – they are grouped into seven periods: early Western Han Dynasty; from the New Dynasty to early Eastern Han Dynasty; middle period of Eastern Han Dynasty; early period of late Eastern Han Dynasty; late period of Eastern Han Dynasty until Gongsun Shi's secession era; early Cao Wei Dynasty until early Western Jin Dynasty; middle to late periods of Western Jin Dynasty until early Eastern Jin Dynasty.

The tombs dating back to the Liao – Jin period, discovered in the nursery cemetery, are primarily located within the excavation area covered by this report from 2015 – 2016. Among these, the most distinctive are those that have been repurposed from Eastern Han and Wei Jin tombs. Additionally, the identification of three potential family tombs from the Jin Dynasty arranged according to the five – tone zhao – mu funerary ritual represents a significant discovery.

The Miaopu cemetery represents the first extensive and systematic excavation of a Han – Wei cemetery in the Liaoyang region, holding significant implications for the examination of social history and living conditions in Liaodong prefecture during that period. The evolving characteristics observed in the tombs reflect the dynamic process of Central Plains culture permeating and influencing Liaodong, while the diverse cultural elements evident in the tomb materials offer valuable insights into the activities of individuals with varying cultural traditions in Liaodong prefecture. Furthermore, the unearthing of tombs from the Liao – Jin period has enriched our understanding of social life and material culture among people centered on Liaoyang at that time.

后　记

　　自 2008 年起，辽阳苗圃墓地开始发掘，过程颇多坎坷，断断续续历经八年发掘完毕后，又开始漫长的资料整理和报告编写，至今已十余年时间，其中所遇种种艰辛自不待言。时间虽久，工作虽繁，所幸日拱一卒，终于得以付梓。

　　苗圃墓地是辽阳地区在 21 世纪发现的唯一一处大规模汉魏晋时期墓地，资料颇为珍贵，研究价值较高，辽宁省文物考古研究所（院）非常重视此项发掘，其中 2008～2012 年发掘领队为李龙彬，2014～2015 年发掘领队为白宝玉，2016 年发掘领队为李海波，自始至终李海波作为现场执行领队负责现场发掘和资料整理。发掘过程中，辽宁省文物考古研究所同事司伟伟、徐政、王宇、樊胜英、赵少军、穆启文、图旭刚、辛宏伟、薛英勋、王晓磊、姚志勇、赵海山等，辽阳市文物保护中心高明、白雪峰、马鑫、全小红、韩悦等，锦州市文物考古研究所吴鹏、刘潼、顾凯、张壮等，时西北大学硕士研究生徐沂蒙、吉林大学硕士研究生王银平，许丁丁等多位辽宁大学在读硕士研究生，西安文物保护专修学院赵望、马超超、杨玉洁、董文印、郭瑞、孟林涛、李温等学生，均曾参与发掘和现场资料整理。

　　本报告是 2015、2016 年两个年度的考古发掘成果，后续还将出版其他年度发掘资料。本报告的整理出版得益于各位领导的关怀、同事的帮助、兄弟单位的支持，在此谨表谢意：

　　感谢 2015 年发掘领队白宝玉，胸怀宽广，慷慨地将全部发掘资料交由本编写组整理发表；

　　感谢原辽宁省文物考古研究所所长田立坤在报告整理时的指导和为本报告撰写的高屋建瓴、对今后研究有指导意义的序言；

　　感谢时任辽宁省文物考古研究院领导马宝杰、李新全对报告编写的关怀帮助；

　　感谢同事图旭刚，不厌其烦，两次补充拍摄了图版器物照片；

　　感谢辽阳市文化局和辽阳市文物保护中心各位领导和同仁在发掘和整理期间协调各方、参与发掘整理所付出的辛苦；

　　感谢锦州市文物考古研究所同仁的支持和帮助；

　　感谢吉林大学、辽宁大学和吉林省文保科技有限公司在考古发掘、资料整理、报告编写中的支持帮助。

　　报告初稿由李海波、徐沂蒙撰写，李海波撰写第一章和第二章部分，徐沂蒙撰写第二章部分和第三章、第四章，分别撰写超过 10 万字，徐沂蒙负责统稿和校对，英文摘要由张婉婷翻译。

　　由于苗圃墓地是配合性考古发掘项目，且编写组成员第一次编写如此大型发掘报告，难免留下遗憾、有所疏漏，请各位专家、学者、同仁多多批评指正。

编　者

辽阳苗圃墓地

——2015、2016 年度发掘报告

（下）

辽宁省文物考古研究院
（辽宁省文物保护中心） 编著

李海波　徐沂蒙　主编

文物出版社

北京·2022

Miaopu Cemetery of Liaoyang:

An Excavation Report of 2015、2016

（Ⅱ）

Compiled by

Liaoning Provincial Academy of Cultural Relics and Archaeology

（Liaoning Cultural Heritage Conservation Centre）

Editor-in-Chief

Li Haibo，Xu Yimeng

Cultural Relics Press

Beijing · 2022

彩版目录

（上为北）

彩版一　苗圃墓地2015年度发掘区俯瞰

1. 全景（西南—东北）

2. 墓门（西南—东北）

彩版二　2015M1全景及墓门

1. 全景（西南—东北）

2. 墓门（西南—东北）

彩版三　2015M2全景及墓门

1. 陶盆（M2：3）

4. 陶奁（M3：1）

2. 陶罐（M2：4）

3. 陶钵（M2：5）

5. 陶罐（M3：3）

彩版四　2015M2、2015M3出土器物

1. 椁室盖板（东—西）

2. 椁室全景（北—南）

彩版五　2015M3椁室全景

1. 2015M6全景（南—北）

2. 2015M7全景（东北—西南）

彩版六　2015M6、2015M7全景

1. 2015M7墓门（北—南）

2. 陶方盘（M7：1）

3. 亚腰形小陶器（M7：7）

4. 小陶釜（M7：8）

5. 小陶甑（M7：11）

彩版七　2015M7墓门及出土器物

1. 陶瓷（M7：2）

3. 陶耳杯（M7：18）

4. 陶耳杯（M7：20）

2. 陶樽（M7：4）

5. 陶罐（M7：15）

彩版八　2015M7出土器物

1. 陶长颈瓶（M7∶9）

2. 陶长颈瓶（M7∶12）

3. 陶器盖（M7∶22）

4. 陶盆（M7∶21）

5. 陶盆（M7∶24）

6. 陶奁（体）（M7∶27）

1. 陶俎（M7：32）

2. 陶灯（座）（M7：28）

3. 陶井组合（M7：35）

4. 陶灶（M7：33）

5. 小陶瓢（M7：37）

6. 陶烟囱（M7：38）

1. 全景（西南—东北）

2. 局部（西南—东北）

彩版一一　2015M9全景及局部

1. 陶樽（M9：2）

2. 陶樽（M9：15）

3. 陶奁（盖）（M9：3）

4. 陶奁（体）（M9：7）

5. 陶奁（体）（M9：9）

6. 陶盆（M9：4）

彩版一二　2015M9出土器物

1. 陶罐（M9：5）

2. 陶罐（M9：6）

3. 陶盘（M9：8）

4. 陶盘（M9：21）

5. 陶案（M9：11）

6. 陶耳杯（M9：18）

彩版一三　2015M9出土器物

1. 陶井组合（M9∶10）

2. 陶灶（M9∶12）

3. 陶灯（座）（M9∶14）

1. 陶长颈瓶（M9：13）　　　　　　　　2. 陶长颈瓶（M9：26）

3. 小陶甗（M9：33）　　　4. 小陶甗（M9：37）　　　5. 陶器盖（M9：34）

6. 小陶釜（M9：36）　　　7. 小陶盆（M9：40）　　　8. 小陶勺（M9：41）

彩版一五　2015M9出土器物

1. 2015M11全景（东南—西北）

2. 2015M11全景（南—北）

3. 陶罐（M11：扰1）

4. 陶罐（M11：27）

彩版一六　2015M11全景及出土器物

1. 陶长颈瓶（M11：18）

2. 陶奁（盖）（M11：6）

3. 陶奁（体）（M11：8）

4. 陶奁（M11：19）

5. 陶奁（盖）（M11：29）

6. 陶奁（盖）（M11：30）

彩版一七　2015M11出土器物

1. 陶盘（M11：7）

5. 陶方盘（M11：14）

2. 陶盘（M11：45）

3. 陶耳杯（M11：12）

6. 陶灯（座）（M11：13）

4. 陶器盖（M11：42）

7. 陶井（M11：15）

彩版一八　2015M11出土器物

1. 陶俎（M11：22）

2. 陶炉（M11：31）

3. 陶炉（M11：31）内壁刻划图案

4. 陶灶（M11：17）

5. 小陶瓢（M11：35）

6. 小陶勺（M11：32）

7. 银指环（M11：1）

8. 石研板（M11：4）

彩版一九　2015M11出土器物

1. 2015M12全景（南—北）

2. 2015M12西侧人骨

3. 陶案（M12∶8）

4. 陶井组合（M12∶6）

彩版二〇　2015M12全景、局部及出土器物

1. 陶罐（M12：1）

4. 陶瓮（M12：4）

2. 陶壶（M12：2）

5. 陶器盖（M12：7）

3. 陶奁（M12：5）

6. 陶耳杯（M12：10）

1. 2015M13全景（南—北）

2. 2015M14全景（南—北）

3. 2015M14墓门（西南—东北）

彩版二二　2015M13全景、2015M14全景及墓门

1. 陶奁（盖）（M13：4）

4. 陶器盖（M13：6）

5. 陶耳杯（M13：扰3）

2. 陶罐（M13：5）

6. 小陶釜（M13：2）

7. 小陶盆（M13：扰10）

3. 陶瓮（M13：扰1）

8. 陶烟囱（M13：扰11）

彩版二三　2015M13出土器物

1. 2015M15椁室盖板（东南—西北）

3. 瓷瓶（M15：2）

2. 陶壶（M15：1）

4. 瓷盒（M15：3）

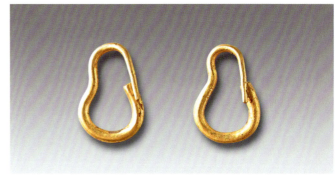

5. 金耳环（M15：6、7）

彩版二四　2015M15椁室盖板及出土器物

1. 全景（东—西）

2. 局部（东—西）

3. 墓门封堵情况（东—西）

1. 陶罐（M18：15）

2. 陶罐（M18：16）

3. 陶双耳罐（M18：14）

4. 陶器盖（M18：5）

5. 陶碗（M18：11）

6. 陶灯（M18：12）

7. 陶案（M18：13）

彩版二六　2015M18出土器物

1. 陶楼（M18：扰13）

2. 陶勺（M18：19）

3. 小陶瓢（M18：扰11）

4. 陶炉（M18：扰5）

6. 铜带钩（M18：1）

5. 陶盒（体）（M18：扰8）

7. 陶奁（盖）（M18：扰12）

1. 全景（西南—东北）

2. 墓门（西南—东北）

彩版二八　2015M20全景及墓门

1. 2015M20后室（西—东）

2. 陶灶（M20：16）

3. 陶器座（M20：7）

4. 陶俎（M20：4）

彩版二九　2015M20后室及出土器物

1. 陶长颈瓶（M20：12）

2. 陶长颈瓶（M20：14）

3. 陶盘（M20：8）

4. 陶方盘（M20：6）

5. 陶器盖（M20：9）

6. 陶案（M20：20）

1. 陶井（M20：5）

2. 陶支架（M20：17）

3. 陶瓮（M20：19）

5. 小陶甑（M20：2）

6. 小陶甑（M20：3）

4. 陶灯（座）（M20：10）

7. 小陶釜（M20：22）

1. 全景（东—西）

2. 墓门（东—西）

3. 主室北小室铜镜出土情况

4. 主室南小室（东—西）

5. 主室中小室（东—西）

彩版三二　2015M21全景及局部

1. 陶罐（M21：1）

3. 陶钵（M21：2）

4. 陶钵（M21：3）

2. 陶罐（M21：6）

5. 铜镜（M21：7）

1. 2015M22全景（南—北）

2. 2015M22后室（南—北）

3. 陶樽（M22：17）

4. 陶井（M22：31）

5. 陶鼎（M22：37）

6. 陶盒（体）（M22：39）

彩版三四　2015M22全景、后室及出土器物

1. 陶罐（M22：33）

4. 陶盒（盖）（M22：30）

2. 陶罐（M22：34）

5. 陶奁（体）（M22：16）

6. 陶盆（M22：19）

3. 陶盒（盖）（M22：18）

7. 陶盆（M22：20）

彩版三五　2015M22出土器物

1. 陶灶（M22：32）

2. 小陶盆（M22：23）

3. 小陶甗（M22：28）

4. 陶器盖（M22：7）

6. 陶耳杯（M22：12）

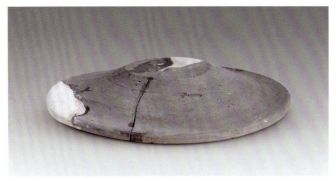

5. 陶灯（M22：25）

7. 陶耳杯（M22：14）

彩版三六　2015M22出土器物

1. 2015M23全景（北—南）

2. 2015M26全景（南—北）

3. 陶长颈瓶（M26：1）

4. 陶长颈瓶（M26：35）

彩版三七　2015M23、2015M26全景及出土器物

1. 陶罐（M24：扰21）

2. 陶盘（M24：扰3）

3. 陶方盘（M24：扰22）

4. 陶井（M24：扰23）

5. 陶耳杯（M24：扰17）

6. 陶水斗（M24：扰24）

7. 陶支架（M24：扰25）

彩版三八　2015M24出土器物

1. 陶灶（M24：扰1）

2. 小陶釜（M24：扰6）

3. 小陶釜（M24：扰8）

4. 小陶釜（M24：扰14）

5. 陶器盖（M24：扰12）

6. 小陶甑（M24：扰19）

7. 亚腰形小陶器（M24：扰20）

1. 陶盘（M25：扰11）

2. 陶方盘（M25：扰3）

3. 陶俎（M25：扰4）

4. 陶耳杯（M25：扰1）

5. 陶支架（M25：扰2）

6. 小陶釜（M25：扰8）

7. 亚腰形小陶器（M25：扰14）

8. 小陶盆（M25：扰16）

1. 陶盒（盖）（M26：14）

2. 陶盘（M26：4）

3. 陶盆（M26：7）

4. 陶耳杯（M26：5）

5. 陶井（M26：28）

6. 陶樽（M26：36）

彩版四一　2015M26出土器物

1. 陶灯（M26：32）

2. 陶器盖（M26：11）

3. 陶器盖（M26：16）

4. 陶勺（M26：22）

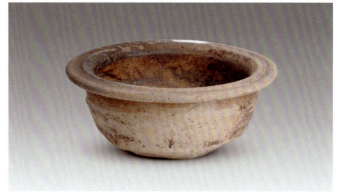

5. 小陶盆（M26：31）

6. 小陶釜（M26：18）

7. 小陶瓢（M26：19）

1. 全景（南—北）

2. 墓门（西南—东北）

彩版四三　2015M31全景及墓门

1. 陶罐（M31：1）

2. 陶罐（M31：19）

3. 陶俎（M31：2）

4. 陶俎（M31：34）

5. 陶灶（M31：5）

1. 小陶甑（M31：6）

2. 小陶盆（M31：10）

3. 陶长颈瓶（M31：20）

5. 陶器盖（M31：16）

6. 小陶瓢（M31：17）

4. 陶长颈瓶（M31：21）

7. 小陶釜（M31：30）

1. 陶灯（M31：18）

2. 陶盒（盖）（M31：25）

3. 陶奁（盖）（M31：27）

4. 陶盘（M31：26）

5. 陶方盘（M31：32）

6. 小陶勺（M31：31）

7. 石盘状器（M31：12）

彩版四六　2015M31出土器物

1. 全景（东北—西南）

2. 全景（东—西）

彩版四七　2015M32全景

1. 2015M32耳室内随葬器物出土情况（上为南）

2. 陶奁（M32：4）

3. 陶瓮（M32：5）

彩版四八　2015M32器物出土情况及出土器物

1. 陶案（M32：6）

2. 陶器盖（M32：7）

3. 小陶盆（M32：9）

4. 陶耳杯（M32：12）

5. 陶盘（M32：18）

6. 石盘状器（M32：15）

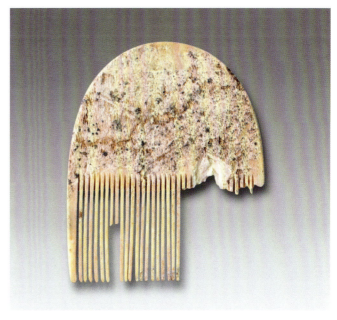

7. 骨梳（M32：1）

1. 2015M34全景（西南—东北）

2. 陶器盖（M34：1）

4. 陶俎（M34：扰1）

3. 陶方盘（M34：5）

5. 小陶釜（M34：3）

彩版五〇　2015M34全景及出土器物

1. 2015M36全景（南—北）

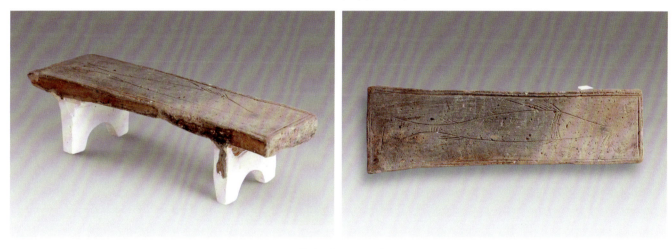

2. 陶俎（M36：2）

1. 全景（南—北）

2. 墓门（西南—东北）

3. 前廊东侧及东耳室内颅骨、肢骨出土情况

4. 墓室内器物出土情况（东北—西南）

5. 前廊西侧及西耳室器物出土情况（上为北）

彩版五二　2015M37全景及局部

1. 陶器盖（M37：3）

2. 陶器盖（M37：17）

3. 陶罐（M37：20）

4. 陶罐（M37：28）

5. 陶灶（M37：5）

6. 陶耳杯（M37：21）

彩版五三　2015M37出土器物

2. 陶灯（盘）（M37：30）

1. 陶灯（M37：6和35）

3. 陶案（M37：7）

4. 陶俎（M37：8）

5. 陶盘（M37：29）

6. 小陶釜（M37：36）

7. 小陶瓢（M37：42）

彩版五四　2015M37出土器物

1. 陶奁（M37：11和43）

3. 陶奁（M37：23）

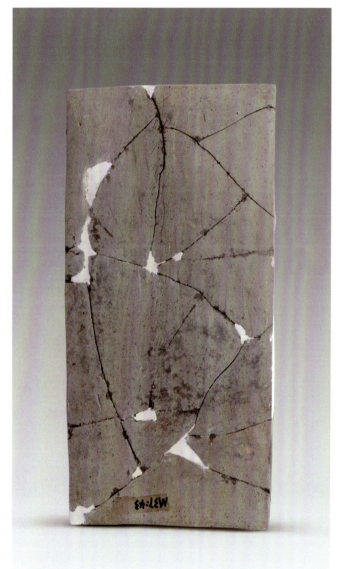

2. 陶奁（体）（M37：43）底部刻字

4. 陶炉（M37：24）

5. 陶炉（M37：24）俯视

1. 全景（东南—西北）

2. 墓室盖板俯瞰（右为北）

3. 器物出土情况（南—北）

4. 琉璃耳瑱（M38：16）出土情况

彩版五六　2015M38全景、俯瞰及器物出土情况

1. 陶樽（M38∶1）

2. 陶壶（M38∶2）

3. 陶灶（M38∶12）

4. 小陶釜（M38∶4）

5. 琉璃耳瑱（M38∶16）

1. 陶盆（M38：5）

2. 陶盆（M38：7）

3. 陶长颈瓶（M38：8）

4. 陶灯（M38：10）

5. 陶楼（M38：13）

6. 陶器盖（M38：14）

1. 全景（南—北）

2. 全景（北—南）

彩版五九　2015M41全景

1. 陶器盖（M41：11）

4. 陶耳杯（M41：35）

2. 陶器盖（M41：17）

5. 陶盆（M41：19）

3. 陶器盖（M41：23）

6. 陶长颈瓶（M41：6）

1. 陶壶（M41：7）

2. 陶壶（M41：8）

4. 陶砖（M41：26）

3. 陶案（M41：9）

5. 陶鼎（M41：30）

1. 陶仓（M41：29）

3. 小陶釜（M41：13）

4. 小陶釜（M41：32）

2. 陶灶（M41：28）

5. 小陶釜（M41：41）

6. 小陶甑（M41：43）

1. 陶樽（M41：27）

2. 陶杯（M41：33）

3. 方形陶器（M41：46）

4. 陶瓮（M41：44）

5. 陶瓮（M41：45）

彩版六三　2015M41出土器物

1. 2015M42全景（南—北）

2. 2015M42内景（上为西）

3. 陶钵（M42：2）

4. 铜柿蒂形盖纽（M42：1）

彩版六四　2015M42全景、内景及出土器物

1. 全景（北—南）

2. 局部（北—南）

3. 局部（上为东）

彩版六五　2015M44全景及局部

1. 2015M45全景（西南—东北）

2. 陶罐（M45:1）

3. 2015M46全景（南—北）

彩版六六　2015M45、2015M46全景及出土器物

1. 2015M47全景（西南—东北）

2. 陶盘（M47∶1）

3. 陶水斗（M47∶2）

4. 陶耳杯（M47∶3）

5. 陶方盘（M47∶扰1）

彩版六七　2015M47全景及出土器物

1. 陶长颈瓶（M48：1）

4. 陶壶（M48：4）

2. 陶灯（M48：2）

5. 陶案（M48：5）

3. 小陶釜（M48：3）

6. 陶盒（盖）（M48：扰1）

1. 2015M49全景（南—北）

2. 陶俎（M49：1）

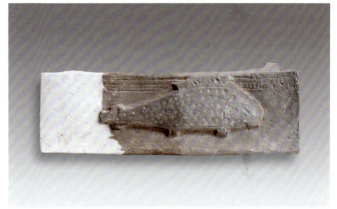

3. 陶器盖（M49：2）

4. 陶支架（M49：3）

5. 陶盘（M49：5）

6. 陶方盘（M49：6）

彩版六九　2015M49全景及出土器物

1. 2015M50全景（南—北）

2. 陶盘（M50：1）

3. 小陶釜（M50：2）

4. 小陶瓢（M50：4）

5. 陶器盖（M50：扰1）

彩版七〇　2015M50全景及出土器物

1. 2015M52全景（西—东）

3. 陶罐（M52：2）

4. 陶罐（M52：13）

2. 2015M52墓门（西—东）

5. 陶井组合（M52：14）

彩版七一　2015M52全景及出土器物

1. 陶器盖（M52：3）

2. 陶器盖（M52：6）

3. 陶耳杯（M52：4）

4. 陶耳杯（M52：5）

5. 陶长颈瓶（M52：9）

6. 陶长颈瓶（M52：10）

彩版七二　2015M52出土器物

1. 陶灶（M52：16）

2. 陶樽（M52：21）

3. 陶盒（盖）（M52：24）

4. 陶钵（M52：22）

5. 小陶甑（M52：11）

6. 小陶勺（M52：12）

7. 小陶釜（M52：15）

1. 2015M53全景（东—西）

3. 陶罐（M53：3）

2. 陶案（M53：2）

4. 陶奁（体）（M53：4）

2. 陶案（M54：2）

1. 陶方盘（M54：1）

3. 小陶瓢（M56：1）　　4. 亚腰形小陶器（M56：4）

5. 陶器盖（M56：3）

6. 陶器盖（M56：扰1）

7. 铜带钩（M56：6）

1. 2015M57全景（北—南）

2. 小陶釜（M57：1）

3. 小陶盆（M57：2）

4. 陶案（M57：3）

彩版七六　2015M57全景及出土器物

1. 2015M59全景（西南—东北）

2. 陶钵（M59∶1）

3. 陶钵（M59∶2）

1. 全景（西—东）

2. 墓门（西—东）

3. 后室随葬器物出土情况（上为西）

彩版七八　2015M60全景及局部

1. 陶灶组合（M60：1）

4. 陶器盖（M60：14）

2. 陶长颈瓶（M60：2）

5. 盖状小陶器（M60：18）

3. 陶器盖（M60：4）

6. 陶井组合（M60：7）

1. 陶博山炉（M60：10、15、29）

4. 陶罐（M60：11）

2. 陶博山炉体（M60：10）

3. 陶博山炉盖上鸟形纽
（M60：15）

5. 陶罐（M60：34）

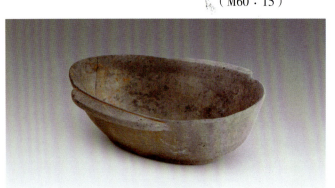

6. 陶耳杯（M60：13）

7. 陶耳杯（M60：22）

1. 陶奁（M60∶28）

2. 陶奁（体）（M60∶38）

3. 陶单把杯（M60∶32）

4. 陶俎（M60∶33）

5. 陶案（M60∶39）

6. 陶盘（M60∶41）

7. 小陶盆（M60∶31）

彩版八一　2015M60出土器物

1. 铜镜（M60：20）

2. 铜镜（M60：21）

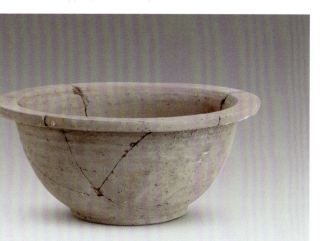

3. 陶盆（M61：扰1）

4. 小陶釜（M61：扰2）

5. 陶案（M61：扰3）

6. 陶盘（M61：扰5）

1. 全景（西—东）

2. 墓门（西—东）

彩版八三　2015M62全景及墓门

1. 2015M62后室随葬器物出土情况（南—北）

2. 2015M62后室随葬器物出土情况（北—南）

3. 陶罐（M62：32）

4. 陶鍪镂（M62：29）

5. 陶长颈瓶（M62：4）

6. 陶灶（M62：1）

彩版八四　2015M62局部及出土器物

1. 陶奁（M62：12）

2. 陶奁（M62：12和13）

3. 陶奁（盖）（M62：22）

4. 陶盘（M62：3）

5. 陶方盘（M62：14）

6. 陶俎（M62：17）

7. 陶支架（M62：8）

2. 陶樽（M62：33）

1. 陶案（M62：26）

3. 陶水斗（M62：7）

4. 陶长颈瓶（M62：21）

5. 陶器盖（M62：15）

6. 亚腰形小陶器（M62：31）

7. 小陶瓢（M62：35）

1. 陶奁（盖）（M64：1）

2. 陶盘（M64：5）

5. 陶璧（M64：2）

3. 陶耳杯（M64：7）

6. 小陶瓢（M64：3）

4. 陶俎（M64：15）

7. 铁镜（M64：4）

1. 2015M65全景（西—东）

2. 陶炉（M65：扰1）

3. 陶单把杯（M65：扰2）

彩版八八　2015M65全景及出土器物

1. 2015M66全景（北—南）

2. 2015M67全景（东—西）

彩版八九　2015M66、2015M67全景

1. 全景（东北—西南）

2. 全景（东北—西南）

1. 后室随葬器物出土情况（东南—西北）

2. 东小室随葬器物出土情况（东北—西南）

3. 后室随葬器物出土情况（西北—乐南）

4. 西小室随葬器物出土情况（西南—东北）

彩版九一　2015M69随葬器物出土情况

1. 陶长颈瓶（M69：3）

3. 陶奁（M69：7和8）

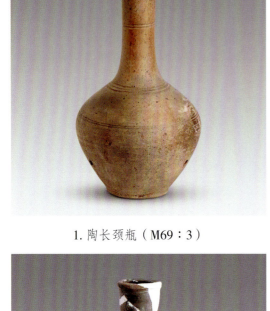

2. 陶长颈瓶（M69：36）

4. 陶奁（M69：37和38）

5. 陶奁（M69：19和20）

1. 陶罐（M69：5）

2. 陶罐（M69：22）

3. 陶鉝镂（M69：17）

4. 陶樽（M69：12）

5. 陶炉（M69：18）

彩版九三　2015M69出土器物

1. 陶单把杯（M69：16）

2. 陶井（M69：40）

3. 陶俎（M69：29）

4. 陶灶组合（M69：49）

1. 亚腰形小陶器（M69：9）

2. 小陶釜（M69：10）

3. 小陶釜（M69：11）

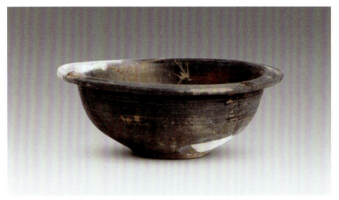

4. 小陶盆（M69：13）

5. 小陶盆（M69：32）

6. 陶甑（M69：21）

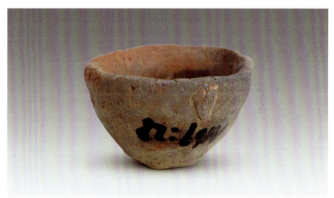

7. 陶水斗（M69：28）

8. 小陶勺（M69：34）

9. 小陶勺（M69：35）

彩版九五　2015M69出土器物

1. 陶盘（M69：24）

2. 陶方盘（M69：26）

3. 陶案（M69：25）

4. 陶案（M69：65）

5. 陶灯（M69：44）

彩版九六　2015M69出土器物

1. 陶器盖（M69：50）

4. 陶魁（M69：57）

2. 陶耳杯（M69：51）

5. 铜镜（M69：69）

3. 陶耳杯（M69：62）

1. 全景俯瞰（右为北）

2. 墓门封堵情况（南—北）

彩版九八　2015M70全景鸟瞰及墓门封堵情况

1. 2015M70局部（南—北）

2. 圆形砖（M70：6）

1. 2015M71全景（北—南）　　　　　　　2. 2015M72墓门封堵情况（南—北）

3. 2015M72全景（东—西）

彩版一〇〇　　2015M71、2015M72全景及墓门封堵情况

1. 陶罐（M71：扰1）

2. 瓷器底（M71：扰2）

3. 瓷盘（M72：2）

4. 瓷瓶（M72：3）

1. 陶俎（M73：扰1）

2. 陶单把杯（M73：扰3）

3. 陶方盘（M73：扰4）

4. 陶樽（M73：扰5）

5. 石研板（M73：扰8）

6. 小陶瓢（M73：扰9）

7. 陶奁（体）（M73：扰11）

1. 2015M74全景（东—西）

2. 2015M74墓门封堵情况（南—北）

3. "大定通宝"铜钱（M74∶9-1、9-2、9-4）

彩版一○三　2015M74全景、墓门封堵情况及出土器物

1. 瓷瓶（M74：2）　　　　　　　　　2. 瓷瓶（M74：3）

3. 瓷碗（M74：7）　　　　　　　　　4. 瓷盘（M74：8）

1. 2015M75全景（东—西）

2. 2015M76全景（东北—西南）

1. 陶奁（M76：1）

2. 陶奁（盖）（M76：28）

3. 陶器盖（M76：4）

4. 陶长颈瓶（M76：3）

5. 陶俎（M76：7）

6. 小陶罐（M76：8）

1. 陶耳杯（M76∶9）

5. 陶盘（M76∶16）

2. 陶案（M76∶13）

6. 陶盘（M76∶26）

3. 陶案（M76∶30）

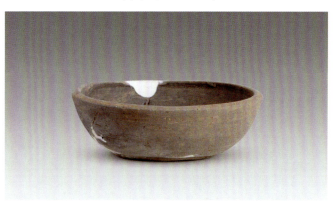

4. 小陶钵（M76∶15）

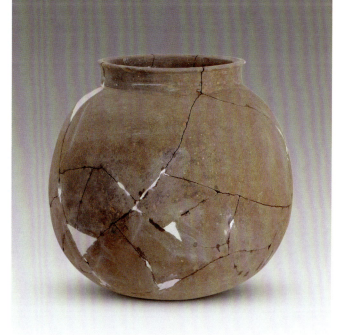

7. 陶瓮（M76∶29）

3. 陶灶（M76：25）

1. 陶井（M76：18）

4. 小陶釜（M76：17）

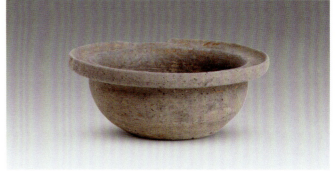

5. 小陶甑（M76：12）

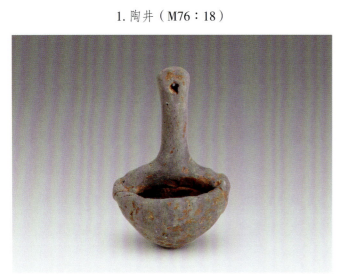

2. 陶水斗（M76：22）

6. 小陶勺（M76：14）

1. 2015M77全景（西—东）

2. 陶盘（M77：2）

3. 陶壶（M77：4）

4. 陶井（M77：5）

彩版一〇九　2015M77全景及出土器物

1. 全景（东—西）

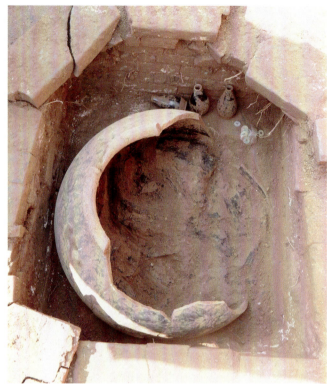

2. 瓮棺（上为南）

3. 内部结构（上为西）

1. 瓷瓶（M78：1）　　　　　　　　　2. 瓷瓶（M78：3）

"开元通宝"　　　　　　　　"开元通宝"　　　　　　　　"绍圣元宝"

"元丰通宝"　　　　　　　　"天圣元宝"　　　　　　　　"皇宋通宝"

3. 铜钱（M78：4）

1. 2015M79全景（北—南）

2. 陶罐（M79:1）

3. 小陶釜（M79:2）

4. 小陶瓢（M79:4）

彩版——二　2015M79全景及出土器物

1. 小陶甑（M79：6）

2. 小陶甑（M79：6）的甑孔

3. 陶钵（M79：8）

4. 小陶勺（M79：18）

5. 陶俎（M79：19）

1. 陶盘（M79：9）

5. 陶长颈瓶（M79：14）

2. 陶耳杯（M79：11）

3. 小陶盆（M79：13）

6. 陶奁（盖）（M79：15）

4. 陶水斗（M79：17）

7. 陶奁（体）（M79：16）

1. 全景（东北—西南）

2. 墓门（东北—西南）

3. 后室西部随葬器物出土情况
（东南—西北）

彩版一一五　2015M82全景、墓门及局部

1. 陶案（M82：1）

2. 陶案（M82：2）

3. 陶盘（M82：3）

4. 陶方盘（M82：13）

5. 陶奁（M82：4）

6. 陶俎（M82：12）

7. 陶井组合（M82：21-1、21-2）

彩版一一六　2015M82出土器物

1. 陶器盖（M82：7）

2. 陶器盖（M82：11）

3. 陶灶（M82：6）

4. 小陶釜（M82：18）

5. 陶灯（座）（M82：17）

6. 陶长颈瓶（M82：20）

7. 陶罐（M82：34）

1. 全景（东北—西南）

2. 墓门（东北—西南）

3. 后室随葬器物出土情况（西北—东南）

彩版一一八　2015M83全景、墓门及器物出土情况

1. 陶灯（M83：1）

2. 陶奁（M83：11）

3. 陶奁（M83：30）

4. 陶奁（盖）（M83：41）

5. 陶樽（M83：34）

6. 小陶釜（M83：2）

1. 陶罐（M83：6）

2. 陶罐（M83：8）

3. 陶罐（M83：27）

4. 陶罐（M83：33）

5. 陶耳杯（M83：13）

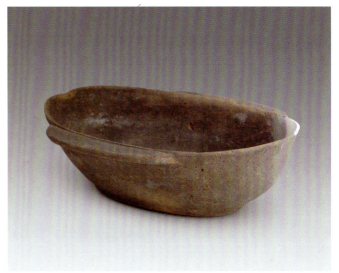

6. 陶耳杯（M83：14）

1. 陶长颈瓶（M83：16）

2. 陶长颈瓶（M83：20）

3. 陶井（M83：23）

4. 陶灶（M83：25-1）

5. 陶器盖（M83：26）

6. 小陶盆（M83：28）

1. 陶盘（M83：35）

2. 陶盘（M83：37）

3. 陶案（M83：38）

4. 陶俎（M83：39）

5. 亚腰形小陶器（M83：40）

6. 陶水斗（M83：42）

7. 石盘状器（M83：15）

1. 陶案（M84：1）

2. 陶俎（M84：2）

3. 陶方盘（M84：3）

4. 陶器盖（M84：4）

5. 陶炉（M84：5）

1. 2015M85全景（东北—西南）

2. 陶罐（M85：1）

3. 陶罐（M85：2）

彩版一二四　2015M85全景及出土器物

1. 陶盘（M85：6）

2. 陶盘（M85：7）

3. 陶奁（M85：8和9）

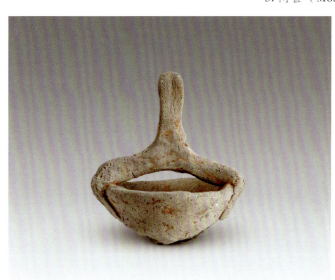

4. 陶水斗（M85：12）

5. 玛瑙珠饰（M85：3）

彩版一二五　2015M85出土器物

1. 2015M86全景（东北—西南）

3. 陶罐（M86：2）

4. 陶罐（M88：1）

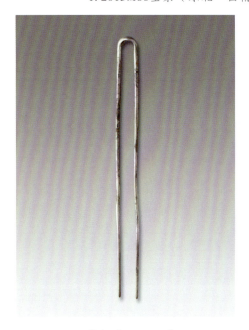

2. 银钗（M86：6）

5. 2015M88全景（西南—东北）

彩版一二六　2015M86、2015M88全景及出土器物

1. 2015M89全景（南—北）

3. 陶长颈瓶（M89：9）

2. 2015M89前廊随葬器物出土情况（西—东）

彩版一二七　2015M89全景、局部及出土器物

1. 陶灶（M89：1）

4. 陶奁（盖）（M89：3）

2. 陶罐（M89：2）

5. 陶奁（体）（M89：14）

3. 陶罐（M89：16）

6. 陶奁（盖）（M89：27）

彩版一二八　2015M89出土器物

1. 小陶釜（M89：4）

5. 陶俎（M89：7）

2. 小陶釜（M89：26）

6. 陶长颈瓶（M89：11）

3. 陶器盖（M89：6）

4. 陶器盖（M89：33）

7. 陶长颈瓶（M89：30）

1. 陶灯（M89：10）

2. 陶樽（M89：12）

3. 陶支架（M89：15）

4. 陶耳杯（M89：25）

5. 陶盘（M89：20）

6. 陶案（M89：36）

1. 小陶瓢（M89：24）

4. 亚腰形小陶器（M89：38）

2. 小陶盆（M89：31）

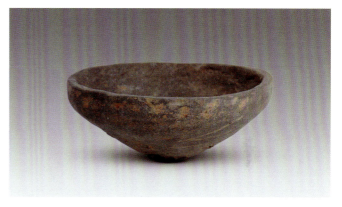

5. 小陶甗（M89：39）

6. 小陶甗（M89：40）

3. 陶烟囱（M89：32）

7. 小陶钵（M89：41）

1. 2015M90全景（东北—西南）

3. 陶罐（M90：1）

4. 陶罐（M90：2）

2. 琥珀珠（M90：7）

5. 陶罐（M90：3）

彩版一三二　2015M90全景及出土器物

1. 全景（东北—西南）

2. 前廊随葬器物出土情况（上为东）

3. 墓门（东北—西南）

彩版一三三　2015M91全景、局部及墓门

1. 陶罐（M91：3）

4. 陶盘（M91：8）

5. 陶盆（M91：14）

2. 陶罐（M91：49）

6. 陶盆（M91：43）

3. 陶盘（M91：4）

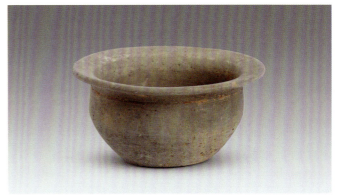

7. 小陶盆（M91：38）

1. 陶碗（M91：20）

4. 陶奁（体）（M91：21）

2. 陶长颈瓶（M91：22）

5. 陶奁（M91：30和25）

3. 陶方盘（M91：31）

6. 陶奁（M91：28和29）

1. 陶器盖（M91：23）

2. 陶器盖（M91：33）

3. 陶器盖（M91：37）

4. 陶单把杯（M91：7）

5. 陶灯（座）（M91：6）

6. 陶灯（M91：27）

1. 陶灶（M91：42-6）

2. 陶烟囱（M91：42-7）

3. 陶甑（M91：42-1）

4. 小陶釜（M91：42-2）

5. 小陶釜（M91：42-3）

6. 小陶釜（M91：42-4）

7. 小陶釜（M91：42-5）

8. 陶甑（M91：41）

1. 陶俎（M91：51）

2. 陶樽（M91：59）

3. 陶魁（M91：58）

4. 陶楼（M91：19）

5. 陶井组合（M91：2）

彩版一三八　2015M91出土器物

1. 陶耳杯（M91：35）

2. 陶耳杯（M91：50）

3. 陶炉（M91：11）

4. 陶案（M91：1）

5. 陶支架（M91：44）

6. 陶勺（M91：45）

7. 石盘状器（M91：36）

1. 2015M93全景（北—南）　　　　　　　　　2. 2015M93局部（南—北）

3. 陶盘（M93：1）　　　　　　　　　4. 陶罐（M93：2）

彩版一四〇　2015M93全景、局部及出土器物

1. 2015M94全景（东北—西南）

2. 陶罐（M94：3）

3. 陶罐（M94：10）

彩版一四一　2015M94全景及出土器物

1. 陶器盖（M94：2）

2. 陶奁（盖）（M94：4）

3. 陶奁（体）（M94：14）

4. 陶盘（M94：6）

5. 陶俎（M94：8）

6. 小陶釜（M94：15）

7. 石盘状器（M94：7）

1. 全景（西南—东北）

2. 西小室内随葬器物出土情况（西南—东北）

3. 后室（东—西）

彩版一四三　2015M95全景、局部

1. 陶方盘（M95：1）

2. 陶罐（M95：6）

3. 陶长颈瓶（M95：2）

4. 陶长颈瓶（M95：32）

5. 小陶甗（M95：3）

6. 小陶钵（M95：19）

彩版一四四　2015M95出土器物

1. 陶碗（M95：7）

2. 小陶盆（M95：8）

3. 陶奁（盖）（M95：10）

4. 陶奁（体）（M95：31）

5. 陶奁（盖）（M95：34）

6. 陶奁（盖）（M95：35）

1. 陶盘（M95：14）

3. 陶盘（M95：22）

2. 陶盘（M95：17）

4. 陶盘（M95：23）

1. 陶耳杯（M95：12）

5. 陶器盖（M95：16）

2. 陶耳杯（M95：15）

3. 陶耳杯（M95：27）

6. 陶瓮（M95：5）

4. 陶器盖（M95：4）

7. 陶瓮（M95：20）

1. 陶案（M95：21）

2. 陶案（M95：26）

3. 陶樽（M95：28）

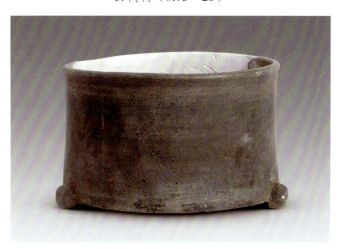

4. 陶樽（M95：29）

5. 陶井（M95：36）

彩版一四八　2015M95出土器物

1. 2015M96全景（东南—西北）

2. 陶长颈瓶（M96：3）

4. 陶盆（M96：4）

3. 陶耳杯（M96：5）

5. 陶灶（M96：6）

1. 2015M97全景（南—北）

2. 2015M98全景（东南—西北）

彩版一五〇　2015M97、2015M98全景

1. 陶耳杯（M100：4）

2. 陶楼（M100：6）

1. 2015M101全景（南—北）

2. 陶长颈瓶（M102：1）

3. 陶长颈瓶（M102：2）

彩版一五二　2015M101全景、2015M102出土器物

1. 陶樽（M102：4）

4. 小陶甗（M102：6）

2. 陶俎（M102：9）

5. 陶器盖（M102：7）

6. 陶水斗（M102：10）

3. 陶甗（M102：8）

7. 陶支架（M102：5）

1. 2015M103全景（北—南）

2. 2015M104全景（南—北）

彩版一五四　2015M103、2015M104全景

1. 小陶釜（M103：2）

2. 小陶釜（M103：5）

3. 陶器盖（M103：3）

4. 陶器盖（M103：6）

5. 小陶甑（M103：4）

6. 饼状陶器（M103：7）

1. 2015M105全景
（东北—西南）

2. 陶奁（盖）（M105：2）

3. 陶奁（盖）（M105：5）

4. 陶井（M105：3）

5. 陶长颈瓶（M105：4）

彩版一五六　2015M105全景及出土器物

彩版一五七　2015M105出土陶楼（M105：6）

1. 2015M106全景（北—南）

2. 2015M107全景（南—北）

彩版一五八　2015M106、2015M107全景

1. 陶罐（M107：11）

4. 陶盘（M107：9）

5. 陶耳杯（M107：6）

2. 陶长颈瓶（M107：10）

6. 陶耳杯（M107：7）

3. 陶盘（M107：5）

7. 陶器盖（M107：2）

1. 2015M108全景（西南—东北）

2. 2015M110全景（南—北）

彩版一六〇　2015M108、2015M110全景

1. 2015M111、2015M116全景（南—北）

2. 2015M115全景（西南—东北）

3. 陶壶（M111：1）

4. 陶壶（M111：2）

彩版一六一　2015M111、2015M115、2015M116全景及出土器物

1. 2015M113全景（南—北）

2. 2015M114全景（东—西）

彩版一六二　2015M113、2015M114全景

1. 陶樽（M113：1）

4. 陶耳杯（M113：5）

2. 陶盘（M113：2）

5. 陶耳杯（M113：6）

3. 陶盘（M113：4）

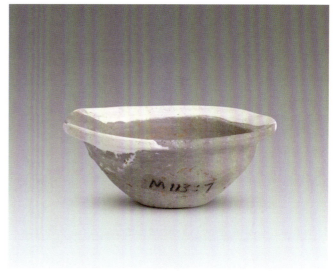

6. 小陶盆（M113：7）

1. 陶钵（M114：1）

2. 陶壶（M115：1）

3. 陶壶（M115：2）

4. 陶壶（M116：1）

5. 陶壶（M116：2）

彩版一六四　2015M114、2015M115、2015M116出土器物

1. 2015M117、M131全景（南—北）

2. 陶壶（M117∶1）

3. 陶壶（M117∶2）

彩版一六五　2015M117、2015M131全景及出土器物

1. 2015M118全景（东—西）

4. 2015M119全景（东—西）

2. 陶钵（M118：2）

5. 陶盘（M119：1）

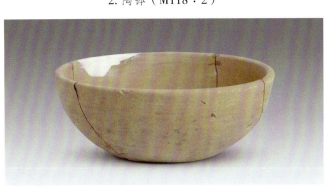

3. 陶钵（M118：3）

1. 全景（东北—西南）

2. 东一室（上为南）

3. 东二室（上为北）

彩版一六七　2015M120全景及局部

1. 陶罐（M120：1）

3. 陶奁（盖）（M120：3）

4. 陶奁（M120：4）

2. 陶罐（M120：2）

5. 玉石串饰（M120：9-1~9-5）

1. 2015M121全景（东南—西北）

2. 2015M121回廊（西北—东南）

3. 瓦当（M121：1）

彩版一六九　2015M121全景、回廊及出土器物

1. 2015M123全景（西南—东北）

2. 2015M126全景（东—西）

彩版一七〇　2015M123、2015M126全景

1. 陶耳杯（M123：1）

2. 陶盘（M123：2）

3. 陶案（M123：3）

4. 陶奁（盖）（M123：4）

5. 陶器盖（M126：1）

1. 2015M124全景（西南—东北）

2. 陶长颈瓶（M124：1）

3. 陶壶（M124：2）

彩版一七二　2015M124全景及出土器物

1. 2015M127全景（西南—东北）

2. 2015M127后室随葬器物出土情况
（西北—东南）

3. 陶俎（M127：11）

彩版一七三　2015M127全景、局部及出土器物

1. 小陶甑（M127：1）

2. 陶井组合（M127：2）

3. 陶盆（M127：3）

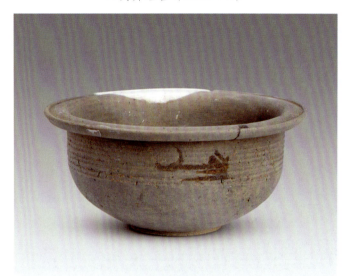

4. 陶盆（M127：13）

5. 陶罐（M127：5）

6. 陶罐（M127：9）

彩版一七四　2015M127出土器物

1. 陶器盖（M127：8）

2. 陶器盖（M127：14）

3. 陶灶组合（M127：10）

4. 小陶釜（M127：10-1）

5. 小陶釜（M127：10-2）

6. 小陶瓢（M127：10-6）

7. 陶烟囱（M127：10-8）

8. 亚腰形小陶器（M127：17）

彩版一七五　2015M127出土器物

1. 2015M128全景（北—南）

2. 2015M129全景（东北—西南）

彩版一七六　2015M128、M129全景

1. 2015M130全景（西南—东北）

2. 陶壶（M131：1）

3. 陶壶（M131：2）

1. 2015M132全景（东北—西南）　　　　　2. 2015M132后室随葬器物出土情况（西—东）

3. 陶灯（座）（M132：11）　　　　　　　4. 陶灯（座）（M132：18）

1. 东耳室东壁壁画

2. 东耳室北壁壁画

3. 东耳室南壁残留彩绘痕迹

4. 栌斗上的壁画

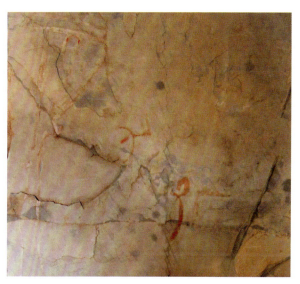

6. 西耳室南壁壁画

5. 立柱及栌斗上的壁画

7. 西耳室西壁壁画

1. 陶耳杯（M132：1）

2. 陶耳杯（M132：2）

3. 陶耳杯（M132：19）

4. 陶耳杯（M132：20）

5. 陶器座（M132：3）

6. 小陶釜（M132：4）

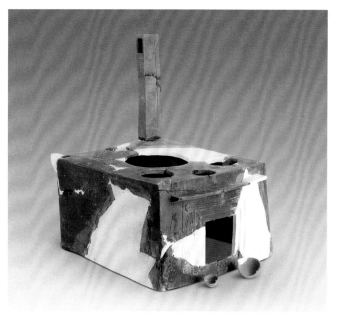

1. 陶灶组合（M132：12）

2. 陶炉（M132：16）

3. 陶楼（M132：13）

彩版一八一　2015M132出土器物

1. 陶长颈瓶（M132：7）

2. 陶长颈瓶（M132：10）

3. 小陶器盖（M132：22）

4. 陶盘（M132：15）

5. 陶钵（M132：9）

6. 石盘状器（M132：5）

1. 2015M133全景（北—南）

2. 2015M134全景（南—北）

彩版一八三　2015M133、2015M134全景

1. 陶钵（M134：1）

2. 陶钵（M134：2）

3. 陶钵（M134：4）

4. 陶盘（M134：5）

5. 陶罐（M134：6）

1. 2015M135全景（西南—东北）

2. 2015M135墓门（西南—东北）

4. 陶钵（M135：3）

3. 铜带钩（M135：8）

5. 陶钵（M135：4）

彩版一八五　2015M135全景、墓门及出土器物

1. 2015M136全景（西南—东北）

2. 陶樽（M136：2）

3. 陶炉（M136：5）

彩版一八六　2015M136全景及出土器物

1. 陶盘（M136：3）

2. 陶盘（M136：9）

3. 陶盘（M136：10）

4. 陶盘（M136：11）

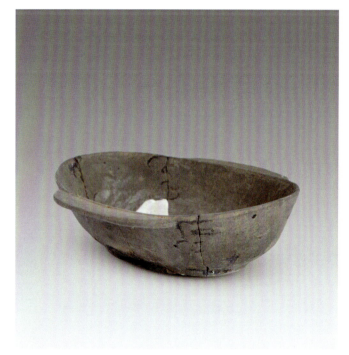

5. 陶耳杯（M136：4）

6. 陶长颈瓶（M136：8）

1. 2015M137全景（南—北）

2. 陶耳杯（M137：1）

3. 陶耳杯（M137：13）

4. 陶案（M137：2）

5. 陶器盖（M137：8）

彩版一八八　2015M137全景及出土器物

1. 陶灶（M137：3）

2. 小陶瓢（M137：4）

3. 小陶瓢（M137：5）

4. 陶长颈瓶（M137：7）

5. 陶奁（盖）（M137：10-1）

6. 陶奁（体）（M137：10-2）

彩版一八九　2015M137出土器物

1. 陶炉（M137：16）

2. 陶盘（M137：17）

4. 陶方盘（M137：20）

3. 陶盘（M137：19）

1. 2015M138全景（东南—西北）

2. 陶盘（M138：1）

3. 陶案（M138：5）

4. 陶耳杯（M138：6）

5. 筒瓦残片（M138：8）

彩版一九一　2015M138全景及出土器物

1. 2015M140全景（东北—西南）

2. 陶罐（M140：1）

3. 陶灯（M140：3）

彩版一九二　2015M140及出土器物

1. 陶长颈瓶（M140：2）

4. 小陶瓢（M140：6）

2. 陶钵（M140：4）

5. 陶器盖（M140：7）

6. 陶盘（M140：10）

3. 陶樽（M140：5）

7. 陶方盘（M140：11）

1. 2016M3俯瞰（上为北）

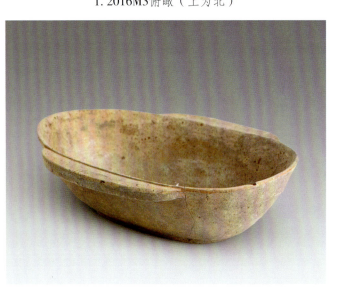

2. 陶耳杯（M3：2）

3. 陶耳杯（M3：4）

4. 陶樽（M3：10）

5. 陶俎（M3：12）

1. 陶盘（M3：1）

2. 陶盘（M3：3）

3. 陶盘（M3：5）

4. 陶盘（M3：6）

5. 陶盘（M3：7）

6. 陶器座（M3：17）

彩版一九五　2016M3出土器物

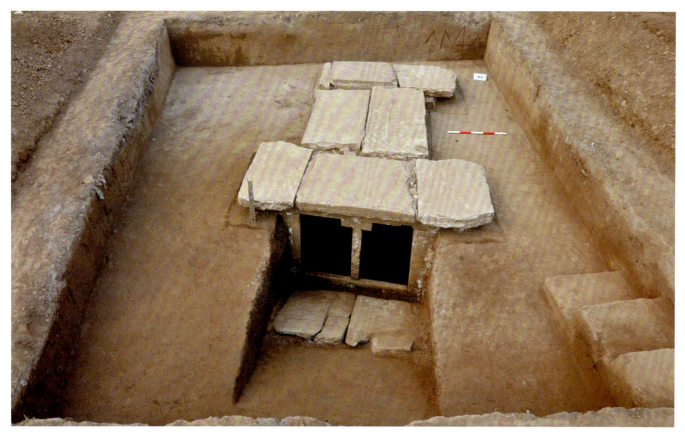

1. 2016M4全景（南—北）

2. 陶灶组合（M4：14）

3. 小陶瓢（M4：23）

4. 小陶瓢（M4：24）

彩版一九六　2016M4全景及出土器物

1. 陶罐（M4：1）

2. 陶罐（M4：2）

3. 陶罐（M4：4）

4. 陶支架（M4：12）

5. 陶俎（M4：15）

6. 陶器盖（M4：18）

7. 陶小器座（M4：22）

1. 陶奁（M4：10）

2. 陶奁（体）（M4：17）

3. 陶樽（M4：13）

4. 陶盘（M4：16）

5. 陶耳杯（M4：19）

6. 陶甑（M4：20）

7. 石研板（M4：26）

1. 2016M6全景（西南—东北）

2. 陶案（M6：3）

3. 陶魁（M6：4）

1. 2016M7全景（南—北）

2. 陶樽（M7：1）

3. 陶灯（M7：2）

彩版二〇〇　2016M7全景及出土器物

1. 陶井（M7：13）

2. 陶支架（M7：12）

3. 陶甑（M7：4）

4. 小陶釜（M7：5）

5. 陶灶组合（M7：9）

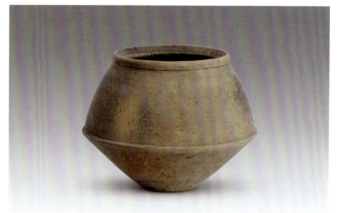

6. 陶釜（M7：10）

彩版二〇一　2016M7出土器物

1. 陶器盖（M7：11）

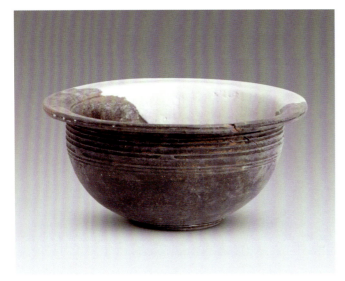

2. 陶盘（M7：24）

4. 陶炉（M7：17）

3. 陶盆（M7：16）

5. 陶俎（M7：19）

3. 陶勺（M7：31）

4. 陶耳杯（M7：27）

1. 陶方盘（M7：18）

5. 陶耳杯（M7：28）

2. 陶魁（M7：20）

6. 亚腰形小陶器（M7：32）

1. 2016M8全景（东南—西北）

2. 2016M8西耳室随葬器物出土情况（东—西）

3. 陶耳杯（M8∶1）

4. 陶耳杯（M8∶7）

彩版二〇四　2016M8全景、局部及出土器物

1. 陶樽（M8：3）

4. 陶盘（M8：10）

2. 陶盘（M8：4）

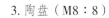

3. 陶盘（M8：8）

5. 陶案（M8：5）

1. 陶盆（M8：6）

2. 陶盆（M8：9）

3. 小陶釜（M8：11）

4. 陶器盖（M8：12）

5. 陶奁（M8：13）

6. 陶奁（盖）（M8：14）

7. 陶奁（M8：15）

彩版二〇六　2016M8出土器物

1. 陶案（M9：3）

2. 陶案（M9：3）内底铭文及图案

3. 陶盘（M9：5）

4. 陶井（M10：9）

1. 2016M11全景（东南—西北）

2. 陶灶（M11：5-1）

3. 小陶釜（M11：2）

4. 小陶盆（M11：1）

彩版二〇八　2016M11全景及出土器物

1. 陶长颈瓶（M11∶3）

2. 陶长颈瓶（M11∶6）

3. 陶盆（M11∶7）

4. 陶三足盆（M11∶10）

5. 陶耳杯（M11∶8）

6. 陶盘（M11∶12）

1. 陶器盖（M14：1）

4. 陶樽（M16：4）

2. 陶器盖（M14：2）

5. 陶案（M16：3）

3. 2016M16俯瞰（上为南）

6. 石盘状器（M16：1）

彩版二一〇　2016M14出土器物，2016M16全景及出土器物

1. 2016Y1全景（西—东）

2. 青砖（Y1：1）

4. 筒瓦残片（Y1：残4）

3. 板瓦残片（Y1：残1）

彩版二一一　2016Y1全景及出土器物

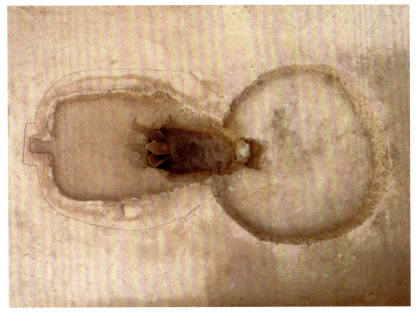

1. 2016Y2全景（上为南）

2. 筒瓦（Y2：8）

3. 陶釜（Y2：1）

4. 陶釜（Y2：9）

5. 陶釜（Y2：4）

6. 陶器足（Y2：2）

彩版二一二　2016Y2全景及出土器物